「一带一路」沿线国家可持续发展研究报告

Sustainable Development Report: Evidence from Countries along the "Belt and Road"

王晓光 肖红军 程俊杰 著

经济管理出版社
ECONOMY & MANAGEMENT PUBLISHING HOUSE

图书在版编目（CIP）数据

“一带一路”沿线国家可持续发展研究报告/王晓光，肖红军，程俊杰著.—北京：经济管理出版社，2018.9

ISBN 978-7-5096-5948-9

Ⅰ.①一… Ⅱ.①王…②肖…③程… Ⅲ.①经济可持续发展—研究报告—世界 Ⅳ.①F113.4

中国版本图书馆 CIP 数据核字(2018)第192514号

组稿编辑：申桂萍
责任编辑：赵亚荣
责任印制：黄章平
责任校对：董杉珊

出版发行：经济管理出版社
（北京市海淀区北蜂窝8号中雅大厦A座11层　100038）
网　　址：www. E-mp. com. cn
电　　话：(010) 51915602
印　　刷：三河市延风印装有限公司
经　　销：新华书店
开　　本：720mm×1000mm/16
印　　张：34.5
字　　数：657千字
版　　次：2018年9月第1版　　2018年9月第1次印刷
书　　号：ISBN 978-7-5096-5948-9
定　　价：168.00元

前　言

2013 年，习近平总书记提出以合作共赢为宗旨的“一带一路”倡议，受到了国内和国际社会的广泛关注和热烈响应。“一带一路”倡议旨在为国际社会提供更多的公共产品，同沿线各国分享中国发展机遇，搭建国际合作平台，实现共同繁荣，对参与各国均具有重大意义。从实践来看，推进“一带一路”建设的前提是参与各方认知相同，形成合力发展。由于“一带一路”倡议与可持续发展目标一致、原则吻合、内容相通、路径类似，可持续发展是进一步推进“一带一路”建设的破题关键，其意义主要体现在有利于“一带一路”倡议获得更广泛的支持，有利于“一带一路”倡议与各国和国际组织发展战略的对接，有利于开展重点领域的合作，有利于“一带一路”倡议目标的实现。从理论上讲，已有的关于“一带一路”的研究主要集中在三个方面，分别是：“一带一路”倡议是什么，包括内涵、目标等；“一带一路”倡议的影响如何；“一带一路”倡议未来的前景分析与展望。但这些讨论很少从可持续发展角度切入，且需要以定量评估为基础，因此，有一定的深入探讨空间。

《“一带一路”沿线国家可持续发展研究报告》试图基于可持续发展视角一方面厘清当前国际社会针对“一带一路”倡议产生的一些误解、曲解；另一方面对未来推进“一带一路”建设提出政策建议。本研究提出了基于“经济—社会—环境—基础设施—机制”的可持续发展五维模型，其中，经济、社会、环境为可持续发展系统的组成要素，基础设施、机制则是驱动该系统运行的内在机制。对经济、社会以及环境的评价主要体现了系统可持续发展的现状与能力，对基础设施和机制的评估着重衡量了系统可持续发展的硬件、软件动力或保障，可持续发展则是最终的追求结果或目标。根据该模型构建了“一带一路”沿线国家可持续发展评价指标体系，选取沿线 60 个国家（由于数据缺失，删除了叙利亚、波黑、阿联酋、巴勒斯坦以及巴林 5 个国家）为样本，对 2010 ~ 2015 年这些国家的可持续发展水平进行了评估，进而了解“一带一路”倡议实施前后各国可持续发展水平的变动情况，发现未来建设的合作领域和重点投资方向，并从政府、企业、社会组织层面分别给出相应的对策建议。

研究发现：沿线国家可持续发展总体水平不高，且发展不平衡；超过半数的国家处于可持续发展中级阶段早期；沿线国家可持续发展水平大体呈现上升态势，但有波动；沿线国家经济可持续发展水平差异较大，且基本呈现提高态势；沿线国家社会可持续发展水平差异较小，但发展趋势相对分散；沿线国家环境可持续发展水平差异显著，但发展基本保持稳定；基础设施是推进沿线国家可持续发展过程中的最大"短板"，且演变趋势多样化；机制是沿线各国可持续发展系统中总体水平最高的子系统，且发展趋势相对分散；推进"一带一路"建设，提高各国可持续发展水平，需从国家、企业及社会组织三个层面多管齐下、精准施策。

全书共分五个部分，第一部分是总报告，分析了"一带一路"倡议与可持续发展相契合的内在逻辑、可持续发展对"一带一路"建设的重要意义，并归纳了全书的研究结论；第二部分是技术报告，构建了"一带一路"沿线国家可持续发展评价指标体系，明确了评估方法；第三部分是指数报告，对"一带一路"沿线国家可持续发展总体和重点领域进行评价分析；第四部分是国别报告，分析了"一带一路"沿线不同区域，包括东亚及蒙俄、中亚、东南亚、南亚、西亚及中东、中东欧可持续发展的整体情况，并对区域内各国的可持续发展水平进行了剖析，为区域内重点合作项目的建设提出了建议；第五部分是政策报告，在评估现有政策效应的基础上，提出推进"一带一路"建设，并提升沿线国家可持续发展水平的政策建议。

本书的写作还要特别感谢崔志新、王宁、杜薇出色地完成了数据、资料搜集整理等一些基础性工作！

疏漏之处，在所难免，敬请广大读者批评指正！

作者

2018年8月于北京

目　录

第一篇　总报告

第二篇　技术报告

第三篇　指数报告

第四篇　国别报告

第五篇 政策报告

第一篇

总报告

第一章 “一带一路”建设背景下沿线国家可持续发展现状与展望

自从1987年联合国世界与环境发展委员会（WCED）在报告《我们共同的未来》中正式提出可持续发展概念以来，可持续发展得到了世界各国的极大重视并取得了普遍共识，围绕该主题相继提出了21世纪议程目标、联合国千年发展目标、约翰内斯堡峰会目标、里约+20峰会目标、联合国2030年可持续发展目标等广泛性的可持续发展目标。可以说，促进可持续发展水平的提升已经成为世界各国共同关注的重要议题。“一带一路”倡议是习近平总书记于2013年正式提出的，旨在通过政策沟通、设施联通、贸易畅通、资金融通、民心相通，为国际社会提供更多的公共产品，同沿线各国分享中国发展机遇，实现共同繁荣。推进“一带一路”建设与提升沿线国家可持续发展能力和水平高度契合，一方面“一带一路”建设客观上推动了沿线各国可持续发展能力和水平的提高，另一方面只有推进各国可持续发展才能实现“一带一路”倡议的最终目标。正因如此，2016年，联合国大会首次在决议中写入“一带一路”倡议，并得到193个会员国的一致赞同。

一、“一带一路”倡议与可持续发展契合的内在逻辑

从本质上看，“一带一路”倡议作为一个开放的涉及多国的区域合作机制，与可持续发展之间是内在统一的。

（一）目标一致

“一带一路”倡议是顺应世界多极化、经济全球化、文化多样化、社会信息化潮流，适应国内经济新常态的产物，旨在推动沿线国家的经济合作、区域联

结、市场融合，并以此打造政治互信、经济融合、文化包容的利益共同体、责任共同体以及命运共同体。其强调共赢、互利合作，这与促进人与人以及人与自然之间和谐的可持续发展目标具有内在一致性。"一带一路"倡议的具体目标，如促进经济增长、推进社会进步、维护公平正义、加强环境保护等恰恰也是联合国公布 2030 年可持续发展议程的重点。

（二）原则吻合

可持续发展有三大原则，分别是公平性、持续性以及共同性。其中，公平性原则主要指机会选择的平等性，包括代内公平和代际公平两个方面。"一带一路"倡议同样体现了公平性原则，比如这是一个开放的倡议，并不仅仅只有地理上相关的国家才可以加入，各国可以平等选择是否加入；在利益的分配上，除遵照市场规律外，还包含国际援助等履行国际义务的内容。持续性原则指的是适度开发，主要是对资源、生态、环境等合理利用。"一带一路"倡议至少从两个方面体现了持续性原则：注重环境保护，沿线国家大多生态问题突出，倡议提出要秉持绿色发展理念；推进基础设施建设，为持续性发展提供硬件保障。共同性原则主要强调整体性和相互依存性。"一带一路"建设需要参与各国共同的配合行动，其最终目标也是打造"三个共同体"。因此，这并不是一个由中国领导或主导的倡议，而是中国提出，多国参与，全球受益。

（三）内容相通

理论上讲，可持续发展的主要内容包括经济、社会以及生态环境的可持续发展三个方面，具体来看就是，追求更有质量和效率的经济增长、改善人类生活质量以及保护地球生态环境。"一带一路"倡议是在中国需要扩大和深化对外开放，沿线各国经济互补性较强，且均具有较强合作意愿的背景下提出的，其主要内容既包括经济合作，也包括各国之间的人文交流。基于此，"一带一路"建设确定了政策沟通、设施联通、贸易畅通、资金融通以及民心相通五个重点合作领域。在绿色发展框架下推进"五通"不但可以促进各国的经济增长，而且可以改善居民生活质量。

（四）路径类似

可持续发展目标的实现需要相应的能力作为支撑。从路径角度来看，推进"一带一路"倡议与实现可持续发展具有高度相似性。因为，"一带一路"建设的同时也提高了参与各国的可持续发展能力。一般来说，可持续发展能力建设包括决策、管理、法制、政策、科技、教育、人力资源、公众参与等内容，大体可以划分为两类：一类是要素提升；另一类是机制改善。“一带一路”建设提高参与各国可持续发展能力主要通过两大渠道实现：①内容建设。比如通过设施联通、贸易畅通等可以优化各国的科技、教育、人力资源等，实现要素提升，通过政策沟通、民心相通等可以加强各国的决策、管理、法制、政策等，提高公众参与度，实现机制改善。②合作机制。通过溢出效应的发挥来强化可持续发展能力建设。具体的合作机制包括多层次、多渠道的合作与磋商，如上海合作组织（SCO）、中国—东盟“10+1”、亚洲太平洋经济合作组织（以下简称亚太经合组织）（APEC）等多边合作组织，“一带一路”国际高峰论坛、博鳌亚洲论坛等合作平台。

二、可持续发展对“一带一路”建设的重要意义

“一带一路”倡议与可持续发展两者是内在统一的，推进“一带一路”建设为实现可持续发展目标带来了契机，同样，可持续发展也对“一带一路”建设具有重要意义。

（一）有利于“一带一路”倡议获得更广泛的支持

虽然目前已有100多个国家和国际组织表达了积极参与“一带一路”建设的意愿、中国与40多个国家签署了共建“一带一路”合作协议，并且这一规模还在不断扩大，但是“一带一路”倡议的真正落地还需要得到更多参与国以及国际组织更广泛的真正理解和支持。比如，如果一国当地民众对“一带一路”倡议因不理解而充满敌意的话，具体的合作项目是很难开展下去的。特别是，一些西方发达国家出于某种目的而歪曲对“一带一路”倡议内涵、目标的解读，引起国际社会特别是处于观望状态国家的担忧，对“一带一路”倡议的推广和建设产生不利影响。而可持续发展在世界范围内已经基本上形成共识，厘清并宣传其与“一带一路”建设内在统一的关系，有利于加深各方对“一带一路”倡议的理解和支持，为其建设营造良好的国际氛围，并形成发展合力，加速合作项目落地。

（二）有利于“一带一路”倡议与各国和国际组织发展战略的对接

由于发展不平衡，很多“一带一路”沿线国家及国际组织都纷纷制定了符合自身或区域实际的发展战略，比如哈萨克斯坦的“光明之路”、沙特阿拉伯的

“西部规划”、蒙古国的“草原之路”、欧盟的“欧洲投资计划”、东盟互联互通总体规划2025、波兰的“负责任的发展战略”、印度尼西亚的“全球海洋支点”构想、土耳其的“中间走廊”倡议、塞尔维亚的“再工业化”战略、亚太经合组织的互联互通蓝图、亚欧互联互通合作等。这些战略规划内容和视角差异化显著，必须将其与“一带一路”倡议进行对接才能既推动“一带一路”建设，又真正促进当地经济社会发展。而可持续发展正是两者之间完美的契合点，将以上战略规划与“一带一路”倡议统一到可持续发展的框架下，有利于两者减少摩擦，实现对接。

（三）有利于开展重点领域的合作

不论是国际产能合作，还是推进“五通”，“一带一路”建设的抓手始终是具体项目的建设和运营。在这一过程中，项目实施主体自觉以推动东道国和世界可持续发展来要求、规范自身行为，并积极进行宣传，可以有效规避投资可能带来的社会和环境风险，降低自身利益受损的可能性，从而顺利开展重点领域的合作。比如，一旦在项目实施过程中不注重环境保护和节能减排，造成当地生态环境恶化，居民生活受到影响，很可能受到东道国政府的处罚，甚至会导致当地民众与项目实施人员发生激烈冲突，产生群体性事件，除经济利益受到损失外，还有可能使项目难以继续进行下去。因此，以可持续发展理念和目标贯穿“一带一路”建设过程将有利于开展重点领域的合作。

（四）有利于“一带一路”倡议目标的实现

“一带一路”倡议的最终目标是打造政治互信、经济融合、文化包容的利益共同体、责任共同体以及命运共同体。一方面，将“一带一路”沿线各国的发展目标、战略及行为统一到可持续发展的框架下本身就是打造利益、责任和命运共同体。另一方面，可持续发展包括经济、社会、环境、基础设施以及机制等多方面要求，推动实现可持续发展与打造利益共同体、责任共同体和命运共同体的内容，即政治互信、经济融合、文化包容是基本一致的。

三、研究结论

本报告通过构建“一带一路”沿线国家可持续发展评价指标体系，并通过测算分析得出“一带一路”沿线国家可持续发展的九大研究发现。

（一）沿线国家可持续发展总体水平不高，且发展不平衡

2015 年，“一带一路”沿线国家可持续发展综合指数的均值为 43.7，绝大多数国家要实现可持续发展目标仍有较长的路要走。其中，可持续发展水平最高的三个国家分别是新加坡、以色列以及斯洛文尼亚，最低的三个国家分别是东帝汶、阿富汗和也门。中国可持续发展综合指数为 51.3，排在所研究的 60 个“一带一路”沿线国家的第 9 位，总体情况较好。

沿线各国可持续发展水平参差不齐，差距明显。一方面，各国可持续发展综合指数的整体方差达到 53.7，指数最高的新加坡（62.7）与最低的也门（24.9）之间相差 37.8。另一方面，不同地理区域之间以及内部国家的可持续发展水平也差异较大。中东欧地区国家的可持续发展水平最高，有接近 90% 的国家处在可持续发展中级阶段；东南亚、东亚以及蒙俄地区国家的可持续发展水平其次；西亚及中东以及中亚地区国家的可持续发展水平再次；南亚是可持续发展水平相对最差的地区，除尼泊尔和斯里兰卡外，其余 6 国均处于可持续发展初级阶段。

（二）超过半数的国家处于可持续发展中级阶段早期

“一带一路”沿线国家中，处于可持续发展中级阶段早期的国家最多，达到 35 个，分别是中国、立陶宛、匈牙利、阿塞拜疆、摩尔多瓦、波兰、捷克共和国（简称捷克）、哈萨克斯坦、俄罗斯、罗马尼亚、爱沙尼亚、亚美尼亚、塔吉克斯坦、越南、泰国、卡塔尔、拉脱维亚、蒙古、塞尔维亚、吉尔吉斯斯坦、菲律宾、印度尼西亚、马其顿、马来西亚、尼泊尔、格鲁吉亚、科威特、柬埔寨、老挝、阿尔巴尼亚、文莱、阿曼、黑山、斯里兰卡、沙特阿拉伯王国（简称沙特）。

处于可持续发展初级阶段后期的有 18 个国家，分别是白俄罗斯、乌克兰、乌兹别克斯坦、马尔代夫、埃及、约旦、土耳其、孟加拉、巴基斯坦、印度、土库曼斯坦、伊朗、不丹、伊拉克、黎巴嫩、东帝汶、缅甸、也门。

处于可持续发展中级阶段中期的有 5 个国家，分别是新加坡、以色列、斯洛伐克、保加利亚和克罗地亚；处于可持续发展初级阶段早期的有 1 个国家，为阿富汗；处于可持续发展中级阶段后期的有 1 个国家，为斯洛文尼亚。

（三）沿线国家可持续发展水平大体呈现上升态势但有波动

从 2010 ~ 2015 年沿线各国可持续发展综合指数的变化来看，各国可持续发展水平均表现出明显的上升态势。除极少数国家是逐年上升外，其余国家的综合指数在 2010 ~ 2015 年均有不同幅度的波动，多数国家在 2013 年左右出现波谷。

从发展阶段来看，可持续发展越趋向于高级阶段的国家，综合指数提升的速度总体上越慢。例如，与2010年相比，处在初级阶段中期的阿富汗可持续发展综合指数增速为15.6%，初级阶段后期国家的平均增速为7.2%，中级阶段早期国家的平均增速为8.4%，中级阶段中期、后期国家的平均增速为4.7%。

（四）沿线国家经济可持续发展水平差异较大，且基本呈现提高态势

2015年，沿线国家经济可持续发展指数的均值为44.3，一方面，说明通过"一带一路"倡议开展经济合作，提升各国经济可持续发展水平具有广阔的前景；另一方面，经济可持续发展指数均值高于综合指数均值，表明在可持续发展整个系统中，经济子系统呈现出相对正常或较快发展的状态。

经济可持续发展在各国之间差异较大。一是两极差距显著。经济可持续发展指数的总体方差为129.8，极差达到67.6。中国经济可持续发展指数为48.8，位列第16，与综合指数的排名相比有明显下降。二是除中东欧外，其余地区的国家经济可持续发展分化严重。例如，东南亚地区既有排名前十的新加坡、文莱，也有相对靠后的缅甸、老挝、菲律宾等；西亚及中东地区既有经济可持续发展水平较高的以色列、卡塔尔、科威特、沙特，也有相对较低的埃及、约旦、阿塞拜疆等。

总体来看，除也门、卡塔尔外，几乎所有国家的经济可持续发展水平均表现出上升态势，其中，有接近半数的国家呈现出逐年提高的特征。经济可持续发展水平相对较低的国家其增幅可能相对较大。

（五）沿线国家社会可持续发展水平差异较小，但发展趋势相对分散

2015年，沿线国家社会可持续发展指数的均值为45.2，是可持续发展系统中三大组成部分经济、社会、环境中均值最大的，亦高于综合指数均值，说明各国在社会可持续发展方面相对较好，但从绝对值看仍有较大的提升空间。中国社会可持续发展指数为44，排在所有国家中的第36位，与综合指数、经济可持续发展指数的排名相比下降明显，说明中国的社会发展相对滞后，是可持续发展系统中的"短板"。

各国尤其是社会可持续发展水平较高的国家之间的差异相对较小。一方面，社会可持续发展指数的总体方差为90.9，极差是46.6，均小于经济方面，而且排名前十的国家间社会可持续发展指数差距也相对较小。另一方面，社会可持续发展水平较高的地区内各国评分差异较小。中东欧、西亚及中东地区国家的社会可持续发展指数分布相对集中，且水平普遍较高，东南亚、南亚、中亚等地区国家的社会可持续发展水平相对分化。

社会可持续发展的变化趋势相对分散。2010～2015 年，绝大多数国家的社会可持续发展指数波动相对频繁，并未表现出明显的态势。与 2010 年相比，2015 年 60 个沿线国家中有接近 1/3 的国家社会可持续发展指数出现下降，其余国家虽然有所提高，但总体提高幅度不大，说明社会方面的可持续发展目标相对较难实现，且容易有所反复。

（六）沿线国家环境可持续发展水平差异显著，但发展基本保持稳定

环境是沿线国家可持续发展系统中的最主要“短板”之一。2015 年，各国环境可持续发展指数的均值为 36.9，是经济、社会、环境三大系统中平均评分最低的，很多国家在可持续发展阶段判断过程中就是因为环境维度评分未达标而造成降级。中国环境可持续发展指数为 40.4，低于经济、社会可持续发展指数，在沿线国家中排名第 18。这表明在推进“一带一路”建设过程中，注重环境保护和节能减排是实现可持续发展的重要内容。

环境可持续发展水平相对较低的地区国家之间差异相对显著。一方面，环境可持续发展指数的总体方差为 73.5，极差为 57.6，说明各国环境可持续发展水平差异虽大，但小于经济和社会。另一方面，环境可持续发展水平最高的是中国和蒙俄地区，其次分别是中东欧地区、东南亚和南亚地区、中亚和西亚及中东地区。除了中国和蒙俄地区、中东欧地区国家之间的环境可持续发展水平差距不大外，其余地区的国家之间差异相对显著。

总体来看，各国环境可持续发展水平的变化趋势基本平稳，指数的波动频率相对较小，说明环境可持续发展目标较难实现。

（七）基础设施是推进沿线国家可持续发展过程中的最大“短板”，且演变趋势多样化

2015 年，沿线各国基础设施发展指数的均值为 33.4，是可持续发展五大子系统中均值最小的，说明基础设施建设是沿线国家推进可持续发展过程中的最大“短板”。其中，中国的基础设施发展指数最高，达到 76.1，且远超其他国家。以上表明，实施双边或多边的基础设施合作具有较好的可行性和前景。

基础设施发展水平在不同国家间差异极大。一方面，各国基础设施发展指数的总体方差高达 134，超过了经济、社会和环境，极差为 69.4。另一方面，不同地区之间基础设施发展水平差异较大，且同一地区内部的国家之间也分化明显。目前，基础设施发展水平处于第一梯队的地区包括中国和蒙俄地区、中东欧地区，第二梯队的地区是西亚及中东地区，第三梯队的地区包括中亚、东南亚以及南亚。

虽然与2010年相比，基础设施发展水平出现不同程度提高的国家占到近70%，但总的来看，各国基础设施发展水平还是表现出分散化趋势。

（八）机制是沿线各国可持续发展系统中总体水平最高的子系统，且发展趋势相对分散

2015年，各国机制子系统发展指数的均值为63.2，不但是五大可持续发展子系统中均值最高的，而且高于综合指数均值，说明机制水平是沿线国家推进可持续发展过程中的优势维度。中国的机制发展指数为67.7，高于均值，排在第25位，从横向比较看，还有较大的提升空间。

各国机制发展水平极度不均衡。一方面，机制发展指数的总体方差为214.76，极差为73.5，均是五大子系统中最大的，说明虽然各国的机制发展总体水平较高，但是相互之间差距很大，通过"一带一路"建设可以进一步提升各国机制发展水平。另一方面，从区域来看，机制发展水平由高到低依次是中东欧地区、东南亚地区、中国和蒙俄地区、西亚及中东地区、中亚和南亚地区。除中东欧、中国和蒙俄地区外，其他地区内的各国之间机制发展水平差异显著。

各国机制发展水平的演变趋势也相对分散，主要有四类趋势：一是趋于上升，如马尔代夫、白俄罗斯等；二是趋于下降，如约旦、也门等；三是趋于稳定，如中国、俄罗斯等，所研究的60个沿线国家中大多数表现出这类趋势；四是趋于波动，如阿富汗、塞尔维亚等，这类国家机制发展指数的波动非常剧烈。

（九）推进"一带一路"建设，提高各国可持续发展水平，需从国家、企业及社会组织三个层面多管齐下、精准施策

根据对沿线国家可持续发展现状的评价与分析，我们认为，推进"一带一路"建设，提高可持续发展水平，需要多管齐下，并做到精准施策。因此，建议：

在国家层面，一是以可持续发展为目标推进"一带一路"建设；二是以设施联通为"一带一路"建设切入口；三是因国、因域施策；四是加强区域内、区域间的协调发展；五是以联合国2030可持续发展目标协调"一带一路"建设。

在企业层面，一是对可持续发展"短板"领域进行投资；二是做到真正负责；三是防范社会、环境风险；四是实现双赢、多赢合作。

在社会组织层面，一是推进沿线各国公民社会进程；二是加强非政府、非营利性组织的跨国合作；三是促进政府、企业以及社会组织的多层互动。

第二篇

技术报告

第二章 “一带一路”沿线国家可持续发展理论与评价方法

“一带一路”建设并不仅仅是追求经济方面的合作共赢，还涉及社会、环境、基础设施、机制等诸多方面的协同发展，这本质上也是可持续发展的基本要求。本篇探索性地构建符合“一带一路”沿线国家实际的可持续发展理论框架和评价体系，不仅为开展对沿线国家的可持续发展水平进行综合评价和阶段判断奠定基础，也为“一带一路”倡议的推广、落地以及建设推进提供理论依据与技术支撑。

一、可持续发展内涵及评价模型

（一）“人与自然 + 人与人”：可持续发展的基本内涵

虽然可持续发展理念已经在世界范围内达成了共识，但是由于本身的复合性，人们对其内涵的理解仍然仁者见仁、智者见智。不少观点往往是从单一维度切入，比如：①侧重从生态角度将可持续发展定义为保护和加强环境系统的生产和更新能力，以使人类的生产环境得以持续。②在不超出维持生态系统涵容能力的情况下，可持续发展的最终落脚点是包括健康水平、获得必需资源的途径等在内的人类生活质量的改善。③经济发展是可持续发展的核心，要在保持自然资源的质量和其所提供服务的前提下，使经济发展的净利益增加到最大限度。[①] 显然，单一维度的解释虽然有利于将可持续发展的内涵具体化，但是也忽略了这一概念的复合性，使界定的科学性、全面性以及客观性受到影响。因此，有学者尝

---

① 这是 Edward B. Barbier 在《经济、自然资源、不足和发展》一书中对可持续发展的定义。

试跳出维度框架而从技术选择的角度来理解可持续发展，如建立极少产生废料和污染物的工艺或技术系统就是可持续发展。但遗憾的是，这种看法同样过于片面。

目前，得到全球公认的是1987年《我们共同的未来》报告中提出的："可持续发展是指既满足当代人的需要，又不损害后代人满足需要的能力的发展……这是旨在促进人与人以及人与自然之间的和谐。"这一定义可以从要求和目标两个层面进行解读：在要求层面，要满足当代人的需要意味着可持续发展首先必须体现发展质量，而不损害后代人满足需要的能力则要求维持或增强发展动力；在目标层面，促进人与人以及人与自然之间的和谐，除了强调发展质量和动力，还提出了公平要义。虽然从广义上讲，公平亦属于发展质量的一方面，但是为了体现其独特性与重要性，人们通常将可持续发展的内涵概括为质量、动力及公平三类元素，也有学者分别称其为协调度、发展度及持续度（檀菲菲、陆兆华，2016）。① 其中，质量元素主要反映发展状态、效率、幸福感应等及其与生态环境容量、承载能力等之间匹配和优化程度；动力元素体现国家或地区持续发展的潜力，大多由一些禀赋类指标构成，比如自然资本、人力资本等；公平元素主要表达消除贫富差距、区域差距、城乡差距以及性别差异、代际差异等的程度。

（二）"一带一路"沿线国家可持续发展评价五维模型

1. 可持续发展评价的方法评述

自可持续发展概念提出以来，对其评价一直是学术界研究的重点和难点。从学科角度来看，目前主流的评价方法主要有经济学方法、社会学方法、生态学方法以及系统学方法。这些方法对可持续发展的评判标准或依据各不相同，分别是技术创新贡献率克服投资边际效益递减，经济效率与社会公平取得合理平衡，环境保护与经济发展取得合理平衡，自然、经济、社会这一复杂系统的综合协同。从形式上看，可持续发展评价方法还可以分为单一指标评价法和多指标评价法两类：单一指标评价主要包括测算绿色GDP、真实储蓄、生态占用等。多指标评价就是建立可持续发展的指标体系并利用层次分析、模糊评价、神经网络、数据包络分析等手段进行综合评价，其中，最具影响力的就是联合国可持续发展委员会（UNCSD）提出的指标体系（见表2-1）。

① 檀菲菲、陆兆华：《基于NLPCA-GSO可持续发展评价——以环渤海区域为例》，《生态学报》2016年第4期。

表 2－1 可持续发展主要评价方法

评价视角	代表性方法	主要文献与报告	方法形式
经济学	包容性财富、真实储蓄率、绿色 GDP	联合国《包容性财富报告》（2012）、世界银行《财富测算的拓展：可持续发展指标》（1997）、联合国《国民经济核算体系》（1993）	单一指标评价
社会学	人类发展指数①	联合国《人类发展报告》	单一指标评价
生态学	生态足迹、能值分析、物质流分析	Rees William（1992）、Mathis Wackernagel（1994，1999）	单一指标评价
系统学	指标体系分析	联合国《21 世纪议程》、牛文元（1994）	多指标评价

注：根据相关文献整理得出。

由于可持续发展本身是一个较为综合性的概念，从经济、社会、生态单一视角切入进行评价往往过于片面，近年来，将可持续发展看成一个复杂系统运行的状态的观点得到世界范围内的普遍认可。利用指标体系法对可持续发展进行评价的优势在于全面、客观、科学，难点在于具体指标的选择以及指标权重的分配，尤其是后者，已经成为影响评价结果及其准确性、合理性的关键，因而也是导致人们争论的核心。指标权重的确定主要有主观和客观两种赋权方法，其中，运用较多的是客观赋权中的主成分分析法。

2. 可持续发展评价模型：拓展与优化

目前，可持续发展评价模型或理论框架主要有压力—状态—响应模型（PSR）、反应—行动循环（RAC）、Daly 三角形、信息金字塔等（李利锋、郑度，2002）。其中，运用最为广泛的是联合国可持续发展委员会提出的压力—状态—响应模型，之后在该模型的基础上还产生了一些变形的模型，如驱动力—状态—影响框架（DFSR）、压力—状态—影响—响应框架（PSIR）、驱动力—压力—状态—影响—响应框架（DPSIR）等。该模型的优点在于理论上蕴含了较为清晰的逻辑关系，即“现状是什么、为什么会发生以及如何应对”。但遗憾的是，在具体操作过程中，很多指标之间因果关系的依据或逻辑并不十分可靠，甚至可能存在双向因果问题。

考虑到不论是何种模型或理论框架均需要对经济、社会、环境这一复杂系统

① 人类发展指数一直都是一个用于衡量人类发展进步的重要指标，涵盖了寿命、受教育年限和收入三个方面的综合指数。后同。

进行全面考量以及"一带一路"沿线国家不同的国情，我们认为，从系统维度层面建立可持续发展评价的理论模型可能更具有合理性和适用性。根据已有文献资料，多数研究通常是从经济、社会、环境三个维度进行建模分析，也有学者或机构（如联合国可持续发展委员会）将经济、社会、环境、制度看成可持续发展的评价维度。这些理论模型为本报告建立"一带一路"沿线国家可持续发展评价模型打下了坚实的基础，但在不同维度之间逻辑关系的构建和论证方面尚存在一定的欠缺。之所以要构建针对"一带一路"沿线国家的可持续发展评价模型，一方面是为了体现"一带一路"建设对可持续发展的作用，另一方面也是为了区别于不同空间尺度的可持续发展评价模型。

因此，这里我们构建基于"经济—社会—环境—基础设施—机制"的可持续发展评价五维模型（见图2－1）。其中，经济、社会、环境为可持续发展系统的组成要素，基础设施、机制则是驱动该系统运行的内在机制。从逻辑上讲，对经济、社会以及环境的评价主要体现了系统可持续发展的现状与能力，对基础设施和机制的评估着重衡量了系统可持续发展的硬件、软件动力或保障，可持续发展则是最终的追求结果或目标。在系统组成要素的内部，即经济、社会与环境之间，经济可持续发展是基础，环境可持续发展是条件，社会可持续发展才是目的，换句话说，经济增长和环境保护都是为了社会进步和人类生活质量、健康水平的提升。通过界定宏观和中观层面的内在联系，可以有效避免微观层面（即五个维度内部）为了追求所谓逻辑而可能产生的无法解释的因果关系。

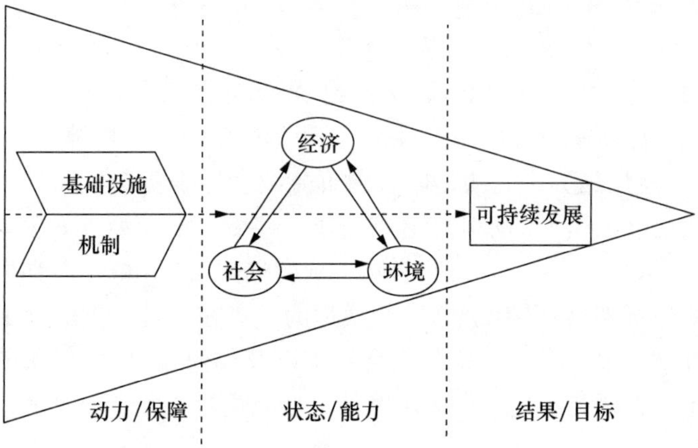

图2－1　可持续发展评价五维模型

注：作者绘制。

二、“一带一路”沿线国家可持续发展评价指标体系

（一）可持续发展评价指标体系：简单回顾

通过对掌握资料的梳理，当前可持续发展评价指标体系可谓层出不穷。仅从评价对象来看，就分别有针对全球、国家、区域、城市，甚至企业、产品等多种类型的可持续发展评价指标体系（曹斌等，2010）[①]。通常来讲，评价不同空间尺度的可持续发展指标体系会在框架结构和指标选择方面存在较大的差异，比如有的指标或细分维度只有在某些特定空间尺度范围内才有意义。[②] “一带一路”沿线国家这一空间尺度是介于全球和国家之间，加上地理上的特殊性，其可持续发展评价指标体系势必须体现出适用性和独特性。

目前，较有影响力的全球层面的可持续发展评价指标体系多数由一些国际组织编制，比如联合国可持续发展委员会依据《21 世纪议程》建立了包含 134 个指标的可持续发展指标体系，并于 2001 年重新设计精简而成。但是在实际运用中，由于包含不同发展阶段和社会背景的国家，指标的适用性以及权重的确定必然会引起分歧。

波罗的海 21 世纪议程是具有代表性的跨国可持续发展指标体系，但是并没有覆盖可持续发展的所有方面，重点是地区合作和环境保护。国家层面的可持续发展评价指标体系就更具特色，比如英国突出了对社会方面的关注，而德国、芬兰等国则把重点放在了项目上，瑞典等国主要聚焦效率和公平，美国为强化其全球领导者的地位提出了可持续发展的十大目标，但并不全面，我国也构建了有中国特色的可持续发展指标体系（李天星，2013）[③]。此外，还有很多独具匠心的城市可持续发展评价指标体系也被运用到实际工作中（白先春等，2009）[④]。总的来讲，考虑到空间尺度的相似性以及世界范围内的权威性，联合国可持续发展委员会制定发布的可持续发展评价指标体系对于“一带一路”沿线国家可持续

① 曹斌、林剑艺、崔胜慧：《可持续发展评价指标体系研究综述》，《环境科学与技术》2010 年第 3 期。

② 如经济维度通常会选择服务业占 GDP 比重这一指标，但该指标也只有在国家或区域层面才可能有判断价值，全球层面、城市层面均可能不适用。

③ 李天星：《国内外可持续发展指标体系研究进展》，《生态环境学报》2013 年第 6 期。

④ 白先春、凌亢、郭存芝：《城市可持续发展中的指标体系选择——基于社会和谐的视角》，《中国行政管理》2009 年第 10 期。

发展指标体系的设计、构建更具借鉴价值。

（二）可持续发展评价指标体系构建原则及步骤

1. 指标体系构建原则

可持续发展评价指标体系的构建需要遵照一定的原则，很多学者或机构都对此进行过卓有成效的讨论。通过归纳，已有讨论主要有两类：一类是对具体指标选取原则的讨论；另一类是对指标体系的设计与指标选取原则的讨论，这类分析往往并不区分两者，而事实上两者的原则并不相同。在已有研究的基础上，我们认为，可持续发展评价指标体系的设计至少需要满足全面性、逻辑性、科学性、客观性、层次性、可操作性六大原则。而具体指标的选择则必须遵守可获得性、通用性、可比性、时空性、简洁性五大原则。需要说明的是，通用性主要指的是指标在"一带一路"沿线国家中均有统计；时空性则要求指标的选择必须符合评价对象所处的发展阶段和空间尺度、地理区位的特征。

2. 指标体系构建步骤

"一带一路"沿线国家可持续发展评价指标体系的构建大体遵循以下五个步骤：

第一，根据上一部分提出的可持续发展评价五维模型形成指标体系的总体框架，包括五大子系统以及评价维度等。

第二，依照经济、社会、环境等相关理论，形成并优化逻辑自洽的维度、细分维度以及具体指标体系。

第三，将联合国发布的《变革我们的世界：2030 年可持续发展议程》中 17 个可持续发展目标和 169 个具体目标尽量融入指标体系的细分维度和具体指标中去。

第四，借鉴已有研究成果，按照构建原则，进一步完善可持续发展评价维度、细分维度以及具体指标，比如整合目标分类不合理的维度与指标，调整部分难以描述、统计和良好的指标，删除具有包含或重叠关系的冗余指标等。

第五，在各大数据库中收集"一带一路"沿线国家相关指标的统计数据，针对数据的质量和获得情况对细分维度和指标，尤其是指标进行最终调整，比如删除一些大多数国家均缺失的指标、选择数据可获得性更好的替代指标等。

（三）"一带一路"沿线国家可持续发展评价指标

按照可持续发展评价指标体系构建原则及步骤，我们最终形成了"一带一路"沿线国家可持续发展评价指标体系，共计 15 个维度 56 个具体指标，如表 2－2 所示。

表 2-2 “一带一路”沿线国家可持续发展评价指标体系

目标	系统	维度	细分维度	指标
可持续发展	经济	经济规模	产值	人均 GDP
			增长	GDP 年增长率
		经济质量	结构	资本形成总额占 GDP 比重
				服务业增加值占 GDP 比重
				FDI 占 GDP 比重
				经常项目余额占贸易总额比重
			效益	全社会劳动生产率
		经济活力	创新	国家创新指数
			开放	经济外向度
			风险	债务占 GDP 比重
	社会	人口基础	人口禀赋	人口自然增长率
				人口密度
			人口结构	出生性别比
				每万人科技人员数
				人口城镇化率
		生活水平	营养	营养不良发生率
			贫困	低于 1.9 美元/天人口比例
			饥饿	人均粮食产量
				单位面积粮食产量
			居住	人口超过 100 万的城市群中人口比例
		平等就业	社会公平	基尼系数
				人类发展指数
			劳动就业	失业率
				劳动中妇女的比例
		公共服务	健康	人均医疗卫生支出
				每千人医疗床位数
				预期寿命
				新生儿死亡率
				孕产妇死亡率

续表

目标	系统	维度	细分维度	指标
可持续发展	社会	公共服务	教育	入学率（小学）
				入学率（中学）
				入学率（高等院校）
				识字率
				政府教育支出占比
	环境	资源	森林	人均森林面积
			土地	人均土地资源占有量
			水	人均淡水资源占有量
		能源	能源消耗	单位 GDP 能耗
				能源消耗弹性系数
			能源结构	二次能源占比
		污染	二氧化碳	人均二氧化碳排放量
			一氧化氮	人均一氧化氮排放量
			甲烷	人均甲烷排放量
			烟尘	人均烟尘排放量
		生态保护	保护区	自然保护区面积占国土面积比重
	基础设施	交通设施	铁路	人均铁路里程数
			港口	港口吞吐能力
			机场	航空运输量
		信息与公共服务设施	互联网	互联网普及率
			固定和移动电话	固定和移动电话普及率
			公共服务设施	用电普及率
				改善水源获得比例
				改善卫生设施获得比例
	机制	国内制度	经济制度	经济自由度指数
			社会治理	全球治理指数
		国际合作	承担国际义务	提供（接受）的官方发展援助占 GDP 比重

注：作者设计整理。

三、可持续发展指标体系的评估方法

（一）评估方法的选择

目前，基于指标体系的评估方法有很多，传统的有主成分分析法、模糊数学法、数据包络法等。近年来，也不断涌现出一批新兴方法，如线性模型的集对分析法、物元可拓法等，非线性模型的神经网络法等。总体来讲，传统的评估方法在可持续发展评价中运用得相对成熟，其中，主成分分析法是运用最为广泛的。新兴方法中，集对分析法需要对每个指标的评价标准进行设定，当涉及多个禀赋差异较大、发展阶段迥异的国家时，就很容易产生争议。神经网络法则需要确定输入指标和输出指标，更主要运用于可持续发展水平的预测。因此，本报告对“一带一路”沿线国家可持续发展情况进行评价将采用传统的评估方法。传统评估方法的核心是确定指标权重。指标赋权一般有主观赋权和客观赋权两种方法，其中，主观赋权主要有 Delphi 法、层次分析法等，依赖于专家打分；客观赋权通常有主成分分析、熵值法等，由于熵值法能够反映出指标信息熵值的效用价值，从而确定权重，因而得到越来越多的应用。这里我们采用专家打分的主观赋权和熵值法的客观赋权相结合的权重确定思路。

（二）指标权重的确定

1. 指标赋权步骤与方法

指标权重的确定主要有三个步骤：①利用熵值法测算各项指标的权重；②请相关领域专家对指标体系中的各项指标进行赋权；③根据以上结果调整指标赋权形成最终的指标权重。之所以要对照专家赋权打分对熵值法得出的指标权重进行调整，主要是考虑到虽然熵值法可以有效反映出评价指标的信息效用，但是这会随着时间的推移、空间范围的调整而产生变化，从而影响评价结果的可比性。

熵值法的主要思想是，对于某项指标，信息熵值越大，表明指标值的变异程度越大，因而该指标在综合评价中所起的作用越大。利用熵值法进行指标赋权和综合评价的步骤如下：

（1）由于可持续发展具有多目标性，不同指标之间存在量纲差异，因此，首先需要对原始数据进行标准化处理，将每个指标值转化成 0 - 1，一方面消除量纲，另一方面也使评价结果具有可比性。通常情况下，指标属性有三类，分别是正向、逆向和适度。

对于正向指标，标准化的公式为：

$$y_{ij}=\frac{x_{ij}-x_i^{\min}}{x_i^{\max}-x_i^{\min}}$$

对于逆向指标，标准化的公式为：

$$y_{ij}=\frac{x_i^{\max}-x_{ij}}{x_i^{\max}-x_i^{\min}}$$

其中，x_{ij}表示第j个国家的第i个指标的实际值，标准值为y_{ij}，$x_i^{\min}$和$x_i^{\max}$分别为所有国家中第i个指标的最小值和最大值。

另外，需要说明的是，在"一带一路"沿线国家可持续发展指标体系中只有极少数几个适度指标，比如FDI占GDP比重、经济外向度等。对于适度指标的标准化最关键的是需要确定适度值，由于这些指标的适度值很难从理论或实践中寻找出依据，且确定争议较大，加上"一带一路"沿线大多是发展中国家，很少有发展过度的情况，因此，借鉴已有一些文献的做法，这里我们将这些适度指标都按照正向指标或逆向指标的标准化方法进行处理。

（2）计算某个指标值在该指标中的比重：

$$s_{ij}=\frac{x_{ij}}{\sum_{j=1}^{n}x_{ij}}$$

（3）计算指标熵值：

$$e_i=-\frac{\sum_{j=1}^{n}s_{ij}\ln s_{ij}}{\ln(n)}$$

（4）计算第i个指标的信息效用值：

$$g_i=1-e_i$$

（5）计算指标x_i的权重：

$$w_i=\frac{g_i}{\sum_{i=1}^{m}g_i}$$

2. 样本、数据来源与处理

本报告主要针对"一带一路"沿线国家的可持续发展情况进行评价，初始研究样本为2010~2015年包括中国在内的65个"一带一路"沿线国家，由于其中部分国家的数据缺失特别严重，因此，删除了叙利亚、波黑、阿联酋、巴勒斯坦以及巴林这5个国家，最终形成包含60个"一带一路"沿线国家的研究样本（见表2-3）。

表2-3　研究样本

区域	样本国家
东亚	中国
中亚	塔吉克斯坦、吉尔吉斯斯坦、乌兹别克斯坦、哈萨克斯坦、土库曼斯坦
东南亚	越南、泰国、柬埔寨、老挝、新加坡、马来西亚、菲律宾、印度尼西亚、文莱、东帝汶、缅甸
南亚	尼泊尔、不丹、斯里兰卡、孟加拉、巴基斯坦、印度、马尔代夫、阿富汗
蒙俄	蒙古、俄罗斯
西亚及中东	阿塞拜疆、以色列、亚美尼亚、卡塔尔、格鲁吉亚、科威特、沙特、约旦、土耳其、伊朗、阿曼、伊拉克、黎巴嫩、埃及、也门
中东欧	斯洛文尼亚、立陶宛、匈牙利、斯洛伐克、波兰、捷克、罗马尼亚、摩尔多瓦、爱沙尼亚、保加利亚、拉脱维亚、塞尔维亚、马其顿、阿尔巴尼亚、克罗地亚、黑山、白俄罗斯、乌克兰

注：作者整理制作。

所有指标数据来自世界银行、世界知识产权组织、传统基金会、联合国开发计划署等机构的数据库或发布报告。对于数据缺失的处理主要采用两种办法：一是对个别年份缺失的数据分别利用替代、外推、插值等方法进行补齐；二是对于少数国家整体缺失的指标采用类似指标进行替代。

第三篇

指数报告

第三章 “一带一路”沿线国家可持续发展综合指数与阶段分析

一、可持续发展阶段划分的标准

本报告将可持续发展综合指数按百分制进行平均划分，得到“一带一路”沿线国家可持续发展的三阶段，即初级阶段、中级阶段和高级阶段，其中，每个阶段又可以分为早期、中期和晚期（见表3-1）。

表3-1 可持续发展阶段划分

可持续发展阶段		综合指数区间	代码
初级阶段	早期	0~11.1	11
	中期	11.2~22.2	12
	后期	22.3~33.3	13
中级阶段	早期	33.4~44.4	21
	中期	44.5~55.5	22
	后期	55.6~66.6	23
高级阶段	早期	66.7~77.7	31
	中期	77.8~88.8	32
	后期	88.9~100	33

注：作者绘制。

每个国家可持续发展阶段的划分按两个步骤进行：第一步，根据可持续发展综合指数判断一国所处的可持续发展阶段以及时期。第二步，考虑到可持续发展的最初内涵是指环境的合理利用与保护以及可持续发展的最终目的是提高人类生活质量，因此，这里重点考察一国社会、环境可持续发展指数，看其是否符合第一步综合指数所处可持续发展阶段的划分标准，只要有一个没有达到阶段标准，则自动下调一个阶段。

二、"一带一路"沿线国家可持续发展总体评价与阶段判断

（一）各国可持续发展水平参差不齐且距实现可持续发展目标任重而道远

根据计算得到的2015年"一带一路"沿线国家可持续发展综合指数及排名（见表3－2），我们可以得出以下几点结论：

表3－2　2015年"一带一路"沿线国家可持续发展综合指数及排名

国家	可持续发展综合指数	排名	国家	可持续发展综合指数	排名	国家	可持续发展综合指数	排名
中国	51.3	9	塔吉克斯坦	39.8	44	柬埔寨	39.2	47
斯洛文尼亚	57.4	3	越南	41.6	34	老挝	37.8	49
白俄罗斯	43.4	27	泰国	44.8	24	巴基斯坦	34.9	55
乌克兰	41.5	35	卡塔尔	50.5	12	印度	37.8	50
立陶宛	52.0	7	保加利亚	49.9	15	阿尔巴尼亚	41.6	33
匈牙利	50.4	13	拉脱维亚	51.8	8	土库曼斯坦	38.6	48
乌兹别克斯坦	37.3	51	蒙古	40.0	41	文莱	50.4	14
阿塞拜疆	42.9	31	埃及	36.9	52	伊朗	41.3	37
以色列	57.7	2	塞尔维亚	43.4	28	克罗地亚	50.7	10
斯洛伐克	53.5	5	吉尔吉斯斯坦	39.8	43	不丹	43.7	26
摩尔多瓦	40.2	40	菲律宾	40.3	39	阿曼	46.1	22
波兰	50.7	11	印度尼西亚	40.8	38	黑山	46.7	21
捷克	53.3	6	马其顿	43.0	30	斯里兰卡	39.3	46
新加坡	62.7	1	约旦	34.1	57	伊拉克	36.8	53
哈萨克斯坦	44.8	23	马来西亚	47.6	19	黎巴嫩	39.4	45

续表

国家	可持续发展综合指数	排名	国家	可持续发展综合指数	排名	国家	可持续发展综合指数	排名
俄罗斯	49.6	16	土耳其	43.0	29	阿富汗	25.9	59
罗马尼亚	46.9	20	尼泊尔	39.8	42	沙特	48.1	18
爱沙尼亚	54.6	4	孟加拉	34.6	56	东帝汶	32.7	58
亚美尼亚	44.3	25	格鲁吉亚	42.1	32	缅甸	35.4	54
马尔代夫	41.4	36	科威特	49.2	17	也门	24.9	60

注：作者计算整理。

（1）各国可持续发展综合指数的概率密度分布并不是对称的，大体上呈现出正偏态分布（右偏态分布）特征，多数国家的可持续发展综合指数集中在33.3～55.5的区间范围内（见图3－1），整体平均值为43.7，说明绝大多数国家要实现可持续发展目标仍有较长的路要走，这也与中国科学院世界可持续发展报告研究组发布的《2015世界可持续发展年度报告》中的结论基本一致。

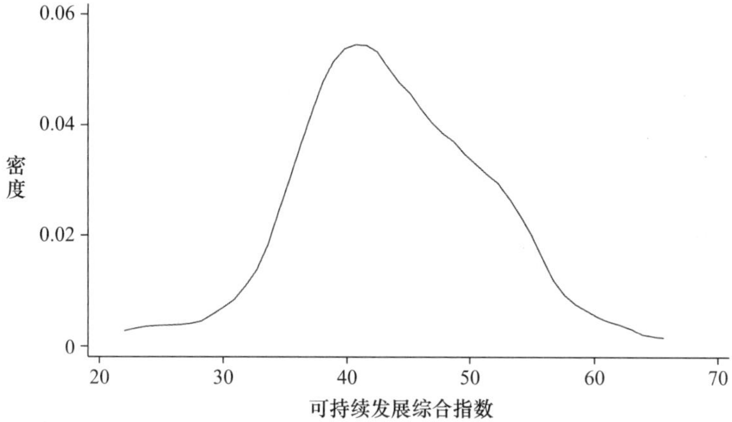

图3－1　可持续发展综合指数密度分布

注：作者计算并绘制。

（2）“一带一路”沿线国家中，可持续发展程度最高的三个国家分别是新加坡、以色列以及斯洛文尼亚，最低的三个国家分别是东帝汶、阿富汗和也门。其中，可持续发展综合指数最高的新加坡（62.7）与最低的也门（24.9）之间相差37.8，整体方差为53.7，说明“一带一路”沿线国家可持续发展程度参差不齐，差距较大。

（3）中国2015年可持续发展综合指数为51.3，排在60个"一带一路"沿线国家的第9位，说明中国在各国中可持续发展的总体情况较好。

（4）按照前一部分提出的可持续发展阶段划分标准和步骤，目前，处于可持续发展初级阶段中期和中级阶段后期的都只有1个国家，分别是阿富汗和斯洛文尼亚；处于可持续发展中级阶段中期的有新加坡、以色列、斯洛伐克、保加利亚和克罗地亚共5个国家；处于可持续发展初级阶段后期的有18个国家；处于可持续发展中级阶段早期的国家最多，共计35个，即"一带一路"沿线国家中超过半数处于该阶段（见表3-3）。

表3-3 "一带一路"沿线国家可持续发展阶段划分

可持续发展阶段	国家	区域分布
12	阿富汗	南亚（1）
13	白俄罗斯、乌克兰、乌兹别克斯坦、马尔代夫、埃及、约旦、土耳其、孟加拉、巴基斯坦、印度、土库曼斯坦、伊朗、不丹、伊拉克、黎巴嫩、东帝汶、缅甸、也门	中亚（2）、南亚（5）、东南亚（2）、西亚及中东（7）、中东欧（2）
21	中国、立陶宛、匈牙利、阿塞拜疆、摩尔多瓦、波兰、捷克、哈萨克斯坦、俄罗斯、罗马尼亚、爱沙尼亚、亚美尼亚、塔吉克斯坦、越南、泰国、卡塔尔、拉脱维亚、蒙古、塞尔维亚、吉尔吉斯斯坦、菲律宾、印度尼西亚、马其顿、马来西亚、尼泊尔、格鲁吉亚、科威特、柬埔寨、老挝、阿尔巴尼亚、文莱、阿曼、黑山、斯里兰卡、沙特	东亚（1）、中亚（3）、东南亚（8）、南亚（2）、西亚及中东（7）、中东欧（12）、蒙俄（2）
22	以色列、斯洛伐克、新加坡、保加利亚、克罗地亚	东南亚（1）、西亚及中东（1）、中东欧（3）
23	斯洛文尼亚	中东欧（1）

注：作者整理。

（5）在给"一带一路"沿线国家进行可持续发展阶段判断过程中，出现了很多因社会或环境可持续发展未达标而下调总体阶段的情况。为了考察这一情况，我们将各国社会和环境可持续发展评分减去综合指数对应发展阶段的门槛值，并绘制成四个象限的散点图。处于第一象限的点的含义是一国社会、环境可持续发展均达标，综合指数所在区间即为该国可持续发展的具体阶段。第二象限、第四象限分别表明由于环境或社会可持续发展未达标而造成一国总体评价下调的情况。第三象限中的点意味着一国环境和社会可持续发展均未达标，从而使对该国可持续发展阶段的判断需要进行降级处理。我们分别对处于不同阶段的国家进行了分析，并将处于可持续发展中级阶段早期、初级阶段后期以及中级阶段中期的国家绘成散点图（见图 3－2、图 3－3、图 3－4），可知：一是可持续发展中级阶段早期。17 个国家社会、环境可持续发展评分达标，16 个国家因环境未达标而降级，2 个国家（中国、马来西亚）社会、环境均未达标，说明这一阶段可持续发展不协调度较高，其中，环境成为可持续发展的"短板"。二是可持续发展初级阶段后期。除了东帝汶、也门的社会、环境发展均达标，因环境、社会其中某一方面可持续发展未达标而降级的国家分别有 10 个和 4 个，孟加拉和土库曼斯坦的社会和环境发展均未达标。三是可持续发展中级阶段中期。5 个国家中新加坡和以色列因环境可持续发展未达标而降级，斯洛伐克、保加利亚和克罗地亚社会、环境发展相对协调。四是可持续发展初级阶段中期。阿富汗的社会可持续发展相对滞后。五是可持续发展中级阶段后期。斯洛文尼亚在社会、环境可持续发展方面相对协调。由此可见，"一带一路"沿线国家中社会、环境可持续发展相对滞后或不协调的比例较大，且这一比例随着可持续发展阶段的升级而逐渐下降。

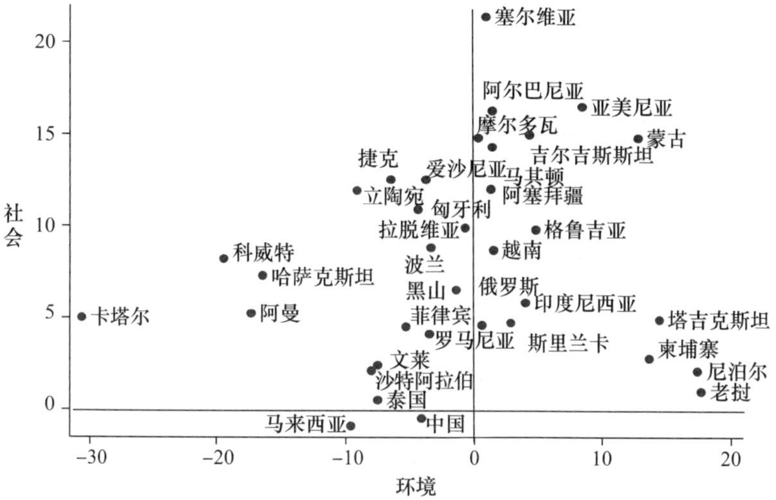

图 3－2 可持续发展中级阶段早期国家的社会与环境

注：作者绘制。

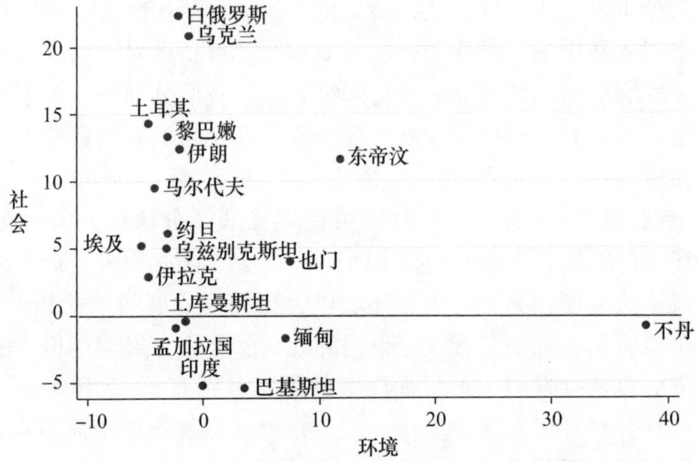

图 3－3　可持续发展初级阶段后期国家的社会与环境

注：作者绘制。

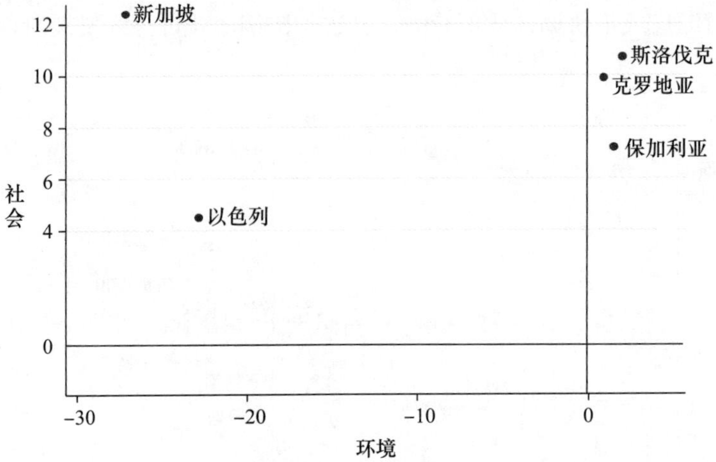

图 3－4　可持续发展中级阶段中期国家的社会与环境

注：作者绘制。

（二）各国可持续发展水平大体呈现出上升态势

为了进一步考察“一带一路”沿线国家可持续发展的时序演变情况，我们计算了 2010～2015 年各国可持续发展综合指数，并绘成图 3－5，图中自左向右分别表示处在可持续发展初级阶段后期、中级阶段早期，以及中级阶段后期、中期、初级阶段中期国家在这一时期的可持续发展综合指数。可以得出以下结论：①除也门、卡塔尔外，其余国家2015年的可持续发展综合指数均比2010年有一定的提升。与2010年相比，可持续发展综合指数增幅最大的是马尔代夫，达到29.6%，最小的是也门，为-14.5%。②从演变趋势来看，各国的可持续发展综合指数均表现出明显的上升态势，可持续发展不同阶段以及不同区域国家的综合指数演变趋势基本一致。除极少国家是逐年上升外，其余国家的综合指数在2010~2015年均有波动，多数国家在2013年左右出现波谷。③从发展阶段来看，可持续发展越趋向于高级阶段的国家，综合指数提升的速度总体上越低。例如，与2010年相比，处在初级阶段中期的阿富汗综合指数增速为15.6%，初级阶段后期国家的平均增速为7.2%，中级阶段早期国家的平均增速为8.4%，中级阶段中期、后期国家的平均增速为4.7%。

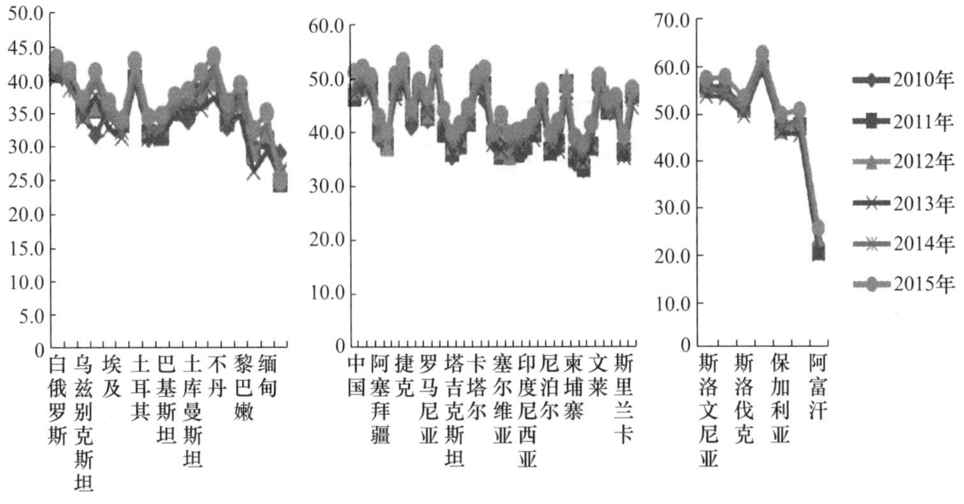

图3-5 2010~2015年各国可持续发展综合指数

注：作者绘制。

（三）不同区域内部各国可持续发展水平差异较大

为了讨论“一带一路”沿线国家可持续发展在地理空间上的特征，我们利用计算得出的2015年各国可持续发展综合指数，并结合表3-3，可以得出如下结论：①总的来说，中东欧地区国家的可持续发展水平最高，有接近90%的国家处在可持续发展中级阶段，其中，斯洛文尼亚已经进入中级阶段后期，只有2个国家（白俄罗斯、乌克兰）由于环境可持续发展评分离标准稍差而落入初级阶段后期。②东南亚、东亚以及蒙俄地区国家的可持续发展水平其次，有86%左右的国家处在可持续发展中级阶段，其中，东南亚的新加坡综合指数超过已经进入中级阶段后期的斯洛文尼亚，仅仅因国土面积较小，资源禀赋较少导致环境方面的评分未达标而降入中级阶段中期。另外，只有东南亚的缅甸和东帝汶现在仍处在可持续发展初级阶段后期。③西亚及中东以及中亚地区国家的可持续发展水平再次，有超过一半的国家已经进入可持续发展中级阶段，其中，以色列也是因特殊的地理环境导致环境方面的评分未达标而降入中级阶段中期。剩下半数国家均处在可持续发展初级阶段后期。④南亚是可持续发展水平相对最差的地区，只有尼泊尔和斯里兰卡进入到可持续发展中级阶段早期，其余6个国家均处于可持续发展初级阶段，阿富汗甚至仍是初级阶段中期。⑤大体上看，不同地理区域内部各国的可持续发展水平存在较大差异，例如，同是处于可持续发展中级阶段早期的东南亚国家，老挝的综合指数与马来西亚相比相差10左右。

三、“一带一路”沿线国家重点领域可持续发展评价与分析

（一）经济可持续发展评价与分析

1. 沿线各国经济可持续发展差异较大

根据计算得出的2015年“一带一路”沿线国家经济可持续发展评分（见图3-6），可以得出以下结论：①从经济评分的核密度分布来看，偏度大于0，峰度大于3，大体呈现出右偏态特征，有80%的国家经济评分在33.9~57.8的区间内，各国经济可持续发展评分的均值为44.3，说明沿线国家经济发展仍有较大的提升空间，通过“一带一路”倡议开展经济合作具有广阔的前景。另外，经济评分的均值高于综合指数均值，表明在可持续发展整个系统中，经济子系统呈现出相对正常或较快发展的状态。②各国中经济可持续发展评分最高的是新加坡，为81.9，然后是以色列（76.4）和卡塔尔（75.6），卡塔尔与第四名科威特之间的差距较大，达到15.2；经济可持续发展评分最低的是也门，只有14.3，与倒数第二位的蒙古相比相差16.1；进一步，各国经济可持续发展评分的极差达到67.6，方差为129.8。以上说明经济的可持续发展在各国之间差异较大，尤其是两极差距显著。③中国经济可持续发展评分为48.8，位列第16，与综合指数的排名相比有明显下降，说明经济仍然是中国实现可持续发展亟须努力提高的方

向。④从总体排名来看，经济可持续发展评分与综合指数相比，最高和最低的国家排名基本一致，中间国家的排名变化较大。

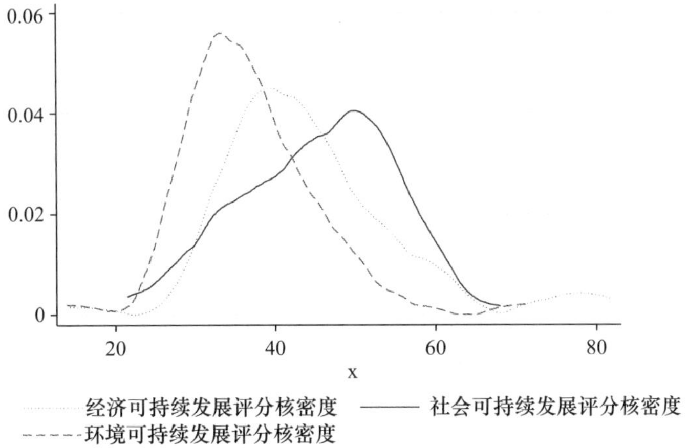

图 3-6 各国经济、社会、环境可持续发展评分核密度

注：作者计算并绘制。

2. 各国经济可持续发展基本呈现提高态势且增幅与发展水平相关

从时序演变角度来看，"一带一路"沿线国家在经济方面的可持续发展主要表现出以下特征：①除卡塔尔和也门外，其余国家 2015 年的经济可持续发展均比 2010 年有明显提升。其中，增幅最大的是吉尔吉斯斯坦，达到 113%，最小的是也门，为 -37.8%。中国经济可持续发展评分的增幅为 28.9%，低于 37.6% 的各国平均增幅。②总体来看，除也门、卡塔尔外，几乎所有国家的经济可持续发展均表现出上升态势，其中，有接近半数的国家在经济方面的评分逐年提高。③经济可持续发展水平相对较低的国家其增幅可能相对较大，反之则反是。例如，增幅排名前列的吉尔吉斯斯坦、老挝、塔吉克斯坦等其经济评分相对较低，同样，经济评分相对较高的新加坡、以色列等则在增幅排名中相对靠后。但也有例外情况，主要发生在增幅较小的国家中，其中既有经济可持续发展评分较高的新加坡、卡塔尔、以色列等，也有相对落后的东帝汶、也门、乌克兰等。

3. 区域内国家经济可持续发展分化严重

从区域角度来看，主要有以下发现：①总体来看，中东欧地区的国家经济可持续发展水平相对最高，有四个国家的评分进入前十，分别是斯洛文尼亚、爱沙尼亚、捷克、立陶宛。此外，中间梯队中属于中东欧地区的国家数量占比也相对较大。可以说，中东欧是经济可持续发展差距最小的地区。②经济可持续发展水平较低的国家如老挝、蒙古、也门、吉尔吉斯斯坦、缅甸、巴基斯坦、塔吉克斯坦等主要分布在南亚、中亚、东南亚等地区。③除中东欧外，其余地区的国家经济可持续发展分化相对严重，例如，东南亚地区既有排名前十的新加坡、文莱，也有相对靠后的缅甸、老挝、菲律宾等；西亚及中东地区既有经济可持续发展水平较高的以色列、卡塔尔、科威特、沙特，也有相对较低的埃及、约旦、阿塞拜疆等。

（二）社会可持续发展评价与分析

1. 沿线各国社会可持续发展差异相对较小

根据计算得出的2015年各国社会可持续发展评分，结合图3－6，可以得出以下结论：①由于各国社会可持续发展评分的偏度小于0，总体呈现出左偏态特征；峰度小于正态分布的值3，说明并没有太多的极端值。有80%的国家其社会可持续发展评分在32.6～56.1分的区间范围内，各国均值为45.2分，是可持续发展系统中三大组成部分经济、社会、环境中均值最大的，亦高于综合指数均值，说明各国在社会可持续发展方面相对较好，但从绝对值看仍有较大的提升空间。②社会可持续发展评分最高的是新加坡（68分），然后分别是以色列（60.1分）、斯洛文尼亚（58.4分），相对于经济，排名前十的国家间社会可持续发展评分差距较小。评分最低的国家分别是巴基斯坦（28分）、也门（26.3分）以及阿富汗（21.4分），排名第一与最后的国家在评分方面的极差是46.6，方差为90.9，均小于经济方面，说明各国社会可持续发展的差异要明显小于经济方面，但分布仍然较为分散。③中国社会可持续发展评分为44分，排在所有国家中的第36位，与综合指数、经济可持续发展评分的排名相比下降显著，说明中国的社会发展相对滞后，是可持续发展系统中的"短板"。

2. 各国社会可持续发展演变趋势相对分散

进一步考察"一带一路"沿线各国社会可持续发展的演变情况，可以发现：①与经济相比，社会可持续发展的变化趋势相对分散，2015年60个沿线国家中有19个国家的社会可持续发展评分与2010年相比有所下降，占比接近1/3。其余41个国家的社会可持续发展评分虽然与2010年相比有所提高，但总体提高幅度不大，且绝大多数国家并未表现出上升态势，波动相对频繁，说明社会方面的可持续发展目标相对于经济较难实现，而且容易有所反复。②与2010年相比，沿线国家中社会可持续发展评分提高幅度最大的是土库曼斯坦，达到7.4%，其次是中国，为7.1%，最小的是卡塔尔，为－7%，各国社会可持续发展评分的平均增幅是1.1%，明显低于经济方面的情况。③社会可持续发展水平越高，其增幅可能越小，反之则反是，但程度可能相对不显著。例如，19个增幅为负的国家中大多是社会可持续发展评分较高的国家，只有 5 个国家的评分低于平均值 45.2；而41 个增幅为正的国家里面有 21 个国家的社会评分低于平均值，增幅排名前十国家中甚至只有 2 个国家高于平均值。社会可持续发展水平排在前两位的新加坡、以色列虽然增幅为正，但只有 1% 左右，且从时序变化来看，水平相对稳定。

3. 社会可持续发展水平较高的地区各国评分差异较小

考察不同地理区域的国家 2015 年的社会可持续发展情况，可以得出以下结论：①在“一带一路”沿线各大区域中社会可持续发展整体水平最高的依然是中东欧地区，在评分前十的国家中中东欧国家占据了八个席位，分别是斯洛文尼亚、爱沙尼亚、捷克、立陶宛、白俄罗斯、匈牙利、斯洛伐克、塞尔维亚。此外，在高于平均评分的 34 个国家中有 18 个是中东欧国家。②社会可持续发展整体水平相对最低的是南亚地区，在“一带一路”沿线八国中有 5 个国家（印度、巴基斯坦、孟加拉、阿富汗、不丹）的社会可持续发展评分位列倒数十名之内。东南亚地区有 3 个国家，老挝、东帝汶和缅甸的社会评分位于倒数十名，占东南亚国家的约 30%。此外，评分倒数十名中还有中亚五国中的土库曼斯坦、西亚及中东十九国中的也门。③总的来说，中东欧、西亚及中东地区国家的社会可持续发展评分相对集中，且水平普遍较高，东南亚、南亚、中亚等地区的国家社会可持续发展水平相对分化，例如，中亚地区哈萨克斯坦、吉尔吉斯斯坦的社会可持续发展评分高于平均值，乌兹别克斯坦、塔吉克斯坦、土库曼斯坦的评分低于平均值，其中，土库曼斯坦甚至是社会可持续发展水平最低的十个国家之一。

（三）环境可持续发展评价与分析

1. 环境是沿线国家可持续发展系统中最主要的“短板”之一

根据计算得出的 2015 年各国环境可持续发展评分以及图 3-6，可以得出以下主要结论：①各国环境可持续发展评分的偏度为 1.08，大于 0，总体体现出右偏态特征；峰度为 6.56，大于 3，说明有较多的极端值。60 个沿线国家中有 80% 的国家环境可持续发展评分落在 28.6~46.8 分的区间范围内，各国评分均值为 36.9 分，是可持续发展系统中平均评分最低的组成部分，说明“一带一路”沿线国家的环境保护与合理利用是实现可持续发展目标中的主要“短板”，很多国家在可持续发展阶段判断过程中就是因为环境评分的未达标而造成降级。②环境可持续发展评分最高的国家是不丹（71.5 分），其次是斯洛文尼亚（56.1 分），再次是老挝（51.1 分），排名前十的国家之间评分的最大差距是 26.1 分，介于经济和社会之间。环境可持续发展评分最低的国家有阿曼（27.2 分）、科威特（25.1 分）、卡塔尔（13.9 分）。环境可持续发展评分最高与最低的国家之间的极差为 57.6，同样介于经济和社会之间；方差为 73.5，说明各国环境可持续发展评分差异虽大，但小于经济和社会。③中国环境可持续发展评分为40.4分，低于经济、社会可持续发展评分，在"一带一路"沿线国家中排名第18，说明环境也是中国实现可持续发展亟待提升的重点方面。

2. 各国环境可持续发展基本保持在一个较为稳定的水平上

根据2010～2015年"一带一路"沿线国家环境可持续发展评分的变化情况，可以得知：①与2010年相比，60个沿线国家中有31个国家的环境可持续发展评分出现下降，超过半数的比例。总体来看，各国环境可持续发展水平的变化趋势基本平稳，评分的波动频率相对较小，2012年普遍是一个波峰年份，这可能与经济发展有一定的相关性。以上说明环境可持续发展目标较难实现，且容易反复。②与2010年相比，沿线国家中环境可持续发展评分增幅最大的是卡塔尔，为9.4%，其次是中国，达到9.3%，增幅最小的是爱沙尼亚，为-6.6%。各国环境可持续发展水平变化幅度也不大，所有国家评分的平均增幅只有0.23%，是经济、社会、环境中最小的。其中，评分上升国家的平均增幅为2.8%，评分下降国家的平均增幅为2.2%，说明环境改善的程度还是要略好于恶化的程度。③环境可持续发展水平与其增幅并没有显著的关系。一方面，环境可持续发展评分前十位的国家均值为32，后十位的国家均值为36.2，其余国家的均值为38.3，差距并不明显；另一方面，虽然评分前十的国家中只有两个国家（中国、克罗地亚）环境评分大于平均值36.9，但后十名也有5个国家环境评分超过平均值。

3. 多数地区国家之间环境可持续发展水平分化显著

从区域角度来看沿线各国2015年环境可持续发展情况，可以发现：①总的来看，环境可持续发展水平最高的是中国和蒙俄地区，该地区三国的环境评分均高于所有国家的平均值，且三国的平均值为43.2，为各地区最高。其次是中东欧地区，该地区环境平均评分为39.7分。18个国家中有12个国家的环境可持续发展评分高于36.9的总体平均值，且斯洛文尼亚、斯洛伐克、保加利亚以及克罗地亚的环境评分进入所有国家的前十位。②环境可持续发展处于中间位置的区域主要是东南亚和南亚地区。东南亚和南亚地区的环境平均得分分别为37.9分和40.1分，均高于总体平均值，东南亚地区中有超过一半国家的环境得分高于均值，而南亚只有不到40%的比例高于均值。③处于环境可持续发展第三梯队的是中亚和西亚及中东地区，两大区域环境平均得分分别为35.2分和30.5分，低于总体平均得分。其中，西亚及中东地区超过均值的国家仅占该地区国家总数的13.3%，并有7个国家的得分位于所有国家的最后十位。④总的来看，除了中国和蒙俄地区、中东欧地区国家之间的环境可持续发展水平差距不大外，其余地区的国家之间环境可持续发展水平差异相对显著。在环境得分的前十名和后十名中，均既有综合指数较高的国家，亦有较低的国家。

（四）基础设施可持续发展评价与分析

1. 基础设施是沿线国家推进可持续发展过程中的最大短板

通过计算得出的2015年“一带一路”沿线国家基础设施可持续发展评分，结合图3－7，我们至少可以得到以下结论：①各国基础设施可持续发展评分的偏度为0.42，略大于0，属于不对称分布的右偏态，说明分布频数主要集中在较小分值一侧；峰度为5.17，大于3，说明基础设施可持续发展评分有较多的极端值。有80%的沿线国家基础设施评分处于18～44.3分的区间，各国基础设施评分均值为33.4，是可持续发展五大维度中均值最小的，说明基础设施建设是沿线国家推进可持续发展过程中的最大“短板”。②基础设施可持续发展评分最高的是中国，达到76.1分，高出第二名俄罗斯多达17分，俄罗斯又比第三名科威特高出11.1分；评分最低是阿富汗（6.7分），其次是也门（8.7分）、东帝汶（13.8分）。不论是前十名国家之间的评分差距（33.7分），还是所有国家中得分最高与最低之间的极差（69.4分）都非常大，超过了经济、社会和环境；方差为134，说明各国基础设施可持续发展评分较为分散，差距较大，通过“一带一路”倡议实行双边或多边的基础设施合作具有较好的可行性和广阔的前景。③中国基础设施可持续发展得分为76.1分，位列沿线各国之首。一方面，其不但是中国可持续发展五大维度排名最高的系统，而且绝对值也超出了综合指数，说明基础设施是中国可持续发展系统中的优势方面；另一方面，与其他国家相比，中国基础设施建设也体现出了明显的优势，为中国实现“一带一路”倡议的宗旨——为区域共同发展提供公共产品奠定了牢固的基础。

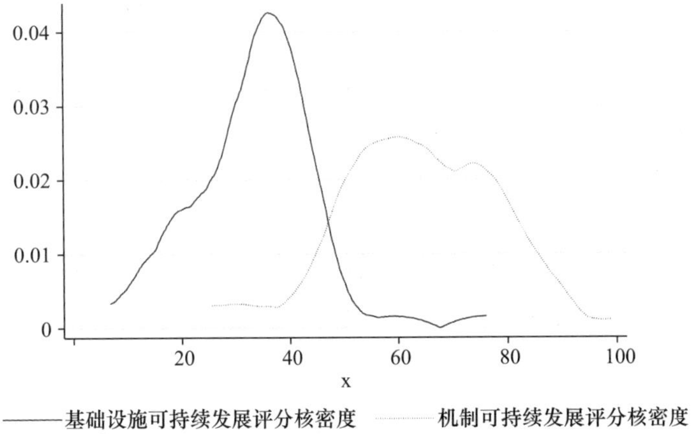

图3－7 各国基础设施、机制可持续发展评分核密度

注：作者计算并绘制。

2. 各国基础设施可持续发展演变趋势呈现多样化

通过比较2010～2015年"一带一路"沿线国家基础设施可持续发展评分的演变情况，可以发现：①总的来看，各国基础设施可持续发展水平表现出分散化趋势，有的国家如柬埔寨、缅甸等呈现不同程度的上升态势，有的国家如斯洛文尼亚、立陶宛、匈牙利等就表现出下降态势，还有的国家如中国、白俄罗斯、以色列等趋于平稳，也有国家有一些较为明显的波动，如新加坡、俄罗斯等。与2010年相比，基础设施可持续发展水平出现不同程度提高的国家还是占据了大多数，有41个，占比接近70%，另有19个国家基础设施评分出现了下降。②与2010年相比，沿线各国中基础设施可持续发展评分增幅最大的是柬埔寨，达到123%，其次是缅甸，为113%，评分增幅最小的是沙特，为-13.5%。各国基础设施可持续发展评分的平均增幅为10.7%，其中，评分提高国家的平均增幅为18.3%，评分下降国家的平均增幅为-5.7%，说明在沿线各国中多数国家的基础设施水平趋于改善，且改善的幅度要明显大于下降的幅度。③通常来说，基础设施可持续发展水平越高，其增幅可能越小，反之则反是。例如，基础设施可持续发展评分排在前十位的国家的得分平均只有22.2分，低于所有国家的均值，而评分排在后十位的国家的得分均值高达38.3分，高于所有国家的均值。

3. 沿线各地区之间及内部不同国家基础设施可持续发展水平差异显著

从区域来看，依据2015年沿线各国的基础设施可持续发展评分，可以得知：①基础设施可持续发展水平处于第一梯队的地区包括中国和蒙俄地区、中东欧地区。其中，中国和蒙俄地区的基础设施可持续发展平均得分高达51.7分，中国和俄罗斯位列60个沿线国家的前两名。中东欧地区的基础设施可持续发展平均得分在所有地区中排在第二，为37.8分，高于所有国家的均值，且18个国家中只有塞尔维亚和摩尔多瓦的得分低于33.4分的均值。②基础设施可持续发展水平处于第二梯队的地区是西亚及中东地区，平均得分为33.7分，略高于所有国家的均值，其中，有接近一半的国家得分高于33.4分。③基础设施可持续发展水平处于第三梯队的地区包括中亚、东南亚以及南亚，其平均得分分别为31.1分、29分以及23.8分，均低于33.4分。④不同地区之间基础设施可持续发展水平的差异较大，最高的中国和蒙俄地区比最低的南亚地区高出27.9分，且各地区内部不同国家的基础设施可持续发展水平也分化明显，各地区均有基础设施水平较高的国家，亦有相对较低的国家。

（五）机制发展水平评价与分析

1. 机制是沿线各国可持续发展系统中最具优势的维度

根据图3-7以及2015年"一带一路"沿线国家机制发展水平评分情况，主要可以得出以下结论：①各国机制发展水平评分的偏度小于0，具有左偏态特征，说明多数国家的机制建设情况较好；峰度略大于3，接近正态分布的峰度，极端值相对较少。有80%的沿线国家的机制发展水平评分在47.95~81.8分，所有国家评分的均值为63.2分，不但是经济、社会、环境、基础设施与机制五大可持续发展维度中均值最高的，也高于综合指数均值，说明机制建设是“一带一路”沿线国家推进可持续发展过程中的优势方面。②机制发展水平评分最高的是新加坡，达到99分，其次是爱沙尼亚（84.7分）和立陶宛（83.2分），评分最低的三个国家分别是约旦（25.5分）、东帝汶（26.1分）和阿富汗（29分）。评分最高的十个国家机制可持续发展评分之间的差距达到20分，特别是第一名新加坡与第二名爱沙尼亚的评分差距最大；后十名的国家机制可持续发展评分之间的差距高达25.5分；评分最高与最低国家之间的极差为73.5，方差为214.76，均是五大维度中最大的，说明各国机制发展水平评分分布非常分散，虽然总体水平较高，但是相互之间差距很大，参与“一带一路”倡议的各国可以通过双边或多边机制合作来进一步提升机制发展水平。③中国机制发展水平评分为67.7分，高于所有国家的平均水平，排在60个国家中的第25位，这一方面表明机制是中国可持续发展系统中处于优势地位的维度，因为机制发展水平评分在五大子系统中位列第二，且高于综合指数；另一方面从横向比较看，中国的机制发展水平还有较大的提升空间。

2. 多数国家机制发展水平评分保持一个相对稳定的状态

通过对2010~2015年“一带一路”沿线各国机制发展水平评分的计算和分析，可以发现：①与基础设施维度一样，各国机制发展水平评分的演变趋势也相对分散，主要有四类趋势，一是趋于上升，如马尔代夫、白俄罗斯等，其中有的国家基本呈现逐年上升的态势；二是趋于下降，如约旦、也门等；三是趋于稳定，如中国、俄罗斯等，60个沿线国家中大多数表现出这类趋势；四是趋于波动，如阿富汗、塞尔维亚等，这类国家机制发展水平评分的波动非常剧烈。②与2010年相比，机制发展水平评分出现上升的有32个国家，下降的有28个国家，基本上各占一半，其中，增幅最大的是马尔代夫，高达254%，最小的是约旦，为-50.4%，所有国家的平均增幅为6.5%，说明沿线国家的机制发展总体上呈现出改善与提高。③机制发展水平越低的国家其增幅可能越大，反之则不一定反是。机制发展水平评分前十的国家全部都低于所有国家均值63.2，后十位的国家有一半高于均值，另一半低于均值，说明机制发展的变化可能受较多因素影响，水平较低的国家改善相对容易。

3. 多数地区国家之间机制发展水平参差不齐

从区域视角来看2015年“一带一路”沿线国家机制发展水平评分，可以得出以下结论：①总体来看，机制发展水平最高的当属中东欧地区，该地区各国机制发展水平评分的均值高达70.5分，为沿线各地区中最高的，且18个国家中有12个的得分高于63.2分的均值，机制发展水平较好的国家占比也是各地区中最高的。②机制发展水平处于第二梯队的地区包括东南亚地区、中国和蒙俄地区、西亚及中东地区，三大地区机制发展水平评分的均值分别为65分、61.1分以及60.5分。其中，东南亚地区机制发展高于平均水平，东南亚、西亚及中东地区均有接近一半的国家机制发展水平评分高于63.2分，中国和蒙俄地区高于均值的国家占比稍高，达到2/3。③机制发展水平相对较差的主要是中亚和南亚地区，其机制发展水平评分的均值分别为56.6分和54.4分，全部低于63.2分的平均水平，这两个地区分别只有20%和25%的国家机制发展水平高于总体均值。④机制发展水平高于平均水平的地区之间的差距相对低于平均水平地区之间的差距稍大。除中东欧、中国和蒙俄地区外，其他地区内各国之间机制发展水平的得分相对分化。

四、小结

通过以上分析，我们可以将研究结论简单概括为以下几点：

从综合指数来看，①“一带一路”沿线国家可持续发展总体水平不高，离实现可持续发展目标仍有很长一段路要走。②各国之间的可持续发展水平也参差不齐，差异较大。③在60个沿线国家中，有超过半数国家处于可持续发展中级阶段的早期，达到35个，18个国家处于初级阶段的后期，5个国家处于中级阶段的中期，有各1个国家分别处于初级阶段的中期和中级阶段的后期。④从演变趋势来看，沿线各国的可持续发展水平总体上呈现出提升态势。⑤从区域视角来看，不同区域之间以及区域内部可持续发展水平差异较大。

从可持续发展系统维度来看：①经济、社会、环境、基础设施以及机制五大维度中，可持续发展水平最高的是机制维度，最低的是基础设施维度，其次是环境维度。沿线各国五大维度的评分分布都相对分散，差异较大。这一方面为“一带一路”倡议的推进指明了努力的方向，另一方面也说明通过双边或多边合作实现共同提升有极强的可行性和较好的前景。②除经济外，各国其余维度的评分演变趋势也相对多元化，说明这些维度可持续发展水平的提升相对困难，且容易反复。③除了一些可持续发展水平较高的地区，如中东欧外，绝大多数地区内各国在经济、社会、环境、基础设施以及机制方面的可持续发展评分分化严重。沿线不同地区之间的差异也非常显著。

第四篇

国别报告

第四章　东亚及蒙俄地区国家可持续发展评价与分析

一、区域总体评价

（一）该区域在各地区中的总体情况

从“一带一路”沿线国家及区域总体情况来看，该区域的可持续发展总体评价得分相对靠前，且根据可持续发展阶段评价标准来看，中国、蒙古和俄罗斯三国均处于可持续发展中级阶段早期。

（二）经济发展整体水平中等，但中国的表现最佳

该区域属于新兴市场国家，整体上处于工业中期及后期阶段。从其经济维度得分情况来看：中国经济领域表现良好，2015 年相比 2010 年增长了约 11 分，达到 48.8 分；俄罗斯的经济领域在五大维度中得分最低，直到 2015 年才超过 40 分，达到 42.74 分，比 2010 年提高了 8.04 分；蒙古的经济领域到 2015 年得分仅为 30.38 分，相比 2010 年提高了 6.79 分。

相比而言，三国中，中国的表现最佳，得分最高。改革开放以来，中国的经济增长保持了较高的水平，以 2010 年为例，经济增速高达 10.6%；受国际金融危机影响降至 2015 年的 6.9%，但在国际上仍属于较高速增长。而俄罗斯与蒙古的经济发展结构相对单一，受国际原油、天然气及大宗商品价格波动影响，其经济发展较为敏感。

（三）社会发展相对较高，且区域内各国差距不大

在“一带一路”沿线区域中，东亚及俄蒙地区的社会发展整体相对稳定且

水平较高。且区域内各国社会发展均相对稳定，水平差距不大。

具体来看，中国社会领域的得分呈平稳增长态势，2015 年相比 2010 年增长了近 3 分，分别为 44 分和 41.1 分。俄罗斯的社会领域得分同样相对稳定，2015 年时为 50.96 分，仅比 2010 年下降了 0.23 分。蒙古的可持续发展五大维度中，社会领域得分最为稳定，近年来得分变化幅度不超过 1.3 分。

（四）环境建设整体水平不高，但区域内以蒙古表现最为良好

从"一带一路"沿线各区域的整体表现来看，东亚及俄蒙地区的环境建设一般，表现并不突出。

但从该区域内的各国表现来看，环境建设与各国的经济发展表现正好相反，三国中以蒙古的环境建设表现最好。其中，中国五个领域中表现最靠后的是环境领域，这与中国改革开放后较为粗放的经济增长模式有关。但近年来中国在环境污染治理及生态保护方面取得的进展较快。而俄罗斯的环境领域在 2012 年出现 48.31 分的高值后下降，到 2015 年时为 43.06 分，相比 2010 年下降了 1.06 分；蒙古的环境建设在五大领域中表现突出，2015 年其环境领域得分为 46.15 分。

（五）基础设施建设整体来看处于中等水平，且区域内差距较大

从整体来看，该区域的基础设施建设处于中等水平，但区域内差距较大。中国的基础设施一直得分最高，2015 年为 76.1 分。但中国的基础设施领域表现最好的是交通基础设施方面，在信息与公共服务领域水平相对落后。俄罗斯的基础设施领域得分紧随机制领域，且在 2012 年和 2013 年突破 60 分，到 2015 年为 59.14 分。其中，俄罗斯的交通设施维度得分相对稳定，且其建设水平远不如中国；但其信息与公共服务领域得分较高，近年来一直在 73 分以上。蒙古的基础设施领域得分最低，且自 2013 年开始下降，降幅较小，但 2015 年相比 2010 年得分仍提高了 0.85 分，但仅为 19.73 分；且蒙古的交通基础设施、信息与公共服务基础设施建设水平均滞后，尤其以交通领域最甚。

（六）机制建设整体水平处于中等，且俄罗斯、中国水平最高

该区域中中国与俄罗斯属于联合国五大常任理事国成员，参与国际事务较为频繁，因而其国际制度建设程度相对较高，但由于国内经济制度建设尚不完善，影响了其机制建设整体水平。

另外，三国中，以俄罗斯和中国的机制建设水平最高，蒙古的机制建设水平最低。俄罗斯可持续发展五大维度中，机制领域得分最高，2015 年为 64.37 分，相比 2010 年提高了 0.98 分；而中国机制领域在五大维度中得分位列第二，但近

年来得分均超过60分，2015年为67.7分；蒙古的机制领域得分最初呈下降趋势，到2014年和2015年机制领域才一改下降趋势，得分超过社会和环境领域，重新位列第一。

二、中国

中国是世界第二大经济体（仅次于美国）、世界第一大工业国和世界第一大农业国，同时也是世界经济增长速度最快的国家之一，在过去30年来年均增长率近10%。在中国经济发展面临转型之际，2014年“一带一路”倡议的提出，将全面提升中国的对内、对外开放水平。通过利用沿线国家的比较优势，有利于进一步开拓国际市场，开展国际间的产业分工合作，提高中国经济发展的质量，同时与沿线国家实现共赢、共享发展成果。

（一）中国可持续发展阶段总体评价

从对中国可持续发展阶段的评价结果来看，中国2010～2015年可持续发展评价得分处于46.5～51.3分；但其社会、环境两个领域的分数表现差异较大，尤其是环境领域方面的得分不尽如人意，只在2015年突破40分，之前均在40分以下（见图4－1）。因而，我们判断中国处于可持续发展中级阶段的早期。从对60个国家的比较来看，中国2015年可持续发展评价得分位列第10，排名靠前。

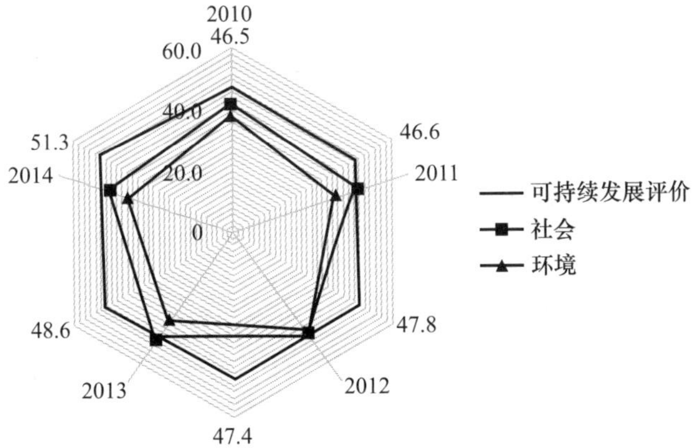

图4－1 中国可持续发展评价得分

从中国自身的可持续发展情况来看，我们认为是整体向好。2010～2015 年中国的可持续发展评价总体得分逐年递增，尤其是 2014～2015 年增长较快，增长了近 3 分，达到 51.3 分。另外，中国社会领域的得分也呈平稳增长态势，2015 年相比 2010 年增长了近 3 分，分别为 44 分和 41.1 分。环境领域的得分则在 2012 年增长到 41 分之后下降到 2013 年的 35.1 分，成为近六年来的最低值；之后，环境领域方面的表现再次转好，直到 2015 年突破 40 分，达到 40.4 分。

从中国可持续发展经济、社会、环境、基础设施以及机制五个领域方面的得分情况来看，2010～2015 年中国可持续发展各领域整体呈增长态势（见表 4－1）。其中，基础设施一直得分最高，2015 年为 76.1 分，其次是机制领域，得分超过 60 分，2015 年为 67.7 分。另外经济领域表现良好，2015 年相比 2010 年增长了约 11 分。五个领域中表现最靠后的是环境领域，这与中国改革开放后较为粗放的经济增长模式有关：较高的经济增速，能耗高、生态环境污染严重。这种经济增长模式以牺牲资源环境为代价，并影响中国的可持续发展能力。近年来中国高度重视生态环境的保护，出台了一系列的政策措施，使中国的生态环境得到较大的改善，取得了一定的成效，直接表现为 2015 年中国的环境领域得分达到 40.4 分。

表 4－1　中国可持续发展各领域得分情况汇总

领域＼年份	2010	2011	2012	2013	2014	2015
经济	37.9	37.8	37.6	39.8	42.6	48.8
社会	41.1	42.3	41.7	43.5	43.5	44.0
环境	36.9	35.6	41.0	35.1	36.5	40.4
基础设施	72.7	74.2	76.0	76.8	76.0	76.1
机制	67.2	67.2	65.4	65.4	67.6	67.7

（二）中国可持续发展重点领域分析

1. 经济

经济领域共有三个维度：经济规模、经济质量和经济活力。其中，经济活力对经济领域得分的贡献最大，2015 年得分为 60.2 分；其次是经济规模，2015 年为 53.6 分；经济质量 2015 年为 32.7 分。经济活力包括三个细分维度，分别为创新、开放与风险。其中，反映创新的国家创新指数 2015 年为 50.57，仅次于新加坡、以色列和爱沙尼亚，在"一带一路"沿线国家中位列第四；中国反映开放程度的经济外向度指标，即进出口总额占 GDP 的比重，受全球市场疲软的影响表现不佳，2010～2015 年一直处于 48%～51%；另外，中国反映风险程度的指标，即债务占 GDP 比重一直处于较低水平，表明中国的经济风险较低。经济规模得分较高主要受益于中国较快的经济增长速度，2010 年经济增速高达 10.6%，受国际金融危机影响降至 2015 年的 6.9%，但在国际上仍属于较高速增长。由于经济质量得分较低，拉低了经济领域的整体得分。经济质量主要受经济结构与经济效益两个指标影响，其中经济结构受益于资本形成总额占 GDP 比重及 FDI 占 GDP 比重两个指标（后者受国际金融危机影响在 2011～2014 年出现下滑）的得分情况；而经济效益也就是全员劳动生产率，2010～2015 年平均为 0.39 分，增长缓慢（见图 4－2）。

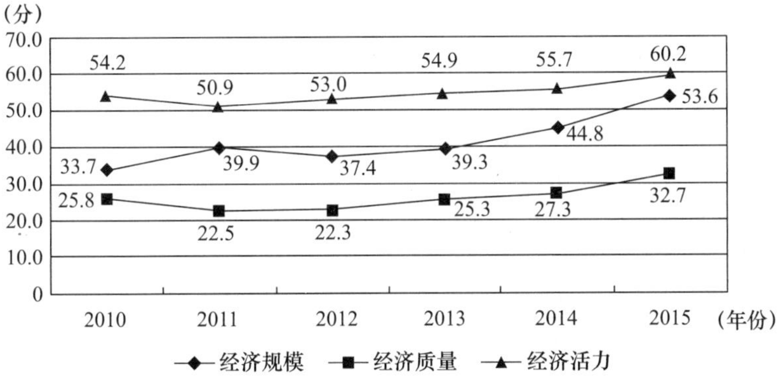

图 4－2　中国经济领域各领域得分情况

2. 社会

社会领域的四个维度中，得分最高的分别是公共服务和生活水平两个细分维度，2015 年得分分别为 55.1 分和 56.2 分。平等就业及人口基础两个细分维度 2015 年得分为 46 分和 18.6 分。但四个维度 2010～2015 年总体上都稳中有增（见图 4－3）。

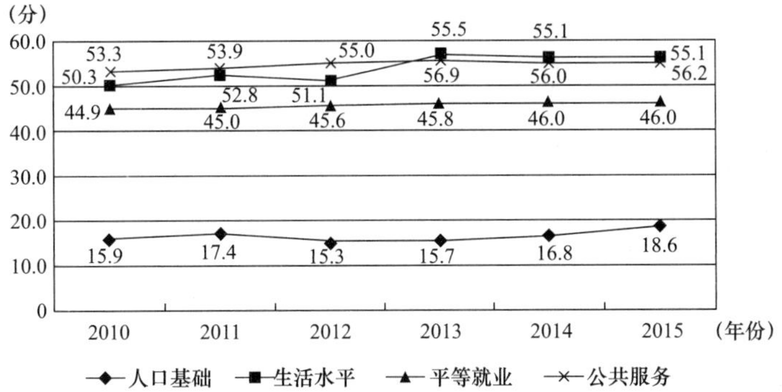

图 4－3　中国社会维度得分情况

其中，人口基础维度中，人口禀赋有两个指标，即人口自然增长率和人口密度，这两个指标近年来一直保持稳定。随着中国二孩政策的全面放开，人口自然增长率有望小幅提升。人口结构主要受人口城镇化率影响，中国的城镇化水平2015年达到55.6%，相比2010年提高了6.4个百分点；另外，人口性别比和每万人科技人员数得分稳定，并缓慢增长，且两个指标的值差别不大。

生活水平的提高主要受益于中国居民营养健康状况的改善，以及贫困发生率的逐步下降。另外，中国人均粮食产量及单位面积粮食产量相对稳定，减少了中国饥饿的发生。

平均就业包括社会公平和劳动就业两个细分维度，表现相对稳定。其中，反映社会公平的基尼系数近年来稳定在42.16，而人类发展指数2015年为0.728，相比2010年提高了0.019，仅有小幅增长，因此社会公平维度得分变化不大。另外，中国的（城镇）失业率一直保持在较低水平，加上中国劳动中妇女的比例一直保持在约43.9%的高水平，得分相对保持稳定；这两个指标的稳定表现保证了劳动就业维度得分同样相对稳定。

公共服务维度的得分最高，2015年为55.1分，这主要受益于中国医疗服务水平的提高及中国教育事业的发展。其中表现最为突出的是孕产妇死亡率和识字率两个指标，2015年中国每10万例活产中死亡仅为35例，而识字率更是高达95.1%。其他指标如预期寿命、每千人医院床位数、入学率（中小学、高等院校）等的得分都呈现出稳步增长。

3. 环境

环境领域得分稳中有增，2015年相比2010年提高了3.5分，为40.4分。其中，2010~2015年资源拥有量和生态环境保护两个细分维度的指标值相对稳定，导致各自的得分也相对稳定。污染维度得分有小幅下降，2015年相比2010年下降了3.3分，这主要是因为近年来中国经济快速发展过程中二氧化碳排放增多，导致污染程度加剧。能源消耗（包括单位GDP能耗、能源消耗弹性领域和二次能源占比）维度得分呈现中振荡增长。其中单位GDP能耗2015年相比2010年下降约1.1美元/千克石油当量，能源消耗弹性系数下降，中国经济增长的能源利用效率大幅提高；但反映能源结构的二次能源占比表现出下降后再上升，导致能源维度得分增长中出现波折（见图4-4）。

4. 基础设施

在中国可持续发展五个领域中，基础设施领域的得分最高，平均为75.3分。基础设施主要包括交通设施及信息与公共服务设施两个细分维度。从交通设施来看，中国的人均铁路里程数、港口吞吐能力及航空运输量近年来增长比较稳定，因而交通设施得分稳中有增，2015年为92.9分。信息相关设施建设中，中国

2015 年互联网普及率、固定和移动电话普及率分别为 50.3% 和 93.2%，相比 2010 年各自提高了 16 个和 30 个百分点，增长较快。公共服务设施维度由三个指标组成，即用电普及率、改善水源获得比例和改善卫生设施获得比例。这三个指标均呈现缓慢增长，表明中国在用电、用水及卫生设施改善等方面取得不错的进展，这无疑会极大地提升中国基础设施的能力与水平，为改善中国居民生活、中国经济发展奠定坚实的基础（见图 4－5）。

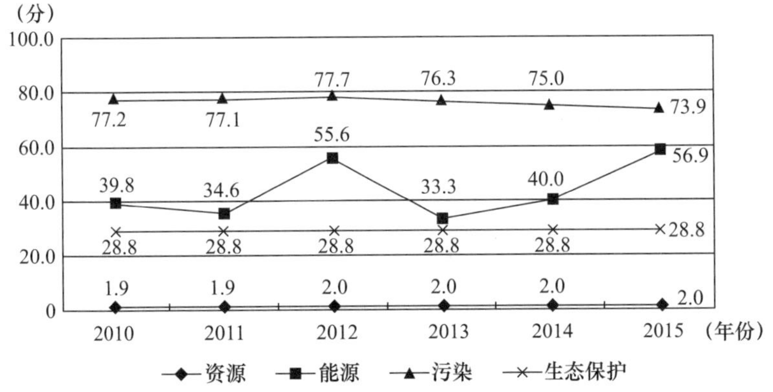

图 4－4　中国环境领域各维度得分情况

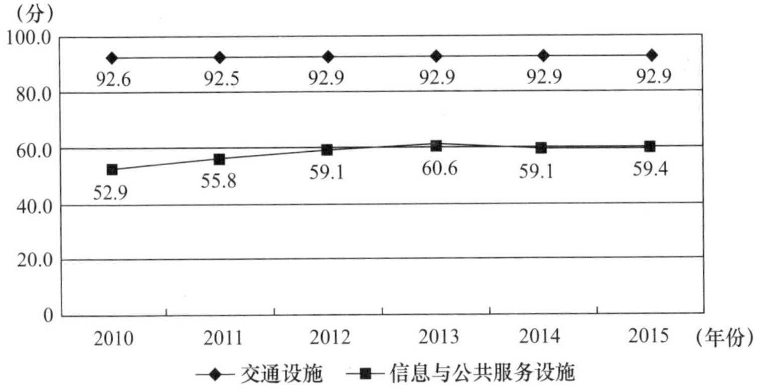

图 4－5　基础设施各维度得分情况

5. 机制

机制领域包括国内制度和国际合作两个领域，分别表征中国在国内制度建设及参与国际制度建设中所处的地位与水平。比较而言，中国国际合作领域得分要高于国内制度领域得分，2015 年前者为98.2 分，后者则为37.2 分，相差61 分。这表明，近年来中国在国际社会中的话语权与地位不断提升，承担更多的大国责任。

国内制度由两个细分维度组成，即经济制度和社会治理。其中经济制度由经济自由度指数来体现。中国的这一指标值在2015 年为52.7，相比2010 年提高了1.7，表明中国的市场经济体制不断完善，经济自由化程度不断提高。这里使用全球治理指数中的 Government Quality 指数来反映社会治理水平，而中国的这一指标值同样表现不俗，2015 年达到0.34，相比2010 年提高了0.24 个单位。

中国的国际合作维度得分稳步提高（见图4－6），这与中国与各国经贸不断深化、在国际上承担更多的大国责任形象是一致的。

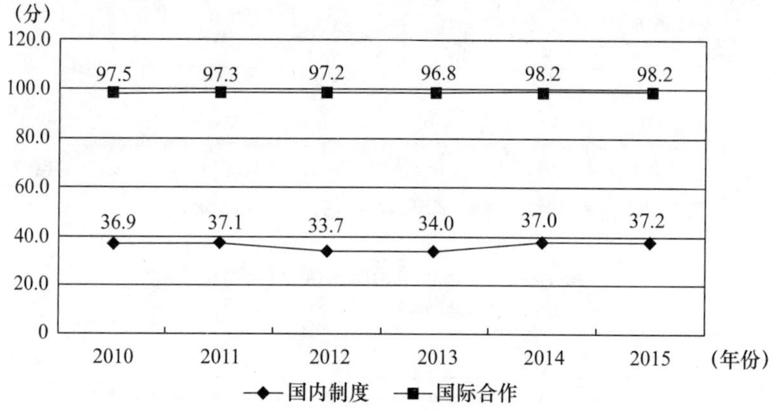

图4－6 中国机制领域各指标得分情况

（三）小结

总体来看，中国目前处于可持续发展中级阶段的早期，并有望进入中期。这是因为中国未来经济发展具有较大的潜力。尤其随着中国经济发展进入新的阶段后，全力开展供给侧结构性改革；虽不能再延续改革开放后的高速增长，但中低速增长仍可保持。而中国在基础设施建设方面投入较大，无论是交通、通信还是公共服务设施水平都将不断提升，将有力地改善中国的可持续发展能力。从机制领域方面来看，国内经济制度不断完善，社会制度不断健全；中国在国际舞台承担起了更多的国际义务，国际地位稳步提高。而中国的社会领域也将进入中期分值区间，可以说一旦环境方面得到进一步改善，很容易进入可持续发展中级阶段的中期。

中国在2013年提出“一带一路”倡议，将全面提升中国的对内、对外开放水平。通过利用沿线国家的比较优势，有利于进一步开拓国际市场，开展国际间的产业分工合作，提高中国经济发展的质量。另外，通过引进国外生态环境科技方面的成熟、先进成果，也将不断改善自身的生态环境，开展国际环境领域合作，从而全面提升中国的可持续发展水平。

三、蒙古

蒙古国，位于中华人民共和国以北、俄罗斯联邦以南，是一个地处亚洲的内陆国家。目前其面临着如棚户区改造、基础设施建设资金不足、环境污染等问题。通过“一带一路”建设，蒙古可以借鉴中国北方地区在棚改方面的成功先例和经验，从而促进当地居民民生改善和社会安宁。而丝路基金和亚洲基设施投资银行（以下简称亚投行）也可为蒙古基础设施建设提供资金来源。

（一）蒙古可持续发展阶段总体评价

蒙古自2010年以来，其可持续发展阶段总体评价得分保持平缓上升的态势，仅在2013年相比同年下降了1.43分。到2015年蒙古可持续发展总体评价得分为40.04分，而社会领域得分为48.2分，环境领域得分为46.15分（见图4－7）。根据可持续发展阶段划分标准，目前蒙古处于可持续发展中级阶段早期。蒙古可持续发展总体评价得分在“一带一路”沿线国家中位列第41，排名并不靠前。

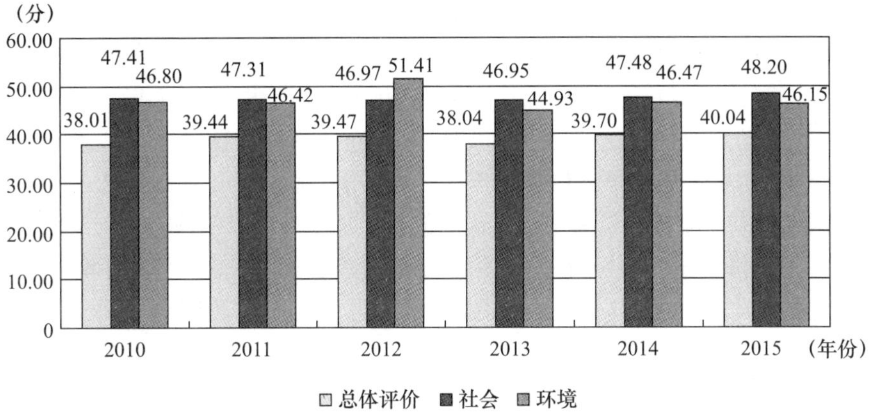

图4－7　蒙古可持续发展阶段总体评价得分情况

从可持续发展领域比较来看（见图4－8），蒙古的社会和环境领域得分旗鼓相当，但社会领域得分更为稳定；2014 年和 2015 年机制领域一改下降趋势，得分超过社会和环境领域；经济领域到 2015 年得分 30. 38 分，相比 2010 年提高了 6. 79 分；基础设施领域得分最低，且自 2013 年开始下降，降幅较小，但 2015 年相比 2010 年得分仍提高了 0. 85 分。

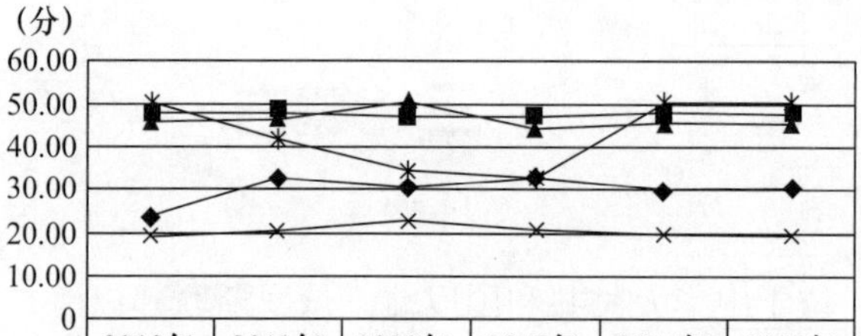

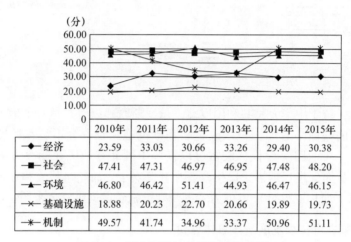

	2010年	2011年	2012年	2013年	2014年	2015年
—◆— 经济	23.59	33.03	30.66	33.26	29.40	30.38
—■— 社会	47.41	47.31	46.97	46.95	47.48	48.20
—▲— 环境	46.80	46.42	51.41	44.93	46.47	46.15
—×— 基础设施	18.88	20.23	22.70	20.66	19.89	19.73
—✳— 机制	49.57	41.74	34.96	33.37	50.96	51.11

图 4－8　蒙古可持续发展领域得分情况

（二）蒙古可持续发展重点领域分析

1. 经济

蒙古的经济规模维度得分在 2011 年剧增，达到 51. 8 分，增长 123. 37%。之后得分略有波动，到 2015 年降至 44. 49 分，但仍比 2010 年高出 21. 3 分（见图 4－9）。经济规模维度之所以出现如此大的变动，与国际大宗商品价格波动有关。蒙古国经济以畜牧业和采矿业为主。2011 年，蒙古顺利搭上了全球矿业繁荣的"顺风车"，这为蒙古带来了近 17. 3% 的经济增长。这种增长并没有保持太长时间，到 2014 年蒙古经济增速降至 7. 89%，而到 2015 年则跌至 2. 36%。这主要是由国际大宗商品价格暴跌、蒙古国内债务增加以及多年的预算外支出造成的。

蒙古的经济质量与经济活力维度得分变动趋势类似。到 2015 年时，经济质量得分相比 2010 年提高 0. 02 分，而经济活力得分则相比 2010 年下降了 0. 97 分。首先来分析经济质量得分的变化：受国际大宗商品价格暴跌影响，蒙古国内资本形成总额占 GDP 比重从 2013 年的 53. 28%，分别降至 2014 年的 35. 18% 和 2015 年的 27. 02%，这表明国内投资谨慎；服务业增加值占比 2015 年相比 2013 年和 2014 年略有提高；受全社会劳动生产率先升后降的变化影响，经济效益也受到波及。这些因素的升降相抵，蒙古的经济结构到2015年比上一年略有好转，但经济效益没有变化，因此经济质量维度得分变动不会太大。反观经济活力，受债务占比大幅提高（2015年为201.71%，2010年仅为89.94%）影响，蒙古经济运行风险大幅提高，直接影响了经济活力。

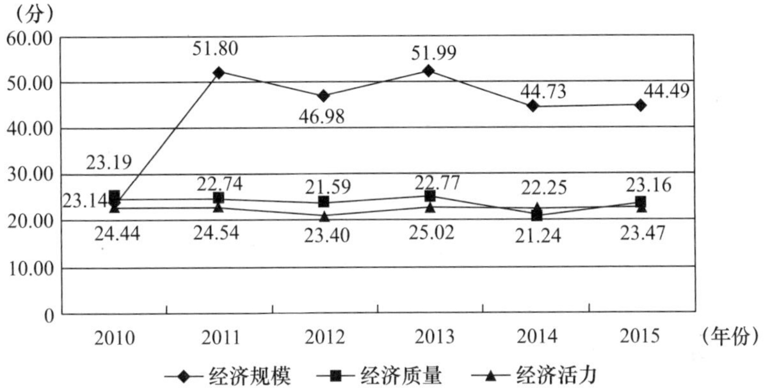

图4－9 蒙古经济领域细分维度得分情况

2. 社会

首先，平等就业维度得分到2015年提高到57.45分，相比2010年提高了0.6分（见图4－10）。受惠于此轮国际矿产品价格上涨，蒙古经济2011～2014年快速发展。这将带来更多的就业机会，也有助于社会公平程度的提高。这直接表现在蒙古基尼系数的下降（2015年相比2010年下降了1.04）、人类发展指数的提高（2015年为0.727，相比2010年提高了0.032），以及失业率的下降（2015年相比2010年下降了1.7%）和劳动中妇女参与比例的提高（2015年相比2010年提高了0.23%）。

其次，经济发展、就业机会的增加，直接带来生活水平的提升。蒙古生活水平维度得分2015年为53.68分，相比2010年提高了1.76分。

再次，蒙古公共服务维度得分2010～2015年缓慢下降，2015年相比2010年下降了3.47分。我们分析发现，蒙古与健康相关的指标值均呈向好趋势，但与教育相关的指标中，中小学入学率和政府教育支出占比则出现下降。蒙古小学入学率2015年为101.68%，相比2010年下降了24.02%，而中学入学率则下降了0.88%，政府教育支出占比下降了2.56%。政府教育投入减少及中小学入学率的下降，影响了蒙古教育水平，并进一步拉低了公共服务维度得分。

最后，蒙古人口基础维度得分呈缓慢上升趋势。这主要受益于蒙古人口结构的改善：一是每万人科技人员数增长迅速，2015年该指标值为176.15人，相比

2010 年增长了 4.32 倍；二是人口城镇化率到 2015 年提高到了 72.04%，相比 2010 年提高了 4.48 个百分点，这表明蒙古城镇化水平持续推进。

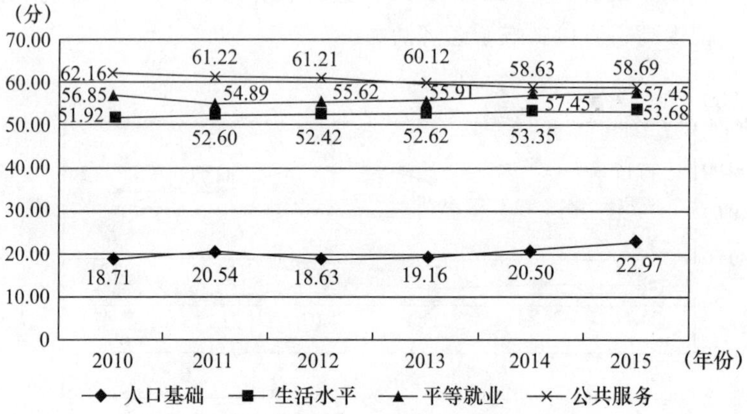

图 4－10 蒙古社会领域细分维度得分情况

3. 环境

蒙古矿产资源丰富，而采矿业是其主业之一。随着资源开采，其资源维度得分出现下降是正常现象。蒙古污染维度得分也呈现下降趋势。随着蒙古近几年加快发展，其污染物排放量也出现猛增，尤其表现在二氧化碳和烟尘两种污染物的排放。蒙古能源维度得分先升后降，到 2014 年和 2015 年略有提高。2015 年相比 2010 年提高了 4.21 分。这种变化主要因能耗降低导致。不仅能源消耗弹性系数一直在下降，且在 2012 年下降迅猛；与此同时，单位 GDP 能源在 2014 年增至 10.24 美元/千克石油当量后保持稳定。而蒙古的能源结构并未改善，而且二次能源占比出现下降（2015 年为 3.22%，相比 2010 年下降了 0.61 个百分点）（见图 4－11）。

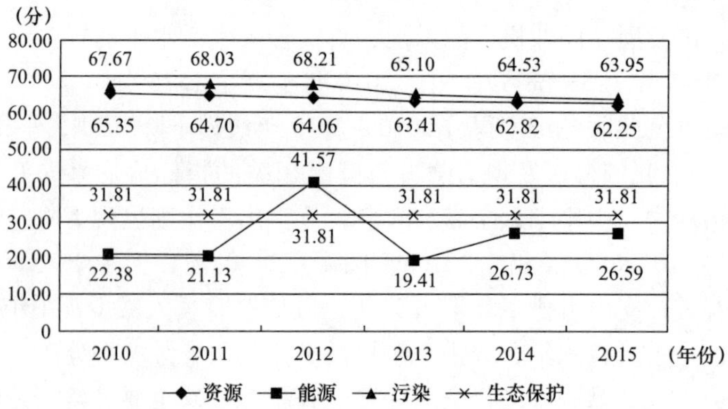

图 4－11 蒙古能源领域细分维度得分情况

4. 基础设施

蒙古的交通设施维度得分极低，且在2013年出现下降。这是因为，一方面，蒙古的铁路建设近年来停滞不前；另一方面，航空运输量指标先升后降。这直接影响了交通设施维度得分。

蒙古的信息与公共服务设施先升后降，2015年为38.69分，相比2010年提高了1.73分（见图4-12）。影响蒙古信息与公共服务设施维度得分的指标中，除固定和移动电话普及率在2013年及之后出现下降（但2015年仍比2010年高12.5个百分点），互联网用电普及率、卫生及水源设施获得比例等指标均在改善，但均需进一步加大投入建设力度。

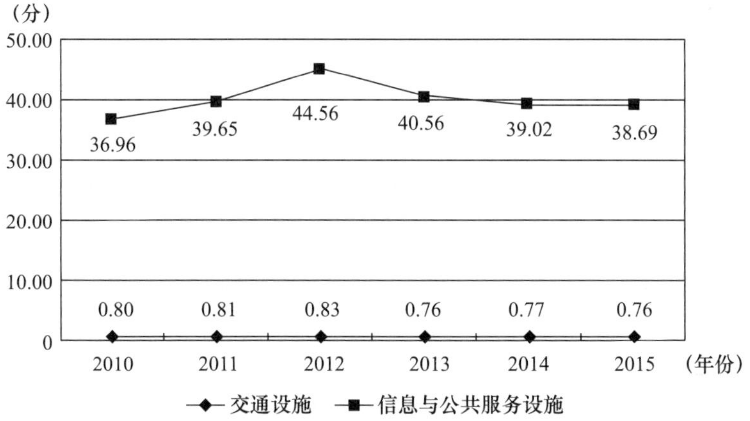

图4-12　蒙古基础设施细分维度得分情况

5. 机制

蒙古国内制度维度得分2010~2015年缓慢下降，2015年比2010年下降了4.11分。一方面，蒙古的经济制度建设近年来进展缓慢。这主要体现在经济自由度指数上，2015年为59.2，比2010年下降了0.8个单位。另一方面，蒙古的全球治理指数近年来一直为负，这表明其社会治理领域需要加强。

蒙古的国际合作维度得分在2010~2013年一直在下降，2014年快速回升，到2015年得分未发生变化（见图4-13）。这主要是因为2014年、2015年蒙古经济接受外部援助大幅减少（2015年为108.13%，2012年最高为158.1%），其参与国际合作的能力增强。

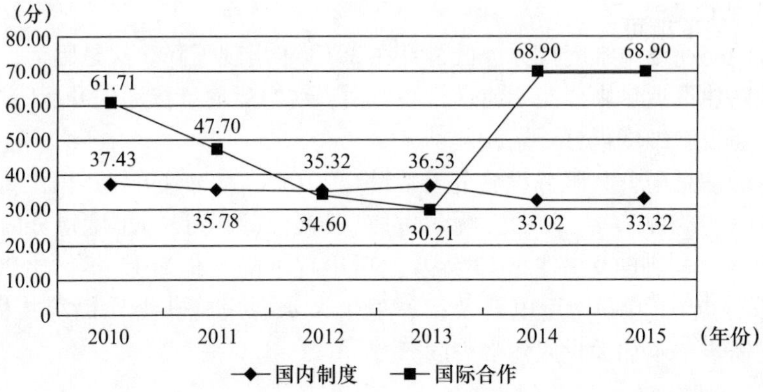

图 4－13　蒙古机制细分维度得分情况

（三）小结

根据可持续发展阶段划分标准，2015 年蒙古处于可持续发展中级阶段早期。但其可持续发展阶段总体评价得分排名较为靠后，为第 41 名。

蒙古可持续发展领域中，经济和基础设施领域得分靠后。未来，蒙古需要调整经济结构，加快第三产业发展，同时减少债务占比，降低经济运行风险。另外，蒙古还需要加强其交通、信息与公共服务设施建设，以增强其可持续发展潜力。

资料显示，蒙古国首都乌兰巴托人口约 130 万人，其中约 60% 的人口仍然居住在由密密麻麻的蒙古包组成的棚户区，这些区域缺乏自来水、供暖等市政基础设施，普遍采用烧煤和木材来取暖，不仅影响了城市面貌，更造成了严重的空气污染。而通过“一带一路”建设，蒙古可以借鉴中国北方地区在棚改方面的成功先例和经验，从而促进当地居民民生改善和社会安宁。而丝路基金和亚投行也可为蒙古基础设施建设提供资金来源。

四、俄罗斯

俄罗斯位于欧亚大陆北部，地跨欧亚两大洲。其油气资源丰富，产业与多国互补。俄罗斯提出“冰上丝绸之路”倡议，愿同其他各方一道，共同开发北极航线。

（一）俄罗斯可持续发展阶段总体评价

俄罗斯2010～2015年可持续发展总体评价得分呈现出近似“N”字形增长走势，在2012年达到一个高值49.4分后下降又上升，直到2015年达到49.63分，相比2010年提高了1.85分。而2015年时俄罗斯的社会领域得分为50.96分，环境领域得分为43.06分（见图4－14）。综合来看，根据可持续发展阶段划分标准，我们判断2015年俄罗斯处于可持续发展中级阶段早期。一旦环境领域得分进一步提高，很容易进入中级阶段中期。从“一带一路”沿线国家来看，俄罗斯可持续发展阶段总体评价得分相对靠前，位列第16。

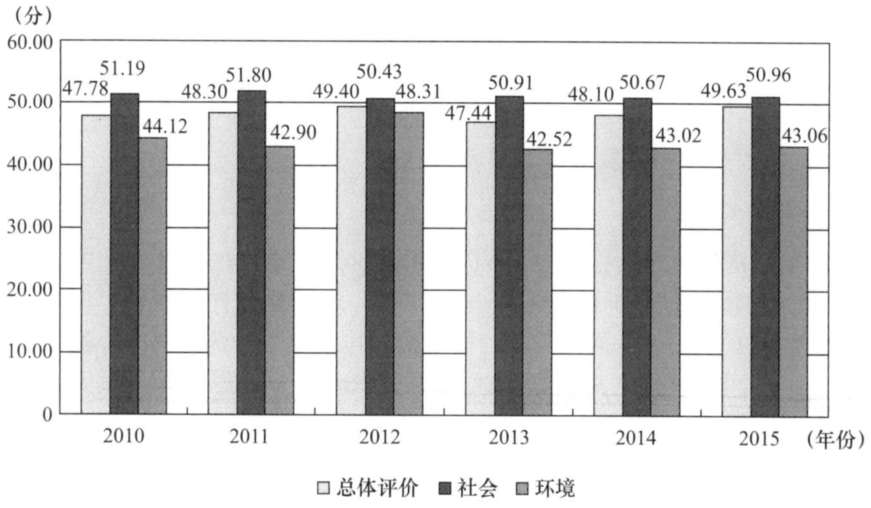

图4－14　俄罗斯可持续发展总体评价得分情况

从俄罗斯可持续发展领域来看（见图4－15），机制领域得分最高，2015年为64.37分，相比2010年提高了0.98分；基础设施领域得分紧随其后，且在2012年和2013年突破60分，到2015年为59.14分；俄罗斯的社会领域得分相对稳定，2015年时为50.96分，仅比2010年下降了0.23分；环境领域在2012年出现48.31分的高值后下降，到2015年时为43.06分，相比2010年下降了1.06分；经济领域得分最低，直到2015年才超过40分达到42.74分，比2010年提高了8.04分。

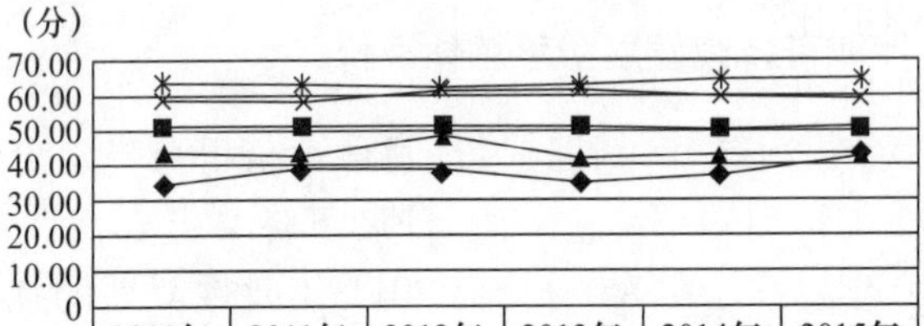

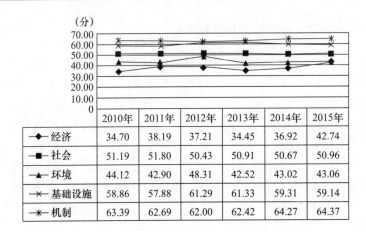

	2010年	2011年	2012年	2013年	2014年	2015年
—◆—经济	34.70	38.19	37.21	34.45	36.92	42.74
—■—社会	51.19	51.80	50.43	50.91	50.67	50.96
—▲—环境	44.12	42.90	48.31	42.52	43.02	43.06
—×—基础设施	58.86	57.88	61.29	61.33	59.31	59.14
—✳—机制	63.39	62.69	62.00	62.42	64.27	64.37

图 4－15　俄罗斯可持续发展领域得分情况

（二）俄罗斯可持续发展重点领域分析

1. 经济

俄罗斯经济规模维度得分在 2011 年升至 36.07 分后，在 2013 年降至 20.29 分，2014 年转跌回升，到 2015 年升至 39.57 分。俄罗斯有世界最大含量的矿产和能源资源，是最大的石油和天然气输出国。在全球金融危机和国际油价暴跌的双重夹击下，2010～2012 年保持经济增长大幅放缓。另外，2011 年国际矿产品价格上涨，在一定程度上抵消了全球金融危机的影响；2011 年俄罗斯经济增速下降缓慢，GDP 增速同比下降了 0.24 个百分点，而人均 GDP 则同比增长了 33.28%。2013 年俄罗斯国内开展经济改革（完成大规模建设和国企完成大型投资项目）导致全年投资和生产增长将趋近于零（2013 年俄罗斯 GDP 增速为 1.28%）。受 2014 年国际油价暴跌及国内经济改革后续双重影响，俄罗斯 2014 年 GDP 增速降至 0.7%，2015 年更是跌至－3.73%。

俄罗斯的经济质量维度得分到 2015 年为 39.57 分，相比 2010 年提高了 6.91 分。而之所以出现 2013～2015 年的得分增长，与俄罗斯经济结构改善和经济效益提高有关。俄罗斯 2013 年开展经济改革，虽然影响到国内投资，但还是有一定成效的，突出表现在服务业增加值占比提高，2013 年和 2014 年分别同比提高 0.51 分和 0.39 分；而经常项目余额占贸易总额比重在 2014 年和 2015 年也出现恢复性增长。与此同时，俄罗斯全社会劳动生产率在 2011 年后增长较快，表明俄罗斯经济效益明显提高。

俄罗斯经济活力维度得分持续增长，到 2015 年为 52.14 分，相比 2010 年提高了 5.63 分。这主要受俄罗斯经济创新程度提高影响，同时俄罗斯经济风险可控（债务占 GDP 比重近年来略有提高，直到 2013 年为 13.92%）。俄罗斯的国家创新指数到 2015 年达到 38.5%，相比 2010 年提高了 2.75 个单位（见图 4-16）。

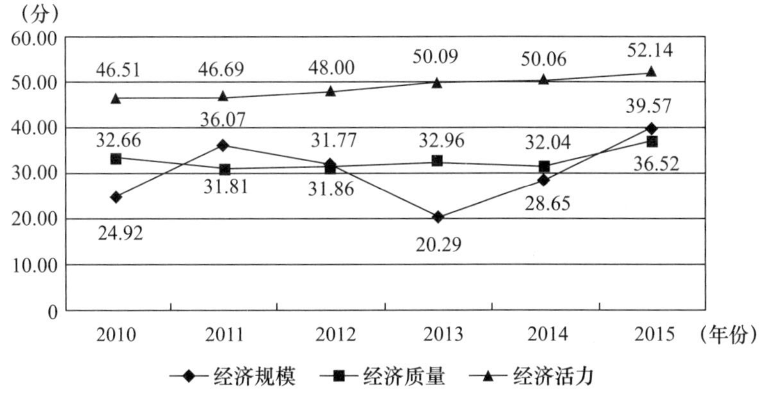

图 4-16 俄罗斯经济细分维度得分情况

2. 社会

首先，俄罗斯的公共服务维度得分虽有小的波动，但整体相对稳定，2015 年相比 2010 年仅提高了 0.35 分。

其次，俄罗斯生活水平维度得分略有提高。到 2015 年为 57.04 分，相比 2010 年提高了 0.81 分。这主要受两方面因素影响：一是国民营养程度提高。俄罗斯营养不良发生率持续下降，到 2015 年降至 9.6%，相比 2010 年下降了 1.4 个百分点。二是俄罗斯粮食产量提升较快。由上文可知，俄罗斯近年来经济创新程度提高明显，这在一定程度上会影响到农业产出。2015 年俄罗斯国内单位面积粮食产量相比 2010 年提高了 32.58%，人均粮食产量更是提高了 71.84%。

再次，俄罗斯平等就业维度得分略有下降。之所以出现这种情况，与俄罗斯国内社会公平及劳动就业状况密切相关。俄罗斯的基尼系数在 2012～2015 年均维持在 41.59，相比 2010 年提高了 0.65。这表明俄罗斯国内社会公平程度在近年来有所恶化。另外，俄罗斯劳动就业中妇女参与比例在 2014 年和 2015 年出现小幅下降（但比 2010 年高出 0.01 个百分点）。

最后，俄罗斯的人口基础维度得分在 2015 年相比 2010 年提高了 0.08 分，人口基础得到改善（见图 4-17）。一方面，俄罗斯的人口禀赋因人口自然增长率提高而提高（2015 年人口自然增长率相当于 2010 年的 3.29 倍）。另一方面，俄罗斯人口结构有所改善：出生性别比有所提高（2015 年为 86.86，相比 2010

年提高了0.28)，人口比例失衡问题有所缓解；每万人科技人员数2015年相比2010年提高了0.4%；城镇化水平到2015年提高了0.32个百分点。

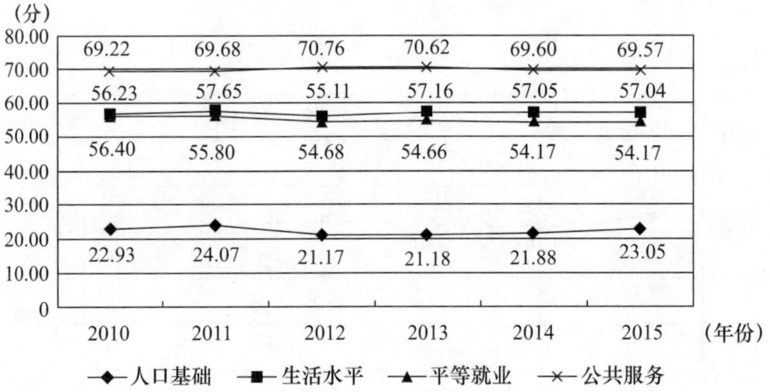

图4-17 俄罗斯社会细分维度得分情况

3. 环境

俄罗斯的资源维度得分相对稳定（见图4-18）。俄罗斯拥有世界最大的森林储备，其湖泊淡水含量约占世界淡水含量的25%。俄罗斯的污染维度得分略有降低。2015年相比2010年下降了1.51分，这主要是受近年来俄罗斯国内二氧化碳和烟尘排放量增加的影响。俄罗斯的能源维度得分在2012年出现高值47.69分，之后增长缓慢。到2015年为27.96分，相比2010年减少了3.49分。俄罗斯的能源消耗弹性系数在2012年极低，之后略有提高；另外，单位GDP能源指数（除2011年略有降低）一直在提高。这就可以理解能源维度得分升降波动了。

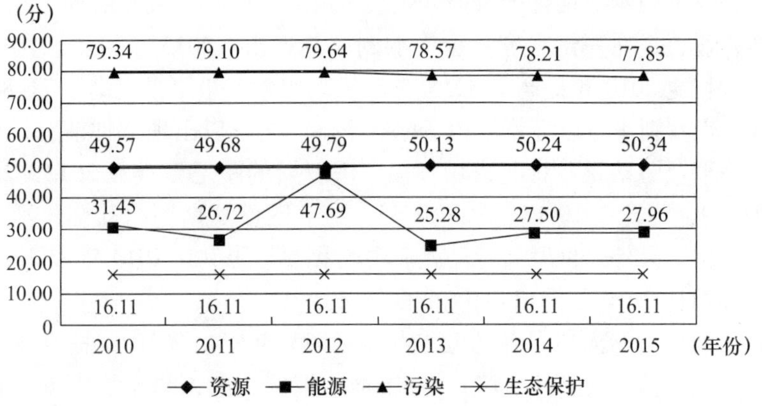

图4-18 俄罗斯能源细分维度得分情况

4. 基础设施

俄罗斯的交通设施维度得分相对稳定，2015 年相比 2010 年仅下降了 0.37 分。俄罗斯各类运输方式俱全。近年来，俄罗斯的港口吞吐能力和航空运输量在 2015 年分别比 2010 年提高了 21.97% 和 46.45%。与此相反，人均铁路里程数在 2011 年后出现下降，直到 2014 年止跌回升。

俄罗斯的信息与公共服务设施维度得分在 2012 年和 2013 年得分较高，之后降至 77.15 分，并在 2015 年保持这一得分不变（见图 4－19）。经分析发现，俄罗斯的互联网普及率在 2012 年和 2013 年提高较快，分别比 2010 年提高了 20.8 个和 24.97 个百分点。但俄罗斯的改善卫生设施获得比例近年来一直保持在 72.3% 未有变化，仍需加强。

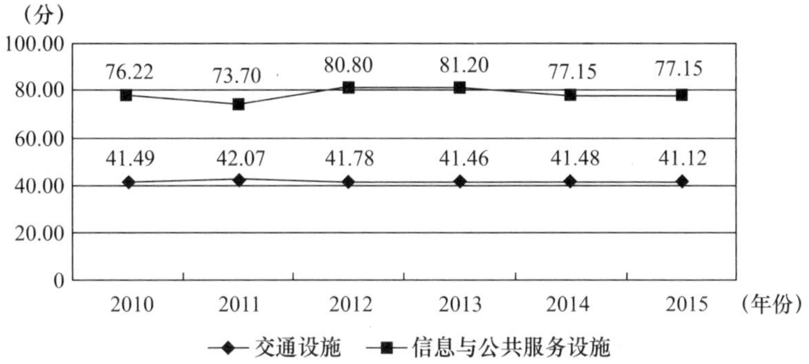

图 4－19　俄罗斯基础设施细分维度得分情况

5. 机制

俄罗斯的国际合作得分很高，到 2015 年时为 98.02 分。拥有如此高的得分并不难理解。俄罗斯是联合国五个常任理事国之一，拥有一票否决权，在国际舞台上扮演着重要角色。

俄罗斯国内制度得分大致呈“V”字形变化，2012 年为低值，2015 年相比 2010 年提高了 1.57 分（见图 4－20）。一方面，俄罗斯的经济制度建设进展缓慢，其经济自由度指数到 2015 年为 52.1 分，仅比 2010 年提高了 0.8 个单位。另一方面，其反映社会治理的全球治理指数近年来一直为负，到 2014 年和 2015 年情况有所好转，但仍为 －0.08。

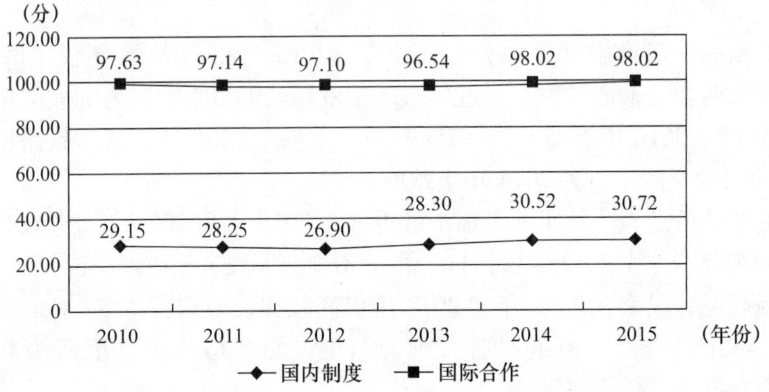

图4-20　俄罗斯机制细分维度得分情况

(三) 小结

根据可持续发展阶段划分标准，俄罗斯2015年处于可持续发展中级阶段早期。一旦环境领域得分超过44分，很容易进入中级阶段中期。而俄罗斯目前的可持续发展总体评价得分在"一带一路"沿线国家中位列第14，排名相对靠前。

从可持续发展领域的对比来看，俄罗斯的机制领域得分最高。随着俄罗斯国内经济层面改革的推进，其社会层面的改革也急需提上日程。经济领域得分最低。俄罗斯油气资源出口与国际经济息息相关，导致其经济发展很容易受国际经济周期及经济波动影响。

随着"一带一路"建设的推进，俄罗斯可以通过加强与周边国家的产业与经贸合作，优化自身的经济结构，提高经济发展质量，增强经济发展活力。

五、建设中蒙俄经济走廊的启示

从前文的分析来看，东亚与蒙俄地区属于新兴市场国家，其中以中国的经济发展水平最高，而蒙俄的经济结构层次相对较低；蒙俄的基础设施领域亟待加强建设，尤其是交通基础设施领域。三国国内政局稳定，且资源禀赋不同，比较优势互补，在经济产能合作与基础设施建设领域有较大的合作发展空间。

在"一带一路"的大框架下，共提出了六条经济走廊。其中，中蒙俄经济走廊的推进不仅为沿线国自身的发展带来巨大机遇，也为整个东北亚区域经济的合作增添了新活力。中蒙俄经济走廊，实际上是两条经济走廊互补形成的一条开放开发经济带，该经济走廊共分为两条线路：其一是从华北京津冀到呼和浩特，再到蒙古和俄罗斯；其二则是东北地区从大连、沈阳、长春、哈尔滨到满洲里和俄罗斯的赤塔。中蒙俄三国之间的交流沟通不断，先后发布了《中俄蒙发展三方合作中期路线图》《关于编制建设中蒙俄经济走廊规划纲要的谅解备忘录》等重要合作文件。一直到 2016 年 9 月 13 日，国家发改委公布《建设中蒙俄经济走廊规划纲要》，标志着“一带一路”框架下第一个多边合作规划纲要正式启动实施。根据《建设中蒙俄经济走廊规划纲要》，中蒙俄三国的合作领域涉及交通基础设施发展及互联互通、口岸建设和海关、产能与投资合作、经贸合作、人文交流合作、生态环保合作、地方及边境地区合作共七大方面。

目前，中俄蒙三方在经济走廊的建设推进下，已经取得了不少成果。譬如，中蒙方面，中蒙二连浩特—扎门乌德跨境经济合作区正在稳步推进，目前蒙方一侧已完成核心区 3 平方千米的基础设施建设，正在开展招商工作。再如，策克口岸跨境铁路通道项目，该条铁路建设采用中国标准轨距，是中国实施“一带一路”倡议后，通往境外的第一条标轨铁路。该项目于 2017 年 5 月正式开工建设，目前该铁路进展情况良好；蒙欣—巴音嘎啦水泥厂、乌兰巴托新机场高速公路等项目也在有条不紊地推进中。中俄方面，基础设施的互联已实现重大突破。受访专家向记者举例道，譬如，中俄合作的“亚马尔液化气”“莫斯科—喀山”高铁等项目，为当地经济注入了活力；中俄原油管道二线工程和中俄东线天然气管道在黑河境内的控制段工程已全面开工建设，该项目完成后将成为年输油 3000 万吨、输气 380 亿立方米的中俄能源合作最重要的运输通道；另外，中俄双方还启动了合作建设北极光缆的可行性研究等。自中蒙俄经济走廊建设以来，中俄蒙三国之间的贸易互动更加密切和深入。

在六条经济走廊中，中蒙俄经济走廊沿线国家最少，且各国国内政局稳定、经济优势互补，对于探索沿线国家合作机制与模式、推进沿线国家合作共赢具有重要的意义[①]。因而，应充分挖掘中蒙俄经济走廊建设在探索区域合作机制、推动合作机制创新，加强基础设施互通、区域开放等方面对于其他经济走廊的建设的示范与辐射带动作用。

---

① 张毅：《中蒙俄经济走廊：合作深化共赢共进》，http：//wemedia. ifeng. com/28121390/wemedia. shtml。

第五章　中亚地区国家可持续发展评价与分析

一、区域总体评价

（一）该区域的总体情况

中亚地区的五国均属于内陆国家，该区域的可持续发展水平整体处于中等。其中，哈萨克斯坦和土库曼斯坦的可持续发展水平处于初级阶段后期；而乌兹别克斯坦、塔吉克斯坦和吉尔吉斯斯坦则处于中级阶段早期。

（二）经济发展整体水平不高，且区域内各国发展水平差距较大

中亚地区天然气资源丰富，根据 BP 世界能源统计资料，截至 2014 年底，地区剩余探明天然气可采储量 20.1 万亿立方米，占世界总储量的 10.7%。中亚天然气资源主要集中在土库曼斯坦、乌兹别克斯坦、哈萨克斯坦三国，其中近 80% 集中在土库曼斯坦。而正是这种丰富的资源禀赋也导致该地区的经济发展严重依赖资源开发，其经济结构相对单一，且极易受国际经济形势波动影响。

从五国的对比情况来看，以乌兹别克斯坦和土库曼斯坦经济领域表现最好，而哈萨克斯坦、吉尔吉斯斯坦和塔吉克斯坦的经济领域得分均较低。

（三）社会发展整体水平不高，区域内发展差距较大

五国的社会发展整体水平不高。其中，社会领域得分最高的是哈萨克斯坦和吉尔吉斯斯坦。2015 年，哈萨克斯坦的社会子系统得分为 51.8 分，其次是吉尔吉斯斯坦，48.38 分；而乌兹别克斯坦、土尔吉斯斯坦和塔吉克斯坦三国则分别为 38.4 分、33 分和 38.3 分。

（四）环境建设整体水平不高，但五国中以塔吉克斯坦表现最佳

中亚五国的环境建设整体水平不高，受其资源禀赋影响，尤其是在资源利用与环境污染治理方面表现不尽如人意。但在五个国家中，塔吉克斯坦的环境领域得分相对较高，2015 年达到 47.82 分；其次是吉尔吉斯斯坦为 37.71 分；其余三国均在 30 分上下徘徊。

（五）基础设施尤其是交通基础设施建设整体滞后，但五国中哈萨克斯坦表现最好

中亚国家的基础设施建设，尤其是交通基础设施建设是弱项，这严重影响了其经济发展。但在五国中，以哈萨克斯坦的表现最佳：2015 年哈萨克斯坦的基础设施领域得分为 45.2 分，其中交通基础设施维度得分为 6.3 分，而信息与公共服务维度得分为 84.1 分，均属于中亚五国的最高水平。

（六）机制建设整体水平相对较高，但区域内五国的差距较大

中亚五国的机制建设整体水平相对较高，尤其表现在国际机制领域。但受中亚政治局势及经济社会发展水平影响，中亚地区的国内机制建设不完善，拖累了其机制建设整体水平。

从五国的对比情况来看，其内部差距较大。其中，表现最好的是哈萨克斯坦，其机制系统在五大系统中得分最高，2015 年为 69.8 分，其中其国内机制维度得分为 42.9 分，而国际机制维度得分高达 96.6 分。五国中得分最低的是乌兹别克斯坦，2015 年其机制子系统得分为 37.8 分，其中国内机制维度得分仅为 17.9 分，而国际机制维度则高达 95.2 分。

二、哈萨克斯坦

哈萨克斯坦共和国是横跨欧亚两洲的国家，是世界上最大的内陆国家，与俄罗斯、中国、吉尔吉斯斯坦、乌兹别克斯坦、土库曼斯坦接壤，地理位置优越，将成为“一带一路”重要枢纽，“一带一路”倡议有利于促进哈萨克斯坦和其他中亚国家，以及中亚国家与整个欧亚大陆地区联系起来。

（一）哈萨克斯坦可持续发展总体评价

评价结果显示，2015 年，哈萨克斯坦可持续发展指数为 44.8，在“一带一

路”沿线国家中的排名为第23位，哈萨克斯坦可持续发展处于初级后期发展阶段。

由图5－1可知，2010～2015年，哈萨克斯坦可持续发展的总体趋势向好，单从国家可持续发展的指数来看，哈萨克斯坦可持续发展应处于中级早期发展阶段，但由于受环境子系统的制约，致使其可持续发展仍处于初级后期发展阶段。

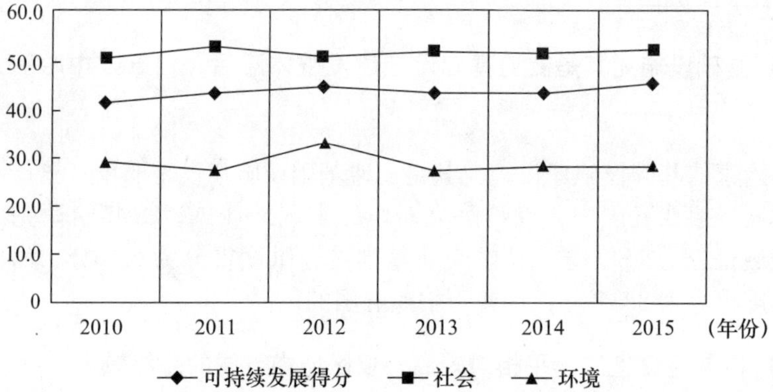

图5－1　2010～2015年哈萨克斯坦可持续发展评价

2010～2015年，哈萨克斯坦五大子系统发展程度存在较大差异，其中，机制子系统和社会子系统发展程度相对较高，而环境子系统发展程度相对较差。2015年，机制子系统指数为69.8，社会子系统、基础设施子系统和经济子系统指数分别为51.8、45.2、41.7，环境子系统指数为28.1，环境子系统与发展最好的机制子系统相差高达28.4（见图5－2）。可见，环境因素是制约哈萨克斯坦可持续发展的重要原因之一。

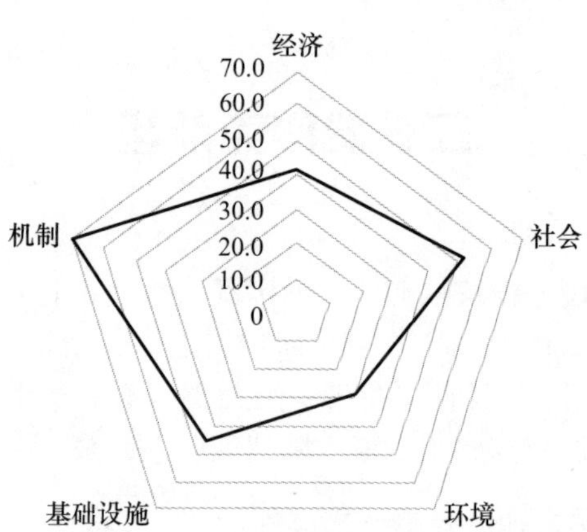

图5－2　2015年哈萨克斯坦五大子系统的发展评价

2010~2015 年哈萨克斯坦五大子系统的指数多呈上升趋势（见表5-1），其中，基础设施子系统指数的年均增幅最大，增幅达到4.4%，其次为经济子系统指数的年均增幅为4.2%，机制子系统和社会子系统指数的年均增幅分别为0.9%、0.7%，仅环境子系统指数的年均增幅为负增长，降幅为0.4%。

表5-1 2010~2015年可持续发展五大子系统年均增幅

可持续发展子系统	增幅（%）
经济子系统	4.2
社会子系统	0.7
环境子系统	-0.4
基础设施子系统	4.4
机制子系统	0.9

（二）哈萨克斯坦可持续发展重点领域分析

1. 经济

在2010~2015年经济子系统测评结果中，经济规模呈增长趋势，但经济质量不高，经济活力有下降趋势。2015年，经济规模指数为47.4，较2010年增长59.16%，年均增幅为9.74%；经济质量指数为33.8，较2010年增长20.68%，年均增幅为3.83%；经济活力指数为44，较2010年下降0.07%，年均降幅为0.01%。其中，经济规模指数最高，经济活力指数次之，经济质量指数最低，最大相差13.5（见图5-3）。

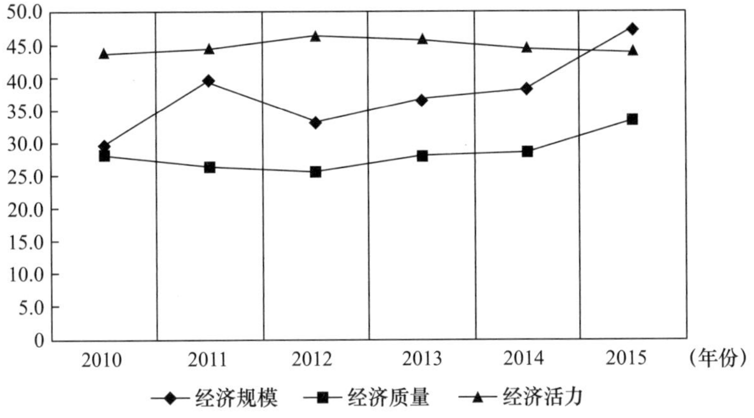

图5-3 2010~2015年经济子系统三个维度的评价指数

在经济规模方面，2010～2015年，GDP增长率呈下降趋势，人均GDP呈增长趋势。2015年哈萨克斯坦国内生产总值（GDP）1843.9亿美元，比上年增长1.2%，较2010年下降6.1个百分点，2010～2015年GDP年增长率降幅达30.3%，是经济子系统指标中变化幅度最大的指标，说明哈萨克斯坦的经济保持增长趋势，但经济增速明显放缓。2015年人均GDP为10510美元，较2010年增长15.9%，年均增长3%，按世界银行划分贫富程度标准①，哈萨克斯坦处于中等偏上收入国家。

在经济质量方面，2010～2015年，服务业增加值占GDP比重、资本形成总额占GDP比重、全社会劳动生产率均呈上升趋势，而FDI占GDP比重呈下降趋势。2015年，服务业增加值占GDP比重为62.5%，较2010年提升10.2个百分点，年均增幅为3.6%；资本形成总额占GDP比重为25.8%，较2010年提升0.4个百分点，年均增幅为0.3%；FDI占GDP比重为1.7%，较2010年下降0.8个百分点，年均降幅为7.5%。其中，FDI占GDP比重这一指标的年均幅度负向变化最大。这些指标的变化说明，哈萨克斯坦的经济结构不合理，但也正在向良性转变。2015年全社会劳动生产率为30224.4美元/人，较2010年增长40%，年均增幅为7%，这一指标的年均幅度正向变化最大，这表明，哈萨克斯坦的经济效益增幅较高。

在经济活力方面，2010～2015年，国家创新指数、债务占GDP比重均呈上升趋势，而经济外向度呈下降趋势。2015年国家创新指数为31.5，较2010年增长3.9%，年均增幅为0.8%，其中，创新投入指数为41.7，创新产出指数为21.3，创新效率比为0.51。这说明，哈萨克斯坦的创新能力不高，需进一步加强创新产出效率。作为资源出口国家，国民经济对出口依赖较大，2015年经济外向度为53.3%，较2010年下降28.1%，年均降幅为6.4%。2015年债务占GDP比重为33%，较2010年提升23.5个百分点，可见，哈萨克斯坦的债务体量正在扩大，但债务率仍不到40%，相比其他国家是比较低的。

2. 社会

在2010～2015年社会子系统测评结果中，人口基础、平等就业、公共服务三个指数均呈增长趋势，而生活水平指数呈下降趋势。2015年，人口基础指数为19.1，较2010年增长19.73%，年均增幅为3.67%；平等就业指数为68.3，较2010年增长1.33%，年均增幅为0.26%；公共服务指数为62.3，较2010年增长5.81%，年均增幅为1.14%；生活水平指数为57.4，较2010年下降

① 按世界银行公布的数据，2015年的最新收入分组标准为：人均国民总收入低于1045美元为低收入国家，1045～4125美元为中等偏下收入国家，4126～12735美元为中等偏上收入国家，高于12736美元为高收入国家。后同。

1.26%，年均降幅为0.25%。其中，平等就业指数最高，其次为公共服务、生活水平指数，而人口基础指数最低，最大相差高达43.2（见图5－4）。

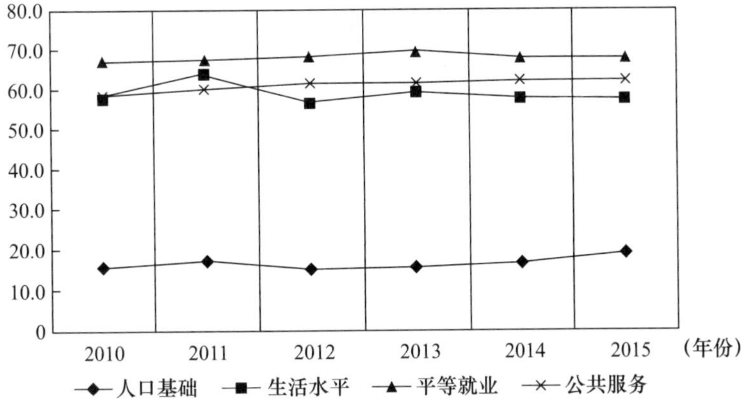

图5－4　2010～2015年社会子系统四个维度的评价指数

在人口基础方面，人口自然增长率、人口密度、出生性别比、每万人科技人员数均呈上升趋势，而人口城镇化率呈下降趋势。2015年，人口自然增长率为1.5%，比2010年提升0.1个百分点，年均增幅为0.7%；人口密度为6.5人/平方千米，较2010年增长7.5%，年均增幅为1.5%。这些表明，人口禀赋向好，且作为基本生产力的人口适度增长，为哈萨克斯坦社会发展奠定基础。2015年，出生性别比为93.4%，较2010年提升0.3个百分点，年均增幅为0.1%；每万人科技人员数为734人，较2010年增长98.8%，年均增幅为14.7%；人口城镇化率为53.2%，较2010年下降0.5个百分点，年均降幅为0.2%。这说明哈萨克斯坦城镇化水平较高，人口结构正逐渐合理化。

在生活水平方面，2010～2015年，低于1.9美元/天的人口比例呈下降趋势，而粮食产量、超过100万的城市群中人口占总人口比重均呈上升趋势。2015年低于1.9美元/天人口比例为0.04%，较2010年下降0.1个百分点，年均降幅为19.7%，贫困水平有所降低；粮食产量显著增加，人均粮食产量为989.1千克，较2010年增长33.2%，单位面积粮食产量为1172.6千克，较2010年增长45.8%；超过100万的城市群中人口占总人口比重为8.7%，较2010年提升0.1个百分点。可见，哈萨克斯坦高度重视民生改善，居民生活水平相对较高。

在平等就业方面，2010～2015年，基尼系数、失业率呈下降趋势，而人类发展指数、劳动中妇女的比例呈上升趋势。2015年，基尼系数为0.26，较2010年下降7.8%，年均降幅为1.6%；人类发展指数为0.788，较2010年增长

2.9%。可见，哈萨克斯坦高度重视社会公平问题，且其发展水平正逐步提高，按照联合国有关组织对基尼系数的规定①，哈萨克斯坦属于收入比较平均国家，贫富差异较小。2015年失业率为4.1%，较2010年下降1.7个百分点，年均降幅为6.7%，说明哈萨克斯坦社会就业形势较为稳定。

在公共服务方面，人均医疗卫生支出、预期寿命、入学率、政府教育支出占比均呈增长趋势，而新生儿和孕妇死亡率均呈下降趋势。2015年，人均医疗卫生支出为538.8美元，较2010年增长34.3%，年均增幅为6.1%；预期寿命为71岁，较2010年提升3岁，年均增幅为1%；新生儿死亡率为7%，较2010年下降3.7个百分点，年均降幅为8.1%；孕产妇死亡率为12%，较2010年下降8个百分点，年均降幅为9.7%；政府教育支出占比为6.8%，较2010年提升1个百分点，年均增幅为3.1%；小学入学率为110.6%，较2010年提升3个百分点，中学入学率为109.1%，较2010年提升11.4个百分点。可见，哈萨克斯坦加强公共性、服务性设施建设，不断完善医疗卫生、教育等系统，稳步改善社会健康水平和教育水平。

3. 环境

在2010~2015年环境子系统测评结果中，资源指数呈增长趋势，污染指数呈下降趋势，能源指数波动性变化相对较大，生态保护指数变化相对平稳。2015年，资源指数为12.1，较2010年增长0.57%，年均增幅为0.11%；污染指数为65.6，较2010年下降1.46%，年均降幅为0.29%；能源指数为28.9，较2010年下降4.74%，年均降幅为0.97%，且这一指数在2012年达到最大值46.2；生态保护指数为6，这一指数在2010~2015年处于同一水平。其中，污染指数最高，其次为能源指数、资源指数，而生态保护指数最低，最大相差高达59.62，各指数发展水平差异较大（见图5-5）。

在资源禀赋方面，2010~2015年，森林、土地、淡水等资源禀赋均略有下降的趋势。2015年，人均森林面积为0.0019平方千米，较2010年下降7%，年均降幅为1.4%；人均土地资源占有量为0.15平方千米，较2010年下降7%，年均降幅为1.4%；人均淡水资源占有量为3722立方米，较2010年下降2.9%，年均降幅为0.6%；哈萨克斯坦地广人稀，随着人口的增长，消耗了一定比例的生态资源。

在能源方面，2010~2015年，单位GDP能耗呈上升趋势，而二次能源占比呈下降趋势。2015年，单位GDP能耗为5.3美元/千克石油，较2010年增长12.1%，年均增长2.3%；二次能源占比为1.36%，较2010年下降0.02个百分

① 按照联合国有关组织规定：基尼系数若低于0.2表示收入绝对平均；0.2~0.3表示比较平均；0.3~0.4表示相对合理；0.4~0.5表示收入差距较大；0.5以上表示收入差距悬殊。后同。

点，年均降幅为0.4%。可见，哈萨克斯坦具有明显的能源优势，且能源消耗较低，但其能源结构不合理，需要进一步加强国家能源工业发展。

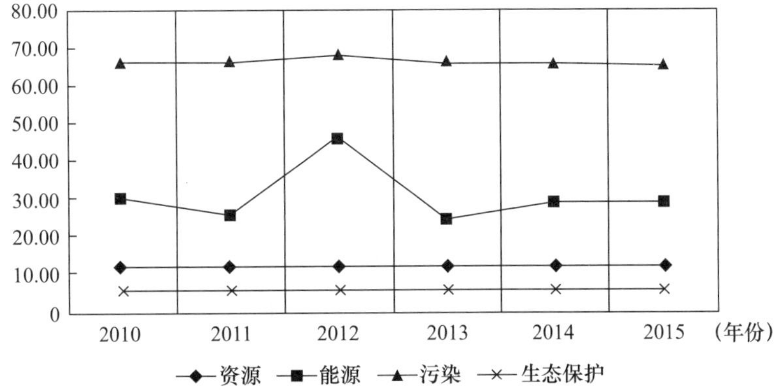

图5-5 2010~2015年环境子系统四个维度的评价指数

在环境污染方面，2010~2015年，二氧化碳、甲烷、烟尘排放量呈增长趋势，一氧化氮排放量略有下降。2015年，人均二氧化碳排放量为15.4公吨，较2010年增长2.1%，年均增幅为0.4%；人均一氧化氮排放量为0.0011公吨，较2010年下降0.7%，年均降幅为0.2%；人均甲烷排放量为0.0042吨，较2010年增长2.7%，年均增幅为0.5%；人均烟尘排放量为17微克/立方米，较2010年增长15.6%，年均增幅为2.9%。可见，哈萨克斯坦环境污染严重，制约环境整体的发展水平。

4. 基础设施

在2010~2015年基础设施子系统测评结果中，交通设施指数、信息与公共服务设施指数均呈上升趋势。2015年，交通设施指数为6.3，较2010年增长4.6%，年均增幅为0.82%；信息与公共服务设施指数为84.1，较2010年增长26.0%，年均增幅为4.73%。其中，信息与公共服务设施指数远高于交通设施指数，两者相差高达77.82，交通设施成为制约基础设施子系统发展的主要因素（见图5-6）。

在交通设施方面，2010~2015年，铁路里程数、航空运输量均呈上升趋势。2015年，铁路里程数为14329千米，较2010年增长0.9%，年均增长0.2%；航空运输量为72485.5百万次，较2010年增长116.5%，年均增长16.7%。可见，哈萨克斯坦正在逐步加大交通基础设施建设，特别是航空运输得到显著改善。

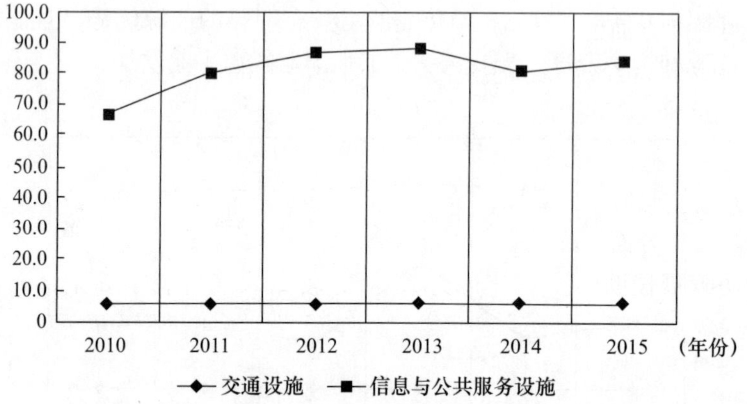

图5-6 2010~2015年基础设施子系统两个维度的评价指数

在信息与公共服务设施方面，2010~2015年，互联网普及率、固定和移动电话普及率、改善卫生设施获得比例均呈上升趋势。2015年互联网普及率为72.9%，较2010年提升41.3个百分点，年均增幅为18.2%；固定和移动电话普及率为187.2%，较2010年提升65.3个百分点，年均增幅为9.2%；改善卫生设施获得比例为97.5%，较2010年提升0.1个百分点。可见，哈萨克斯坦基础设施现代化改造力度显著增强，不断提高其运行效率。

5. 机制

在2010~2015年机制子系统测评结果中，国内制度指数、国际合作指数均呈上升趋势。2015年，国内制度指数为42.9，较2010年增长6.6%，年均增幅为1.28%；国际合作指数为96.6，较2010年增长3.8%，年均增幅为0.74%。其中，国内制度指数和国际合作指数两个指数均处于相对较高水平，但两者也存在较大差距，相差高达53.8（见图5-7）。

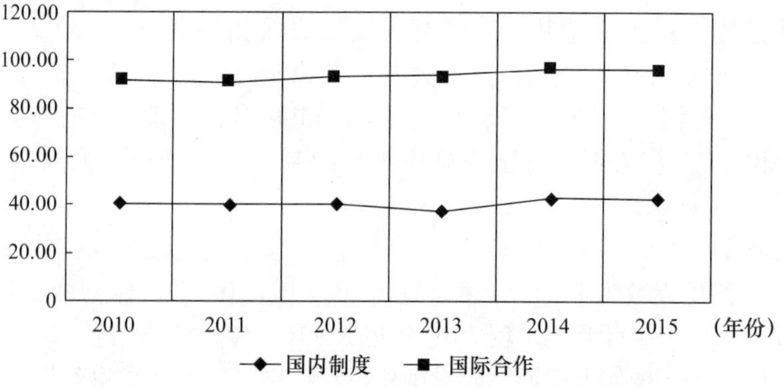

图5-7 2010~2015年机制子系统两个维度的评价指数

在国内制度方面，2010～2015 年，经济自由度指数、全球治理指数均呈增长趋势。2015 年，经济自由度指数为 63.3，较 2010 年增长 3.8%，年均增长 0.7%；全球治理指数[①]为 -0.02，较 2010 年增长 95.3%，年均增长 45.9%；控制腐败指数为 -0.76，较 2010 年增长 22.5%，年均增长 4.97%。可见，哈萨克斯坦经济制度、政府效能及清廉反腐程度均不高，未来仍需要进一步提升。

在国际合作方面，2010～2015 年，官方发展援助占 GDP 比重呈下降趋势。2015 年官方发展援助占 GDP 比重为 5.1%，较 2010 年下降 8.8 个百分点，年均增幅为 18.1%，可见，哈萨克斯坦国际合作机制并未改善，转轨任务依然十分艰巨。

（三）小结

哈萨克斯坦是资源出口型国家，在可持续发展过程中，充分利用能源资源丰富的优势，大力发展能源工业，促进经贸往来和互联互通。实施哈萨克斯坦 2050 战略，促进国家经济发展水平、社会生活水平、基础设施联通建设等得到改善，为可持续发展奠定良好的基础，但发展过程中也需进一步重点关注环境发展情况。

在“一带一路”沿线国家中，哈萨克斯坦与中国有很大的地缘优势，“一带一路”倡议与哈萨克斯坦 2050 战略实现对接，为中哈两国寻找合作契合点提供新的发展机遇。

三、土库曼斯坦

土库曼斯坦地处中亚西南部，与哈萨克斯坦、乌兹别克斯坦、伊朗、阿富汗相邻，与阿塞拜疆和俄罗斯隔海相望，位于地区和跨地区交通走廊的交叉区，在“一带一路”建设中，发展陆路过境、中转运输方面拥有巨大潜力。

（一）土库曼斯坦可持续发展总体评价

评价结果显示，2015 年，土库曼斯坦可持续发展指数为 38.6，在“一带一路”国家中的排名为第 48 位，土库曼斯坦可持续发展处于初级后期发展阶段。

由图 5-8 可知，2010～2015 年，土库曼斯坦可持续发展的总体趋势向好，

① 全球治理指数、控制腐败指数的治理绩效范围从 -2.5（弱）到 2.5（强）。后同。

单从国家可持续发展的指数来看，土库曼斯坦可持续发展应处于中级早期阶段，但由于受社会子系统和环境子系统的制约，致使其可持续发展仍处于初级后期阶段。

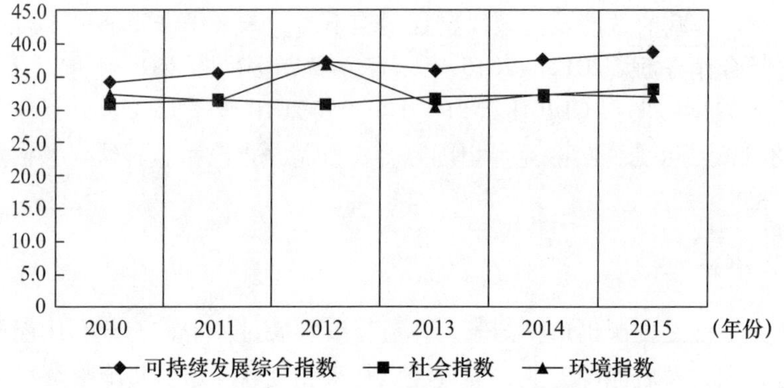

图5－8　2010～2015年土库曼斯坦可持续发展评价

2010～2015年，土库曼斯坦五大子系统的发展程度存在一定差距，其中，机制子系统和经济子系统发展程度相对较高，而基础设施子系统发展程度相对较差。2015年，机制子系统指数为52.7，经济子系统、社会子系统和环境子系统指数分别为49、33、31.9，基础设施子系统指数为28.2，基础设施子系统与发展最好的机制子系统相差高达24.5。可见，基础设施建设水平及完善程度是制约土库曼斯坦可持续发展的重要原因之一（见表5－9）。

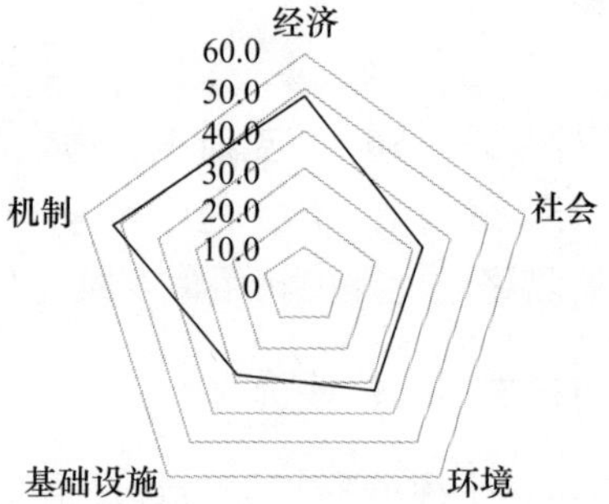

图5－9　2015年土库曼斯坦五大子系统的发展评价

2010～2015年土库曼斯坦五大子系统指数除环境子系统指数之外均呈上升趋势（见表5－2），其中，经济子系统指数的年均增幅最大，增幅达到6.3%，其次为基础设施子系统指数的年均增幅为4.1%，社会子系统和机制子系统指数的年均增幅分别为1.4%、0.8%，仅环境子系统指数的年均增幅为负增长，降幅为0.3%。

表5-2 2010~2015年可持续发展五大子系统年均增幅

可持续发展子系统	增幅（%）
经济子系统	6.3
社会子系统	1.4
环境子系统	-0.3
基础设施子系统	4.1
机制子系统	0.8

（二）土库曼斯坦可持续发展重点领域分析

1. 经济

在2010~2015年经济子系统测评结果中，经济规模、经济质量和经济活力均呈上升的趋势，且经济规模保持高速增长。2015年，经济规模指数为52.1，较2010年增长70.44%，年均增幅为11.25%；经济质量指数为44.9，较2010年增长36.43%，年均增幅为6.41%；经济活力指数为49.9，较2010年增长11.71%，年均增幅为2.24%。其中，经济规模指数最高，经济活力指数次之，经济质量指数最低，最大相差7.2（见图5-10）。

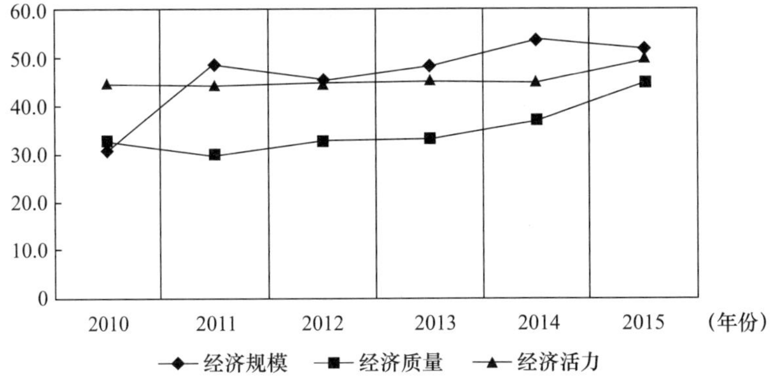

图5-10 2010~2015年经济子系统三个维度的评价指数

在经济规模方面，2010～2015年，人均GDP呈增长趋势，GDP增长率呈下降趋势。2015年土库曼斯坦国内生产总值为358.5亿美元，比上年增长6.5%，较2010年下降2.7个百分点，2010～2015年GDP年增长率降幅达6.7%，说明土库曼斯坦的经济保持高增长趋势，但经济增速有所放缓。2015年人均GDP为6672.5美元，较2010年增长49%，年均增长8.3%，按世界银行划分贫富程度标准，土库曼斯坦处于中等偏上收入国家水平。

在经济质量方面，2010～2015年，资本形成总额占GDP比重、FDI占GDP比重、经常项目余额占贸易总额比重呈下降趋势，而全社会劳动生产率均呈上升趋势。2015年，资本形成总额占GDP比重为47.2%，较2010年下降4.7个百分点，年均降幅为1.9%；FDI占GDP比重为11.9%，较2010年下降4.2个百分点，年均降幅为5.9%；经常项目余额占贸易总额比重为28.9%，较2010年下降3个百分点，年均降幅为1.9%；全社会劳动生产率为28638.4美元/人，较2010年增长74.4%，年均增幅为11.8%。可见，土库曼斯坦的经济效益增幅较高，但经济结构有待进一步调整。

在经济活力方面，2010～2015年，经济外向度、债务占GDP比重均呈下降趋势。2015年，经济外向度为117.7%，较2010年下降2.6%，年均降幅为0.5%；债务占GDP比重为1.1%，较2010年提升1.4个百分点。可见，土库曼斯坦经济开放水平不高、债务体量较小，债务率不足5%，相比其他国家是比较低的，而作为资源出口国家，国民经济对出口依赖较大，未来需要进一步加快对外开放水平。

2. 社会

在2010～2015年社会子系统测评结果中，人口基础、生活水平、平等就业三个指数均呈增长趋势，而公共服务指数呈下降趋势。2015年，人口基础指数为16.8，较2010年增长19.45%，年均增幅为3.62%；生活水平指数为21.3，较2010年增长51.98%，年均增幅为8.73%；平等就业指数为47.3，较2010年增长1.19%，年均增幅为0.24%；公共服务指数为46.6，较2010年下降3.21%，年均降幅为0.65%。其中，平等就业指数最高，其次为公共服务、生活水平，而人口基础指数最低，最大相差高达30.5（见图5－11）。

在人口基础方面，人口密度、每万人科技人员数、人口城镇化率均呈上升趋势，而人口自然增长率、出生性别比呈下降趋势。2015年，人口自然增长率为1.2%，比2010年下降0.1个百分点，年均增幅为0.3%；人口密度为11.4人/平方千米，较2010年增长6.6%，年均增幅为1.3%。这些表明，人口禀赋为可持续发展奠定充足的生产力基础。2015年，出生性别比为96.6%，较2010年下降0.4个百分点，年均增幅为0.1%；每万人科技人员数为176人，较2010年增

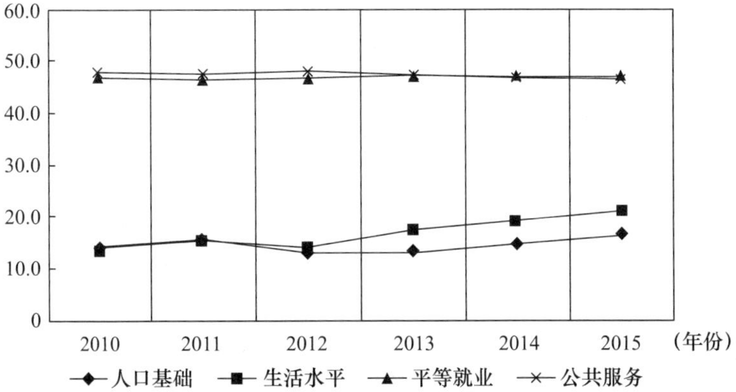

图 5-11 2010~2015 年社会子系统四个维度的评价指数

长 532.8%，年均增幅为 44.6%，尽管创新人员不足，但增速远远高于其他指标；人口城镇化率为 50%，较 2010 年提升 1.6 个百分点，年均增幅为 0.7%。这说明土库曼斯坦城镇化水平较高，人口结构正逐渐合理化。

在生活水平方面，2010~2015 年，营养不良发生率、低于 1.9 美元/天人口比例、人均粮食产量均呈下降趋势，而超过 100 万的城市群中人口占总人口比重均呈上升趋势。2015 年，营养不良发生率为 51.4%，较 2010 年下降 8.7 个百分点，年均降幅为 3.1%；低于 1.9 美元/天人口比例为 15.6%，较 2010 年下降 12.2 个百分点，年均降幅为 10.9%；人均粮食产量为 269.8 千克，较 2010 年下降 36.3%，单位面积粮食产量为 2783.3 千克，较 2010 年增长 8.1%；超过 100 万的城市群中人口占总人口比重为 27.7%，较 2010 年提升 0.4 个百分点。可见，土库曼斯坦居民生活有所改善，贫困水平有所降低，粮食产量增加，但人口的快速增长致使人均产量有所下降。

在平等就业方面，2010~2015 年，人类发展指数呈上升趋势，而失业率呈下降趋势。2015 年，人类发展指数为 0.688，较 2010 年增长 3.3%，年均增幅为 0.7%；失业率为 10.5%，较 2010 年下降 0.4 个百分点，年均降幅为 0.7%。可见，土库曼斯坦社会就业形势不稳定，但有向好趋势，社会公平问题急需改善，基尼系数为 0.408，按照联合国有关组织对基尼系数的规定，土库曼斯坦属于收入差距较大的国家，贫富差异较大。

在公共服务方面，人均医疗卫生支出、预期寿命均呈增长趋势，而新生儿和孕妇死亡率均呈下降趋势。2015 年，人均医疗卫生支出为 186.7 美元，较 2010 年增长 113.9%，年均增幅为 16.4%；预期寿命为 65.6 岁，较 2010 年提升 0.6 岁，年均增幅为 0.2%；新生儿死亡率为 22.6%，较 2010 年下降 2.7 个百分点，年均降幅为 2.2%；孕产妇死亡率为 42%，较 2010 年下降 4 个百分点，年均降幅为1.8%。可见，土库曼斯坦医疗卫生系统亟待完善，加强公共性、服务性设施建设，逐渐加大对教育投入，政府教育支出占比高达20.8%，正着力改善社会健康水平和教育水平。

3. 环境

在2010~2015年环境子系统测评结果中，资源指数、能源指数、污染指数均呈下降趋势，生态保护指数变化相对平稳。2015年，资源指数为10.2，较2010年下降1.23%，年均降幅为0.25%；能源指数为45.3，较2010年下降2.73%，年均降幅为0.55%，且这一指数在2012年达到最大值62.7；污染指数为66.5，较2010年下降0.47%，年均降幅为0.09%；生态保护指数为5.7，这一指数在2010~2015年处于同一水平。其中，污染指数最高，其次为能源指数、资源指数，而生态保护指数最低，最大相差高达60.8，各指数的发展水平存在较大的差异（见图5-12）。

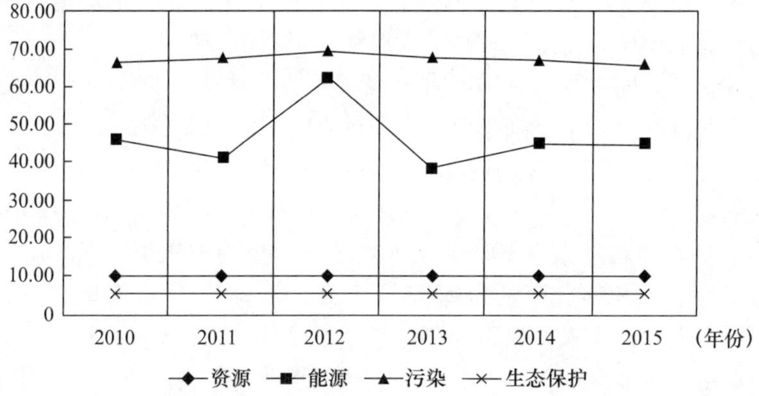

图5-12　2010~2015年环境子系统四个维度的评价指数

在资源禀赋方面，2010~2015年，森林、土地、淡水等资源禀赋均略有下降的趋势。2015年，人均森林面积为0.0077平方千米，较2010年下降6.2%，年均降幅为1.3%；人均土地资源占有量为0.0875平方千米，较2010年下降6.2%，年均降幅为1.3%；人均淡水资源占有量为264.7立方米，较2010年下降2.5%，年均降幅为0.5%；随着人口的快速增长，土库曼斯坦生态资源消耗加速。

在能源方面，2010~2015年，单位GDP能耗呈上升趋势，而二次能源占比呈下降趋势。2015年，单位GDP能耗为2.9美元/千克石油，较2010年增长31.4%，年均增长5.6%；二次能源占比为22%，较2010年下降3个百分点，年均降幅为2.5%。可见，土库曼斯坦具有明显的能源优势，但由于能源结构不合理，致使能源效率不高，需要进一步加强国家能源产业的技术发展水平。

在环境污染方面，2010~2015年，一氧化氮、甲烷排放量略有下降，二氧化碳、烟尘排放量呈增长趋势。2015年，人均一氧化氮排放量为0.001公吨，较2010年下降3.1%，年均降幅为0.6%；人均甲烷排放量为0.0043吨，较2010年下降19.2%，年均增幅为4.2%；人均二氧化碳排放量为12.8公吨，较2010年增长12.3%，年均增幅为2.4%；人均烟尘排放量为26.7微克/立方米，较2010年增长5.1%，年均增幅为1%。可见，土库曼斯坦环境污染严重，且还有继续恶化的现象，严重制约环境整体的发展水平。

4. 基础设施

在2010~2015年基础设施子系统测评结果中，交通设施指数、信息与公共服务设施指数均呈上升趋势。2015年，交通设施指数为1.3，较2010年增长5.73%，年均增幅为1.05%；信息与公共服务设施指数为55，较2010年增长22.87%，年均增幅为4.21%。其中，信息与公共服务设施指数远高于交通设施指数，两者相差高达53.7，交通设施成为制约基础设施子系统发展的主要因素（见图5-13）。

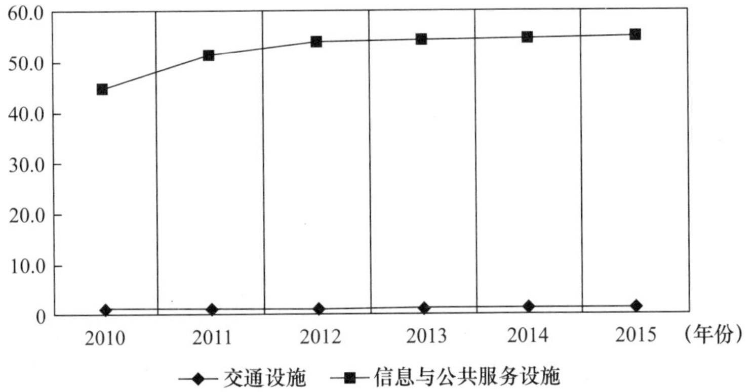

图5-13 2010~2015年基础设施子系统两个维度的评价指数

在交通设施方面，土库曼斯坦正在逐步加大交通基础设施建设，特别是航空运输得到显著改善，2015年航空运输量为12219.3百万次，较2010年增长279.4%，年均增长30.6%。可见，2010~2015年，航空运输量均呈快速上升趋势。

在信息与公共服务设施方面，2010~2015年，互联网普及率、固定和移动电话普及率、改善水源获得比例均呈上升趋势。2015年互联网普及率为12.1%，较2010年提升1.8个百分点，年均增幅为3.3%；固定和移动电话普及率为145.9%，较2010年提升82.5个百分点，年均增幅为18.1%；改善水源获得比例为91%，较2010年提升5个百分点，年均增幅为1.1%。可见，土库曼斯坦基础设施现代化程度较低，需不断提高信息化水平。

5. 机制

在2010~2015年机制子系统测评结果中，国内制度指数、国际合作指数均呈上升趋势。2015年，国内制度指数为9.1，较2010年增长33.44%，年均增幅为5.94%；国际合作指数为96.3，较2010年增长1.69%，年均增幅为0.34%。其中，国内制度指数和国际合作指数两个指数存在较大差距，相差高达87.2（见图5-14）。

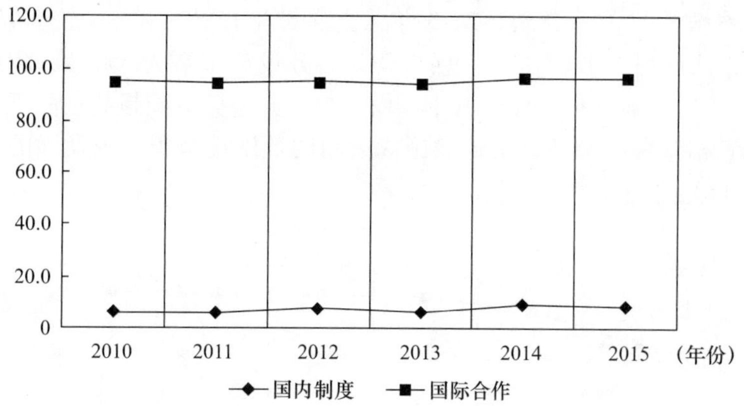

图5-14　2010~2015年机制子系统两个维度的评价指数

在国内制度方面，2010~2015年，经济自由度指数呈下降趋势，而全球治理指数均呈增长趋势。2015年，经济自由度指数为41.4，较2010年下降2.6%，年均降幅为0.5%；全球治理指数为-0.86，较2010年增长45.5%，年均增幅为11.4%；控制腐败指数为-1.26，较2010年增长12.04%，年均增长2.53%。可见，土库曼斯坦经济制度、政府效能及清廉反腐程度均不高，有待进一步提升。

在国际合作方面，2010~2015年，官方发展援助占GDP比重呈下降趋势。2015年官方发展援助占GDP比重为6.5%，较2010年下降2.6个百分点，年均降幅为6.6%。可见，土库曼斯坦国际合作机制改善任务仍然十分艰巨。

（三）小结

土库曼斯坦石油、天然气等矿产资源丰富，电力资源充足，交通运输网络和港口运行能力较强，医疗和教育体制较为完善，国民整体生活水平较高。然而，经济基础薄弱、结构相对单一，邮政及互联网信息化水平较低，劳动力素质不高，高技术人员短缺。

总体上，加入“一带一路”倡议为土库曼斯坦发展提供了新的契机，巩固地区和洲际过境中转运输的地位，与沿线国家开展多边国际合作，促进能源出口多元化发展，提升现代化的基础设施网络。

四、乌兹别克斯坦

乌兹别克斯坦共和国是中亚腹地的“双内陆国家”，与哈萨克斯坦、吉尔吉斯斯坦、塔吉克斯坦、土库曼斯坦和阿富汗毗邻，是“一带一路”向西延伸的必经之路，也是著名的“丝绸之路”古国，历史上与中国通过“丝绸之路”有着悠久的联系。

（一）乌兹别克斯坦可持续发展总体评价

评价结果显示，乌兹别克斯坦可持续发展处于初级后期发展阶段，2015 年乌兹别克斯坦可持续发展的得分为 37.8，在“一带一路”国家中的排名为第 51 位。

由图 5－15 可知，2010～2015 年，乌兹别克斯坦可持续发展的总体趋势向好，单从国家可持续发展的得分来看，乌兹别克斯坦可持续发展应处于中级早期发展阶段，但由于受环境子系统的制约，其可持续发展仍处于初级后期发展阶段。

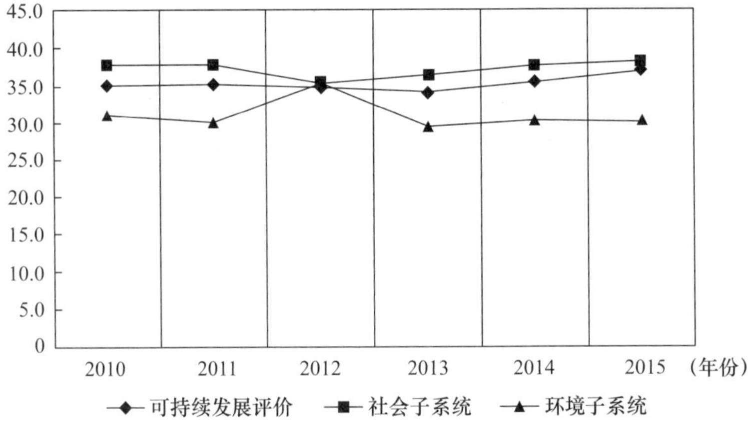

图 5－15　2010～2015 年乌兹别克斯坦可持续发展评价

2010~2015年，乌兹别克斯坦五大可持续发展子系统发展程度存在较大差异，其中，机制子系统发展程度相对较高，而基础设施子系统和环境子系统发展程度相对较差。2015年，机制子系统发展得分为54.8，基础设施子系统和环境子系统发展得分分别为28.7分、30.3分，五大可持续发展子系统中相差最大达26.1（见图5-16）。

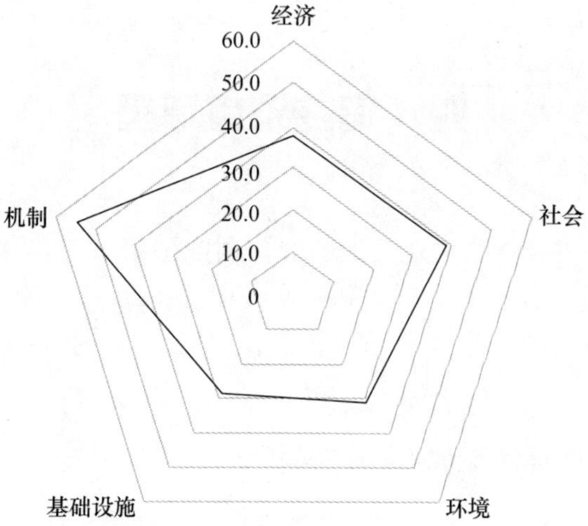

图5-16 2015年乌兹别克斯坦各子系统的发展评价

2010~2015年乌兹别克斯坦五大可持续发展子系统的得分总体呈上升趋势（见表5-3），其中，经济子系统得分年均增幅最大，为5%，其次为基础设施子系统得分、社会子系统得分年均增幅，分别为1.7%、0.3%，年均增幅度为负增长的是环境子系统得分及机制子系统得分，分别为-0.5%、-0.8%。

表5-3 可持续发展子系统2010~2015年年均增幅

可持续发展子系统	增幅（%）
经济子系统	5.0
社会子系统	0.3
环境子系统	-0.5
基础设施子系统	1.7
机制子系统	-0.8

（二）乌兹别克斯坦可持续发展重点领域分析

1. 经济

在2010～2015年经济子系统测评结果中，经济规模指数、经济质量指数均呈上升趋势，而经济活力指数呈下降趋势。2015年，经济规模指数为51.1，较2010年增长90.1%，年均增幅为13.7%；经济质量指数为21.9，较2010年增长9.5%，年均增幅为1.8%；经济活力指数为40.6，较2010年下降3.4%，年均降幅为0.7%。其中，经济规模指数最高，经济活力指数次之，经济质量指数最低，最大相差29.2（见图5－17）。

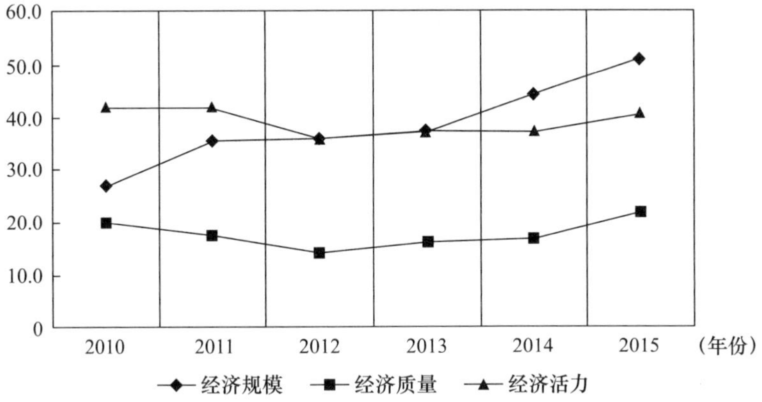

图5－17　2010～2015年经济子系统三个维度的评价指数

在经济规模方面，2010～2015年，GDP增长率呈下降趋势，人均GDP呈上升趋势。2015年乌兹别克斯坦国内生产总值（GDP）为667.3亿美元，增长8%，较2010年下降0.5个百分点；人均GDP为2132.1美元，较2010年增长54.8%，年均增幅为9.1%。可见，乌兹别克斯坦的经济水平不高，按世界银行划分贫富程度标准，乌兹别克斯坦处于中等偏下收入国家的水平。

在经济质量方面，2010～2015年，资本形成总额占GDP比例、FDI占GDP比重均呈下降趋势，而服务业增加值占GDP比重、全社会劳动生产率呈上升趋势。2015年，资本形成总额占GDP比重为23.8%，较2010年下降0.8个百分点，年均降幅为0.7%；FDI占GDP比重为1.6%，较2010年下降2.6个百分点，年均降幅为17.4%；服务业增加值占GDP比例为47.1%，较2010年提升0.3个百分点，年均增幅为0.1%；全社会劳动生产率为7083.2美元/人，较2010年增长42%，年均增幅为7.3%。可见，乌兹别克斯坦的经济结构不合理，经济效益不高。

在经济活力方面，2010～2015 年，国家创新指数、经济外向度均呈下降的趋势，而债务占 GDP 比重呈上升的趋势。2015 年，国家创新指数为 25.9，较 2010 年下降 22%，年均降幅为 4.9%；经济外向度为 42.8%，较 2010 年下降 17.3 个百分点，年均降幅为 6.6%；债务占 GDP 比重为 21.8%，较 2010 年提升 2.6 个百分点，年均增幅为 2.5%。可见，乌兹别克斯坦的创新能力不高，但经济开放程度较高。

2. 社会

在 2010～2015 年社会子系统测评结果中，人口基础、生活水平、平等就业指数均呈增长趋势，而公共服务指数呈下降趋势。2015 年，人口基础指数为 16.8，较 2010 年增长 3.9%，年均增幅为 0.8%；生活水平指数为 43.1，较 2010 年增长 5.9%，年均增幅为 1.2%；平等就业指数为 51.3，较 2010 年增长 0.7%，年均增幅为 0.1%；公共服务指数为 42.3，较 2010 年下降 3.6%，年均降幅为 0.7%。可见，平等就业指数最高，其次为生活水平指数和公共服务指数，而人口基础指数最低，最大相差高达 34.5（见图 5－18）。

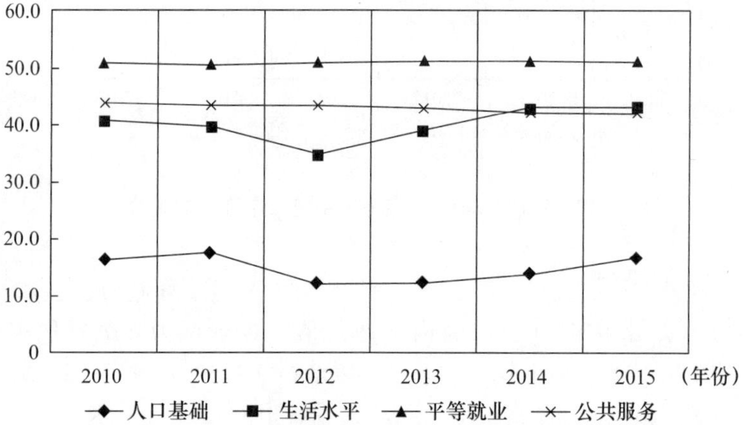

图 5－18　2010～2015 年社会子系统四个维度的评价指数

在人口基础方面，人口自然增长率、出生性别比均呈下降趋势，而人口密度、人口城镇化率均呈上升趋势。2015 年，人口自然增长率为 1.7%，比 2010 年下降 1.1 个百分点，年均降幅为 9.2%；出生性别比为 96.7%，较 2010 年下降 0.2 个百分点，年均降幅为 0.03%；人口密度为 73.6 人/平方千米，较 2010 年增长 9.6%，年均增幅为 1.8%；人口城镇化率为 36.4%，较 2010 年提升 0.2 个百分点，年均增幅为 0.1%。可见，乌兹别克斯坦人口禀赋不好，人口结构不合理。

在生活水平方面，2010～2015 年，营养不良发生率、低于 1.9 美元/天人口比例、超过 100 万的城市群中人口占总人口比重呈下降趋势，而粮食产量呈上升趋势。2015 年，营养不良发生率为 5%，较 2010 年下降 3.5 个百分点，年均降幅为 10.1%；低于 1.9 美元/天人口比例为 23.2%，较 2010 年下降 4.6 个百分点，年均降幅为 3.6%；超过 100 万的城市群中人口占总人口比重为 7.2%，较 2010 年下降 0.5 个百分点，年均降幅为 1.4%；人均粮食产量为 1683.8 千克，较 2010 年增长 37.2%，年均增幅为 6.5%；单位面积粮食产量为 4801.4 千克，较 2010 年增长 6%，年均增幅为 1.2%。可见，乌兹别克斯坦居民生活水平改善明显。

在平等就业方面，2010～2015 年，人类发展指数呈上升趋势，而劳动中妇女的比例、失业率呈下降趋势。2015 年，人类发展指数为 0.675，较 2010 年增长 3.1%，年均增幅为 0.6%；劳动中妇女的比例为 40.2%，较 2010 年下降 0.2 个百分点，年均降幅为 0.1%；失业率为 10.6%，较 2010 年下降 0.3 个百分点，年均降幅为 0.6%；基尼系数为 0.37，按照联合国有关组织对基尼系数的规定，乌兹别克斯坦属于收入相对合理的国家。

在公共服务方面，2010～2015 年，人均医疗卫生支出、预期寿命、入学率均呈增长趋势，而新生儿和孕妇死亡率呈下降趋势。2015 年，人均医疗卫生支出为 124.1 美元，较 2010 年增长 63.9%，年均增幅为 10.4%；预期寿命为 68.3，较 2010 年增长 0.5%，年均增幅为 0.1%；小学和中学入学率分别为 96.9%、95.4%，较 2010 年分别增长 0.1 个和 0.5 个百分点，年均增幅分别为 0.03%、0.1%；新生儿死亡率为 20.4%，较 2010 年下降 2.7 个百分点，年均降幅为 2.5%；孕产妇死亡率为 36%，较 2010 年下降 3 个百分点，年均降幅为 1.6%。可见，乌兹别克斯坦医疗卫生事业、教育事业发展水平不高。

3. 环境

在 2010～2015 年环境子系统测评结果中，资源指数、能源指数、污染指数均呈下降趋势，而生态保护指数呈平稳趋势。2015 年，资源指数为 1.6，较 2010 年下降 4%，年均降幅为 0.8%；能源指数为 31.4，较 2010 年下降 4%，年均降幅为 0.8%；污染指数为 82，较 2010 年下降 2.1%，年均降幅为 0.4%；生态保护指数为 6.3。其中，各指数的发展水平存在较大的差异，污染指数最高，其次为能源指数，而生态保护指数和资源指数相对较低，污染指数和资源指数最大相差 80.4（见图 5－19）。

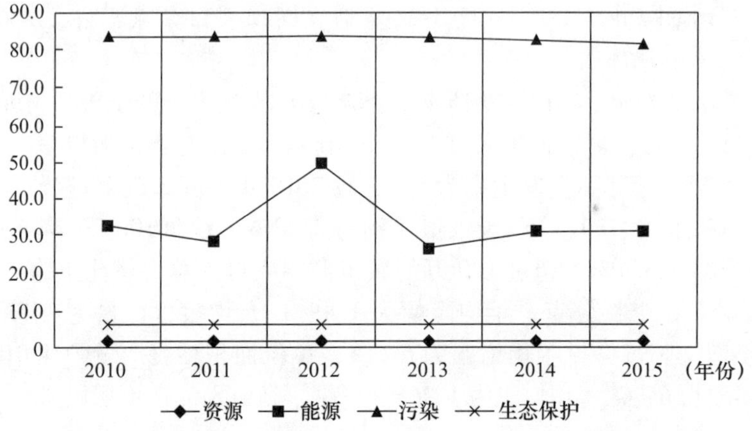

图 5-19　2010～2015 年环境子系统四个维度的评价指数

在资源禀赋方面，2010～2015 年，森林、土地、淡水等资源禀赋均呈下降的趋势。2015 年，人均森林面积为 0.001 平方千米，较 2010 年下降 10.3%，年均降幅为 2.1%；人均土地资源占有量为 0.01 平方千米，较 2010 年下降 8.7%，年均降幅为 1.8%；人均淡水资源占有量为 531.2 立方米，较 2010 年下降 3.2%，年均降幅为 0.6%。可见，乌兹别克斯坦资源禀赋并不好。

在能源方面，2010～2015 年，单位 GDP 能耗、能源消耗弹性系数呈上升趋势，而二次能源占比呈下降趋势。2015 年，单位 GDP 能耗为 3.6 美元/千克石油，较 2010 年增长 27.4%，年均增幅为 5%；能源消耗弹性系数为 0.03，较 2010 年增长 110.5%，年均增幅为 16.1%；二次能源占比为 2.4%，较 2010 年下降 0.3 个百分点，年均降幅为 2.1%。可见，乌兹别克斯坦能源结构不合理，且能源消耗及利用效率不高。

在环境污染方面，2010～2015 年，人均二氧化碳排放量、人均甲烷排放量呈下降趋势，而人均一氧化氮、人均烟尘排放量呈上升趋势。2015 年，人均二氧化碳排放量为 3.4 公吨，较 2010 年下降 1.3%，年均降幅为 1.3%；人均甲烷排放量为 0.002 吨，较 2010 年下降 3.1%，年均降幅为 0.6%；人均一氧化氮排放量为 0.0004 公吨，较 2010 年增长 5.8%，年均增幅为 5.8%；人均烟尘排放量为 33 微克/立方米，较 2010 年增长 6.1%，年均增幅为 1.2%。可见，乌兹别克斯坦环境基础良好。

4. 基础设施

在 2010～2015 年基础设施子系统测评结果中，交通设施指数呈下降趋势，而信息与公共服务设施指数呈上升趋势。2015 年，交通设施指数为 1.8，较 2010

年下降6.4%，年均降幅为1.3%；信息与公共服务设施指数为55.6，较2010年增长9.6%，年均增幅为1.8%。其中，信息与公共服务设施指数与交通设施指数两者相差53.8（见图5－20）。

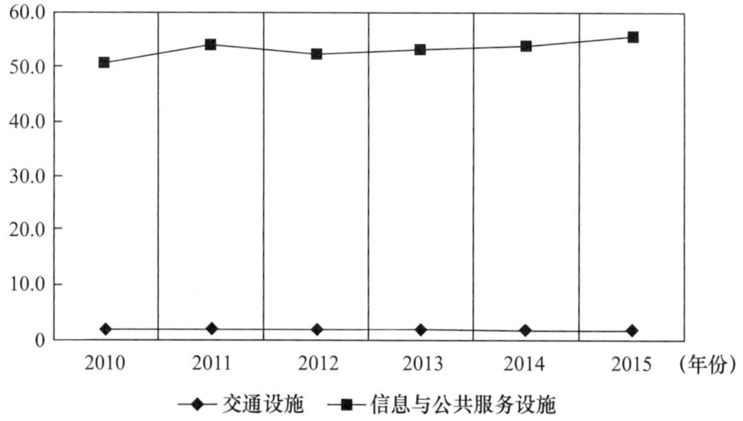

图5－20　2010～2015年基础设施子系统两个维度的评价指数

在交通设施方面，2010～2015年，铁路里程数、航空运输量呈下降的趋势。2015年，铁路里程数为4192千米，较2010年下降0.8%，年均降幅为0.2%；航空运输量为22579百万次，较2010年下降1.5%，年均降幅为0.3%。可见，乌兹别克斯坦交通基础设施有待提升。

在信息与公共服务设施方面，2010～2015年，互联网普及率呈上升的趋势，而固定和移动电话普及率呈下降的趋势。2015年互联网普及率为42.8%，较2010年提升26.95个百分点，年均增幅为21.9%；固定和移动电话普及率为73.3%，较2010年下降2.2个百分点，年均降幅为0.6%；改善水源获得比例为87.3%；改善卫生设施获得比例为100%。可见，乌兹别克斯坦公共服务设施及信息现代化程度改善明显。

5. 机制

在2010～2015年机制子系统测评结果中，国内制度指数呈下降趋势，国际合作指数呈上升趋势。2015年，国内制度指数为17.9，较2010年下降20.7%，年均降幅为4.5%；国际合作指数为95.2，较2010年增长0.2%，年均增幅为0.04%。其中，国内制度指数和国际合作指数存在较大差距，相差高达77.3（见图5－21）。

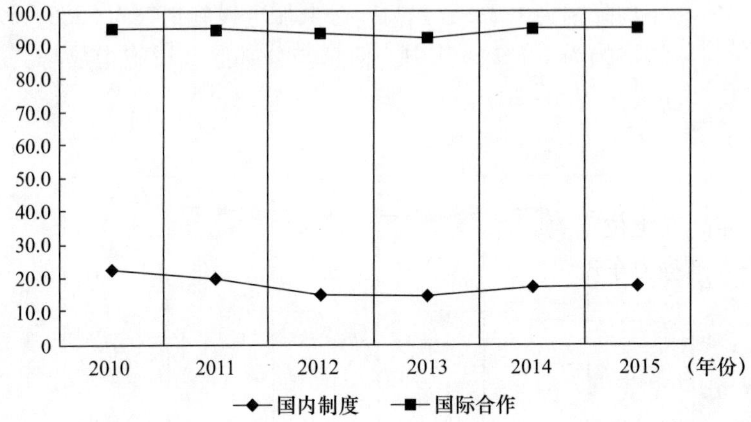

图 5-21 2010~2015 年机制子系统两个维度的评价指数

在国内制度方面，2010~2015 年，经济自由度指数呈下降趋势，而全球治理指数呈上升的趋势。2015 年，经济自由度指数为 47，较 2010 年下降 1.1%，年均降幅为 0.2%；全球治理指数为 -0.6，较 2010 年增长 14.9%，年均增幅为 3.2%；控制腐败指数为 -1.16，较 2010 年增长 6.5%，年均增幅为 1.3%。可见，乌兹别克斯坦经济开放水平较高，但政府效能及清廉反腐能力较弱。

在国际合作方面，2010~2015 年，官方发展援助占 GDP 比重呈上升趋势。2015 年官方发展援助占 GDP 比重为 10.5%，较 2010 年提升 2.4 个百分点，年均增幅为 5.4%。可见，乌兹别克斯坦国际外援和依赖程度不高。

（三）小结

乌兹别克斯坦资源禀赋丰富，能源资源丰富；经济一直保持稳健高速增长势头；人力资源充足，是输出成熟专业人才较多的劳务输出国；不断加强对公共设施投资，基础设施建设不断完善。但其也面临着一系列的问题，如经济结构单一薄弱，严重依赖于初级农产品出口，制造业和加工业落后；市场经济的运行机制不健全、效率不高；生态环境脆弱，生态系统质量和服务功能低；等等。

总体上，加入“一带一路”倡议可以快速提升乌兹别克斯坦经济、社会发展水平，但也会对环境带来挑战，需要充分利用独特的地缘优势和人文优势，促进经贸往来和互联互通，在保持稳定发展的同时不断提高经济的市场化程度，逐渐扩大吸引外资带动乌兹别克斯坦高新技术产业，增强国家的创新能力，促进产业多元化方向发展。

五、吉尔吉斯斯坦

吉尔吉斯斯坦位于亚欧大陆的腹心地带，不仅是连接亚欧大陆和中东的要冲，还是大国势力东进西出、南下北上的必经之地。中国为吉尔吉斯斯坦第二大贸易伙伴国，也是吉尔吉斯斯坦第二大进口来源国。

（一）吉尔吉斯斯坦可持续发展阶段总体评价

吉尔吉斯斯坦2010～2015年可持续发展阶段总体评价得分除在2012年出现短暂的下降外，一直保持平稳增长。到2015年其可持续发展阶段总体评价得分为39.81分，相比2010年提高了4.25分。同年，吉尔吉斯斯坦社会领域得分较高，到2015年为48.38分，而环境领域得分为37.71分。根据可持续发展阶段划分标准，我们判断当前吉尔吉斯斯坦处于可持续发展中级阶段早期。吉尔吉斯斯坦可持续发展阶段总体评价得分与塔吉克斯坦得分相同，差异在于前者社会领域得分偏高，而后者环境领域得分偏高（见图5－22）。

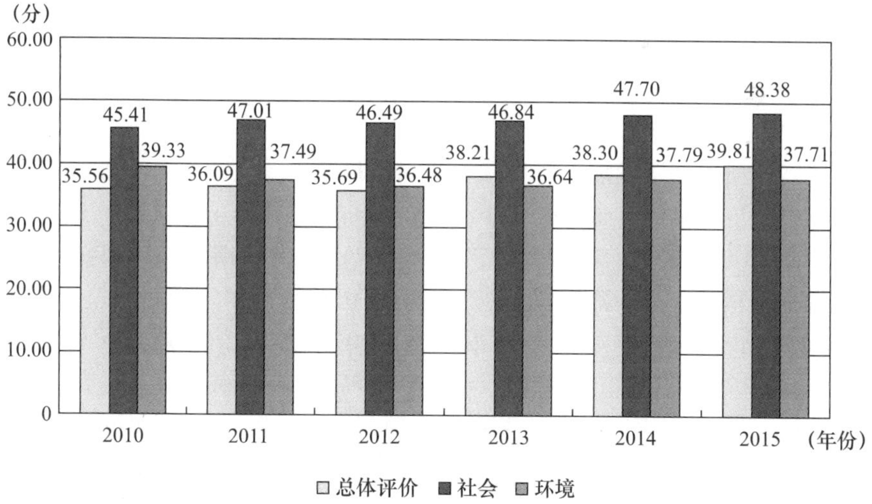

图5－22　吉尔吉斯斯坦可持续发展阶段总体评价得分情况

从可持续发展领域比较来看，吉尔吉斯斯坦机制和社会领域的得分近似，但前者自2010年以来波动下降，而后者保持着缓慢上升的态势；环境领域出现小幅度下降，到2015年为37.71分，相比2010年下降了1.62分；吉尔吉斯斯坦的经济领域保持着振荡上升的趋势，到2015年得分提高到33.55分；基础设施领域得分最低，且增长趋势较为缓慢，到2015年时为29.85分，相比2010年提高了2.88分（见图5－23）。

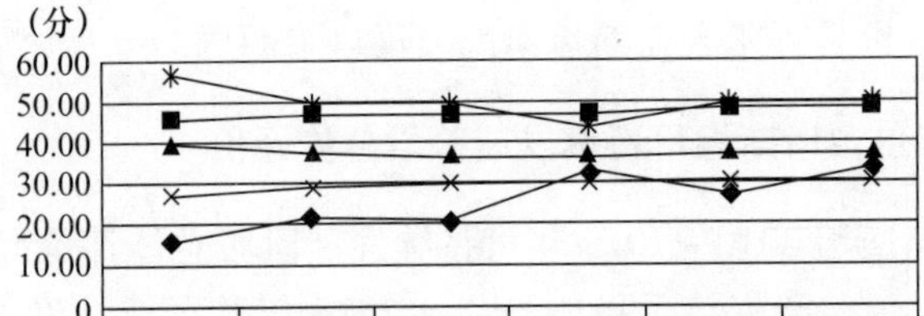

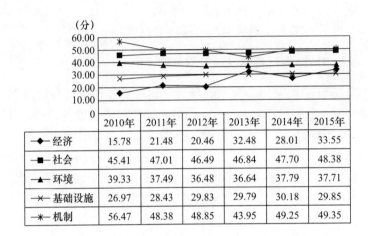

	2010年	2011年	2012年	2013年	2014年	2015年
—◆—经济	15.78	21.48	20.46	32.48	28.01	33.55
—■—社会	45.41	47.01	46.49	46.84	47.70	48.38
—▲—环境	39.33	37.49	36.48	36.64	37.79	37.71
—×—基础设施	26.97	28.43	29.83	29.79	30.18	29.85
—✳—机制	56.47	48.38	48.85	43.95	49.25	49.35

图5－23　吉尔吉斯斯坦可持续发展领域得分情况

（二）吉尔吉斯斯坦可持续发展重点领域分析

1. 经济

吉尔吉斯斯坦经济发展主要依靠能源和原料输出。从图5－24可以看出，吉尔吉斯斯坦经济规模维度得分自2010年以来呈现振荡上升的趋势。三个低值分别出现在2010年、2012年和2014年。2010年吉尔吉斯斯坦当局因扣押反对派领袖触发全国骚乱，并由此导致吉尔吉斯斯坦由总统制国家转制为议会制国家。国内政局的动荡严重影响了经济发展，2010年吉尔吉斯斯坦GDP增速为－0.47%。2012年GDP增速再为负，即－0.09%，主要原因是"库姆托尔"金矿大幅减产（该金矿增加值占到吉尔吉斯斯坦GDP约10%），影响了整体经济增长。2014年受国际油价下跌影响，GDP增速相比2013年下降了约7个百分点，为4.02%。

吉尔吉斯斯坦的经济质量与经济活力维度得分均在2011年后呈现上升的趋势，但后者的趋势更为平缓。2010年吉尔吉斯斯坦全国骚乱，政局动荡，直到2011年新的政府上台，吉尔吉斯斯坦由此从总统制国家改制为议会制国家。随着国内政局逐步稳定，经济发展逐步向好。一是国内资本投资增加，资本形成总额占 GDP 比重上升，到 2015 年相比 2010 年提高了 6.7 个百分点；二是体现为服务业增加值占 GDP 比重出现上升。到 2015 年该比例为 57.14%，相比 2010 年提高了约 6 个百分点；三是 FDI 占 GDP 的比重由负转正，到 2015 年为 1.98%，相比 2010 年提高了 2.34 个百分点；四是全社会劳动生产率增加，经济效益提高。而前三点均影响到吉尔吉斯斯坦的经济结构，使经济结构得到优化。

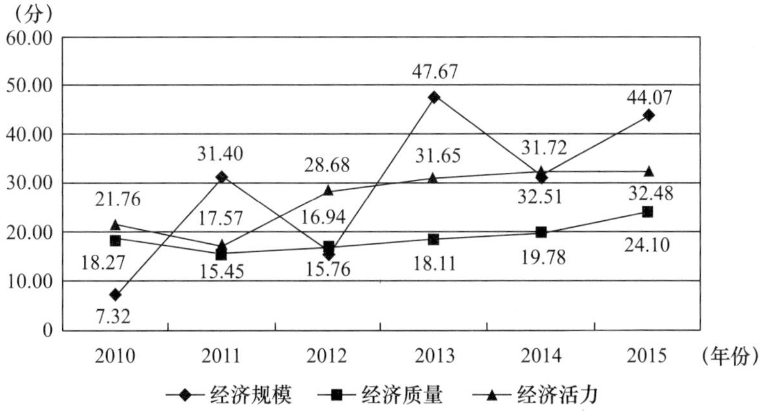

图 5－24　吉尔吉斯斯坦经济细分维度得分情况

而经济活力维度得分增长缓慢，一是经济创新能力短期内提升较慢，二是吉尔吉斯斯坦债务占 GDP 比重居高不下，2010 年以来一直在 91% 以上，到 2015 年上升至 118.56%，经济风险提高。

2. 社会

受 2010 年吉尔吉斯斯坦国内政局动荡影响，与吉尔吉斯斯坦生活水平、平等就业和公共服务维度相关的一些指标，如贫困发生率、基尼系数、中小学入学率和政府教育支出占比均比 2011 年及之后年份表现略差。而生活水平、平等就业和公共服务维度得分在 2011 年均出现恢复性增长，并于之后逐步稳定。到 2015 年，除生活水平维度得分比 2010 年下降 0.57 分外，平等就业和公共服务维度得分分别比 2010 年提高了 1.77 分和 3.76 分（见图 5－25）。

吉尔吉斯斯坦的人口基础自 2010 年保持缓慢的增长态势，到 2015 年达到 16.98 分，相比 2010 年提高了 5.55 分。而影响人口基础维度得分最大的是吉尔吉斯斯坦人口结构的改善，主要体现为每万人科技人员数，2010 年时仅为 27.83 人，而到 2015 年时高达 176.15 人，提高了 5.33 倍。

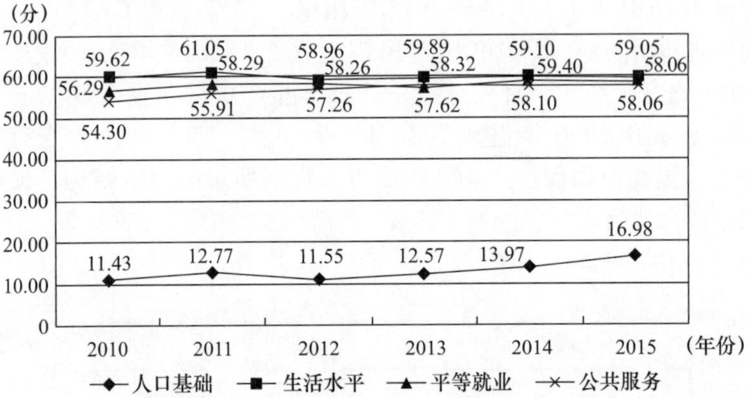

图 5－25 吉尔吉斯斯坦社会细分维度得分情况

3. 环境

首先，吉尔吉斯斯坦的污染维度得分自 2012 年出现缓慢下降。2015 年相比 2010 年下降了 1.27 分，这主要是因为吉尔吉斯斯坦政局稳定后，经济逐步加快发展。而在这个过程中，吉尔吉斯斯坦的二氧化碳和烟尘为主的污染物排放量增加。

其次，能源维度得分 2013 年改变下降趋势，逐步提高。到 2015 年能源维度得分为 41.76 分，但仍比 2010 年低 5.07 分。出现这种变动，与吉尔吉斯斯坦的能源消耗和能源结构指标变动有关。分析发现，吉尔吉斯斯坦在 2010～2012 年单位 GDP 能耗下降，之后回升，并在 2014 年和 2015 年稳定下来；而能源消耗弹性系数一直在提高（2012 年提高较快），这表明，吉尔吉斯斯坦的能源利用效率在 2010～2014 年有所下降。而吉尔吉斯斯坦的能源结构（主要通过二次能源占比体现）在 2010 年和 2011 年时在 25% 以上，之后稳定在 22.5% 的水平（见图 5－26）。

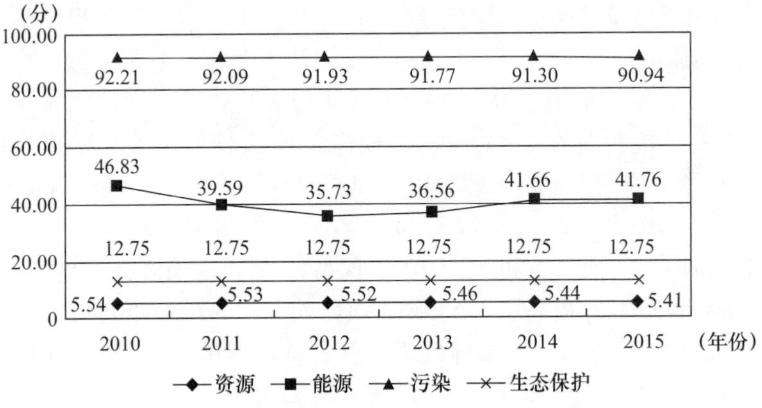

图 5－26 吉尔吉斯斯坦能源细分维度得分情况

4. 基础设施

吉尔吉斯斯坦的交通设施维度得分极低，2015 年时仅为 0. 32，相比 2010 年还要高出 0. 05 分。吉尔吉斯斯坦作为深居内陆的国家，没有港口。其人均铁路里程六年来未发生变化，数值一直保持在 417 的低水平。机场指标表现略好，2015 年吉尔吉斯斯坦的航空运输量仅是 2010 年的 1. 1 倍。

相对而言，吉尔吉斯斯坦的信息与公共服务设施维度得分较高，2011 年和 2012 年增长较快，之后增长缓慢，且 2015 年相比 2014 年还要低 0. 65 分（见图 5 –27）。经分析发现，影响吉尔吉斯斯坦的信息与公共设施维度得分的因素中，互联网普及率与改善水源获得比例未来提升的空间较大。到 2015 年吉尔吉斯斯坦的互联网普及率仅为 18. 98%，而改善水源获得比例为 73. 8%。

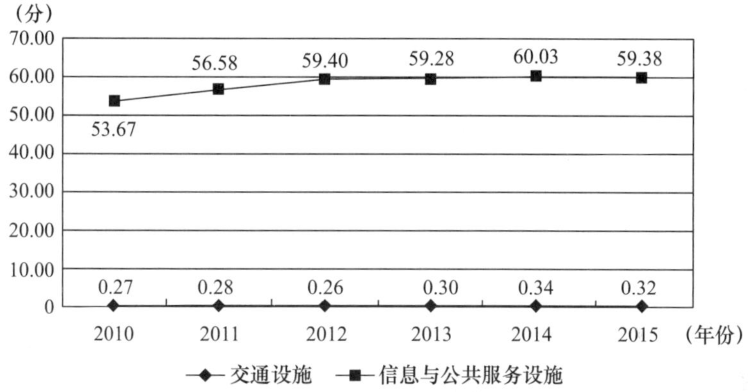

图 5 –27　吉尔吉斯斯坦基础设施细分维度得分情况

5. 机制

吉尔吉斯斯坦是世界上两个贪腐程度最高的国家之一。这对吉尔吉斯斯坦的国内制度建设影响极大。吉尔吉斯斯坦的经济自由度指数 2015 年为 52. 7，相比 2010 年下降了 0. 3 个单位。而反映社会制度的全球治理指数近六年来一直为负。这种影响使吉尔吉斯斯坦的国内制度维度得分呈下降趋势。

吉尔吉斯斯坦的国际合作维度得分直到 2014 年才停止下跌；到 2015 年得分为 69. 22，仍比 2010 年低 5. 74 分（见图 5 –28）。受国内政治局势影响，吉尔吉斯斯坦需要国际援助来稳定国内发展。吉尔吉斯斯坦提供（接受）官方发展援助占 GDP 比重直到 2014 年才稳定在 42. 95%（2010 年高达 57. 15%）。

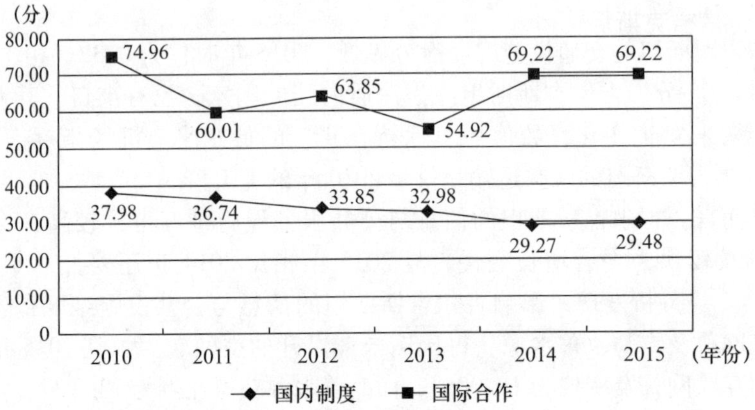

图5-28 吉尔吉斯斯坦机制细分维度得分情况

(三)小结

根据可持续发展阶段划分标准，目前吉尔吉斯斯坦处于可持续发展中级阶段早期。其与塔吉克斯坦可持续发展阶段总体评价得分相同，但是在社会领域得分较高，而后者则是环境领域得分较高。

在可持续发展五个领域中，经济与基础设施领域得分最低，但其经济领域得分增长趋势十分明显。为提升其可持续发展潜力，未来，吉尔吉斯斯坦需要加大对开放，优化经济结构，提升经济发展质量；同时还需要加强基础设施建设，尤其是交通与互联网普及。

吉尔吉斯斯坦是陆上丝绸之路联通中东与亚欧国家的重要节点，吉尔吉斯斯坦与中国产业互补性强，随着“一带一路”建设的推进，中国与吉尔吉斯斯坦在经贸往来、基础设施建设领域合作机会颇多。

六、塔吉克斯坦

塔吉克斯坦位于阿富汗、乌兹别克斯坦、吉尔吉斯斯坦和中国之间，是中亚五国中唯一主体民族非突厥族系的国家。塔吉克斯坦经济基础相对薄弱，结构较为单一。但在中亚五国中塔吉克斯坦的政治局势相对稳定，为其经济社会各领域发展创造了有利条件。

（一）塔吉克斯坦可持续发展阶段总体评价

塔吉克斯坦可持续发展总体评价得分自2010年以来除2013年出现短暂下降外，一直保持平缓上升的态势，2015年得分为39.77分，相比2011年提高了3.52分。另外，2015年塔吉克斯坦社会领域得分为38.3分，而环境领域得分较高，为47.82分（见图5-29）。根据可持续发展阶段划分标准，可以判断塔吉克斯坦处于可持续发展中级阶段早期。目前塔吉克斯坦的可持续发展阶段总体评价得分在60个“一带一路”沿线国家中位列第44，处于中等偏下水平。

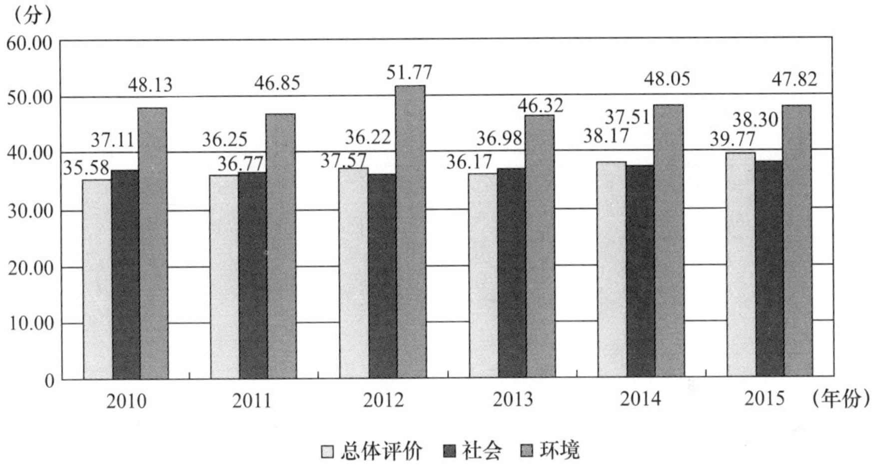

图5-29 塔吉克斯坦可持续发展阶段总体评价得分情况

从可持续发展五个领域的比较来看，机制领域得分最高，在连续四年得分下降后，2014年起开始上升，到2015年为54.24分，相比2010年提高了1.62分；环境领域得分稳中有降，2015年时相比2010年下降了0.31分；社会领域得分稳中有升，到2015年为38.3分；经济和基础设施领域得分最低，但前者保持上升的趋势，而后者先升后降，且基础设施领域2015年得分仅比2010年提高了1.04分（见图5-30）。

（二）塔吉克斯坦可持续发展重点领域分析

1. 经济

塔吉克斯坦经济规模维度得分自2010年以来不断上升，2010年为22.13分，到2015年提高到47.46分，提高了25.33分。从其经济数据来看，2010年以来塔吉克斯坦经济摆脱了金融危机的影响，逐步走出低迷，并维持了稳定增长的态势。2010 年时 GDP 增速为 6. 5%，2012 年时提高到 7. 5%；之后受国际油气价格及外部需求市场波动影响增速略有下降，到 2015 年时为 6%。但其产值绝对数值不断提高，直到 2015 年降至 925. 91 美元，同比下降 16. 84%，但仍比 2010 年提高了 24. 42%。

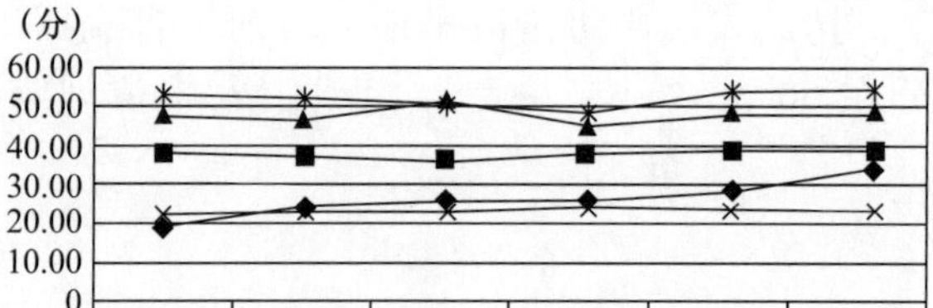

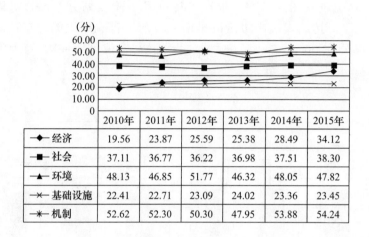

	2010年	2011年	2012年	2013年	2014年	2015年
—◆— 经济	19.56	23.87	25.59	25.38	28.49	34.12
—■— 社会	37.11	36.77	36.22	36.98	37.51	38.30
—▲— 环境	48.13	46.85	51.77	46.32	48.05	47.82
—×— 基础设施	22.41	22.71	23.09	24.02	23.36	23.45
—✳— 机制	52.62	52.30	50.30	47.95	53.88	54.24

图 5－30　塔吉克斯坦可持续发展领域得分情况

伴随经济形势的好转，塔吉克斯坦的经济活力维度得分到 2015 年升至 39. 04 分。这主要是受其国内经济创新程度提高及风险下降影响。其中，国家创新指数 2015 年相比 2010 年提高了 5. 12 个单位，而债务占 GDP 比重下降了约 10 个百分点。与此相反，开放程度受国际市场需求下降影响出现下降，2015 年其经济外向度相比 2010 年下降了 20. 73%。

与前两个维度得分上升的趋势不同，塔吉克斯坦的经济质量维度得分表现差强人意，自 2010 年以来一直下降，直到 2015 年才出现上升，但 2015 年得分相比 2010 年仅提高了 0. 8 分（见图 5－31）。通过对数据的分析发现，塔吉克斯坦的经济质量得分不高主要受其经济结构影响（反映效益的全社会劳动生产率 2010～2015 年缓慢提高）。塔吉克斯坦的经济结构略显单一，一是体现在服务业增加值占比下降，2015 年相比 2010 年下降了 2. 74 个百分点；二是体现在 FDI 占比为负，项目余额占贸易总额比重为负，即塔吉克斯坦经济对外部资金吸引力不足。

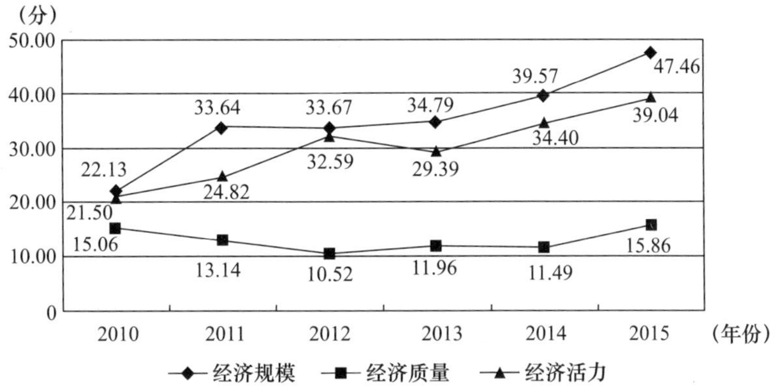

图 5－31　塔吉克斯坦经济领域细分维度得分情况

2. 社会

塔吉克斯坦的平等就业维度得分最高，但在 2014～2015 年均出现小幅下降，分析发现主要受两个因素影响：一是基尼系数提高，2014～2015 年均为 30.76，相比 2013 年提高了 0.35，表明社会不公平加剧；二是妇女参与劳动比例下降，该指数 2014～2015 年均为 43.32%，相比 2013 年下降了 0.02，比 2010 年下降了 0.17。而塔吉克斯坦的公共服务维度得分相对稳定。影响得分的各因素（如每千人医院床位数、新生儿死亡率、中小学/高等院校入学率、识字率等）变化不大，因此不再赘述。

塔吉克斯坦的生活水平维度得分仅在 2011 年和 2012 年出现下降，之后恢复增长，2015 年得分为 28.11 分，相比 2010 年提高了 1.27 分（见图 5－32）。经分析发现，塔吉克斯坦 2011 年和 2012 年粮食产量（单位面积和人均粮食产量）出现下降。

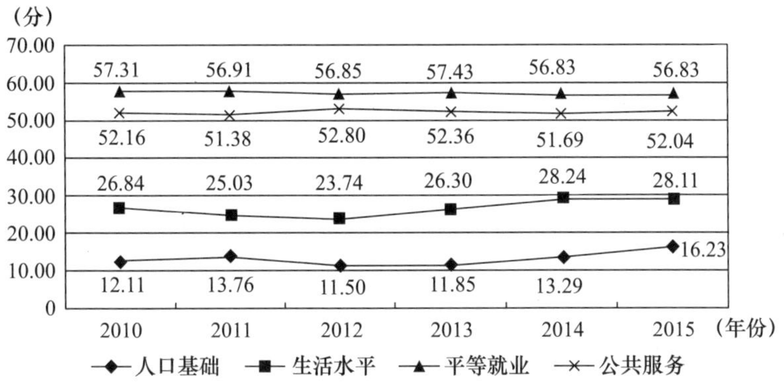

图 5－32　塔吉克斯坦社会领域细分维度得分情况

3. 环境

资源维度得分受其国内资源开采影响，出现些微下降不难理解。同时，生态保护维度得分一直稳定在40.55分。这两个维度不再分析。

塔吉克斯坦的污染维度得分在2013年开始下降，到2015年为86.21分，相比2010年下降约2分。该维度得分之所以下降，主要受两个因素影响：一是人均二氧化碳排放量提高，2015年相比2010年提高了0.11个单位；二是烟尘排放量上升，2015年相比2010年提高了0.8个单位。

塔吉克斯坦的能源维度在2012年出现74.14分的高分，之后延续2011年下降的趋势，直到2014年开始回升（见图5－33）。塔吉克斯坦的能源消耗弹性系数在2012年变化较大，能源利用率提高幅度较大，直接影响了资源维度得分。之后，在单位GDP能耗下降和能源消耗弹性下降的双重作用下，能源维度得分到2014年上升但之后又出现2015年0.2分的下降。

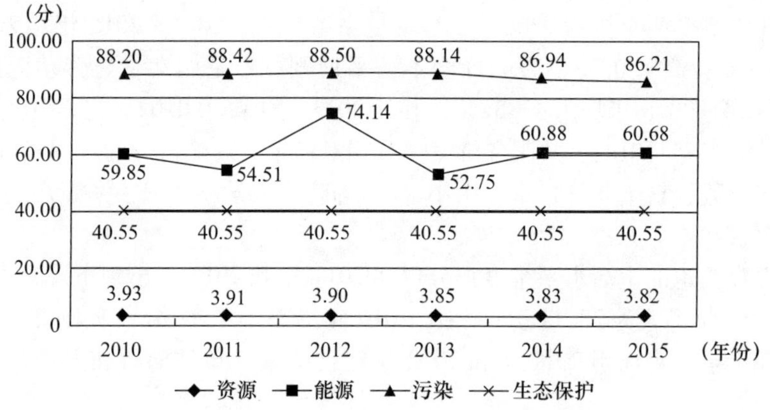

图5－33　塔吉克斯坦能源细分维度得分情况

4. 基础设施

塔吉克斯坦属于内陆国家，其国内没有港口。近年来其铁路里程一直未变，人均铁路里程数保持在621千米，但机场指标值一直处于升降的反复中。在这些因素综合作用下，塔吉克斯坦交通设施维度得分保持稳定，但在2015年时仍比2010年下降了0.02。

塔吉克斯坦的信息与公共服务设施维度得分到2014年后出现下降，2015年时为46.59分，相比2010年提高了2.1分（见图5－34）。总体来看，塔吉克斯坦的信息与公共服务设施建设存在很多不足：一是互联网普及率近年来虽有提高，但2015年仅为18.98%；二是改善用水获得比例到2015年为73.8%，仍有提升的空间。

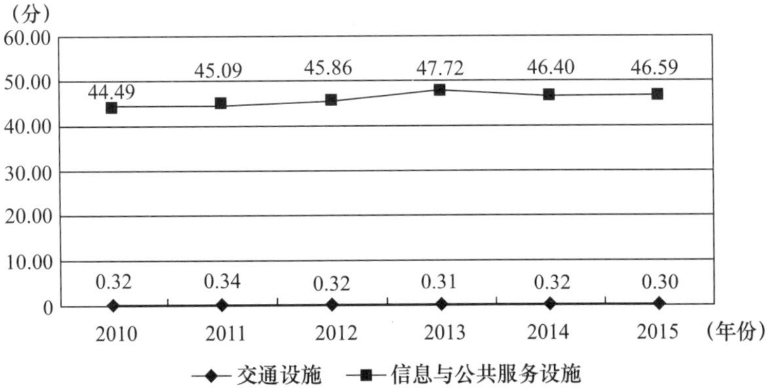

图 5-34 塔吉克斯坦基础设施细分维度得分情况

5. 机制

塔吉克斯坦因本国经济规模相对较小，其发展对国际社会依赖很严重。从其提供（接受）的官方发展援助占 GDP 比重来看，2010 年高达 57.15%，之后有所下降，但到 2015 年时仍高达 42.95%。

塔吉克斯坦的国内制度维度得分 2014 起开始缓慢上升，到 2015 年恢复至 22.02 分，但仍比 2015 年低 4.09 分（见图 5-35）。这主要是受其经济制度指标值下降影响：其经济自由度指数 2014 年和 2015 年分别比 2010 年低 1 个和 0.3 个单位。

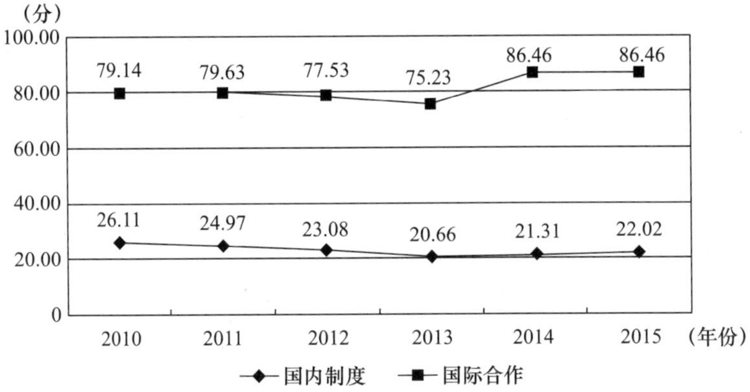

图 5-35 塔吉克斯坦机制细分维度得分情况

（三）小结

根据可持续发展阶段划分标准，塔吉克斯坦目前处于可持续发展中级阶段的早期。另外，塔吉克斯坦可持续发展阶段总体评价得分在“一带一路”沿线国家中排名处于中等偏下水平。

从其可持续发展领域得分对比来看，环境领域得分较高，而经济和基础设施领域得分最低。未来，塔吉克斯坦需要加强其经济领域建设，尤其是不断优化国内经济结构，提高经济开放度，以及完善市场经济体制。另外，还需要加大对基础设施建设投入力度。

塔吉克斯坦在中亚五国中政治局势相对稳定，经济社会各领域逐步展开。随着“一带一路”倡议的提出及各项举措的落地，塔吉克斯坦实行对外开放的经济政策，为其提供了良好的机遇。通过强化国际经济合作，吸引国际资本及产业转移，将不断优化其经济结构，提高经济发展质量。另外，基础设施互联互通是“一带一路”的核心内容之一，这也将为塔吉克斯坦国内基础设施建设提供良好的契机。

七、建设中亚天然气管道的启示

从前文分析可以看出，中亚地区的可持续发展水平在“一带一路”沿线国家中表现相对居中，但经济发展、基础设施建设、社会发展与环境建设水平整体来看并不高。

“一带一路”倡议的提出，为中亚地区经济发展、基础设施建设，进而社会领域发展等都带来了良好的机遇。目前，我国正与相关国家积极打造中国—中亚经济走廊，其中，中亚天然气管道是最主要的重点合作项目之一。

中国—中亚天然气管道起于阿姆河右岸的土库曼斯坦和乌兹别克斯坦边境，经乌兹别克斯坦中部和哈萨克斯坦南部，从霍尔果斯进入中国，成为“西气东输二线”。管道全长约一万千米，其中土库曼斯坦境内长 188 千米，乌兹别克斯坦境内长 530 千米，哈萨克斯坦境内长 1300 千米，其余约 8000 千米位于中国境内。管道分 AB 双线敷设，单线长 1833 千米，是世界上最长的天然气管道。

中亚天然气管理建设属于响应“一带一路”倡议落地较早的项目，对于优化我国能源结构、加强与中亚国家的能源基础设施互联互通、促进中亚地区天然气的多元化出口及加强中亚国家工业化进程具有重要意义。但中亚地区是亚欧地缘政治的敏感地带，因此，必须重视我国的能源安全问题。需要深化中国与俄罗斯、澳大利亚、加拿大、中东等国家或地区的能源合作，重视中俄东线、中缅等陆上通道开通和海上天然气供应基地建设，这对于保障中国能源安全和促进能源结构调整将起到至关重要的作用。

另外，中亚天然气管道铺设主要在中亚境内，涉及跨国管理等问题，这对于当下中国资本“走出去”是一个良好的机遇与积累经验的契机。该项目建设，对探索中国与国外企业合作、推进中国企业在国外的本土化具有重要的示范作用。

第六章　东南亚地区国家可持续发展评价与分析

一、区域总体评价

（一）东南亚地区总体情况

东南亚区域内的国家包括缅甸、新加坡、马来西亚、文莱、泰国、越南、印度尼西亚、柬埔寨、老挝、东帝汶。“一带一路”东南亚地区国家是我国开展周边外交、推进“一带一路”倡议的重要舞台之一，同时也是“一带一路”的发展核心。首先，东南亚地区大部分国家都占据了优越并且重要的地理位置，是连接21世纪海上丝绸之路与丝绸之路经济带的关键节点，把活跃的东亚经济圈和发达的欧洲经济圈联系起来，其经济潜力巨大。其次，在“一带一路”国家中，东南亚由于其和中国相近的地理位置以及和我国相似的历史文化背景，东南亚地区和中国经贸往来最频繁，发展程度较高，华侨华人数量最多，成为中国改善基础设施需求巨大的区域合作伙伴，在“一带一路”海上丝绸之路建设中发挥着互联互通的重要作用。最后，从东盟的角度出发，无论是东盟“10 + 3”还是RCEP自由贸易区，中国与东南亚的长期合作伙伴关系，决定了东南亚成为我国选择推进“一带一路”倡议的首要之选。

（二）经济

“一带一路”沿线东南亚地区相较于其他地区，经济明显有两个特点：经济发展两极化以及区域内国家经济联系紧密、贸易频繁。东南亚国家经济发展差距大，区域内国家既有可持续发展评价排名第一的新加坡，也有排名尾端的缅甸和东帝汶。该地区经济相较其他地区发展呈现两个极端，但经济环境不均衡对“一带一路”倡议的实施既是挑战也是机遇。另外，“一带一路”进一步强化了东盟内国家的贸易联系。由于东盟是东南亚地区以经济合作为基础的政治、经济、安全一体化合作组织，并建立起一系列合作机制，因此东南亚国家有较好的贸易网络。

“一带一路”沿线东南亚国家的经济大致可分为三种类型：第一种是经济基础良好，经济系统排名前十，国家有新加坡、文莱；第二种是经济基础薄弱，经济系统排名后半段但整体发展较均衡，国家有马来西亚、泰国、菲律宾；第三种是经济基础薄弱且整体发展并不均衡，五大系统（经济、社会、环境、基础设施、机制）存在明显短板，如越南、印度尼西亚、柬埔寨、老挝、缅甸、东帝汶。

（三）社会

“一带一路”沿线东南亚国家社会普遍拥有较好的人口基础，但在其他社会表现方面则发展失衡，不仅制约了社会系统也对整体的发展形成了阻力。即使发展评价排名第一的新加坡，其基尼系数也超过了国际警戒线，平等就业维度在“一带一路”国家中的排名落后至第29。东南亚大部分国家社会的生活水平普遍较低，人类发展指数大部分低于0.7，最低如2010年的柬埔寨、老挝仅有0.53，相当于中国1975年的社会水平，可见东南亚社会发展的差距更大于国家间的经济差异。根据人类发展指数衡量高人类发展水平和中等人类发展水平的0.8分界线划分东南亚国家，则至2015年达到高人类发展水平的国家仅有新加坡和文莱，而其余国家大部分仍在0.6徘徊。

（四）环境

相较于前两个系统，“一带一路”沿线东南亚国家的环境优势普遍提高了其在“一带一路”沿线国家的排名。部分国家拥有良好的资源基础，能源消耗也较低，如越南、印度尼西亚、柬埔寨、老挝。这些国家的共同点就是环境系统明显优于其他四个系统，大大提高了整体的发展水平，但国内污染和生态保护方面却有待提高。之所以出现这种现象追根究底还是因为东南亚大部分国家为了扩大出口外汇，谋求经济的发展大规模开发土地，种植粮食作物和经济作物，开采森林资源，同时由于技术水平低下，农业开发措施使用不当，导致了一系列的环境问题。

因此，该优势的可持续性发展前景堪忧。这种堪忧来源于两方面：一方面，东南亚国家在资源和能源上不平衡，供给难以为继，大部分国家资源富足，能源消耗严重，如新加坡、文莱、马来西亚、缅甸、东帝汶。另一方面，从污染和生态保护的角度，以消耗自身能源谋求短期GDP的做法无疑是杀鸡取卵，不符合“一带一路”倡议可持续发展的内核。

（五）基础设施

东南亚国家在基础设施建设上和经济系统的分布相似，呈现两极分化的表现：一方面是经济系统发达，基础设施也较完善的国家，如新加坡、马来西亚。另一方面是经济基础较好，但配套基础设施完善程度较低，社会机制发展不平衡，基础设施大大制约了经济的发展。这部分国家基础设施水平处于“一带一路”沿线国家排名的尾端，如文莱、柬埔寨、老挝、东帝汶、缅甸。其中，文莱的情况和其他国家相比极为不同，文莱的经济保持稳步发展的趋势，社会机制也较为平衡，但基础设施的落后严重制约了文莱的发展前景。

（六）机制

在机制可持续发展层面，“一带一路”大部分东南亚国家并不具有优势，但自2010年以来，各国政府对国内机制的完善进行了一系列变革。2011年作为东南亚的“大选年”（越南、老挝、缅甸、新加坡、泰国等在这一年举行了大选），其中新加坡和泰国较为典型，新加坡在国内制度和国际合作方面和整体发展一致，都较为完善，而泰国则是整体发展均衡，排名处于中等位置。但其他东南亚多国正处于域内整合以及加强国际合作高峰期，腐败问题、发展问题以及公平民生问题凸显。因此这部分国家的机制可持续发展的排名多在后20位，如越南、柬埔寨、老挝、东帝汶。

二、缅甸

缅甸联邦共和国是东南亚第二大国，也是东南亚国家联盟的成员国之一，与中国、印度、孟加拉国、泰国和老挝相邻，在“一带一路”倡议中有非常重要的地理位置，是连接21世纪海上丝绸之路与丝绸之路经济带的关键节点之一。

（一）缅甸可持续发展总体评价

评价结果显示，2015年，缅甸可持续发展指数为35.4，在“一带一路”沿线国家中的排名为第54位，缅甸可持续发展处于初级后期发展阶段。

由图6-1可知，2010~2015年，缅甸可持续发展的总体趋势平稳，单从国家可持续发展的指数来看，缅甸可持续发展应处于中级早期阶段，但由于受社会子系统的制约，致使其可持续发展仍处于初级后期阶段。

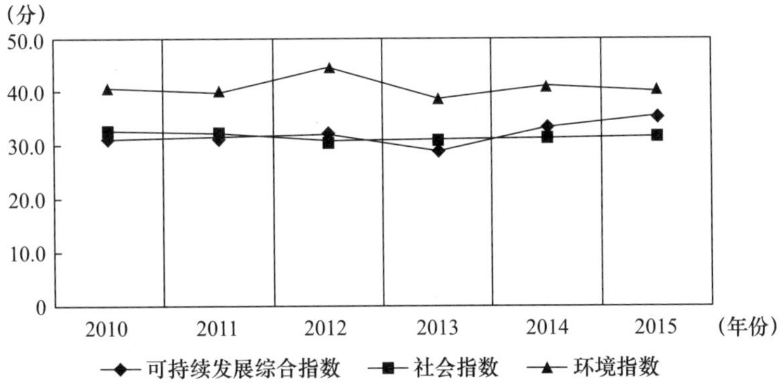

图6-1　2010~2015年缅甸可持续发展评价

2010~2015年，缅甸五大子系统的发展程度存在一定差距，其中，机制子系统和环境子系统发展程度相对较高，而基础设施子系统发展程度相对较差。2015年，机制子系统指数为49.9，环境子系统、经济子系统和社会子系统指数分别为40.5、35.1、31.7，基础设施子系统指数为18.2，基础设施子系统与发展最好的机制子系统相差高达31.7（见图6-2）。可见，基础设施建设水平及完善程度是制约缅甸可持续发展的重要原因之一。

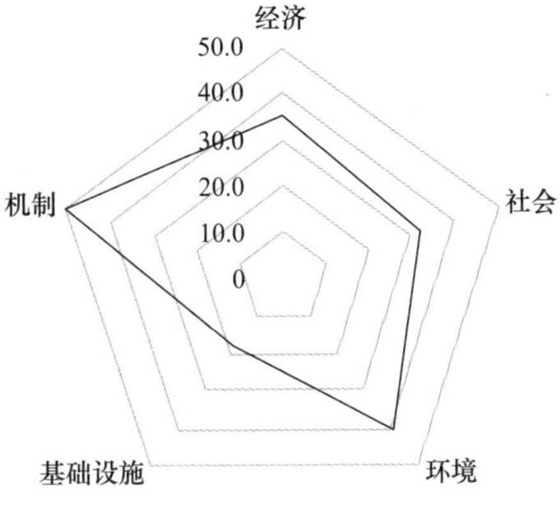

图6-2　2015年缅甸五大子系统的发展评价

2010~2015年缅甸五大子系统指数除环境子系统指数外均呈上升趋势（见表6-1），其中，基础设施子系统指数的年均增幅最大，增幅达到16.3%，其次经济子系统指数的年均增幅为8.3%，机制子系统指数的年均增幅为0.9%，而环境子系统和社会子系统指数的年均增幅为负增长，降幅分别为0.2%、0.5%。

表6-1 2010~2015年可持续发展五大子系统年均增幅

可持续发展子系统	增幅（%）
经济子系统	8.3
社会子系统	-0.5
环境子系统	-0.2
基础设施子系统	16.3
机制子系统	0.9

（二）缅甸可持续发展重点领域分析

1. 经济

在2010~2015年经济子系统测评结果中，经济规模、经济质量和经济活力均呈上升的趋势，且经济规模保持高速增长。2015年，经济规模指数为49.4，较2010年增长70.49%，年均增幅为11.26%；经济质量指数为17.1，较2010年增长49.19%，年均增幅为8.33%；经济活力指数为38.9，较2010年增长28.97%，年均增幅为5.22%。其中，经济规模指数最高，经济活力指数次之，经济质量指数最低，最大相差32.3（见图6-3）。

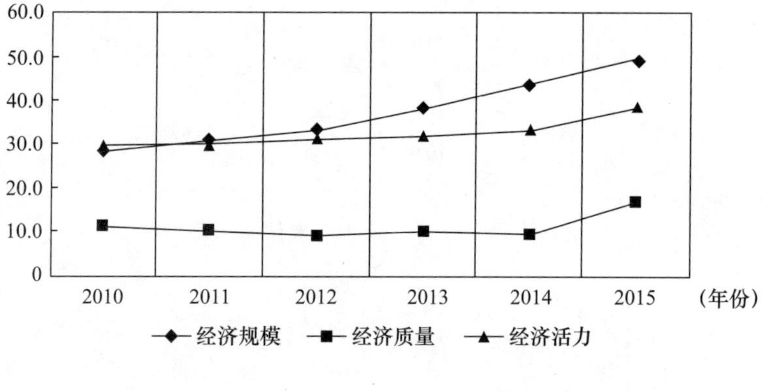

图6-3 2010~2015年经济子系统三个维度的评价指数

在经济规模方面，2010～2015 年，人均 GDP 呈增长趋势，GDP 增长率呈下降趋势。2015 年缅甸国内生产总值为 626 亿美元，增长 7.3%，较 2010 年下降 2.3 个百分点，GDP 增长率年均降幅达 5.4%，可见，缅甸的经济水平不高，但保持中高增长趋势。2015 年人均 GDP 为 1161.5 美元，较 2010 年增长 21.3%，年均增长 3.9%，按世界银行划分贫富程度标准，缅甸处于中等偏下收入国家的水平。

在经济质量方面，2010～2015 年，服务业增加值占 GDP 比重、FDI 占 GDP 比重、全社会劳动生产率均呈上升趋势，而经常项目余额占贸易总额比重呈下降趋势。2015 年，服务业增加值占 GDP 比重为 38.7%，较 2010 年提升 2 个百分点，年均增幅为 1.1%；FDI 占 GDP 比重为 11.9%，较 2010 年提升 4.7 个百分点，年均增幅为 29.1%；全社会劳动生产率为 2646.5 美元/人，较 2010 年增长 24.6%，年均增幅为 4.5%；经常项目余额占贸易总额比重为 -6.3%，较 2010 年下降 9.4 个百分点，年均降幅为 214.5%。可见，缅甸的经济结构不合理，有待进一步调整。

在经济活力方面，2010～2015 年，国家创新指数、经济外向度呈上升趋势，债务占 GDP 比重均呈下降趋势。2015 年，国家创新指数为 20.3，较 2010 年增长 3.2%，年均增幅为 0.6%；经济外向度为 47.9%，较 2010 年提升 23 个百分点，年均增幅为 14%；债务占 GDP 比重为 10.1%，较 2010 年下降 0.5 个百分点。可见，缅甸经济开放水平不高、创新能力不足，债务率仅为 10% 左右，相比其他国家是比较低的，未来需要进一步加快经济活力水平。

2. 社会

在 2010～2015 年社会子系统测评结果中，人口基础指数呈增长趋势，而生活水平、平等就业、公共服务三个指数均呈下降趋势。2015 年，人口基础指数为 12.2，较 2010 年增长 23.8%，年均增幅为 4.36%；生活水平指数为 38.3，较 2010 年下降 8.45%，年均降幅为 1.75%；平等就业指数为 49.8，较 2010 年下降 1.11%，年均降幅为 0.22%；公共服务指数为 26.4，较 2010 年下降 4.49%，年均降幅为 0.92%。其中，平等就业指数最高，其次为生活水平、公共服务，而人口基础指数最低，最大相差高达 37.6（见图 6-4）。

在人口基础方面，人口自然增长率、人口密度、出生性别比、人口城镇化率均呈上升趋势。2015 年，人口自然增长率为 0.9%，比 2010 年下降 0.2 个百分点，年均增幅为 4%；人口密度为 82.5 人/平方千米，较 2010 年增长 4.2%，年均增幅为 0.8%；出生性别比为 95.5%，较 2010 年下降 0.2 个百分点；人口城镇化率为 34.1%，较 2010 年提升 2.7 个百分点，年均增幅为 1.7%。可见，缅甸人口禀赋良好，为可持续发展奠定充足的生产力基础，但城镇化水平不高，人口结构不合理。

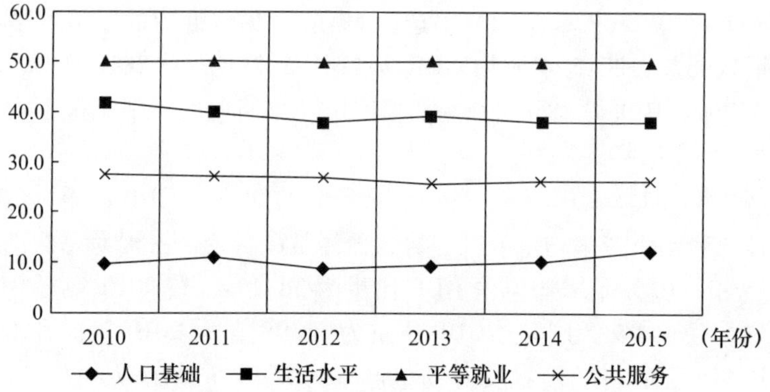

图6-4　2010~2015年社会子系统四个维度的评价指数

在生活水平方面，2010~2015年，营养不良发生率、粮食产量呈下降趋势，而超过100万的城市群中人口占总人口比重均呈上升趋势。2015年，营养不良发生率为14.2%，较2010年下降6个百分点，年均降幅为6.8%；人均粮食产量为538.5千克，较2010年下降19.4%，单位面积粮食产量为3706.6千克，较2010年下降4.1%；超过100万的城市群中人口占总人口比重为13%，较2010年提升1.2个百分点。可见，缅甸居民生活有所改善，但人口的快速增长致使粮食产量有所下降。

在平等就业方面，2010~2015年，人类发展指数呈上升趋势，而失业率、劳动中妇女的比例呈下降趋势。2015年，人类发展指数为0.536，较2010年增长3.1%，年均增幅为0.6%；失业率为3.3%，较2010年下降0.1个百分点，年均降幅为0.6%；劳动中妇女的比例为49.4%，较2010年下降0.1个百分点，年均降幅为0.1%。可见，缅甸社会就业形势相对稳定，社会收入分配相对合理，基尼系数为0.3，按照联合国有关组织对基尼系数的规定，缅甸属于收入差距不大的国家，贫富差异相对合理。

在公共服务方面，人均医疗卫生支出、预期寿命均呈增长趋势，而新生儿和孕妇死亡率均呈下降趋势。2015年，人均医疗卫生支出为20.3美元，较2010年增长33.1%，年均增幅为5.9%；预期寿命为65.9岁，较2010年提升0.9岁，年均增幅为0.3%；新生儿死亡率为26.4%，较2010年下降3.3个百分点，年均降幅为2.3%；孕产妇死亡率为178%，较2010年下降27个百分点，年均降幅为2.8%。可见，缅甸当前政府教育支出占比仅为3%，需进一步加大对教育投入，医疗卫生系统亟待改善，加强公共性、服务性设施建设。

3. 环境

在2010～2015年环境子系统测评结果中，资源指数、污染指数均呈下降趋势，能源指数呈波动性发展趋势，生态保护指数变化相对平稳。2015年，资源指数为10.1，较2010年下降3%，年均降幅为0.6%；污染指数为78，较2010年下降4.6%，年均降幅为0.9%；能源指数为66.7，较2010年增长3.1%，年均增幅为0.6%，且这一指数在2012年达到最大值78.5；生态保护指数为7.4，这一指数在2010～2015年处于同一水平。其中，各指数的发展水平存在较大的差异，污染指数最高，其次为能源指数，而资源指数和生态保护指数相对较低，污染指数和生态保护指数最大相差高达70.6（见图6－5）。

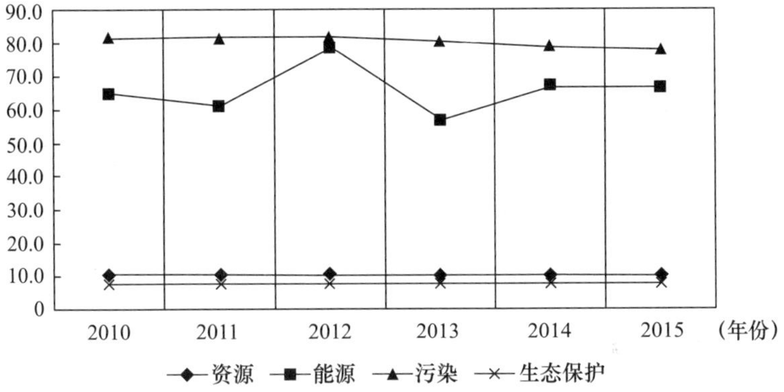

图6－5　2010～2015年环境子系统四个维度的评价指数

在资源禀赋方面，2010～2015年，森林、土地、淡水等资源禀赋均略有下降的趋势。2015年，人均森林面积为0.0054平方千米，较2010年下降12.3%，年均降幅为2.6%；人均土地资源占有量为0.0121平方千米，较2010年下降4%，年均降幅为0.8%；人均淡水资源占有量为18769.7立方米，较2010年下降1.7%，年均降幅为0.3%；随着人口的快速增长，缅甸生态资源消耗也随之增加。

在能源方面，2010～2015年，单位GDP能耗、能源消耗弹性系数、二次能源占比呈下降趋势。2015年，单位GDP能耗为12.8美元/千克石油，较2010年降低3.6%，年均降幅为0.7%；能源消耗弹性系数为－0.0089，较2010年下降171.6%，年均降幅为193.5%；二次能源占比为78.7%，较2010年下降6.2个百分点，年均降幅为1.5%。可见，缅甸能源消耗有所降低，但能源效率不高，能源结构逐渐合理化发展。

在环境污染方面，2010～2015年，二氧化碳排放量略有下降，一氧化氮、甲烷、烟尘排放量呈增长趋势。2015年，人均二氧化碳排放量为0.24公吨，较2010年下降1.7%；人均一氧化氮排放量为0.0005公吨，较2010年增长0.4%；人均甲烷排放量为0.0015吨，较2010年增长0.4%；人均烟尘排放量为53微克每立方米，较2010年增长18.8%。可见，缅甸环境基础良好，但环境污染有继续恶化的现象。

4. 基础设施

在2010～2015年基础设施子系统测评结果中，交通设施指数、信息与公共服务设施指数均呈上升趋势。2015年，交通设施指数为0.5，较2010年增长49.3%，年均增幅为8.3%；信息与公共服务设施指数为35.9，较2010年增长114%，年均增幅为16.4%。其中，信息与公共服务设施指数远高于交通设施指数，两者相差高达35.4，交通设施成为制约基础设施子系统发展的主要因素（见图6－6）。

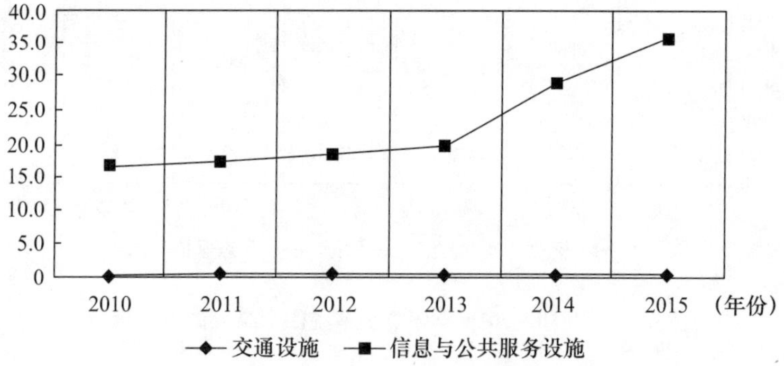

图6－6　2010～2015年基础设施子系统两个维度的评价指数

在交通设施方面，2010～2015年，港口吞吐量、航空运输量均呈快速上升趋势。2015年，港口吞吐量为244887.9万吨，较2010年增长28.9%，年均增长5.2%；航空运输量为49505.6百万次，较2010年增长141.7%，年均增长19.3%。可见，缅甸正在逐步加大交通基础设施建设，特别是航空运输提升速度比较明显。

在信息与公共服务设施方面，2010～2015年，互联网普及率、固定和移动电话普及率、用电普及率、改善水源获得比例、改善卫生设施获得比例均呈上升趋势。2015年互联网普及率为21.8%，较2010年提升21.5个百分点，年均增幅为135.6%；固定和移动电话普及率为76.7%，较2010年提升75.6个百分点，年均增幅为133.7%；用电普及率为52.4%，较2010年提升3.6个百分点，年均增幅为1.4%；改善水源获得比例为78.1%，较2010年提升2.5个百分点，年均增幅为0.6%；改善卫生设施获得比例为79.6%，较2010年提升3个百分点，年均增幅为0.8%。可见，缅甸基础设施现代化程度处于较低水平线，未来仍需不断提高公共服务设施及信息化水平。

5. 机制

在2010～2015年机制子系统测评结果中，国内制度指数均呈上升趋势，而国际合作指数呈下降趋势。2015年，国内制度指数为8.8，较上年增长4.8%；国际合作指数为91.1，较2010年下降4.5%，年均降幅为0.9%。其中，国内制度指数和国际合作指数两个指数存在较大差距，相差高达82.3（见图6－7）。

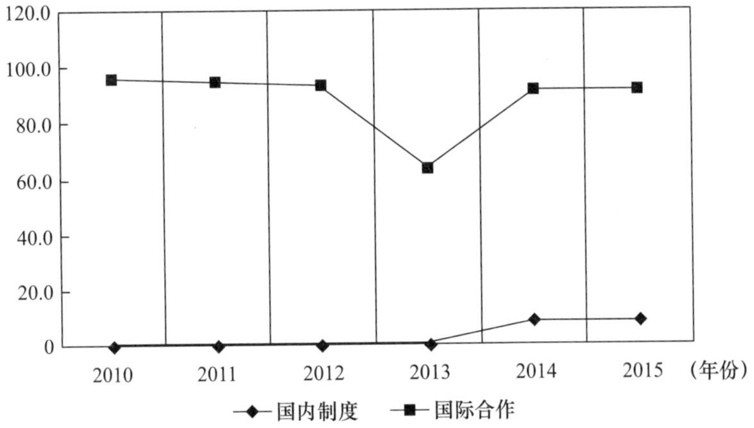

图6－7　2010～2015年机制子系统两个维度的评价指数

在国内制度方面，2010～2015年，经济自由度指数、全球治理指数均呈上升趋势。2015年，经济自由度指数为46.9，较2010年增长27.8%，年均增幅为5%；全球治理指数为－1.3，较2010年增长22.4%，年均增幅为5%；控制腐败指数为－0.89，较2010年增长47%，年均增幅为11.9%。可见，缅甸经济制度、政府效能及清廉反腐程度均不高，有待进一步提升。

在国际合作方面，2010～2015年，官方发展援助占GDP比重呈上升趋势。2015年官方发展援助占GDP比重为25.8%，较2010年上升19个百分点，年均增幅为30.4%，可见，缅甸国际合作机制发展向好。

（三）小结

缅甸地理位置优越，生态环境良好，石油和天然气资源、农林资源、渔业资源、旅游资源及矿产资源等十分丰富，劳动力资源充足。然而，缅甸的经济基础薄弱，基础设施严重欠缺，电力供应不足，高素质人才缺乏，政治风险略高。

总体上，加入“一带一路”倡议为缅甸发展提供了新的契机，尤其是21世纪海上丝绸之路将会促进缅甸的经济发展，积极引进国外资金和基础支持，完善与沿线国家互联互通发展，促进旅游业发展。

三、新加坡

新加坡位于东南亚地区，在马来半岛的最南端，北与马来西亚接壤，南与印度尼西亚隔海相望，连接着太平洋和印度洋。新加坡地理优势显著，起着连接欧亚非以及大洋洲海上交通枢纽的作用，拥有闻名于世的天然良港。中新经济走廊是贯穿中南半岛国家的跨国陆路经济带，是共建“21世纪海上丝绸之路”的重要组成部分，是中国与东盟国家经贸合作的重要载体。新加坡是东盟创始会员国，是东盟地区首个与中国签订自由贸易协定的国家，在推动“一带一路”和建设中国—东盟自由贸易区“升级版”的进程中，起到了重要作用。

（一）新加坡可持续发展阶段总体评价

评价结果显示，新加坡可持续发展处于中级发展阶段中期，2015年新加坡可持续发展的得分为62.7，在“一带一路”沿线国家中的排名为第1位。

根据新加坡可持续发展阶段的评价结果，2010～2015年新加坡一直处于中级发展阶段的中期，位于“一带一路”沿线国家首位。观察新加坡在六年里的发展评价可知，新加坡在2010年“一带一路”刚刚起步之时，其发展评价为60.8，之后虽有波动但整体是上升的，2015年评价上升为62.7（见图6－8）。

通过上述时序分析，可以看出新加坡在“一带一路”倡议中本国各系统维度发展在平稳增长。而且从新加坡的排名来看，六年的战略实施过程中，新加坡在东南亚地区甚至在整个“一带一路”沿线国家中，一直保持在第一的位置，其发展速度和整体可持续发展战略是持平甚至领先的（见图6－9）。

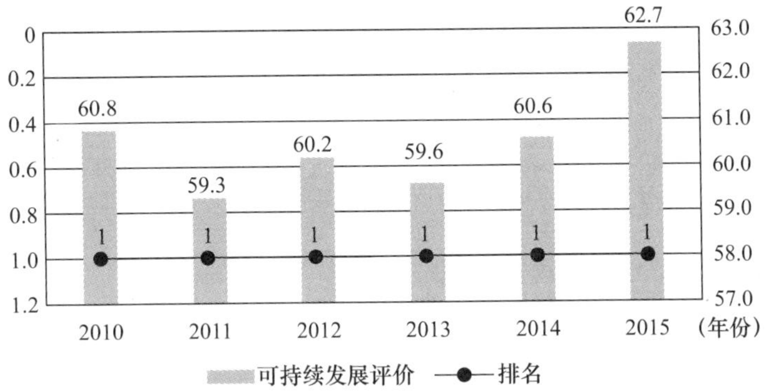

图 6－8　2010～2015 年新加坡可持续发展评价

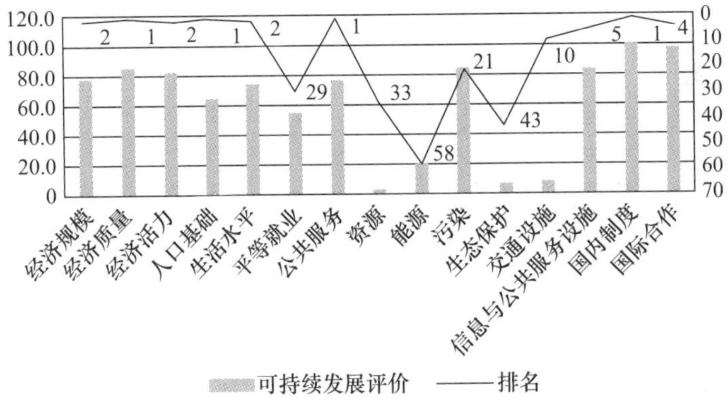

图 6－9　2015 年新加坡子系统维度可持续发展评价排名

同时，根据 2015 年新加坡子系统维度可持续发展评价，观察到新加坡在经济、社会、环境、基础设施以及国内外机制五个方面的发展还是比较均衡的，新加坡经济、社会、基础设施和机制成熟度都基本位于“一带一路”沿线国家的首位。值得注意的是，其环境方面则拉低了整体的平均分。

经济方面，经济规模、经济质量和经济活力分别居第 2 位、第 1 位和第 2 位；社会方面四个维度也表现优异，只有生活水平方面排在中段第 29 位，人口基础、生活水平和公共服务分别排在第 1 位、第 2 位和第 1 位。

环境方面很大程度上拉低了整体的平均分，尤其是资源、能源和生态保护分别排在第 33 位、第 58 位和第 43 位，属于中段靠后的排名，相较于其他系统，环境系统问题有待提高。

基础设施中，交通设施排在第 10 位，信息与公共服务设施排在第 5 位，基础设施方面对整体系统的发展的支持还是差强人意的。

新加坡的机制成熟度排名也令人满意，国内机制和国外机制分别排在第1位和第4位。

评估发现，新加坡子系统中除了环境系统排名靠后，抑制了其他系统的发展，其他四个子系统都基本排在首位，发展良好。

（二）新加坡可持续发展重点领域分析

新加坡GDP年增长率在可持续发展战略中有明显的下降趋势，2010年增长率为15.2%，之后陡降至6.2%，2013年有所回升达到4.7%，2015年增长率下降为2%。随着GDP增长率下降，能源消耗弹性系数从负数转为正向发展，说明能源消耗从2011年起开始逐步增加，2012年达到顶峰，2014年降至并维持在-0.8%（见图6-10）。

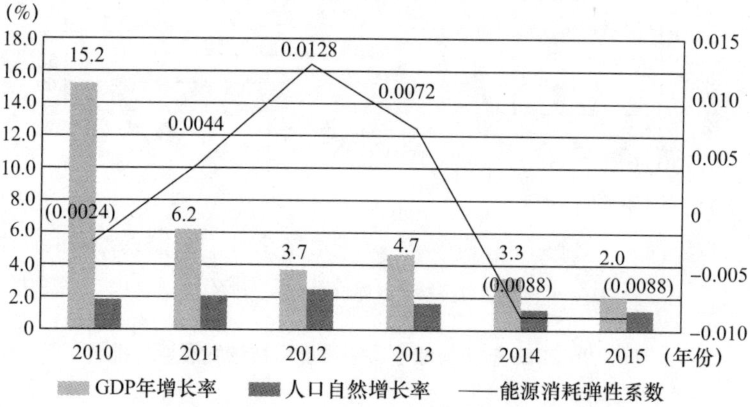

图6-10 2010~2015年新加坡子系统重点指标发展情况（a）

基础设施以及机制的重要指标在此仅列出互联网普及率[①]、经济自由度指数[②]以及基尼系数。观察数据可发现，互联网普及率在六年间有所提高，2015年互联网普及率已达到82.1%，基础设施方面十分完善；基尼系数保持在42.5%的水平并无变化，超过了国际警戒线40%，收入较不平均，贫富差距较大。经济自由度指数有所变动，但幅度较小，2015年达到89.4%，新加坡政府对经济

① 互联网普及率是根据世界银行提供的数据，按每100人的互联网用户计算所得。

② 经济自由度指数是根据世界银行提供的数据，该指数是全球权威的经济自由度评价指标之一，在一个指标上分数越高，政府对经济的干涉水平越低，因此经济自由度越高。全书同。

的干预水平并没有较大变动，保持在较高水平的自由程度上，属于自由经济体（见图6－11）。

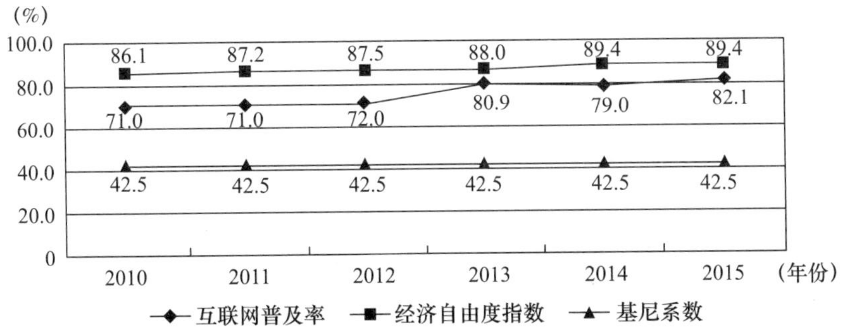

图6－11　2010～2015年新加坡子系统重点指标发展情况（b）

1. 经济

观察新加坡经济子系统，GDP年增长率整体呈下降趋势，2015年增长率下降至2%，经济状态看似呈萎缩状态；但观察新加坡国内人均GDP，从2010年的人均46569.68美元上升到2014年的人均56007.29美元，增幅达到13.6%，2015年下降较低幅度至52888.74美元，但其绝对数额仍然表现出新加坡经济的稳速发展。"一带一路"倡议发展以来，虽然新加坡GDP年增长率有所下降，但还是保证了新加坡人均收入的提高，增加了社会福利（见图6－12）。

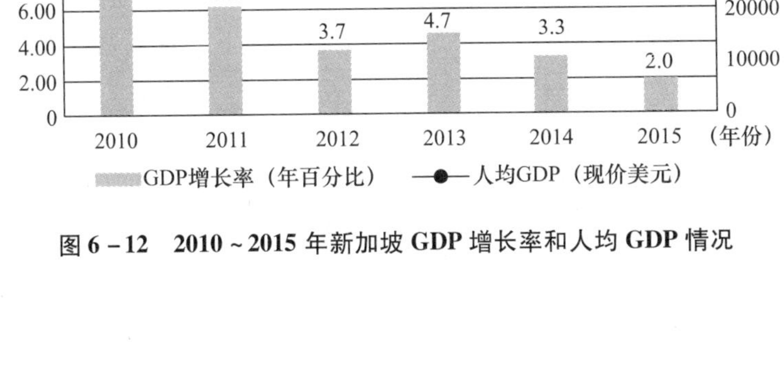

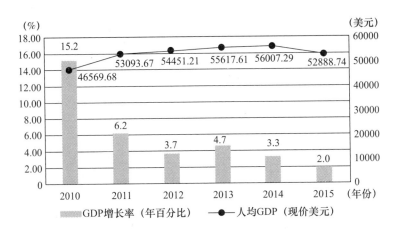

图6－12　2010～2015年新加坡GDP增长率和人均GDP情况

鉴于以上新加坡经济GDP增长率下降，人均GDP稳速提高，我们对新加坡经济结构也进行了分析，发现GDP增长率的下降是正常的，并不代表经济萎缩：从经常账户余额的情况可以看到，六年间盈余有所下降，但基本保持在19%左右，但过多的经常账户盈余也应予以重视；六年间服务等第三产业附加值占比份额较高，发展空间并不是很大，2015年增长1.3个百分点，占比为73.6%；2010年资本形成总额占比27.9%，2015年占比26.3%，变动并不大；对外直接投资净流出有较大幅度的波动，2010年FDI净流出占比为15%，2012年降至6.3%，2015年又上升至12.1%。从该经济结构来看，新加坡的经济增长率的下降并不是经济结构的问题，虽然经济增速下滑但经济状态仍然是良好的（见图6-13）。

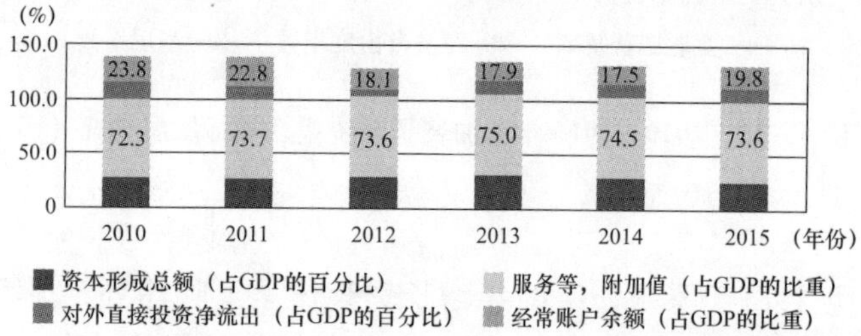

图6-13　2010~2015年新加坡经济结构发展情况

观察新加坡经济外向度数据，2010~2013年，经济外向度波动整体有下降的趋势，2014年从359.8%陡降至326.1%，但从其绝对数值来看，新加坡的外贸依存度还是相当高的。从其债务方面来看，2010年新加坡中央政府债务占GDP的比重已经高达102.9%，2012年达到峰值110%，2015年又降回2010年的水平达到102.4%。新加坡的债务占比、经济外向度和其经济结构紧密相关，新加坡虽然作为外向型发展政策引导的国家，但过高的债务占比仍应引起重视（见图6-14）。

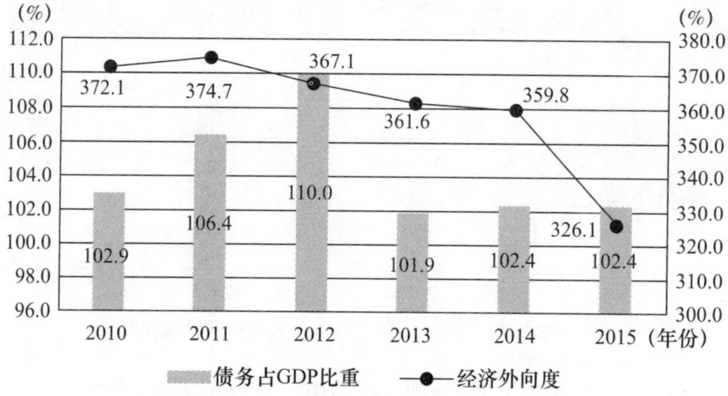

图6-14　2010~2015年新加坡经济活力发展情况

2. 社会

新加坡社会子系统从人口基础、生活水平、平等就业以及公共服务四个方面来分析。

表 6－2　2015 年新加坡社会子系统人口基础情况

年份	2010	2011	2012	2013	2014	2015
人口增长（年度百分比）(%)	1.8	2.1	2.5	1.6	1.3	1.2
人口密度（每千米土地面积人数）(人)	7231.812	7363.193	7524.698	7636.721	7714.702	7806.773
性别比（每100位女性对应的男性数量）(人)	97.41301	97.34677	97.3369	97.36113	97.39046	97.4048
R&D 人员（每百万人）(人)	6306.519	6495.987	6442.276	6665.194	6658.499	6658.499

新加坡人口基础方面增长还是较稳定的，从表 6－2 可以看到新加坡国内人口在六年内保持 1.7% 左右的增长；性别比例基本均衡，人口密度保证了其人力资源优势，而且 R&D 人员也很充足，在基数很大的情况下仍然保持增长的趋势，从 2010 年的每百万人 6307 人的水平上升到 2015 年的 6658 人。

新加坡生活水平方面，从数据可以看出，2010～2015 年，新加坡贫困人口的比例和营养不良发生率均为 0，从上节分析的人均 GDP 可以看出新加坡的生活水平保持在相当高的水平。

人类发展指数是衡量一个国家发展进步的重要综合指标之一，新加坡的人类发展指数增长明显；同时，失业率呈现先降后升的趋势，2010 年失业率为 3.1%，2012 年下降至 2.8%，随后又回升至 3%（见图 6－15）。

新加坡社会公共服务方面，“一带一路”发展期间，在健康方面已经相当完善。如在 2010 年时，人均医疗卫生支出 1841.591 美元，2015 年达到 2752.32 美元，在人均医疗卫生支出绝对值在很高的水平上，增长幅度依然达到 49.5%。预期寿命从 81.5 岁延长至 82.6 岁，新生儿死亡率保持在每千例仅有 1 例的水平，孕产妇死亡率呈下降趋势，每 10 万活例中仅有 10 例死亡率。另外，新加坡国内教育问题，小学入学率从 2010 年的 102.2% 下降为 2015 年的 101.6%，中学入学率从 101.6% 上升至 101.9%，高等院校入学率从 58.1% 上升至 62.4%，高等院校入学率占比较高，新加坡在人力资源结构方面具有优势，促进了本国的发展。

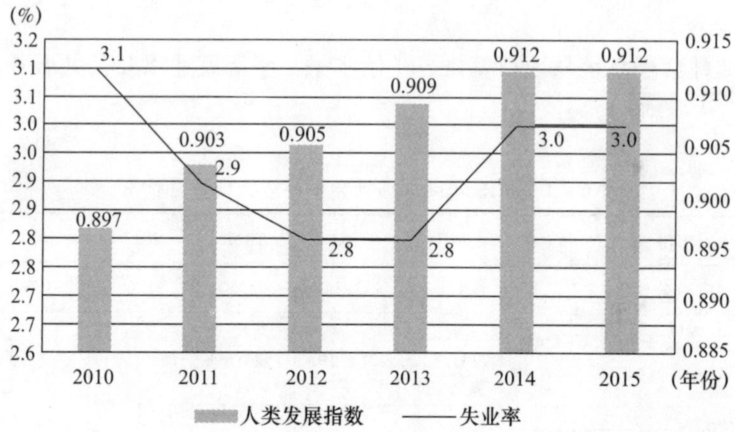

图 6-15　2010~2015 年新加坡社会环境平等就业情况

3. 环境

2015 年，新加坡环境子系统的可持续发展评价在“一带一路”60 个国家中位于第 55 位，属于初级阶段的晚期，属于五个系统中评分最低的系统。新加坡森林面积、人均土地面积以及人均可再生内陆淡水资源、可再生能源比例等基础环境资源在“一带一路”国家中处于劣势，分别位于第 38 位、第 42 位、第 44 位和第 48 位。由于其 GDP 基数较大，所以提升了新加坡 GDP 能耗，排在第 14 位，能源消耗弹性系数排在第 25 位。二氧化碳排放量以及 PM2. 5 的数据都排在“一带一路”沿线国家的中段，明显显示新加坡的能源的确是其劣势，拉低了整体的评价分数，应注意污染问题（见表 6-3）。

表 6-3　2015 年新加坡环境子系统各项目在“一带一路”国家中排名

项目	排名
森林面积（人均平方千米）	38
人均土地面积（平方千米）	42
人均可再生内陆淡水资源（立方米）	44
GDP 单位能源消耗（2011 年不变价购买力平价美元/千克石油当量）	14
能源消耗弹性系数（能源消耗增长与 GDP 增速之比）	25
可再生能源比例（占总能源消耗比例）	48
二氧化碳排放量（人均公吨数）	32
人均一氧化氮排放量（千公吨二氧化碳当量）	38
人均甲烷排放量（千吨二氧化碳当量）	12
PM2. 5	33

4. 基础设施

新加坡经济的高速发展和其国内基础设施的完备是紧密相关的。观察新加坡在2010~2015年航空运输量可知，航空运输量在绝对数额很大的情况下还是实现了每年超过5%的增速增长，2015年航空运输量达到176911；同时货柜码头吞吐量也保持上升趋势（见图6-16）。

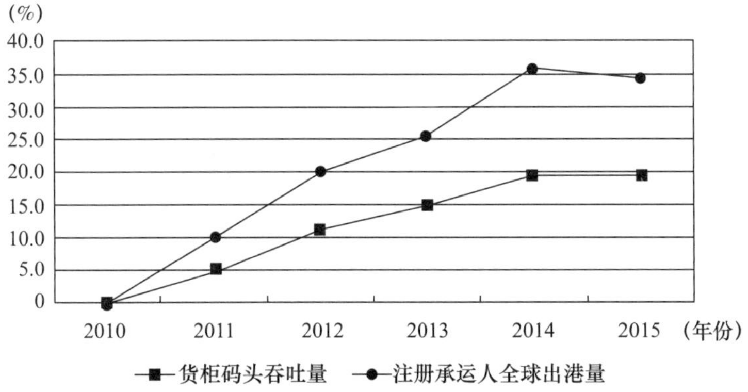

图6-16 2010~2015年新加坡航空运输量增长情况（以2010年为基期）

新加坡的公共服务设施基础也非常完善。互联网普及率从2010年的71%上升至2015年的82.1%，用电普及率、改善水源获得比例、改善卫生设施比例也一直保持在100%，可见新加坡政府在“一带一路”倡议开始之前就拥有完善的基础设施网络和公共服务设施基础。

5. 机制

新加坡机制成熟度分别从国内制度发展和国际合作两个维度来进行描述。

观察新加坡经济自由度指数①，如前所述该指数逐步升高，而具有较高经济自由度的国家或地区与那些具有较低经济自由度的国家或地区相比，会拥有较高的长期经济增长速度和更繁荣。因此，从这个角度来看，新加坡政府作为自由经济体，使其国内经济保持活力。

全球治理指数指政府治理的有效性，主要体现在更多的公众话语权与更强的政府问责、更高的政治稳定与更少的社会暴力、更高的政府效能、更高的管制质

① 2007年的世界经济自由度指数采用百分制（0~100分）的评分办法，得分越高，说明经济自由度越高；反之，经济自由度越低。依据得分情况，各个经济体被列入五个不同的自由度区间，即“自由经济体”（得分在80~100分）、“较自由经济体”（70~80分）、“中等自由经济体”（60~70分）、“较不自由经济体”（50~60分）和“受压制经济体”（0~50分）。后同。

量、更完善的法治以及更少的腐败六个方面。观察新加坡数据可知其仍处在较高水平，2010 年新加坡的全球治理指数为 2. 25，2013 年下降为 2. 09，2015 年全球治理指数为 2. 19（见图 6 – 17）。

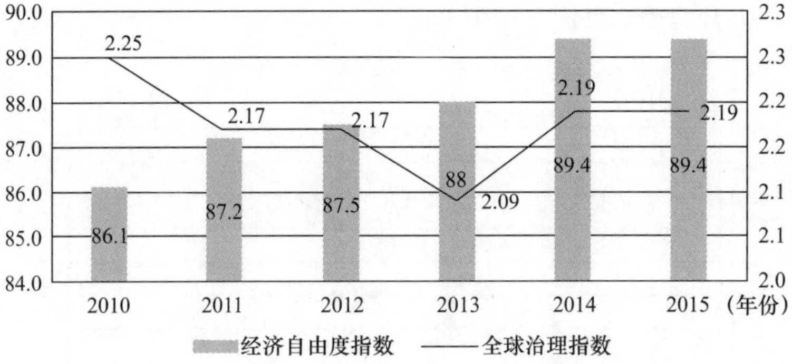

图 6 – 17　2010 ~ 2015 年新加坡国内制度发展情况

国际合作方面，从其承担的国际义务看，新加坡六年内接受援助和提供援助呈现持平的状态。

（三）小结

通过对新加坡进行可持续发展评价，本报告认为，相比其他“一带一路”沿线国家，新加坡具有发达的经济水平、丰富的高技能人力储备、相当完善的基础设施以及成熟的社会制度，但其匮乏的能源、资源以及严重的污染问题是其可持续发展战略中的弱点。

相应地，经济结构中经常账户盈余过多的问题以及中央政府债务占比过高也为其宏观经济的稳定埋下了隐患。新加坡政府应积极开展对外务实合作，转变经济增长点，同时加大国内环境污染的治理力度，改善投资环境，使经济找到新的增长点。

四、文莱

文莱位于加里曼丹岛（东南亚马来群岛中的一个大岛）的西北部，东南西三面与马来西亚的沙捞越州接壤，并被分割成不相连接的两个部分，北濒南中国海，与我国的南沙群岛邻近。文莱全国面积为5765平方千米，比新加坡大9倍，加之其丰富的石油资源，文莱在“一带一路”沿线国家中排名一直位于前段。

（一）文莱可持续发展阶段总体评价

根据文莱可持续发展阶段的评价结果，2010～2015年文莱一直处于中级发展阶段的早期，位于“一带一路”沿线国家前段。观察文莱在六年里的发展评价可知，文莱在2010年“一带一路”倡议发展之初，其发展评价为47.9，排名第9位，拥有良好的竞争优势。但2010～2015年，评价波动较大，2012年升至50.1后陡降至2013年46.9，之后评价逐年上升，2015年达到50.4。排名也呈现下降趋势，虽然2015年评价达到波峰50.4，但排名却落后至14名（见图6－18）。

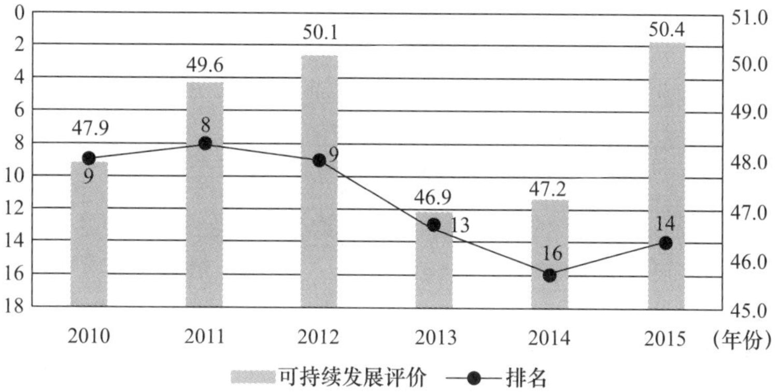

图6－18　2010～2015年文莱可持续发展评价排名

通过上述时序分析，可以看出文莱在“一带一路”倡议中本国各系统维度发展虽然有波动，整体还是呈现增长态势，但相比其他国家的发展速度则稍显滞后。同时从局部来看，文莱发展评价在东南亚地区①的排名靠前，仅次于新加坡，虽然排名有落后趋势，但在东南亚地区，文莱的相对优势依然明显。观察2015年文莱子系统维度可持续发展评价，可以发现文莱五个子系统发展并不均衡，环境系统和基础设施系统明显拉低了整体评价；而经济、社会和机制成熟度三个系统排名则基本排在“一带一路”沿线国家前段，对整体的评价起到了提高的作用（见图6－19）。

① 东南亚地区“一带一路”国家有越南、泰国、柬埔寨、老挝、新加坡、马来西亚、菲律宾、印度尼西亚、文莱、东帝汶。

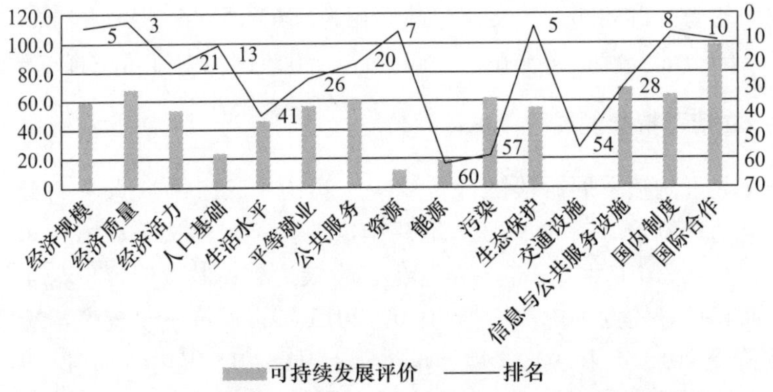

图 6－19　2015 年文莱子系统维度可持续发展评价排名

经济方面，经济规模、经济质量和经济活力排名集中在前 1/3 段，分别排在第 5 位、第 3 位和第 21 位，经济活力相对拉低了经济系统评价；社会方面则发展较不均衡，生活水平较差，排在第 41 位，人口基础、平等就业和公共服务方面分别位于中前段第 13 位、第 26 位和第 20 位；环境方面起伏波动更大，存在明显的短板，能源和污染（正向评价，污染越少排名越高）两者分别位于第 60 位和第 57 位；基础设施中交通设施极不完善，排在第 54 位，信息与公共服务设施则相对靠前，排在第 28 位；机制成熟度方面发展较均衡，国内制度排在第 8 位，国际合作方面，排在第 10 位。评估发现，文莱环境、基础设施两个子系统发展有待提高，经济、社会和机制三个子系统的情况相对地带动了整体的发展。下节分别从这五个子系统中抽取重要指标先进行概述，再对各个系统进行分析。①

（二）文莱可持续发展重点领域分析

文莱 GDP 年增长率变化波幅较大，尤其是 2013 年增长率从 0.9% 下降至 －2.1%，2014 年持续下降至 －2.3% 之后有所回升，2015 年达到 －0.6%。但总体来说文莱 GDP 增长率持续下滑，且缺口逐渐增大，增长率的降低趋势以及相关影响因素应值得注意。

相应地，观察能源消耗弹性系数②：文莱能源消耗增长基本处于负增长状态，2010 年能源消耗弹性系数为 －0.0141，2011 年下降至 0.0352，2012 年弹性系数增长 163%，达到 0.0244。2013 年由于 GDP 负增长，能源消耗正增长，能源消耗弹性系数降至 －0.1092，能源消耗达到六年间的最大值。之后两年能源消

① 在此仅抽取六个子系统下的重要指标进行子系统评价概述，第二小节会进行具体解释。

② 能源消耗弹性系数为能源消耗增长与 GDP 增速之比。

耗也变为负增长，和 GDP 增长率保持同向发展（见图 6－20）。

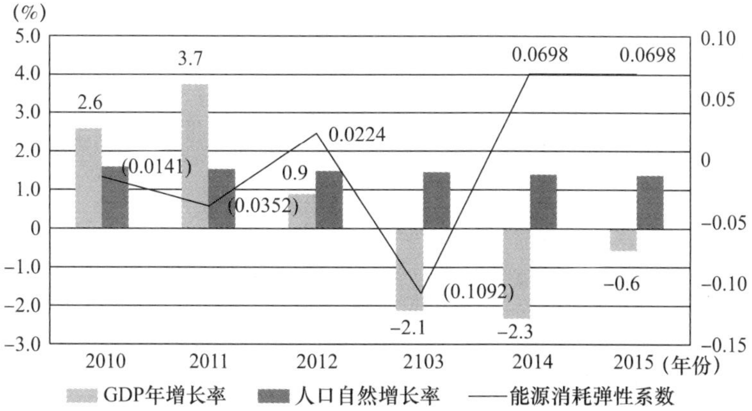

图 6－20　2010～2015 年文莱子系统重点指标发展情况（a）

基础设施以及机制的重要指标在此仅列出互联网普及率①、经济自由度指数以及基尼系数。观察数据可发现，互联网普及率在六年间有大幅度提高，至 2015 年时互联网普及率达到 71. 2%；2010～2015 年，经济自由度指数没有变化，一直维持在 68. 9% 的水平；基尼系数六年间均保持在 0. 35，没有超过国际警戒水平（见图 6－21）。

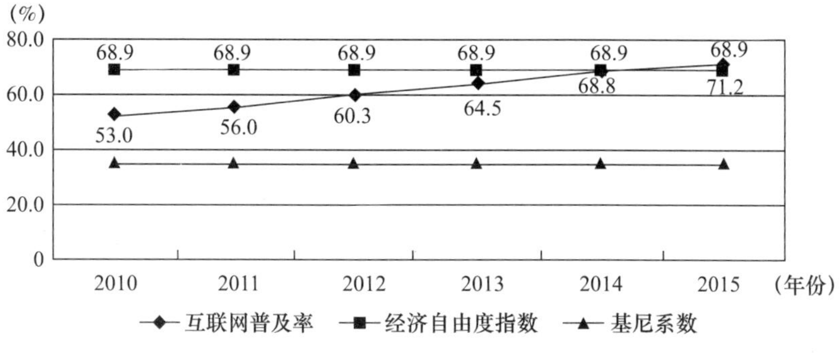

图 6－21　2010～2015 年文莱子系统重点指标发展情况（b）

① 互联网普及率是根据世界银行提供的数据，按每 100 人的互联网用户计算所得。

1. 经济

观察文莱经济子系统经济规模维度：如上所述，增长率变化波动巨大，2013年后一直是负增长；但是从文莱人均GDP的数据方面，文莱国内人均GDP从2010年人均34852美元逐步上升到波峰2012年的人均46974美元，增幅达到34.8%，之后持续下降，2015年数据显示下降至人均30555美元；从其绝对值来看文莱具有可观的人均GDP水平，但从GDP负增长趋势可以看出高增速的经济遇到了发展瓶颈，未来经济走势呈现下滑趋势（见图6－22）。

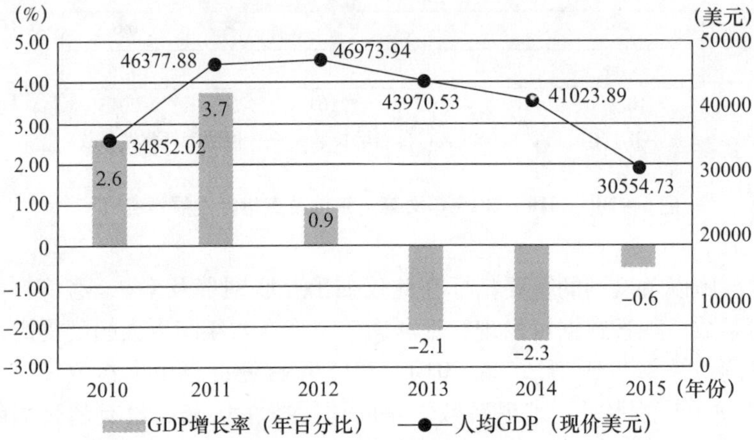

图6－22　2010～2015年文莱GDP增长率和人均GDP情况

鉴于以上文莱经济发展的情况，我们对文莱经济结构进行相关分析发现：2010年文莱经常账户顺差占比高达36.6%，之后逐年下降，2015年占比降至16%。服务等第三产业附加值占比和资本账户占比较少，2015年，服务等附加值占据了37.5%的GDP，资本形成总额占比35.2%，第三产业占比不足的情况下，资本形成总额的占比相对而言又太高，增加了资金在经济系统里空转，实体经济、虚拟经济背离的风险。对外直接投资净流出逐步增长，从2010年－0.6%的GDP占比上升至2015年的3.9%，数额较小，对外投资不足。从该经济结构来看，文莱经济发展并不均衡，国内实体经济有待挖掘，大量的资本占比并没有得到充分利用，应加大对国内实体经济的投入和提高对外投资的水平；此外大幅度的贸易顺差增加了外贸依存度的风险，同时其下降趋势不免与GDP负增长关联，政府应转变贸易结构，同时保证国际账户收支平衡（见图6－23）。

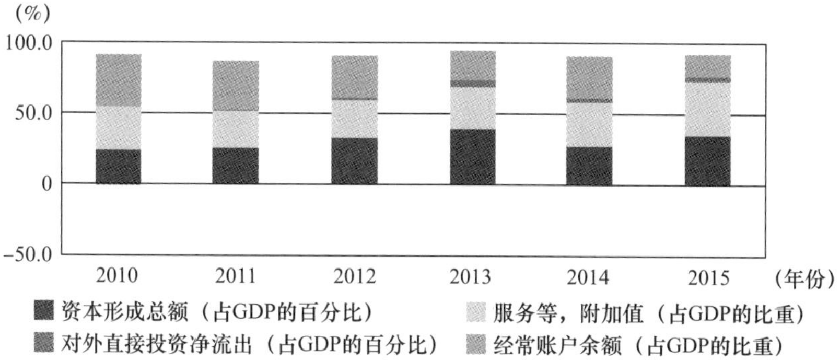

图6-23　2010~2015年文莱经济结构发展情况

观察文莱经济外向度数据，从2010年起数据显示文莱经济外向度有小幅度波动。2010年文莱经济外向度为95.6%，2013年上升为111.1%，之后逐年下降，2015年降至90%，经济外向度过高，该指标衡量了一个地区经济开放状态，可见文莱经济在很大程度上依赖于其国内贸易的发展。此外，观察文莱国家创新指数，在“一带一路”倡议发展期间，该指数并没有较大波动，2010年指数评价为30.93，2011年达到波峰37.7后持续下降，2015年达到31.67的水平，在“一带一路”国家中并不具有竞争力（见图6-24）。

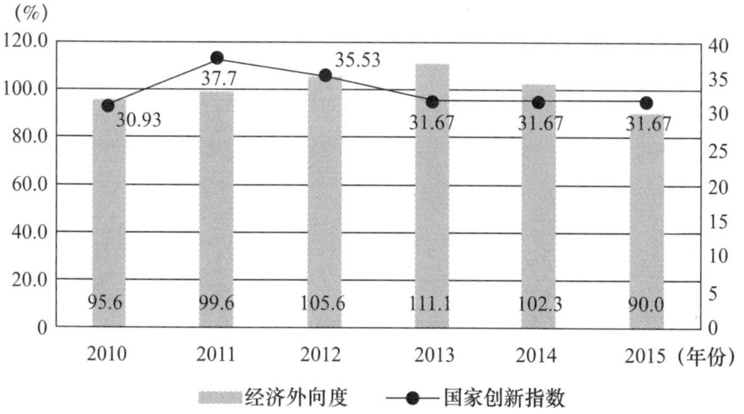

图6-24　2010~2015年文莱经济活力发展情况

2. 社会

文莱社会子系统从人口基础、生活水平、平等就业以及公共服务四个方面来分析。

文莱人口基础方面差强人意，从表6-4可以看到文莱国内人口在六年内保持增长，六年间人口增长率保持在1.5%左右，增长较稳定；人口密度较低，性别比例较均衡；R&D人员数虽然在六年间保持增长但仍然明显不足，从每百万人13人上升到28人。

表6-4　2015年文莱社会子系统人口基础情况

年份	2010	2011	2012	2013	2014	2015
人口增长（年度百分比）（%）	1.6	1.5	1.5	1.5	1.4	1.4
人口密度（每千米土地面积人数）（人）	74.630	75.795	76.947	78.083	79.201	80.301
性别比（每100位女性对应的男性数量）（人）	106.808	106.829	106.743	106.588	106.419	106.271
R&D人员（每百万人）（人）	12.655	12.655	12.655	28.333	28.333	28.333

文莱生活水平方面则相对其他系统明显滞后。从图6-25可以看出，六年间，文莱贫困人口的比例并没有变化，数据显示低于1.9美元/天的人口比例保持在1.8%；营养不良发生率保持在5%，说明在"一带一路"倡议发展期间，文莱生活水平并没有改善；而且相比前两者，人均粮食产量并没有大幅度变动，2015年人均粮食产量也只有4.65千克（见图6-25）。

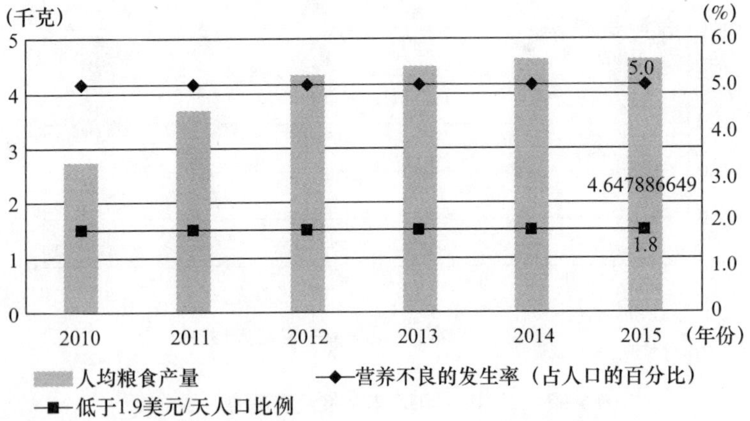

图6-25　2010~2015年文莱社会环境生活水平情况

人类发展指数是衡量一个国家发展进步的重要综合指标之一，2010～2015年“一带一路”倡议实施以来，文莱的人类发展指数增长明显；失业率虽然增长，但幅度不大且维持在3.8%的水平，尚属合理的范畴，可见“一带一路”倡议对文莱平等就业子系统起到了一定的积极作用（见图6－26）。

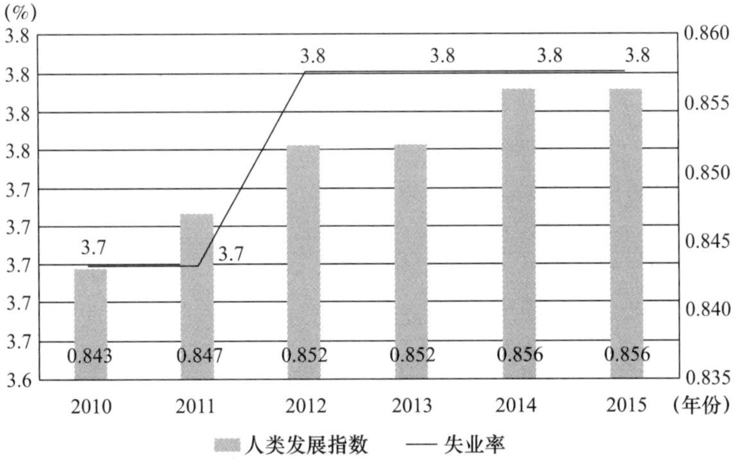

图6－26　2010～2015年文莱社会环境平等就业情况

关于文莱社会公共服务方面，“一带一路”发展期间，文莱在健康方面有一定程度的改善，2010年，人均医疗卫生支出859.66美元，2015年达到957.61美元，该支出水平无论从绝对指标还是相对指标来看都非常可观。预期寿命延长至78.8，新生儿及孕产妇死亡率呈下降趋势。另外，文莱国内教育问题，中小学入学率均较高，但在高等院校入学率方面数据结果虽然呈现上升走势，但入学率依然很低，从2010年的15.7%上升至31.7%，文莱应完善人力资源结构，增加其在人力资源方面的竞争力。

3. 环境

2015年，文莱环境子系统的可持续发展评价在“一带一路”60个沿线国家中位于第25位，属于中级阶段的早期。文莱的环境系统在“一带一路”中没有显示出强劲的优势，并且对其自身总体评价起到了抑制的作用。文莱森林面积、人均土地面积和人均可再生内陆淡水资源等基础环境资源较匮乏，分别位于“一带一路”沿线国家的第22位、第29位和第40位。同时，GDP单位能源消耗和可再生能源比例更加匮乏，分别排在第47位、第26位（见表6－5）。

表 6-5 2015 年文莱环境子系统各项目在"一带一路"国家中排名

项目	排名
森林面积（人均平方千米）	22
人均土地面积（平方千米）	29
人均可再生内陆淡水资源（立方米）	40
GDP 单位能源消耗（2011 年不变价购买力平价美元/千克石油当量）	47
能源消耗弹性系数（能源消耗增长与 GDP 增速之比）	41
可再生能源比例（占总能源消耗比例）	26
二氧化碳排放量（人均公吨数）	20
人均一氧化氮排放量（千公吨二氧化碳当量）	7
人均甲烷排放量（千吨二氧化碳当量）	37
PM2.5	39

4. 基础设施

文莱国内基础设施方面，观察文莱在"一带一路"倡议发展以来，港口吞吐能力虽然保持了每年 5% 的增长，但其绝对数额依然较低，2015 年仅达到 128025；航空运输量则在基数较小的情况下呈现萎缩状态（较于基期 2010 年），2015 年达到 11624，比基期 2010 年减少 5.7%。文莱基础设施不完备，对经济造成了一定阻力（见图 6-27）。

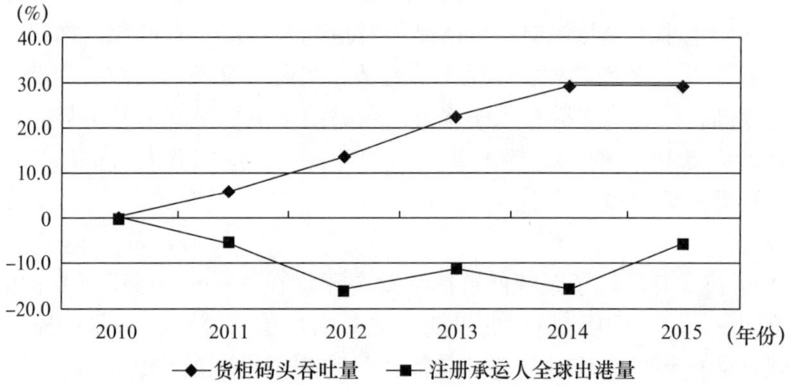

图 6-27 2010~2015 年文莱港口吞吐能力和航空运输量增长情况（以 2010 年为基期）

但是在公共服务设施方面，文莱则有一定程度的改善。互联网普及率较高，从 2010 年的 53% 上升至 2015 年的 71%，用电普及率维持在 72.6，改善水源获得比例从97.3%上升到98.2%。可见文莱政府在“一带一路”倡议发展期间，对公共设施服务进行了相应改善，但力度有待提高。

5. 机制

在2010～2015年文莱可持续发展机制子系统测评结果中，各项指标都有所提高，但幅度有限。

观察文莱经济自由度指数，如前所述该指数保持在68.9。而具有较高经济自由度的国家或地区与那些具有较低经济自由度的国家或地区相比，会拥有较高的长期经济增长速度和更繁荣。“一带一路”倡议发展期间，文莱对经济的干预程度并没有改变。

全球治理指数指政府治理的有效性，主要体现在更多的公众话语权与更强的政府问责、更高的政治稳定与更少的社会暴力、更高的政府效能、更高的管制质量、更完善的法治以及更少的腐败六个方面。观察文莱数据可知，2010年文莱的全球治理指数为0.9，六年间呈现上升趋势但幅度不大，2015年，评价依然只有1.08。可见在国内机制发展方面，文莱政府还需加大调控力度（见图6－28）。

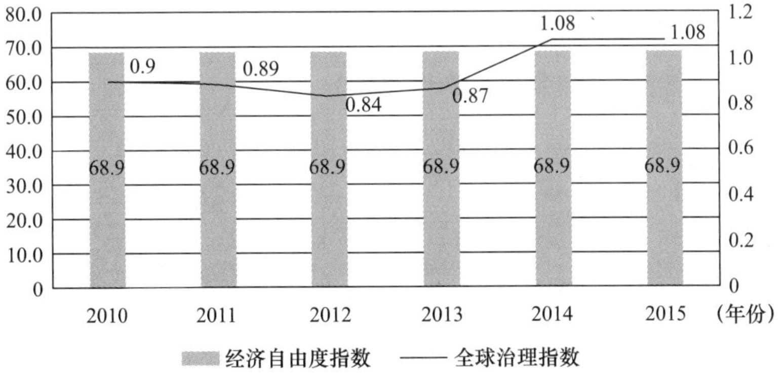

图6－28　2010～2015年文莱国内制度发展情况

（三）小结

通过对文莱进行可持续发展评价，本报告认为，相比其他“一带一路”沿线国家，文莱经济水平虽然很发达，具有可观的人均GDP，但其经济结构存在一定问题。众所周知文莱的发展奇迹主要得益于资源开采，原油和天然气出口占国家GDP总量的一半以上，成为国家发展主要经济支柱，这一点与中东产油国沙特、阿联酋等出奇相似。但这种单一的经济结构不利于文莱的可持续发展，此外文莱还存在缺乏高端人才、资源能源逐渐匮乏的问题。

因此，本报告认为文莱的可持续发展战略应培养国内优势产业，转变贸易结构，改善经济外向度；同时应对国内人才培养结构进行优化，培养高质量人才，从而加快产业升级；此外，也应重视环境问题，实现资源的可持续发展。

五、马来西亚

马来西亚半岛位于马来半岛南部，北与泰国接壤，西濒马六甲海峡，东临南中国海，南濒柔佛海峡与新加坡毗邻。而马来西亚沙砂包括沙巴州和砂拉越州，位于加里曼丹岛（婆罗洲）北部，文莱则夹于沙砂两州之间。马来西亚位处东南亚的交通及经济中心。马来西亚是东盟十国中的第三大经济体，仅次于印度尼西亚及泰国，领先新加坡。

马来西亚毗邻新加坡，无论语言、文化及政府均与新加坡相近，但新加坡贵为东南亚的经济之首，其市场早已成熟饱和，相比之下，马来西亚市场仍存在发展空间。

（一）马来西亚可持续发展阶段总体评价

评价结果显示，马来西亚可持续发展处于中级发展阶段早期，2015 年马来西亚可持续发展的得分为 47.6，在"一带一路"国家中的排名为第 19 位。

根据马来西亚可持续发展阶段的评价结果，2010～2015 年马来西亚一直处于中级发展阶段的早期，位于"一带一路"沿线国家中段。观察马来西亚在六年里的发展评价可知，马来西亚在 2010 年"一带一路"倡议刚刚起步之时，其发展评价为 44.3，之后虽有波动但整体是上升的（见图 6－29）。

通过上述时序分析，可以看出马来西亚在"一带一路"建设中本国各系统维度发展在平稳增长。2015 年马来西亚可持续发展评价为 47.6，排名保持在第 19 位。从局部来看，马来西亚发展评价在东南亚地区仅次于新加坡和文莱，相较于其他东南亚"一带一路"沿线国家具有强劲的资源优势和便利的基础设施优势。

同时，根据 2015 年马来西亚子系统维度可持续发展评价，观察到马来西亚除了社会子系统，其他四个子系统发展都比较均衡，虽然系统涵盖面既有优势排名也有劣势排名的方面，这四个子系统并未抑制整体的发展，但是马来西亚的社会子系统可持续发展方面的评价明显拉低了经济、社会和机制方面（见图 6－30）。

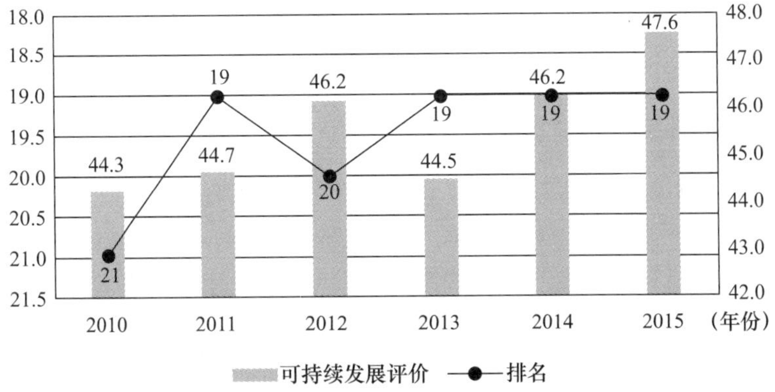

图 6-29 2010~2015 年马来西亚可持续发展评价

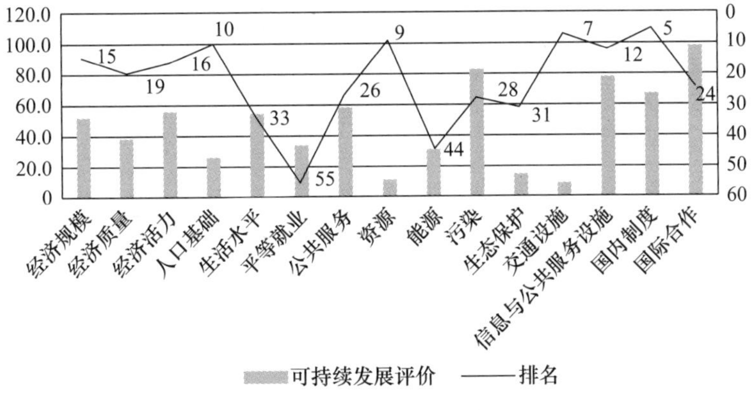

图 6-30 2015 年马来西亚子系统维度可持续发展评价排名

经济方面，经济活力、经济规模和经济质量排名集中在前 1/3 段，分别排在第 16 位、第 15 位和第 19 位，整体经济状态处于均衡的前段水平；社会方面则发展相当不均衡，表现较差，拉低了整体水平，人口基础较好，但生活水平、平等就业和公共服务方面分别位于中后段第 33 位、第 55 位和第 26 位，抑制了人口基础的优势；环境方面稍有改善，整体处在中前段水平，尤其是资源和污染两者分别位于第 9 位和第 28 位；基础设施系统则表现良好，交通设施排在第 7 位，信息与公共服务设施也排在中段靠前的位置；马来西亚的机制成熟度方面虽中规中矩，但和其他子系统比较还是对整体平衡发展起到了助力作用，国内机制和国际合作分别排在第 5 位和第 24 位。评估发现，马来西亚社会子系统抑制了整体的发展，但经济、基础设施和机制三个子系统的情况带动了整体的发展。下节分别从这五个子系统中抽取重要指标先进行概述，再对各个系统进行分析。①

（二）马来西亚可持续发展重点领域分析

马来西亚 GDP 年增长率变化波幅较小，增长保持在 5.5% 左右。2010 年增长率为 7%，之后增长率以小于 0.5% 的波幅浮动，2013 年下降至波谷达到 4.7%，2015 年增长率再度回开至 5%。可见马来西亚的经济虽然发展并不平稳，但经济根基较稳健。

相应地，观察能源消耗弹性系数②，可以发现能源消耗增长同时在 2013 年降至波谷，随着能源消耗系数增长，增长率也发生回升，根本原因还有待进一步考察，但可以明确的是马来西亚的能源优势对经济增长起到了一定拉动作用。2010 年能源消耗降低，在 2011 年弹性系数降低 73% 达到 0.0019，之后回升至原有水平后有陡降至 -0.0153，能源消耗减少后，GDP 增长率也有所下降，但波动不大，说明马来西亚经济并没有完全和能源消耗捆绑，2014 年之后保持在原有水平 0.0063。从以上分析可知，马来西亚国内能源消耗增长对于马来西亚 GDP 的增长起到了一定作用，但程度并不深（见图 6-31）。

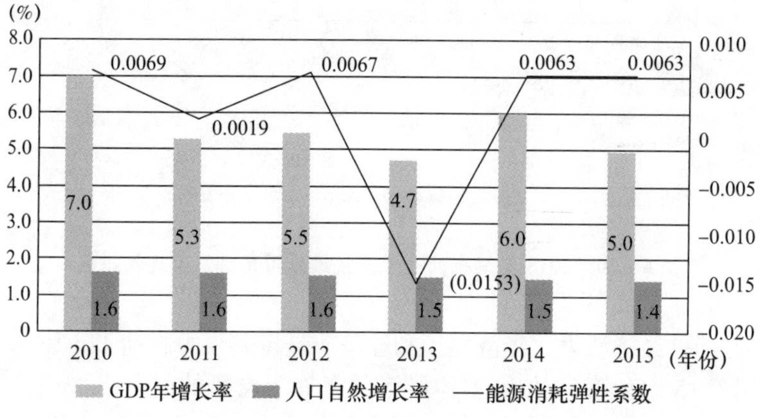

图 6-31　2010～2015 年马来西亚子系统重点指标发展情况（a）

① 在此仅抽取六个子系统下的重要指标进行子系统评价概述，后文会进行具体解释。

② 能源消耗弹性系数为能源消耗增长与 GDP 增速之比。

基础设施以及机制的重要指标在此仅列出互联网普及率①、经济自由度指数以及基尼系数。观察数据可发现，互联网普及率在六年间有提高也有降低，国内基础设施环境呈上升的稳定态势；经济自由度指数处在较高程度且有上升趋势，可见马来西亚政府对经济的干预水平逐步降低，有增加经济自由度的趋势；基尼系数保持在 0.492 没有增长。从经济自由度指数和基尼系数的变化趋势可以看出马来西亚国内外的社会机制有利好的趋势（见图 6－32）。

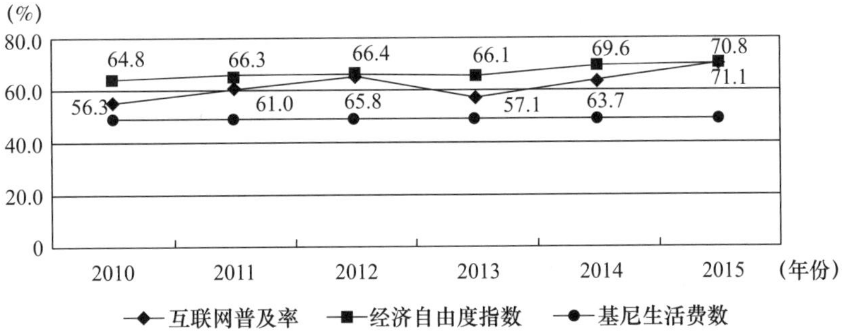

图 6－32 2010～2015 年马来西亚子系统重点指标发展情况（b）

1. 经济

观察马来西亚经济子系统，2010～2015 年 GDP 增长率虽有波动，但仍有 5.5% 左右的增长率，而且根据其较高的人均 GDP，所以整体经济仍然给投资者一个相对安全的心理预期。马来西亚国内人均 GDP 从 2010 年的人均 9069 美元上升到 2014 年的人均 11306 美元，增幅达到 24.7%，2015 年下滑至 9768 美元，总体来说，马来西亚人均 GDP 的增长还是可观的（见图 6－33）。

鉴于以上马来西亚经济发展平衡的结果，我们对马来西亚经济结构进行相关分析发现：2010 年马来西亚经常账户余额盈余渐渐转少，从 2010 年的 10% 降至 2015 年的 3%，基本保持收支平衡，有利于经济的可持续发展。服务等第三产业附加值占比和资本账户占比也比较均衡，抑制了实体经济和虚拟经济的背离。2015 年，服务等附加值占据了 55% 的 GDP，资本形成总额占比 25%，对外直接投资净流出情况从 6% 降至 3%。从该经济结构来看，马来西亚经济发展均衡，经济发展平稳，充满活力（见图 6－34）。

① 互联网普及率是根据世界银行提供的数据，按每 100 人的互联网用户计算所得。

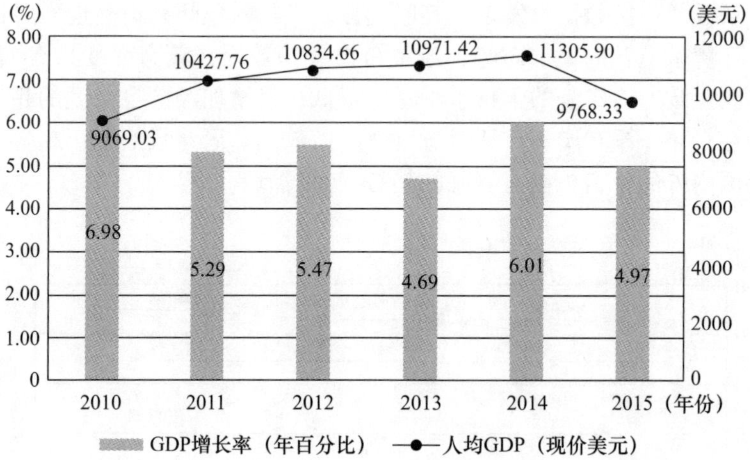

图 6－33　2010～2015 年马来西亚 GDP 增长率和人均 GDP 情况

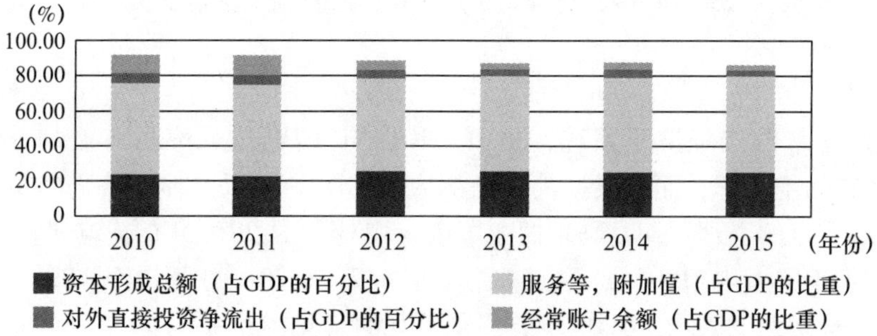

图 6－34　2010～2015 年马来西亚经济结构发展情况

观察马来西亚经济外向度数据，从 2010 年起数据每年保持在 5% 左右的幅度下降，2010 年马来西亚经济外向度达到 158.3%，2015 年数据显示为 134.4%，虽然其经济外向度仍然过高，但是趋势良好。可见马来西亚经济外贸依存程度虽然过高，但调整方向向好。但是需要注意的是，马来西亚经济结构中中央政府债务占比有上升的趋势，2015 年债务占比达到 66.3%，增加了政府执政的风险（见图 6－35）。

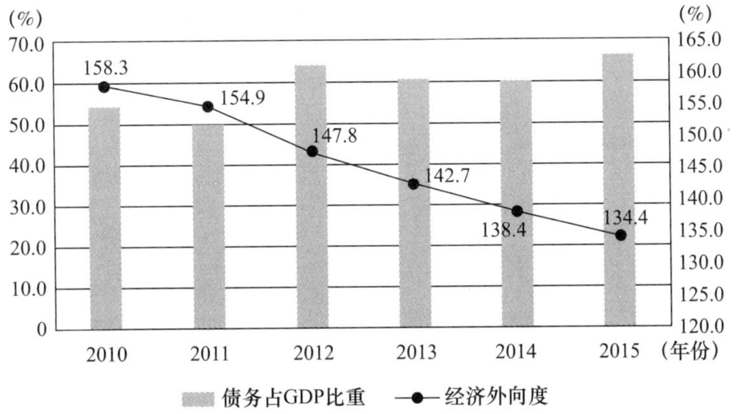

图 6－35 2010～2015 年马来西亚经济活力发展情况

2. 社会

马来西亚社会子系统从人口基础、生活水平、平等就业以及公共服务四个方面来分析。

表 6－6 马来西亚社会子系统人口基础概况

年份	2010	2011	2012	2013	2014	2015
人口增长（年度百分比）（%）	1.6	1.6	1.6	1.5	1.5	1.4
人口密度（每千米土地面积人数）（人）	85.58667	86.96688	88.3334	89.68307	91.01201	92.31778
性别比（每100位女性对应的男性数量）（人）	98.54062	98.29199	98.18611	98.17324	98.18478	98.17283
R&D 人员（每百万人）（人）	1467.073	1653.384	1793.548	1793.548	2051.736	2051.736

马来西亚人口基础方面还是较扎实的，从表 6－6 可以看到马来西亚国内人口在六年内保持增长，六年间人口增长率保持在 1.5% 左右，增长较稳定；人口密度也保持在合理的范围，性别比例基本均衡；同时 R&D 人员在 2013 年有明显的上升，从每百万人 1467 人上升到 2052 人，增幅达到 39.9%。

马来西亚生活水平方面，从图 6－36 可以看出，马来西亚贫困人口的比例有大幅度的下降，2015 年数据显示低于 1.9 美元/天的人口比例为 3.4%，2015 年下降至 1.6%；但营养不良发生率一直保持着 5% 的水平；人均粮食产量在 2012

年达到峰值92.44千克后有所下降，2015年数据显示人均粮食产量为91.36千克，该人均粮食产量基数较低，且呈现下降的趋势。

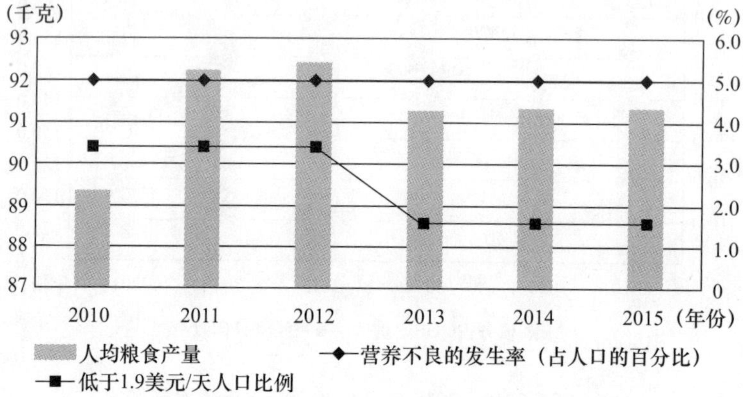

图6-36 2010~2015年马来西亚社会环境生活水平情况

人类发展指数是衡量一个国家发展进步的重要综合指标之一，马来西亚的人类发展指数增长明显，同时，失业率呈现下降趋势，2010年失业率为3.4%，2011年下降至3.1%，随后虽有上升但幅度较小，2014年陡降至2%（见图6-37）。

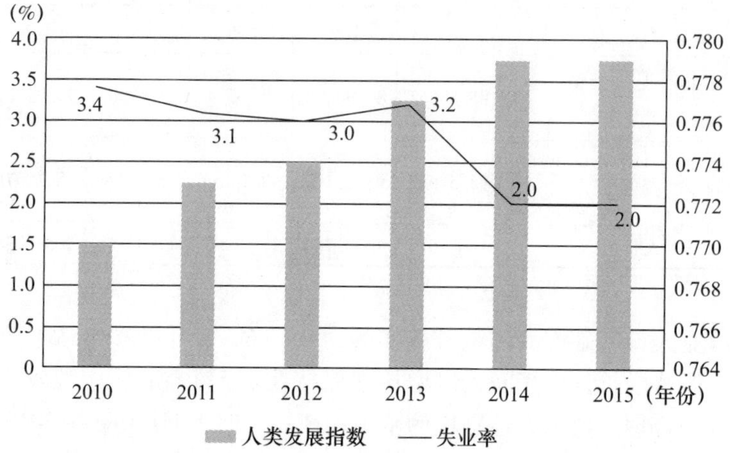

图6-37 2010~2015年马来西亚社会环境平等就业情况

马来西亚社会公共服务方面，“一带一路”发展期间，一方面，马来西亚在健康方面有明显改善，如在 2010 年时，人均医疗卫生支出 351.275 美元，2015 年达到 455.826 美元，增长达到 29.8%。预期寿命延长至 74.7，新生儿及孕产妇死亡率也呈下降趋势。另一方面，马来西亚国内教育问题，中小学入学率均较高，且呈现上升趋势，但在高等院校入学率方面数据结果并不好，从 2010 年的 37.1% 下降至 29.7%，可见其在人力资源方面发展稳定、存在优势，但人力结构存在问题。

3. 环境

2015 年，马来西亚环境子系统的可持续发展评价在“一带一路”沿线国家中位列第 32，属于中级阶段的早期。马来西亚森林面积和人均可再生内陆淡水资源等基础环境资源在“一带一路”沿线国家中属于优势，分别居第 11 位和第 5 位。但其 GDP 单位能源消耗却排在第 35 位，能源消耗弹性系数排在第 52 位，可再生能源比例排在第 39 位。数据明显显示马来西亚的能源并不是其优势，但根据上节分析马来西亚的经济并不完全依赖于能源资源的消耗（见表 6－7）。

表 6－7　2015 年马来西亚环境子系统各项目在“一带一路”国家中排名

项目	排名
森林面积（人均平方千米）	11
人均土地面积（平方千米）	34
人均可再生内陆淡水资源（立方米）	5
GDP 单位能源消耗（2011 年不变价购买力平价美元/千克石油当量）	35
能源消耗弹性系数（能源消耗增长与 GDP 增速之比）	52
可再生能源比例（占总能源消耗比例）	39
二氧化碳排放量（人均公吨数）	14
人均一氧化氮排放量（千公吨二氧化碳当量）	19
人均甲烷排放量（千吨二氧化碳当量）	30
PM2.5	53

4. 基础设施

马来西亚经济的发展和其国内基础设施的完备是紧密相关的。观察马来西亚 2010～2015 年铁路总千米数、港口吞吐能力以及航空运输量可知，平均每年比 2010 年增加量都基本超过 10%，尤其是航空运输量在 2013 年激增，2015 年比基期 2010 年增长速度增长 57% 的幅度（见图 6－38）。

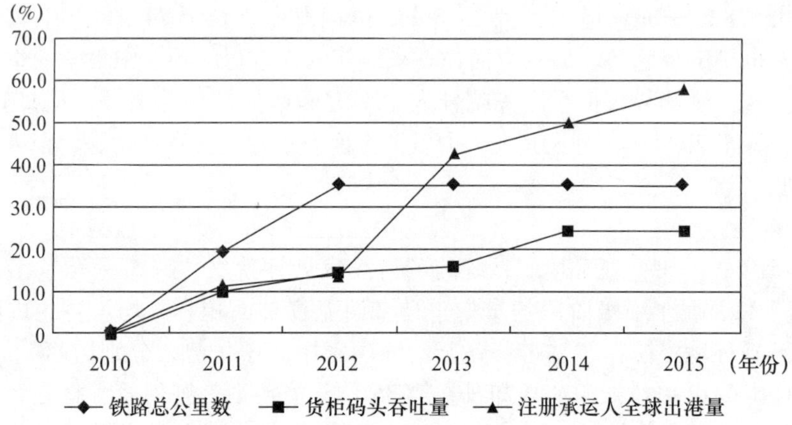

图 6-38　2010~2015 年马来西亚港口吞吐能力和航空运输量增长情况（以 2010 年为基期）

马来西亚互联网普及率从 2010 年的 56.3% 上升至 2015 年 71.1%，用电普及率在 2012 年达到 100%，改善水源获得比例从 97.3% 上升到 98.2%，可见马来西亚政府在"一带一路"倡议发展期间，对公共设施服务也进行了相应改善。

5. 机制

马来西亚机制成熟度分别从国内制度发展和国际合作两个维度来进行描述。

观察马来西亚经济自由度指数，如前所述该指数呈现上升趋势，且幅度明显。而具有较高经济自由度的国家或地区与那些具有较低经济自由度的国家或地区相比，会拥有较高的长期经济增长速度和更繁荣。因此，从这个角度来看，马来西亚政府干预程度降低有利于经济自由发展。

全球治理指数指政府治理的有效性，主要体现在更多的公众话语权与更强的政府问责、更高的政治稳定与更少的社会暴力、更高的政府效能、更高的管制质量、更完善的法治以及更少的腐败六个方面。观察马来西亚数据可知，2010 年马来西亚的全球治理指数为 1.13，有较大的基数，说明马来西亚社会体制成熟，社会环境稳定；2012 年下降至 0.93 后再度增加到 1.14 并保持该状态。可见在国内机制发展方面，马来西亚政府有明显的优势（见图 6-39）。

国际合作方面，马来西亚六年间接受的官方发展援助在逐步缩小，2013 年发展援助从净接受变为净提供，从该变化可以看出马来西亚在国际合作方面还是相对提高的（见表 6-8）。

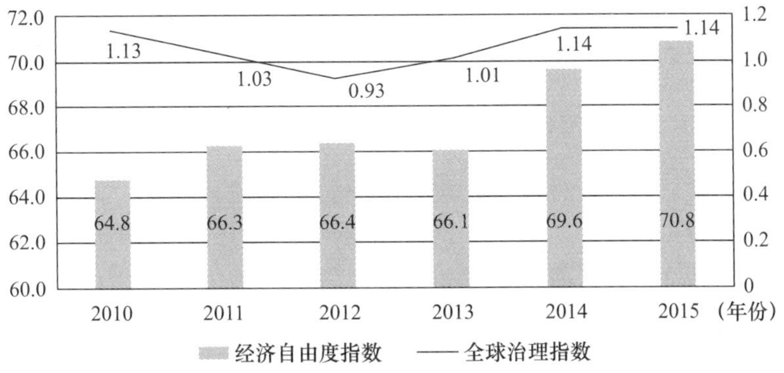

图 6－39　2010～2015 年马来西亚国内制度发展情况

表 6－8　2010～2015 年马来西亚承担国际义务指标数据

年份	2010	2011	2012	2013	2014	2015
接受的官方发展援助净额(现价美元)	0. 072903	1. 341478	0. 529599	－4. 06443	0. 398636	0. 398636

（三）小结

通过对马来西亚进行可持续发展评价，本报告认为，相比其他“一带一路”沿线国家，马来西亚具有发达的经济水平、成熟的经济结构、完善的基础设施以及社会机制体系。

虽然环境系统是其弱势，但并没有在很大程度上影响和制约马来西亚的经济发展，真正制约马来西亚发展的是其社会方面。失业率虽然呈下降趋势，但是2%的失业率依然值得注意，此外不完善的人力资源结构为马来西亚的未来发展带来了隐患。

未来通过加入“一带一路”倡议提升可持续发展成熟度的努力方向应从人力资本角度出发，培养高质量人才，从而加快产业升级，向高精尖的产业结构出发，以人力带发展。

六、泰国

泰国是一个位于东南亚的君主立宪制国家。泰国位于中南半岛中部，其西部与北部和缅甸、安达曼海接壤，东北毗邻老挝，东南是柬埔寨，南边狭长的半岛与马来西亚相连。在“一带一路”沿线国家中，泰国凭借丰沃的自然资源排名基本位于前段。

（一）泰国可持续发展阶段总体评价

评价结果显示，泰国可持续发展处于中级发展阶段初期，2015 年泰国可持续发展的得分为44.8，在“一带一路”沿线国家中的排名为第24 位。

根据泰国可持续发展阶段的评价结果，2010 ~ 2015 年泰国一直处于中级发展阶段的初期。观察泰国在六年里的发展评价可知，泰国在2010 年“一带一路”倡议刚刚起步之时，其发展评价为42.2，国家排名位居第23，属于“一带一路”沿线国家中发展情况较好的。但在六年的倡议实施过程中，泰国发展情况相较于其他“一带一路”沿线国家则稍显波折和反复（见图6 -40）。

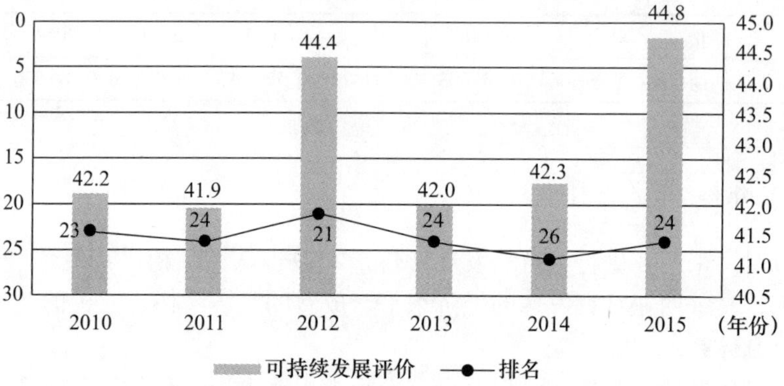

图6 -40　2010 ~2015 年泰国可持续发展评价排名

通过上述时序分析，可以看出泰国可持续发展评价整体还是呈持平的态势（2015 年其可持续发展评价达到44.8，但排名却落在了第24 位），泰国的可持续发展速度相较于“一带一路”其他国家则稍显落后，所以在评价上升的情况下排名落后了一位。但在东南亚地区[①]的排名位于第四，仍处于中段靠前的地位，具有一定的相对优势。

根据2015 年泰国子系统维度可持续发展评价，观察到泰国在经济、社会、环境、基础设施以及国内外机制五个方面的发展并不均衡，虽然每一个子系统涵盖面既有优势排名也有劣势排名的方面，能够促进整体的改进，但是泰国的基础

① 东南亚地区“一带一路”沿线国家有：越南、泰国、柬埔寨、老挝、新加坡、马来西亚、菲律宾、印度尼西亚、文莱、东帝汶。

设施以及机制的可持续发展方面的评价要优于经济、社会和环境方面，从图6-41可看出五个系统排名呈现上升趋势。经济方面，经济活力系统维度在“一带一路”沿线国家排名第15位，经济规模和经济质量却排在尾段第41位和第38位，整体经济状态处于中段水平；社会方面也表现一般，人口基础较差，但生活水平、平等就业和公共服务方面分别位于中前段第28位、第36位和第23位，弥补了人口基础的劣势；环境方面稍有改善，整体处在中前段水平，尤其是能源和生态保护两者都位于第23位，较平衡发展；基础设施中，交通设施排在第11位，公共服务设施也排在中段靠前的位置，相较于其他四个子系统，泰国基础设施系统方面对可持续发展战略的实施起到了拉动的作用；泰国的机制成熟度方面虽中规中矩，但和其他子系统比较还是整体平衡发展起到了助力作用，国内机制和国际合作分别排在第22位和第28位。评估发现，泰国子系统的发展整体都十分平稳，但经济和社会两个子系统的情况制约了整体的发展。下节分别从这五个子系统中抽取重要指标先进行概述，再对各个系统进行分析。①

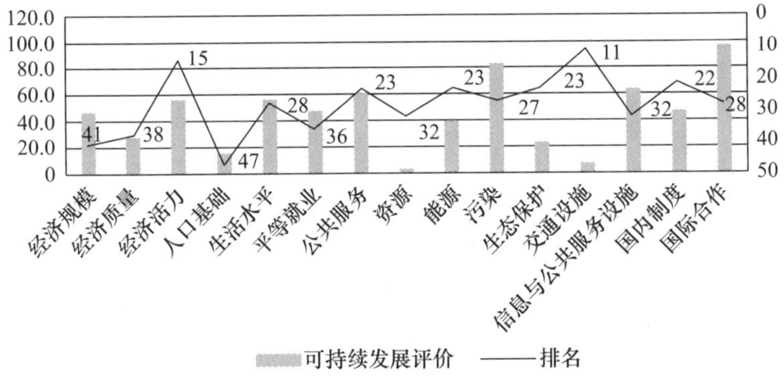

图6-41 2015年泰国子系统维度可持续发展评价排名

（二）泰国可持续发展重点领域分析

泰国GDP年增长率变化波幅巨大，增长并没有找到固定路径实现稳态增长。2010年增长率为7.5%，2011年则同比下降88.9%增长率仅为0.8%，随后2012年又上升至7.2%，然后逐年下降，2015年增长率为2.8%。可见泰国经济的发展并不平稳，容易产生波动，经济根基并不稳健。

① 在此仅抽取六个子系统下的重要指标进行子系统评价概述，后文会进行具体解释。

相应地，观察能源消耗弹性系数[1]，可以发现能源消耗增长发生明显波动，一段时滞后，增长率就会发生增长，但根本原因有待进一步考察，但可以明确的是泰国的能源优势对经济增长起到了一定作用。2010 年能源消耗突增，在 2011 年弹性系数增长至 0.011，之后出现短暂下滑后在 2013 年达到 -0.017，能源消耗减少后，GDP 增长率也直线下降，2014 年之后保持在 0.019 的峰值水平不变。从以上分析可知，泰国国内能源消耗增长对于泰国 GDP 的增长起到了一定作用，具体程度有待进一步考察。

基础设施以及机制的重要指标在此仅列出互联网普及率[2]、经济自由度指数以及基尼系数。观察数据可发现，互联网普及率在六年间有明显的提高，国内基础设施环境呈上升的稳定态势；从基尼系数的变化趋势可以看出泰国社会机制具有向好的态势，基尼系数从 2010 年的 0.394 到 2015 年的 0.379，改进并不明显。经济自由度指数的降低，说明泰国政府对经济的干预水平有增加的趋势（见图 6-42）。

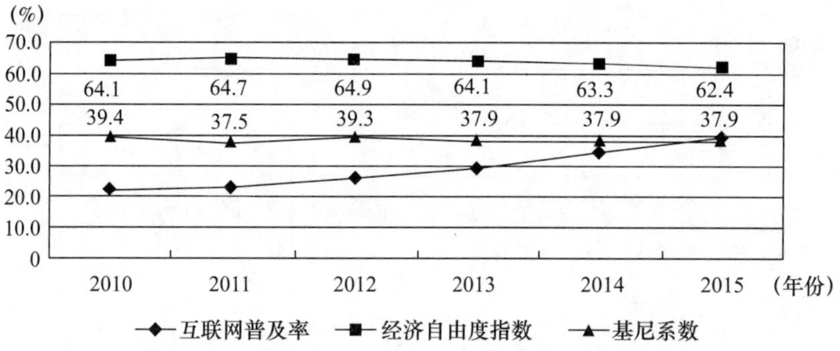

图 6-42　2010～2015 年泰国子系统重点指标发展情况

1. 经济

观察泰国经济子系统，2010～2015 年 GDP 增长率波动明显，尽管平均仍有 3.7% 的增长率，但是鉴于泰国经济环境的不稳定并不能给投资者一个相对安全的心理预期，长久来看，这样的经济增长并不能维持。该结论同时也揭示了泰国国内人均 GDP 的增长并不显著的原因，泰国国内人均 GDP 从人均 5111.91 美元上升到 2015 年的人均 5814.77 美元，六年间增幅只有 13.7%，相较于其 GDP 的增长波幅，泰国人均 GDP 的增长差强人意（见图 6-43）。

① 能源消耗弹性系数为能源消耗增长与 GDP 增速之比。

② 互联网普及率是根据世界银行提供的数据，按每 100 人的互联网用户计算所得。

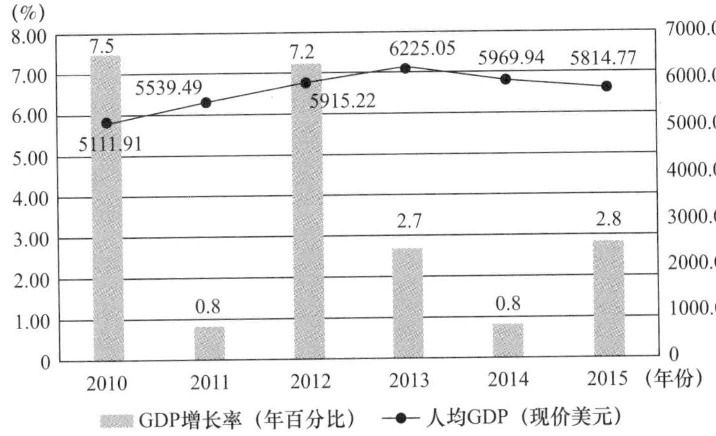

图 6－43　2010～2015 年泰国 GDP 增长率和人均 GDP 情况

我们对泰国经济结构进一步分析发现：2010 年泰国经常账户余额盈余渐渐转少，2012 年转向赤字，2014 年又变为盈余，2015 年盈余达到 GDP 的 8. 14%，六年间没有收支平衡的情况。服务等第三产业附加值占据了一半以上的 GDP，资本形成总额发展呈现萎缩状况，对外直接投资净流出情况所占份额较少。由此可见，泰国经济结构存在一定的失衡（见图 6－44）。

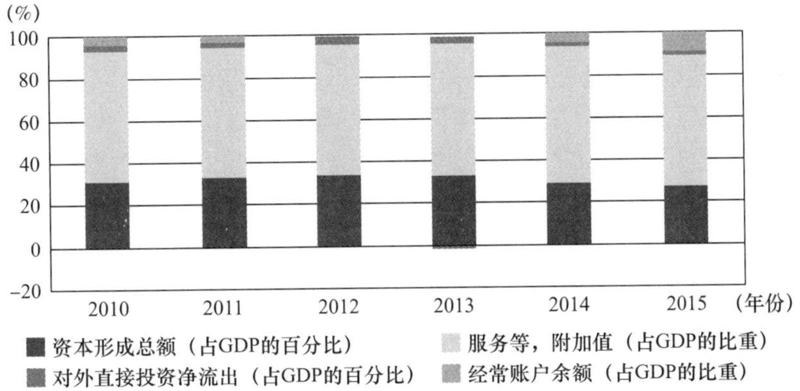

图 6－44　2010～2015 年泰国经济结构发展情况

观察泰国经济外向度数据，虽然 2011 年泰国经济外向度达到 139. 8% 的峰值后逐年下降，2015 年数据显示为 127. 9%，其经济外向度仍然过高，可见泰国经济外贸依存度过高，其经济发展很大程度上要依赖于进出口，而在服务等第三产业占比并不算低的情况下，外贸依存度如此高，很难不让人质疑泰国 GDP 增长的真实性，比如外商投资企业"大进大出，两头在外"这一经营行为，也一定程度上拉高了外贸依存度。泰国经济结构的问题，同样在其债务方面体现出来。2015 年泰国的债务占 GDP 的比重已经高达 30.2%，该经济问题应引起警惕（见图 6－45）。

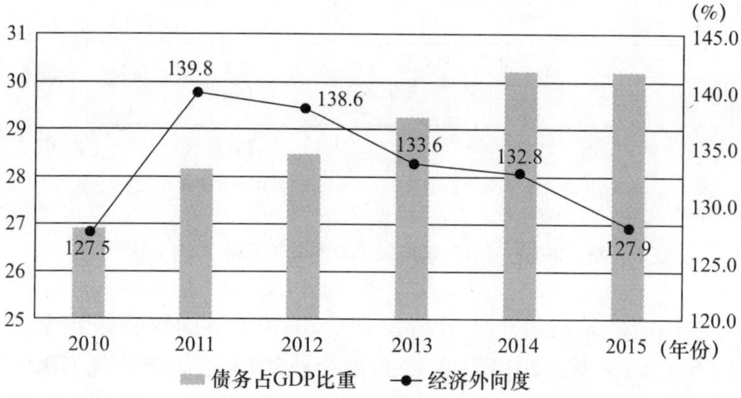

图 6－45　2010～2015 年泰国经济活力发展情况

2. 社会

泰国社会子系统从人口基础、生活水平、平等就业以及公共服务四个方面来分析。

泰国人口基础方面还是较扎实的，从表 6－9 可以看到泰国国内人口在六年内保持增长，从 2010 年 0.22% 的增长到 2015 年人口增长达到 0.34%，增长较稳定；人口密度也保持在合理的范围，性别比例基本均衡；同时 R&D 人员在 2013 年有明显的上升，从每百万人 543.4738 人上升到 973.9985 人，增幅达到 79.1%。

表 6－9　泰国社会子系统人口基础概况

年份	2010	2011	2012	2013	2014	2015
人口增长（年度百分比）(%)	0.22	0.32	0.39	0.43	0.41	0.34
人口密度（每平方千米土地面积人数）(人)	130.5409	130.9537	131.465	132.0273	132.5647	133.0215
性别比（每 100 位女性对应的男性数量）(人)	97.57984	97.52269	97.44857	97.36293	97.2736	97.18615
R&D 人员（每百万人）(人)	543.4738	543.4738	543.4738	973.9985	973.9985	973.9985

泰国生活水平方面，从图 6 - 46 可以看出，泰国贫困人口的比例相当低，2015 年数据显示低于 1.9 美元/天的人口比例仅为 0.4%，同时营养不良发生率也有明显下降，人均粮食产量在 2012 年达到峰值 645.26 千克后有所下降，2015 年数据显示人均粮食产量为 558.68 千克，虽然该人均粮食产量基数仍然处于可接受范围，但其下降的趋势应予以重视。

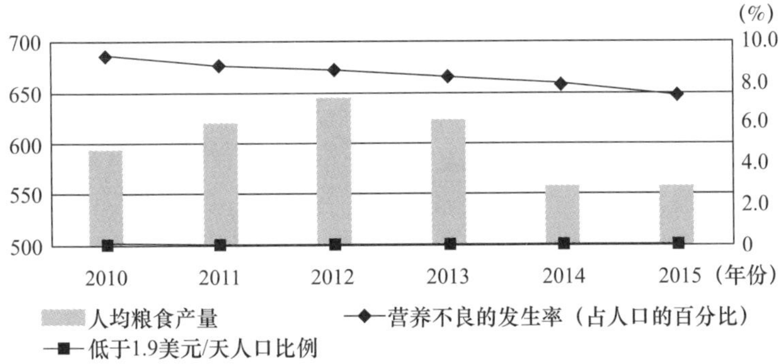

图 6 - 46　2010 ~ 2015 年泰国社会环境生活水平情况

人类发展指数是衡量一个国家发展进步的重要综合指标之一，泰国的人类发展指数增长明显，同时，失业率在占比很小的基础上依然呈现下降趋势，2010 年失业率为 1%，2011 年下降至 0.7%，随后虽有上升但幅度较小，最后在 2014 年稳定在 0.9%（见图 6 - 47）。

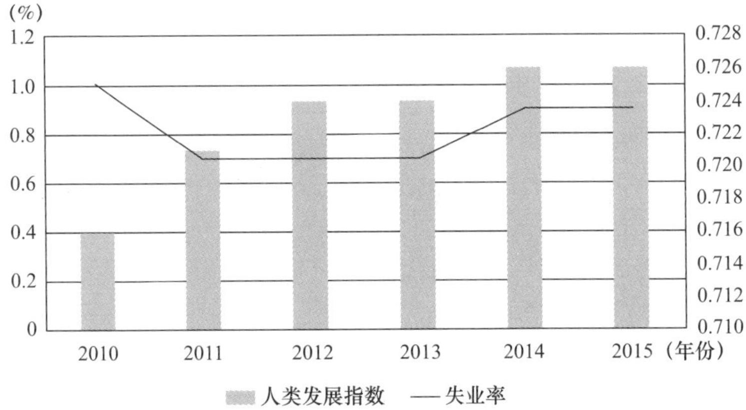

图 6 - 47　2010 ~ 2015 年泰国社会环境平等就业情况

关于泰国社会公共服务方面，"一带一路"发展期间，一方面，泰国在健康方面有明显改善，如在2010年时，人均医疗卫生支出258.6617美元，2015年达到360.383美元，增长达到39.3%。预期寿命延长至74.4岁，新生儿及孕产妇死亡率也呈下降趋势。另一方面，泰国国内教育问题，中小学以及高等院校入学率均较高，且呈现上升趋势，可见其在人力资源方面发展稳定，存在优势。

3. 环境

2015年，泰国环境子系统的可持续发展评价在"一带一路"60个国家之中居于第26位，属于中级阶段的初期。泰国森林面积、人均土地面积以及人均可再生内陆淡水资源等基础环境资源在"一带一路"沿线国家中属于优势，分别居于第2位、第1位和第8位。但其GDP单位能源消耗却排在第23位，能源消耗弹性系数排在第38位，可再生能源比例排在第46位。数据明显显示泰国的能源的确是其优势，但是这种靠能源获得的经济增长并不是可持续的（见表6-10）。

表6-10　2015年泰国环境子系统各项目在"一带一路"国家中排名

项目	排名
森林面积（人均平方千米）	2
人均土地面积（平方千米）	1
人均可再生内陆淡水资源（立方米）	8
GDP单位能源消耗（2011年不变价购买力平价美元/千克石油当量）	23
能源消耗弹性系数（能源消耗增长与GDP增速之比）	38
可再生能源比例（占总能源消耗比例）	46
二氧化碳排放量（人均公吨数）	8
人均一氧化氮排放量（千公吨二氧化碳当量）	4
人均甲烷排放量（千吨二氧化碳当量）	11
PM2.5	34

4. 基础设施

泰国经济的发展和其国内基础设施的完备是紧密相关的。观察泰国2010~2015年铁路总千米数、港口吞吐能力以及航空运输量可知，平均每年比2010年增加量都超过10%，尤其是航空运输量激增，每年增速相比基期2010年以大约25%的增速增长（见图6-48）。

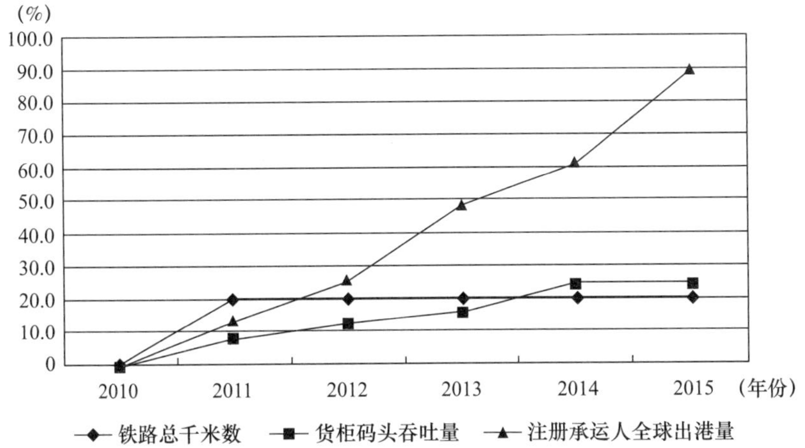

图 6-48 2010~2015 年泰国港口吞吐能力和航空运输量增长情况（以 2010 年为基期）

泰国互联网普及率从 2010 年的 22.4% 上升至 2015 年 39.3%，用电普及率在 2012 年达到 100%，改善水源获得比例从 96.4% 上升到 97.8%，可见泰国政府在“一带一路”倡议发展期间，对公共设施服务也进行了改善，但力度不大。

5. 机制

泰国机制成熟度分别从国内制度发展和国际合作两个维度来进行描述。

观察泰国经济自由度指数，如前所述该指数呈现下降趋势，但幅度并不明显，而具有较高经济自由度的国家或地区与那些具有较低经济自由度的国家或地区相比，会拥有较高的长期经济增长速度和更繁荣。因此，从这个角度来看，泰国政府干预程度正在上升，处于中等自由经济体的边缘。

全球治理指数指政府治理的有效性，主要体现在更多的公众话语权与更强的政府问责、更高的政治稳定与更少的社会暴力、更高的政府效能、更高的管制质量、更完善的法治以及更少的腐败六个方面。观察泰国数据可知，2010 年泰国的全球治理指数为 0.2，之后有较平稳的增长，在 2014 年突然增至 0.34 之后维持在这个程度，六年间增幅达到 70%（见图 6-49）。可见在国内机制发展方面，泰国政府有明显的发展和提高措施。

国际合作方面，从其承担的国际义务看，从 2010 年可以提供援助，到 2015 年需要接受净援助达到 5.19 美元，从该变化可以看出泰国在国际合作方面还是有待提高的（见表 6-11）。

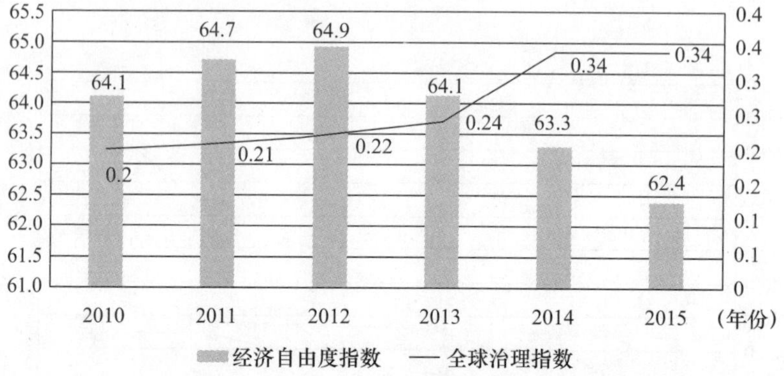

图 6-49　2010~2015 年泰国国内制度发展情况

表 6-11　2010~2015 年泰国承担国际义务指标数据

年份	2010	2011	2012	2013	2014	2015
提供（接受）的官方发展援助净额（现价美元）	-0.18143	-2.05671	-2.00643	0.388428	5.185012	5.185012

（三）小结

通过对泰国进行可持续发展评价，本报告认为，相比其他"一带一路"沿线国家，泰国具有丰富的能源、资源优势，完善的基础设施以及人力储备，但以能源带动增长并不符合可持续发展战略的核心。此外，经济结构存在问题，外贸依存度较高给 GDP 的增长埋下隐患，这种发展并不可取，需要加快调整产业结构，采取可持续发展战略，增长绿色 GDP 而不是以牺牲环境和资源为代价来谋取眼前的增长。

泰国未来发展方向应通过创新和技术手段发展高附加值产业，促进泰国产业转型升级，增强国家竞争力。通过大力发展基础设施及实行一系列投资优惠政策鼓励高附加值产业发展，如新型汽车、生物科技、智能电子、医疗保健等，使泰国成为更发达的贸易、投资、物流交通中心。

七、越南

越南是东南亚地区的重要国家，也是我国的重要邻邦。2016 年中越贸易额继续不断攀升。中国连续12年成为越南最大贸易伙伴。2016年前三个季度越南对华出口达到254.08亿美元，同比增长16.6%。双方贸易差额进一步缩小，达到180.96亿美元，同比下降28%。中越贸易结构在不断优化，技术型、资本密集型产业已逐渐代替农副产品、初级工业制成品、矿产原料，成为双边贸易的主力产品，双方合作的广度和深度不断拓展。2016年中越经贸合作继续保持快速发展态势，"一带一路"建设同越南"两廊一圈"规划逐步对接落实，双方产能合作不断向纵深发展，合作项目正在稳步向前推进。据越南计划投资部外国投资局统计，2016年前三季度，中国对越投资协议金额达10.1亿美元，同比增长304%。其中新项目208个，协议金额6.7亿美元。截至2016年底，中国在越直接投资项目数量1492个，协议投资110亿美元，中国成为越南第九大外资来源地。从以上中越投资的发展背景可以看出，越南在"一带一路"中的可持续发展评估对中越两国经贸具有重要发展意义，同时更有益于明确越南在"一带一路"中所占据的地位、承担的角色。因此本小节对越南国内可持续发展状况进行分析。

（一）越南可持续发展阶段总体评价

评价结果显示，越南可持续发展处于中级发展阶段初期，2015年越南可持续发展的得分为41.6，在"一带一路"沿线国家中的排名为第34位。

根据越南可持续发展阶段的评价结果，2010～2015年越南一直处于中级发展阶段的初期。观察越南在六年里的发展评价可知，越南在2010年"一带一路"倡议刚刚起步之时，其发展评价仅有37.5，国家排名位居第36，属于中段，可见在发展初期越南与其他国家相比还是处于排位居中的国家，有其优势也有其劣势。在六年的发展中，越南发展情况相较于其他"一带一路"沿线国家则稍显缓慢（见图6－50）。

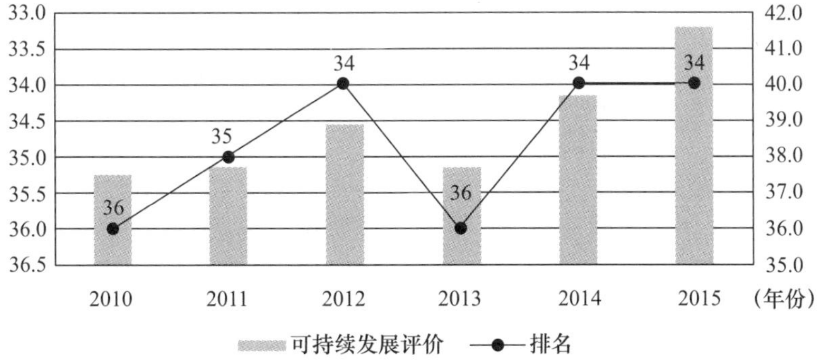

图6－50　2010～2015年越南可持续发展评价排名

通过上述时序分析，总体来说，六年间越南可持续发展评价呈稳步上升的态势（2015年其可持续发展评价达到41.6），但相比"一带一路"其他国家的发展越南的可持续发展则相对落后，排名在2013年退至中下游第38位，之后有所上升，2015年排名上升至第34位。从局部来看，越南发展评价在东南亚地区[①]的排名居于中段，面对柬埔寨、老挝、泰国等邻国，评价排名仅次于泰国，仍具有一定的发展优势（见图6-51）。

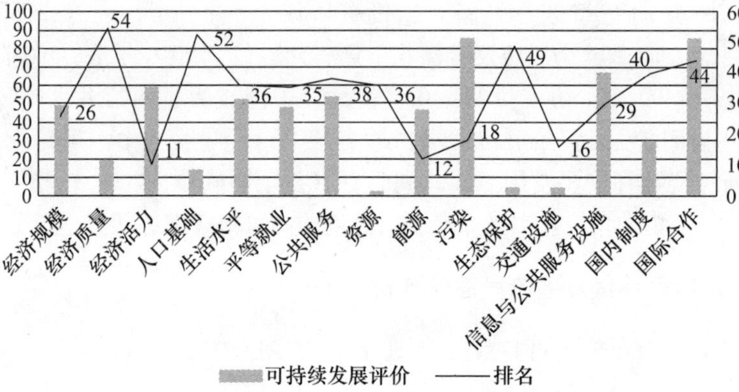

图6-51　2015年越南子系统维度可持续发展评价排名

注：子系统分别为经济（经济规模、经济质量、经济活力）、社会（人口基础、生活水平、平等就业、公共服务）、环境（资源、能源、污染、生态保护）、基础设施（交通设施、信息与公共服务设施）、机制（国内制度和国际合作）。

同时，根据2015年越南子系统维度可持续发展评价，观察到越南在经济、社会、环境、基础设施以及国内外机制五个方面的发展较为均衡，每一个子系统涵盖面既有优势排名也有劣势排名的方面，能够促进整体的改进。经济方面，经济活力系统维度在"一带一路"沿线国家排名第11位，经济规模也在中段第26位，弥补了经济质量的缺陷；社会方面则整体排在中游，除了人口基础方面较薄弱居于第52位；环境方面能源和污染分别位于第12和第18，可见其国内的能源环境优势给予了经济发展一定的支持，但是其生态保护方面的基础工作则稍显滞后，排名在第49位；基础设施中，交通设施和信息与公共服务设施也排在中部靠前的位置；相较于前四个子系统，越南的机制可持续发展方面并没有对其发展带来助益，国内机制和国际合作分别排在第40位和第44位。评估发现，越南子

① 东南亚地区"一带一路"国家有：越南、泰国、柬埔寨、老挝、新加坡、马来西亚、菲律宾、印度尼西亚、文莱、东帝汶。

系统的发展虽然是平衡稳定发展的，但其教育基础、环境保护以及机制的发展程度制约了其可持续发展的战略实施。下节分别从这五个子系统中抽取重要指标先进行概述，再对各个系统进行分析。①

（二）越南可持续发展重点领域分析

越南 GDP 年增长率除了在 2011～2013 年呈现较弱的下滑趋势，其他年份均保持在 6% 左右的增长率，自 2013 年后稳步增长，2015 年达到 6.67%。相应地，能源消耗弹性系数②显示 2010 年能源消耗突增，在 2011 年弹性系数达到峰值 0.01，之后短暂下滑后在 2013 年保持在 0.01 的水平不变。可见，越南国内能源消耗增长率较之 GDP 的增长较稳定，处于可接受范围（见图 6－52）。

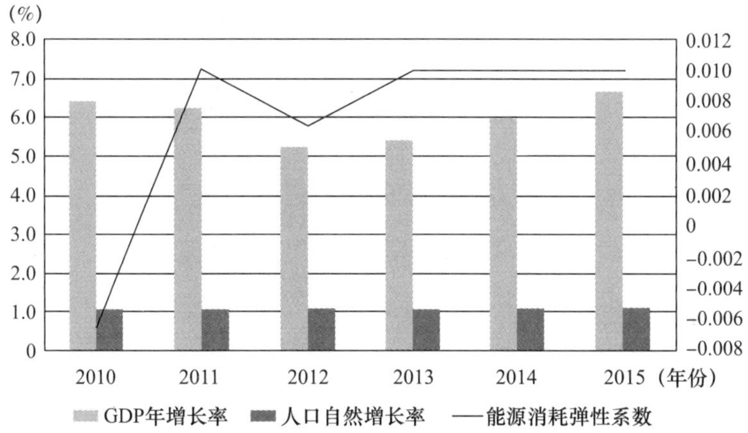

图 6－52　2010～2015 年越南子系统重点指标发展情况（a）

基础设施以及机制的重要指标在此仅列出互联网普及率③、经济自由度指数以及基尼系数。观察数据可发现，互联网普及率在六年间有明显的提高，国内基础设施环境呈上升的稳定态势，而从经济自由度指数和基尼系数的变化趋势可以看出越南国内外的社会机制具有稳定向好的态势，基尼系数从 2010 年的 0.43（超过国际贫富差距警戒水平 0.4）到 2015 年的 0.37，有明显的改进。越南政府对经济的干预水平虽然没有较大的改进但可以看出有降低干预水平的趋势（见图 6－53）。

① 在此仅抽取六个子系统下的重要指标进行子系统评价概述，后文会进行具体解释。

② 能源消耗弹性系数为能源消耗增长与 GDP 增速之比。

③ 互联网普及率是根据世界银行提供的数据，按每 100 人的互联网用户计算所得。

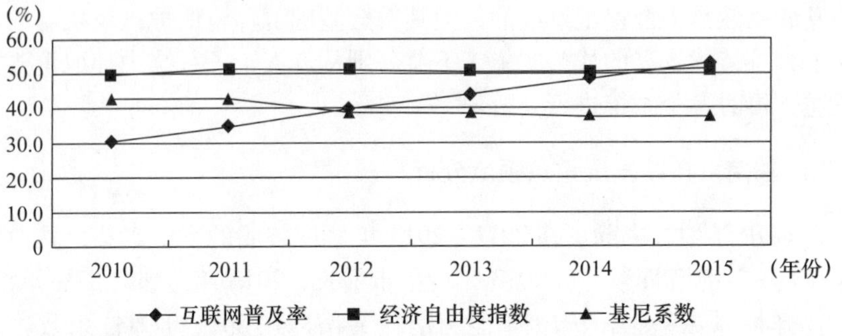

图 6-53　2010~2015 年越南子系统重点指标发展情况（b）

1. 经济

在全球经济增速放缓的整体环境下，越南经济在 2010~2015 年保持在 6% 左右的 GDP 增长率。可见，其增长模式虽然缓慢但是给投资者一个相对安全的心理预期，而且能够保持 6% 的增速也算比较强劲。同时，观察越南国内人均 GDP 从人均 1333 美元稳步上升到 2015 年的人均 2111 美元，越南经济发展态势良好（见图 6-54）。

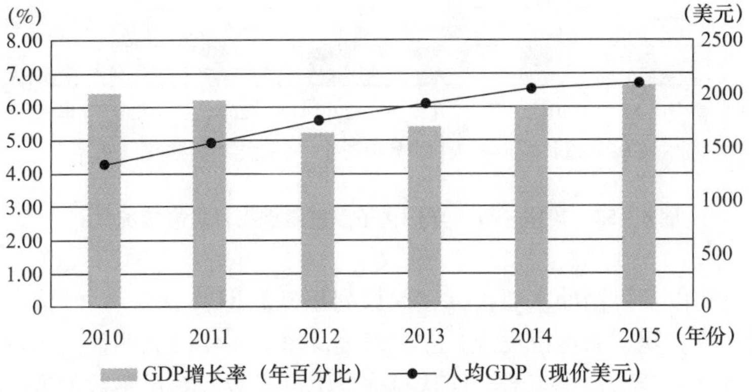

图 6-54　2010~2015 年越南 GDP 增长率和人均 GDP 情况

越南经济发展的稳步进行和越南平衡的经济结构紧密相关。2010 年越南经常账户余额从赤字转向盈余，但一半的情况基本收支平衡。服务等第三产业附加值以及资本形成总额发展情况也基本平衡。从该经济结构来看，越南的实体经济和虚拟经济的发展还是能够同步的，并未产生背离现象（见图 6-55）。

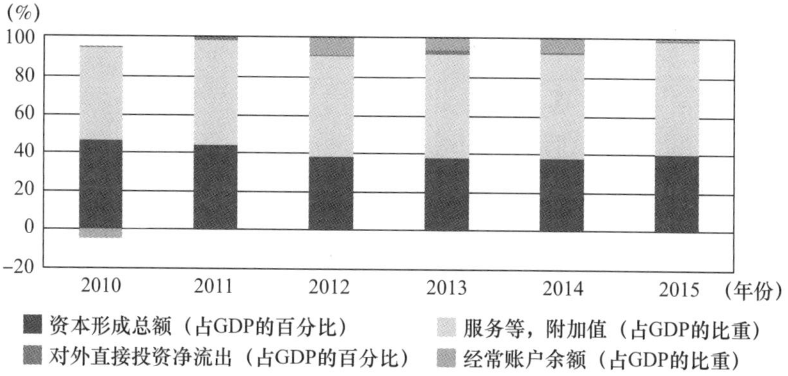

图 6-55　2010~2015 年越南经济结构发展情况

通过对越南经济活力指数的考察，2010~2015 年其国家创新指数①（五年一直保持在 35.37）、债务占 GDP 的比重（2015 年 42.55%）的数据几乎保持不变，经济外向度则从 2010 年的 144 上升至 2015 年的 177，六年间增长达到 22.9%。虽然前两者数据指标不变，但在"一带一路"倡议中，越南在沿线国家的排名先是下降至第 35 位，随后又上升至第 26 位，说明越南在初期拥有较好的国家创新环境，但是在"一带一路"沿线国家的发展环境下，呈现下降趋势，在 2012 年后越南国内创新环境不断改善，2015 年超越之初的排名（见图 6-56）。

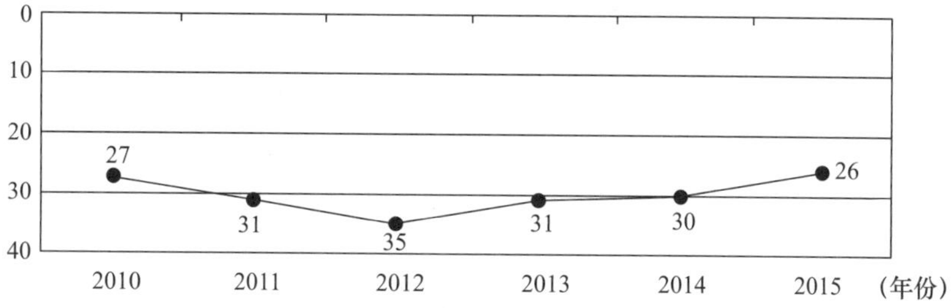

图 6-56　2010~2015 年越南国家创新指数排名

2. 社会

越南社会子系统从人口基础、生活水平、平等就业以及公共服务四个方面来

① 国家创新指数根据全球创新指数报告，是反映一国综合创新能力的重要指标，本报告对"一带一路"65 个国家进行了国家创新指数排名。

看，越南人力资源优势明显，人口增长稳定，性别比例均衡，生活水平逐步提升。从图6-57可以看出，营养不良发生率和贫困人口的比例明显下降，人均粮食产量稳步上升。人类发展指数是衡量一个国家发展进步的重要综合指标之一，越南的人类发展指数增长明显，同时，失业率呈现下降趋势，2010年失业率为2.6%，2012年下降至1.8%，随后虽有上升但幅度较小，最后稳定在2.3%（见图6-58）。

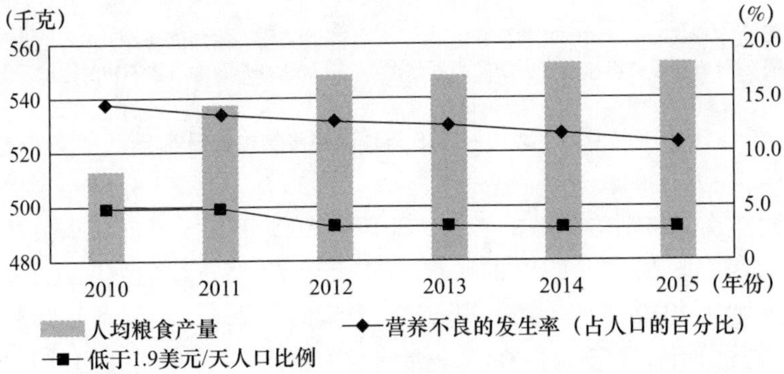

图6-57　2010~2015年越南社会环境生活水平情况

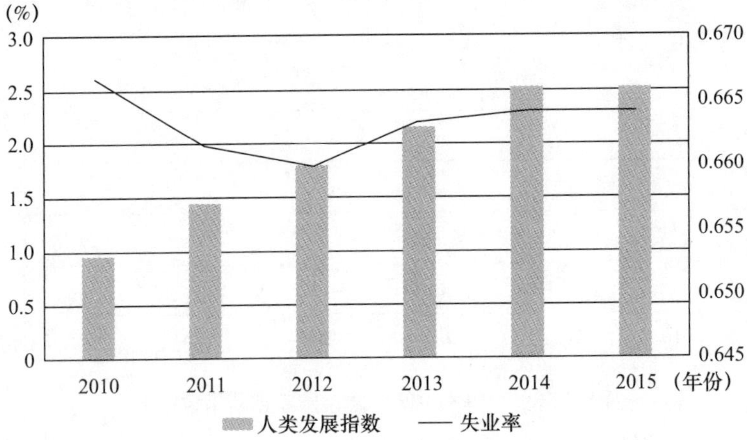

图6-58　2010~2015年越南社会环境平等就业情况

越南社会公共服务方面，"一带一路"发展期间，一方面，越南在健康方面有明显改善，如在2010年时，人均医疗卫生支出仅为83.5美元，2015年达到142.4美元，增长达到70%。预期寿命延长至75.6岁，新生儿及孕产妇死亡率也呈下降趋势。另一方面，越南国内教育问题，中小学入学率较高，因此上升空间不大，但是高等院校的入学率在“一带一路”其他国家中排在第39位（2015年数据），有待提高。

3. 环境

2015年，越南环境子系统的可持续发展评价在“一带一路”62个国家之中居于第31位，属于中级阶段的初期。越南森林面积、土地面积以及人均可再生内陆淡水资源等基础环境资源在“一带一路”国家中并不属于优势，分别居于第30位、第40位和第46位。但其GDP单位能源消耗却排在第22位，能源消耗弹性系数排在第8位，可见虽然越南在基础资源上不具优势，但其对环境的保护以及经济发展的策略上是可持续发展的（见表6－12）。

表6－12 2015年越南环境子系统各项目在“一带一路”国家中排名

项目	排名
森林面积（人均平方千米）	30
土地面积（人均平方千米）	40
人均可再生内陆淡水资源（立方米）	46
GDP单位能源消耗（2011年不变价购买力平价美元/千克石油当量）	22
能源消耗增长与GDP增速之比	8
可再生能源占总能源消耗比例	36
二氧化碳排放量（人均公吨数）	32
人均一氧化氮排放量（千公吨二氧化碳当量）	34
人均甲烷排放量（千吨二氧化碳当量）	17
PM2.5	24

4. 基础设施

越南经济的平稳发展和其国内基础设施的发展是紧密相关的。观察越南在2010～2015年港口吞吐能力和航空运输量可知，每年增速都超过10%，尤其是2013～2015年航空运输量激增，每年相比基期2010年以大约35%的增速增长（见图6－59）。另外，越南互联网普及率也从2010年的30.65%上升至2015年52.72%，用电普及率也在2012年达到100%，改善水源获得比例从91.3%上升到97.6%，可见越南政府在“一带一路”倡议发展期间，对公共设施服务进行了大规模的改善。

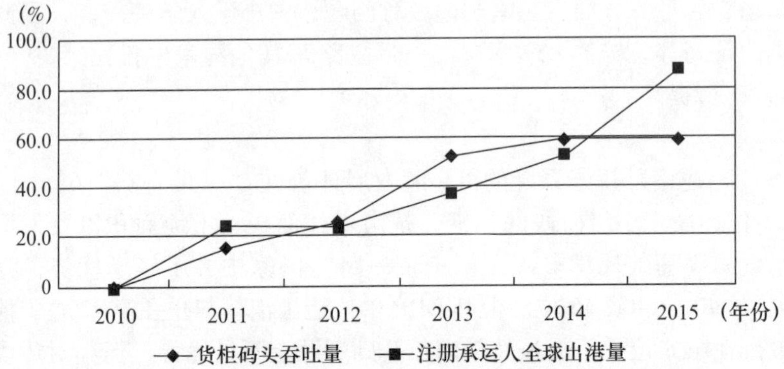

图 6-59　2010~2015 年越南港口吞吐能力和航空运输量增长情况（以 2010 年为基期）

（三）小结

通过对越南进行可持续发展评价，本报告认为，相比其他"一带一路"沿线国家，越南具有较完善的基础设施和人力储备，经济环境稳定，后期发展能力强劲。但观察越南社会教育方面，发现从初等教育顺利过渡到中等和高等教育的学生人数比例较低。因此，需要加强教育投入，以防范未来人才结构的断层。

未来通过加入"一带一路"倡议提升可持续发展成熟度的努力方向应从人力资本角度出发，培养高质量人才，从而加快产业升级，向高精尖的产业结构出发，以人力带发展。

八、印度尼西亚

印度尼西亚位于亚洲东南部，地跨赤道，与巴布亚新几内亚、东帝汶、马来西亚接壤，与泰国、新加坡、菲律宾、澳大利亚等国隔海相望。印度尼西亚是除中国外领土最广泛的亚洲国家。但其在"一带一路"国家中，优势并不明显。

（一）印度尼西亚可持续发展阶段总体评价

评价结果显示，印度尼西亚可持续发展处于中级发展阶段早期，2015 年印度尼西亚可持续发展的得分为 40.8 分，在"一带一路"沿线国家中的排名为第 38 位。

根据印度尼西亚可持续发展阶段的评价结果，2010～2015 年印度尼西亚一直处于中级发展阶段的早期，位于“一带一路”沿线国家中段。观察印度尼西亚在六年里的发展评价可知，印度尼西亚在 2010 年“一带一路”发展之初，其发展评价为 36.8，之后评价逐年上升，但排名却上下波动较大。2015 年印度尼西亚发展评价达到波峰 40.8，然而排名却从 2013 年的第 34 名落后至第 38 名，说明其在“一带一路”倡议中本国各系统维度发展在平稳增长，但相比其他国家的发展速度则稍显滞后（见图 6－60）。

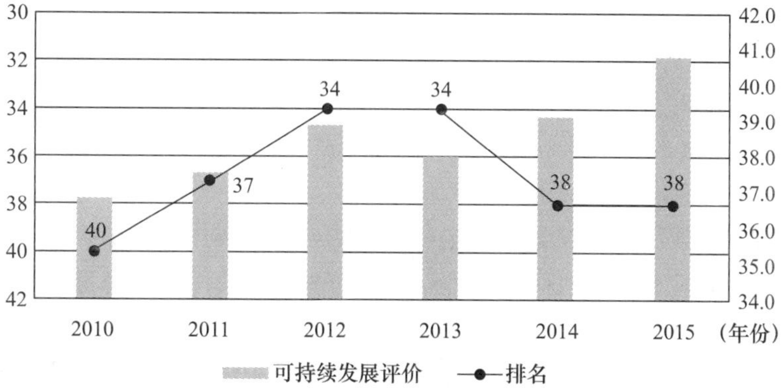

图 6－60　2010～2015 年印度尼西亚可持续发展评价排名

通过上述时序分析，可以看出印度尼西亚在“一带一路”倡议中本国各系统维度发展虽然有波动，整体还是呈现增长态势，但相比其他国家的发展速度印度尼西亚的优势并不明显。从局部来看，印度尼西亚发展评价在东南亚地区[①]的排名居于第六位，相较于接壤的马来西亚和东帝汶，处于中间地位，发展优势并不明显。

观察 2015 年印度尼西亚子系统维度可持续发展评价，可发现印度尼西亚五个子系统发展并不均衡，经济和社会系统发展虽然表现平平，但整体较均衡，每个维度都维持在中后段水平；而环境、基础设施和机制成熟度三个系统涵盖面既有优势排名也有劣势排名的方面，相较前两者对整体的评价起到了拉动作用（见图 6－61）。

① 东南亚地区“一带一路”国家有：越南、泰国、柬埔寨、老挝、新加坡、马来西亚、菲律宾、印度尼西亚、文莱、东帝汶。

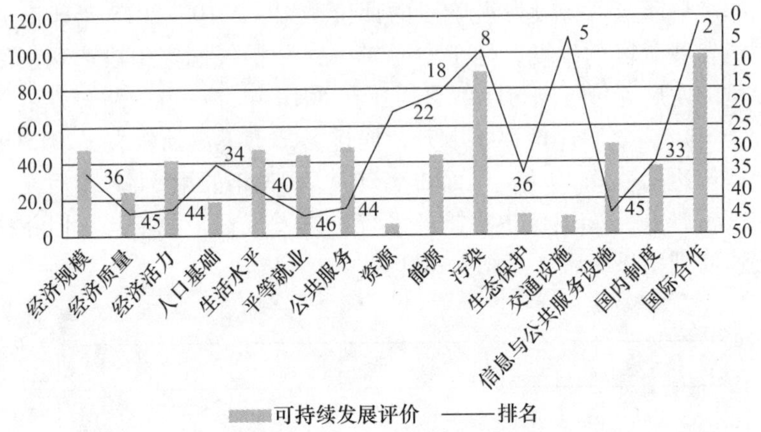

图 6-61　2015 年印度尼西亚子系统维度可持续发展评价排名

经济方面，经济规模、经济质量和经济活力排名集中在后 1/3 段，分别排在第 36 位、第 45 位和第 44 位，经济规模相对提高了经济系统评价；社会方面发展也比较均衡，平等就业和公共服务方面的相对落后抑制了生活水平的优势；环境方面明显有较大改善，整体处在前段水平，尤其是能源和污染（正向评价，污染越少排名越高）两者分别居于第 18 位和第 8 位；基础设施中交通设施完善，排在第 5 位，信息与公共服务设施则相对落后，排在第 45 位；印度尼西亚的机制成熟度方面相对总体评价还是起到了提高的作用，尤其是国际合作方面，排在第 2 位。评估发现，印度尼西亚经济、社会两个子系统发展有待提高，环境、基础设施和机制三个子系统的情况相对地带动了整体的发展。下节分别从这五个子系统中抽取重要指标先进行概述，再对各个系统进行分析。①

（二）印度尼西亚可持续发展重点领域分析

印度尼西亚 GDP 年增长率变化波幅较小，但每年以 2 个百分点的速度递减。2010 年增长率为 6.2%，2015 年增长率降低至 4.8%。印度尼西亚经济的发展前途堪忧，增长率的降低趋势以及相关影响因素值得注意。

相应地，观察能源消耗弹性系数②，和 GDP 增长率保持着正向相关的关系，随着能源消耗降低，GDP 增长率逐步下降。印度尼西亚的能源基础对经济增长起到了一定拉动作用，但影响程度并不明显。2010 年能源消耗增长，在 2011 年弹性系数增长 838%，达到 0.0166，2012 年降至 0.0036，之后虽有短暂回升但最终

① 在此仅抽取六个子系统下的重要指标进行子系统评价概述，后文会进行具体解释。
② 能源消耗弹性系数为能源消耗增长与 GDP 增速之比。

维持在0.0026的水平。能源消耗减少后，GDP增长率也有所下降（见图6-62）。

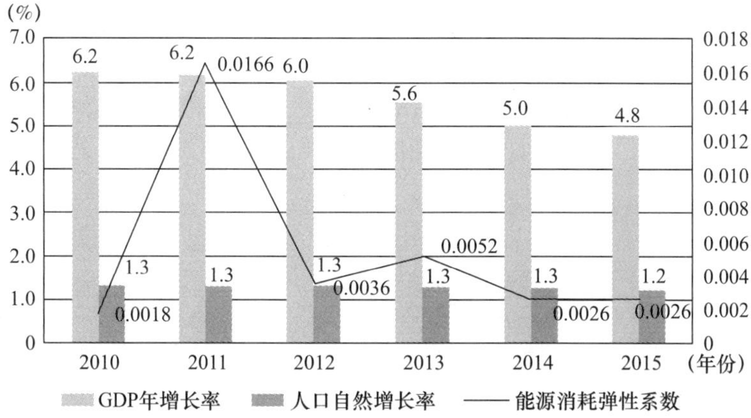

图6-62　2010~2015年印度尼西亚子系统重点指标发展情况（a）

基础设施以及机制的重要指标在此仅列出互联网普及率[①]、经济自由度指数以及基尼系数。观察数据可发现，互联网普及率在六年间虽有提高，但至2015年时互联网普及率仍然只有22%，国内基础设施环境较差；2010年，经济自由度指数达到55.5%，2015年达到58.1%，虽然幅度不大，但其上升趋势说明印度尼西亚政府对经济的干预水平逐步降低，有降低干预水平的趋势；基尼系数六年间均保持在0.395，没有超过国际警戒水平，社会环境较公平（见图6-63）。

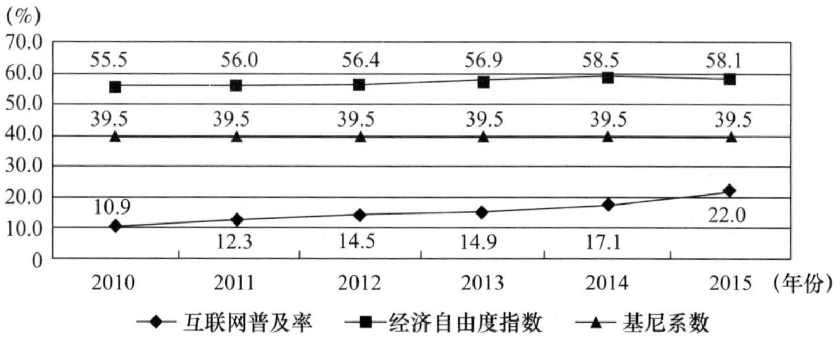

图6-63　2010~2015年印度尼西亚子系统重点指标发展情况（b）

① 互联网普及率是根据世界银行提供的数据，按每100人的互联网用户计算所得。

1. 经济

观察印度尼西亚经济子系统经济规模维度：如上所述，增长率以每年两个百分点左右的速度下降，增长呈现萎缩状态；但是从印度尼西亚人均 GDP 的数据方面看，印度尼西亚国内人均 GDP 从 2010 年人均 3125 美元逐步上升到波峰 2012 年的人均 3700 美元，增幅达到 18.4%，之后又缓慢的下降，2015 年数据显示为人均 3346 美元，从绝对值来看印度尼西亚的人均 GDP 水平还是有一定的提高（见图 6－64）。

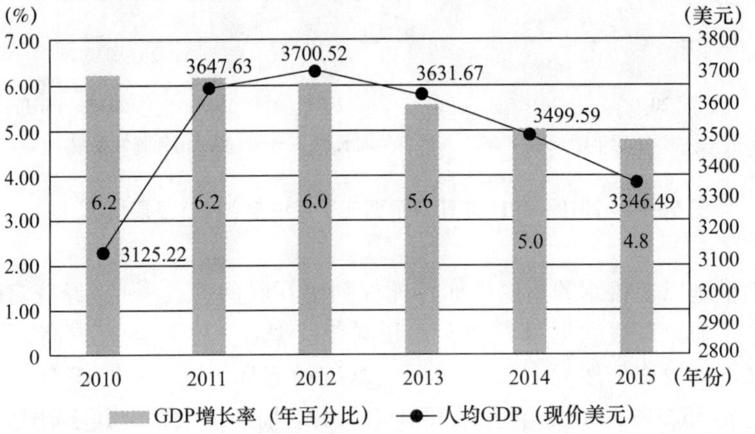

图 6－64　2010～2015 年印度尼西亚 GDP 增长率和人均 GDP 情况

鉴于以上印度尼西亚经济发展的情况，我们对印度尼西亚经济结构进行相关分析发现：2010 年印度尼西亚经常账户余额从 2010 年的 0.7% 盈余占比转变为赤字占比，且幅度明显，2013 年赤字占比达到 3.1%，2015 年赤字占比下降至 2.1% 的水平，基本保持收支平衡，但赤字占比趋势增加，联合每年递减的 GDP 增长率，政府需要注意资源的合理规划和投资。服务等第三产业附加值占比和资本账户占比并不均衡，经济结构存在一定的问题。2015 年，服务等附加值占据了 43% 的 GDP，资本形成总额占比 35%，第三产业占比不足的情况下，资本形成总额的占比相对而言又太高，增加了资金在经济系统里空转，实体经济、虚拟经济背离的风险。对外直接投资净流出基本为 0，从 2010 年 0.6% 的 GDP 占比上升至 2015 年 1.1%，数额较小，对外投资不足。从该经济结构来看，印度尼西亚经济发展并不均衡，国内实体经济有待挖掘，大量的资本占比并没有得到充分利用，应加大对国内实体经济的投入和提高对外投资的水平（见图 6－65）。

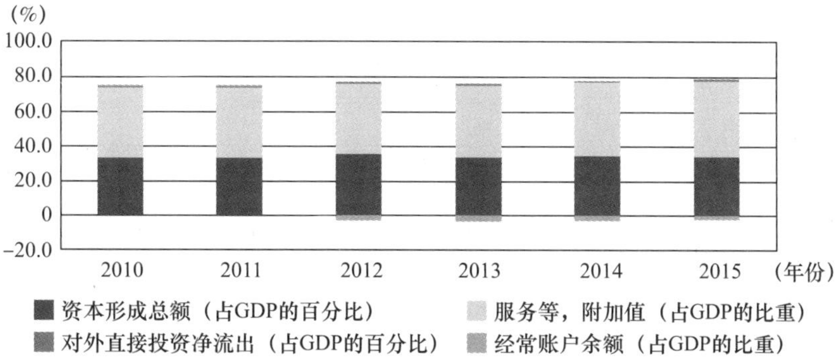

图 6－65　2010～2015 年印度尼西亚经济结构发展情况

观察印度尼西亚经济外向度数据，从 2010 年起数据显示印度尼西亚经济外向度虽有波动但整体呈上升趋势。2010 年印度尼西亚经济外向度为 41.3%，2012 年上升为 46.2%，之后逐年下降，2015 年陡降至 39%。虽然仍在合理范畴，但经济外向度是衡量一个地区经济开放状态的指标之一，不断下降的经济外向度与其国内外贸产业的发展有关。此外，观察印度尼西亚经济结构中中央政府债务占比，波动并不明显，2015 年债务占比相比 2010 年上升 4.8% 达到 27.4%，虽然降低了政府执政的风险，但同时也增加了经济发展不足的可能性（见图 6－66）。

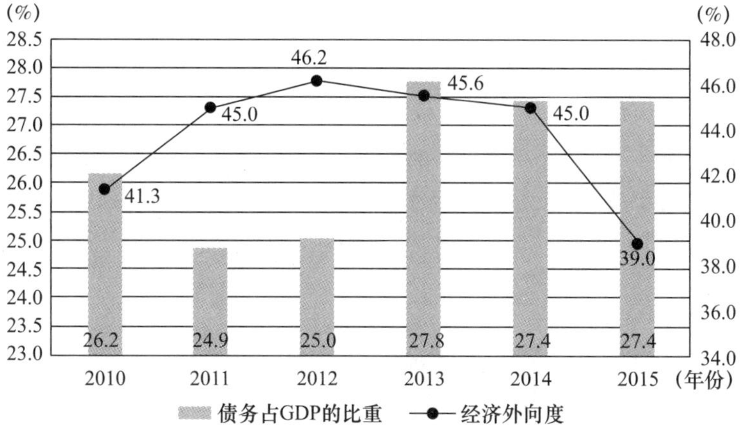

图 6－66　2010～2015 年印度尼西亚经济活力发展情况

2. 社会

印度尼西亚社会子系统从人口基础、生活水平、平等就业以及公共服务四个方面来分析。

印度尼西亚人口基础方面并不具有竞争力，从表6-13可以看到印度尼西亚国内人口在六年内保持增长，六年间人口增长率保持在1.3%左右，增长较稳定；人口密度较低，性别比例较均衡；R&D人员数目虽然在六年间保持增长但仍然明显不足，从每百万人13人上升到28人。

表6-13　印度尼西亚社会子系统人口基础概况

年份	2010	2011	2012	2013	2014	2015
人口增长（年度百分比）（%）	1.3	1.3	1.3	1.3	1.3	1.2
人口密度（每平方千米土地面积人数）（人）	133.3722	135.136	136.9187	138.7019	140.4609	142.1771
性别比（每100位女性对应的男性数量）（人）	101.613	101.6422	101.6179	101.5573	101.4847	101.417
R&D人员（每百万人）（人）	12.65531	12.65531	12.65531	28.33374	28.33374	28.33374

印度尼西亚生活水平方面，从图6-67可以看出，六年间，印度尼西亚贫困人口的比例有明显下降的趋势，数据显示低于1.9美元/天的人口比例从16%的占比下降到8.3%；营养不良发生率也从13.5%下降至7.6%，说明在"一带一路"倡议发展期间，印度尼西亚生活水平有较大程度的改善；但相比前两者，人均粮食产量并没有大幅度变动，基本维持在人均350千克左右的粮食产量。从人均粮食产量不变但贫困人口比例下降能看出，印度尼西亚的社会子系统在"一带一路"发展期间得到了一定的发展。

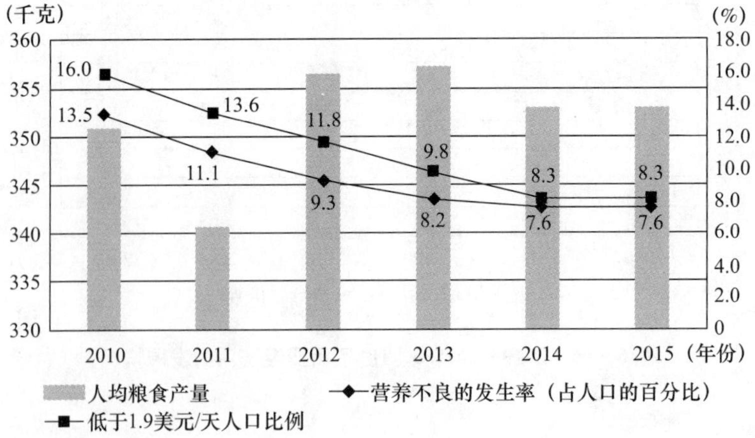

图6-67　2010~2015年印度尼西亚社会环境生活水平情况

人类发展指数是衡量一个国家发展进步的重要综合指标之一，2010～2015年“一带一路”倡议实施以来，印度尼西亚的人类发展指数增长明显，同时，失业率呈现下降趋势，可见“一带一路”倡议对印度尼西亚起到了积极的作用。但是2015年失业率仍然高达6.2%，高失业率的问题还是值得注意（见图6－68）。

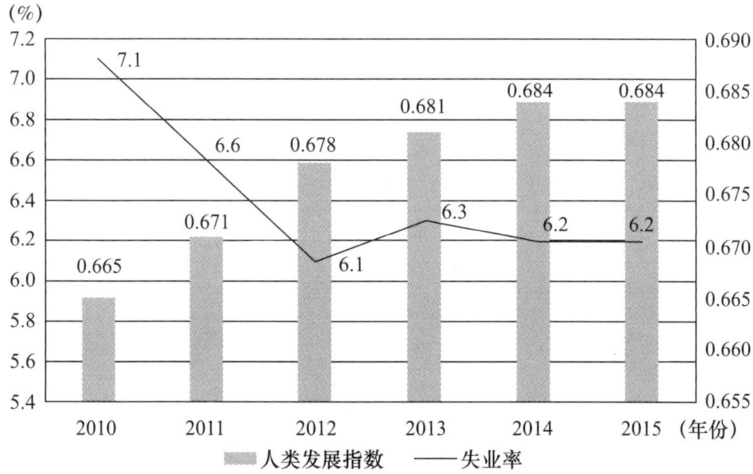

图6－68　2010～2015年印度尼西亚社会环境平等就业情况

印度尼西亚社会公共服务方面，“一带一路”发展期间，一方面，其在健康方面并没有明显改善，2010年，人均医疗卫生支出85.65美元，2015年达到99.41美元，该支出水平仍然明显不足。预期寿命延长至68.9岁，新生儿及孕产妇死亡率呈下降趋势。但上述三个方面的绝对数额并没有较大幅度的改变，说明印度尼西亚在公共服务方面提高并不明显。另一方面，印度尼西亚国内教育问题，中小学入学率均较高，小学入学率从108.7%下降至105.7%，中学入学率从76.5%上升至82.5%；但在高等院校入学率方面数据结果显示虽然呈现上升走势，但入学率依然很低，从2010年的24.2%上升至31.1%，可见其在人力资源方面不具有竞争力。

3. 环境

2015年，印度尼西亚环境子系统的可持续发展评价在“一带一路”60个国家之中居于第24位，属于中级阶段的早期。印度尼西亚的环境资源虽然在“一带一路”中并没有显示出强劲的优势，但对其自身总体评价起到了拉动作用。印度尼西亚森林面积、人均土地面积和人均可再生内陆淡水资源等基础环境资源较匮乏，分别居于"一带一路"国家的第45位、第56位和第41位。但GDP单位能源消耗和可再生能源比例分别排在第32位、第12位，相较于印度尼西亚环境子系统评价排名，能源对其经济的增长还是起到了一定拉动作用（见表6-14）。

表6-14 2015年印度尼西亚环境子系统各项目在"一带一路"国家中排名

项目	排名
森林面积（人均平方千米）	45
人均土地面积（平方千米）	56
人均可再生内陆淡水资源（立方米）	41
GDP单位能源消耗（2011年不变价购买力平价美元/千克石油当量）	32
能源消耗弹性系数（能源消耗增长与GDP增速之比）	28
可再生能源比例（占总能源消耗比例）	12
二氧化碳排放量（人均公吨数）	46
人均一氧化氮排放量（千公吨二氧化碳当量）	47
人均甲烷排放量（千吨二氧化碳当量）	52
PM2.5	6

4. 基础设施

印度尼西亚国内基础设施方面，印度尼西亚在"一带一路"倡议发展以来，铁路总千米数一直保持4684千米不变，增长率为0；但港口吞吐能力和航空运输量在基数较大的情况下仍然实现了增长（较于基期2010年）；2015年货柜码头吞吐量达到11900763，比2010年增加40.3%，航空运输量在2013年陡降后增加，2015年达到639388，比基期2010年增长22.7%。印度尼西亚基础设施完备，对经济提供了强劲的发展能力（见图6-69）。

但是在公共服务设施方面，印度尼西亚并没有竞争力。互联网普及率较低，从2010年的10.9%上升至2015年的22%，用电普及率从94.2%上升至96%，改善水源获得比例从84.5%上升到87.4%。可见印度尼西亚政府在"一带一路"倡议发展期间，对公共设施服务进行了相应改善，但力度有待提高。

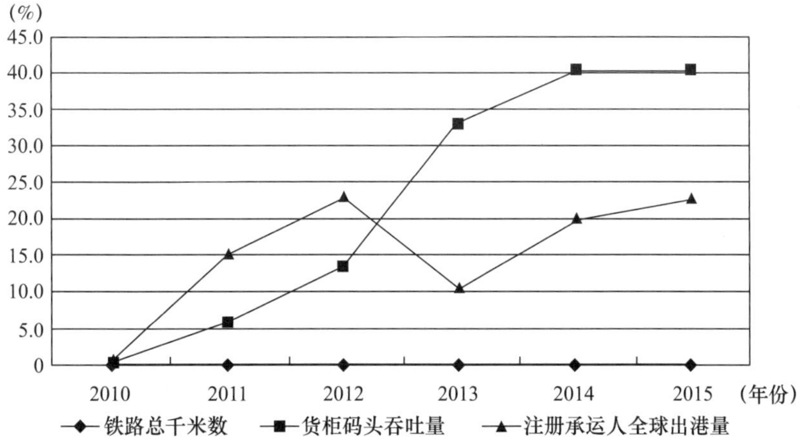

图 6-69　2010～2015 年印度尼西亚港口吞吐能力和航空运输量增长情况（以 2010 年为基期）

5. 机制

印度尼西亚机制成熟度分别从国内制度发展和国际合作两个维度来进行描述。

观察印度尼西亚经济自由度指数，如前所述该指数呈现上升趋势，但幅度并不明显。而具有较高经济自由度的国家或地区与那些具有较低经济自由度的国家或地区相比，会拥有较高的长期经济增长速度和更繁荣。但是鉴于印度尼西亚国内除环境系统和基础设施系统差强人意外，其他系统的评价显示需要印度尼西亚政府进行高屋建瓴的宏观调控，干预程度降低不利于集中资源发展经济。

全球治理指数指政府治理的有效性，主要体现在更多的公众话语权与更强的政府问责、更高的政治稳定与更少的社会暴力、更高的政府效能、更高的管制质量、更完善的法治以及更少的腐败六个方面。观察印度尼西亚数据可知，2010 年印度尼西亚的全球治理指数为 -0.2，评价较差，说明印度尼西亚社会体制并不成熟，社会环境并不稳定；之后呈现先降后升的趋势，上升趋势说明印度尼西亚国内社会机制有逐渐成熟的趋势，但是到 2015 年为止，评价依然只有 -0.01。可见在国内机制发展方面，印度尼西亚政府还需加大调控力度（见图 6-70）。

鉴于其国内经济、社会发展状况，印度尼西亚国际合作方面则呈现良好趋势，2014 年和 2015 年都对国际提供了援助（见表 6-15）。

图 6-70　2010~2015 年印尼西亚国内制度发展情况

表 6-15　2010~2015 年印度尼西亚承担国际义务指标数据

年份	2010	2011	2012	2013	2014	2015
提供（接受）的官方发展援助净额（现价美元）	5.751219	1.653539	0.260525	0.257772	-1.52569	-1.52569

（三）小结

通过对印度尼西亚进行可持续发展评价，本报告认为，相比其他“一带一路”沿线国家，印度尼西亚经济水平较低、经济结构存在问题、存在人才结构与就业市场不匹配造成的高失业率等社会问题以及不成熟的社会机制体系。

虽然环境系统是其相对优势，但是也缺乏具有绝对优势的资源、能源来拉动印度尼西亚的经济发展；同时，基础设施虽然完备，但因其经济结构的问题，并未完全利用基础资源。

因此，本报告认为印度尼西亚的可持续发展战略应培养国内优势产业，加大鼓励进出口措施力度，增加经济外向度；同时应对国内人才培养结构进行优化，培养高质量人才，从而加快产业升级；调整经济结构，实体经济和虚拟经济协调发展。

九、菲律宾

菲律宾位于亚洲东南部，北隔巴士海峡与中国台湾遥遥相对，南与印度尼西亚、马来西亚隔海相望，西濒南中国海，东临太平洋。由于菲律宾属于出口导向型经济模式，“一带一路”倡议实施以来，菲律宾经济不断提升，其排名虽在中后段徘徊，但整体有上升趋势。

（一）菲律宾可持续发展阶段总体评价

2015 年评价结果显示，菲律宾可持续发展处于中级发展阶段早期，可持续发展的得分为 40.3 分，在“一带一路”国家中的排名为第 39 位。

根据菲律宾可持续发展阶段的评价结果，2010～2015 年菲律宾在初级发展阶段的晚期以及中级发展阶段的早期徘徊，六年间只有 2011 年和 2013 年处于初级阶段晚期，其他年份都在中级发展阶段早期，位于“一带一路”沿线国家中后段。观察菲律宾在六年里的发展评价可知，菲律宾在 2010 年“一带一路”刚刚起步之时，其发展评价为 36.1，之后评价逐年上升，但排名却上下波动较大（见图 6－71）。

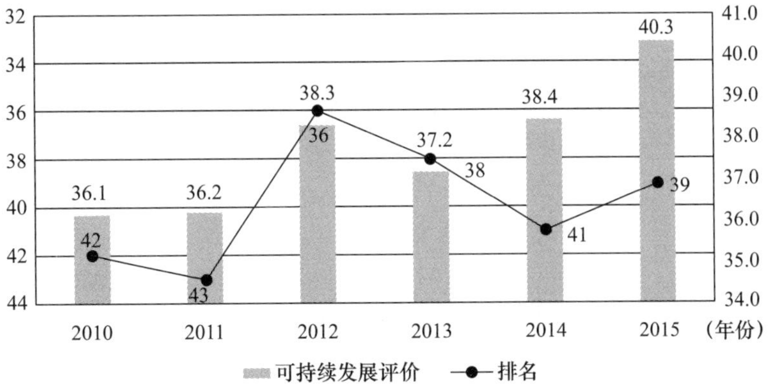

图 6－71 2010～2015 年菲律宾可持续发展评价排名

通过上述时序分析，可以看出菲律宾在“一带一路”倡议中本国各系统维度发展在平稳增长，但相比其他国家的发展速度则稍显滞后。从局部来看，菲律宾发展评价在东南亚地区[①]的排名位于中后段（第 7 位），发展波动较大，增长劲头并不明显。

同时，根据 2015 年菲律宾子系统维度可持续发展评价，观察到菲律宾五个子系统发展都比较均衡，每个系统涵盖面既有优势排名也有劣势排名的方面，并

① 东南亚地区“一带一路”国家有：越南、泰国、柬埔寨、老挝、新加坡、马来西亚、菲律宾、印度尼西亚、文莱、东帝汶。

没有特别突出或拉低整体发展水平的系统（见图6－72）。

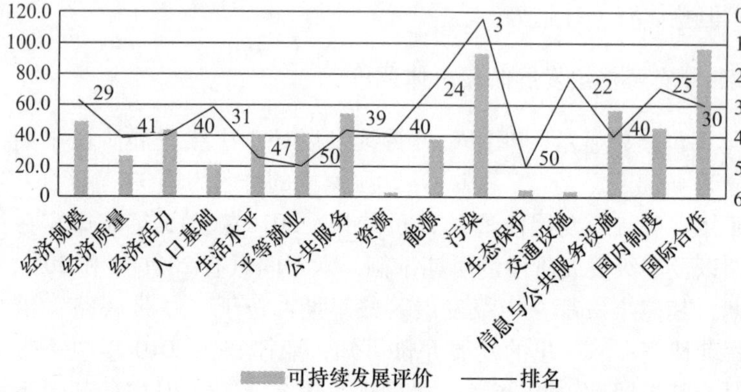

图6－72　2015年菲律宾子系统维度可持续发展评价排名

经济方面，经济规模、经济质量和经济活力排名集中在后1/3段，分别排在第29位、第41位和第40位，经济规模相对提高了经济系统评价；社会方面发展也比较均衡，人口基础较好，排在第31位，生活水平、平等就业和公共服务方面分别位于中后段第47位、第50位和第39位，抑制了人口基础的优势；环境方面稍有改善，整体处在中段水平，尤其是能源和污染（正向评价，污染越少排名越高）两者分别位于第24位和第3位；基础设施中交通设施较完善，排在第22位，信息与公共服务设施则相对落后，排在第40位；菲律宾的机制成熟度方面相对总体评价还是起到了提高的作用，国内机制和国际合作分别排在第25位和第30位。评估发现，菲律宾五个系统发展比较均衡，环境、基础设施和机制三个子系统的情况相对地带动了整体的发展。下节分别从这五个子系统中抽取重要指标先进行概述，再对各个系统进行分析。①

（二）菲律宾可持续发展重点领域分析

菲律宾GDP年增长率变化波幅较小，增长保持在6%左右。2010年增长率为7.6%，2011年下降至3.7%，2012年增长至6.7%，之后各年虽有波动但变化较小。2015年经济增长率降至5.9%。菲律宾经济的发展还算较平稳，增长率差强人意。

① 在此仅抽取六个子系统下的重要指标进行子系统评价概述，后文会进行具体解释。

相应地，观察能源消耗弹性系数①，随着能源消耗增长，GDP 增长率会有相应回升，但存在一定时滞。可见，菲律宾的能源基础对经济增长起到了一定拉动作用，但影响程度并不明显。2010 年能源消耗增长，2011 年弹性系数增加 256% 达到 0.0081，2012 年降至 0.0004，之后虽有短暂回升但最终在维持在 -0.0003 的水平。能源消耗减少后，GDP 增长率也有所下降，但波动不大，说明菲律宾经济并没有完全和能源消耗捆绑（见图 6-73）。

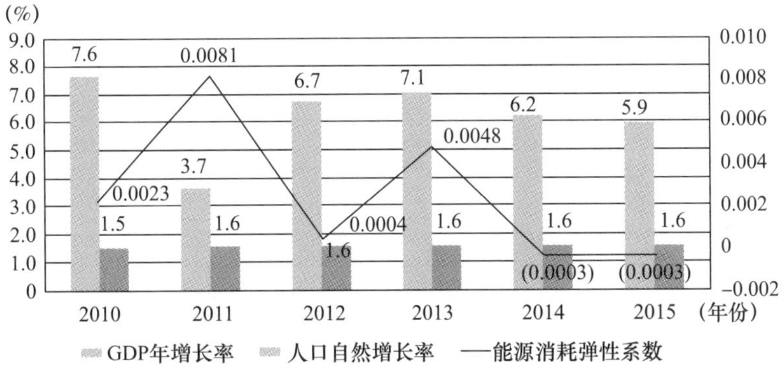

图 6-73 2010~2015 年菲律宾子系统重点指标发展情况（a）

基础设施以及机制的重要指标在此仅列出互联网普及率②、经济自由度指数以及基尼系数。观察数据可发现，互联网普及率在六年间虽有提高，但至 2015 年时互联网普及率仍然只有 40.7%，国内基础设施环境仍然有待提高；2010 年，经济自由度指数达到 56.3%，2015 年达到 62.2%，虽然幅度不大，但其上升趋势说明菲律宾政府对经济的干预水平逐步降低，从受压制经济体转变为中等自由经济体；基尼系数保持在 0.43，超过国际警戒水平，社会公平环境也有待改善（见图 6-74）。

1. 经济

观察菲律宾经济子系统经济规模维度，2010~2015 年 GDP 增长率除了在 2011 年降至 3.7%，其他各年都在 6.5% 左右小幅度波动，还算平稳增长；同时，菲律宾国内人均 GDP 从 2010 年人均 2145 美元逐步上升到 2015 年的人均 2904 美元，增幅达到 33.9%。总体来说，菲律宾的经济规模的发展还是令人满意的（见图 6-75）。

① 能源消耗弹性系数为能源消耗增长与 GDP 增速之比。

② 互联网普及率是根据世界银行提供的数据，按每 100 人的互联网用户计算所得。

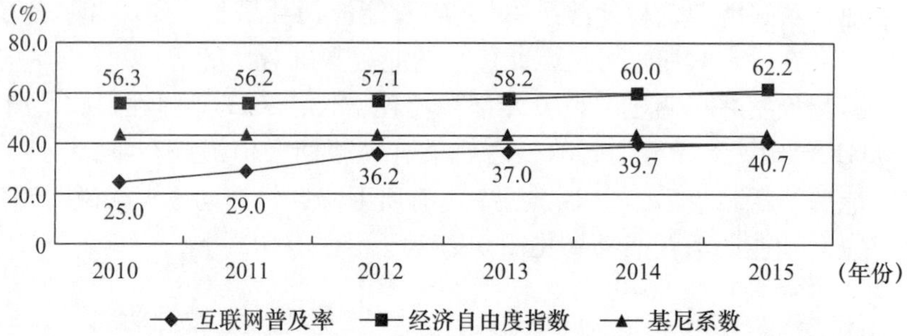

图 6-74　2010~2015 年菲律宾子系统重点指标发展情况（b）

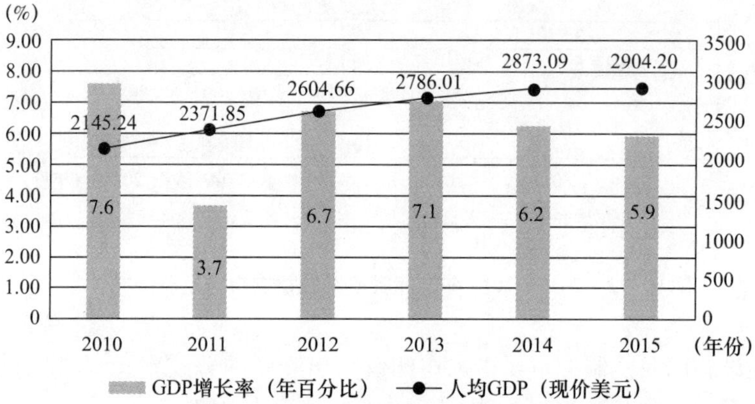

图 6-75　2010~2015 年菲律宾 GDP 增长率和人均 GDP 情况

鉴于以上菲律宾经济发展平衡的结果，我们对菲律宾经济结构进行相关分析发现：2010 年菲律宾经常账户余额盈余虽有波动但变化不大：从 2010 年的 3.6%降低至 2011 年的 2.5%，2013 年增至波峰 4.2%，2015 年又回到 2.6%的水平，基本保持收支平衡，有利于经济的可持续发展。服务等第三产业附加值占比和资本账户占比也比较均衡，经济结构较合理。2015 年，服务等附加值占据了 59%的 GDP，资本形成总额占比 21%，资本对经济的贡献还有待提高，对外直接投资净流出情况从 2010 年 1.4%的 GDP 占比上升至 2014 年 2.4%，2015 年降至 1.9%。从该经济结构来看，菲律宾经济发展较均衡，但资本账户不足，虚拟经济有待发展，同时对外投资的水平也不高（见图 6-76）。

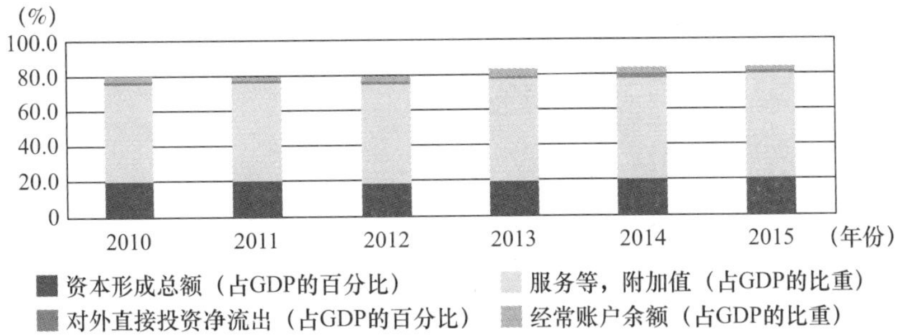

图 6－76　2010～2015 年菲律宾经济结构发展情况

观察菲律宾经济外向度数据，从 2010 年起数据显示菲律宾经济外向度虽有波动但整体呈下降趋势。2010 年菲律宾经济外向度为 60.2%，2015 年下降至 55.6%，虽然仍在合理范畴，但经济外向度是衡量一个地区经济开放状态的指标之一，不断下降的经济外向度数据与其国内外贸产业的发展有关，应引起重视。此外，观察菲律宾经济结构中中央政府债务占比有明显下降的趋势，2015 年债务占比下降至45.4%，虽然降低了政府执政的风险，但同时也增加了经济发展不足的可能性（见图 6－77）。

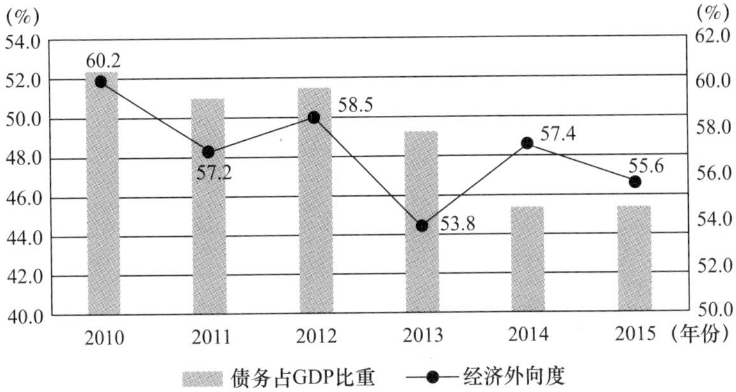

图 6－77　2010～2015 年菲律宾经济活力发展情况

2. 社会

菲律宾社会子系统从人口基础、生活水平、平等就业以及公共服务四个方面来分析。

菲律宾人口基础方面还是较扎实的，从表 6－16 可以看到菲律宾国内人口在六年内保持增长，六年间人口增长率保持在 1.5% 左右，增长较稳定；人口密度较高，性别比例较均衡；R&D 人员虽然人员数目依然不足，但增长还是明显的，从每百万人 85 人上升到 189 人，增幅达到 123%。

表 6-16　2010～2015 年菲律宾社会子系统人口基础概况

年份	2010	2011	2012	2013	2014	2015
人口增长（年度百分比）（%）	1.5	1.6	1.6	1.6	1.6	1.6
人口密度（每平方千米土地面积人数）（人）	312.0331	316.9374	322.0221	327.2351	332.4905	337.7248
性别比（每 100 位女性对应的男性数量）（人）	102.3492	102.3847	102.3104	102.1643	102.0003	101.8556
R&D 人员（每百万人）（人）	85.05678	85.05678	85.05678	189.4079	189.4079	189.4079

菲律宾生活水平方面，从图 6-78 可以看出，六年间菲律宾贫困人口的比例并没有变化，数据显示低于 1.9 美元/天的人口比例一直保持在 13.1%，占比过高；营养不良发生率上升后虽有下降但仍比 2010 年的 13% 高出 0.5 个百分点；但相比前两者，人均粮食产量呈现逐年上升的趋势，2014 年达到峰值 269.71 千克后维持在该水平，该人均粮食产量还是可观的，但是贫困人口以及营养不良比例的较大比重与较可观的人均粮食产量形成鲜明对比，菲律宾的社会子系统存在一定的问题。

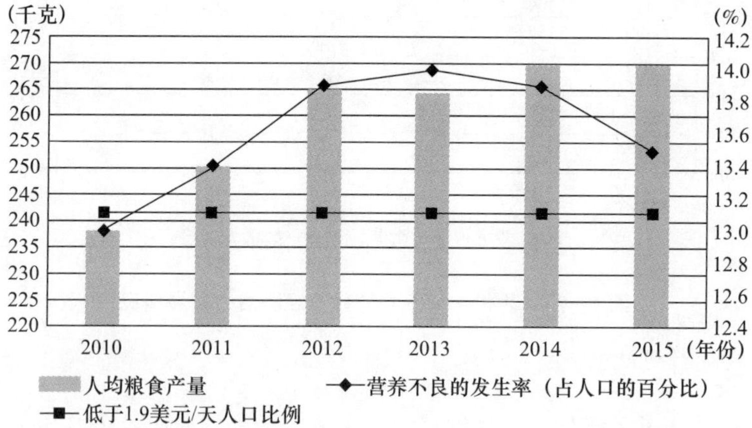

图 6-78　2010～2015 年菲律宾社会环境生活水平情况

人类发展指数是衡量一个国家发展进步的重要综合指标之一，2010～2015年"一带一路"倡议实施以来，菲律宾的人类发展指数增长明显，同时，失业率呈现下降趋势，可见"一带一路"倡议对菲律宾起到了积极的作用。但是高失业率的问题还是值得注意，2010年失业率为7.3%，2011年下降至7%，随后虽有上升但幅度较小，最后停留在7.1%（见图6－79）。

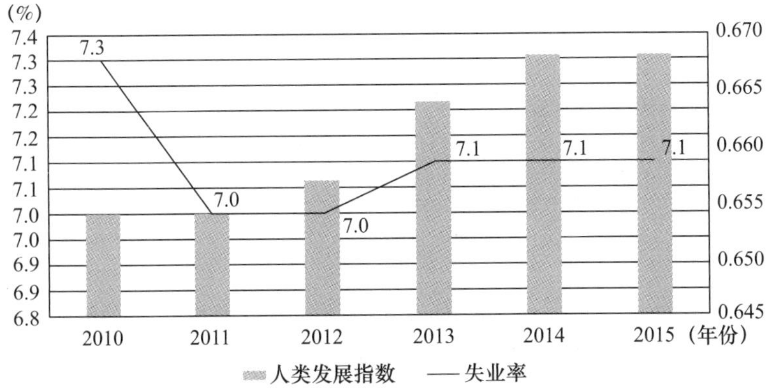

图6－79　2010～2015年菲律宾社会环境平等就业情况

菲律宾社会公共服务方面，"一带一路"发展期间，一方面，菲律宾在健康方面有明显改善，2010年，人均医疗卫生支出93.832美元，2015年达到135.202美元，增长达到41.3%，但该支出水平仍然有待提高。预期寿命延长至68.3岁，新生儿及孕产妇死亡率也呈下降趋势。另一方面，菲律宾国内教育问题，中小学入学率均较高，且六年间保持在116.8%和88.39%的水平没有变化；但在高等院校入学率方面数据结果显示虽然呈现上升走势，但入学率依然很低，从2010年的29.8%上升至35.8%，可见其在人力资源方面发展稳定，存在一定优势，但人力结构存在问题。

3. 环境

2015年，菲律宾环境子系统的可持续发展评价在"一带一路"沿线国家之中居于第38位，属于中级阶段的早期。相比泰国、越南，菲律宾的环境资源并没有显示出强劲的优势，森林面积、人均土地面积和人均可再生内陆淡水资源等基础环境资源表现平平，分别位于"一带一路"国家的第24位、第41位和第30位。GDP单位能源消耗和可再生能源比例分别排在第31位和第35位，相较于菲律宾环境子系统评价排名，能源对其经济的增长还是起到了一定拉动作用。这也无疑揭示了其能源消耗弹性系数排在第45位，比较靠后的位置（见表6－17）。

表6－17 2015年菲律宾环境子系统各项目在"一带一路"沿线国家中排名

项目	排名
森林面积（人均平方千米）	24
人均土地面积（平方千米）	41
人均可再生内陆淡水资源（立方米）	30
GDP单位能源消耗（2011年不变价购买力平价美元/千克石油当量）	31
能源消耗弹性系数（能源消耗增长与GDP增速之比）	45
可再生能源比例（占总能源消耗比例）	35
二氧化碳排放量（人均公吨数）	21
人均一氧化氮排放量（千公吨二氧化碳当量）	20
人均甲烷排放量（千吨二氧化碳当量）	42
PM2.5	41

4. 基础设施

菲律宾经济的发展问题和其国内基础设施的不完备也是相关的。观察菲律宾在"一带一路"倡议发展以来，港口吞吐能力以及航空运输量增长（较于基期2010年）较平缓，2015年货柜码头吞吐量比2010年增加18.6%，航空运输量在2013年陡降后激增，2015年比基期2010年增长35.8%，对比其他"一带一路"沿线国家增长率，菲律宾基础设施并不具竞争力（见图6－80）。

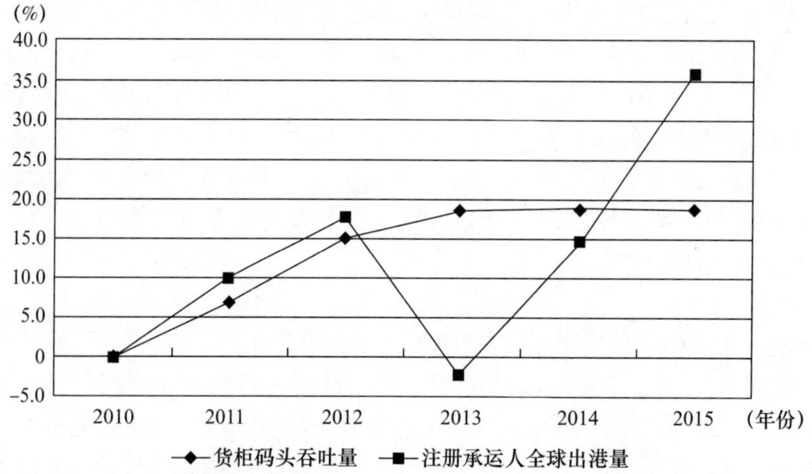

图6－80 2010～2015年菲律宾港口吞吐能力和航空运输量增长情况（以2010年为基期）

菲律宾互联网普及率较低，从2010年的25%上升至2015年的40.7%，用电普及率从83.3%上升至87.5%，改善水源获得比例从90.1%上升到91.8%，可见菲律宾政府在“一带一路”倡议发展期间，对公共设施服务进行了相应改善，但力度有待提高。

5. 机制

菲律宾机制成熟度分别从国内制度发展和国际合作两个维度来进行描述。

观察东帝汶经济自由度指数，如前所述该指数呈现上升趋势，且幅度明显。而具有较高经济自由度的国家或地区与那些具有较低经济自由度的国家或地区相比，会拥有较高的长期经济增长速度和更繁荣。但是鉴于菲律宾国内除环境系统差强人意外，其他系统的评价显示需要菲律宾政府进行高屋建瓴的宏观调控，干预程度下降不利于集中资源发展经济。

全球治理指数指政府治理的有效性，主要体现在更多的公众话语权与更强的政府问责、更高的政治稳定与更少的社会暴力、更高的政府效能、更高的管制质量、更完善的法治以及更少的腐败六个方面。观察菲律宾数据可知，2010年菲律宾的全球治理指数为-0.02，评价较差，说明菲律宾社会体制并不成熟，社会环境并不稳定；之后明显的上升趋势可见菲律宾国内社会机制有逐渐成熟的趋势，2015年达到0.19，虽然增幅明显但数额绝对值仍然处于较低水平。可见在国内机制发展方面，菲律宾政府并不具有优势（见图6-81）。

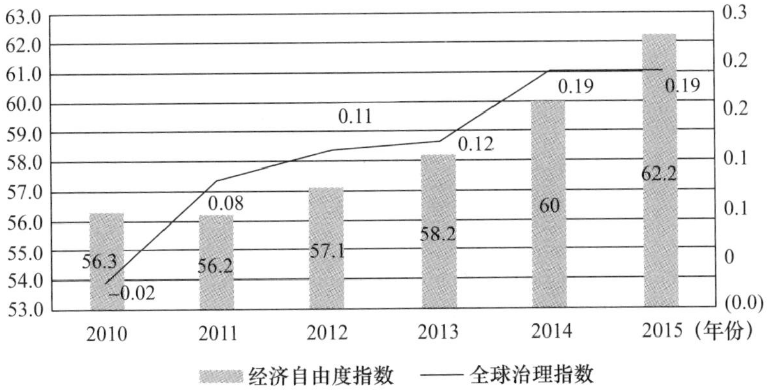

图6-81　2010~2015年菲律宾国内制度发展情况

鉴于其国内经济、社会发展状况，菲律宾国际合作方面则表现良好，在官方发展援助方面，2011年和2012年都对国际提供了援助，基本维持在平衡的水平（见表6-18）。

表 6-18 2010～2015 年菲律宾承担国际义务指标数据

年份	2010	2011	2012	2013	2014	2015
提供（接受）的官方发展援助净额（现价美元）	5.694607	-1.94262	-0.02687	1.951693	6.816007	6.816007

（三）小结

通过对菲律宾进行可持续发展评价，本报告认为，相比其他"一带一路"沿线国家，菲律宾经济水平较低，经济结构不够发达，存在高失业率、高贫困率等社会问题以及基础设施环境较差和不成熟的社会机制体系。虽然环境系统是其相对优势，但是缺乏具有潜力的资源、能源能够拉动菲律宾的经济发展。

因此，本报告认为菲律宾的可持续发展战略应培养国内优势产业，加大鼓励进出口措施力度，增加经济外向度；同时应对国内人才培养结构进行优化，培养高质量人才，从而加快产业升级；政府应加大宏观调控，使国内资源得到充分的利用，完善国内基础设施环境，加大吸引投资力度。

十、柬埔寨

柬埔寨位于中南半岛，西部与泰国接壤，东北部毗邻老挝，东部及东南部与越南相邻，南濒暹罗湾。柬埔寨是东盟成员国，经济以农业为主，工业基础薄弱，是世界上最不发达国家之一。由于其周边国家均属于"一带一路"国家，且拥有各自优势，从而柬埔寨在"一带一路"倡议实施过程中，排名并不靠前且有落后的趋势。

（一）柬埔寨可持续发展阶段总体评价

2015 年评价结果显示，柬埔寨可持续发展处于中级发展阶段初期，柬埔寨可持续发展评价为 39.7，排名第 45 位，位于"一带一路"沿线国家尾段前端。

根据柬埔寨可持续发展阶段的评价结果，2010～2015 年柬埔寨一直处于中级发展阶段的初期。观察柬埔寨在六年里的发展评价可知，柬埔寨在 2010 年"一带一路"刚刚起步之时，其发展评价为 34.4，之后逐年增加，说明柬埔寨在"一带一路"倡议中本国各系统维度发展在平稳增长。但从柬埔寨的排名来看，六年的倡议实施过程中，柬埔寨发展情况相较于其他"一带一路"沿线国家则稍显落后。排名从2010的第49位先是下降至第51位，2012年上升至第44位，2014年退后至第45位，2015年排名继续下降至第47位（见图6－82）。

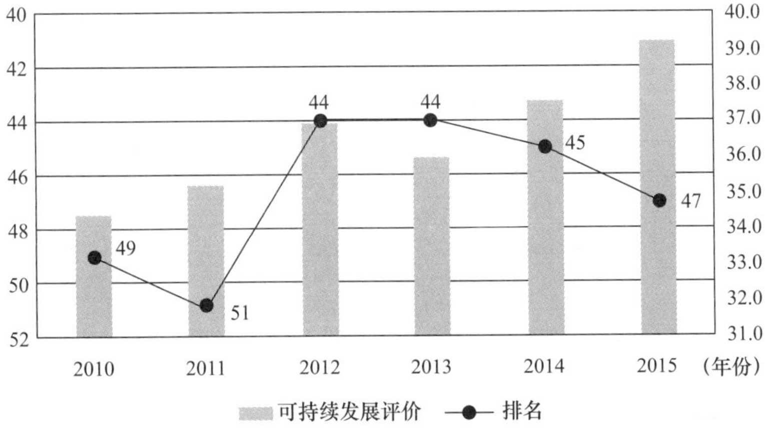

图6－82　2010～2015年柬埔寨可持续发展评价排名

通过上述时序分析，可以看出柬埔寨虽然跟上了“一带一路”国家整体的发展速度，但发展仍然缓慢。从局部来看，柬埔寨发展评价在东南亚地区①的排名居于尾段，面对泰国、菲律宾以及越南，柬埔寨的发展能力有限。

同时，根据2015年柬埔寨子系统维度可持续发展评价（见图6－83），观察到柬埔寨在经济、社会、环境、基础设施以及国内外机制五个方面的发展并不均衡，虽然每一个子系统涵盖面既有相对的优势排名也有劣势排名的方面，但是柬埔寨的环境系统的评价要明显优于经济、社会、基础设施和机制成熟度四个方面。经济方面，经济规模和经济活力虽然排位并不靠前，仅排在第27位和第33位，但相比经济质量维度第59位的排名还是相对提升了整体经济状态；社会方面也表现一般，人口基础和公共服务较差，分别排在第57位和第55位，生活水平和平等就业两方面分别位于中后段第37位，也相对弥补了人口基础和公共服务的劣势；环境方面可看到明显改善，整体处在前段水平，尤其是能源和资源分别排在第3位和第17位，同时生态保护方面也较完善，排在第15位，从而环境系统发展靠前，对柬埔寨整体的发展起到了拉动的作用；基础设施中，交通设施排在第53位，评价仅为0.2，信息与公共服务设施也排在尾端第56位，基础设施方面可谓制约了整体的发展；柬埔寨的机制成熟度方面相对整体平衡发展，既

① 东南亚地区“一带一路”国家有：越南、泰国、柬埔寨、老挝、新加坡、马来西亚、菲律宾、印度尼西亚、文莱、东帝汶。

无助力也无抑制作用，国内机制和国际合作分别排在第43位和第46位。评估发现，柬埔寨子系统中环境系统排名靠前，拉动了其他系统的发展，其他系统尤其是基础设施方面极大制约了整体的发展。下节分别从这五个子系统中抽取重要指标先进行概述，再对各个系统进行分析。[①]

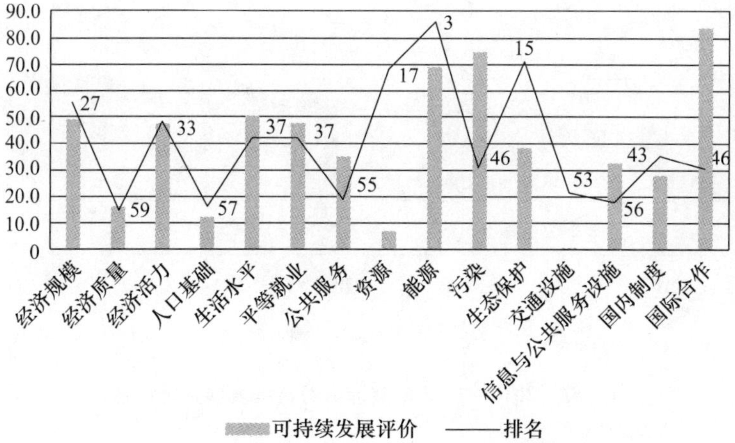

图6-83　2015年柬埔寨子系统维度可持续发展评价排名

（二）柬埔寨可持续发展重点领域分析

柬埔寨GDP年增长率每年都维持在7%左右高速增长，但该增长与能源消耗增长紧密相关。2010年增长率为5.96%，之后每年增长率都保持在7%之上，2015年增长率为7.04%。表面上看，柬埔寨的经济发展十分乐观。相应地，观察能源消耗弹性系数[②]，可以发现GDP的增长和能源消耗的增长相关关系是十分明显的。2010~2014年，能源消耗每年逐步增长，在2013达到峰值0.0055，之后陡降并维持在0.0004的水平上（见图6-84）。从以上分析可知，柬埔寨国内能源消耗增长对于柬埔寨GDP的增长起到了一定作用，具体程度有待进一步考察。

基础设施以及机制的重要指标在此仅列出互联网普及率[③]、经济自由度指数以及基尼系数。观察数据可发现，互联网普及率在六年间有明显的提高，但是至

① 在此仅抽取六个子系统下的重要指标进行子系统评价概述，后文会进行具体解释。

② 能源消耗弹性系数为能源消耗增长与GDP增速之比。

③ 互联网普及率是根据世界银行提供的数据，按每100人的互联网用户计算所得。

2015 年时，互联网普及率仍然只有 19%，基础设施方面并不完善；从基尼系数的变化趋势可以看出柬埔寨社会发展依然处于较好的水平，从 2010 年的 33.4% 下降至 2015 年的 30.8%，收入比较平均，贫富差距不大。但经济自由度指数仍然处在较高程度，2015 年达到 57.5%，可见柬埔寨政府对经济的干预水平并没有较大变动，仍属于较不自由经济体（见图 6－85）。

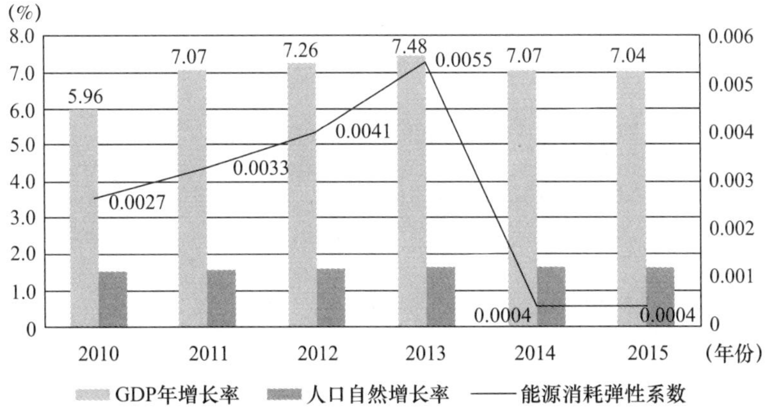

图 6－84　2010～2015 年柬埔寨子系统重点指标发展情况（a）

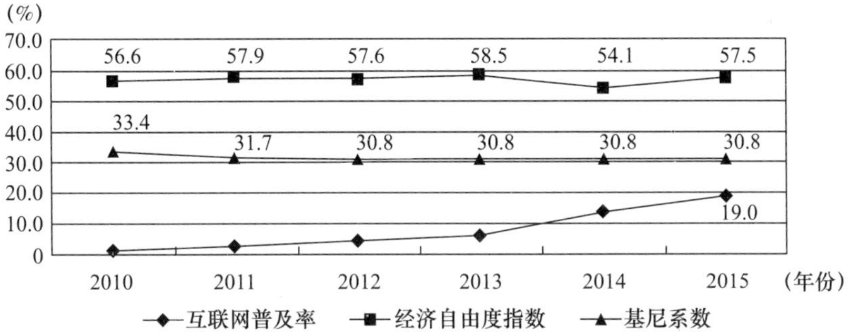

图 6－85　2010～2015 年柬埔寨子系统重点指标发展情况（b）

1. 经济

观察柬埔寨经济子系统，2010～2015 年 GDP 增长率保持在 7% 左右，经济状态看似很积极、平稳，但是观察柬埔寨国内人均 GDP，从 2010 年人均 783 美元上升到 2015 年的人均 1159 美元，虽然六年间增幅达到 48%，但柬埔寨人均 GDP 仍然处于较低水平（见图 6－86）。

鉴于以上柬埔寨经济 GDP 增长率稳步高速增长，但人均 GDP 处于较低水平，我们对柬埔寨经济结构进行相关分析发现这种增长并不具有可持续发展的前景：从经常账户余额的情况可以看到，从2010年开始赤字逐年增加，2015年赤字达到9.87%；六年间服务等第三产业附加值占比份额较低，发展缓慢，在2015年也仅增至42.33%；资本形成总额虽然在发展，但其总额占GDP的比重仍比较低，2015年也仅占比22.45%；对外直接投资净流出情况几乎为0，2010年占比0.18%，2015年上升至0.26%（见图6-87）。从该经济结构来看，柬埔寨的经济高速发展存在问题，其高速增长并不具有可持续发展的前景。

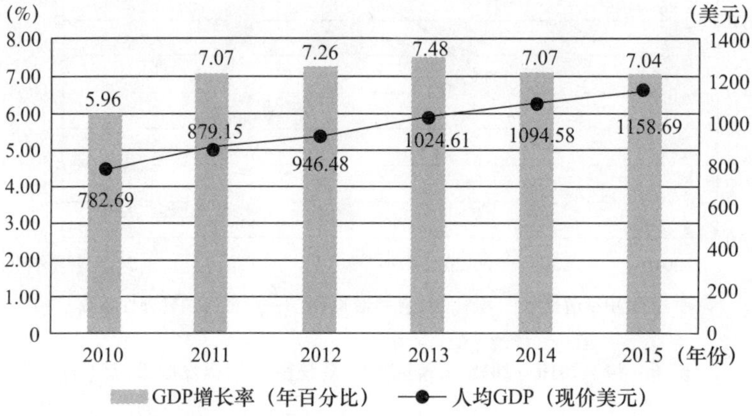

图6-86　2010~2015年柬埔寨GDP增长率和人均GDP情况

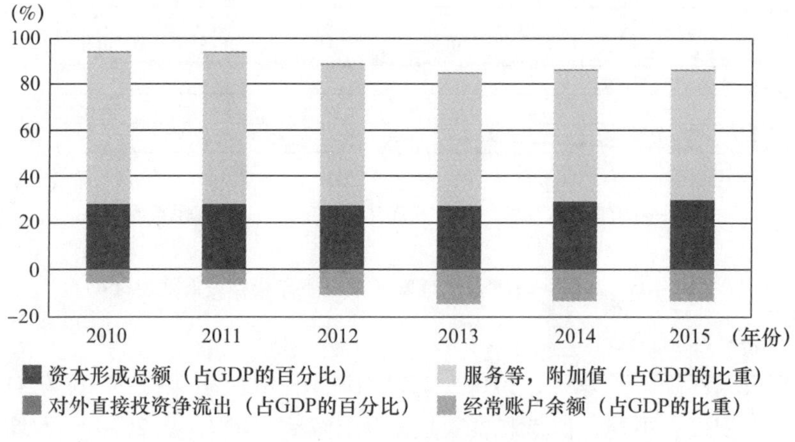

图6-87　2010~2015年柬埔寨经济结构发展情况

观察柬埔寨经济外向度数据，从2010年开始，经济外向度逐年增加，2015

年达到 141.9%，可见柬埔寨经济外贸依存程度过高，其经济发展很大程度上要依赖于进出口，而在服务等第三产业占比较低的情况下，外贸依存度如此高，可见其低端制造业助益了 GDP 增长的可能性。柬埔寨经济结构的问题，同样在其债务方面体现出来。2015 年柬埔寨的债务占 GDP 的比重已经高达 54.6%，相比 2010 年数据，增幅达到 59%。而这逐年升高的债务占比无疑增加了政府付本还息的压力，如果柬埔寨没有真正的赖以发展的产业，其所谓的高速增长无疑是给别的国家做了嫁衣，成为别国的代工厂（见图 6-88）。

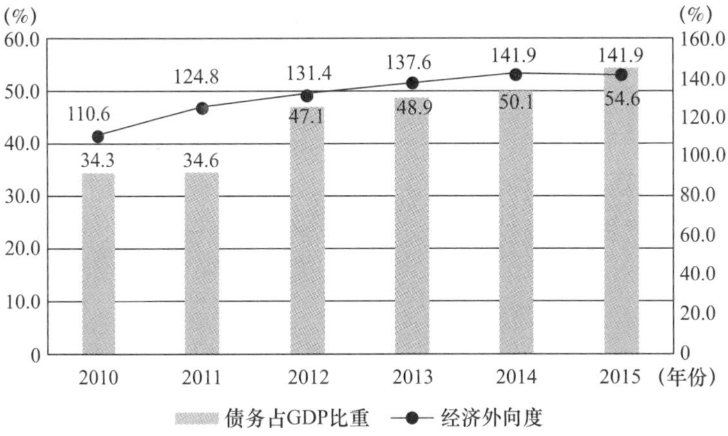

图 6-88　2010～2015 年柬埔寨经济活力发展情况

2. 社会

柬埔寨社会子系统从人口基础、生活水平、平等就业以及公共服务四个方面来分析。

柬埔寨人口基础方面还是稳定增长的，从表 6-19 可以看到柬埔寨国内人口在六年内保持 1.6% 左右的增长；人口密度也保持在合理的范围，性别比例基本均衡；但是 R&D 人员在六年内均不变，保持在每百万人有 100 位 R&D 人员的水平。这同时说明柬埔寨现在的劳动力数量具有优势，但缺乏高技能劳动者。

表 6-19　2010～2015 年柬埔寨社会子系统人口基础情况

年份	2010	2011	2012	2013	2014	2015
人口增长（年度百分比）(%)	1.54	1.59	1.63	1.65	1.64	1.62
人口密度（每平方千米土地面积人数）(人)	81.37	82.67	84.08	85.42	86.84	88.25

续表

年份	2010	2011	2012	2013	2014	2015
性别比（每100位女性对应的男性数量）（人）	94.99	95.07	95.13	95.16	95.19	95.22
R&D人员（每百万人）（人）	100.74	100.74	100.74	100.74	100.74	100.74

柬埔寨生活水平方面，从图6－89可以看出，柬埔寨贫困人口的比例相当高，2015年数据显示营养不良发生率为14.2%，虽然相较于2010年下降16.5%，但仍占很大比重；同时低于1.9美元/天的人口比例在2012年有明显下降，2015年时贫困人口占比2.17%，较于2010年下降52.8%；人均粮食产量在2012年达到峰值690.51千克后有所下降，2015年数据显示人均粮食产量为644.17千克，虽然该人均粮食产量基数仍然处于可接受范围，但其下降的趋势应予以重视。

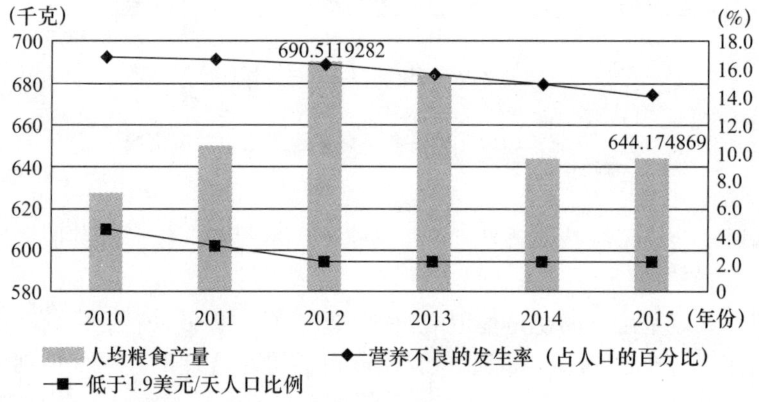

图6－89　2010～2015年柬埔寨社会环境生活水平情况

人类发展指数是衡量一个国家发展进步的重要综合指标之一，柬埔寨的人类发展指数增长明显，同时，失业率在占比很小的基础上呈现先降后升的趋势，2010年失业率为0.4%，2012年下降至0.2%，随后又回升至0.4%（见图6－90）。

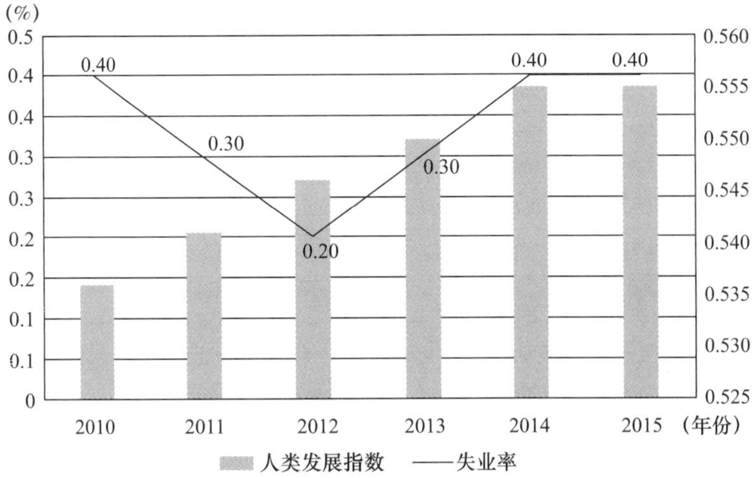

图 6-90 2010~2015 年柬埔寨社会环境平等就业情况

关于柬埔寨社会公共服务方面，“一带一路”发展期间，一方面，柬埔寨在健康方面有明显改善，如在 2010 年时，人均医疗卫生支出 46.592 美元，2015 年达到 61.284 美元，增长达到 31.5%，但其人均医疗卫生支出还相当不足，有待提高。预期寿命从 66.4 岁延长至 68.2 岁，新生儿及孕产妇死亡率也呈下降趋势。另一方面，柬埔寨国内教育问题，2015 年小学入学率达到 116.4%，但中学入学率只有 45%，高等院校入学率 15%，且上升幅度十分有限，可见其在人力资源结构方面存在问题，不利于本国发展。

3. 环境

2015 年，柬埔寨环境子系统的可持续发展评价在“一带一路”60 个国家之中居于第 6 位，优势明显。柬埔寨森林面积、人均土地面积以及人均可再生内陆淡水资源、可再生能源比例等基础环境资源在“一带一路”国家中属于优势，分别位于第 4 位、第 8 位、第 3 位和第 2 位。但其 GDP 单位能源消耗却排在第 41 位，能源消耗弹性系数排在第 32 位（见表 6-20）。数据明显显示柬埔寨的能源的确是其优势，但是这种靠能源获得的经济增长并不是可持续的。这种靠消耗能源、资源和环境来谋取经济的发展不符合可持续发展战略的内核。

表 6-20 2015 年柬埔寨环境子系统各项目在“一带一路”国家中排名

项目	排名
森林面积（人均平方千米）	4

续表

项目	排名
人均土地面积（平方千米）	8
人均可再生内陆淡水资源（立方米）	3
GDP 单位能源消耗（2011 年不变价购买力平价美元/千克石油当量）	41
能源消耗弹性系数（能源消耗增长与 GDP 增速之比）	32
可再生能源比例（占总能源消耗比例）	2
二氧化碳排放量（人均公吨数）	58
人均一氧化氮排放量（千公吨二氧化碳当量）	3
人均甲烷排放量（千吨二氧化碳当量）	10
PM2. 5	23

4. 基础设施

柬埔寨经济的发展和其国内基础设施的完备是紧密相关的。观察柬埔寨 2010～2015 年港口吞吐能力以及航空运输量可知，港口吞吐能力平均每年比 2010 年增加量都超过 5%；尤其是航空运输量激增，在 2014 年达到峰值，比 2010 年增加幅度达到 154%。每年增速相比基期 2010 年以大约 40% 的增速增长。虽然增速可观，但查看绝对指标，柬埔寨的交通设施发展评价从 2010 年的第 55 位上升到 2015 年的第 53 位，六年间的发展还是相当有限的（见图 6－91）。

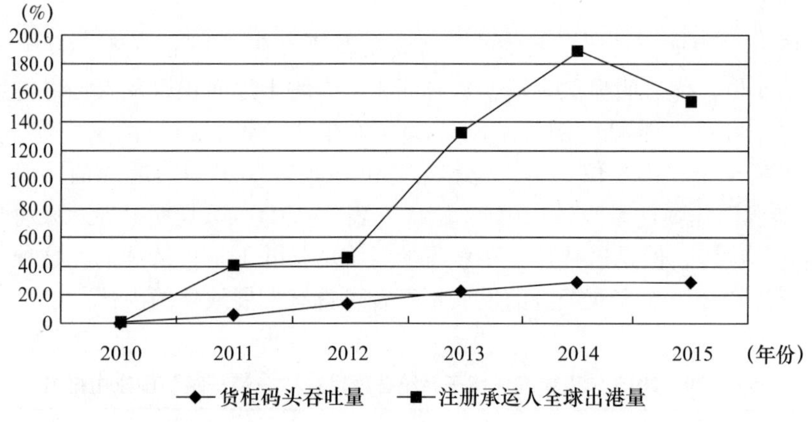

图 6－91　2010～2015 年柬埔寨港口吞吐能力和航空运输量增长情况（以 2010 年为基期）

柬埔寨的公共服务设施基础也非常薄弱。互联网普及率从2010年的1.3%上升至2015年的19%，用电普及率六年间一直是31.1%，改善水源获得比例从64.2%上升到75.5%，可见柬埔寨政府在“一带一路”倡议发展期间，对公共设施服务并没有进行较大程度的改善，严重制约了其他系统的发展。

5. 机制

柬埔寨机制成熟度分别从国内制度发展和国际合作两个维度来进行描述。

观察东帝汶经济自由度指数，如前所述该指数呈现下降趋势，但幅度并不明显，而具有较高经济自由度的国家或地区与那些具有较低经济自由度的国家或地区相比，会拥有较高的长期经济增长速度和更繁荣。因此，从这个角度来看，柬埔寨政府干预程度正在上升。

全球治理指数指政府治理的有效性，主要体现在更多的公众话语权与更强的政府问责、更高的政治稳定与更少的社会暴力、更高的政府效能、更高的管制质量、更完善的法治以及更少的腐败六个方面。观察柬埔寨数据可知，2010年柬埔寨的全球治理指数为-0.92，之后有所改善，但仍处于负数范围，2015年全球治理指数为-0.68；经济自由度指数如前所述，政府有放松干预的趋势，但联合全球治理指数一起分析，柬埔寨的社会问题极大制约了社会系统大发展，需要政府加大力度去管控调节，经济自由度指数的下降对其国内的发展并不一定是件坏事（见图6-92）。以上分析可知柬埔寨国内社会制度方面的确存在问题，且发展力度不够。

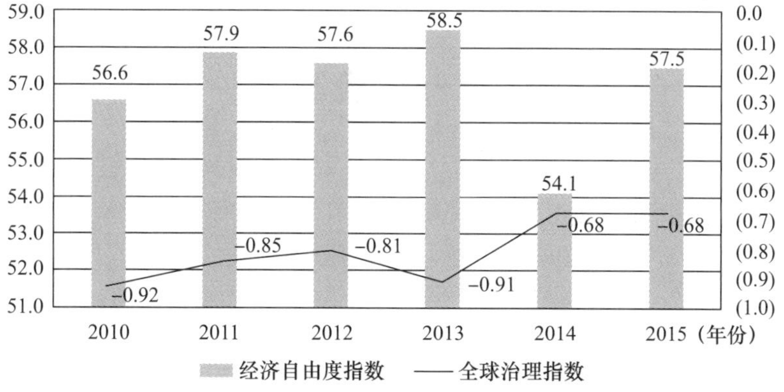

图6-92　2010~2015年柬埔寨国内制度发展情况

国际合作方面，从其承担的国际义务看，在官方发展援助方面，虽然接受和提供援助差额的基数较小，但也表明其一直处于接受援助的地位（见表6-21）。

表 6－21 2010～2015 年柬埔寨承担国际义务指标数据

年份	2010	2011	2012	2013	2014	2015
提供（接受）的官方发展援助净额（现价美元）	51.04	54.50	54.44	53.41	52.15	52.15

（三）小结

通过对柬埔寨进行可持续发展评价，本报告认为，相比其他"一带一路"沿线国家，柬埔寨具有丰富的能源、资源优势，但以能源带动增长并不符合可持续发展战略的核心。同时，匮乏的高技能人力储备、相当不完善的基础设施以及不成熟的社会制度制约了柬埔寨未来的发展。相应地，经济结构存在问题，外贸依存度较高都给 GDP 的增长埋下隐患，这种发展并不可取，需要加快调整产业结构，完善基础设施、增加教育资源、培养高技能人才，采取可持续发展战略，增长绿色 GDP 是其未来的发展方向。

本报告认为，柬埔寨可持续发展战略应致力于将自身发展规划与"一带一路"框架相结合，在基础设施和制度环境上加大投资力度，吸引外来投资带动本国产业发展，在经贸投资、互联互通、能源资源等重点领域务实合作上不断进行拓展。

十一、老挝

老挝是位于中南半岛北部的内陆国家，东南北三面分别与越南、柬埔寨和中国接壤，西北毗邻缅甸，西南毗连泰国。其和柬埔寨地位相似，同属于东盟成员国以及经济最不发达的国家之一，在"一带一路"沿线国家的排名也基本位于尾段。

（一）老挝可持续发展阶段总体评价

2015 年评价结果显示，老挝可持续发展处于中级发展阶段早期，可持续发展的得分为 37.8 分，在"一带一路"沿线国家中排名第 49 位，位于"一带一路"沿线国家尾段。

根据老挝可持续发展阶段的评价结果，2010～2013 年老挝一直处于初级发展阶段的后期，2014 年上升至中级发展阶段早期。观察老挝在六年里的发展评价可知，老挝在 2010 年“一带一路”刚刚起步之时，其发展评价为 33.2，之后逐年增加，说明老挝在“一带一路”倡议中本国各系统维度发展在平稳增长。但从老挝的排名来看，六年的倡议实施过程中，老挝发展情况较缓慢且存在反复。排名从 2010 年的第 52 位下降至第 54 位，之后稳步上升，2015 年排在第 49 位（见图 6－93）。

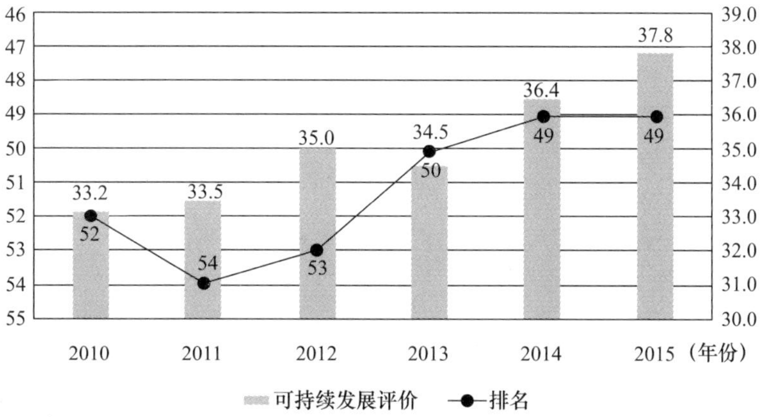

图 6－93　2010～2015 年老挝可持续发展评价排名

通过上述时序分析，可以看出老挝的发展较缓慢，只是和尾端国家发展速度保持持平稍好的状态。从局部来看，老挝发展评价在东南亚地区①的排名居于倒数第二位，仅高于东帝汶，在其相邻的泰国、越南、菲律宾的比较下，老挝并不具有优势。

同时，根据 2015 年老挝子系统维度可持续发展评价（见图 6－94），观察到老挝在经济、社会、环境、基础设施以及国内外机制五个方面的发展并不均衡，而且非常醒目地，老挝的环境系统的评价要明显优于经济、社会、基础设施和机制成熟度四个方面。

经济方面，经济规模排名第 22 位，优于经济质量和经济活力第 57 位和第 59 位，经济质量和经济活力排在“一带一路”沿线国家后三位之列；社会方面四个维度也表现一般，人口基础、生活水平、平等就业和公共服务较差，分别排在第 45 位、第 44 位、第 49 位和第 53 位。

① 东南亚地区“一带一路”沿线国家有：越南、泰国、柬埔寨、老挝、新加坡、马来西亚、菲律宾、印度尼西亚、文莱、东帝汶。

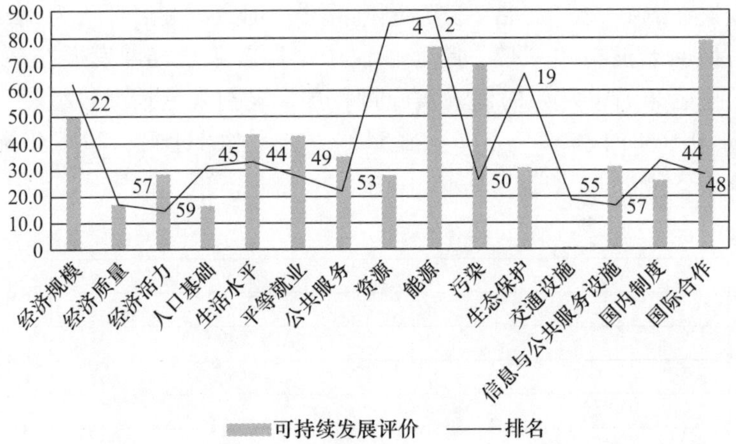

图 6－94　2015 年老挝子系统维度可持续发展评价排名

环境方面可看到明显改善，整体处在前段水平，尤其是能源和资源分别排在第 2 位和第 4 位，生态保护方面也较完善，排在第 19 位，从而环境系统发展靠前，对老挝整体的发展起到了拉动作用，同时需要注意的是污染问题严重，排在了第 50 位。

基础设施中，交通设施排在第 55 位，评价仅为 0. 1，信息与公共服务设施也排在尾端第 57 位，基础设施方面可谓制约了整体全系统的发展。

老挝的机制成熟度方面相对整体平衡发展，既无助力也无抑制作用，国内机制和国外机制分别排在第 44 位和第 48 位。

评估发现，老挝子系统中环境系统排名靠前，拉动了其他系统的发展，其他系统尤其是基础设施方面极大制约了整体的发展。下节分别从这五个子系统中抽取重要指标先进行概述，再对各个系统进行分析。①

（二）老挝可持续发展重点领域分析

老挝 GDP 年增长率每年都维持在 8% 左右的高速增长，但该增长与能源消耗增长紧密相关。2010 年增长率为 8. 5%，之后有所下降也基本保持在 8% 左右，2013 年再度回到 8. 5% 的增长率，2014 年增长率下降为 7. 5%。从图 6－96 可以看出 2013 年同时是能源消耗弹性曲线的转折点，随着能源消耗弹性系数陡降，GDP 年增长率也下降。

① 在此仅抽取六个子系统下的重要指标进行子系统评价概述，后文会进行具体解释。

基础设施以及机制的重要指标在此仅列出互联网普及率①、经济自由度指数以及基尼系数。观察数据可发现，互联网普及率在六年间有所提高，但是至2015年时，互联网普及率仍然只有18.2%，基础设施方面并不完善；基尼系数保持在37.9%的水平并无变化，收入比较平均，贫富差距不大。经济自由度指数有所变动，但幅度较小，2015年达到51.4%，老挝政府对经济的干预水平并没有较大变动（见图6-96）。

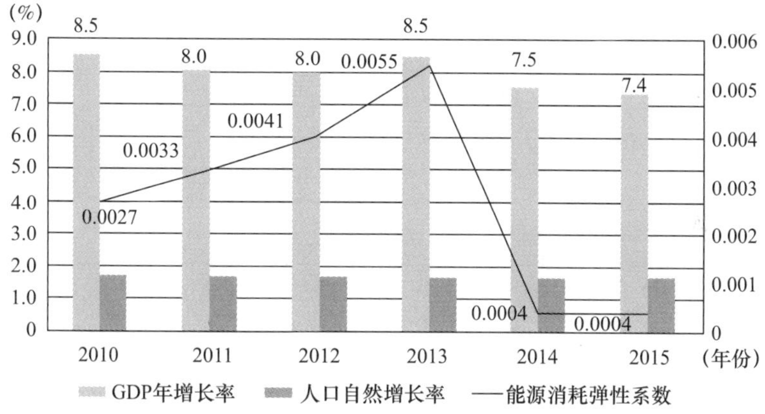

图6-95　2010~2015年老挝子系统重点指标发展情况（a）

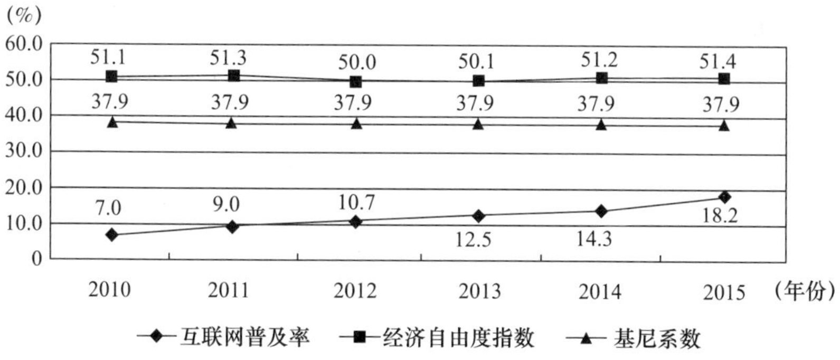

图6-96　2010~2015年老挝子系统重点指标发展情况（b）

1. 经济

观察老挝经济子系统，2010~2015年GDP增长率保持在8%左右，经济状

① 互联网普及率是根据世界银行提供的数据，按每100人的互联网用户计算所得。

态看似高速发展；老挝国内人均 GDP，从 2010 年人均 1139 美元上升到 2015 年的人均 1818 美元，六年间增幅达到 59.7%，"一带一路"倡议发展以来的确提高了老挝国内经济增长和人均收入，但质量如何要继续分析（见图 6－97）。

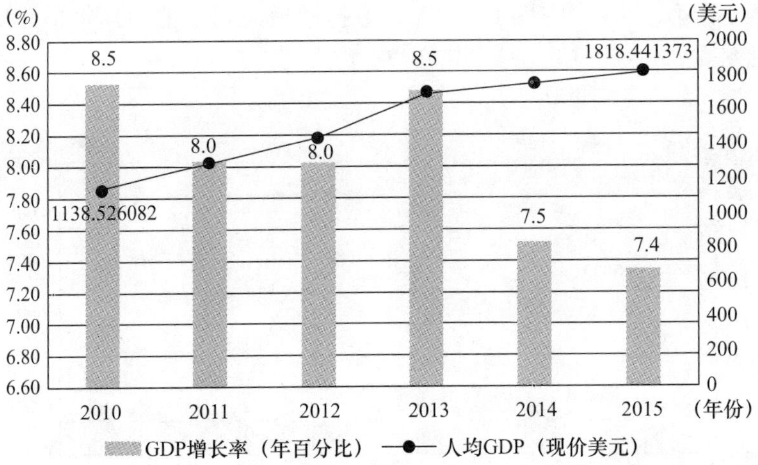

图 6－97　2010～2015 年老挝 GDP 增长率和人均 GDP 情况

鉴于以上老挝经济 GDP 增长率稳步高速增长，人均 GDP 也有明显提高，我们对老挝经济结构也进行了分析，发现这种增长存在潜在的问题：从经常账户余额的情况可以看到，2010 年尚有盈余占 GDP 比重为 0.41%，之后赤字逐年增加，2015 年赤字占比达到 18.3%；六年间服务等第三产业附加值占比份额较低，发展缓慢，六年间增长 14.9%，2015 年其占比为 41.7%；2010 年资本形成总额占比 25%，2015 年占比 32.8%，增幅 31%；没有对外直接投资净流出的情况（见图 6－98）。从该经济结构来看，老挝的经济高速发展存在问题，贸易情况的转变导致经常账户赤字增加，并不利于收支平衡，经济平稳发展。

观察老挝经济外向度数据，2010～2013 年，经济外向度波动整体有下降的趋势，2013 年降至 59% 后逐年增加，2015 年达到 75.9%。从该数据来看，老挝经济外贸依存程度尚处于合理范围。但是从其债务方面来看，其经济结构的问题就凸显出来。2010 年老挝中央政府债务占 GDP 的比重已经高达 97.2%，2015 年达到 99.6%（见图 6－99）。巨大的债务占比并不利于老挝国内宏观经济的稳定。

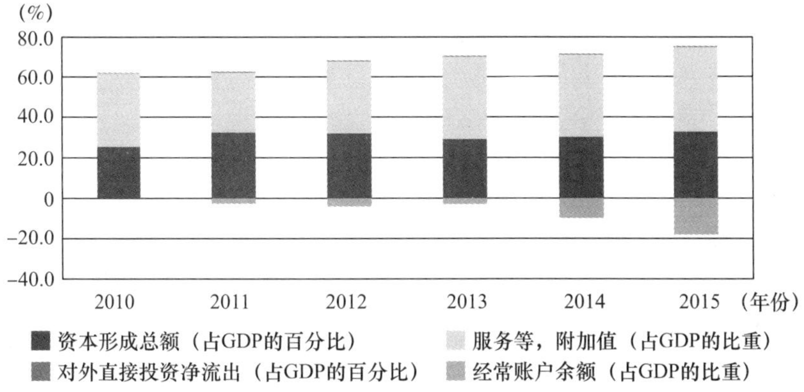

图 6－98　2010～2015 年老挝经济结构发展情况

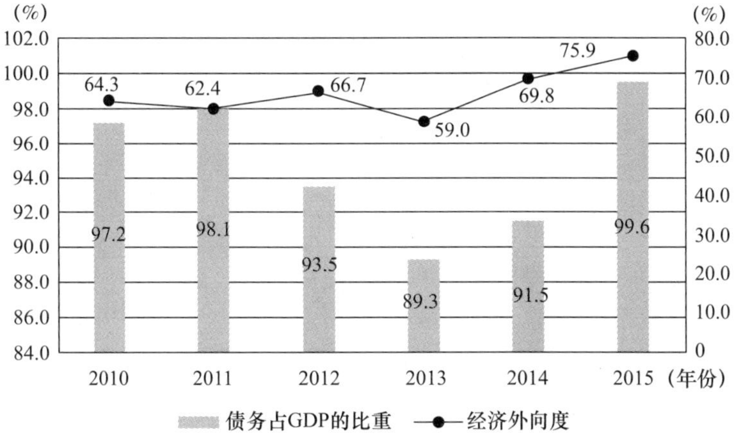

图 6－99　2010～2015 年老挝经济活力发展情况

2. 社会

老挝社会子系统从人口基础、生活水平、平等就业以及公共服务四个方面来分析。

老挝人口基础方面还是稳定增长的，从表 6－22 可以看到老挝国内人口在六年内保持 1.7% 左右的增长；性别比例基本均衡，但人口密度较低，2015 年数据显示其人口密度排在“一带一路”沿线国家的第 53 位；R&D 人员在六年内均不变，保持在每百万人 100 人的水平。老挝国内同样缺乏高技能劳动者。

表 6-22 2010~2015 年老挝社会子系统人口基础情况

年份	2010	2011	2012	2013	2014	2015
人口增长（年度百分比）（%）	1.7	1.7	1.7	1.6	1.6	1.7
人口密度（每平方千米土地面积人数）（人）	27.12541	27.58626	28.04614	28.50947	28.9831	29.4715
性别比（每100位女性对应的男性数量）（人）	98.47838	98.62737	98.75534	98.86739	98.97397	99.08195
R&D 人员（每百万人）（人）	100.7362	100.7362	100.7362	100.7362	100.7362	100.7362

老挝生活水平方面，从图 6-100 可以看出，老挝贫困人口的比例相当高，2015 年数据显示营养不良发生率为 18.5%，虽然相较于 2010 年下降了 18.9%，但仍占比很大；低于 1.9 美元/天的人口比例在六年间没有变化，且基数很大，保持在 16.7% 的水平；人均粮食产量逐年增加，在 2015 年达到 809.48 千克。

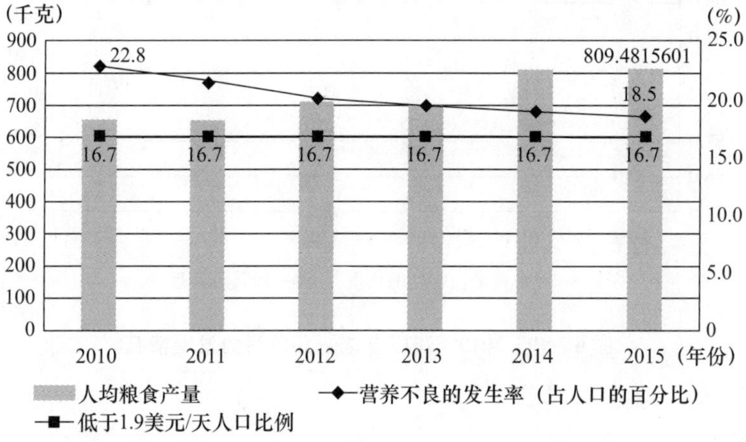

图 6-100 2010~2015 年老挝社会环境生活水平情况

人类发展指数是衡量一个国家发展进步的重要综合指标之一，老挝的人类发展指数增长明显；同时，失业率呈现先降后升的趋势，2010 年失业率为 1.4%，2013 年下降至 1.3%，随后回升至 1.4%（见图 6-101）。

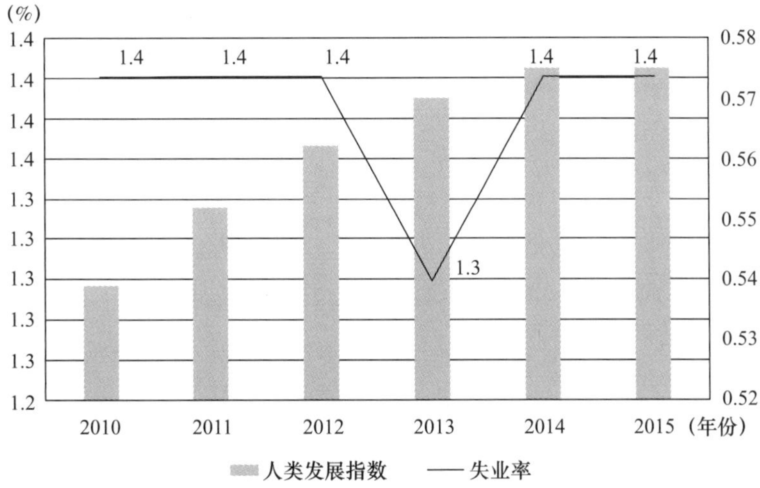

图 6－101　2010～2015 年老挝社会环境平等就业情况

关于老挝社会公共服务方面，“一带一路”发展期间，一方面，老挝在健康方面并没有明显改善。如在 2010 年时，人均医疗卫生支出 30.017 美元，2015 年达到 32.57 美元，增长幅度仅为 8.5%，而且人均医疗卫生支出还相当不足，有待提高。预期寿命从 64.3 岁延长至 66.1 岁，新生儿及孕产妇死亡率呈下降趋势。另一方面，老挝国内教育问题，小学入学率从 2010 年的 122.9% 下降为 2015 年的 116.3%，中学入学率从 46.1% 上升至 57.2%，高等院校入学率从 16.4% 上升至 17.3%，高等院校入学率占比较低，老挝在人力资源结构方面存在问题，不利于本国发展。

3. 环境

2015 年，老挝环境子系统的可持续发展评价在“一带一路”60 个国家之中居于第 3 位，属于中级阶段的中期。老挝森林面积、人均土地面积以及人均可再生内陆淡水资源、可再生能源比例等基础环境资源在“一带一路”国家中属于优势，分别位于第 14 位、第 31 位、第 16 位和第 5 位。但其 GDP 单位能源消耗却排在第 42 位，能源消耗弹性系数排在第 33 位。二氧化碳排放量以及 PM2.5 的数据都排在“一带一路”沿线国家的尾端，明显显示老挝的能源的确是其优势，但是这种靠能源获得的经济增长并不是可持续的，尤其是污染问题已经相当严重（见表 6－23）。这种靠消耗能源、资源和环境来谋取经济的发展不符合可持续发展战略的内核。

表 6－23　2015 年老挝环境子系统各项目在"一带一路"国家中排名

项目	排名
森林面积（人均平方千米）	14
人均土地面积（平方千米）	31
人均可再生内陆淡水资源（立方米）	16
GDP 单位能源消耗（2011 年不变价购买力平价美元/千克石油当量）	42
能源消耗弹性系数（能源消耗增长与 GDP 增速之比）	33
可再生能源比例（占总能源消耗比例）	5
二氧化碳排放量（人均公吨数）	57
人均一氧化氮排放量（千公吨二氧化碳当量）	5
人均甲烷排放量（千吨二氧化碳当量）	8
PM2. 5	32

4. 基础设施

老挝经济的发展存在问题和其国内基础设施的不完备是紧密相关的。观察老挝 2010～2015 年航空运输量可知，航空运输量在 2013 年达到峰值，比 2010 年增加 50%。2015 年航空运输量为 9771，比 2010 年减少 14%（见图 6－102）。

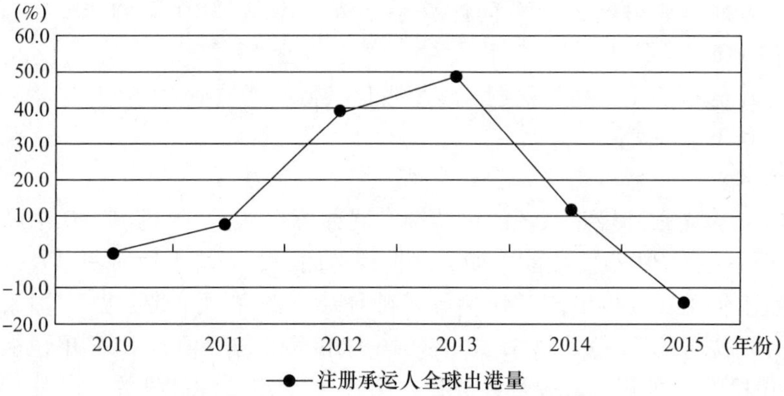

图 6－102　2010～2015 年老挝航空运输量增长情况（以 2010 年为基期）

老挝的公共服务设施基础也非常薄弱。互联网普及率从 2010 年的 7% 上升至 2015 年的 18. 2%，用电普及率从 66% 上升至 70%，改善水源获得比例从 67. 5% 上升到 75. 7%，可见老挝政府在"一带一路"倡议发展期间，对公共设施服务并没有进行较大程度的改善，严重制约了其他系统的发展。

5. 机制

老挝机制成熟度分别从国内制度发展和国际合作两个维度来进行描述。

观察老挝经济自由度指数，如前所述该指数虽有波动，但幅度并不明显，而具有较高经济自由度的国家或地区与那些具有较低经济自由度的国家或地区相比，会拥有较高的长期经济增长速度和更繁荣。因此，从这个角度来看，老挝政府干预程度并无大幅改变。

全球治理指数指政府治理的有效性，主要体现在更多的公众话语权与更强的政府问责、更高的政治稳定与更少的社会暴力、更高的政府效能、更高的管制质量、更完善的法治以及更少的腐败六个方面。观察老挝数据可知，2010 年老挝的全球治理指数为 -0.87，之后有所改善，但仍处于负数范围，2015 年全球治理指数为 -0.39；经济自由度指数联合全球治理指数一起分析，老挝的社会问题极大制约了社会系统大发展，需要政府加大力度去管控调节（见图 6 -103）。以上分析可知老挝国内社会制度方面的确存在问题，且发展力度不够。

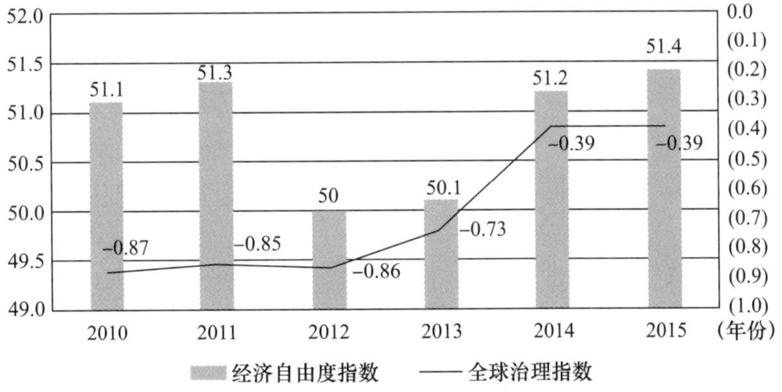

图 6 -103　2010 ~2015 年老挝国内制度发展情况

国际合作方面，从官方发展援助的数据来看，老挝一直处于接受援助的地位，在国际合作方面对国际的贡献薄弱。

表 6 -24　2010 ~2015 年老挝承担国际义务指标数据

年份	2010	2011	2012	2013	2014	2015
提供（接受）的官方发展援助净额（现价美元）	66.0917	62.49814	63.15724	63.98799	70.61875	70.61875

（三）小结

通过对老挝进行可持续发展评价，本报告认为，相比其他"一带一路"沿线国家，老挝具有丰富的能源、资源优势，但以能源带动增长并不符合可持续发展战略的核心。同时，匮乏的高技能人力储备、相当不完善的基础设施以及不成熟的社会制度制约了老挝未来的发展。相应地，经济结构的问题以及中央政府债务占比过高也严重制约了经济的发展。

本报告认为，老挝政府未来可持续发展战略应致力于积极开展对外务实合作，改善投资环境，加大外资吸引力度；同时，认真整顿财政和税收，开源节流，清理政府投资和债务，收紧政府各项支出，维护老挝宏观经济稳定，保持经济快速增长，使财政状况趋于好转。

十二、东帝汶

东帝汶是位于努沙登加拉群岛东端的岛国，西与印度尼西亚西帝汶相接，南隔帝汶海与澳大利亚相望。东帝汶是世界上最穷的国家，全国经济结构单一，90%的人口从事农业，但仍不能自给，粮食以及大部分物资都要靠进口和外国援助。国家财政收入主要依靠近海的石油和天然气资源开发，其中石油出口为主要。从此背景来看，也不难解释东帝汶在"一带一路"倡议实施过程中的排名一直濒临末位。

（一）东帝汶可持续发展阶段总体评价

评价结果显示，东帝汶可持续发展处于初级发展阶段晚期，2015 年东帝汶可持续发展的得分为 32.7，在"一带一路"沿线国家中排名第 58 位。

根据东帝汶可持续发展阶段的评价结果，2010～2015 年东帝汶一直处于初级发展阶段的晚期，排名一直位于"一带一路"沿线国家第 58 位。观察东帝汶在六年里的发展评价可知，东帝汶在 2010 年"一带一路"倡议发展之初，其发展评价为 29.8，六年间并没有大的波动，2013 年下降至 26.5，之后逐年上升，2015 年评价为 32.7（见图 6－104）。

通过上述时序分析，东帝汶在"一带一路"倡议中本国各系统维度发展虽然有波动。整体还是呈现增长态势，但相比其他国家的发展速度东帝汶并没有相对优势。从局部来看，东帝汶发展评价在东南亚地区①的排名居于末位，在面对排名第一的隔海相望的新加坡以及接壤的印度尼西亚（2015 年排名第 38 时），东帝汶的相对优势都十分有限。

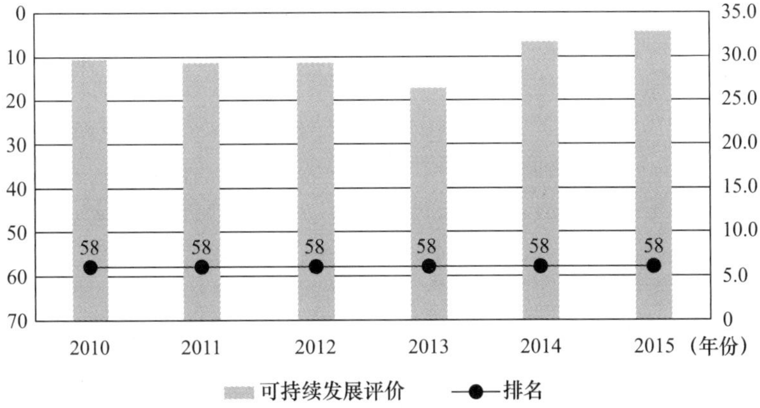

图 6－104　2010～2015 年东帝汶可持续发展评价排名

观察 2015 年东帝汶子系统维度可持续发展评价（见图 6－105），可发现东帝汶五个子系统发展极不均衡，但整体而言，社会系统和机制成熟度明显拉低了整体评价；而经济、环境和基础设施三个系统排名则基本排在“一带一路”国家中段，对整体的评价起到了提高的作用。

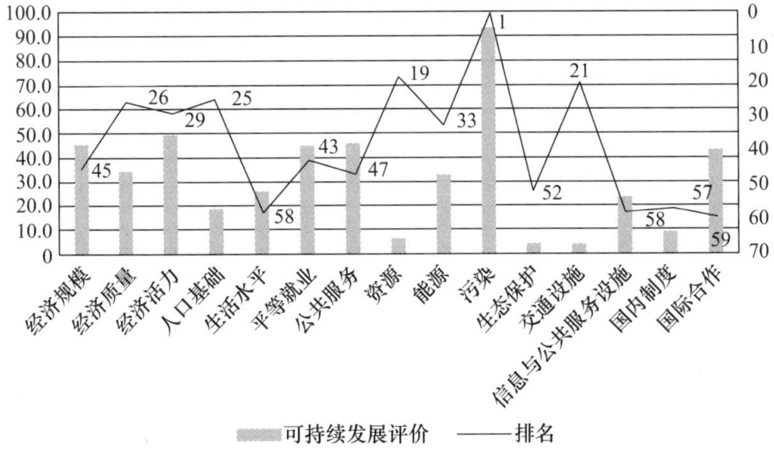

图 6－105　2015 年东帝汶子系统维度可持续发展评价排名

① 东南亚地区“一带一路”沿线国家有：越南、泰国、柬埔寨、老挝、新加坡、马来西亚、菲律宾、印度尼西亚、文莱、东帝汶。

经济方面，经济规模、经济质量和经济活力排名集中在中段，分别排在第45位、第26位和第29位，经济规模相对拉低了经济系统评价；社会方面则整体发展较差，除了人口基础排在第25位，生活水平、平等就业和公共服务方面分别位于后段第58位、第43位和第47位；环境方面起伏波动巨大，资源和污染（正向评价，污染越少排名越高）两者分别位于第19位和第1位，能源和生态保护的排名却在后段徘徊；基础设施中交通设施较完善，排在第21位，信息与公共服务设施则排在第52位；东帝汶的机制成熟度方面发展整体落后，国内制度排在第57位，国际合作方面排在第59位。

评估发现，东帝汶经济系统发展较均衡，环境系统有一定的优势，两者对整体评价起到了提升的作用，但力度不大。社会、基础设施和机制三个子系统的情况相对地拉低了整体的发展。下节分别从这五个子系统中抽取重要指标先进行概述，再对各个系统进行分析。①

（二）东帝汶可持续发展重点领域分析

东帝汶 GDP 年增长率变化波幅较大，总体呈现下降趋势。增长率从2010年10.4%下降至2013年2.9%，2015年回升至4.3%。但总体来说东帝汶 GDP 增长率持续下滑，波动较大。观察人口增长率，六年间保持了2.7%左右的增长率，东帝汶的人口增长保障了国内劳动力资源（见图6－106）。

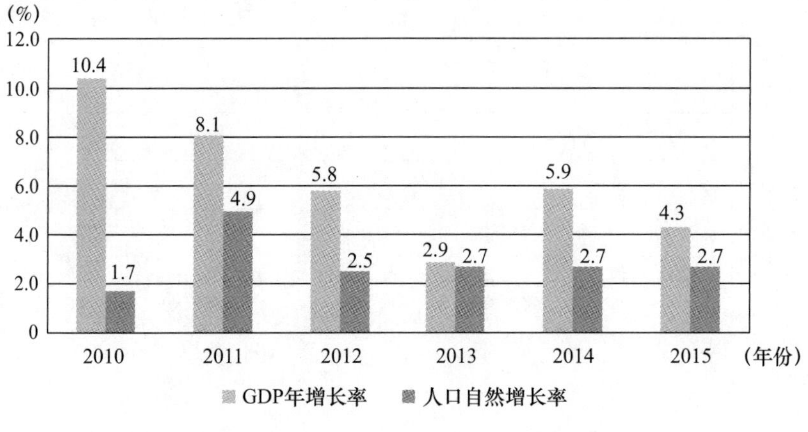

图6－106　2010～2015年东帝汶子系统重点指标发展情况（a）

① 在此仅抽取六个子系统下的重要指标进行子系统评价概述，后文会进行具体解释。

基础设施以及机制的重要指标在此仅列出互联网普及率①、经济自由度指数以及基尼系数。观察数据可发现，互联网普及率在六年间并没有提高，而且基数太低，2015 年互联网普及率也仅只有 0.2%；2010～2015 年，经济自由度指数没有较大变动，徘徊在 45% 左右；基尼系数六年间均保持在 0.2，没有超过国际警戒水平（见图 6－107）。

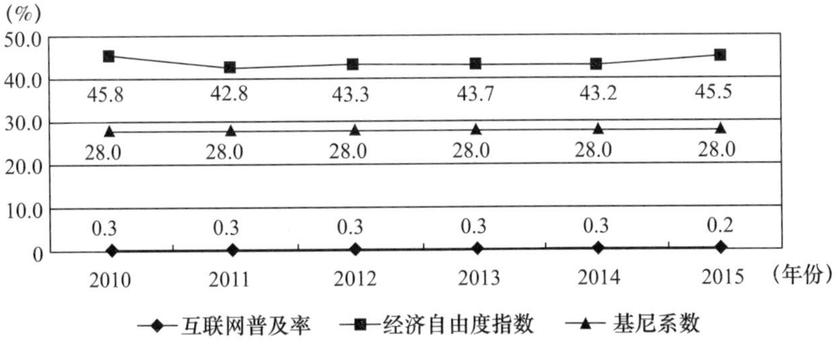

图 6－107 2010～2015 年东帝汶子系统重点指标发展情况（b）

1. 经济

观察东帝汶经济子系统经济规模维度：如上所述，增长率呈现持续下降的趋势，2014 年有所回升，2015 年下降至 4.3%，与 2010 年 10.4% 的增长率反差鲜明；但是从东帝汶人均 GDP 的数据方面，东帝汶国内人均 GDP 从 2010 年的人均 884 美元逐步上升到波峰 2015 年的人均 1158 美元，增幅达到 31%；从人均 GDP 的稳定增长可以看出，东帝汶在“一带一路”发展期间国内经济水平有一定程度的提高，但该经济的可持续性并不乐观（见图 6－108）。

鉴于以上东帝汶经济发展的情况，我们对东帝汶经济结构进行相关分析发现：2010 年东帝汶经常账户顺差占比高达 177.2%，之后逐年增加，2012 年占比升至 211.6%，之后下降明显，2014 年从 182.2% 的占比直接降至 79.1%，2015 年达到 16.5%。相比经常账户在六年间的巨大波动，服务等第三产业附加值占比和资本账户则发展较均衡：服务等附加值占比波动较小，从 2010 年的 62.4% 下降至 2015 年的 61.6% GDP 占比；资本形成总额占比有较大的波动，2010 年资本占比为 40.2%，2011 年上升至 66.2%，之后逐年下降，2015 年降至 37.1%。对外直接投资净流出虽然占比份额较小，在 2011 年也呈现大幅度波动，从 2010 年 2.8% GDP 占比下降至 2011 年－2.9%，之后逐年增加，2015 年 FDI 净流出占比为 0.9%。从该经济结

① 互联网普及率是根据世界银行提供的数据，按每 100 人的互联网用户计算所得。

构来看，东帝汶经济发展在2010年有一个转折，2011年大量投资涌入，国内贸易、资本以及吸引的外来投资都得到大幅度发展。但随着"一带一路"的发展，该经济刺激所带来的福利逐步消失，经济增长率下降（见图6-109）。

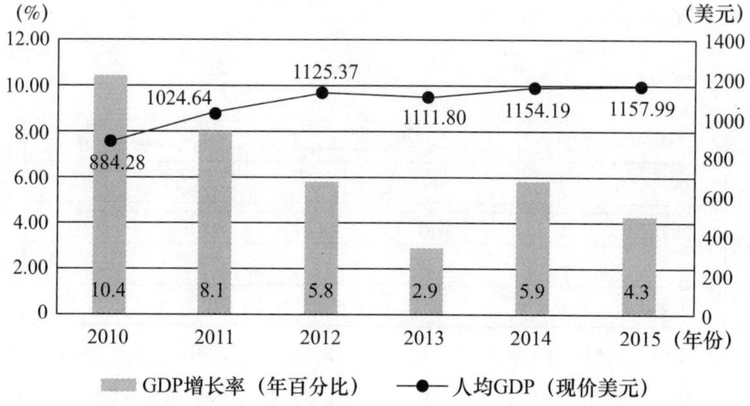

图6-108　2010~2015年东帝汶GDP增长率和人均GDP情况

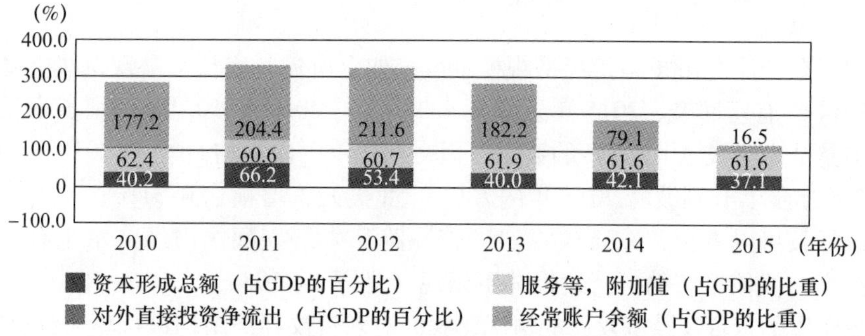

图6-109　2010~2015年东帝汶经济结构发展情况

观察东帝汶经济外向度数据，依然符合上述结论，2011年是东帝汶经济的转折点。2010年东帝汶经济外向度为152.5%，2011年上升为171.3%，之后逐年下降，2015年降至96.9%。经济外向度过高，该指标是衡量一个地区经济开放状态的指标之一，可见东帝汶经济在很大程度上依赖于其国内贸易的发展，因此其经常账户占比较大，但其波动明显说明国内贸易结构并不稳定。此外，观察东帝汶国家创新指数，在"一带一路"倡议发展期间，该指数并没有变动，一直维持在25的水平，在"一带一路"沿线国家中并不具有竞争力（见图6-110）。

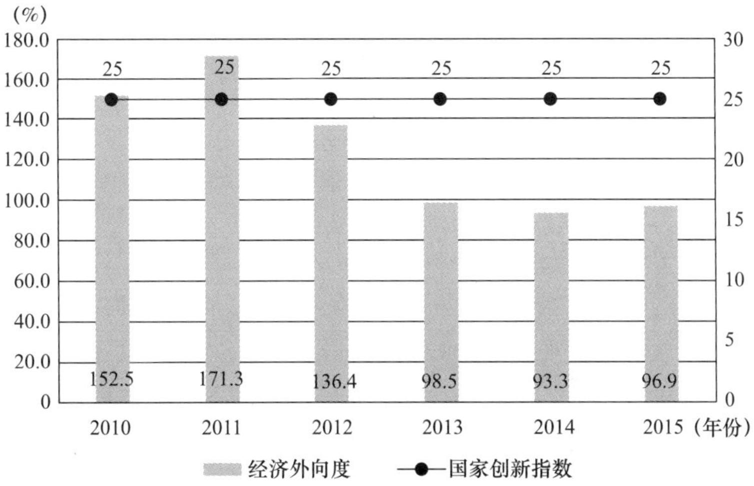

图 6-110 2010～2015 年东帝汶经济活力发展情况

2. 社会

东帝汶社会子系统从人口基础、生活水平、平等就业以及公共服务四个方面来分析。

东帝汶人口基础方面差强人意，从表 6-25 可以看到东帝汶国内人口在六年内保持增长，尤其是 2011 年人口增长率达到 4.9%，此后保持在 2.7% 的增长水平；人口密度呈现上升幅度，但密度依然较低；R&D 人员数目虽然在六年间保持增长但仍然明显不足，从每百万人 13 人上升到 28 人。

表 6-25 东帝汶社会子系统人口基础概况

年份	2010	2011	2012	2013	2014	2015
人口增长（年度百分比）（%）	1.7	4.9	2.5	2.7	2.7	2.7
人口密度（每平方千米土地面积人数）（人）	71.09092	72.46819	74.11406	75.94586	77.83188	79.67485
性别比（每 100 位女性对应的男性数量）（人）	97.42	97.967	98.421	99.61	101.894	101.894
R&D 人员（每百万人）（人）	12.65531	12.65531	12.65531	28.33374	28.33374	28.33374

东帝汶生活水平方面则相对其他系统明显滞后。从图 6-111 可以看出，六年间，东帝汶贫困人口的比例并没有变化，数据显示低于 1.9 美元/天的人口比

例居高不下，一直维持在15%；营养不良发生率有所下降，从2010年的32.1%下降至2015年的26.9%，说明在"一带一路"倡议发展期间，东帝汶生活水平有一定程度的改善，但营养不良发生率以及贫穷人口比例依然很高；人均粮食产量从2010年人均245.5千克陡降至2011年人均132.2千克，2015年逐步增加至157.8千克，粮食产量的大幅度下降和其产业规划、经济结构密切相关，东帝汶的社会系统存在一定的问题。

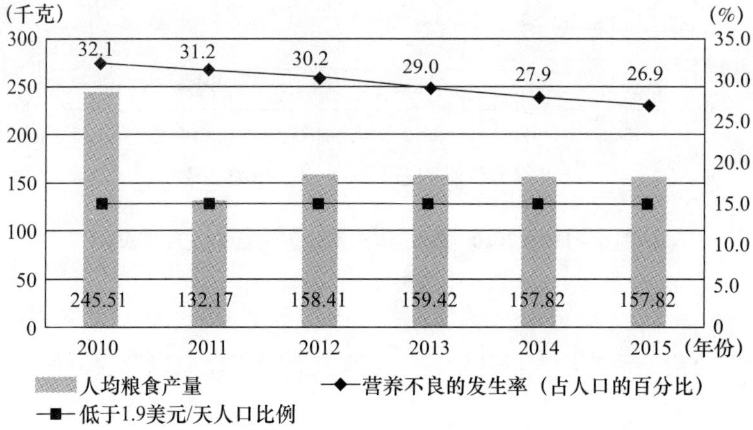

图6-111　2010~2015年东帝汶社会环境生活水平情况

人类发展指数是衡量一个国家发展进步的重要综合指标之一，2010~2015年"一带一路"倡议实施以来，东帝汶的人类发展指数在2011年明显提高后下落也很明显；失业率在2011年有微弱的下降后，逐年增长，2015年达到4.7%，可见"一带一路"倡议对东帝汶平等就业子系统给予了短暂的经济刺激，但之后的发展逐步退后，甚至不如最初水平（见图6-112）。

关于东帝汶社会公共服务方面，"一带一路"发展期间，一方面，东帝汶在健康方面有较小程度的改善，2010年，人均医疗卫生支出36.78美元，2015年达到57.08美元，该支出水平无论从绝对指标还是相对指标来看都不具有说服力。预期寿命延长至68.3岁，新生儿及孕产妇死亡率呈下降趋势，但幅度甚小。另一方面，东帝汶国内教育问题，小学入学率较高，中学入学率虽然呈现上升走势，但入学率依然很低，从2010年的67.5%上升至73.1%，高等院校入学率方面数据则六年间并无变化，一直是18.1%。可见，东帝汶人力资源在质量、结构上都存在短板。

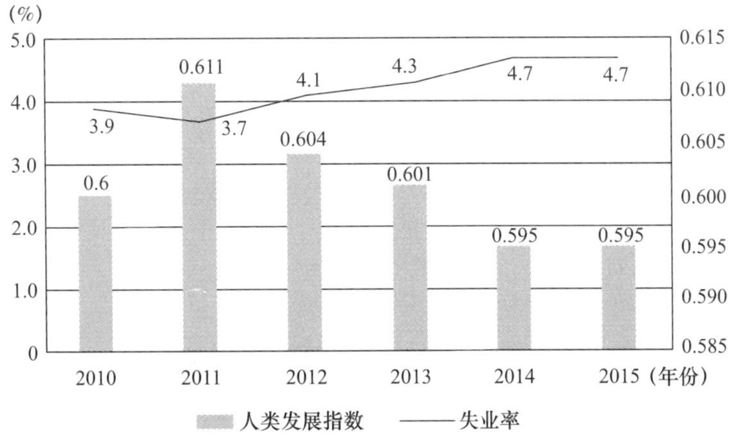

图6－112 2010～2015年东帝汶社会环境平等就业情况

3. 环境

2015年，东帝汶环境子系统的可持续发展评价在“一带一路”60个国家之中居于第37位，属于中级阶段的早期。东帝汶的环境系统在“一带一路”中没有显示出强劲的优势，但对其自身总体评价起到了拉动的作用。东帝汶森林面积、人均土地面积和人均可再生内陆淡水资源等基础环境资源较匮乏，分别位于“一带一路”国家的第42位、第21位和第47位。同时，GDP单位能源消耗和可再生能源比例更加匮乏，分别排在第58位、第50位（见表6－26）。

表6－26 2015年东帝汶环境子系统各项目在“一带一路”国家中排名

项目	排名
森林面积（人均平方千米）	42
人均土地面积（平方千米）	21
人均可再生内陆淡水资源（立方米）	47
GDP单位能源消耗（2011年不变价购买力平价美元/千克石油当量）	58
能源消耗弹性系数（能源消耗增长与GDP增速之比）	10
可再生能源比例（占总能源消耗比例）	50
二氧化碳排放量（人均公吨数）	37
人均一氧化氮排放量（千公吨二氧化碳当量）	26
人均甲烷排放量（千吨二氧化碳当量）	20
PM2.5	21

4. 基础设施

东帝汶国内基础设施方面，从其相对指标增长来看，东帝汶在“一带一路”倡议发展以来基础设施有明显的改善，但从绝对指标来看，该改善有待提高。2015 年铁路总千米数仅有 1412 千米。港口吞吐能力方面相较铁路设施表现还是可圈可点的，不仅保持了每年 5% 的增长，2015 年港口吞吐能力达到 6326861。航空运输量的增速比港口吞吐能力更具优势，2015 年达到 232960。整体而言，东帝汶的交通设施对自身经济起到了拉动作用（见图 6 - 113）。

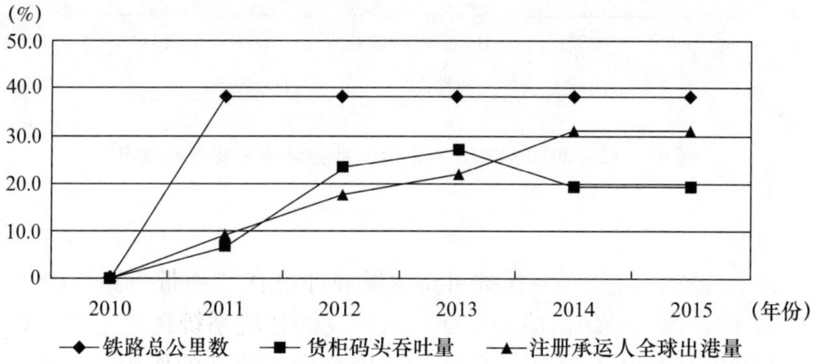

图 6 - 113　2010 ~ 2015 年东帝汶港口吞吐能力和航空运输量增长情况（以 2010 年为基期）

但是在公共服务设施方面，东帝汶存在更大短板。互联网普及率低，从 2010 年的 0.3% 降低至 2015 年的 0.2%，用电普及率从 38% 提高至 41.6%，改善水源获得比例从 68.2% 上升到 71.9%。可见东帝汶公共服务设施质量基础差，政府在“一带一路”倡议发展期间，对公共设施服务进行了相应改善，但力度有待提高。

5. 机制

东帝汶机制成熟度分别从国内制度发展和国际合作两个维度来进行描述。

观察东帝汶经济自由度指数，如前所述该指数存在一定波动，但一直徘徊在 45% 的水平。而具有较高经济自由度的国家或地区与那些具有较低经济自由度的国家或地区相比，会拥有较高的长期经济增长速度和更繁荣。“一带一路”倡议发展期间，东帝汶对经济的干预程度并没有较大程度的改变，经济自由度不高。

全球治理指数指政府治理的有效性，主要体现在更多的公众话语权与更强的政府问责、更高的政治稳定与更少的社会暴力、更高的政府效能、更高的管制质量、更完善的法治以及更少的腐败六个方面。观察东帝汶数据可知，六年间东帝汶的全球治理指数一直为负。可见在国内机制发展方面，东帝汶政府还需加大调控力度（见图6－114）。

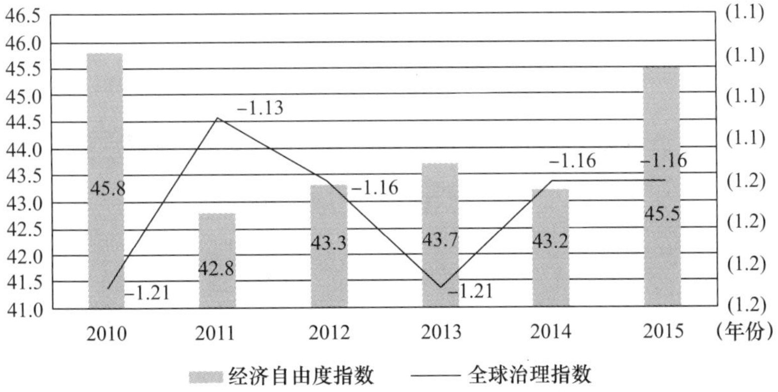

图6－114 2010～2015年东帝汶国内制度发展情况

东帝汶国际合作方面，从其承担的国际义务看，六年间接受的官方发展援助也呈现下降趋势，从该角度看东帝汶在国际合作方面尽到了一定程度的义务，但力度有待提高（见表6－27）。

表6－27 2010～2015年东帝汶接受（提供）的官方发展援助净额（现价美元）

年份	2010	2011	2012	2013	2014	2015
接受的官方发展援助净额	273.1597	248.9575	245.6487	217.5127	203.7856	203.7856

（三）小结

通过对东帝汶进行可持续发展评价，本报告认为，“一带一路”对东帝汶的发展还是起到了较大程度的提升，从2010年伊始，2011年经济，无论是从GDP增长率、经常账户顺差程度、外贸依存度以及人口增长率，都能看到大幅度提升。但相比其他“一带一路”沿线国家，东帝汶经济水平低，GDP增长波动明显，经济结构存在一定问题，此外在人力资源、公共服务设施方面都存在明显的短板，存在缺乏高端人才、公共服务设施匮乏的问题。这也是因为东帝汶自1999年脱离印度尼西亚以来，主要依靠外国援助，经济结构发展不平衡，油气收益逐年增加，非石油经济发展缓慢。

因此，本报告认为东帝汶的可持续发展战略应培养国内优势产业，转变贸易结构，改善经济外向度；同时应对国内人才培养结构进行优化，培养高质量人才，从而加快产业升级；此外，东帝汶政府近年应将减贫和增加就业作为重点，逐步增加财政预算和公共投资，鼓励外来投资，以拉动非石油经济增长。

十三、建设马中关丹产业园及西哈努克港经济特区的启示

（一）马中关丹产业园

马中关丹产业园依托其独特的港口优势，是服务马来西亚东海岸经济特区、面向中国沿海、辐射东南亚的产业园，旨在建设成为马中经贸合作战略发展新平台、亚太地区投资创业新高地以及中国—东盟经济合作示范区。马来西亚与中国、日本、新西兰、印度、澳大利亚等多国都签署有自由贸易协定，关丹产业园具有广阔的市场需求前景。同时，马来西亚自然资源储量丰富，是世界最大棕榈油制品出口国、世界第三大液化天然气出口国、世界第三大橡胶制品出口国。

鉴于马来西亚以上发展背景，本节针对该项目的产业方向提出以下几点建议：

1. *对于产品层面*

产业定位明晰化。充分发挥马来西亚的传统优势，加大以钢铁、铝材深加工、棕榈油加工、石化、橡胶制品为主的工业制成品的出口，同时打造特色产业群，以该五大工业制成品为主线，制造品牌效应。在品牌效应基础上，深化产业链，加大出口附加值，提高其国际竞争力。

根据周边不同国家需求调整出口战略。例如，针对巴基斯坦和印度尼西亚基础设施落后，在与其自由贸易协定中，可加大发展信息通信以及交通设施的原材料出口，进一步可在政府层面进行合作，加强两国的资源整合；针对新加坡、泰国，可调整工业制成品的出口结构，逐渐增加出口产品附加值。

2. *对于建设层面*

多角度建设基础设施，优化园区投资环境，构建公共服务平台以及产业配套体系。另外，应形成三大主体合作共赢的有效机制，即政府产值有保障、投资回报效率高、入驻厂商盈利好，三者间共赢博弈，而不是一方受损，其他一方或两方独得收益的不可持续的局面。因此，应建立有效的可持续的商业发展模式，使

三者资源能够形成合力。为了长远规划，在招商引资的规划中还应加大对“高、精、尖”类型的工业门类的引导，为更合理的产业规划打下有效基础。

3. *对于发展层面*

在产业品牌效应扩大后，进一步加强区域间的合作机制，一方面，带动周边基础设施落后国家的基础建设，同时深化产业园的需求市场。另一方面，针对新加坡、文莱、泰国经济结构类型，加强合作。例如，新加坡和文莱，环境系统是其软肋，资源基础与能源消耗都制约了整体的发展，可在此方向与新加坡、文莱加强产品合作；而泰国总体发展较平稳，整体徘徊在中段水平，针对此情况，可进一步加强产品分工，利用比较优势，与泰国形成共赢的发展机制。

（二）西哈努克港经济特区

位于柬埔寨南部的西哈努克省是柬埔寨的对外开放窗口之一，拥有较好的基础设施条件，交通十分便利，拥有国际港口和国家级机场——西哈努克机场。柬埔寨首相洪森曾把西哈努克省定位为柬埔寨经济命脉的“龙头”。西哈努克港经济特区是由中柬企业在柬埔寨西哈努克省共同开发建设的经贸合作区，是“一带一路”上的标志性项目，旨在为企业搭建“投资东盟，辐射世界”的投资贸易平台，实现共赢发展。

柬埔寨的投资优势在于经济增长潜力较大，在“金砖国家”的增长率开始放缓，经济红利慢慢削弱之后，柬埔寨位于东亚和东南亚这一全球最具经济活力的地区，凭借良好的资源优势以及近年来政府对经济的干预水平降低，虽然仍属于较不自由经济体，但前景良好。这些优势都让柬埔寨成为一个“新新兴市场”提供可能性。

鉴于柬埔寨以上发展背景，本节针对该项目的产业方向提出以下几点建议：

1. *充分发挥绝对优势和比较优势*

根据可持续发展评价报告，柬埔寨的环境系统明显高于其他系统，丰富的资源和能源以及较好的生态保护，使其产业定位非常明晰。应充分发挥柬埔寨的传统优势，加大以木材、橡胶、农产品为主的初级产品的出口，同时发展高附加值产业，从初级产品向高附加值的具有品牌效应的产品转型，实现产业链深化，不再选择走以资源谋发展的路径。

与马中关丹产业园形成合力。根据马中关丹产业园的“高、精、尖”定位，充分和其达成互补协议，建立长期的合作机制。同时，根据柬埔寨的旅游资源优势，西哈努克港经济特区应针对旅游资源设计符合自身产业园特色的旅游产品，充分满足旅游市场需求。

2. *对于建设层面*

配合国家旅游特色，可以在产业园等规划调整中设置旅游特色，把其一部分打造成具有旅游特色的主题产业园；同时为了长远规划，在招商引资的规划中应加大对高附加值产品类型的工业门类的引导，为更合理的产业规划打下有效基础。

3. *对于发展层面*

在产业品牌效应扩大后，进一步加强区域间的合作机制，充分发挥自己的比较优势，努力融入全球价值链升级的机遇中。在与和自己定位类似的国家（如越南、菲律宾、印度尼西亚）中，扩大自己的品牌效应，同时完善自身的基础设施短板，使三大主体的利益最大化。

第七章　南亚地区国家可持续发展评价与分析

一、区域总体评价

（一）南亚地区总体情况

南亚区域内的国家包括不丹、尼泊尔、阿富汗、巴基斯坦、马尔代夫、孟加拉国、斯里兰卡以及印度。该区域包含了超过世界1/5的人口，是世界上人口最多和最密集的地域，同时也是继非洲撒哈拉以南地区后全球最贫穷的地区之一。南亚八国2014年国内生产总值（GDP）26078.7亿美元，占全世界总量的3.3%；人口169220.5万人，占世界总人口的23.5%；人均GDP为1541美元，属于中等偏下收入国家。相较于“一带一路”东南亚沿线地区，南亚八国作为我国相邻区域，“一带一路”倡议的实施却表现出明显不同的发展路径。南亚是中国的西南周边，与中国被内陆紧锁的边疆省份山水相连。在“一带一路”倡议提出初期，南亚的关联性并不是很清楚，这主要是因为“一带”聚焦在欧亚大陆，“一路”重点在东南亚及由此延伸至波斯湾和西亚北非，两者都有着强烈的历史传统和路径。而南亚的地理位置正处于“一带一路”发展路径之间，北上与中亚相连，南下接通广袤的印度洋，因此，南亚的地理位置之重要不亚于东南亚，连接了“一带一路”的东西两端，南亚是连接“一带”和“一路”的重要枢纽，在两个方向上都具有发展潜力。

（二）经济

“一带一路”沿线南亚地区相较于其他地区，经济质量普遍不高，经济活力较低。除印度和巴基斯坦经济尚算比较靠前外，其他六国经济排名徘徊在50位左右，经济基础薄弱。经济规模方面，南亚八国保持了较不错的增长，六年来印度、孟加拉国和不丹保持了持续增长，2015年GDP增长率分别为7.6%、6.6%和6.5%；巴基斯坦和斯里兰卡则处于增速不高但经济平稳发展的状态，2015年GDP增长率保持在4.8%左右；马尔代夫、尼泊尔和阿富汗则增速下滑，2015年GDP增长率分别为2.48%、2.73%和0.84%。

另外，南亚区域中贸易往来并不紧密，没有像东盟一样的区域合作组织，同时由于部分地区的动乱局面以及南海争端问题，为“一带一路”倡议在南亚地区的践行造成了阻力。但尽管基于上述问题，随着中国推进建设“中巴、孟中印缅”两个经济走廊以及“一带一路”倡议践行，逐步构建出中国与南亚以及南亚间的贸易网络，南亚各国在“一带一路”倡议实施以来，经济出现明显上升态势。

（三）社会

“一带一路”南亚国家社会机制普遍较差，成为制约整体的短板。虽然大部分国家具有一定的人口基础，人口自然增长率、人口密度、出生性别比、人口城镇化率呈上升趋势，但科技人员数明显不足，生活水平低下，如阿富汗、不丹、尼泊尔、孟加拉国；相较于上述国家，马尔代夫、巴基斯坦、斯里兰卡以及印度虽然存在人口结构不合理的问题，但人口基础、生活水平以及平等就业方面都有明显的提升，属于收入相对合理的国家。根据人类发展指数衡量高人类发展水平和中等人类发展水平的0.8分界线划分南亚国家，南亚国家都在低等人类发展水平和中等发展水平阶段，只有斯里兰卡（0.757）和马尔代夫（0.706）的人类发展水平较接近高等人类发展水平，印度和不丹在0.6徘徊。其余南亚一半国家社会的生活水平普遍较低，人类发展指数大部分低于0.6，2015年巴基斯坦、阿富汗、尼泊尔、孟加拉国的发展指数分别为0.538、0.465、0.548、0.57，而中国在改革开放前，人类发展指数就已经达到0.53。

（四）环境

相较于前两个系统，“一带一路”南亚国家的环境优势较为明显。部分国家拥有较好的资源基础，能源消耗低，如不丹、尼泊尔、阿富汗、巴基斯坦。这些国家中的共同点就是环境系统明显优于其他四个系统，大大提高了整体的发展水平，但国内污染和生态保护方面却有待提高，最为典型的就是阿富汗和巴基斯坦，阿富汗污染指数和生态保护指数最大相差高达86.2，巴基斯坦资源指数和生态保护指数最大相差高达80.8。相较于上述国家，马尔代夫、孟加拉国、斯里兰卡以及印度的环境系统，对整体系统的提升影响并不大，其中最为典型的是印度，印度的环境系统是制约其他系统的明显短板，其环境污染仍有明显恶化的趋势。马尔代夫资源禀赋较差且能源消耗较高，而孟加拉由于人口密集且增长快速，造成孟加拉生态资源消耗也比较大。之所以出现这种现象，归根结底还是因为南亚大部分国家为了扩大出口外汇、谋求经济的发展大规模开发土地，种植粮食作物和经济作物，开采森林资源，同时由于技术水平低下，农业开发措施使用不当，导致了一系列的环境问题。因此，南亚的环境问题和东南亚部分相似，以消耗自身能源谋求短期 GDP 的做法无疑是杀鸡取卵，不符合“一带一路”可持续发展的内核。

（五）基础设施

南亚国家在基础设施建设上普遍较为落后，除了印度，其他国家基础设施排名都在尾端徘徊，其中阿富汗、马尔代夫交通设施指数仅为0.2、0.015。和东南亚国家不同，南亚国家的基础设施水平并没有和经济发展程度匹配，基础设施短板成为制约南亚发展的重要因素。但在发展态势上，印度、斯里兰卡、孟加拉国、马尔代夫、巴基斯坦等在信息与公共服务设施方面都有明显的上升态势。

（六）机制

在机制成熟度层面，“一带一路”沿线南亚国家也不具有优势，从经济自由度来看，除了阿富汗，其他七国属于较不自由经济体，而根据 2015 年数据，阿富汗仍属于受压制经济体。

南亚部分国家国内制度水平较低，国际合作层面又严重依赖国外支持和援助，如阿富汗、巴基斯坦、马尔代夫。而其他国家在国际合作层面虽然有较好的表现，但国内制度数据依然表明南亚多国正处于社会问题凸显、政府控制腐败的能力较弱、全球治理指数较低的状态。

二、不丹

不丹位于中国和印度之间喜马拉雅山脉东段南坡，属于南亚地区的内陆国，目前仍为最不发达的国家之一。但同样对于不丹的标签值得一提的是，不丹是世界幸福指数最高的国家之一。相比柬埔寨、东帝汶这些不发达国家，不丹在“一带一路”排名中却是中段靠前的位置，可见不丹拥有可观的发展潜力。

（一）不丹可持续发展阶段总体评价

评价结果显示，不丹可持续发展处于初级发展阶段晚期，2015 年不丹可持续发展的得分为 43.7 分，在"一带一路"沿线国家中的排名为第 26 位。

2010 ~ 2015 年不丹一直处于初级发展阶段的晚期，评价虽有波动但总体呈上升趋势，在"一带一路"沿线国家中的排名波动后与之前排名持平。观察不丹在六年里的发展评价可知，不丹在 2010 年"一带一路"倡议发展之初，其发展评价为 41.2，之后波动明显，2014 年恢复至 2010 年评价水平，2015 年评价升至 43.7；但排名在 2010 年第 26 名之后的三年在第 35 名左右徘徊，2015 年再次升至第 26 名（见图 7 - 1）。

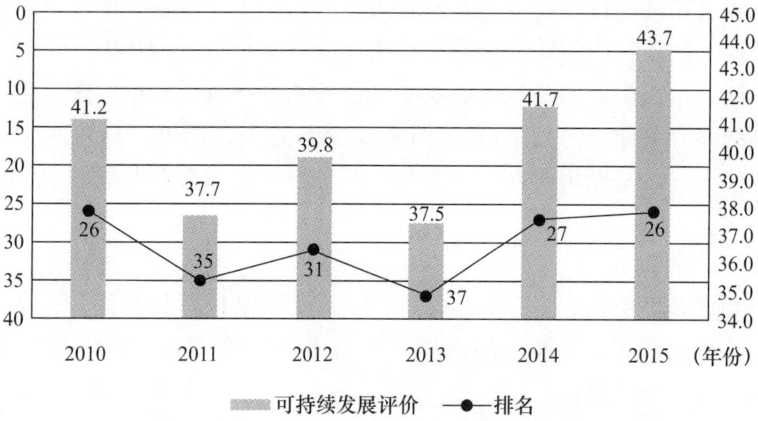

图 7 - 1　2010 ~ 2015 年不丹可持续发展评价排名

通过上述时序分析，可以看出不丹在"一带一路"倡议中本国各系统维度发展虽然有波动，整体还是呈增长态势，但相比其他国家的发展速度不丹则有所滞后。从局部来看，相较于尼泊尔（2015 年评价 39.8）和斯里兰卡（2015 年评价 38.9），不丹在南亚地区发展评价明显优于尼泊尔和斯里兰卡，具有一定的发展优势。

观察 2015 年不丹子系统维度可持续发展评价（见图 7 - 2），可发现不丹五个子系统发展明显不均衡。但整体而言，突出的环境系统提升了整体评价；而经济、社会、环境和基础设施四个系统排名则表现平平，基本排在"一带一路"国家第 50 名左右。

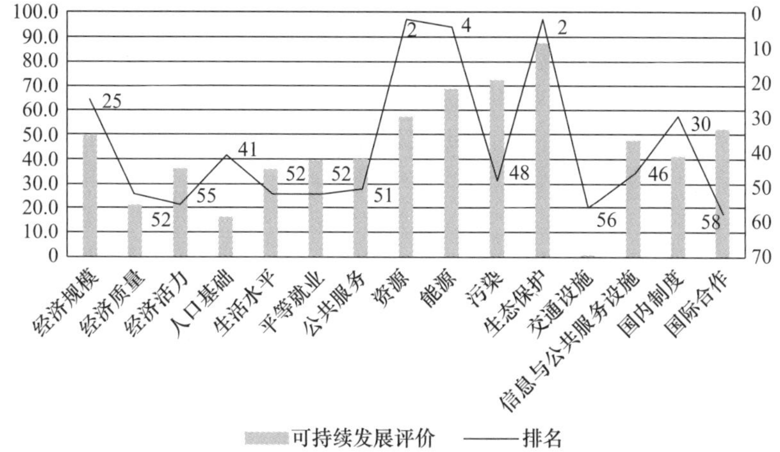

图7－2　2015年不丹子系统维度可持续发展评价排名

经济方面，经济质量和经济活力排名集中在后段，分别排在第52位和第55位，经济规模较突出，排在第25位，相对提升了经济系统评价；社会方面则整体发展较差，除了人口基础排在第41位，生活水平、平等就业和公共服务方面分别位于后段第52位、第52位和第51位；环境方面起伏波动巨大，资源、能源和生态保护三者分别位于第2位、第4位和第2位，优势明显，而污染的排名却在中后段徘徊，但相比其他系统，环境系统明显提升了整体评价；基础设施排名靠后，交通设施和信息与公共服务设施都不占优势，分别排在第56位和第46位；不丹的机制成熟度方面发展不均衡，国内制度排在第30位，国际合作方面排在第58位。

评估发现，不丹环境系统有相当明显的优势，对整体评价起到了提升的作用。经济、社会、基础设施和机制四个子系统的情况表现平平，徘徊在中后段，相对制约了整体的发展。下节分别从这五个子系统中抽取重要指标先进行概述，再对各个系统进行分析。①

（二）不丹可持续发展重点领域分析

不丹GDP年增长率变化波动较大。2010年增长率为11.7%，之后逐年以三个增长点下滑，2013年降至2.1%后触底反弹，2015年增长率回升至6.5%。可见不丹经济的发展并不平稳，波动较大。

① 在此仅抽取六个子系统下的重要指标进行子系统评价概述，后文会进行具体解释。

相应地，观察能源消耗弹性系数①，可以发现能源消耗增长与 GDP 增长呈同向变化，不丹的能源优势对经济增长起到了一定作用。2010 年能源消耗增长，在 2011 年弹性系数升至 0.0041，2012 年下降至 0.0023 后升至 2013 年的 0.0063，能源消耗持续增长，GDP 增长率出现回升，2014 年之后保持在 0.0026 的水平不变。从以上分析可知，不丹国内能源消耗增长对于不丹 GDP 的增长起到了一定作用，但由于能源消耗弹性系数较小，所以对经济的拉动有限（见图 7-3）。

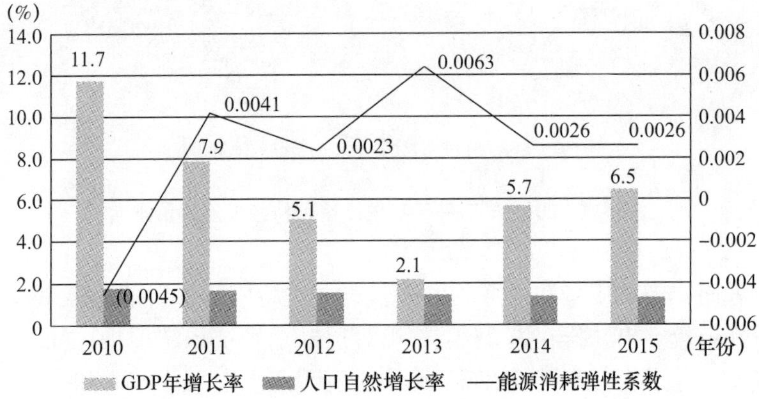

图 7-3　2010～2015 年不丹子系统重点指标发展情况

基础设施以及机制的重要指标在此仅列出互联网普及率②、经济自由度指数以及基尼系数。观察数据可发现，互联网普及率在六年间有所提高，但基数依然很低，2015 年互联网普及率仅只有 39.8%；2010～2015 年，经济自由度指数没有较大变动，在第 56 位左右徘徊；基尼系数六年间均保持在 38.8%，没有超过国际警戒水平（见图 7-4）。

1. 经济

观察不丹经济子系统经济规模维度：如上所述，增长率趋势存在波动，整体呈下滑走势；从不丹人均 GDP 的数据方面看，不丹国内人均 GDP 从 2010 年人均 2201 美元逐步上升到波峰 2015 年的人均 2656 美元，增幅仅有 20%；无论从相对指标 GDP 增长率波动还是绝对指标人均 GDP 的微弱增长都可以看出，不丹在“一带一路”发展期间国内经济水平有一定程度的提高，但效果较差（见图 7-5）。

① 能源消耗弹性系数为能源消耗增长与 GDP 增速之比。
② 互联网普及率是根据世界银行提供的数据，按每 100 人的互联网用户计算所得。

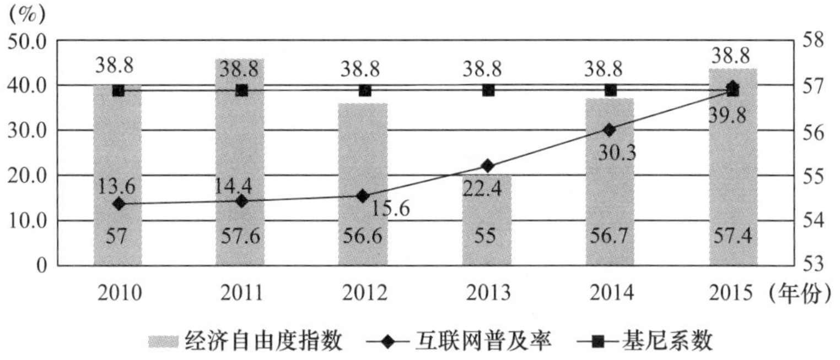

图 7－4　2010～2015 年不丹子系统重点指标发展情况

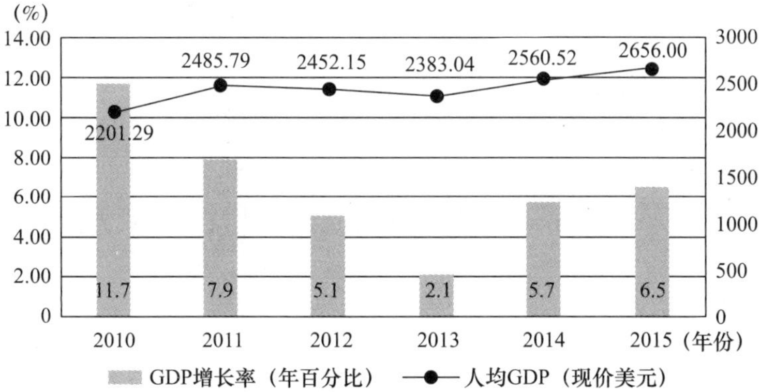

图 7－5　2010～2015 年不丹 GDP 增长率和人均 GDP 情况

鉴于以上不丹经济发展的情况，我们对不丹经济结构进行相关分析发现：2010 年不丹经常账户逆差占比达到 20.4%，之后也一直处于贸易逆差的状态，虽有反复但基本在 27% 左右浮动，2015 年逆差占比达到 28.1%。服务等第三产业附加值占比和资本账户发展较均衡，但占比并不均衡：服务等附加值占比从 2010 年的 37.9% 上升至 2015 年的 39.4%，但该 GDP 占比份额较小，国内第三产业并不发达；资本形成总额也几乎无波动，从 2010 年资本占比为 61.7% 下降至 2015 年的 54%，依然占比较高。对外直接投资净流出占比份额较小，起初保持在 4.7%，2014 年降至 0.4%，2015 年升至 1.6%。从该经济结构来看，不丹经济发展与对外贸易的发展密切相关，随着“一带一路”的发展，不丹经济还是有一定的改善，但程度较小（见图 7－6）。

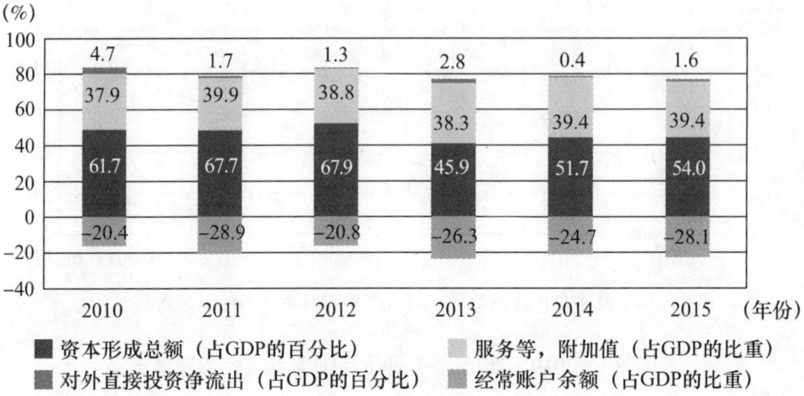

图7－6　2010～2015年不丹经济结构发展情况

观察不丹经济外向度数据，依然符合上述结论。2010年不丹经济外向度为96.2%，2011年上升为112.6%后下落，2015年降至91.6%。经济外向度指标是衡量一个地区经济开放状态的指标之一，可见不丹国内贸易的发展对经济的贡献力度很大，因此其经常账户逆差占比较大，收支并不平衡，加之下滑的经济增长率，不丹的经济过度依赖于国外需求，长期来看不利于经济发展。此外，观察不丹中央政府的债务占比，在"一带一路"倡议发展期间，该指数呈现直线上升的趋势，2015年中央政府债务占比达到91.6%，过高的债务占比也影响了不丹经济活力（见图7－7）。

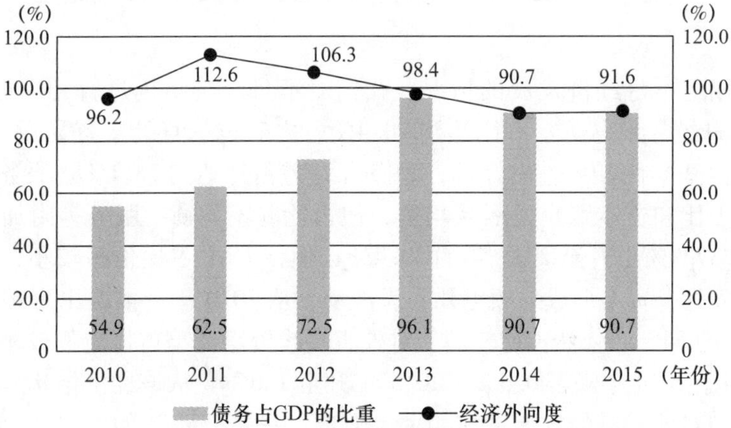

图7－7　2010～2015年不丹经济活力发展情况

2. 社会

不丹社会子系统从人口基础、生活水平、平等就业以及公共服务四个方面来分析。

表 7－1　不丹人口基础概况

年份	2010	2011	2012	2013	2014	2015
人口增长（年度百分比）（%）	1.7	1.7	1.6	1.5	1.4	1.3
人口密度（每平方千米土地面积人数）（人）	18.89566	19.21048	19.51127	19.79791	20.07	20.32768
性别比（每 100 位女性对应的男性数量）（人）	115.7174	115.868	116.0148	116.1305	116.1693	116.1034
R&D 人员（每百万人）（人）	100.7362	100.7362	100.7362	100.7362	100.7362	100.7362

不丹人口基础方面，从表 7－1 可以看到不丹国内人口在六年内保持了 1.6% 左右的增长水平；人口密度虽然呈现上升幅度但密度仍然较低；R&D 人员数目虽然在六年间保持不变但仍然明显不足，每百万人仅有 100 人 R&D 人员。

不丹生活水平方面，从图 7－8 可以看出，六年间，不丹贫困人口的比例并没有变化，数据显示低于 1.9 美元/天的人口比例一直维持在 2.2%，占比较低；营养不良的发生率有所下降，但该发生率仍然占比较高，从 2010 年的 42.3% 下降至 2015 年的 32.9%，说明在“一带一路”倡议发展期间，不丹生活水平有一定程度的改善，但营养不良发生率依然需要持续改善；人均粮食产量从 2010 年人均 200.8 千克升至 2011 年人均 251.7 千克后有所下降，2015 年回升至 218.2 千克的水平，波动平缓。

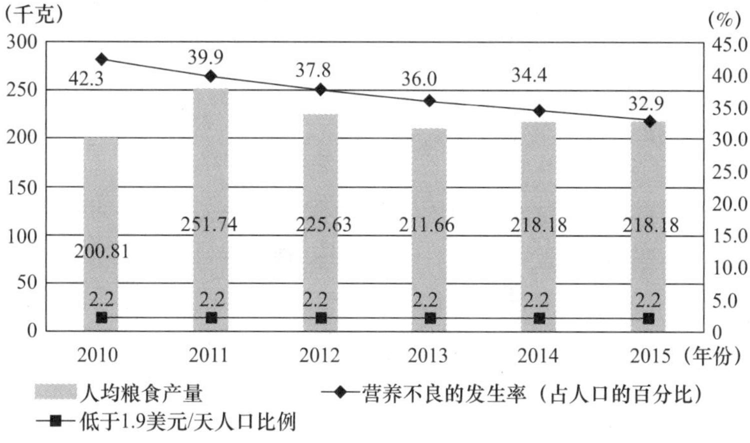

图 7－8　2010～2015 年不丹社会环境生活水平情况

人类发展指数是衡量一个国家发展进步的重要综合指标之一，2010～2015年"一带一路"倡议实施以来，不丹的人类发展指数有明显上升；失业率水平有所下降，2015年达到2.8%，可见"一带一路"倡议对不丹平等就业子系统带来一定红利，但程度有限（见图7－9）。

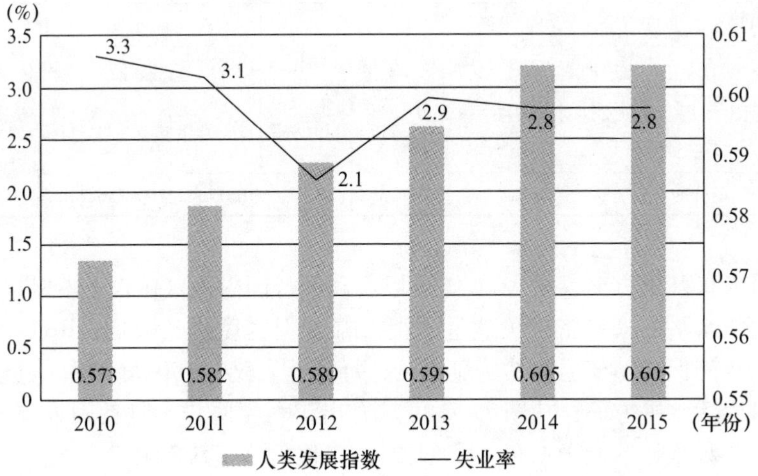

图7－9　2010～2015年不丹社会环境平等就业情况

关于不丹社会公共服务方面，"一带一路"发展期间，一方面，不丹在健康方面并无改善甚至有恶化的倾向，2010年，人均医疗卫生支出113.8美元，2015年降至88.8美元。预期寿命从67.9岁延长至69.5岁，新生儿及孕产妇死亡率呈下降趋势，但幅度甚小且死亡率仍然较高。另一方面，不丹国内教育问题，中小学入学率较高，小学入学率在100%之上，中学入学率从2010年的66.1%上升至84.2%，高等院校入学率方面数据则更低，从7%增加至10.9%。可见，不丹人力资源在质量、结构上都存在短板。

3. 环境

2015年，不丹环境子系统的可持续发展评价在"一带一路"60个国家之中位于第1位，属于高级阶段的早期。不丹的环境系统中能源在"一带一路"中显示出强劲的优势，对其自身总体评价起到了拉动的作用。但观其资源则仍处于中段水平。不丹人均森林面积、人均土地面积和内陆可再生淡水资源等基础环境资源具有相对优势，分别位于"一带一路"国家的第5位、第10位和第9位。同时，从GDP单位能源消耗和可再生能源比例上可以看出，不丹的经济较依赖于其国内能源，两者分别排在第50位、第19位（见表7－2）。

表7-2　2015年不丹环境子系统各项目在"一带一路"国家中排名

项目	排名
森林面积（人均平方千米）	5
人均土地面积（平方千米）	10
人均可再生内陆淡水资源（立方米）	9
GDP单位能源消耗（2011年不变价购买力平价美元/千克石油当量）	50
能源消耗弹性系数（能源消耗增长与GDP增速之比）	57
可再生能源比例（占总能源消耗比例）	19
二氧化碳排放量（人均公吨数）	7
人均一氧化氮排放量（千公吨二氧化碳当量）	11
人均甲烷排放量（千吨二氧化碳当量）	16
PM2.5	59

4. 基础设施

不丹国内基础设施方面，无论从其相对指标增长率还是从其绝对指标航空运输量来看，不丹在"一带一路"倡议发展以来基础设施存在明显短板。航空运输量增长波动巨大，2010年航空运输量为3053.4，2014年达到8772之后陡降至2015年的4640.4（见图7-10）。

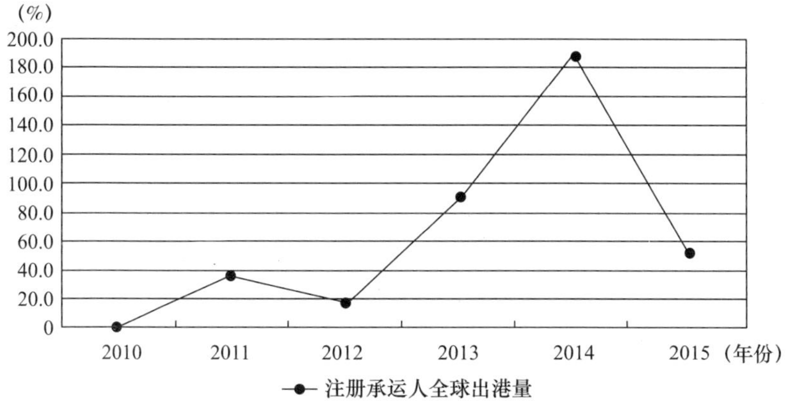

图7-10　2010~2015年不丹港口吞吐能力和航空运输量增长情况（以2010年为基期）

在公共服务设施方面，不丹同样存在短板。互联网普及率低，从2010年的13.6%上升至2015年39.8%，用电普及率上升三个百分点至75.6%，改善水源获得比例在2014年达到100%。可见不丹公共服务设施质量基础差，政府在

"一带一路"倡议发展期间，对公共设施服务进行了相应改善，但力度有待提高。

5. 机制

不丹机制成熟度分别从国内制度发展和国际合作两个维度来进行描述。

观察不丹经济自由度指数，如前所述该指数存在一定波动，但一直徘徊在57的水平，属于较不自由经济体。而具有较高经济自由度的国家或地区与那些具有较低经济自由度的国家或地区相比，会拥有较高的长期经济增长速度和更繁荣。"一带一路"倡议发展期间，不丹对经济的干预程度并没有较大程度的改变，经济自由程度不高。

全球治理指数指政府治理的有效性，主要体现在更多的公众话语权与更强的政府问责、更高的政治稳定与更少的社会暴力、更高的政府效能、更高的管制质量、更完善的法治以及更少的腐败六个方面。观察不丹数据可知，六年间不丹的全球治理指数下降幅度明显。可见在国内机制发展方面，不丹政府还需加大调控力度（见图7－11）。

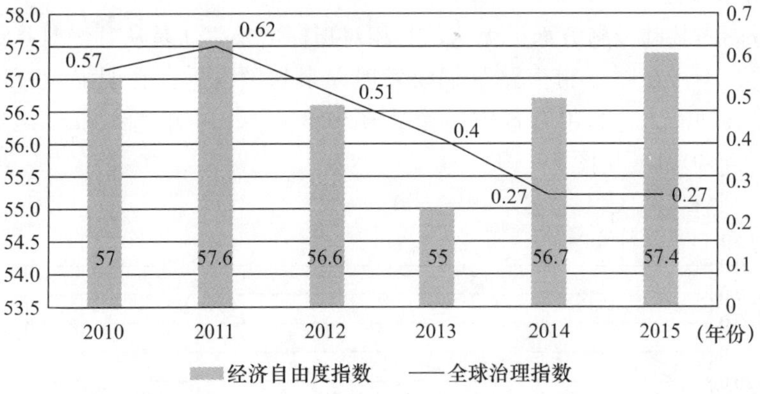

图7－11　2010～2015年不丹国内制度发展情况

不丹国际合作方面，从其承担的国际义务看，六年间接收的官方发展援助净额虽有波动，但在2015年下降至169.6美元，从该角度看不丹在国际合作方面所尽义务有所提高，但程度微弱（见表7－3）。

表7－3　2010～2015年不丹接受（提供）的官方发展援助净额（现价美元）

年份	2010	2011	2012	2013	2014	2015
接受官方发展援助净额	181.1742	194.7706	216.8584	178.0194	169.6322	169.6322

（三）小结

通过对不丹进行可持续发展评价，本报告认为，“一带一路”对不丹的发展还是起到了一定程度的提升，但效果薄弱。无论是从 GDP 增长率、经常账户占比发展、外贸依存度以及受教育水平，都能看到有一定幅度的提升。但相比其他“一带一路”沿线国家，不丹经济水平低，GDP 增长大起大落，经济结构存在一定问题，此外在人力资源、公共服务设施方面都存在明显的短板，缺乏高端人才、公共服务设施匮乏。

因此，本报告认为不丹的可持续发展应发展多元经济，培养优势产业，优化外贸依存度，加大力度投资改善基础设施，发展工业；同时应提高人民生活水平，注重对教育卫生的投入，对国内人才培养结构进行优化，培养高质量人才，从而加快产业升级；此外，对外资开放的领域，涉及国内供过于求的水电能源，应转变思路寻求新的贸易方向，同时关注公路、铁路及与民生相关的农业灌溉和城市基础设施建设领域。

三、尼泊尔

尼泊尔与不丹地理位置相似，同属于南亚地区的内陆国家，北与中国接壤，其余三面与印度为邻，是世界上最不发达的贫困国家之一。和东帝汶类似，尼泊尔 80% 的人口从事农业，经济严重依赖外援，但相较于东帝汶的排名，尼泊尔则排在“一带一路”沿线国家的中段。

（一）尼泊尔可持续发展阶段总体评价

2015 年评价结果显示，尼泊尔可持续发展处于中级发展阶段早期，可持续发展的得分为 39.8 分，在“一带一路”沿线国家中排名第 42 位，位于“一带一路”发展评价排名尾段前位。

根据尼泊尔可持续发展阶段的评价结果，2010～2015 年尼泊尔一直处于中级发展阶段的早期，评价呈上升趋势，但在“一带一路”沿线国家中的排名呈下降趋势。观察尼泊尔在六年里的发展评价可知，尼泊尔在 2010 年“一带一路”倡议发展之初，其发展评价为 36.5，六年间持续上升，2015 年评价升至 39.8；但排名却从 2012 年的第 39 名落后至 2015 年的第 42 名（见图 7－12）。

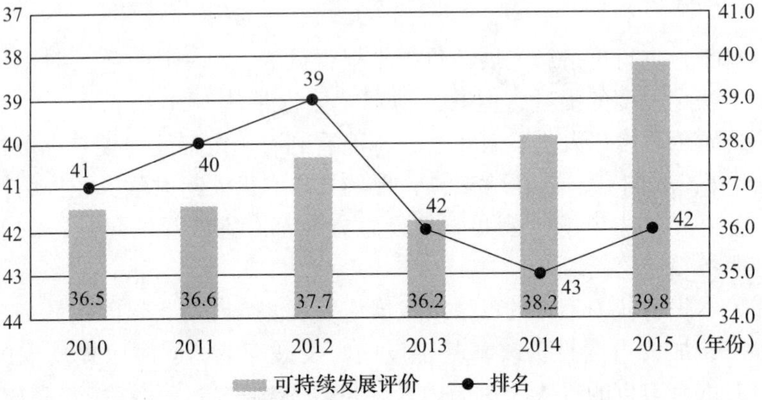

图 7－12　2010～2015 年尼泊尔可持续发展评价排名

通过上述时序分析可以看出，尼泊尔在“一带一路”倡议中本国各系统维度发展虽然有波动，整体还是呈现增长态势，但相比其他国家的发展速度尼泊尔则有所滞后。

观察 2015 年尼泊尔子系统维度可持续发展评价，可发现尼泊尔五个子系统发展较不均衡。但整体而言，突出的环境系统提升了整体评价；而经济、社会、环境和基础设施四个系统排名则表现平平，基本排在“一带一路”国家后段（见图 7－13）。

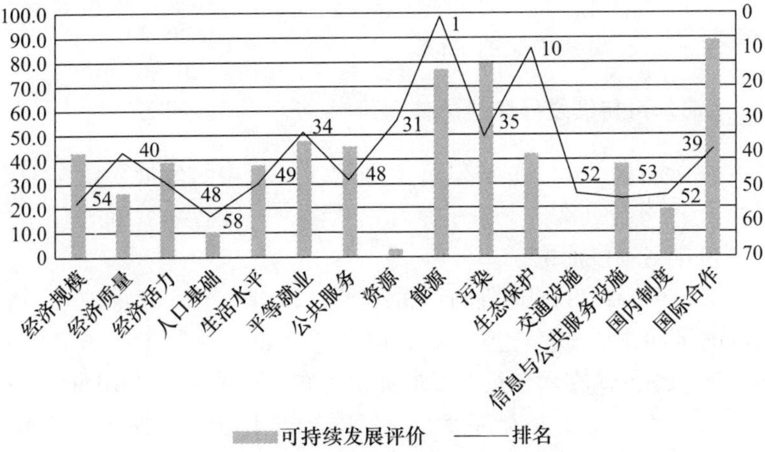

图 7－13　2015 年尼泊尔子系统维度可持续发展评价排名

经济方面，经济规模、经济质量和经济活力排名集中在后段，分别排在第54位、第40位和第48位，经济质量相对提升了经济系统评价；社会方面则整体发展较差，除了平等就业排在第34位，人口基础、生活水平和公共服务方面分别位于后段第58位、第49位和第48位；环境方面起伏波动巨大，能源和生态保护两者分别位于第1位和第10位，优势明显，而资源和污染的排名却在中段徘徊，但相比其他系统，环境系统明显提升了整体评价；基础设施排名靠后，交通设施和信息与公共服务设施都不占优势，分别排在第52位和第53位；尼泊尔的机制成熟度方面发展整体落后，国内制度排在第52位，国际合作方面排在第39位。

评估发现，尼泊尔环境系统有相当明显的优势，对整体评价起到了提升的作用。经济、社会、基础设施和机制四个子系统的情况表现平平，徘徊在中后段，相对制约了整体的发展。下节分别从这五个子系统中抽取重要指标先进行概述，再对各个系统进行分析。①

（二）尼泊尔可持续发展重点领域分析

尼泊尔GDP年增长率变化波动较大。2010年增长率为4.8%，2011年则下降至3.4%，随后有所波动，2014年上升至峰值6%，2015年增长率下降为2.7%。可见尼泊尔经济的发展并不平稳，容易产生波动，经济根基并不稳健。

相应地，观察能源消耗弹性系数②，可以发现能源消耗增长与GDP增长呈同向变化，根本原因有待进一步考察，但可以明确的是尼泊尔的能源优势对经济增长起到了一定作用。2010年能源消耗降低，在2011年弹性系数降至0.0002，2012年上升至0.0201后陡降到－0.0154，能源消耗减少后，GDP增长率也直线下降，2014年之后保持在0.0031的水平不变。从以上分析可知，尼泊尔国内能源消耗增长对于尼泊尔GDP的增长起到了一定作用，但由于能源消耗弹性系数较小，所以对经济的拉动有限（见图7－14）。

基础设施以及机制的重要指标在此仅列出互联网普及率③、经济自由度指数以及基尼系数。观察数据可发现，互联网普及率在六年间有所提高，但基数依然很低，2015年互联网普及率也仅有17.6%；2010～2015年，经济自由度指数没有较大变动，徘徊在51.3%左右；基尼系数六年间均保持在32.8%，没有超过国际警戒水平（见图7－15）。

① 在此仅抽取六个子系统下的重要指标进行子系统评价概述，后文会进行具体解释。
② 能源消耗弹性系数为能源消耗增长与GDP增速之比。
③ 互联网普及率是根据世界银行提供的数据，按每100人的互联网用户计算所得。

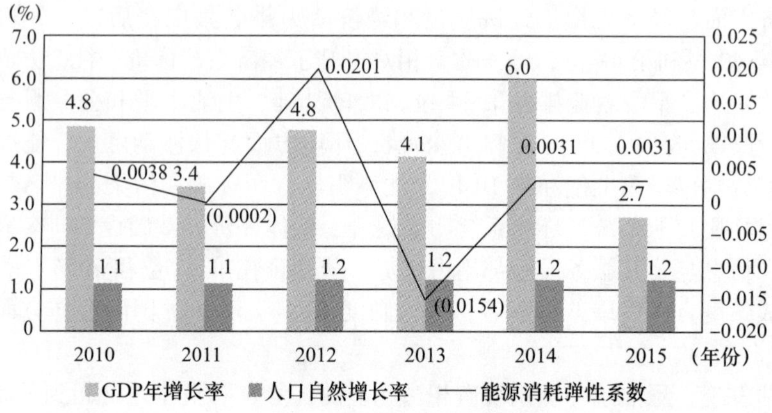

图7-14　2010~2015年尼泊尔子系统重点指标发展情况（a）

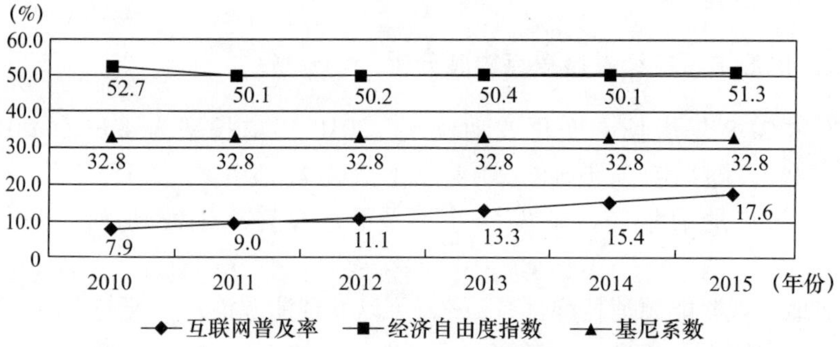

图7-15　2010~2015年尼泊尔子系统重点指标发展情况（b）

1. 经济

观察尼泊尔经济子系统经济规模维度：如上所述，增长率趋势存在波动，2014年回升至6%后陡降至2.7%；从尼泊尔人均GDP的数据方面看，尼泊尔国内人均GDP从2010年的人均595美元逐步上升到波峰2015年的人均743美元，增幅仅有25%；无论从相对指标GDP增长率还是绝对指标人均GDP都可以看出，尼泊尔在"一带一路"发展期间国内经济水平有一定程度的提高，但效果微弱（见图7-16）。

鉴于以上尼泊尔经济发展的情况，我们对尼泊尔经济结构进行相关分析发现：2010年尼泊尔经常账户逆差占比0.8%，之后贸易情况转变，逆差逐步变为顺差；顺差占比从2011年的1.5%逐步升至2015年的11.5%。服务等第三产业附加值占比和资本账户发展较均衡：服务等附加值占比波动较小，从2010年的47.8%上升至2015年的51.6%GDP占比；资本形成总额也几乎无波动，从2010

年资本占比为38.3%上升至2015年的38.8%。对外直接投资净流出虽然占比份额较小，起初保持在0.5%，2014年后降至0.2%。从该经济结构来看，尼泊尔经济发展较缓慢。但随着“一带一路”的发展，尼泊尔经济还是有一定的改善，但程度较小（见图7-17）。

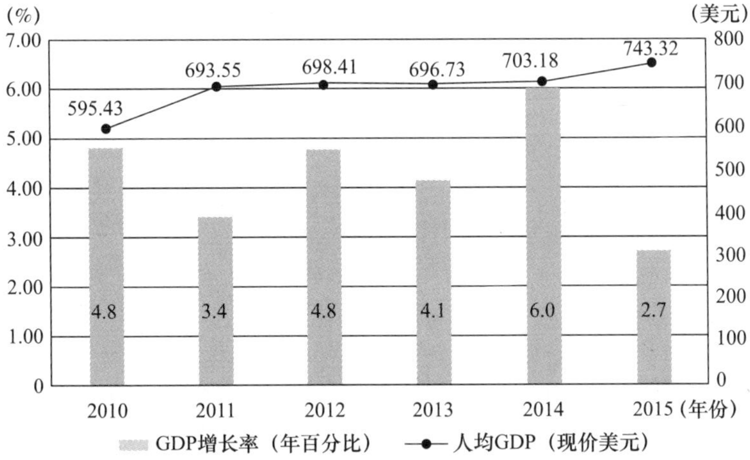

图7-16　2010~2015年尼泊尔GDP增长率和人均GDP情况

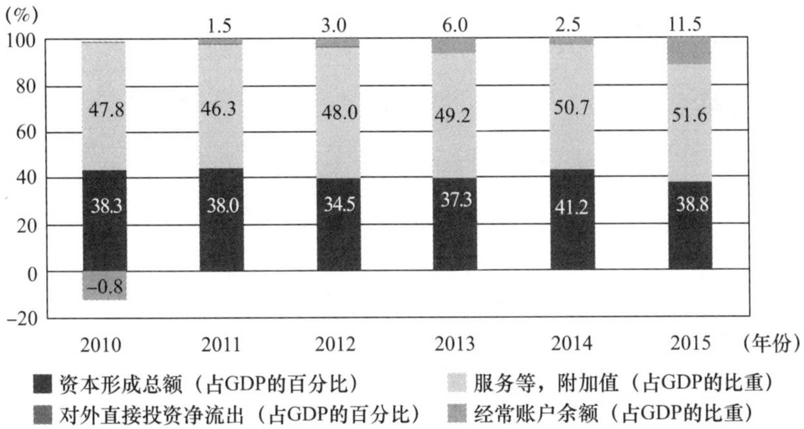

图7-17　2010~2015年尼泊尔经济结构发展情况

观察尼泊尔经济外向度数据，依然符合上述结论。2010年尼泊尔经济外向度为46.6%，2014年上升为56.5%后下落，2015年降至47%。经济外向度在合理范畴，该指标是衡量一个地区经济开放状态的指标之一，可见尼泊尔国内贸易的发展对经济的贡献力度一般，因此其经常账户波动并不大，经济也没有巨大的变动。此外，观察尼泊尔中央政府的债务占比，在“一带一路”倡议发展期间，该指数呈现直线下降趋势（见图7－18）。

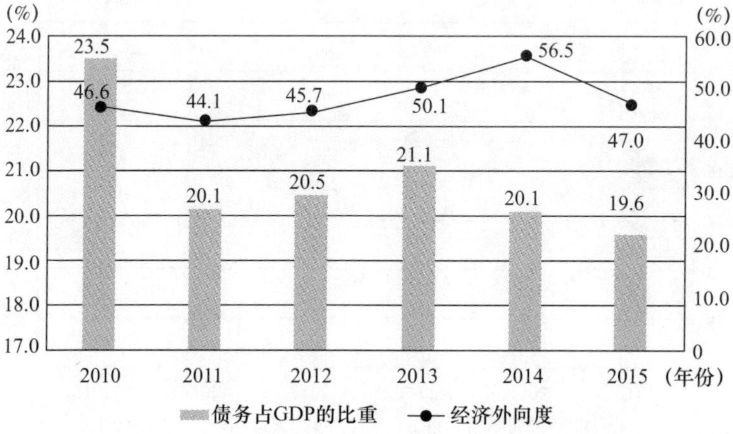

图7－18　2010～2015年尼泊尔经济活力发展情况

2. 社会

尼泊尔社会子系统从人口基础、生活水平、平等就业以及公共服务四个方面来分析。

表7－4　尼泊尔社会子系统人口基础概况

年份	2010	2011	2012	2013	2014	2015
人口增长（年度百分比）(%)	1.1	1.1	1.2	1.2	1.2	1.2
人口密度（每平方千米土地面积人数）（人）	187.4845	189.6005	191.8418	194.175	196.545	198.9097
性别比（每100位女性对应的男性数量）（人）	94.96865	94.55771	94.27901	94.11452	94.03237	94.00733
R&D人员（每百万人）（人）	100.7362	100.7362	100.7362	100.7362	100.7362	100.7362

尼泊尔人口基础方面，从表7－4可以看到尼泊尔国内人口在六年内保持了1.2%的增长水平；人口密度较大且呈现上升幅度；R&D人员数目虽然在六年间保持不变但仍然明显不足，每百万人有100名R&D人员。

尼泊尔生活水平方面则相对社会其他系统明显滞后。从图7－19可以看出，六年间，尼泊尔贫困人口的比例并没有变化，数据显示低于1.9美元/天的人口比例居高不下，一直维持在15%；营养不良发生率有所下降，从2010年的10.2%下降至2015年的7.8%，说明在“一带一路”倡议发展期间，尼泊尔生活水平有一定程度的改善，但营养不良发生率以及贫穷人口比例依然很高；人均粮食产量从2010年人均289.1千克升至2012年人均343.9千克后有所下降，2015年回升至339.4千克的水平，粮食产量的大幅度波动和其产业规划、经济结构密切相关，尼泊尔的社会系统存在一定的问题。

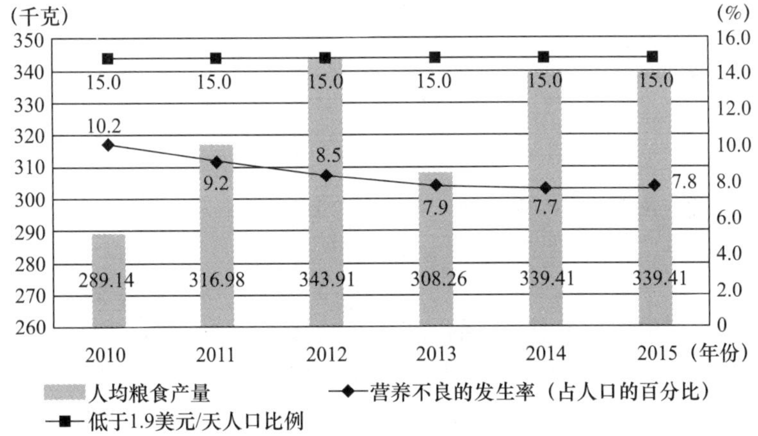

图7-19 2010~2015年尼泊尔社会环境生活水平情况

人类发展指数是衡量一个国家发展进步的重要综合指标之一，2010~2015年“一带一路”倡议实施以来，尼泊尔的人类发展指数明显上升；但失业率水平并无变化，一直保持在2.7%的水平，可见“一带一路”倡议对尼泊尔平等就业子系统带来一定红利，但程度有限（见图7-20）。

关于尼泊尔社会公共服务方面，“一带一路”发展期间，一方面，尼泊尔在健康方面改善程度较差，2010年，人均医疗卫生支出39美元，2015年达到39.9美元，该支出水平无论从绝对指标还是相对指标来看都不具有说服力。预期寿命延长至69.6岁，新生儿及孕产妇死亡率呈下降趋势，但幅度甚小且死亡率仍然较高。另一方面，尼泊尔国内教育问题，小学入学率较高，中学入学率虽然呈现上升走势，但入学率依然很低，从2010年的58.8%上升至67.2%，高等院校入学率方面数据则更低，从14.4%增加至15.8%。可见，尼泊尔人力资源在质量、结构上都存在短板。

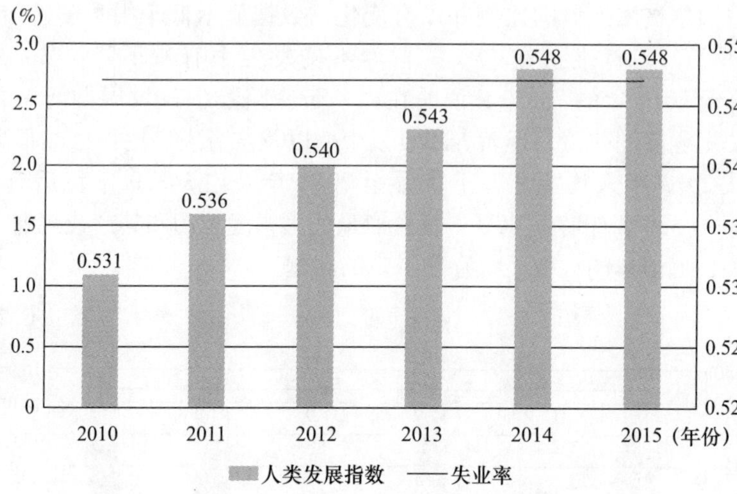

图 7－20　2010～2015 年尼泊尔社会环境平等就业情况

3. 环境

2015 年，尼泊尔环境子系统的可持续发展评价在"一带一路"沿线国家之中居于第 4 位，属于中级阶段的中期。尼泊尔的环境系统中能源在"一带一路"中显示出强劲的优势，对其自身总体评价起到了拉动的作用。但观其资源则仍处于中段水平。尼泊尔森林面积和人均可再生内陆淡水资源等基础环境资源较匮乏，分别位于"一带一路"国家的第 48 位和第 56 位。但人均土地面积排在第 6 位。同时，从 GDP 单位能源消耗和可再生能源比例上可以看出尼泊尔的经济较依赖于其国内能源，两者分别排在第 37 位、第 57 位（见表 7－5）。

表 7－5　2015 年尼泊尔环境子系统各项目在"一带一路"国家中排名

项目	排名
森林面积（人均平方千米）	48
人均土地面积（平方千米）	6
人均可再生内陆淡水资源（立方米）	56
GDP 单位能源消耗（2011 年不变价购买力平价美元/千克石油当量）	37
能源消耗弹性系数（能源消耗增长与 GDP 增速之比）	12
可再生能源比例（占总能源消耗比例）	57
二氧化碳排放量（人均公吨数）	4
人均一氧化氮排放量（千公吨二氧化碳当量）	43

续表

项目	排名
人均甲烷排放量（千吨二氧化碳当量）	13
PM2.5	1

4. 基础设施

尼泊尔国内基础设施方面，无论从其相对指标增长率还是从其绝对指标航空运输量来看，尼泊尔在“一带一路”倡议发展以来基础设施存在明显短板。航空运输量逐年递减，2010 年航空运输量为 45990，2015 年下降幅度达到 57.8%，仅有 19394.7 运输量（见图 7－21）。

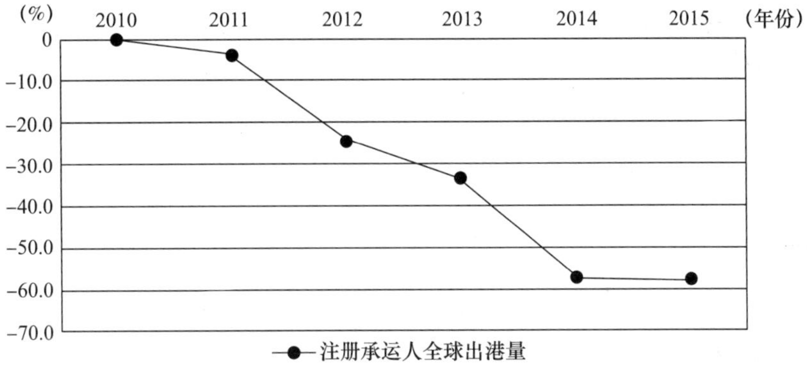

图 7－21　2010～2015 年尼泊尔航空运输量增长情况（以 2010 年为基期）

同时在公共服务设施方面，尼泊尔存在更大短板。互联网普及率低，从 2010 年的 7.9% 上升至 2015 年的 7.6%，用电普及率一直维持在 76.3%，并无改善，改善水源获得比例从 87% 上升到 91.6%。可见尼泊尔公共服务设施质量基础差，政府在“一带一路”倡议发展期间，对公共设施服务进行了相应改善，但力度有待提高。

5. 机制

尼泊尔机制成熟度分别从国内制度发展和国际合作两个维度来进行描述。

观察尼泊尔经济自由度指数，如前所述该指数存在一定波动，但一直徘徊在 50 左右的水平。而具有较高经济自由度的国家或地区与那些具有较低经济自由度的国家或地区相比，会拥有较高的长期经济增长速度和更繁荣。“一带一路”倡议发展期间，尼泊尔对经济的干预程度并没有较大程度的改变，经济自由程度不高。

全球治理指数指政府治理的有效性，主要体现在更多的公众话语权与更强的政府问责、更高的政治稳定与更少的社会暴力、更高的政府效能、更高的管制质量、更完善的法治以及更少的腐败六个方面。观察尼泊尔数据可知，六年间尼泊尔的全球治理指数一直为负。可见在国内机制发展方面，尼泊尔政府还需加大调控力度（见图7－22）。

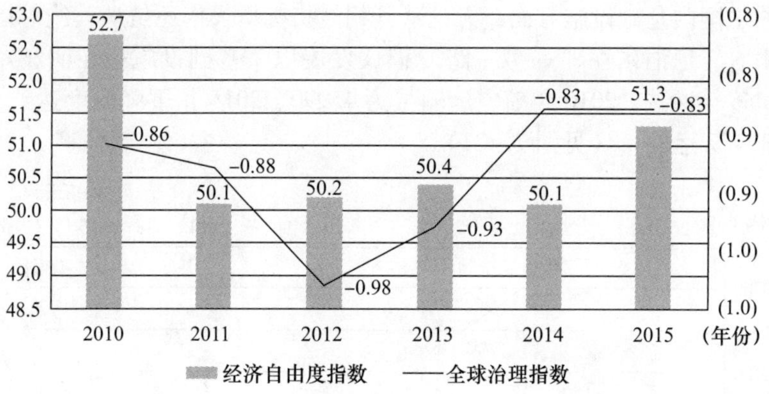

图7－22　2010～2015年尼泊尔国内制度发展情况

尼泊尔国际合作方面，从其承担的国际义务看，2010～2015年温室气体排放总量从0.19吨升至0.23吨，但其绝对数值较小。六年间接受的官方发展援助呈现小幅度上升趋势，从该角度看尼泊尔在国际合作方面所尽义务有待提高（见表7－6）。

表7－6　尼泊尔国际义务承担情况

年份	2010	2011	2012	2013	2014	2015
提供（接受）的官方发展援助净额（现价美元）	30.4265	32.63373	27.89802	31.2736	31.23615	31.23615

（三）小结

通过对尼泊尔进行可持续发展评价，本报告认为，"一带一路"对尼泊尔的发展还是起到了一定程度的提升，但效果薄弱。从2010年伊始，2011年经济，无论是GDP增长率、经常账户顺差程度、外贸依存度以及人口增长率，都能看到有一定幅度的提升。但相比其他“一带一路”沿线国家，尼泊尔经济水平低，GDP 增长波动明显，经济结构存在一定问题，此外在人力资源、公共服务设施方面都存在明显的短板，缺乏高端人才、公共服务设施匮乏。这也是因为尼泊尔尚有 80% 的劳动力集中于农业，工业比重过低。

因此，本报告认为尼泊尔的可持续发展应转移剩余劳动力，加快减贫步伐，加大力度投资改善基础设施，发展工业，培养国内优势产业，转变贸易结构，改善经济外向度，增加国内和国外投资；同时应对国内人才培养结构进行优化，培养高质量人才，从而加快产业升级；此外，对外资开放的领域也应扩大到水电、公路铁路及与民生相关的农业灌溉和城市基础设施建设领域。

四、阿富汗

阿富汗位于东亚、中亚、西亚和南亚的接合部，是古丝绸之路途经的重要国家，也是最早支持“一带一路”倡议的国家之一，处于“一带一路”连接地带，其位置十分重要。

（一）阿富汗可持续发展总体评价

评价结果显示，2015 年，阿富汗可持续发展指数为 25.9，在“一带一路”沿线国家中的排名为第 59 位，阿富汗可持续发展处于初级中期发展阶段。

由图 7－23 可知，2010～2015 年，阿富汗可持续发展呈波动性上升态势。单从国家可持续发展的指数来看，阿富汗可持续发展应处于初级后期阶段，但由于受社会子系统的制约，致使其可持续发展仍处于初级中期阶段。

2010～2015 年，阿富汗五大子系统的发展程度存在一定差距，其中，经济子系统发展程度相对较好，而基础设施子系统发展程度相对较差。2015 年，按指数由高到低，依次为经济子系统、环境子系统、机制子系统、社会子系统和基础设施子系统，指数分别为 33.1、31.2、29、21.4、6.7，其中基础设施子系统与发展最好的经济子系统指数相差达 26.4。可见，基础设施完善程度是影响阿富汗可持续发展的最重要因素之一（见图 7－24）。

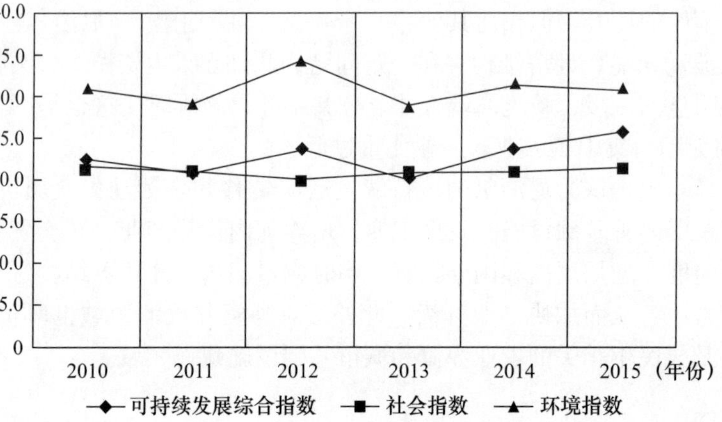

图 7－23　2010～2015 年阿富汗可持续发展评价

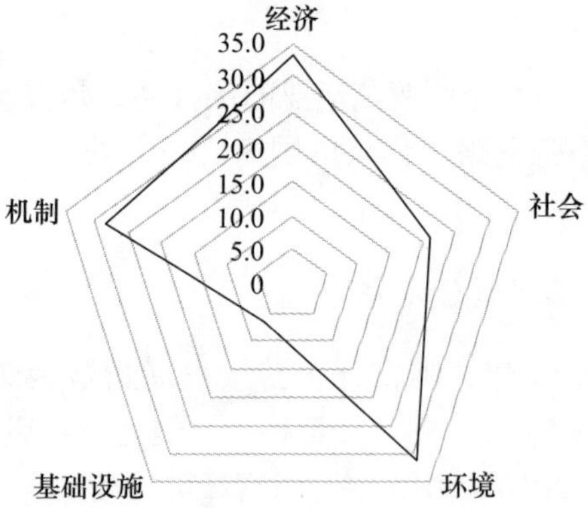

图 7－24　2015 年阿富汗五大子系统的发展评价

2010～2015 年，经济子系统、社会子系统、环境子系统、基础设施子系统和机制子系统指数的均呈上升趋势（见表 7－7）。机制子系统指数的年均增幅最大，增幅达到 15.3%，其次为基础设施子系统指数、经济子系统指数的年均增幅为 6.7%、3.6%，而社会子系统指数、环境子系统指数的年均增幅最低，年均增幅均为 0.1%。

表 7－7　2010～2015 年可持续发展五大子系统年均增幅

可持续发展子系统	增幅（%）
经济子系统	3.6

续表

可持续发展子系统	增幅（%）
社会子系统	0.1
环境子系统	0.1
基础设施子系统	6.7
机制子系统	15.3

（二）阿富汗可持续发展重点领域分析

1. 经济

在2010～2015年经济子系统测评结果中，经济规模和经济活力指数均呈上升的趋势，而经济质量呈下降趋势。2015年，经济规模指数为40.1，较2010年增长53.4%，年均增幅为8.9%；经济活力指数为39.1，较2010年增长18.8%，年均增幅为3.5%；经济质量指数为20.1，较2010年下降16.5%，年均降幅为3.5%。其中，经济规模指数最高，经济活力指数次之，经济质量指数最低，最大相差20（见图7－25）。

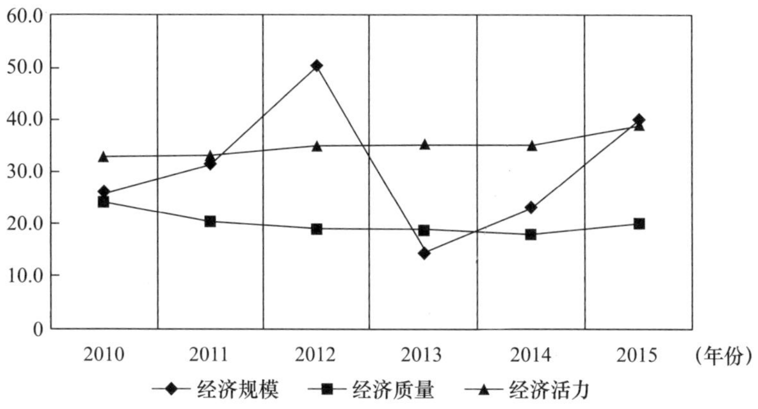

图7－25 2010～2015年经济子系统三个维度的评价指数

在经济规模方面，2010～2015年，GDP增长率呈下降趋势，而人均GDP呈上升趋势。2015年，阿富汗国内生产总值为193.3亿美元，同比增长0.8%，较2010年下降7.6个百分点；人均GDP为594.3美元，较2010年增长4.3%，年均增幅为0.8%，可见，阿富汗的经济水平较低，按世界银行划分贫富程度标准，阿富汗处于低收入国家的水平。

在经济质量方面，2010～2015年，资本形成总额占GDP比例、服务业增加值占GDP比例呈上升趋势，而FDI占GDP比重、全社会劳动生产率均呈下降趋势。2015年，资本形成总额占GDP比重为19.8%，较2010年提升1.9个百分点，年均增幅为2.1%；服务业增加值占GDP比重为55%，较2010年提升4个百分点，年均增幅为1.5%；全社会劳动生产率为18963.0美元/人，较2010年下降6.8%，年均降幅为1.4%。可见，阿富汗不合理的经济结构制约了经济质量的发展。

在经济活力方面，2010～2015年，经济外向度、债务占GDP比重呈下降趋势。2015年，经济外向度为21%，较2010年下降1.6个百分点，年均降幅为1.4%；债务占GDP比重为12.6%，较2010年下降2.6个百分点，年均降幅为3.7%；国家创新指数为25。可见，阿富汗的经济开放水平、创新能力均不高。

2. 社会

在2010～2015年社会子系统测评结果中，人口基础指数、平等就业指数呈上升趋势，而生活水平指数、公共服务指数呈下降趋势。2015年，人口基础指数为18.3，较2010年增长39.5%，年均增幅为6.9%；平等就业指数为31，较2010年增长1%，年均增幅为0.2%；生活水平指数为18.2，较2010年下降19.7%，年均降幅为4.3%；公共服务指数为17.9，较2010年下降4%，年均降幅为0.8%。可见，平等就业最高，其次为人口基础指数、生活水平指数，而公共服务指数最低，最大相差高达13.1（见图7－26）。

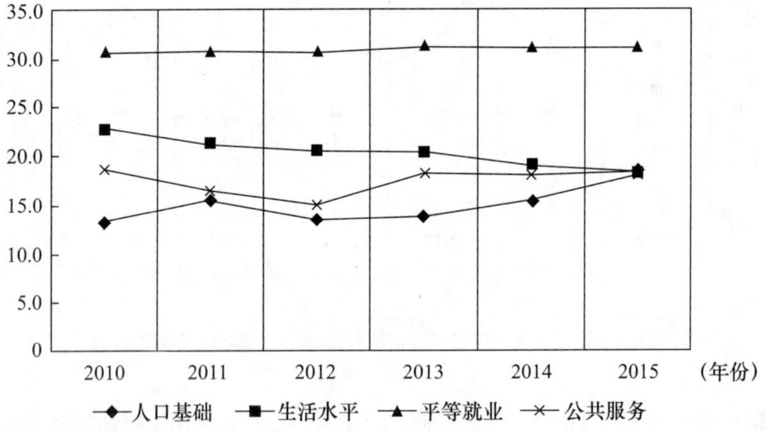

图7－26　2010～2015年社会子系统四个维度的评价指数

在人口基础方面，人口自然增长率、人口密度、出生性别比、人口城镇化率均呈上升趋势，而每万人科技人员数呈下降趋势。2015 年，人口自然增长率为 2.8%，较 2010 年提升 0.1 个百分点，年均增幅为 0.5%；人口密度为 49.8 人/平方千米，较 2010 年增长 16.3%，年均增幅为 3.1%；出生性别比为 106.5%，较 2010 年提升 0.8 个百分点，年均增幅为 0.1%；人口城镇化率为 26.7%，较 2010 年提升 2 个百分点；每万人科技人员数为 42.9 人，较 2010 年下降 18.9%，年均降幅为 4.1%。可见，阿富汗人口禀赋差，人口结构不合理。

在生活水平方面，2010～2015 年，营养不良发生率、粮食产量、超过 100 万的城市群中人口占总人口比重呈上升趋势。2015 年，营养不良发生率为 26.8%，较 2010 年提升 2.1 个百分点，年均增幅为 1.6%；人均粮食产量为 213.7 千克，较 2010 年增长 0.3%，年均增幅为 0.1%；单位面积粮食产量为 2020.6 千克，较 2010 年增长 0.5%，年均增幅为 0.1%；超过 100 万的城市群中人口占总人口比重为 14.2%，较 2010 年提升 0.9 个百分点，年均增幅为 1.4%。可见，阿富汗的人民生活水平较低，其中低于 1.9 美元/天人口比例占 27.6%。

在平等就业方面，2010～2015 年，人类发展指数、失业率、劳动中妇女的比例呈上升趋势。2015 年，人类发展指数为 0.465，较 2010 年增长 3.8%，年均增幅为 0.7%；失业率为 9.1%，较 2010 年提升 0.4 个百分点，年均增幅为 0.9%；劳动中妇女的比例为 16.1%，较 2010 年提升 0.5 个百分点，年均增幅为 0.7%；基尼系数为 0.28，按照联合国有关组织对基尼系数的规定，阿富汗属于收入比较平均的国家。

在公共服务方面，2010～2015 年，人均医疗卫生支出、每千人医院床位数、预期寿命、入学率均呈增长趋势，而新生儿死亡率、孕产妇死亡率、政府教育支出占比均呈下降趋势。2015 年，人均医疗卫生支出为 56.6 美元，较 2010 年增长 7%，年均增幅为 1.4%；每千人医院床位数为 0.5 床，较 2010 年增长 0.1%，年均增幅为 4.6%；预期寿命为 60.4 岁，较 2010 年增长 1.4%，年均增幅为 0.5%；小学和中学入学率分别为 111.7%、55.7%，较 2010 年分别提升 6.2 个百分点和 2.4 个百分点，年均增幅分别为 1.2%、0.9%；新生儿死亡率为 35.5%，较 2010 年下降 3.2 个百分点，年均降幅为 1.7%；孕产妇死亡率为 396%，较 2010 年下降 188 个百分点，年均降幅为 7.5%；政府教育支出占比为 18.4%，较 2010 年下降 3.8 个百分点，年均降幅为 3.7%。可见，阿富汗医疗卫生事业和教育事业发展水平较低。

3. 环境

在 2010～2015 年环境子系统测评结果中，能源指数呈上升趋势，而资源指数、污染指数均呈下降趋势。2015 年，能源指数为 34.9，较 2010 年增长 10.1%，年均增幅为 1.9%，且这一指数在 2013 年达到最大值为 45.2；资源指数为2，较2010年下降6.5%，年均降幅为1.3%；污染指数为87，较2010年下降2.6%，年均降幅为0.5%；生态保护指数为0.7。各指数的发展水平存在较大的差异，污染指数最高，其次为能源指数，而资源指数和生态保护指数相对最低，其中污染指数和生态保护指数最大相差高达86.3（见图7-27）。

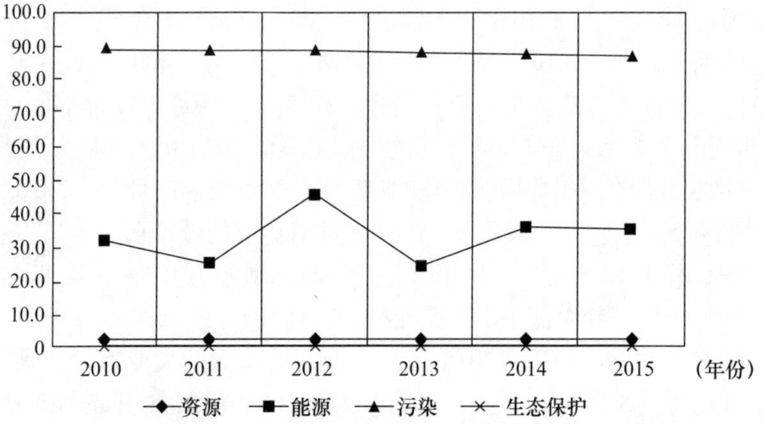

图7-27　2010~2015年环境子系统四个维度的评价指数

在资源禀赋方面，2010~2015年，森林、土地、淡水等资源禀赋均呈下降的趋势。2015年，人均森林面积为0.0004平方千米，较2010年下降14%，年均降幅为3%；人均土地资源占有量为0.0201平方千米，较2010年下降14%，年均降幅为3%；人均淡水资源占有量为1490.8立方米，较2010年下降6%，年均降幅为1.2%。可见，阿富汗林业和水利等资源极为短缺。

在能源方面，2010~2015年，能源消耗弹性系数、二次能源占比呈下降趋势。2015年，能源消耗弹性系数为-0.0319，较2010年下降212%，年均降幅为25.6%；二次能源占比为10.8%，较2010年下降4.4个百分点，年均降幅为6.6%。可见，阿富汗能源结构不合理，能源消耗较高。

在环境污染方面，2010~2015年，人均二氧化碳排放量、人均烟尘排放量均呈上升趋势，人均一氧化氮排放量、人均甲烷排放量呈下降趋势。2015年，人均二氧化碳排放量为0.7公吨，较2010年增长128.8%，年均增幅为18%；人均烟尘排放量为46.1微克每立方米，较2010年增长3.1%，年均增幅为0.6%；人均一氧化氮排放量为0.0001公吨，较2010年下降4.1%，年均降幅为0.8%；人均甲烷排放量为0.0005吨，较2010年下降4.1%，年均降幅为0.8%。可见，阿富汗环境污染程度不高。

4. 基础设施

在 2010 ~ 2015 年基础设施子系统测评结果中，交通设施指数呈下降趋势，而信息与公共服务设施指数呈上升趋势。2015 年，交通设施指数为 0. 2，较 2010 年下降 28. 6%，年均降幅为 6. 5%；信息与公共服务设施指数为 13. 3，较 2010 年增长 40. 3%，年均增幅为 7%。交通设施指数和信息与公共服务设施指数相差 13. 1（见图 7 - 28）。

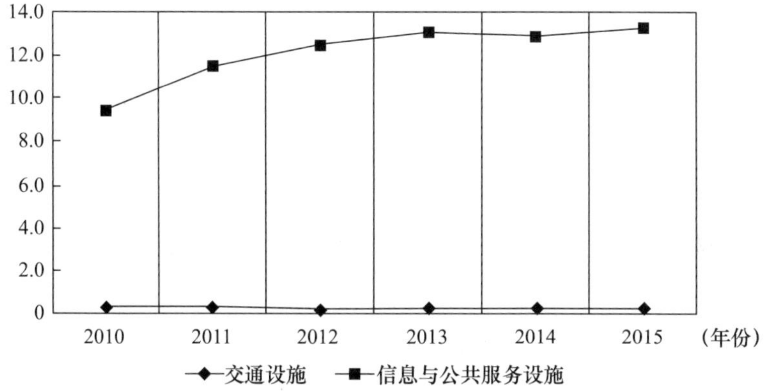

图 7 - 28　2010 ~ 2015 年基础设施子系统两个维度的评价指数

在信息与公共服务设施方面，2010 ~ 2015 年，互联网普及率、固定和移动电话普及率、用电普及率、改善水源获得比例、改善卫生设施获得比例均呈上升趋势。2015 年互联网普及率为 8. 3%，较 2010 年提升 4. 3 个百分点，年均增幅为 15. 7%；固定和移动电话普及率为 61. 6%，较 2010 年提升 25. 6 个百分点，年均增幅为 11. 3%；用电普及率为 43%，较 2010 年提升 2 个百分点，年均增幅为 1%；改善水源获得比例为 55. 3%，较 2010 年提升 7. 3 个百分点，年均增幅为 2. 9%；改善卫生设施获得比例为 31. 9%，较 2010 年提升 2. 6 个百分点，年均增幅为 1. 7%。可见，尽管阿富汗公共服务设施有所改善，但信息与公共服务设施程度仍然不高。

5. 机制

在 2010 ~ 2015 年机制子系统测评结果中，国内制度指数呈下降趋势，而国际合作指数呈上升趋势。2015 年，国内制度指数为 1，较 2010 年下降 82. 8%，年均降幅为 29. 7；国际合作指数为 56. 9，较 2010 年增长 150. 3%，年均增幅为 20. 1%。其中，国内制度指数和国际合作指数两个指数相差 55. 9（见图 7 - 29）。

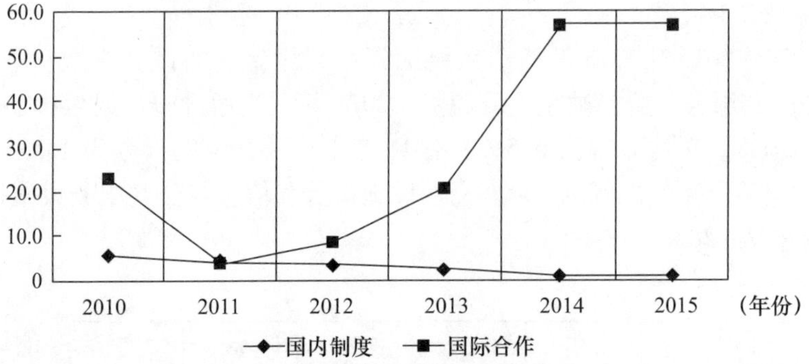

图 7-29　2010~2015 年机制子系统两个维度的评价指数

在国内制度方面，2010~2015 年，全球治理指数均呈上升趋势。2015 年，全球治理指数为 -1.34，较 2010 年增长 8.8%，其中，控制腐败指数为 -1.34，较 2010 年增长 17.6%；经济自由度指数为 40。可见，阿富汗经济自由度相对较高，但政府效能及清廉反腐能力较弱。

在国际合作方面，提供（接受）的官方发展援助占 GDP 比重呈下降趋势。2015 年，提供（接受）的官方发展援助占 GDP 比重为 152.5%，较 2010 年下降 79 个百分点，年均降幅为 8%。可见，阿富汗严重依赖国外支持和援助。

（三）小结

阿富汗是东南亚的大门，具有重要的地区枢纽作用。然而，阿富汗受战乱的影响，经济发展缓慢，基础设施建设落后，国家创新能力、信息化水平及开放水平均不高，封闭的环境致使内部联系不紧密。

总体上，加入"一带一路"倡议为阿富汗的发展增添新动力、创造新机遇，有助于中东各地区保持联系和吸引投资，为阿富汗的稳定、和平创造条件，改善国内的环境，加强通信、交通、互联互通等基础设施建设。

五、巴基斯坦

巴基斯坦伊斯兰共和国位于南亚次大陆西北部，南濒阿拉伯海，东、北、西三面分别与印度、中国、阿富汗和伊朗相邻，地理位置优越，是"一带一路"倡议获益最多的国家，被作为"一带一路"的示范点，中巴经济走廊成为"一带一路"的支点项目。

(一) 巴基斯坦可持续发展总体评价

评价结果显示，2015 年，巴基斯坦可持续发展指数为 34.9，在“一带一路”沿线国家中的排名为第 55 位，巴基斯坦可持续发展处于初级后期发展阶段。

由图 7－30 可知，2010～2015 年，巴基斯坦可持续发展呈上升态势。单从国家可持续发展的指数来看，巴基斯坦可持续发展应处于中级早期阶段，但由于受社会子系统的制约，其可持续发展仍处于初级后期阶段。

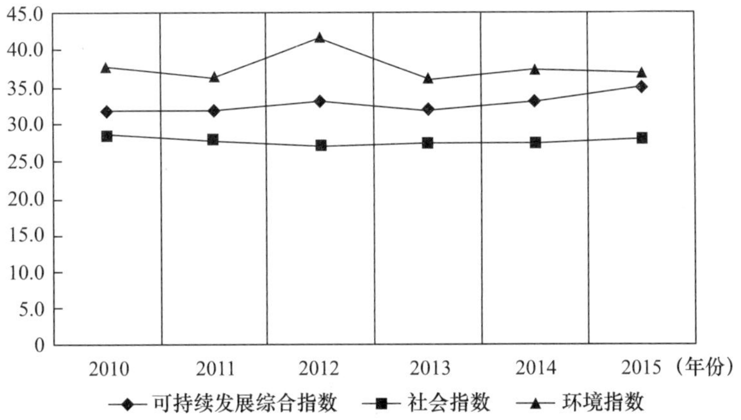

图 7－30　2010～2015 年巴基斯坦可持续发展评价

2010～2015 年，巴基斯坦五大子系统的发展程度存在一定差距，其中，机制子系统发展程度相对较好，而基础设施子系统发展程度相对较差。2015 年，按指数由高到低，依次为机制子系统、环境子系统、经济子系统、社会子系统和基础设施子系统，指数分别为 58.9、37、34.3、28、21.9，其中基础设施子系统与发展最好的机制子系统指数相差达 37。可见，基础设施完善程度是影响巴基斯坦可持续发展的重要因素之一（见图 7－31）。

2010～2015 年，经济子系统、基础设施子系统均呈上升趋势，而社会子系统、环境子系统和机制子系统指数的均呈下降趋势（见表 7－8）。经济子系统指数的年均增幅最大，增幅达到 11.5%，其次为基础设施子系统指数，年均增幅为 1.5%，而社会子系统指数、环境子系统指数、机制子系统指数为负增长趋势，年均降幅分别为 0.1%、0.3%、0.7%。

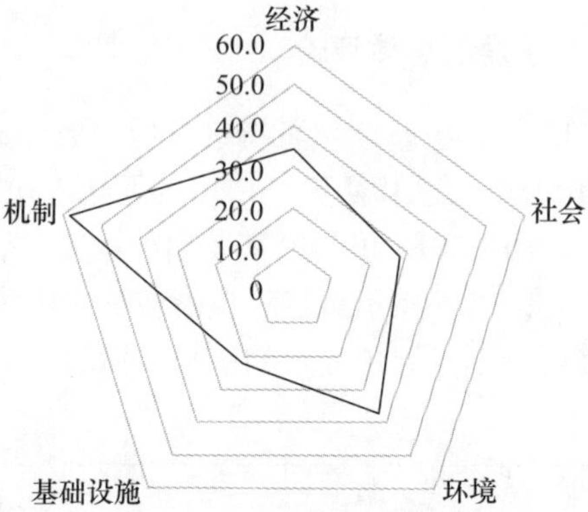

图 7－31　2015 年巴基斯坦五大子系统的发展评价

表 7－8　2010～2015 年可持续发展五大子系统年均增幅

可持续发展子系统	增幅（%）
经济子系统	11.5
社会子系统	－0.1
环境子系统	－0.3
基础设施子系统	1.5
机制子系统	－0.7

（二）巴基斯坦可持续发展重点领域分析

1. 经济

在 2010～2015 年经济子系统测评结果中，经济规模、经济质量和经济活力指数均呈上升的趋势。2015 年，经济规模指数为 46，较 2010 年增长 287.5%，年均增幅为 31.1%；经济质量指数为 20.6，较 2010 年增长 12%，年均增幅为 2.3%；经济活力指数为 36.4，较 2010 年增长 23.2%，年均增幅为 4.3%。其中，经济规模指数最高，经济活力指数次之，经济质量指数最低，最大相差 25.4（见图 7－32）。

在经济规模方面，2010～2015 年，GDP 增长率呈下降趋势，而人均 GDP 呈上升趋势。2015 年，巴基斯坦国内生产总值（GDP）为 2710.5 亿美元，同比增长 4.7%，较 2010 年提升 3.1 个百分点；人均 GDP 为 1434.7 美元，较 2010 年增长 37.5%，年均增幅为 6.6%，可见，巴基斯坦的经济快速增长，但经济水平较低，按世界银行划分贫富程度标准，巴基斯坦处于中等偏下收入国家的水平。

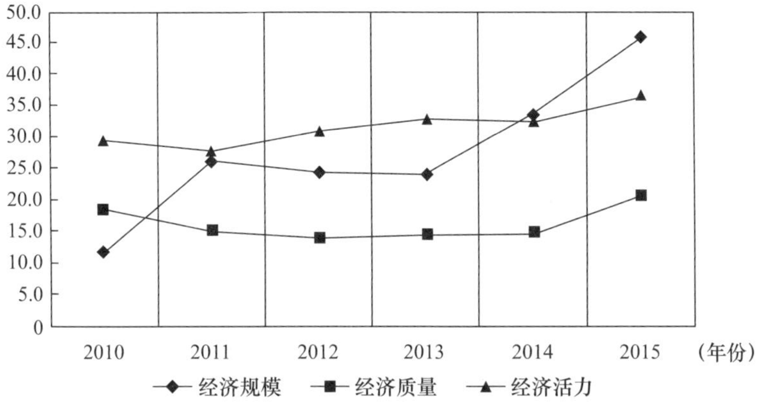

图 7－32　2010～2015 年经济子系统三个维度的评价指数

在经济质量方面，2010～2015 年，资本形成总额占 GDP 比重、服务业增加值占 GDP 比重、FDI 占 GDP 比重均呈上升趋势，而全社会劳动生产率均呈下降趋势。2015 年，资本形成总额占 GDP 比例为 15.5%，较 2010 年下降 0.3 个百分点，年均降幅为 0.4%；服务业增加值占 GDP 比重为 54.9%，较 2010 年下降 0.2 个百分点，年均降幅为 0.1%；全社会劳动生产率为 6605.3 美元/人，较 2010 年增长 22%，年均增幅为 4.1%。可见，巴基斯坦经济结构不合理，经济效益较低，严重制约了经济质量的发展。

在经济活力方面，2010～2015 年，国家创新指数、经济外向度、债务占 GDP 比重均呈下降趋势。2015 年，国家创新指数为 22.6，较 2010 年下降 15.4%，年均降幅为 3.3%；经济外向度为 28.1%，较 2010 年下降 10.3 个百分点，年均降幅为 6.1%；债务占 GDP 比重为 22.9%，较 2010 年下降 11.9 个百分点，年均降幅为 8%。可见，巴基斯坦的国家创新能力及经济开放水平均不高。

2. 社会

在 2010～2015 年社会子系统测评结果中，人口基础指数呈上升趋势，而生活水平指数、平等就业指数、公共服务指数呈下降趋势。2015 年，人口基础指数为 19，较 2010 年增长 26.2%，年均增幅为 4.8%；生活水平指数为 42.3，较 2010 年下降 3.3%，年均降幅为 0.7%；平等就业指数为 32.9，较 2010 年下降 3.1%，年均降幅为 0.6%；公共服务指数为 17.9，较 2010 年下降 11.4%，年均降幅为 2.4%。可见，生活水平指数最高，其次为平等就业指数、人口基础指数，而公共服务指数最低，最大相差高达 24.4（见图 7－33）。

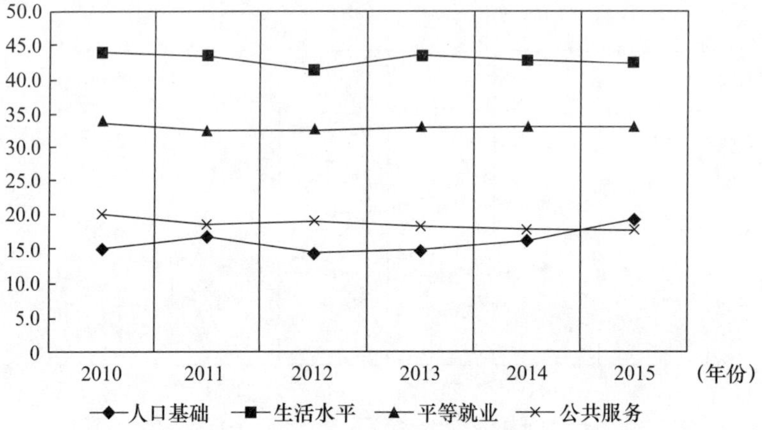

图7－33　2010～2015年社会子系统四个维度的评价指数

在人口基础方面，人口自然增长率、出生性别比呈下降趋势，而人口密度、每万人科技人员数、人口城镇化率均呈上升趋势。2015年，人口自然增长率为2.1%，较2010年下降0.02个百分点，年均降幅为0.2%；出生性别比为105.6%，较2010年下降0.2个百分点，年均降幅为0.03%；人口密度为245.1人/平方千米，较2010年增长11.1%，年均增幅为2.1%；每万人科技人员数为166.9人，较2010年增长10.5%，年均增幅为2%；人口城镇化率为38.8%，较2010年提升2.2个百分点，年均增幅为1.2%。可见，巴基斯坦人口禀赋较好，但人口结构不合理。

在生活水平方面，2010～2015年，营养不良发生率、粮食产量、超过100万的城市群中人口占总人口比重呈上升趋势，而低于1.9美元/天人口比例呈下降趋势。2015年，营养不良发生率为22%，较2010年提升0.3个百分点，年均增幅为0.3%；人均粮食产量为205.9千克，较2010年增长0.6%，年均增幅为0.1%；单位面积粮食产量为2747.4千克，较2010年增长5.2%，年均增幅为1%；超过100万的城市群中人口占总人口比重为21.9%，较2010年提升1.3个百分点，年均增幅为1.2%；低于1.9美元/天人口比例为6.1%，较2010年下降2.2个百分点，年均降幅为6.0%。可见，巴基斯坦的人民生活水平改善明显。

在平等就业方面，2010～2015年，人类发展指数、失业率、劳动中妇女的比例、基尼系数呈上升趋势。2015年，人类发展指数为0.538，较2010年增长3.1%，年均增幅为0.6%；失业率为5.2%，较2010年提升0.1个百分点，年均增幅为0.4%；劳动中妇女的比例为22.3%，较2010年提升0.6个百分点，年均增幅为 0.6%；基尼系数为 0.31，较 2010 年增长 3%，年均增幅为 0.6%，按照联合国有关组织对基尼系数的规定，巴基斯坦属于收入相对合理的国家。

在公共服务方面，2010~2015 年，人均医疗卫生支出、预期寿命、入学率均呈增长趋势，而新生儿死亡率、孕产妇死亡率、政府教育支出占比均呈下降趋势。2015 年，人均医疗卫生支出为 36.26 美元，较 2010 年增长 16.8%，年均增幅为 3.2%；预期寿命为 66.2 岁，较 2010 年增长 1%，年均增幅为 0.3%；中学和高等院校入学率分别为 41.6%、10.4%，较 2010 年分别提升 5.8 个百分点和 1.7 个百分点，年均增幅分别为 3%、3.6%；新生儿死亡率为 45.5%，较 2010 年下降 4.5 个百分点，年均降幅为 1.9%；孕产妇死亡率为 178%，较 2010 年下降 33 个百分点，年均降幅为 3.3%；政府教育支出占比为 11.3%，较 2010 年下降 0.6 个百分点，年均降幅为 1%。可见，巴基斯坦教育事业发展相对较好，但医疗卫生水平较低。

3. 环境

在 2010~2015 年环境子系统测评结果中，资源指数、污染指数均呈上升趋势，而能源指数呈下降趋势。2015 年，资源指数为 0.4，较 2010 年下降 4.4%，年均降幅为 0.9%；污染指数为 81.2，较 2010 年下降 3.8%，年均降幅为 0.8%；能源指数为 50.5，较 2010 年增长 1.6%，年均增幅为 0.3%，且这一指数在 2013 年达到最大值为 65.8；生态保护指数为 15.8。各指数的发展水平存在较大的差异，污染指数最高，其次为能源指数和生态保护指数，而资源指数相对最低，其中资源指数和生态保护指数最大相差高达 80.8（见图 7-34）。

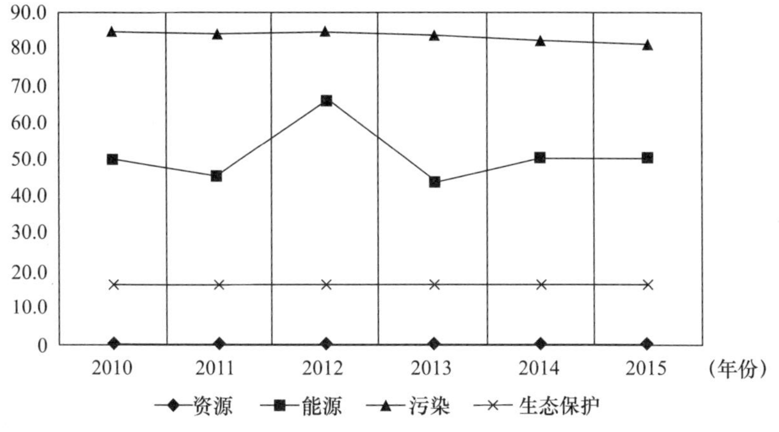

图 7-34　2010~2015 年环境子系统四个维度的评价指数

在资源禀赋方面，2010～2015年，森林、土地、淡水等资源禀赋均呈下降的趋势。2015年，人均森林面积为0.0001平方千米，较2010年下降21.5%，年均降幅为4.7%；人均土地资源占有量为0.0041平方千米，较2010年下降10%，年均降幅为2.1%；人均淡水资源占有量为297.2立方米，较2010年下降4.1%，年均降幅为0.8%。可见，巴基斯坦资源禀赋较差，尤其是水资源极为短缺。

在能源方面，2010～2015年，单位GDP能源消耗、能源消耗弹性系数呈上升趋势，而二次能源占比呈下降趋势。2015年，单位GDP能耗为9.4美元/千克石油，较2010年增长9.9%，年均增幅为1.9%；能源消耗弹性系数为0.0072，较2010年增长628.1%，年均增幅为48.7%；二次能源占比为45.5%，较2010年下降0.3个百分点，年均降幅为0.1%。可见，巴基斯坦单位能耗较高，能源结构有待进一步调整。

在环境污染方面，2010～2015年，人均二氧化碳排放量、人均一氧化氮排放量、人均甲烷排放量呈下降趋势，而人均烟尘排放量均呈上升趋势。2015年，人均二氧化碳排放量为0.8公吨，较2010年下降10.8%，年均降幅为2.3%；人均一氧化氮排放量为0.0002公吨，较2010年下降2.2%，年均降幅为0.4%；人均甲烷排放量为0.0009吨，较2010年下降2.2%，年均降幅为0.4%；人均烟尘排放量为63.0微克每立方米，较2010年增长5.7%，年均增幅为1.1%。可见，巴基斯坦环境污染程度高，尤其是空气粉尘含量较大。

4. 基础设施

在2010～2015年基础设施子系统测评结果中，交通设施指数呈下降趋势，而信息与公共服务设施指数呈上升趋势。2015年，交通设施指数为4.1，较2010年下降8.4%，年均降幅为1.7%；信息与公共服务设施指数为39.7，较2010年增长9.8%，年均增幅为1.9%。交通设施指数和信息与公共服务设施指数相差35.6（见图7－35）。

在交通设施方面，2010～2015年，港口吞吐量、航空运输量呈上升趋势。2015年，港口吞吐量为2597395.1万吨，较2010年增长20.9%，年均增幅为3.9%；航空运输量为65749.6百万次，较2010年增长1.3%，年均增幅为0.3%。可见，巴基斯坦交通设施建设有待进一步提升。

在信息与公共服务设施方面，2010～2015年，互联网普及率、固定和移动电话普及率、用电普及率、改善水源获得比例、改善卫生设施获得比例均呈上升趋势。2015年互联网普及率为18%，较2010年提升10个百分点，年均增幅为17.6%；固定和移动电话普及率为66.9%，较2010年提升9.6个百分点，年均增幅为3.1%；用电普及率为93.6%，较2010年提升2.2个百分点，年均增幅为

0.5%；改善水源获得比例为91.4%，较2010年提升0.9个百分点，年均增幅为0.2%；改善卫生设施获得比例为63.5%，较2010年提升8.7个百分点，年均增幅为3%。可见，尽管巴基斯坦信息与公共服务设施有所改善，但信息现代化程度仍然有待提高。

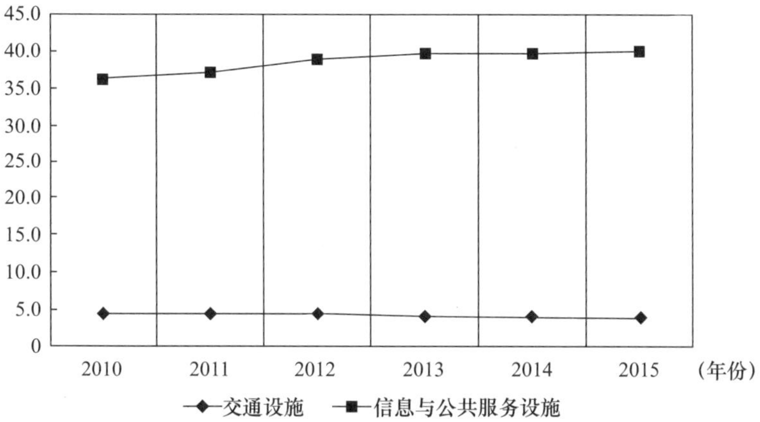

图7－35 2010～2015年基础设施子系统两个维度的评价指数

5. 机制

在2010～2015年机制子系统测评结果中，国内制度指数呈下降趋势，而国际合作指数呈上升趋势。2015年，国内制度指数为25，较2010年下降17.2%，年均降幅为3.7%；国际合作指数为92.8，较2010年增长1%，年均增幅为0.2%。其中，国内制度指数和国际合作指数相差67.8（见图7－36）。

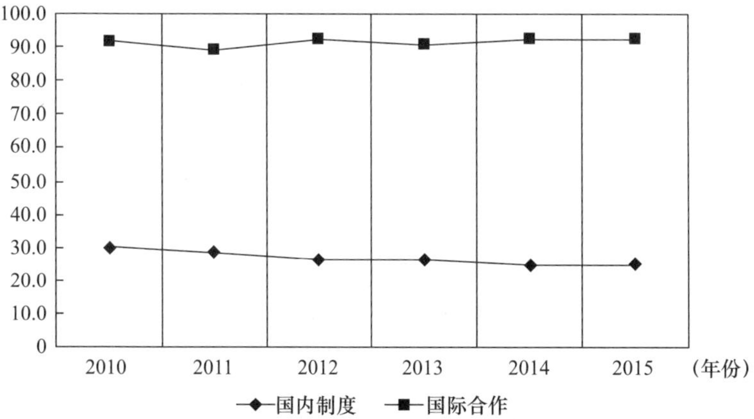

图7－36 2010～2015年机制子系统两个维度的评价指数

在国内制度方面，2010~2015年，经济自由度指数、全球治理指数均呈上升趋势。2015年，经济自由度指数为55.6，较2010年增长0.7%，年均增幅为0.1%；全球治理指数为-0.75，较2010年增长1.3%，其中，控制腐败指数为-0.76，较2010年增长28.9%。可见，巴基斯坦经济自由度有所提升，但政府效能及清廉反腐能力仍然较弱。

在国际合作方面，提供（接受）的官方发展援助占GDP比重呈上升趋势。2015年，提供（接受）的官方发展援助占GDP比重为19.5%，较2010年提升1.8个百分点，年均增幅为1.9%。可见，巴基斯坦对国外支持和援助的依赖愈加严重。

（三）小结

巴基斯坦是经济快速增长的发展中国家，拥有多元化的经济体系，大力发展教育事业，高度重视经济外交，为经济发展创造和提供良好安全环境。然而，国内也存在医疗体系不健全、信息及基础设施建设水平较低、水资源匮乏、空气粉尘含量大、环境较差等问题。

总体上，加入"一带一路"倡议为巴基斯坦提供了新机遇，加入中国牵头成立的亚洲基础设施投资银行有利于完善巴基斯坦基础设施建设，改善医疗卫生状况，大力发展信息技术产业。

六、马尔代夫

马尔代夫共和国地处南亚，是印度洋上的一个群岛国家，跨越多条国际主要巷道，地理位置优越，旅游资源丰富，作为21世纪海上丝绸之路的重要节点，高度重视"一带一路"倡议，并积极开展双边和多边合作，努力推动实现更大程度上的合作共赢。

（一）马尔代夫可持续发展总体评价

评价结果显示，2015年，马尔代夫可持续发展指数为41.4，在"一带一路"沿线国家中的排名为第36位，马尔代夫可持续发展处于初级后期发展阶段。

由图7-37可知，2010~2015年，马尔代夫可持续发展呈小幅上升趋势。单从国家可持续发展的指数来看，马尔代夫可持续发展应处于中级早期阶段，但由于受环境子系统的制约，其可持续发展仍处于初级后期阶段。

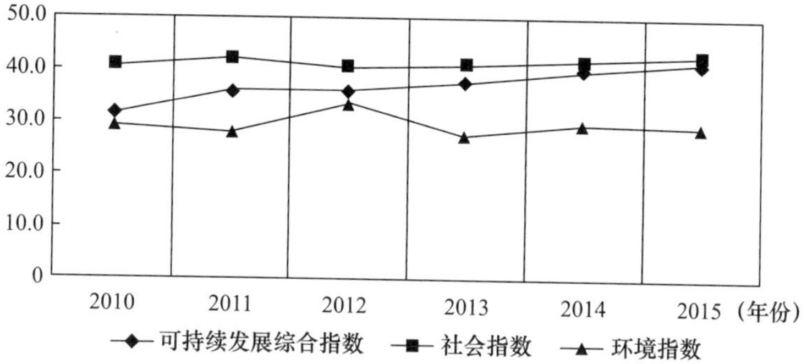

图7-37 2010~2015年马尔代夫可持续发展评价

2010~2015年，马尔代夫五大子系统的发展程度存在一定差距，其中，机制子系统发展程度相对较好，而环境子系统发展程度相对较差。2015年，按指数由高到低依次为机制子系统、经济子系统、社会子系统、基础设施子系统和环境子系统，指数分别为54.7、45.6、42.9、40.9、29.3，其中环境子系统与发展最好的机制子系统指数相差达25.4。可见，环境水平是影响马尔代夫可持续发展的重要因素之一（见图7-38）。

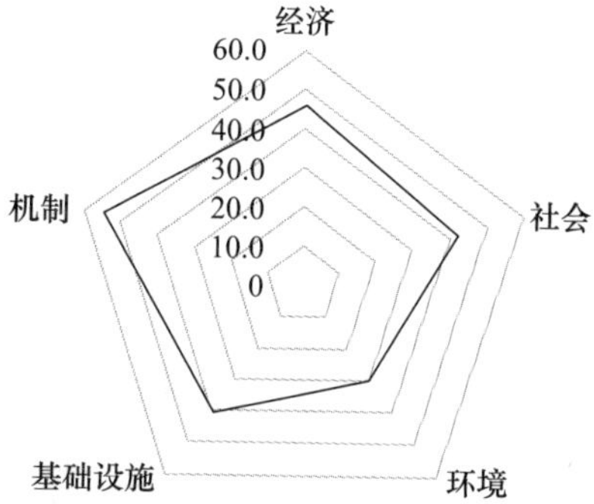

图7-38 2015年马尔代夫五大子系统的发展评价

2010~2015年，经济子系统指数、社会子系统指数、环境子系统指数、基础设施子系统指数、机制子系统指数均呈上升趋势（见表7-9）。机制子系统指数的增幅最大，年均增幅为28.8%，其次由高到低分别为经济子系统指数、基础设施子系统指数、社会子系统指数、环境子系统指数，年均增幅分别为7.2%、2.9%、1%、0.04%。

表7-9 2010~2015年可持续发展五大子系统年均增幅

可持续发展子系统	增幅（%）
经济子系统	7.2
社会子系统	1.0
环境子系统	0.04
基础设施子系统	2.9
机制子系统	28.8

（二）马尔代夫可持续发展重点领域分析

1. 经济

在2010~2015年经济子系统测评结果中，经济规模、经济质量和经济活力指数均呈上升的趋势。2015年，经济规模指数为48.2，较2010年增长75.1%，年均增幅为11.9%；经济质量指数为41.9，较2010年增长9.9%，年均增幅为1.9%；经济活力指数为46.6，较2010年增长50.2%，年均增幅为8.5%。其中，经济规模指数最高，经济活力指数次之，经济质量指数最低，但三个指数之间相差不大，最大相差为6.3（见图7-39）。

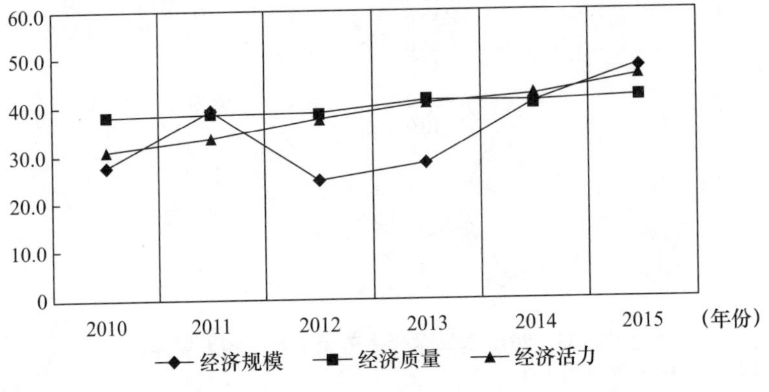

图7-39 2010~2015年经济子系统三个维度的评价指数

在经济规模方面，2010~2015年，GDP增长率呈下降趋势，而人均GDP呈上升趋势。2015年，马尔代夫国内生产总值为34.4亿美元，同比增长2.8%，较2010年下降4.3个百分点，年均降幅为16.9%；人均GDP为8395.8美元，较2010年增长32.6%，年均增幅为5.8%。可见，马尔代夫经济增速放缓，按世界银行划分贫富程度标准，马尔代夫处于中等偏上收入国家的水平。

在经济质量方面，2010～2015 年，FDI 占 GDP 比重、全社会劳动生产率均呈上升趋势，而服务业增加值占 GDP 比例呈下降趋势。2015 年，FDI 占 GDP 比重为 9.4%，较 2010 年提升 0.1 个百分点，年均增幅为 0.2%；全社会劳动生产率为 24481.2 美元/人，较 2010 年增长 22.6%，年均增幅为 4.2%；服务业增加值占 GDP 比例为 73.7%，较 2010 年下降 6.4 个百分点，年均降幅为 1.7%。可见，马尔代夫经济结构正逐步合理化。

在经济活力方面，2010～2015 年，债务占 GDP 比重、经济外向度呈上升趋势。2015 年，债务占 GDP 比重为 64.9%，较 2010 年提升 3.8 个百分点，年均增幅为 1.2%；经济外向度为 170.7%，较 2010 年提升 11.4 个百分点，年均增幅为 1.4%；国家创新指数为 25。可见，马尔代夫的经济开放水平较高，同样伴随高风险，科研创新水平不高。

2. 社会

在 2010～2015 年社会子系统测评结果中，人口基础指数、生活水平指数、平等就业指数、公共服务指数呈上升趋势。2015 年，人口基础指数为 23，较 2010 年增长 26.6%，年均增幅为 4.8%；生活水平指数为 37，较 2010 年增长 0.7%，年均增幅为 0.1%；平等就业指数为 54.9，较 2010 年增长 2.2%，年均增幅为 0.4%；公共服务指数为 56.6，较 2010 年增长 3.7%，年均增幅为 0.7%。可见，公共服务指数最高，其次为平等就业指数、生活水平指数，而人口基础指数最低，最大相差高达 33.6（见图 7－40）。

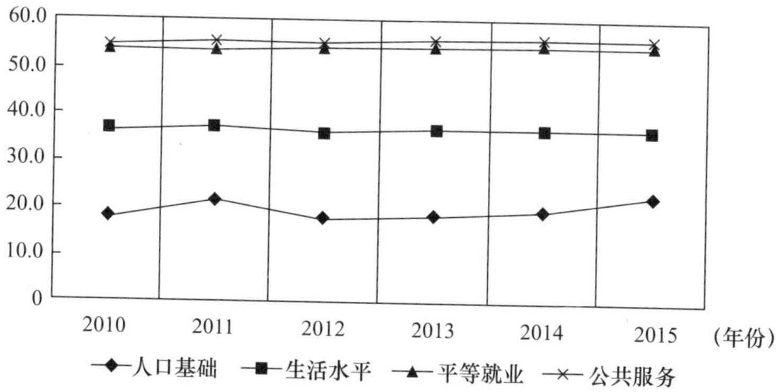

图 7－40　2010～2015 年社会子系统四个维度的评价指数

在人口基础方面，人口自然增长率、人口密度、出生性别比、人口城镇化率呈上升趋势。2015 年，人口自然增长率为 2%，较 2010 年提升 0.1 个百分点；

人口密度为1363.9%，较2010年提升11.5个百分点，年均增幅为2.2%；出生性别比为100.6%，较2010年提升0.03个百分点，年均增幅为0.005%；人口城镇化率为45.5%，较2010年提升5.6个百分点，年均增幅为2.6%。可见，马尔代夫人口密度较高，人口结构有待进一步优化。

在生活水平方面，2010～2015年，营养不良发生率呈下降趋势，而粮食产量呈上升趋势。2015年，营养不良发生率为5.2%，较2010年下降4.8个百分点，年均降幅为12.3%；人均粮食产量为0.5千克，较2010年增长6.7%，年均增幅为1.3%；单位面积粮食产量为2405.1千克，较2010年增长6.2%，年均增幅为1.2%。可见，马尔代夫的人民生活水平稳步提高。

在平等就业方面，2010～2015年，失业率呈下降趋势，而人类发展指数、劳动中妇女的比例呈上升趋势。2015年，失业率为11.6%，较2010年下降0.1个百分点，年均降幅为0.2%；人类发展指数为0.706，较2010年增长3.4%，年均增幅为0.7%；劳动中妇女的比例为42.5%，较2010年提升0.3个百分点，年均增幅为0.1%；基尼系数为0.37，按照联合国有关组织对基尼系数的规定，马尔代夫属于收入相对合理的国家。

在公共服务方面，2010～2015年，人均医疗卫生支出、预期寿命、入学率均呈增长趋势，而新生儿死亡率、孕产妇死亡率、政府教育支出占比呈下降趋势。2015年，人均医疗卫生支出为1165.1美元，较2010年增长109.5%，年均增幅为15.9%；预期寿命为76.8岁，较2010年增长0.6%，年均增幅为0.1%；中学和高等院校入学率分别为69.8%、12.7%，较2010年分别提升18.5个百分点和1.8个百分点，年均增幅分别为6.4%、3.1%；新生儿死亡率为4.9%，较2010年下降2.5个百分点，年均降幅为7.9%；孕产妇死亡率为68%，较2010年下降19个百分点，年均降幅为4.8%；政府教育支出占比为15.3%，较2010年下降2.4个百分点，年均降幅为2.9%。可见，马尔代夫医疗和教育事业发展向好，但医疗卫生水平仍不高。

3. 环境

在2010～2015年环境子系统测评结果中，资源指数、污染指数呈下降趋势，而能源指数均呈上升趋势。2015年，资源指数为0.1，较2010年下降3.7%，年均降幅为0.7%；污染指数为91.3，较2010年下降2.3%，年均降幅为0.5%；能源指数为25.7，较2010年增长10.1%，年均增幅为1.9%。各指数的发展水平存在较大的差异，污染指数最高，其次为能源指数，而资源指数相对最低，其中资源指数和污染指数最大相差高达91.2（见图7－41）。

在资源禀赋方面，2010～2015年，人均森林面积、人均土地资源占有量、人均淡水资源占有量均呈下降趋势。2015年，人均森林面积为0.00002平方千米，较 2010 年下降 10.3%，年均降幅为 2.2%；人均土地资源占有量为 0.0007 平方千米，较 2010 年下降 10.3%，年均降幅为 2.2%；人均淡水资源占有量为 74.8 立方米，较 2010 年下降 4%，年均降幅为 0.8%。可见，马尔代夫资源禀赋较差，尤其是淡水资源贫乏。

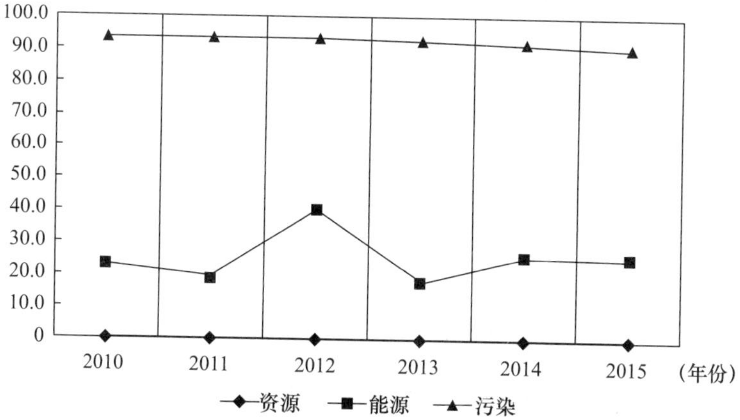

图 7－41 2010～2015 年环境子系统三个维度的评价指数

在能源方面，2010～2015 年，单位 GDP 能耗呈上升趋势，能源消耗弹性系数、二次能源占比呈下降趋势。2015 年，单位 GDP 能耗为 11.3 美元/千克石油，较 2010 年增长 1.5%，年均增幅为 0.3%；能源消耗弹性系数为－0.0003，较 2010 年下降 113.7%，年均降幅为 167.2%；二次能源占比为 3.2%，较 2010 年下降 0.2 个百分点，年均降幅为 1.1%。可见，马尔代夫能源消耗较高，但能源结构优化明显。

在环境污染方面，2010～2015 年，人均二氧化碳排放量、人均烟尘排放量呈上升趋势，而人均一氧化氮排放量、人均甲烷排放量均呈下降趋势。2015 年，人均二氧化碳排放量为 2.7 公吨，较 2010 年增长 9%，年均增幅为 1.7%；人均烟尘排放量为 28.5 微克每立方米，较 2010 年增长 15.9%，年均增幅为 3%；人均一氧化氮排放量为 0.0001 公吨，较 2010 年下降 2.8%，年均降幅为 0.6%；人均甲烷排放量为 0.0001 公吨，较 2010 年下降 2.8%，年均降幅为 0.6%。可见，马尔代夫环境基础较好。

4. 基础设施

在 2010～2015 年基础设施子系统测评结果中，交通设施指数呈下降趋势，而信息与公共服务设施指数呈上升趋势。2015 年，交通设施指数为 0.015，较 2010 年下降 7.6%，年均降幅为 1.6%；信息与公共服务设施指数为 81.8，较

2010年增长15.5%，年均增幅为2.9%。交通设施指数和信息与公共服务设施指数相差81.8（见图7-42）。

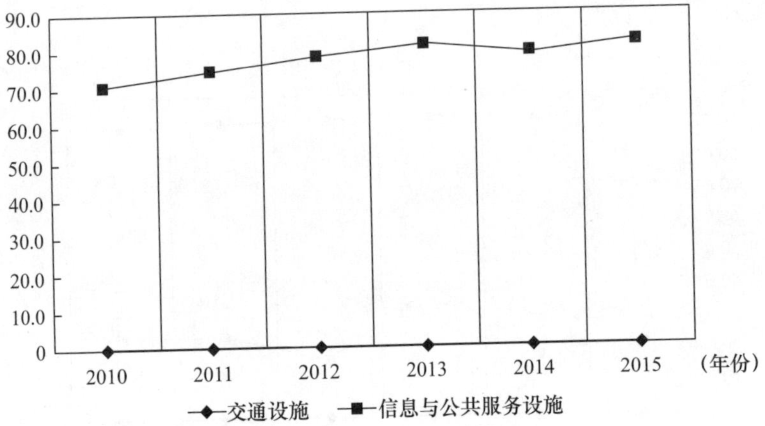

图7-42　2010~2015年基础设施子系统两个维度的评价指数

在交通设施方面，2010~2015年，港口吞吐能力呈上升趋势。2015年，港口吞吐能力为83777.6万吨，较2010年增长28.9%，年均增幅为5.2%。可见，马尔代夫交通基础设施不完善，船舶为主要交通工具。

在信息与公共服务设施方面，2010~2015年，互联网普及率、固定和移动电话普及率、改善水源获得比例、改善卫生设施获得比例均呈上升趋势。2015年互联网普及率为54.5%，较2010年提升27.9个百分点，年均增幅为15.5%；固定和移动电话普及率为206.7%，较2010年提升54.9个百分点，年均增幅为6.4%；改善水源获得比例为98.6%，较2010年提升0.3个百分点，年均增幅为0.1%；改善卫生设施获得比例为97.9%，较2010年提升0.6个百分点，年均增幅为0.1%。可见，马尔代夫信息化及公共服务设施改善明显。

5. 机制

在2010~2015年机制子系统测评结果中，国内制度指数呈下降趋势，而国际合作指数呈上升趋势。2015年，国内制度指数为28，较2010年下降9.4%，年均降幅为2%；国际合作指数为81.4，较2010年增长81279.3%，年均增幅为282%。其中，国内制度指数和国际合作指数相差53.4（见图7-43）。

在国内制度方面，2010~2015年，经济自由度指数呈上升趋势，而全球治理指数呈下降趋势。2015年，经济自由度指数为53.4，较2010年增长9%，年均增幅为1.7%；全球治理指数为-0.37，较2010年下降76.2%，其中，控制腐败指数为-0.27，较2010年增长48.5%。可见，马尔代夫经济自由度较高，政府效能及清廉反腐能力较弱。

在国际合作方面，提供（接受）的官方发展援助占 GDP 比重呈下降趋势。2015 年，提供（接受）的官方发展援助占 GDP 比重为 61.8%，较 2010 年下降 240 个百分点，年均降幅为 27.2%。可见，马尔代夫高度依赖国外支持和援助。

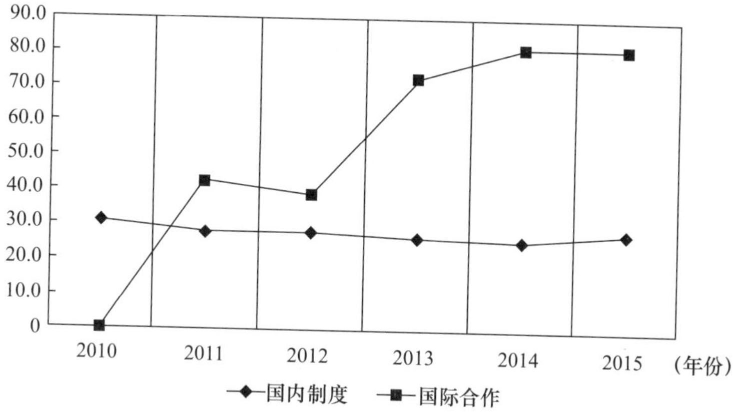

图 7－43　2010～2015 年机制子系统两个维度的评价指数

（三）小结

马尔代夫市场开放度较高，经济政策自由开放、简单透明，外国投资受法律保护，教育事业较为先进。然而，马尔代夫受环境因素影响，交通运输等基础设施条件较为落后，境内铁路和民航事业不发达，医疗卫生较落后，政治腐败情况严重，尽管实现了由政治独裁向政治民主的初步转型，但政治稳定有待加强。

总体上，加入“一带一路”倡议为马尔代夫迎来了发展的良好契机，在保护环境的基础上发挥自身资源优势，积极发展与“一带一路”沿线国家的经贸关系，吸收国外资金与援助，加快发展重大基础设施建设项目，促进经济快速发展。

七、孟加拉国

孟加拉人民共和国地处南亚次大陆东北部，位于孟加拉湾之北，与缅甸、印度相邻，是亚洲三大经济体中国、印度、东盟的交汇处，且是多方合作的桥梁与纽带，在“一带一路”倡议中有非常重要的地理位置，是中国与南亚互联互通的一个中转站。

（一）孟加拉可持续发展总体评价

评价结果显示，2015 年，孟加拉国可持续发展指数为 34.6，在"一带一路"沿线国家中的排名为第 56 位，孟加拉国可持续发展处于初级后期发展阶段。

由图 7－44 可知，2010～2015 年，孟加拉国可持续发展的总体趋势平稳，单从国家可持续发展的指数来看，孟加拉国可持续发展应处于中级早期阶段，但由于受社会子系统和环境子系统的制约，其可持续发展仍处于初级后期阶段。

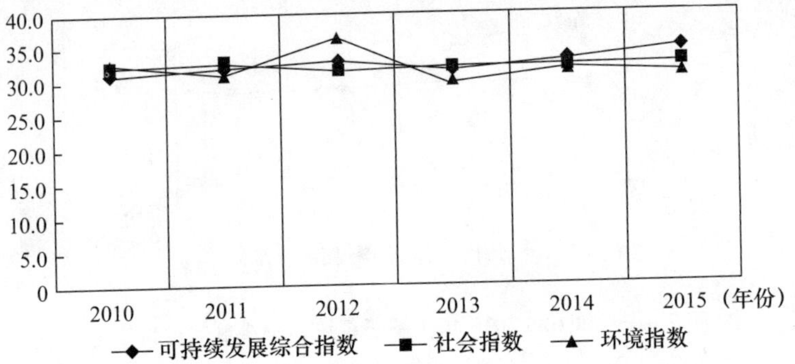

图 7－44　2010～2015 年孟加拉国可持续发展评价

2010～2015 年，孟加拉国五大子系统的发展程度存在一定差距，其中，机制子系统发展程度相对较好，而基础设施子系统发展程度相对较差。2015 年，机制子系统指数为 58.4，经济子系统、社会子系统和环境子系统指数分别为 36.8、32.5、31.1，基础设施子系统指数为 17.8，基础设施子系统与发展最好的机制子系统相差高达 40.6。可见，基础设施建设水平及完善程度是制约孟加拉国可持续发展的重要原因之一（见图 7－45）。

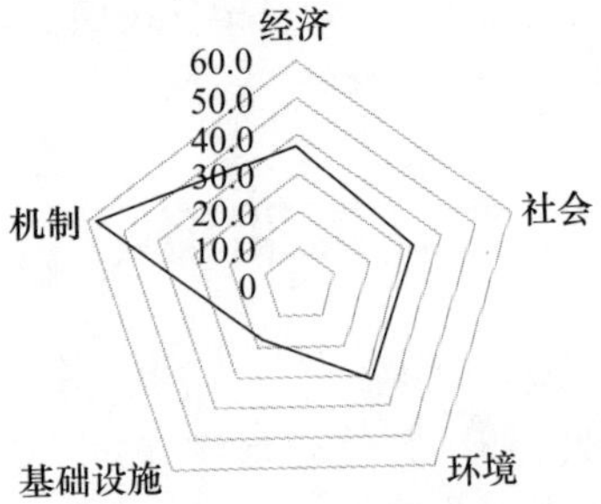

图 7－45　2015 年孟加拉国五大子系统的发展评价

2010～2015年孟加拉国五大子系统指数除环境子系统和机制子系统指数外均呈上升趋势（见表7－10），其中，经济子系统指数的年均增幅最大，增幅达到9.2%，其次基础设施子系统指数的年均增幅为5.9%，社会子系统指数的年均增幅为0.1%，而机制子系统和环境子系统指数的年均增幅为负增长，降幅分别为－0.6%、－0.9%。

表7－10　2010～2015年可持续发展五大子系统年均增幅

可持续发展子系统	增幅（%）
经济子系统	9.2
社会子系统	0.1
环境子系统	－0.9
基础设施子系统	5.9
机制子系统	－0.6

（二）孟加拉国可持续发展重点领域分析

1. 经济

在2010～2015年经济子系统测评结果中，经济规模、经济质量和经济活力均呈上升的趋势，且经济规模保持高速增长态势。2015年，经济规模指数为48.4，较2010年增长140.2%，年均增幅为19.2%；经济质量指数为23.4，较2010年增长18.4%，年均增幅为3.4%；经济活力指数为38.6，较2010年增长24.2%，年均增幅为4.4%。其中，经济规模指数最高，经济活力指数次之，经济质量指数最低，最大相差25（见图7－46）

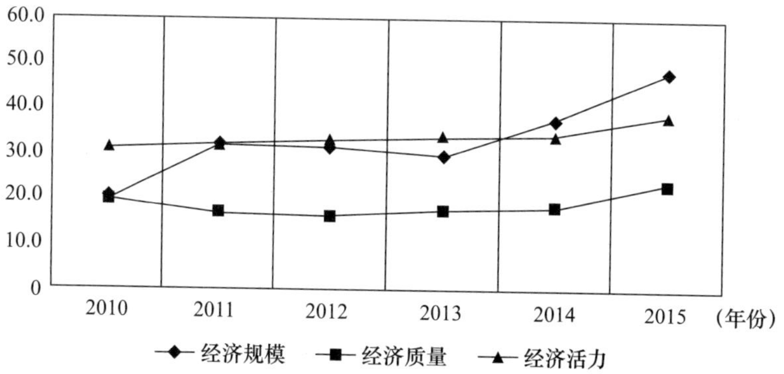

图7－46　2010～2015年经济子系统三个维度的评价指数

在经济规模方面，2010~2015年，GDP增长率、人均GDP均呈增长趋势。2015年孟加拉国国内生产总值1950.8亿美元，增长6.6%，较2010年增长1个百分点，GDP年增长率年均增幅达3.3%，可见，孟加拉国的经济水平保持中高增长趋势。2015年人均GDP为1211.7美元，较2010年增长59.4%，年均增长9.8%，按世界银行划分贫富程度标准，孟加拉国处于中等偏下收入国家的水平。

在经济质量方面，2010~2015年，资本形成总额占GDP比重、服务业增加值占GDP比重、全社会劳动生产率均呈上升趋势，而FDI占GDP比重、经常项目余额占贸易总额比重呈下降趋势。2015年，资本形成总额占GDP比重为28.9%，较2010年提升2.6个百分点，年均增幅为1.9%；服务业增加值占GDP比重为56.3%，较2010年提升0.3个百分点，年均增幅为0.1%；全社会劳动生产率为2974.3美元/人，较2010年增长37.8%，年均增幅为6.6%；FDI占GDP比重为0.03%，较2010年下降0.03个百分点，年均降幅为15%；经常项目余额占贸易总额比重为1.4%，较2010年下降0.5个百分点，年均降幅为5.5%。可见，孟加拉国的经济结构仍需进一步调整。

在经济活力方面，2010~2015年，经济外向度、债务占GDP比重均呈下降趋势。2015年，经济外向度为41.1%，较2010年下降3.2个百分点，年均降幅为1.5%；债务占GDP比重为18.6%，较2010年下降3个百分点。可见，孟加拉国开放水平相对较高，而债务率不足20%，其发展相比较低，创新能力不足，国家创新指数仅为22.9，未来需要进一步加快经济活力水平。

2. 社会

在2010~2015年社会子系统测评结果中，人口基础、平等就业、公共服务三个指数呈增长趋势，而生活水平指数均呈下降趋势。2015年，人口基础指数为17.8，较2010年增长20.1%，年均增幅为3.7%；平等就业指数为44.5，较2010年增长0.5%，年均增幅为0%；公共服务指数为33.7，较2010年增长5.2%，年均增幅为1.0%；生活水平指数为33.8，较2010年下降10.6%，年均降幅为2.2%。可见，平等就业指数最高，其次为生活水平、公共服务，而人口基础指数最低，最大相差高达26.7（见图7-47）。

在人口基础方面，人口自然增长率、人口密度、出生性别比、人口城镇化率均呈上升趋势。2015年，人口自然增长率为1.2%，比2010年下降0.1个百分点，年均增幅为1.1%；人口密度为1236.8人/平方千米，较2010年增长6.2%，年均增幅为1.2%；出生性别比为102.5%，较2010年下降0.2个百分点；人口城镇化率为34.3%，较2010年提升3.8个百分点，年均增幅为2.4%。可见，孟加拉国人口密集程度较高，良好的人口禀赋为可持续发展奠定了充足劳动生产力的基础，但人口结构总体不合理，城镇化水平不高。

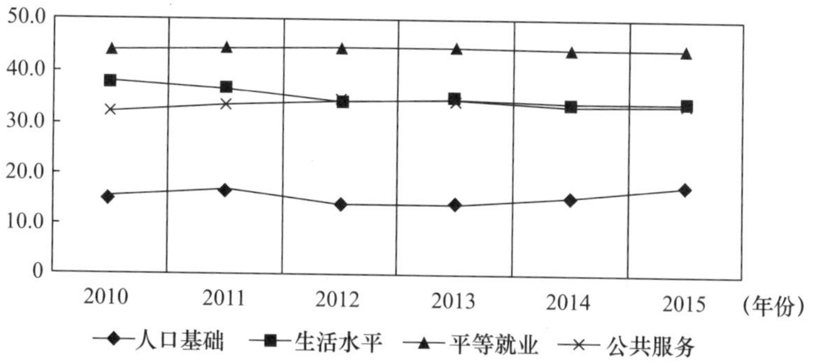

图 7－47　2010～2015 年社会子系统四个维度的评价指数

在生活水平方面，2010～2015 年，营养不良发生率呈下降趋势，而粮食产量、超过 100 万的城市群中人口占总人口比重均呈上升趋势。2015 年，营养不良发生率为 16.4%，较 2010 年下降 0.8 个百分点，年均降幅为 0.9%；人均粮食产量为 346.2 千克，较 2010 年增长 1.2%，单位面积粮食产量为 4405.8 千克，较 2010 年增长 2.7%；超过 100 万的城市群中人口占总人口比重为 14.4%，较 2010 年提升 1.2 个百分点。可见，尽管孟加拉国居民生活水平有所改善，但总体生活水平仍处于较低水平线，其中，低于 1.9 美元/天人口比例占到 18.5%。

在平等就业方面，2010～2015 年，人类发展指数、劳动中妇女的比例呈上升趋势，而失业率呈下降趋势。2015 年，人类发展指数为 0.57，较 2010 年增长 4.4%，年均增幅为 0.9%；劳动中妇女的比例为 40.4%，较 2010 年下降 0.5 个百分点，年均降幅为 0.2%；失业率为 4.3%，较 2010 年下降 0.2 个百分点，年均降幅为 0.9%。可见，孟加拉国社会相对公平，就业形势相对稳定，基尼系数为 0.3，按照联合国有关组织对基尼系数的规定，孟加拉国属于收入差距不大的国家，贫富差异相对合理。

在公共服务方面，2010～2015 年，人均医疗卫生支出、预期寿命、入学率均呈增长趋势，而新生儿和孕妇死亡率、政府教育支出占比均呈下降趋势。2015 年，人均医疗卫生支出为 30.8 美元，较 2010 年增长 33.3%，年均增幅为 5.9%；预期寿命为 71.6 岁，较 2010 年提升 1.5 岁，年均增幅为 0.4%；小学和中学入学率分别为 111.9%、58.3%，较 2010 年分别增长 9.2 个百分点和 8.2 个百分点；新生儿死亡率为 23.3%，较 2010 年下降 5.6 个百分点，年均降幅为 4.2%；孕产妇死亡率为 176%，较 2010 年下降 66 个百分点，年均降幅为 6.2%；政府教育支出占比为 13.8%，较 2010 年下降 0.8 个百分点，年均降幅为 1.2%。可见，孟加拉国当前医疗卫生系统逐步完善，教育环境明显改善。

3. 环境

在2010~2015年环境子系统测评结果中，资源指数、能源指数、污染指数均呈下降趋势，生态保护指数变化相对平稳。2015年，资源指数为0.3，较2010年下降0.4%，年均降幅为0.1%；能源指数为42.3，较2010年下降1.4%，年均降幅为0.3%，且这一指数在2012年达到最大值为57；污染指数为75.7，较2010年下降6.3%，年均降幅为1.3%；生态保护指数为6.2，这一指数在2010~2015年处于同一水平。其中，各指数的发展水平存在较大的差异，污染指数最高，其次为能源指数，而资源指数和生态保护指数相对较低，污染指数和生态保护指数最大相差高达75.4（见图7-48）。

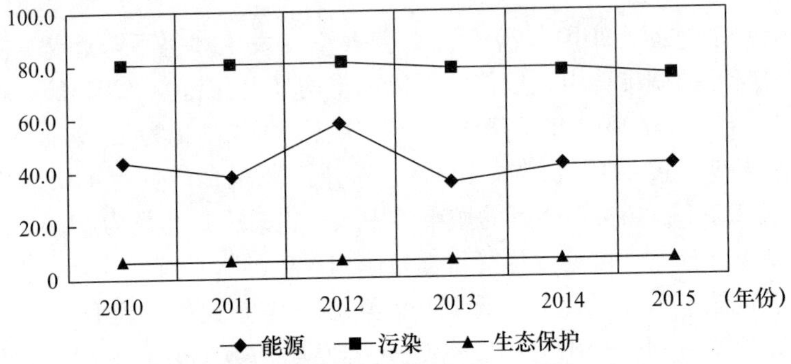

图7-48　2010~2015年环境子系统三个维度的评价指数

在资源禀赋方面，2010~2015年，森林、土地、淡水等资源禀赋均略有下降的趋势。2015年，人均森林面积为0.0001平方千米，较2010年下降6.7%，年均降幅为1.4%；人均土地资源占有量为0.0008平方千米，较2010年下降5.8%，年均降幅为1.2%；人均淡水资源占有量为660.1立方米，较2010年下降2.4%，年均降幅为0.5%。可见，由于人口密集且增长快速，孟加拉国生态资源消耗比较大。

在能源方面，2010~2015年，单位GDP能耗、能源消耗弹性系数呈上升趋势，而二次能源占比呈下降趋势。2015年，单位GDP能耗为13.4美元/千克石油，较2010年增长9.8%，年均增幅为1.9%；能源消耗弹性系数为0.0026，较2010年增长157.2%，年均增幅为189.4%；二次能源占比为38.3%，较2010年下降3.7个百分点，年均降幅为1.4%。可见，孟加拉国能源结构不合理，尽管能源消耗有所降低，但能源利用效率仍然不高。

在环境污染方面，2010~2015年，人均一氧化氮呈下降趋势，人均烟尘排放量呈增长趋势。2015年，人均一氧化氮排放量为0.0002公吨，较2010年下降

0.4%；人均烟尘排放量为87微克每立方米，较2010年增长8.6%。可见，孟加拉国环境污染有继续恶化的现象。

4. 基础设施

在2010～2015年基础设施子系统测评结果中，交通设施指数、信息与公共服务设施指数均呈上升趋势。2015年，交通设施指数为1.8，较2010年增长1.7%，年均增幅为0.3%；信息与公共服务设施指数为33.8，较2010年增长35.6%，年均增幅为6.3%。其中，信息与公共服务设施指数远高于交通设施指数，两者相差高达32，交通设施成为制约基础设施子系统发展的主要因素（见图7－49）。

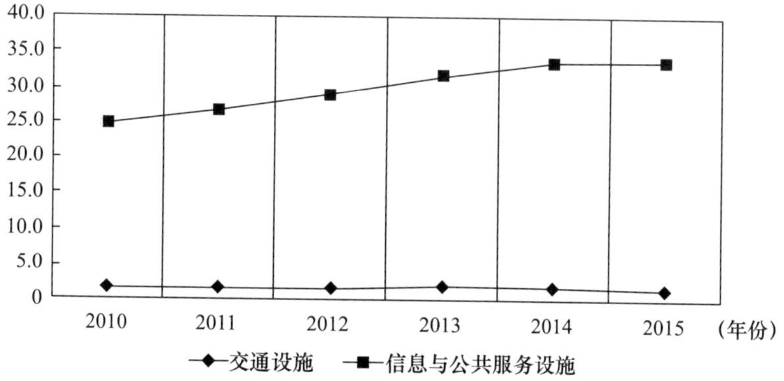

图7－49 2010～2015年基础设施子系统两个维度的评价指数

在交通设施方面，2010～2015年，港口吞吐量、航空运输量均呈快速上升趋势。2015年，港口吞吐量为1655365.1万吨，较2010年增长22.1%，年均增长4.1%；航空运输量为37219.1百万次，较2010年增长92.8%，年均增长14%。可见，孟加拉国正在逐步加大交通基础设施建设，其中航空运输改善明显。

在信息与公共服务设施方面，2010～2015年，互联网普及率、固定和移动电话普及率、用电普及率、改善水源获得比例、改善卫生设施获得比例均呈上升趋势。2015年互联网普及率为14.4%，较2010年提升10.7个百分点，年均增幅为31.2%；固定和移动电话普及率为83.4%，较2010年提升38.5个百分点，年均增幅为13.2%；用电普及率为59.6%，较2010年提升4.4个百分点，年均增幅为1.5%；改善水源获得比例为86.9%，较2010年提升3.4个百分点，年均增幅为0.8%；改善卫生设施获得比例为60.6%，较2010年提升4.8个百分点，年均增幅为1.7%。可见，孟加拉国公共服务设施改善明显，但信息现代化程度仍然较低，电力短缺相当严重。

5. 机制

在2010～2015年机制子系统测评结果中，国内制度指数、国际合作指数均呈下降趋势。2015年，国内制度指数为23，较2010年下降12.1%；国际合作指数为93.9，较2010年下降0.7%，年均降幅为0.1%。其中，国内制度指数和国际合作指数两个指数存在较大差距，相差高达70.9（见图7－50）。

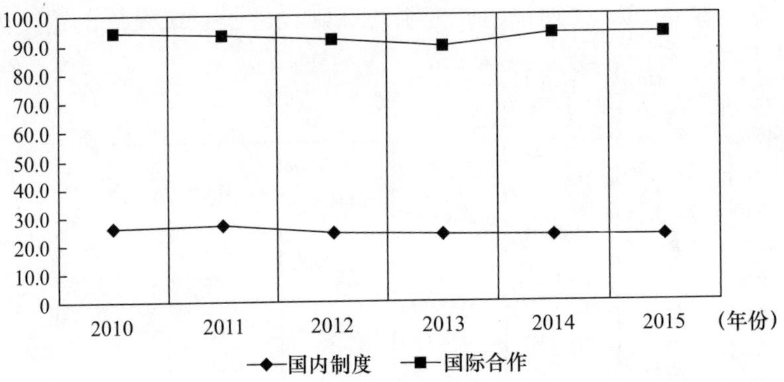

图7－50　2010～2015年机制子系统两个维度的评价指数

在国内制度方面，2010～2015年，经济自由度指数、全球治理指数呈上升趋势。2015年，经济自由度指数为53.9，较2010年增长5.5%，年均增幅为1.1%；全球治理指数为－0.77，较2010年增长2.7%，其中，控制腐败指数为－0.88，较2010年增长14.5%。可见，孟加拉国经济制度、政府效能及清廉反腐能力均较弱，有待进一步提升。

在国际合作方面，2010～2015年，官方发展援助占GDP比重呈上升趋势。2015年官方发展援助占GDP比重为15.2%，较2010年提升5.9个百分点，年均增幅为10.4%，可见，孟加拉国国际合作机制发展向好。

（三）小结

孟加拉国河运系统发达，矿藏资源禀赋良好，劳动力资源充足、成本低廉，自然和人文旅游资源丰富，然而，孟加拉国经济基础薄弱，工业发展非常落后，生产技术落后，缺乏高技术创新型人才，基础设施严重不足，电力极其短缺，人民生活水平不高。

总体上，加入“一带一路”倡议为孟加拉国发展提供了新的契机，利用优越的地理位置将其发展成为区域合作的重要商业枢纽，拓展与沿线国家的贸易，适宜发展劳动密集型产业，引进外资完善基础设施建设，提升工农业生产加工水平。

八、斯里兰卡

斯里兰卡民主社会主义共和国位于印度洋海上、南亚次大陆南端，与印度隔保克海峡相望，靠近欧亚国际货运主航线，在“一带一路”建设中具有转运、中转和补给等重要作用，也是最先参与中国“21 世纪海上丝绸之路”倡议的国家之一。

（一）斯里兰卡可持续发展总体评价

评价结果显示，2015 年，斯里兰卡可持续发展指数为 39.3，在“一带一路”国家中的排名为第 46 位，斯里兰卡可持续发展处于初级后期发展阶段。由图 7 - 51 可知，2010 ~ 2015 年，斯里兰卡可持续发展呈波动性态势。

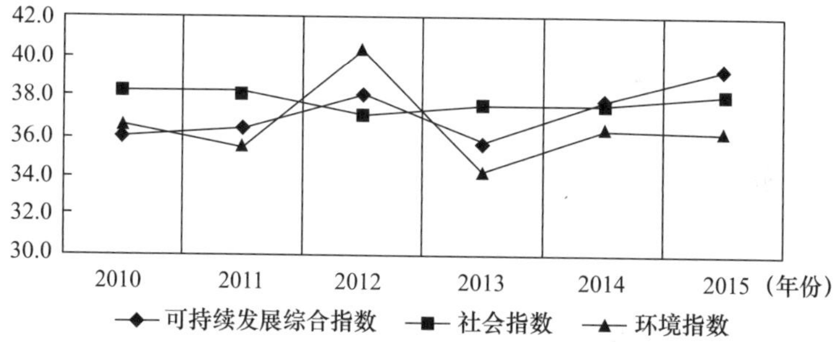

图 7 - 51　2010 ~ 2015 年斯里兰卡可持续发展评价

2010 ~ 2015 年，斯里兰卡五大子系统的发展程度存在一定差距，其中，机制子系统发展程度相对较好，而基础设施子系统发展程度相对较差。2015 年，按指数由高到低，依次为机制子系统、社会子系统、经济子系统、环境子系统和基础设施子系统，指数分别为 68.8、38.1、37.1、36.3、22.8，其中基础设施子系统与发展最好的机制子系统指数相差 46。可见，基础设施完善程度是影响斯里兰卡可持续发展的重要因素之一（见图 7 - 52）。

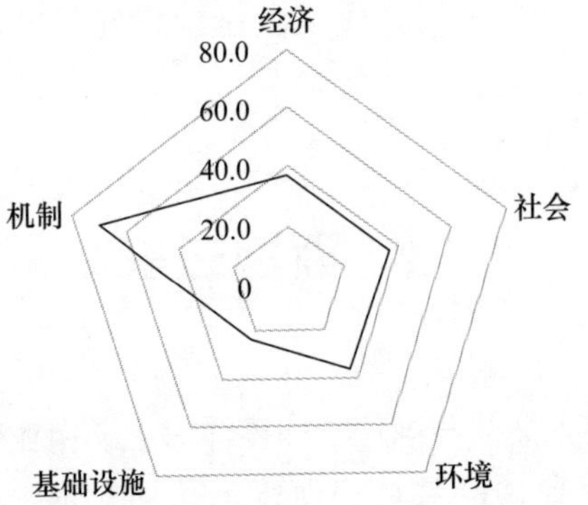

图 7-52　2015 年斯里兰卡五大子系统的发展评价

2010～2015 年，经济子系统、基础设施子系统和机制子系统呈上升趋势，社会子系统、环境子系统呈下降趋势（见表 7-11）。经济子系统指数的年均增幅最大，增幅达到 8.5%，其次为基础设施子系统指数、机制子系统指数的年均增幅为 1.5%、0.5%，而社会子系统指数、环境子系统指数的年均增幅为负增长，年均降幅分别为 0.1%、0.3%。

表 7-11　2010～2015 年可持续发展五大子系统年均增幅

可持续发展子系统	增幅（%）
经济子系统	8.5
社会子系统	-0.1
环境子系统	-0.3
基础设施子系统	1.5
机制子系统	0.5

（二）斯里兰卡可持续发展重点领域分析

1. 经济

在 2010-2015 年经济子系统测评结果中，经济规模、经济质量和经济活力指数均呈上升的趋势。2015 年，经济规模指数为 47.8，较 2010 年增长 78.2%，年均增幅为 12.2%；经济质量指数为 28.2，较 2010 年增长 9.6%，年均增幅为 1.8%；经济活力指数为 35.4，较 2010 年增长 65.6%，年均增幅为 10.6%。其中，经济规模指数最高，经济活力指数次之，经济质量指数最低，最大相差19.6（见图7－53）。

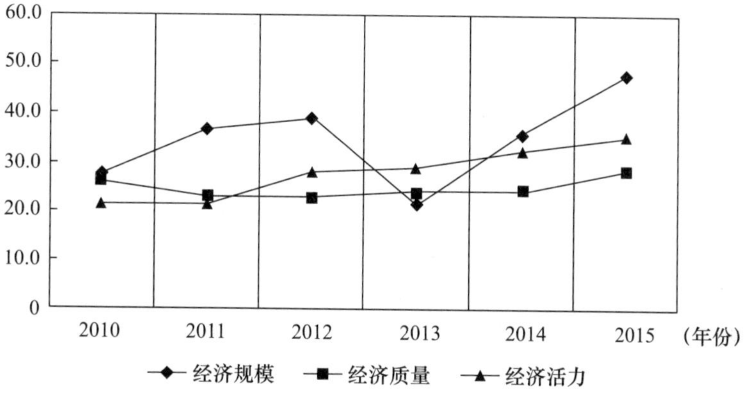

图7－53　2010～2015年经济子系统三个维度的评价指数

在经济规模方面，2010～2015年，GDP增长率呈增长趋势，而人均GDP呈下降趋势。2015年斯里兰卡国内生产总值823.2亿美元，同比增长4.8%，较2010年下降3.2个百分点；人均GDP为3926.2美元，较2010年增长39.2%，年均增幅为6.8%，可见，斯里兰卡的经济水平不高，按世界银行划分贫富程度标准，斯里兰卡处于中等偏下收入国家的水平。

在经济质量方面，2010～2015年，资本形成总额占GDP比重、服务业增加值占GDP比重、FDI占GDP比重均呈下降趋势，而全社会劳动生产率呈上升趋势。2015年，资本形成总额占GDP比重为30.1%，较2010年下降0.3个百分点；服务业增加值占GDP比重为60.6%，较2010年下降0.2个百分点；FDI占GDP比重为0.06%，较2010年下降0.01个百分点；全社会劳动生产率为15682.3美元/人，较2010年增长34.6%。可见，斯里兰卡的经济结构不合理，严重制约经济质量的发展。

在经济活力方面，2010～2015年，国家创新指数、债务占GDP比重呈下降趋势，而经济外向度均呈上升趋势。2015年，国家创新指数为28.9，较2010年下降4.7%，年均降幅为1%；债务占GDP比重为70.7，较2010年下降0.8个百分点，年均降幅为0.2%；经济外向度为48.5%，较2010年提升2.1个百分点，年均增幅为0.9%。可见，斯里兰卡的创新能力不高，但具有一定的经济开放水平，风险较高。

2. 社会

在2010～2015年社会子系统测评结果中，人口基础指数、平等就业指数、公共服务指数呈上升趋势，而生活水平指数呈下降趋势。2015 年，人口基础指数为 9.9，较 2010 年增长 21%，年均增幅为 3.9%；平等就业指数为 43.7，较 2010 年增长 0.4%，年均增幅为 0.2%；公共服务指数为 53.2，较 2010 年增长 0.9%，年均增幅为 0.2%；生活水平指数为 45.6，较 2010 年下降 6.9%，年均降幅为 1.4%。可见，公共服务指数最高，其次为生活水平、平等就业，而人口基础指数最低，最大相差高达 43.3（见图 7－54）。

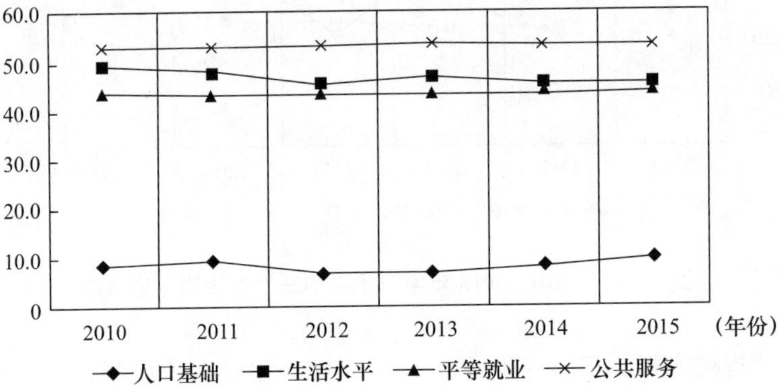

图 7－54　2010～2015 年社会子系统四个维度的评价指数

在人口基础方面，人口自然增长率、人口密度、每万人科技人员数、人口城镇化率均呈上升趋势，而出生性别比呈下降趋势。2015 年，人口自然增长率为 0.9%，较 2010 年提升 0.2 个百分点；人口密度为 334.3 人/平方千米，较 2010 年增长 4.2%；每万人科技人员数为 110.9 人，较 2010 年增长 4.7%；人口城镇化率为 18.4%，较 2010 年增长 0.1 个百分点；出生性别比为 93%，较 2010 年下降 1.8 个百分点。可见，斯里兰卡具有充足的劳动力资源，但人口结构不合理。

在生活水平方面，2010～2015 年，营养不良发生率、粮食产量、超过 100 万的城市群中人口占总人口比重呈下降趋势。2015 年，营养不良发生率为 22%，较 2010 年下降 4 个百分点，年均降幅为 3.3%；人均粮食产量为 174.7 千克，较 2010 年下降 21.4%，年均降幅为 4.7%；单位面积粮食产量为 3801.4 千克，较 2010 年下降 4.4%，年均降幅为 0.9%；超过 100 万的城市群中人口占总人口比重为 18.4%，较 2010 年下降 0.3 个百分点，年均降幅为 0.3%。可见，斯里兰卡人民生活水平发展向好，但未来还需进一步提升。

在平等就业方面，2010～2015 年，人类发展指数、劳动中妇女的比例呈上升趋势，而失业率呈下降趋势。2015 年，人类发展指数为 0.757，较 2010 年增长 2.6%，年均增幅为 0.5%；劳动中妇女的比例为 46.1%，较 2010 年提升 0.6

个百分点，年均增幅为0.4%；失业率为4.6%，较2010年下降0.3个百分点，年均降幅为1.3%；基尼系数为0.39，按照联合国有关组织对基尼系数的规定，斯里兰卡属于收入相对合理的国家。

在公共服务方面，2010～2015年，人均医疗卫生支出、预期寿命、入学率、政府教育支出占比均呈增长趋势，而新生儿死亡率和孕产妇死亡率均呈下降趋势。2015年，人均医疗卫生支出为127.3美元，较2010年增长51.2%；预期寿命为74.8岁，较2010年增长0.5%；小学和中学入学率分别为101.3%、99.7%，较2010年分别增长1.6个百分点和2.8个百分点；政府教育支出占比为9.8%，较2010年提升1.2个百分点；新生儿死亡率为5.4%，较2010年下降1个百分点；孕产妇死亡率为30%，较2010年下降5个百分点。可见，斯里兰卡医疗卫生事业和教育事业取得明显的成绩。

3. 环境

在2010～2015年环境子系统测评结果中，资源指数、能源指数、污染指数均呈下降趋势。2015年，资源指数为1.6，较2010年下降0.7%，年均降幅为0.1%；能源指数为46.8，较2010年下降1.1%，年均降幅为0.2%，且这一指数在2013年达到最大值为62.6；污染指数为91.9，较2010年下降1.5%，年均降幅为0.3%。各指数的发展水平存在较大的差异，污染指数最高，其次为能源指数，而资源指数相对最低，其中污染指数和资源指数最大相差高达90.3（见图7－55）。

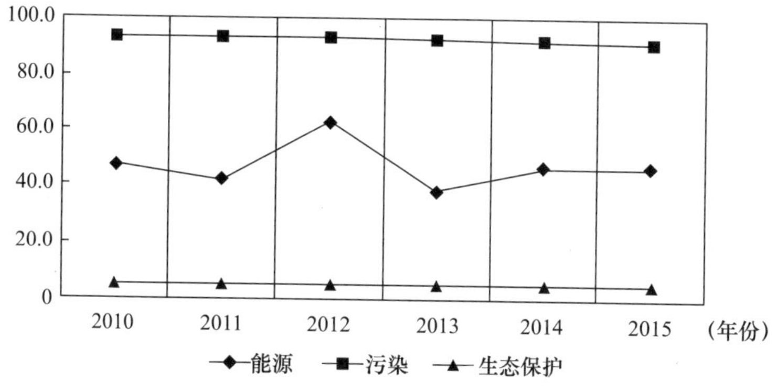

图7－55　2010～2015年环境子系统三个维度的评价指数

在资源禀赋方面，2010～2015年，森林、土地、淡水等资源禀赋均呈下降的趋势。2015年，人均森林面积为0.001平方千米，较2010年下降5.6%，年均降幅为1.1%；人均土地资源占有量为0.003平方千米，较2010年下降4%，年均降幅为0.8%；人均淡水资源占有量为2542立方米，较2010年下降1.7%，年均降幅为0.3%。可见，斯里兰卡林业和水利等资源丰富，但人均拥有量不高。

在能源方面，2010~2015年，单位GDP能耗呈上升趋势，而二次能源占比呈下降趋势。2015年，单位GDP能耗为20.6美元/千克石油，较2010年增长16.7%，年均增幅为3.1%；二次能源占比为60.9%，较2010年下降1.2个百分点，年均降幅为1.2%。可见，斯里兰卡能源结构不合理，能源消耗较高。

在环境污染方面，2010~2015年，人均二氧化碳排放量、人均一氧化氮排放量、人均甲烷排放量、人均烟尘排放量均呈上升趋势。2015年，人均二氧化碳排放量为0.8公吨，较2010年增长14.4%；人均一氧化氮排放量为0.0001公吨，较2010年增长0.5%；人均甲烷排放量为0.0006吨，较2010年增长0.5%；人均烟尘排放量为26.4微克每立方米，较2010年增长3.9%。可见，斯里兰卡环境污染有进一步恶化的现象。

4. 基础设施

在2010~2015年基础设施子系统测评结果中，信息与公共服务设施指数呈上升趋势。2015年，信息与公共服务设施指数为45.5，较2010年增长7.5%，年均增幅为1.5%（见图7-56）。

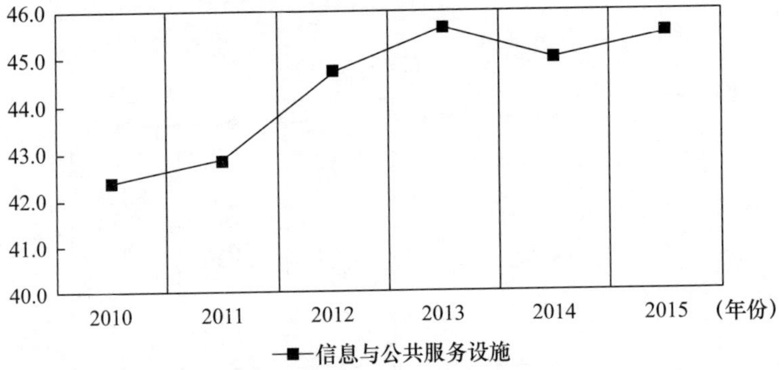

图7-56 2010~2015年信息与公共服务设施评价指数

在信息与公共服务设施方面，2010~2015年，互联网普及率、固定和移动电话普及率、用电普及率、改善水源获得比例、改善卫生设施获得比例均呈上升趋势。2015年互联网普及率为73.1%，较2010年提升0.1个百分点，年均增幅为8.4%；固定和移动电话普及率为112.8%，较2010年提升29.2个百分点，年均增幅为6.2%；用电普及率为88.7%，较2010年提升3.6个百分点，年均增幅为0.8%；改善水源获得比例为95.6%，较2010年提升4.5个百分点，年均增幅为1%；改善卫生设施获得比例为95.1%，较2010年提升3.4个百分点，年均增幅为0.7%。可见，斯里兰卡公共服务设施改善明显，但信息现代化程度不高。

5. 机制

在2010～2015年机制子系统测评结果中，国内制度指数、国际合作指数呈上升趋势。2015年，国内制度指数为39.7，较2010年增长7.3%；国际合作指数为98，较2010年增长0.4%。其中，国内制度指数和国际合作指数两个指数相差58.3（见图7－57）。

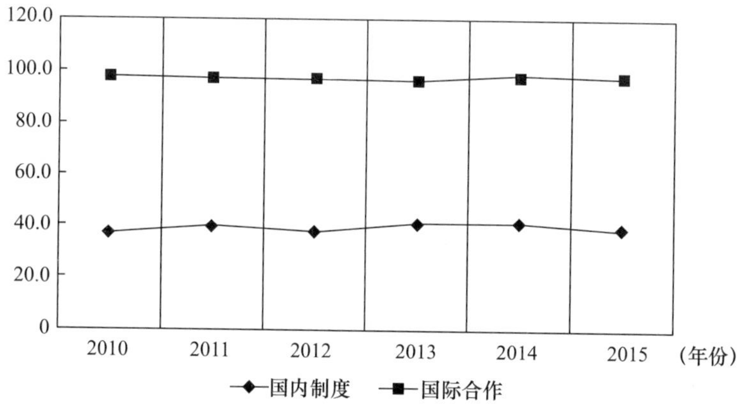

图7－57　2010～2015年机制子系统两个维度的评价指数

在国内制度方面，2010～2015年，经济自由度指数、全球治理指数均呈上升趋势。2015年，经济自由度指数为58.6，较2010年增长7.3%，年均增幅为1.4%；全球治理指数为0.09，较2010年增长150%，其中，控制腐败指数为－0.37，较2010年增长8.4%。可见，斯里兰卡经济自由度较高，但政府效能及清廉反腐能力一般。

（三）小结

斯里兰卡资源禀赋较差，环境污染严重且有进一步恶化的现象；经济增长势头良好，国家经济自由化程度相对较高，国际合作机制、教育和医疗等福利措施发展较好。然而，突出的问题表现在国家工业基础及创新能力薄弱、能源消耗严重、信息化程度不高等。

总体上，加入“一带一路”倡议可以快速提升斯里兰卡的经济和社会发展水平，为国家发展注入新的动力，尤其是当前短缺的技术创新能力。斯里兰卡作为发展中国家，面临经济发展和环境保护的问题，未来需要利用地理位置优势进一步开放发展，促进经贸往来和互联互通，增强国家创新能力。

九、印度

印度共和国是南亚次大陆最大的国家，与中国、尼泊尔、不丹、孟加拉国、缅甸、斯里兰卡、巴基斯坦接壤。从历史文化角度看，印度在古代北方丝绸之路及南方丝绸之路中均起到了非常重要的作用，在建设"一带一路"中理应居于重要地位。

（一）印度可持续发展总体评价

评价结果显示，2015 年，印度可持续发展指数为 37.8，在"一带一路"沿线国家中的排名为第 50 位，印度可持续发展处于初级后期发展阶段。

由图 7－58 可知，2010～2015 年，印度可持续发展呈波动性发展态势，单从国家可持续发展的指数来看，印度可持续发展应处于中级早期阶段，但由于受社会子系统的制约，致使其可持续发展仍处于初级后期阶段。

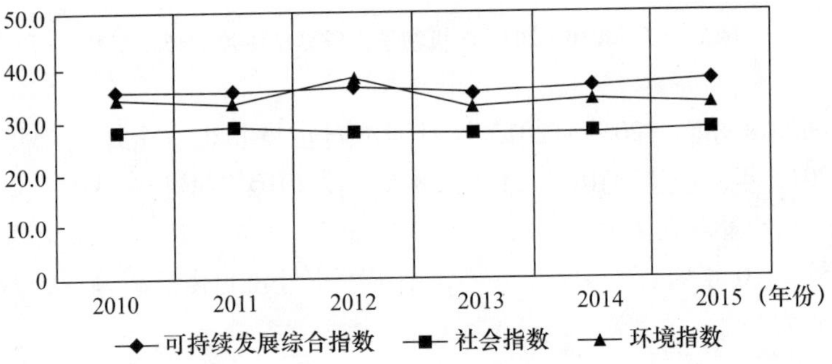

图 7－58　2010～2015 年印度可持续发展评价

2010～2015 年，印度五大子系统的发展程度存在一定差距，其中，机制子系统发展程度相对较好，而社会子系统发展程度相对较差。2015 年，机制子系统指数为 64.5，经济子系统、基础设施子系统和环境子系统指数分别为 38.8、36.9、33.4，社会子系统指数为 28.2，社会子系统与发展最好的机制子系统相差达36.3。可见，社会发展水平是影响印度可持续发展的重要原因（见图7－59）。

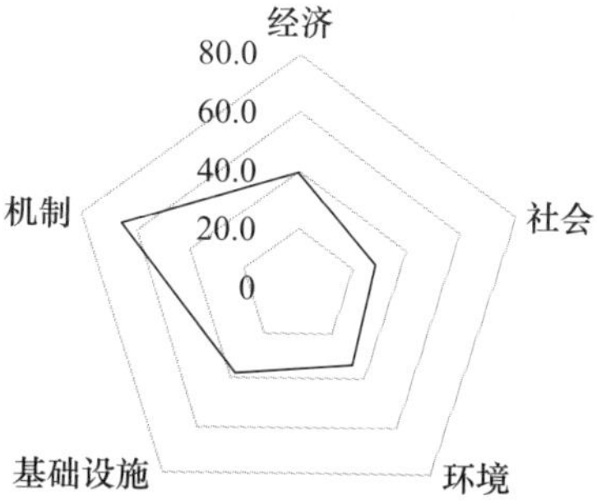

图7－59　2015年印度五大子系统的发展评价

2010～2015年，经济子系统、社会子系统和基础设施子系统呈上升趋势，而环境子系统和机制子系统呈下降趋势（见表7－12）。其中，经济子系统指数的年均增幅最大，增幅达到6.5%，其次基础设施子系统指数的年均增幅为1.8%，社会子系统指数的年均增幅为0.1%，而环境子系统和机制子系统指数的年均增幅为负增长，降幅分别为0.6%、1%。

表7－12　2010～2015年可持续发展五大子系统年均增幅

可持续发展子系统	增幅（%）
经济子系统	6.5
社会子系统	0.1
环境子系统	－0.6
基础设施子系统	1.8
机制子系统	－1.0

（二）印度可持续发展重点领域分析

1. 经济

在2010～2015年经济子系统测评结果中，经济规模、经济质量和经济活力均呈上升的趋势，且经济规模保持高速增长态势。2015年，经济规模指数为50.1，较2010年增长63.7%，年均增幅为10.4%；经济质量指数为24.6，较2010年增长6.9%，年均增幅为1.3%；经济活力指数为41.8，较2010年增长33.8%，年均增幅为6%。其中，经济规模指数最高，经济活力指数次之，经济质量指数最低，最大相差25.5（见图7-60）。

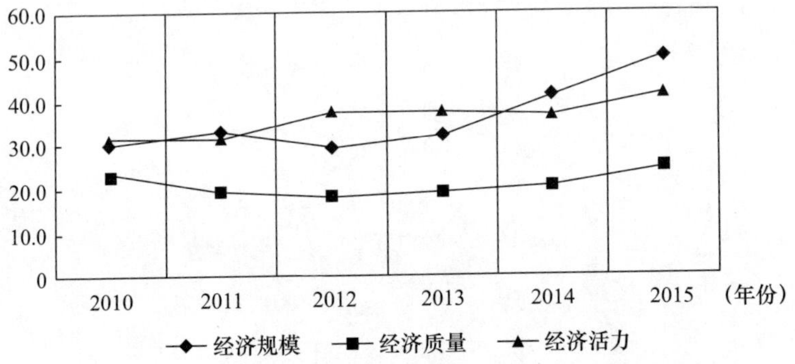

图7-60 2010~2015年经济子系统三个维度的评价指数

在经济规模方面，2010~2015年，GDP增长率呈下降趋势，人均GDP呈上升趋势。2015年印度国内生产总值20888.4亿美元，增长7.6%，较2010年下降2.7个百分点；人均GDP为1598.3美元，较2010年增长18.8%，年均增幅为3.5%，可见，印度的经济水平不高，按世界银行划分贫富程度标准，印度处于中等偏下收入国家的水平。

在经济质量方面，2010~2015年，资本形成总额占GDP比重、FDI占GDP比重均呈下降趋势，而服务业增加值占GDP比重、全社会劳动生产率呈上升趋势。2015年，资本形成总额占GDP比重为32.4%，较2010年下降8.3个百分点，年均降幅为4.5%；FDI占GDP比重为0.4%，较2010年下降0.6个百分点；服务业增加值占GDP比重为53.2%，较2010年提升4.5个百分点；全社会劳动生产率为7274.1美元/人，较2010年增长19.4%，年均增幅为3.6%。可见，印度的经济结构不合理，经济效益较低。

在经济活力方面，2010~2015年，国家创新指数、经济外向度、债务占GDP比重均呈下降趋势。2015年，国家创新指数为33.6，较2010年下降2.6%，年均降幅为0.5%；经济外向度为43.9%，较2010年下降3.6个百分点，年均降幅为1.6%；债务占GDP比重为50.1%，较2010年下降2个百分点，年均降幅为0.8%。可见，印度的创新能力不高，但具有较高的经济开放水平，且经济风险程度较高，债务率达50%以上。

2. 社会

在2010~2015年社会子系统测评结果中，人口基础、公共服务指数呈增长趋势，而生活水平、平等就业指数均呈下降趋势。2015年，人口基础指数为15.6，较2010年增长16.7%，年均增幅为3.1%；公共服务指数为35.7，较

2010 年增长 6%，年均增幅为 1.2%；生活水平指数为 29.3，较 2010 年下降 8.9%，年均降幅为 1.9%；平等就业指数为 32.2，较 2010 年下降 2.2%，年均降幅为 0.4%。可见，公共服务指数最高，其次为平等就业、生活水平，而人口基础指数最低，最大相差高达 20.1（见图 7－61）。

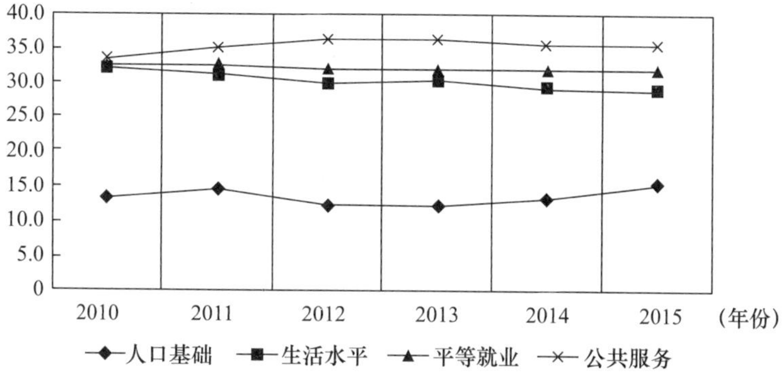

图 7－61　2010～2015 年社会子系统四个维度的评价指数

在人口基础方面，人口自然增长率、出生性别比均呈下降趋势，而人口密度、人口城镇化率均呈上升趋势。2015 年，人口自然增长率为 1.2%，比 2010 年下降 0.2 个百分点；出生性别比为 107.6%，较 2010 年下降 0.1 个百分点；人口密度为 414 人/平方千米，较 2010 年增长 6.5%，年均增幅为 1.3%；人口城镇化率为 32.7%，较 2010 年提升 1.8 个百分点。可见，印度人口禀赋良好，人口密度较高，但城镇化水平较高，人口结构不合理。

在生活水平方面，2010～2015 年，营养不良发生率呈下降趋势，而粮食产量、超过 100 万的城市群中人口占总人口比重均呈上升趋势。2015 年，营养不良发生率为 15.2%，较 2010 年下降 0.5 个百分点，年均降幅为 0.6%；人均粮食产量为 227.0 千克，较 2010 年增长 4.3%，单位面积粮食产量为 2981.1 千克，较 2010 年增长 11.4%；超过 100 万的城市群中人口占总人口比重为 10.6%，较 2010 年提升 0.3 个百分点。可见，印度居民生活水平不高，低于 1.9 美元/天人口比例占 21.2%。

在平等就业方面，2010～2015 年，人类发展指数、失业率呈上升趋势，而劳动中妇女的比例呈下降趋势。2015 年，人类发展指数为 0.609，较 2010 年增长 3.9%；失业率为 3.6%，较 2010 年提升 0.1 个百分点；劳动中妇女的比例为 24.2%，较 2010 年下降 0.9 个百分点。可见，印度社会相对公平，就业形势相对稳定，基尼系数为 0.35，按照联合国有关组织对基尼系数的规定，印度属于收入差距不大的国家，贫富差异相对合理。

在公共服务方面，2010~2015年，人均医疗卫生支出、预期寿命、入学率、政府教育支出占比均呈增长趋势，而新生儿和孕妇死亡率呈下降趋势。2015年，人均医疗卫生支出为75美元，较2010年增长26.7%；预期寿命为68岁，较2010年增长1.5%；中学和大学入学率分别为68.9%、23.9%，较2010年分别增长5.6个百分点和6个百分点；政府教育支出占比为14.1%，较2010年提升2.3个百分点；新生儿死亡率为27.7%，较2010年下降5个百分点；孕产妇死亡率为174%，较2010年下降41个百分点。可见，印度医疗卫生事业、教育事业发展水平不高。

3. 环境

在2010~2015年环境子系统测评结果中，能源指数呈上升趋势，污染指数均呈下降趋势。2015年，能源指数为48.8，较2010年增长2.4%，年均增幅为0.5%，且这一指数在2012年达到最大值为63.4；污染指数为78.5，较2010年下降6.1%，年均降幅为1.2%；生态保护指数为5.7；资源指数为0.8。其中，各指数的发展水平存在较大的差异，污染指数最高，其次为能源指数，而生态保护指数和资源指数相对较低，污染指数和资源指数最大相差高达77.7（见图7-62）。

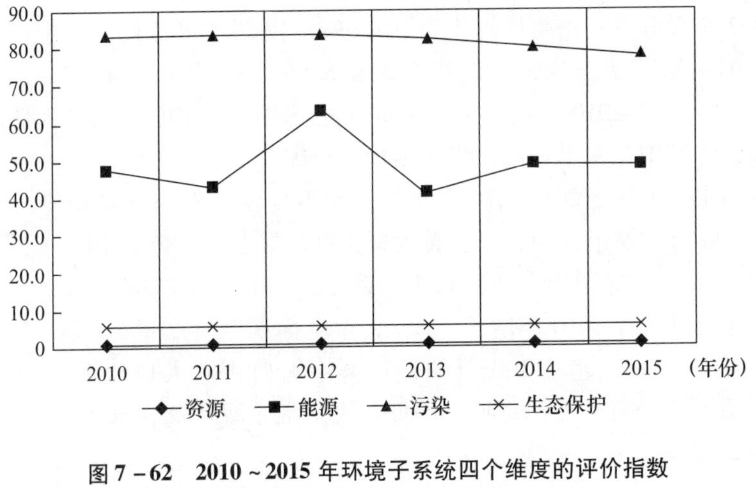

图7-62　2010~2015年环境子系统四个维度的评价指数

在资源禀赋方面，2010~2015年，森林、土地、淡水等资源禀赋均呈下降的趋势。2015年，人均森林面积为0.0005平方千米，较2010年下降4.9%，年均降幅为1%；人均土地资源占有量为0.0023平方千米，较2010年下降6.1%，年均降幅为1.3%；人均淡水资源占有量为1116.4立方米，较2010年下降

2.4%，年均降幅为0.5%。可见，印度资源禀赋基础不好。

在能源方面，2010~2015年，单位GDP能耗呈上升趋势，而能源消耗弹性系数、二次能源占比呈下降趋势。2015年，单位GDP能耗为8.5美元/千克石油，较2010年增长8.3%，年均增幅为1.6%；能源消耗弹性系数为0.0012，较2010年下降76.9%，年均降幅为25.4%；二次能源占比为38.9%，较2010年下降1.6个百分点，年均降幅为0.8%。可见，印度能源结构不合理，能源消耗及利用效率不高。

在环境污染方面，2010~2015年，人均二氧化碳排放量、人均烟尘排放量呈上升趋势，而人均一氧化氮、人均甲烷排放量呈下降趋势。2015年，人均二氧化碳排放量为1.6公吨，较2010年增长13.8%；人均烟尘排放量为72.6微克每立方米，较2010年增长14.9%；人均一氧化氮排放量为0.0002公吨，较2010年下降0.2%；人均甲烷排放量为0.0005吨，较2010年下降0.2%。可见，印度环境污染恶化现象明显。

4. 基础设施

在2010~2015年基础设施子系统测评结果中，交通设施指数呈下降趋势，而信息与公共服务设施指数呈上升趋势。2015年，交通设施指数为35.1，较2010年下降3%，年均降幅为0.6%；信息与公共服务设施指数为38.7，较2010年增长24.2%，年均增幅为4.4%。其中，信息与公共服务设施指数和交通设施指数相差3.6（见图7-63）。

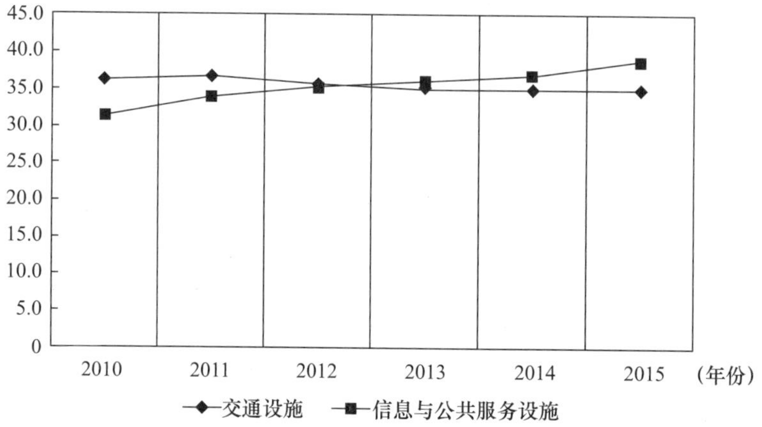

图7-63　2010~2015年基础设施子系统两个维度的评价指数

在交通设施方面，2010~2015年，铁路里程数、港口吞吐量、航空运输量均呈上升趋势。2015年，铁路里程数为65808千米，较2010年增长2.9%，年均增幅为0.6%；港口吞吐量为11655635.4万吨，较2010年增长19.5%，年均增幅为3.6%；航空运输量为787998百万次，较2010年增长26.4%，年均增幅为4.8%。可见，印度交通基础设施改善明显。

在信息与公共服务设施方面，2010～2015年，互联网普及率、固定和移动电话普及率、改善水源获得比例、改善卫生设施获得比例均呈上升趋势。2015年互联网普及率为26%，较2010年提升18.5个百分点，年均增幅为28.2%；固定和移动电话普及率为78.8%，较2010年提升16.4个百分点，年均增幅为4.8%；改善水源获得比例为94.1%，较2010年提升3.8个百分点；改善卫生设施获得比例为39.6%，较2010年提升4.1个百分点。可见，印度信息与公共服务设施现代化程度不高。

5. 机制

在2010～2015年机制子系统测评结果中，国内制度指数呈下降趋势，国际合作指数呈上升趋势。2015年，国内制度指数为31.6，较2010年下降18.4%；国际合作指数为97.4，较2010年增长0.5%，年均增幅为0.1%。其中，国内制度指数和国际合作指数两个指数存在较大差距，相差高达65.8（见图7－64）。

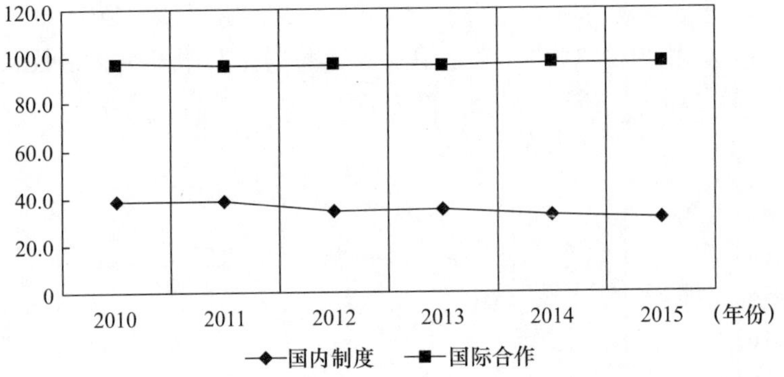

图7－64 2010～2015年机制子系统两个维度的评价指数

在国内制度方面，2010～2015年，经济自由度指数、全球治理指数呈上升趋势。2015年，经济自由度指数为54.6，较2010年增长1.5%，年均增幅为0.3%；全球治理指数为－0.2，其中，控制腐败指数为－0.38，较2010年增长25.8%。可见，印度经济制度、政府效能及清廉反腐能力有待提升。

在国际合作方面，2010～2015年，官方发展援助占GDP比重呈上升趋势。2015年官方发展援助占GDP比重为2.3%，较2010年提升0.02个百分点。可见，印度国际外援和依赖程度不高。

（三）小结

印度经济增长速度较快，劳动力资源充足，水利、森林、矿产等资源丰富。然而，印度的经济基础薄弱，基础设施领域较为欠缺，与周边国家并未建立战略伙伴关系，中印存在领土争议，阻碍“一带一路”倡议发展。

总体上，加入“一带一路”倡议为印度发展提供了新的契机，有助于拓展与沿线国家的多边经贸关系，大力引进外资，完善交通、邮电等公共服务设施及信息现代化程度，提升人民生活水平，推动印度经济快速增长。

十、建设中巴经济走廊的启示

中巴经济走廊起点中国新疆喀什，终点在巴基斯坦瓜达尔港，全长 3000 千米，北接“丝绸之路经济带”、南连“21 世纪海上丝绸之路”，是贯通南北丝绸之路的关键枢纽，是一条包括公路、铁路、油气和光缆通道在内的贸易走廊，也是“一带一路”的重要组成部分。

瓜达尔港处于波斯湾的咽喉附近，距全球石油运输要道霍尔木兹海峡仅有约 400 千米，紧扼从非洲、欧洲经红海、霍尔木兹海峡、波斯湾通往东亚、太平洋地区数条海上重要航线的咽喉。因此，瓜达尔港是中国从非洲、欧洲、中东等地购买原材料、能源往东方运输的一个重要的中转站。该大道的建成将大幅度降低马六甲海峡的地理位置重要性，成为从非洲、中东来的石油、液化天然气以及中国外销的可择路径。而扼守中巴经济走廊两端的喀什和瓜达尔港也必将成为世界最繁忙的物流中转地之一。

根据可持续发展评价，巴基斯坦基础设施系统严重制约了整体的发展，该短板造成巴基斯坦经济发展缓慢，在出口产品上形成动力不足，且由于经常停电造成国内纺织产业外流印度。因此中巴经济走廊的重要焦点应集中在走廊的能源和基础设施上，从而拉动巴基斯坦经济。

鉴于中巴经济走廊发展背景，本节针对该项目提出以下几点建议：

1. 针对基础建设有的放矢

虽然“一带一路”倡议发展以来，基础设施水平有所上升，但据 2015 年数据，巴基斯坦互联网普及率、用电普及率分别为 18%、93.6%；改善水源和卫生设施获得比例分别为 91.4% 和 63.5%，巴基斯坦公共服务设施仍有待改善。基于此情况，应从四个方面大力开展能源建设项目和基础设施建设：第一，深化并扩大巴基斯坦国内交通网络，升级国内公路、铁路改造，修建喀什、瓜达尔港的直通线路，并以此为中心修建辐射交通网络；第二，中巴双方在经济走廊的能源合作领域应形成一个覆盖整个产业链、投资形式多样、多方积极参与、包容开放、合作共赢的局面，从解决能源短缺根本上，为巴基斯坦经济发展和民生改善提供强劲动力；第三，寻求盟友，扩大中巴经济走廊的利益相关方，即邀请周边国家，如伊朗、沙特、印度形成合作机制，共同建设中巴经济走廊；第四，瓜达尔港区技术水平升级，港口货物吞吐能力以及物流网络的发达程度都将成为影响中巴经济走廊发展的重要因素，因此对瓜达尔港区的规划应具有一个长远的规划机制，使其成为“一带一路”的枢纽而不是单纯的经济走廊终点。

2. 对于建设层面

首先，多角度、多层次建设中巴经济走廊，形成三大主体合作共赢的有效机制，即让中巴经济走廊成为中国、巴基斯坦以及投资第三方三者间的共赢博弈，而不是一方受损，其他一方或两方独得收益的不可持续的局面。因此，应把投资分散化，而不是把鸡蛋都搁在一个篮子里，从而增加风险。同时，坚持市场经济合理配置资源，遵循市场规律和国际通行规则，市场自由和政府管制应相互促进，以充分发挥市场在资源配置中的决定性作用和各类企业的主体作用的同时，配以政府管理。政府和企业各尽其职，共同努力推进走廊建设。既要突出企业在走廊建设中的主体作用，充分调动和发挥企业的积极性和主动性，通过完善市场机制和利益导向机制，以商业化原则、市场化机制和手段推进重点项目建设，又要重义轻利、多予少取，充分发挥中巴经济走廊建设对巴基斯坦当地社会经济发展的推动作用。

其次，中巴经济走廊的建设并不仅仅有益于中国和巴基斯坦的服务贸易，该项目的建成是构嵌在“一带一路”整体规划上的，应该充分利用“一带一路”沿线国家的市场资源，扩大中巴经济走廊的潜在需求，中巴和中印孟缅两条经济走廊应相辅相成，共同促进“一带一路”倡议的实施，积极探索中巴经济走廊长期规划，促进南亚、东南亚及至“一带一路”沿线国家的互联互通，扩大合作前景。

最后，应把中巴经济走廊建成一个产业平台。随着中巴经济走廊建设项目逐步落实，巴基斯坦当地投资经营环境日益改善，中巴互联互通水平不断提升，中巴产业合作前景广阔。而在此阶段就应该针对中巴经济走廊形成一个围绕能源、基建、物流产业的规划机制，使其能够更好地形成合力，促进瓜达尔港自由贸易区建设的稳步推进。

第八章　西亚及中东地区国家可持续发展评价与分析

一、区域总体评价

（一）西亚及中东地区国家可持续发展水平略低于沿线国家总体水平，区域内国家差异显著

2015 年，西亚及中东地区国家可持续发展综合指数的总体均值为 42.1，相比“一带一路”沿线国家可持续发展综合指数的总体均值略低 1.6。西亚及中东地区国家可持续发展总体差距明显，西亚及中东地区国家可持续发展综合指数评分最高的国家是以色列，为 56.8，国家可持续发展综合指数评分最低的国家是也门，为 25.3，两者相差高达 31.5。在 15 个西亚及中东国家中，多数国家处于初级阶段后期和中级阶段早期，占比均为 46.7%，其中，初级阶段后期的国家分别为埃及、约旦、土耳其、伊朗、伊拉克、也门、黎巴嫩，中级阶段早期的国家分别为亚美尼亚、卡塔尔、沙特、阿曼、科威特、格鲁吉亚、阿塞拜疆；处于中级阶段中期的国家占比为 6.7%，仅以色列一个国家。从 2010 ~ 2015 年西亚及中东地区国家可持续发展综合指数评分的发展趋势上来看，总体上呈平稳的趋势，由 2010 年的国家可持续发展综合指数评分总体均值 40.2 增长至 2015 年的 42.1，增长 1.9（见图 8 – 1）。

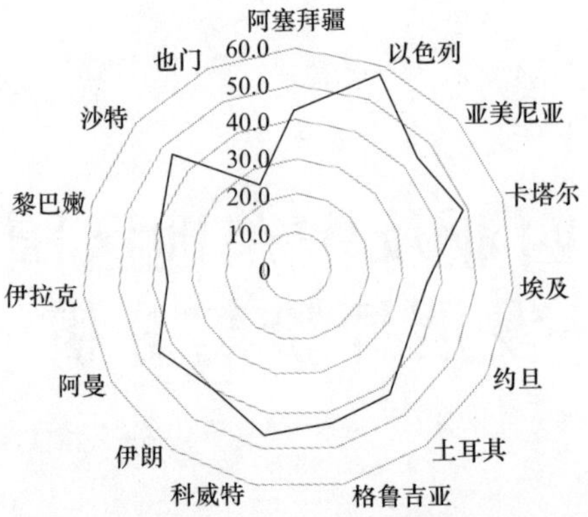

图 8－1　2015 年西亚及中东地区国家可持续发展综合指数

(二) 西亚及中东地区国家经济子系统发展水平不高，但区域内部发展差异显著

2015 年，西亚及中东地区国家经济子系统指数评分均值为 47.2，相比"一带一路"沿线国家经济子系统指数评分的均值高 2.9。在西亚及中东地区国家经济子系统指数评分中，评分最高的国家是以色列，为 76.4，评分最低的国家是也门，为 14.3，两者相差高达 62.1。可见，西亚及中东地区国家经济子系统指数评分的分布比较分散，区域内国家之间的经济发展水平差距比较明显。从 2010 ~ 2015 年西亚及中东地区国家经济子系统指数评分的发展趋势上来看，总体上呈先下降后上升的趋势，由 2010 年的国家经济子系统指数评分均值 39 增长至 2015 年的 47.2，增长 8.2（见图 8－2）。

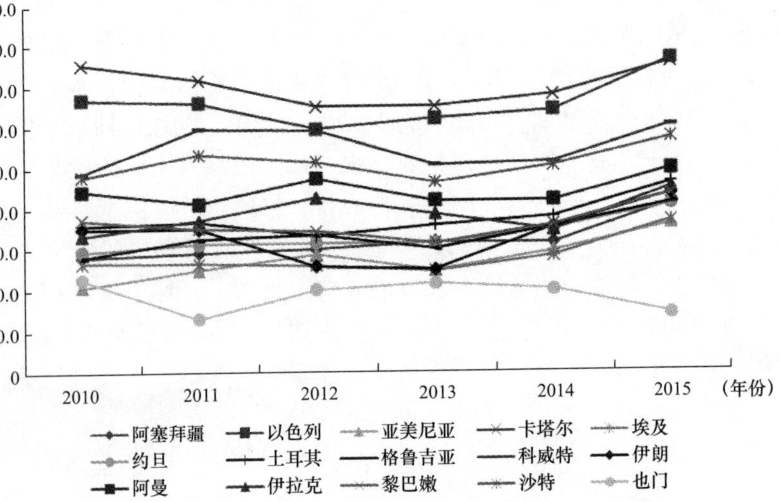

图 8－2　2010 ~ 2015 年西亚及中东地区国家经济子系统指数

（三）西亚及中东地区国家社会子系统发展水平不高，且区域内部发展差异显著

2015 年，西亚及中东地区国家社会子系统指数评分均值为 45. 2，与“一带一路”沿线国家社会子系统指数评分的均值持平。在西亚及中东地区国家社会子系统指数评分中，评分最高的国家是以色列，为 60. 1，评分最低的国家是也门，为 26. 3，两者相差高达 33. 8。可见，西亚及中东地区国家社会子系统指数评分的分布相对分散，区域内国家之间的社会发展水平差距较大。从 2010 ~2015 年西亚及中东地区国家社会子系统指数评分的发展趋势上来看，总体上呈平稳的发展态势，由 2010 年的国家社会子系统指数评分均值 44. 8 增长至 2015 年的 45. 2，增长 0. 4（见图 8 –3）。

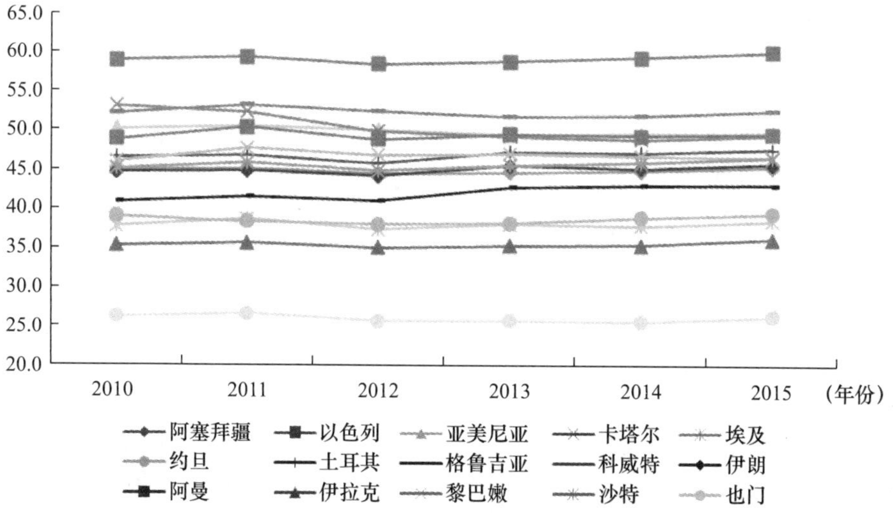

图 8 –3　2010 ~2015 年西亚及中东地区国家社会子系统指数

（四）西亚及中东地区国家环境子系统发展水平较低，且区域内部发展差异显著

2015 年，西亚及中东地区国家环境子系统指数评分均值为 30. 5，相比“一带一路”沿线国家环境子系统指数评分的均值低 6. 4。在西亚及中东地区国家环境子系统指数评分中，评分最高的国家是亚美尼亚，为 41. 8，评分最低的国家是卡塔尔，为 13. 9，两者相差高达 27. 9。可见，西亚及中东地区国家环境子系统指数评分的分布相对分散，区域内国家之间的环境发展水平差距较大。从 2010 ~2015 年西亚及中东地区国家环境子系统指数评分的发展趋势上来看，总体上呈

波动性发展趋势，由 2010 年的国家环境子系统指数评分均值 29.9 增长至 2015 年的 30.5，增长 0.6（见图 8－4）。

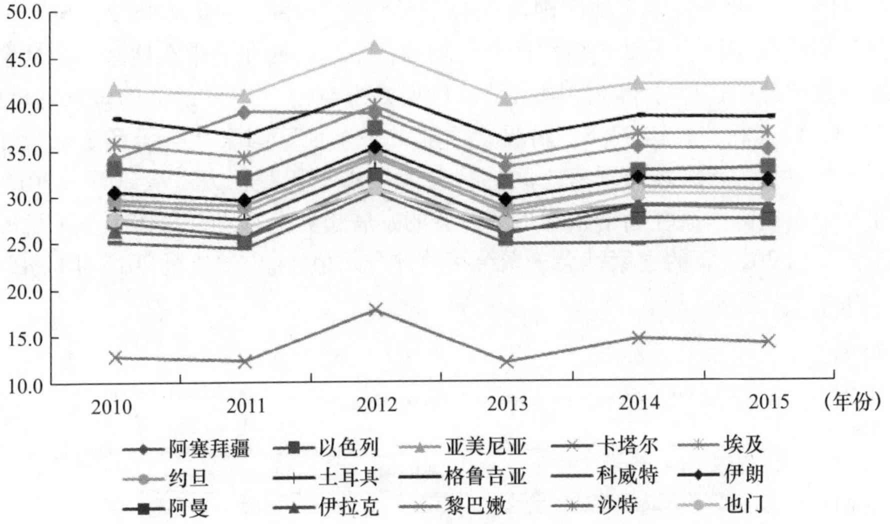

图 8－4　2010～2015 年西亚及中东地区国家环境子系统指数

（五）西亚及中东地区国家基础设施子系统发展水平较低，且区域内部发展差异显著

2015 年，西亚及中东地区国家基础设施子系统指数评分均值为 33.7，相比"一带一路"沿线国家基础设施子系统指数评分的均值高 0.3。在西亚及中东地区国家基础设施子系统指数评分中，评分最高的国家是科威特，为 48，评分最低的国家是也门，为 8.7，两者相差达 39.3。可见，西亚及中东地区国家基础设施子系统指数评分的分布比较分散，区域内国家之间的基础设施发展水平差距有变大的趋势。从 2010～2015 年西亚及中东地区国家基础设施子系统指数评分的发展趋势上来看，总体上呈上升的发展趋势，由 2010 年的国家基础设施子系统指数评分均值 32 上升至 2015 年的 33.7，增长 1.7（见图 8－5）。

（六）西亚及中东地区国家机制子系统发展水平较高，但区域内部发展差异显著

2015 年，西亚及中东地区国家机制子系统指数评分均值为 57.2，相比"一带一路"沿线国家机制子系统指数评分的均值低 6。在西亚及中东地区国家机制子系统指数评分中，评分最高的国家是以色列，为74.8，评分最低的国家是约旦，为43.3，两者相差高达31.5。可见，西亚及中东地区国家机制子系统指数评分的分布相对分散，区域内国家之间的机制发展水平差距较大。从2010～2015年西亚及中东地区国家机制子系统指数评分的发展趋势上来看，总体上呈下降的发展趋势，由2010年的国家机制子系统指数评分均值62下降至2015年的57.2，下降4.8（见图8－6）。

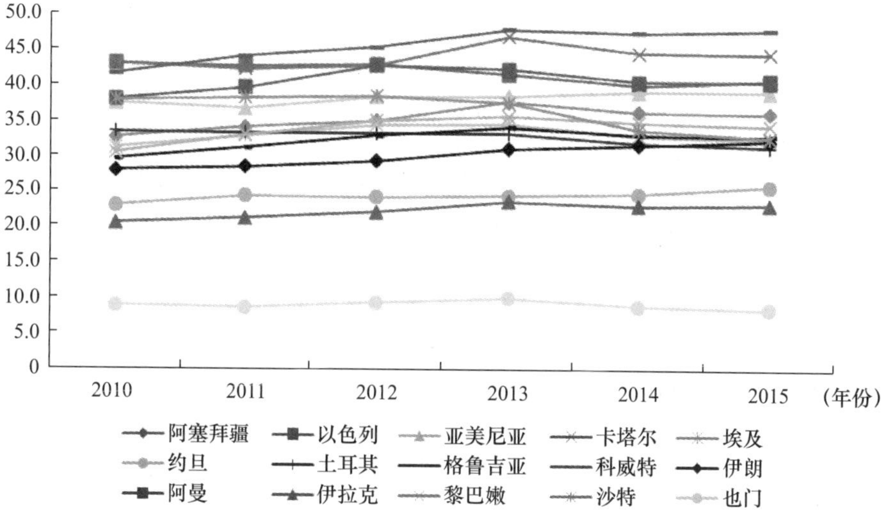

图8－5　2010～2015年西亚及中东地区国家基础设施子系统指数

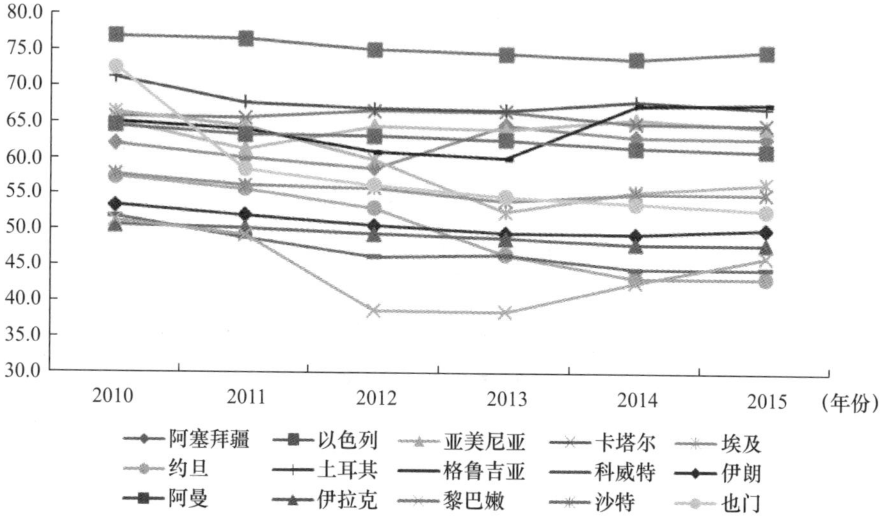

图8－6　2010～2015年西亚及中东地区国家机制子系统指数

综上可见，西亚及中东地区国家五大子系统之间的发展差异显著，其中，机制子系统指数评分的均值最高，环境子系统指数评分的均值最低，两者相差高达26.7，基础设施子系统指数评分的均值也不高，与评分均值最高相差23.5。总体上，机制子系统是西亚及中东地区国家可持续发展水平的优势，而环境子系统和基础设施子系统是制约西亚及中东地区国家可持续发展水平的两个重要因素。

二、阿塞拜疆

阿塞拜疆地处外高加索地区东南部，位于东欧和西亚的十字路口，东部与里海相接，北部与俄罗斯相邻，西部与格鲁吉亚和亚美尼亚相邻，南部邻国是伊朗和土耳其，具有重要的战略位置，是"一带一路"倡议的参与者。

（一）阿塞拜疆可持续发展总体评价

评价结果显示，2015年，阿塞拜疆可持续发展指数为42.9，在"一带一路"沿线国家中的排名为第31位，阿塞拜疆可持续发展处于中级早期发展阶段。由图8－7可知，2010～2015年，阿塞拜疆可持续发展呈上升趋势。

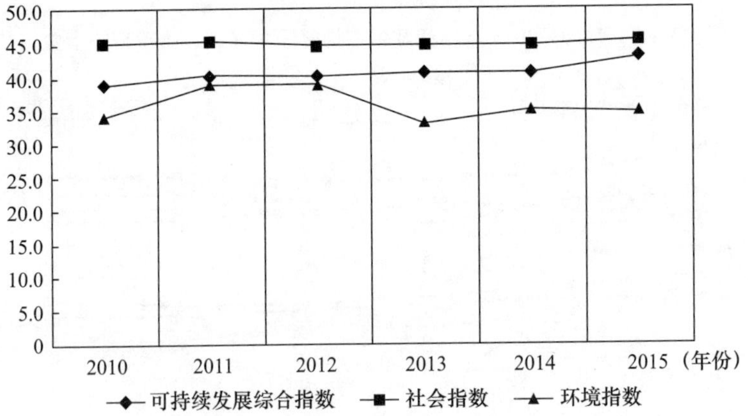

图8－7　2010～2015年阿塞拜疆可持续发展评价

2010～2015年，阿塞拜疆五大子系统中，机制子系统发展程度相对较好，而环境子系统发展程度相对较差。2015年，按指数由高到低依次为机制子系统、社会子系统、经济子系统、基础设施子系统和环境子系统，指数分别为64、45.4、41.2、36.3和34.7，其中环境子系统与发展最好的机制子系统指数相差达29.3（见图8－8）。可见，环境水平是影响阿塞拜疆可持续发展的重要因素之一。

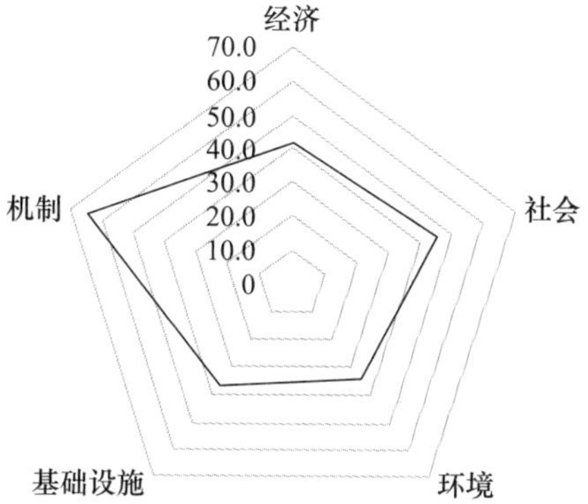

图8－8　2015年阿塞拜疆五大子系统的发展评价

2010～2015年，经济子系统指数、社会子系统指数、环境子系统指数、基础设施子系统指数、机制子系统指数均呈上升趋势（见表8－1）。经济子系统指数的增幅最大，年均增幅为7.7%，其次由高到低分别为基础设施子系统指数、机制子系统指数、环境子系统指数、社会子系统指数，年均增幅分别为2.1%、0.4%、0.4%和0.2%。

表8－1　2010～2015年可持续发展五大子系统年均增幅

可持续发展子系统	增幅（%）
经济子系统	7.7
社会子系统	0.2
环境子系统	0.4
基础设施子系统	2.1
机制子系统	0.4

（二）阿塞拜疆可持续发展重点领域分析

1. 经济

在2010～2015年经济子系统测评结果中，经济规模、经济质量和经济活力指数均呈上升的趋势。2015年，经济规模指数为43.8，较2010年增长97%，年均增幅为14.5%；经济质量指数为33.9，较2010年增长55.1%，年均增幅为

9.2%；经济活力指数为45.9，较2010年增长11%，年均增幅为2.1%。其中，经济活力指数最高，经济规模指数次之，经济质量指数最低，最大相差为12（见图8-9）。

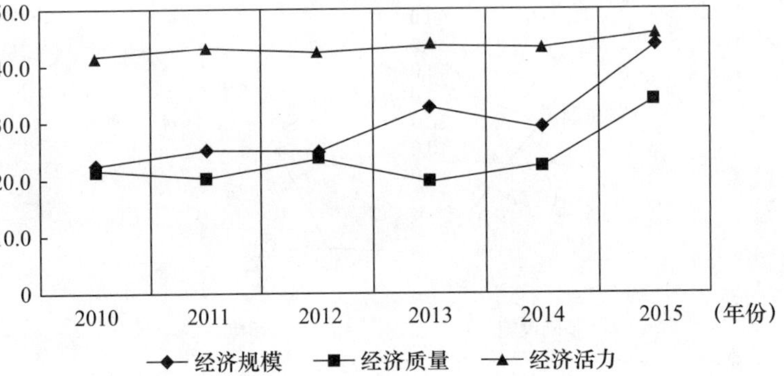

图8-9　2010～2015年经济子系统三个维度的评价指数

在经济规模方面，2010～2015年，GDP增长率、人均GDP呈下降趋势。2015年，阿塞拜疆国内生产总值为530.5亿美元，同比增长1.1%，较2010年下降3.8个百分点，年均降幅为25.7%；人均GDP为5496.3美元，较2010年下降5.9%，年均降幅为1.2%。可见，阿塞拜疆经济水平不高，按世界银行划分贫富程度标准，阿塞拜疆处于中等偏上收入国家的水平。

在经济质量方面，2010～2015年，资本形成总额占GDP比重、服务业增加值占GDP比重、FDI占GDP比重、全社会劳动生产率均呈上升趋势。2015年，资本形成总额占GDP比重为28.7%，较2010年提升10.6个百分点，年均增幅为9.7%；服务业增加值占GDP比重为56.2%，较2010年提升26.2个百分点，年均增幅为13.4%；FDI占GDP比重为6.1%，较2010年提升0.3个百分点，年均增幅为1.2%；全社会劳动生产率为21332.2美元/人，较2010年增长26.1%，年均增幅为4.7%。可见，阿塞拜疆经济效益较高，经济结构正逐步合理化。

在经济活力方面，2010～2015年，国家创新指数、债务占GDP比重呈上升趋势，而经济外向度呈下降趋势。2015年，国家创新指数为29.6，较2010年增长26.1%，年均增幅为4.7%；债务占GDP比重为25.8%，较2010年提升11.3个百分点，年均增幅为12.2%；经济外向度为72.5%，较2010年下降0.2个百分点，年均降幅为0.1%。可见，阿塞拜疆的经济开放水平较高，但国家创新能力不强。

2. 社会

在 2010 ~2015 年社会子系统测评结果中，人口基础指数、公共服务指数呈上升趋势，而生活水平指数、平等就业指数呈下降趋势。2015 年，人口基础指数为 18.6，较 2010 年增长 15.6%，年均增幅为 2.9%；公共服务指数为 51.9，较 2010 年增长 2.2%，年均增幅为 0.4%；生活水平指数为 54.7，较 2010 年下降 2%，年均降幅为 0.4%；平等就业指数为 56.6，较 2010 年下降 1.9%，年均降幅为 0.4%。可见，平等就业指数最高，其次为生活水平指数、公共服务指数，而人口基础指数最低，最大相差高达 38（见图 8 -10）。

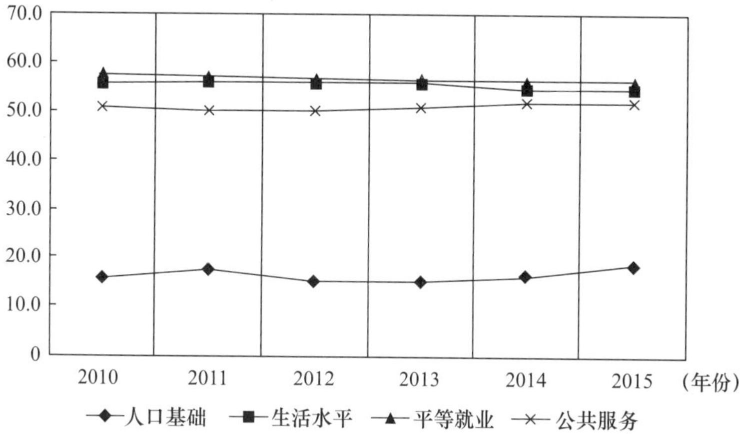

图 8 -10　2010 ~2015 年社会子系统四个维度的评价指数

在人口基础方面，人口自然增长率、人口密度、出生性别比、每万科技人员数、人口城镇化率呈上升趋势。2015 年，人口自然增长率为 1.2%，较 2010 年提升 0.02 个百分点；人口密度为 116.7 人/千米，较 2010 年提升 6.6 个百分点，年均增幅为 1.3%；出生性别比为 99.1%，较 2010 年提升 0.86 个百分点，年均增幅为 0.17%；每万科技人员数为 339.9 人，较 2010 年增长 7%，年均增幅为 1.4%；人口城镇化率为 54.6%，较 2010 年提升 1.2 个百分点，年均增幅为 0.5%。可见，阿塞拜疆人口禀赋良好，人口结构有待进一步优化。

在生活水平方面，2010 ~2015 年，低于 1.9 美元/天人口比例呈下降趋势，而粮食产量、超过 100 万的城市群中人口占总人口比重呈上升趋势。2015 年，低于 1.9 美元/天人口比例为 2.3%，较 2010 年下降 0.2 个百分点，年均降幅为 1.9%；人均粮食产量为 241 千克，较 2010 年增长 13.1%，年均增幅为 2.5%；单位面积粮食产量为 2343.7 千克，较 2010 年增长 16%，年均增幅为 3%；超过

100万的城市群中人口占总人口比重为24.6%，较2010年提升1.8个百分点，年均增幅为1.6%。可见，阿塞拜疆的人民生活水平稳步提高。

在平等就业方面，2010~2015年，人类发展指数呈上升趋势，而失业率、劳动中妇女的比例呈下降趋势。2015年，人类发展指数为0.75，较2010年增长1.3%，年均增幅为0.3%；失业率为5.2%，较2010年下降0.4个百分点，年均降幅为1.5%；劳动中妇女的比例为48.6%，较2010年下降0.8个百分点，年均降幅为0.3%；基尼系数为0.37，按照联合国有关组织对基尼系数的规定，阿塞拜疆属于收入相对合理的国家。

在公共服务方面，2010~2015年，人均医疗卫生支出、每千人医院床位数、预期寿命、入学率均呈增长趋势，而新生儿死亡率、孕产妇死亡率、政府教育支出占比均呈下降趋势。2015年，人均医疗卫生支出为471.4美元，较2010年增长52%，年均增幅为8.7%；每千人医院床位数为4.7个，较2010年增长0.2%，年均增幅为0.7%；预期寿命为70.8岁，较2010年增长0.3%，年均增幅为0.1%；中学和高等院校入学率分别为102.8%和23.2%，较2010年分别提升4个和3.9个百分点，年均增幅分别为0.8%和3.8%；新生儿死亡率为18.2%，较2010年下降3.5个百分点，年均降幅为3.5%；孕产妇死亡率为25%，较2010年下降2个百分点，年均降幅为1.5%；政府教育支出占比为6.5%，较2010年下降2.3个百分点，年均降幅为5.9%。可见，阿塞拜疆医疗和教育事业发展向好，但医疗卫生水平亟待提高。

3. 环境

在2010~2015年环境子系统测评结果中，资源指数、能源指数均呈上升趋势，污染指数呈下降趋势，生态保护指数呈平稳态势。2015年，资源指数为1.5，较2010年增长4%，年均增幅为0.8%；能源指数为26.2，较2010年增长21.9%，年均增幅为4%；污染指数为85.4，较2010年下降2.4%，年均降幅为0.5%；生态保护指数为25.8。各指数的发展水平存在较大的差异，污染指数最高，其次为能源指数和生态保护指数，而资源指数最低，其中资源指数和污染指数最大相差高达83.9（见图8-11）。

在资源禀赋方面，2010~2015年，人均森林面积呈上升趋势，人均土地资源占有量、人均淡水资源占有量呈下降趋势。2015年，人均森林面积为0.001平方千米，较2010年增长6%，年均增幅为1.2%；人均土地资源占有量为0.009平方千米，较2010年下降6.2%，年均降幅为1.3%；人均淡水资源占有量为851.1立方米，较2010年下降2.5%，年均降幅为0.5%。可见，阿塞拜疆资源禀赋一般，尤其淡水资源短缺。

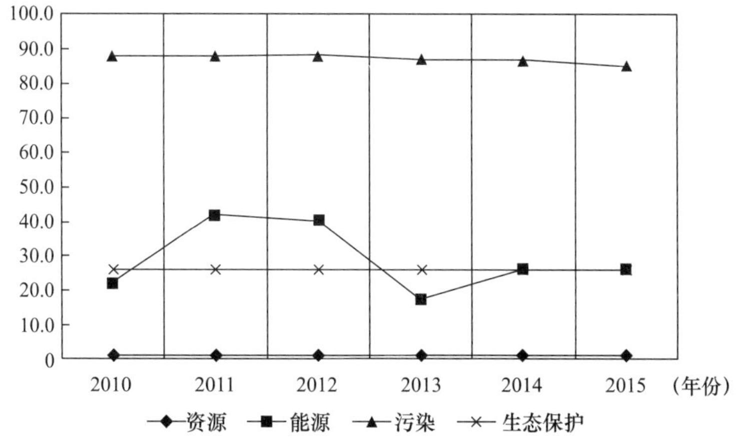

图 8－11　2010～2015 年环境子系统四个维度的评价指数

在能源方面，2010～2015 年，单位 GDP 能耗、能源消耗弹性系数、二次能源占比呈下降趋势。2015 年，单位 GDP 能耗为 11. 1 美元/千克石油，较 2010 年下降 10. 7%，年均降幅为 2. 2%；能源消耗弹性系数为 －0. 006，较 2010 年下降 134. 7%，年均降幅为 180. 9%；二次能源占比为 2. 8%，较 2010 年下降 1. 6 个百分点，年均降幅为 8. 6%。可见，阿塞拜疆能源结构不合理，能源消耗较高。

在环境污染方面，2010～2015 年，人均二氧化碳排放量、人均烟尘排放量、人均甲烷排放量均呈上升趋势，而人均一氧化氮排放量呈下降趋势。2015 年，人均二氧化碳排放量为 3. 8 公吨，较 2010 年增长 11. 7%，年均增幅为 2. 2%；人均烟尘排放量为 25. 6 微克每立方米，较 2010 年增长 14. 8%，年均增幅为 2. 8%；人均甲烷排放量为 0. 002 公吨，较 2010 年增长 5. 6%，年均增幅为 1. 1%；人均一氧化氮排放量为 0. 0003 公吨，较 2010 年下降 1. 6%，年均降幅为 0. 3%。可见，阿塞拜疆环境污染程度不高，但有进一步恶化现象。在交通设施方面，2010～2015 年，铁路里程呈下降趋势，航空运输量呈上升趋势。2015 年，铁路里程数为 2068 千米，较 2010 年下降 0. 5%，年均降幅为 0. 1%；航空运输量为 18199 百万次，较 2010 年增长 84. 1%，年均增幅为 13%。可见，阿塞拜疆交通基础设施相对完善。

4. 基础设施

在 2010～2015 年基础设施子系统测评结果中，交通设施指数呈平稳趋势，而信息与公共服务设施指数呈上升趋势。2015 年，交通设施指数为 1；信息与公共服务设施指数为 71. 6，较 2010 年增长 11. 6%，年均增幅为 2. 1%。交通设施指数与信息与公共服务设施指数相差 70. 7（见图 8－12）。

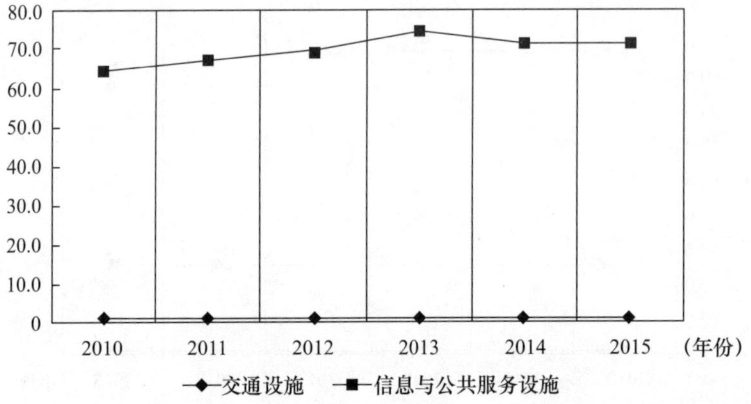

图 8-12　2010～2015 年基础设施子系统两个维度的评价指数

在信息与公共服务设施方面，2010～2015 年，互联网普及率、固定和移动电话普及率、改善卫生设施获得比例均呈上升趋势。2015 年互联网普及率为 77%，较 2010 年提升 31 个百分点，年均增幅为 10.9%；固定和移动电话普及率为 111.3%，较 2010 年提升 11.2 个百分点，年均增幅为 2.1%；改善卫生设施获得比例为 87%，较 2010 年提升 4.2 个百分点，年均增幅为 1%；改善卫生设施获得比例为 89.3%，较 2010 年提升 7.7 个百分点，年均增幅为 1.8%。可见，阿塞拜疆信息化及公共服务设施水平较高。

5. 机制

在 2010～2015 年机制子系统测评结果中，国内制度指数呈上升趋势，国际合作指数相对平缓。2015 年，国内制度指数为 36.1，较 2010 年增长 8.2%，年均增幅为 1.6%；国际合作指数为 91.9。其中，国内制度指数和国际合作指数两个指数相差 55.8（见图 8-13）。

在国内制度方面，2010～2015 年，经济自由度指数、全球治理指数呈上升趋势。2015 年，经济自由度指数为 61，较 2010 年增长 3.7%，年均增幅为 0.7%；全球治理指数为 -0.34，较 2010 年增长 57%，年均增幅为 15.5%；控制腐败指数为 -0.82，较 2010 年增长 30%，年均增幅为 6.9%。可见，阿塞拜疆经济自由度较高，但政府效能及控制腐败能力较弱。

在国际合作方面，提供（接受）的官方发展援助占 GDP 比重呈上升趋势。2015 年，提供（接受）的官方发展援助占 GDP 比重为 22.6%，较 2010 年提升 4.9 个百分点，年均增幅为 5%。可见，阿塞拜疆依赖国外支持和援助。

（三）小结

阿塞拜疆的国内基础设施条件相对较好，石油、天然气、非金属和矿泉水等

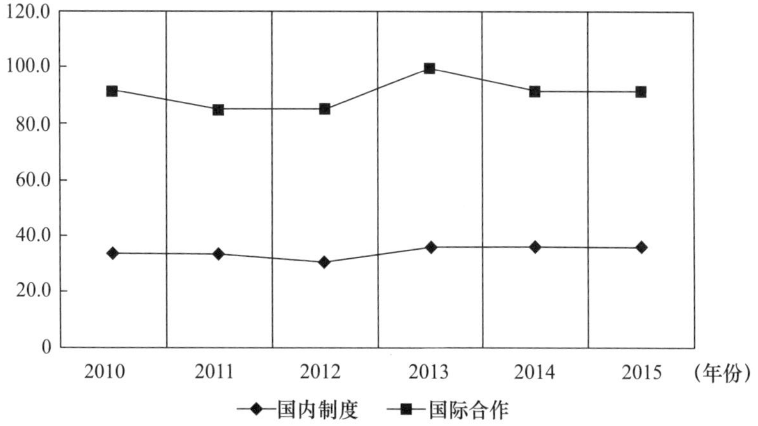

图 8－13　2010～2015 年机制子系统两个维度的评价指数

资源丰富，拥有里海最大的港口（巴库港）与外高地区最大的机场，社会政治局势总体稳定，制定了有利的税制和各种不同的投资激励机制。然而，阿塞拜疆的国家创新能力不足，医疗卫生体系不完善，能源结构不合理、消耗高。

总体上，加入“一带一路”倡议为阿塞拜疆发展提供了新的契机，积极与“一带一路”沿线国家共同发起并实施一些项目，如与沿线的合作伙伴共同建设交通路线，确保“一带一路”沿线无障碍运输，推动各方在经贸、能源、交通、旅游等各领域务实合作。

三、亚美尼亚

亚美尼亚共和国是位于亚欧交界处的外高加索南部的内陆国，与土耳其、伊朗、格鲁吉亚和阿塞拜疆相邻，曾是古丝绸之路国家之一，如今在“一带一路”建设过程中，亚美尼亚仍具有十分重要的战略地位。

（一）亚美尼亚可持续发展总体评价

评价结果显示，2015 年，亚美尼亚可持续发展指数为 44.3，在“一带一路”国家中的排名为第 25 位，亚美尼亚可持续发展处于中级早期发展阶段。由图 8－14可知，2010～2015 年，亚美尼亚可持续发展呈上升趋势。

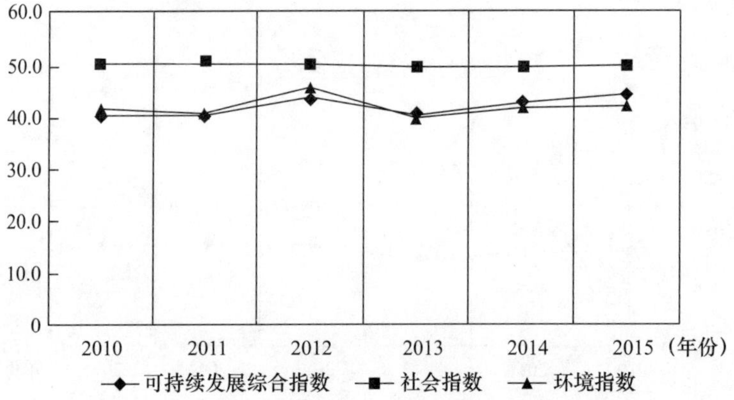

图 8－14　2010～2015 年亚美尼亚可持续发展评价

2010～2015 年，亚美尼亚五大子系统中，机制子系统发展程度相对较好，而经济子系统发展程度相对较差。2015 年，按指数由高到低依次为机制子系统、社会子系统、环境子系统、基础设施子系统和经济子系统，指数分别为 59. 5、49. 9、41. 8、39. 2、36. 0，其中经济子系统与发展最好的机制子系统指数相差达 23. 5。可见，经济发展水平是影响亚美尼亚可持续发展的重要因素之一（见图 8－15）。

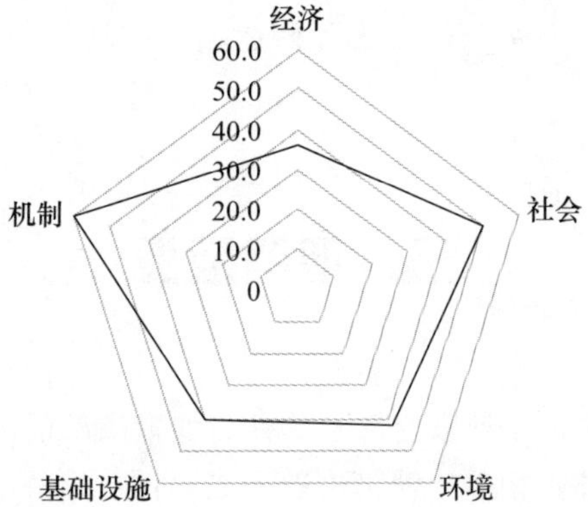

图 8－15　2015 年亚美尼亚五大子系统的发展评价

2010～2015 年，经济子系统指数、环境子系统指数、基础设施子系统指数、机制子系统指数均呈上升趋势，而社会子系统指数呈下降趋势（见表 8－2）。经济子系统指数的增幅最大，年均增幅为 11. 2%，其次为机制子系统指数、基础设施子系统指数、环境子系统指数，年均增幅分别为 1. 2%、0. 9%、0. 1%，而社会子系统指数为负增长，年均降幅为 0. 2%。

表 8-2 2010~2015 年可持续发展五大子系统年均增幅

可持续发展子系统	增幅（%）
经济子系统	11.2
社会子系统	-0.2
环境子系统	0.1
基础设施子系统	0.9
机制子系统	1.2

（二）亚美尼亚可持续发展重点领域分析

1. 经济

在 2010~2015 年经济子系统测评结果中，经济规模、经济质量和经济活力指数均呈上升的趋势。2015 年，经济规模指数为 45.1，较 2010 年增长 208.1%，年均增幅为 25.2%；经济质量指数为 22.2，较 2010 年增长 7.3%，年均增幅为 1.4%；经济活力指数为 40.8，较 2010 年增长 44.3%，年均增幅为 7.6%。其中，经济规模指数最高，经济活力指数次之，经济质量指数最低，最大相差为 22.9（见图 8-16）。

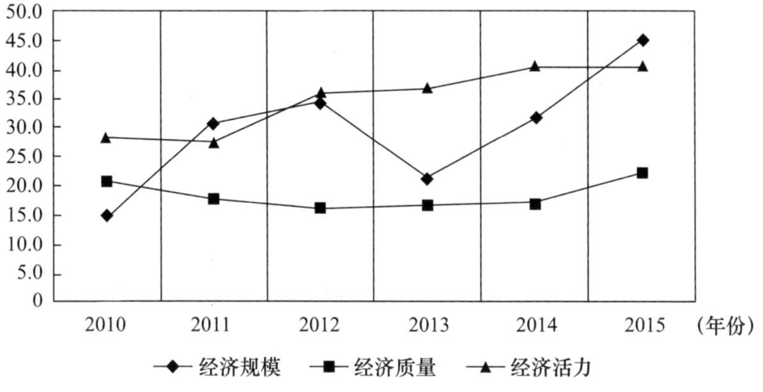

图 8-16 2010~2015 年经济子系统三个维度的评价指数

在经济规模方面，2010~2015 年，GDP 增长率、人均 GDP 呈上升的趋势。2015 年，亚美尼亚国内生产总值为 105.3 亿美元，同比增长 3%，较 2010 年提升 0.8 个百分点；人均 GDP 为 3489.1 美元，较 2010 年增长 11.7%，年均增幅为 2.2%。可见，亚美尼亚经济发展水平不高，按世界银行划分贫富程度标准，亚美尼亚处于中等偏下收入国家的水平。

在经济质量方面，2010～2015年，资本形成总额占GDP比重呈下降趋势，而服务业增加值占GDP比重、FDI占GDP比重、全社会劳动生产率呈上升趋势。2015年，资本形成总额占GDP比重为20.8%，较2010年下降12.1个百分点，年均降幅为8.8%；服务业增加值占GDP比重为51.9%，较2010年提升8.1个百分点，年均增幅为3.4%；FDI占GDP比重为0.1%，较2010年提升0.02个百分点，年均增幅为3.5%；全社会劳动生产率为10976.6美元/人，较2010年增长13.2%，年均增幅为2.5%。可见，亚美尼亚经济效益不高，经济结构不合理。

在经济活力方面，2010～2015年，国家创新指数、债务占GDP比重呈上升趋势，而经济外向度呈下降趋势。2015年，国家创新指数为35.1，较2010年增长6.5%，年均增幅为1.3%；债务占GDP比重为81.3%，较2010年提升16.4个百分点，年均增幅为4.6%；经济外向度为71.7%，较2010年下降1.1个百分点，年均降幅为0.3%。可见，亚美尼亚的经济开放水平较高，但国家创新能力不强。

2. 社会

在2010～2015年社会子系统测评结果中，人口基础指数、平等就业指数呈上升趋势，而生活水平指数、公共服务指数呈下降趋势。2015年，人口基础指数为16.1，较2010年增长0.1%，年均增幅为0.02%；平等就业指数为69.7，较2010年增长3.3%，年均增幅为0.6%；生活水平指数为56.9，较2010年下降1.1%，年均降幅为0.2%；公共服务指数为56.9，较2010年下降5.4%，年均降幅为1.1%。可见，平等就业指数最高，其次为生活水平指数、公共服务指数，而人口基础指数最低，最大相差高达53.6（见图8-17）。

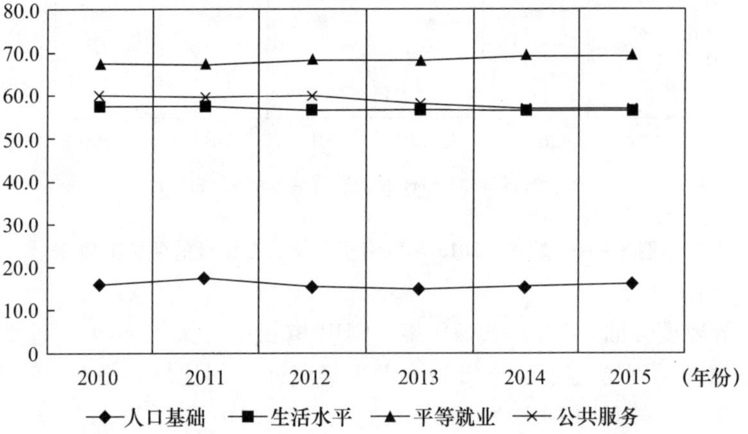

图8-17　2010～2015年社会子系统四个维度的评价指数

在人口基础方面，人口自然增长率、人口密度、每万科技人员数呈上升趋势，出生性别比、人口城镇化率呈下降趋势。2015 年，人口自然增长率为 0.4%，较 2010 年提升 0.5 个百分点；人口密度为 106.0 人/千米，较 2010 年提升 1.8 个百分点，年均增幅为 0.4%；每万科技人员数为 339.9 人，较 2010 年增长 7%，年均增幅为 1.4%；出生性别比为 86.5%，较 2010 年下降 19.3 个百分点，年均降幅为 4%；人口城镇化率为 62.7%，较 2010 年下降 0.9 个百分点，年均降幅为 0.3%。可见，亚美尼亚人口禀赋良好，但人口结构不合理。

在生活水平方面，2010～2015 年，营养不良发生率、低于 1.9 美元/天人口比例、超过 100 万的城市群中人口占总人口比重呈下降趋势，而粮食产量呈上升趋势。2015 年，营养不良发生率为 5.8%，较 2010 年下降 0.7 个百分点，年均降幅为 2.3%；低于 1.9 美元/天人口比例为 2.3%，较 2010 年下降 0.2 个百分点，年均降幅为 1.9%；超过 100 万的城市群中人口占总人口比重为 34.6%，较 2010 年下降 1.3 个百分点，年均降幅为 0.8%；人均粮食产量为 194.6 千克，较 2010 年增长 79.2%，年均增幅为 12.4%；单位面积粮食产量为 3026.3 千克，较 2010 年增长 46.3%，年均增幅为 7.9%。可见，亚美尼亚的人民生活水平稳步提高。

在平等就业方面，2010～2015 年，人类发展指数、劳动中妇女的比例呈上升趋势，而失业率呈下降趋势。2015 年，人类发展指数为 0.733，较 2010 年增长 1.7%，年均增幅为 0.3%；劳动中妇女的比例为 46.2%，较 2010 年提升 4.8 个百分点，年均增幅为 2.2%；失业率为 17.1%，较 2010 年下降 1.9 个百分点，年均降幅为 2.1%；基尼系数为 0.31，按照联合国有关组织对基尼系数的规定，亚美尼亚属于收入相对合理的国家。

在公共服务方面，2010～2015 年，人均医疗卫生支出、预期寿命、入学率均呈增长趋势，而新生儿死亡率、孕产妇死亡率、政府教育支出占比均呈下降趋势。2015 年，人均医疗卫生支出为 161.6 美元，较 2010 年增长 12.9%，年均增幅为 2.5%；预期寿命为 74.7 岁，较 2010 年增长 0.4%，年均增幅为 0.1%；中学入学率为 96.6%，较 2010 年提升 1.8 个百分点，年均增幅为 0.4%；新生儿死亡率为 7.4%，较 2010 年下降 2.1 个百分点，年均降幅为 4.9%；孕产妇死亡率为 25%，较 2010 年下降 8 个百分点，年均降幅为 5.4%；政府教育支出占比为 9.4%，较 2010 年下降 3 个百分点，年均降幅为 5.5%。可见，亚美尼亚医疗和教育事业发展稳步提升。

3. 环境

在 2010～2015 年环境子系统测评结果中，资源指数、能源指数呈上升趋势，而污染指数呈下降趋势，生态保护指数呈平稳态势。2015 年，资源指数为 2，较

2010 年增长 2.6%，年均增幅为 0.5%；能源指数为 31.2，较 2010 年增长 6.5%，年均增幅为 1.3%；污染指数为 88.1，较 2010 年下降 1.2%，年均降幅为 0.2%；生态保护指数为 45.8。各指数的发展水平存在较大的差异，污染指数最高，其次为生态保护指数和能源指数，而资源指数最低，其中资源指数和污染指数相差高达 86.1（见图 8－18）。

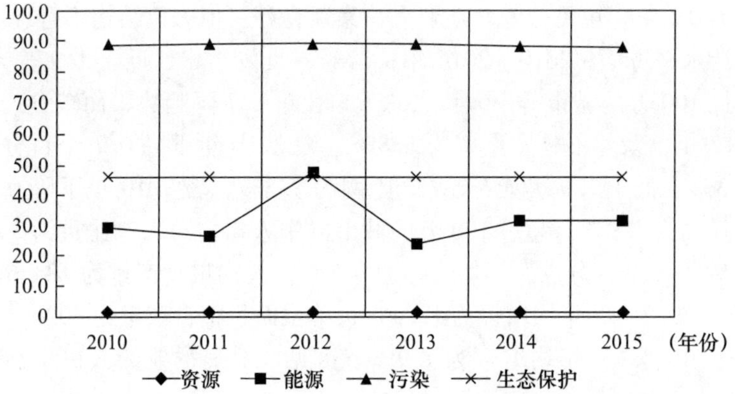

图 8－18　2010～2015 年环境子系统四个维度的评价指数

在资源禀赋方面，2010～2015 年，人均森林面积、人均土地资源占有量、人均淡水资源占有量呈下降趋势。2015 年，人均森林面积为 0.001 平方千米，较 2010 年下降 1.5%，年均降幅为 0.3%；人均土地资源占有量为 0.009 平方千米，较 2010 年下降 1.8%，年均降幅为 0.4%；人均淡水资源占有量为 2281.7 立方米，较 2010 年下降 0.9%，年均降幅为 0.2%。可见，亚美尼亚资源禀赋匮乏。

在能源方面，2010～2015 年，单位 GDP 能耗呈上升趋势，能源消耗弹性系数、二次能源占比呈下降趋势。2015 年，单位 GDP 能耗为 7.8 美元/千克石油，较 2010 年增长 0.8%，年均增幅为 0.2%；能源消耗弹性系数为 0.004，较 2010 年下降 87.2%，年均降幅为 33.7%；二次能源占比为 6.6%，较 2010 年下降 2.8 个百分点，年均降幅为 6.8%。可见，亚美尼亚能源消耗较高，能源结构不合理。

在环境污染方面，2010～2015 年，人均二氧化碳排放量、人均一氧化氮排放量、人均甲烷排放量均呈上升趋势，而人均烟尘排放量呈下降趋势。2015 年，人均二氧化碳排放量为 1.8 公吨，较 2010 年增长 29.1%，年均增幅为 5.2%；人均一氧化氮排放量为 0.0003 公吨，较 2010 年增长 3.2%，年均增幅为 0.6%；人均甲烷排放量为 0.0011 公吨，较 2010 年增长 2.4%，年均增幅为 0.5%；人均烟尘排放量为21.2微克每立方米，较2010年下降2.8%，年均降幅为0.6%。可见，亚美尼亚环境基础相对较好。

4. 基础设施

在2010~2015年基础设施子系统测评结果中，交通设施指数呈下降趋势，而信息与公共服务设施指数呈上升趋势。2015年，交通设施指数为9.8，较2010年下降1.2%，年均降幅为0.2%；信息与公共服务设施指数为68.7，较2010年增长5.4%，年均增幅为1.1%。交通设施指数和信息与公共服务设施指数相差58.9（见图8-19）。

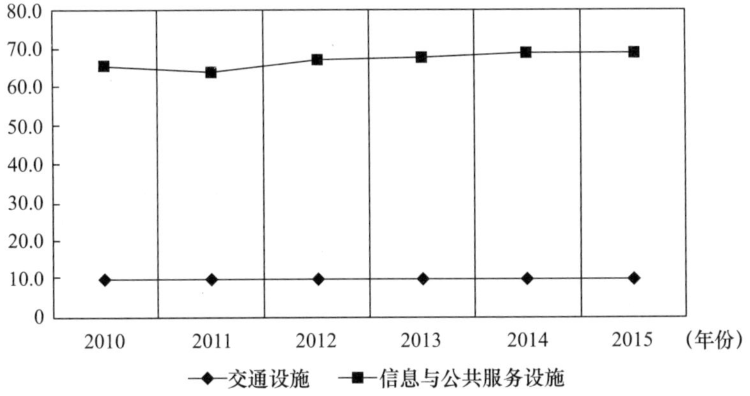

图8-19 2010~2015年基础设施子系统两个维度的评价指数

在信息与公共服务设施方面，2010~2015年，互联网普及率、用电普及率、改善水源获得比例呈上升趋势。2015年，互联网普及率为58.2%，较2010年提升33.2个百分点，年均增幅为18.4%；用电普及率为100%，较2010年提升0.2个百分点，年均增幅为0.04%；改善水源获得比例为100%，较2010年提升1.6个百分点，年均增幅为0.3%。可见，亚美尼亚信息与公共服务设施较为完善。

5. 机制

在2010~2015年机制子系统测评结果中，国内制度指数呈下降趋势，而国际合作指数呈上升趋势。2015年，国内制度指数为44.7，较2010年下降13.9%，年均降幅为3%；国际合作指数为74.3，较2010年增长23.2%，年均增幅为4.3%。其中，国内制度指数和国际合作指数两个指数相差29.6（见图8-20）。

在国内制度方面，2010~2015年，经济自由度指数呈下降趋势，而全球治

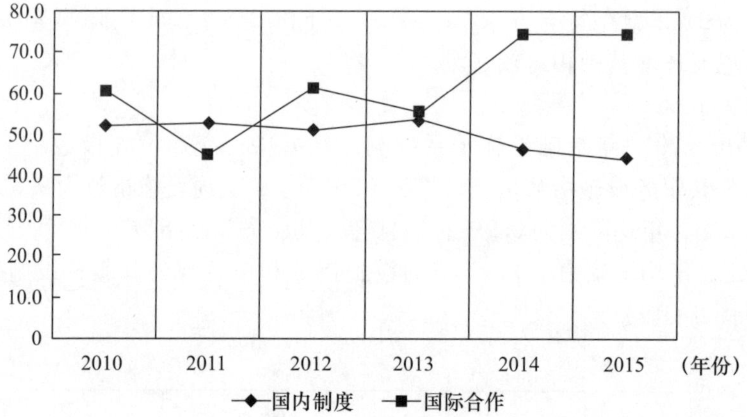

图 8-20　2010～2015 年机制子系统两个维度的评价指数

理指数呈平稳趋势。2015 年，经济自由度指数为 67.1，较 2010 年下降 3%，年均降幅为 0.6%；全球治理指数为 -0.17；控制腐败指数为 -0.46，较 2010 年增长 30.5%，年均增幅为 7%。可见，亚美尼亚经济自由度较高，但政府效能及控制腐败能力不强。

在国际合作方面，2010～2015 年，官方发展援助占 GDP 比重呈下降趋势。2015 年官方发展援助占 GDP 比重为 88.3%，较 2010 年下降 27.2 个百分点，年均降幅为 5.2%。可见，亚美尼亚国际外援和依赖程度较高。

（三）小结

亚美尼亚人民生活水平和福利待遇稳步推进，医疗、教育体制不断完善，电力资源相对丰富。然而，亚美尼亚自然地理情况相对恶劣，自然资源和能源原料储量匮乏，粮食自给率不足，经济较为贫弱，人口结构不合理，交通基础设施相对较差，地缘安全形势显著恶化。

总体上，加入"一带一路"倡议为亚美尼亚发展提供了新的契机，充分发挥与沿线国家政府间合作机制的效能，发掘合作潜力，引进交通、能源、通信、电力和基础设施等领域的建设项目。

四、以色列

以色列位于西亚黎凡特地区，地处地中海东南沿岸，与黎巴嫩、叙利亚、约旦和埃及相邻，是中东地区与亚洲和非洲的重要枢纽，也是“21 世纪海上丝绸之路”的重要节点，在“一带一路”建设中发挥枢纽作用。

（一）以色列可持续发展总体评价

评价结果显示，2015 年，以色列可持续发展指数为 57.7，在“一带一路”沿线国家中的排名为第 2 位，以色列可持续发展处于中级中期发展阶段。

由图 8－21 可知，2010～2015 年，以色列可持续发展呈上升趋势。单从国家可持续发展的指数来看，以色列可持续发展应处于中级后期阶段，但由于受环境子系统的制约，其可持续发展仍处于中级中期阶段。

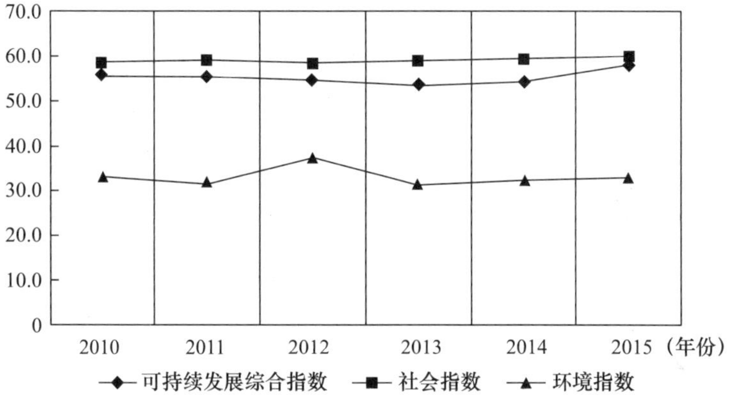

图 8－21　2010～2015 年以色列可持续发展评价

2010～2015 年，以色列五大子系统中，机制子系统发展程度相对较好，而环境子系统发展程度相对较差。2015 年，按指数由高到低依次为机制子系统、经济子系统、社会子系统、基础设施子系统和环境子系统，指数分别为 82.3、76.4、60.1、41、32.8，其中环境子系统与发展最好的机制子系统指数相差达 49.5。可见，环境水平是影响以色列可持续发展的重要因素之一（见图 8－22）。

2010～2015 年，经济子系统指数、社会子系统指数均呈上升趋势，而环境子系统指数、基础设施子系统指数、机制子系统指数均呈下降趋势（见表 8－3）。经济子系统指数的增幅最大，年均增幅为 2.7%，其次为社会子系统指数，年均增幅为 0.4%，而环境子系统指数、机制子系统指数、基础设施子系统指数为负增长，年均降幅分别为 0.1%、0.4%、1%。

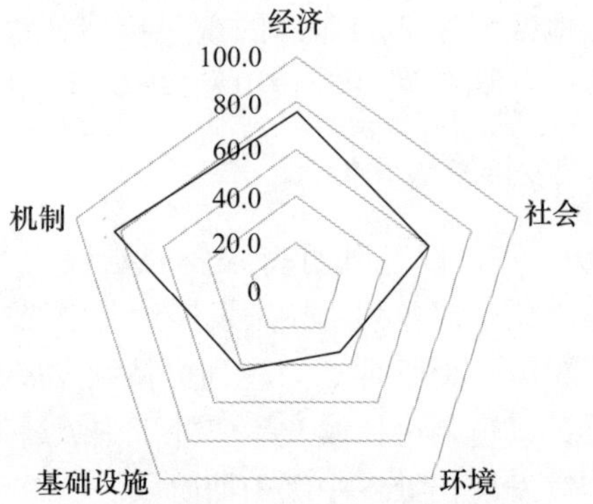

图 8-22　2015 年以色列五大子系统的发展评价

表 8-3　2010～2015 年可持续发展五大子系统年均增幅

可持续发展子系统	增幅（%）
经济子系统	2.7
社会子系统	0.4
环境子系统	-0.1
基础设施子系统	-1.0
机制子系统	-0.4

（二）以色列可持续发展重点领域分析

1. 经济

在2010～2015年经济子系统测评结果中，经济规模和经济活力指数均呈上升的趋势，而经济质量呈下降趋势。2015年，经济规模指数为66.4，较2010年增长60.8%，年均增幅为10%；经济活力指数为94.9，较2010年增长7.2%，年均增幅为1.4%；经济质量指数为68，较2010年下降4.8%，年均降幅为1%。其中，经济活力指数最高，经济质量指数次之，经济规模指数最低，最大相差为28.5（见图8-23）。

在经济规模方面，2010～2015年，GDP增长率呈下降趋势，而人均GDP呈上升趋势。2015年，以色列国内生产总值为2994.2亿美元，同比增长2.5%，较2010年下降3个百分点，年均降幅为14.6%；人均GDP为35728.1美元，较2010年增长16.5%，年均增幅为3.1%。可见，以色列经济规模不大，但经济发展水平较高，按世界银行划分贫富程度标准，以色列处于高收入国家的水平。

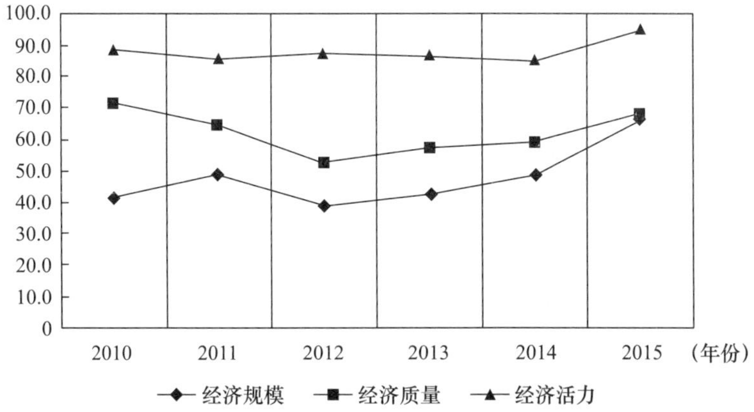

图 8-23 2010~2015 年经济子系统三个维度的评价指数

在经济质量方面，2010~2015 年，资本形成总额占 GDP 比重、全社会劳动生产率均呈上升趋势，而服务业增加值占 GDP 比重、FDI 占 GDP 比重呈下降趋势。2015 年，资本形成总额占 GDP 比重为 19.9%，较 2010 年提升 1.4 个百分点，年均增幅为 1.5%；全社会劳动生产率为 121566 美元/人，较 2010 年增长 7.3%，年均增幅为 1.4%；服务业增加值占 GDP 比重为 68.9%，较 2010 年下降 0.2 个百分点，年均降幅为 0.1%；FDI 占 GDP 比重为 3.3%，较 2010 年下降 0.6 个百分点，年均降幅为 3.2%。可见，以色列经济效益较高，且经济结构正逐步合理化。

在经济活力方面，2010~2015 年，国家创新指数呈下降趋势，而经济外向度呈上升趋势。2015 年，国家创新指数为 52.3，较 2010 年下降 3.2%，年均降幅为 0.7%；经济外向度为 329.5%，较 2010 年提升 29.4 个百分点，年均增幅为 1.9%。可见，以色列的经济开放水平和国家创新能力较强。

2. 社会

在 2010~2015 年社会子系统测评结果中，人口基础指数、公共服务指数呈上升趋势，而生活水平指数、平等就业指数呈下降趋势。2015 年，人口基础指数为 45.7，较 2010 年增长 9.5%，年均增幅为 1.8%；公共服务指数为 72，较 2010 年增长 2.7%，年均增幅为 0.5%；生活水平指数为 64.8，较 2010 年下降 2%，年均降幅为 0.4%；平等就业指数为 58，较 2010 年下降 0.2%，年均降幅为 0.03%。可见，公共服务指数最高，其次为生活水平指数、平等就业指数，而人口基础指数最低，最大相差 26.3（见图 8-24）。

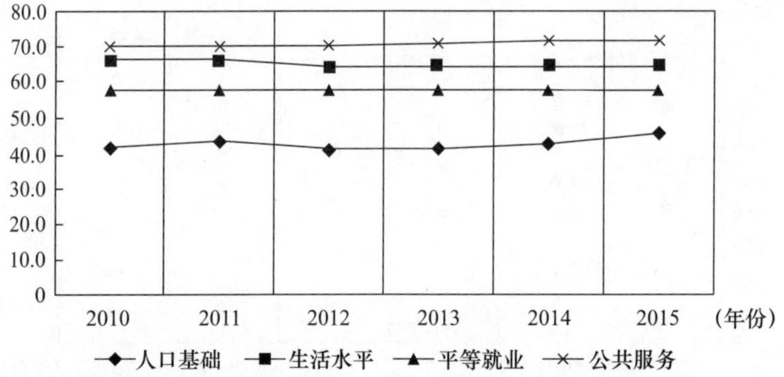

图 8－24 2010～2015 年社会子系统四个维度的评价指数

在人口基础方面，人口自然增长率、人口密度、出生性别比、每万人口科技人员数、人口城镇化率呈上升趋势。2015 年，人口自然增长率为 2%，较 2010 年提升 0.2 个百分点，年均增幅为 1.7%；人口密度为 387.3 人/千米，较 2010 年提升 9.9 个百分点，年均增幅为 1.9%；出生性别比为 98.4%，较 2010 年提升 0.8 个百分点，年均增幅为 0.16%；每万科技人员数为 8255.4 人，较 2010 年增长 13.1%，年均增幅为 2.5%；人口城镇化率为 92.1%，较 2010 年提升 0.3 个百分点，年均增幅为 0.1%。可见，以色列人口禀赋良好，人口结构持续优化。

在生活水平方面，2010～2015 年，营养不良发生率、超过 100 万的城市群中人口占总人口比重呈下降趋势，而粮食产量呈上升趋势。2015 年，营养不良发生率为 4%，较 2010 年下降 0.6 个百分点，年均降幅为 2.8%；超过 100 万的城市群中人口占总人口比重为 56.1%，较 2010 年下降 1 个百分点，年均降幅为 0.4%；人均粮食产量为 43.7 千克，较 2010 年增长 38.2%，年均增幅为 6.7%；单位面积粮食产量为 4448.3 千克，较 2010 年增长 47.1%，年均增幅为 8%。可见，以色列的人民生活水平较高。

在平等就业方面，2010～2015 年，人类发展指数呈上升趋势，而劳动中妇女的比例呈下降趋势。2015 年，人类发展指数为 0.89，较 2010 年增长 1.2%，年均增幅为 0.2%；劳动中妇女的比例为 46.8%，较 2010 年下降 0.3 个百分点，年均降幅为 0.1%；基尼系数为 0.43，按照联合国有关组织对基尼系数的规定，以色列属于收入差距较大的国家。

在公共服务方面，2010～2015 年，人均医疗卫生支出、预期寿命、入学率、政府教育支出占比均呈增长趋势，而新生儿死亡率、孕产妇死亡率均呈下降趋势。2015 年，人均医疗卫生支出为 2910.3 美元，较 2010 年增长 29.5%，年均增幅为 5.3%；预期寿命为 82.2 岁，较 2010 年增长 0.6%，年均增幅为 0.1%；

中学和高等院校入学率分别为102.8%、23.2%，较2010年分别提升4个和3.9个百分点，年均增幅分别为0.8%、3.8%；政府教育支出占比为13.5%，较2010年提升0.2个百分点，年均增幅为0.3%；新生儿死亡率为2.1%，较2010年下降0.3个百分点，年均降幅为0.6%；孕产妇死亡率为5%，较2010年下降1个百分点，年均降幅为3.6%。可见，以色列医疗和教育事业发展较好。

3. 环境

在2010~2015年环境子系统测评结果中，资源指数、污染指数呈下降趋势，而能源指数呈上升趋势，生态保护指数呈平稳态势。2015年，资源指数为0.3，较2010年下降1.2%，年均降幅为0.2%；污染指数为86.7，较2010年下降1.4%，年均降幅为0.3%；能源指数为28.4，较2010年增长1%，年均增幅为0.2%；生态保护指数为15.9。各指数的发展水平存在较大的差异，污染指数最高，其次为能源指数和生态保护指数，而资源指数最低，其中资源指数和污染指数最大相差86.4（见图8-25）。

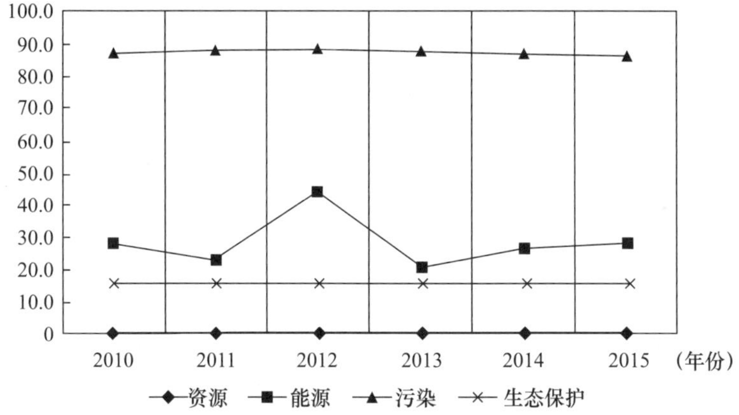

图8-25 2010~2015年环境子系统四个维度的评价指数

在资源禀赋方面，2010~2015年，人均森林面积、人均土地资源占有量、人均淡水资源占有量呈下降趋势。2015年，人均森林面积为0.0002平方千米，较2010年下降2.5%，年均降幅为0.5%；人均土地资源占有量为0.003平方千米，较2010年下降9%，年均降幅为1.9%；人均淡水资源占有量为91.3立方米，较2010年下降3.7%，年均降幅为0.8%。可见，以色列资源禀赋匮乏，尤其淡水资源短缺。

在能源方面，2010~2015年，单位GDP能耗、二次能源占比、能源消耗弹性系数呈上升趋势。2015年，单位GDP能耗为11.5美元/千克石油，较2010年增长18.3%，年均增幅为3.4%；二次能源占比为8.7%，较2010年提升0.2个百分点，年均增幅为0.4%；能源消耗弹性系数为-0.0002，较2010年增长93.9%，年均增幅为42.8%。可见，以色列能源消耗较高，能源结构不合理。

在环境污染方面，2010~2015年，人均二氧化碳排放量、人均一氧化氮排放量、人均甲烷排放量均呈下降趋势，而人均烟尘排放量呈上升趋势。2015年，人均二氧化碳排放量为8.8公吨，较2010年下降2.4%，年均降幅为0.5%；人均一氧化氮排放量为0.0002公吨，较2010年下降1.7%，年均降幅为0.3%；人均甲烷排放量为0.0004公吨，较2010年下降1.7%，年均降幅为0.3%；人均烟尘排放量为20.7微克每立方米，较2010年增长16.3%，年均增幅为3.1%。可见，以色列环境污染改善明显。

4. 基础设施

在2010~2015年基础设施子系统测评结果中，交通设施指数、信息与公共服务设施指数呈下降趋势。2015年，交通设施指数为1.4，较2010年下降17%，年均降幅为3.7%；信息与公共服务设施指数为80.5，较2010年下降4.8%，年均降幅为1%。交通设施指数和信息与公共服务设施指数相差79.1（见图8-26）。

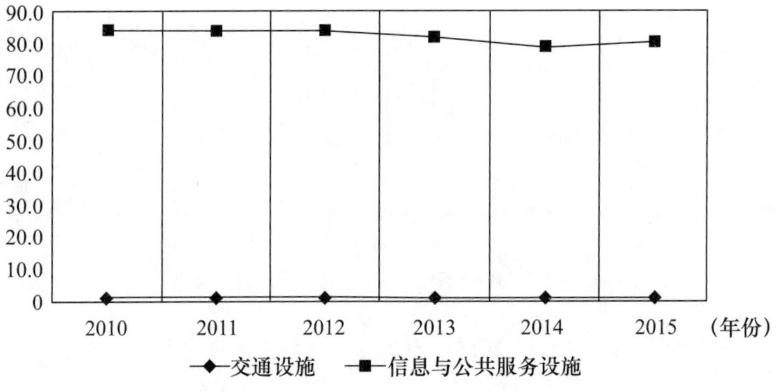

图8-26　2010~2015年基础设施子系统两个维度的评价指数

在交通设施方面，2010~2015年，铁路里程数、港口吞吐能力、航空运输量呈上升趋势。2015年，铁路里程数为1193千米，较2010年增长15.4%，年均增幅为2.9%；港口吞吐能力为2446000万吨，较2010年增长7.2%，年均增幅为1.4%；航空运输量为50006百万次，较2010年增长4.6%，年均增幅为0.9%。可见，以色列交通基础设施相对完善。

在信息与公共服务设施方面，2010~2015年，互联网普及率、固定和移动电话普及率均呈上升趋势。2015 年，互联网普及率为 78.9%，较 2010 年提升 11.4 个百分点，年均增幅为 3.2%；固定和移动电话普及率为 133.5%，较 2010 年提升 10.7 个百分点，年均增幅为 1.7%；用电普及率、改善卫生设施获得比例和改善水源获得比例均为 100%。可见，以色列信息与公共服务设施较为完善。

5. 机制

在 2010 ~2015 年机制子系统测评结果中，国内制度指数呈下降趋势，而国际合作指数呈上升趋势。2015 年，国内制度指数为 66.6，较 2010 年下降 5%，年均降幅为 1%；国际合作指数为 98，较 2010 年增长 0.4%，年均增幅为 0.1%。其中，国内制度指数和国际合作指数两个指数相差 31.4（见图 8 –27）。

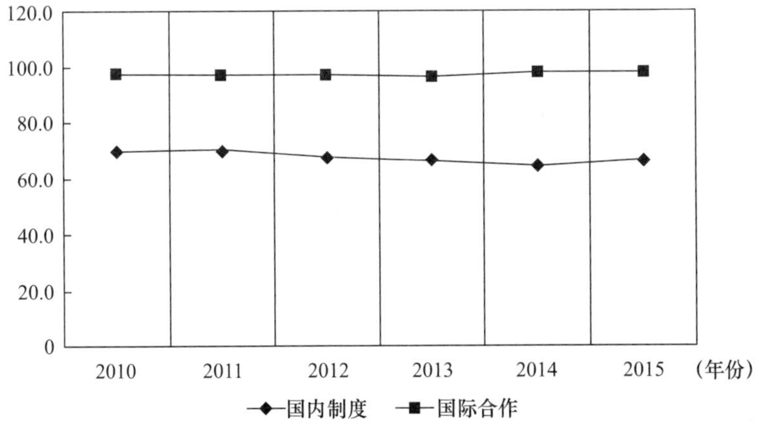

图 8 –27 2010 ~2015 年机制子系统两个维度的评价指数

在国内制度方面，2010 ~2015 年，经济自由度指数呈上升趋势，而全球治理指数呈下降趋势。2015 年，经济自由度指数为 70.5，较 2010 年增长 4.1%，年均增幅为 0.8%；全球治理指数为 1.16，较 2010 年下降 15.3%，年均降幅为 3.3%；控制腐败指数为 0.89，较 2010 年增长 33.9%，年均增幅为 6%。可见，以色列经济自由度较高，但政府效能与控制腐败能力改善明显。

（三）小结

以色列重视科技和教育，科研人员占总人口比例位居世界第一，通信、交通、医疗等诸多领域拥有先进的技术，人民生活水平较高，交通运输业发达。然而，以色列经济规模有限，自然资源贫乏，对外依存度高，面临巴以冲突、暴力冲击和恐怖活动等外部环境的风险。

总体上，加入"一带一路"倡议为以色列发展提供了新的契机，发挥以色列在"一带一路"技术合作中的引领作用，引进基建设备，有助于改善机场、港口、铁路、公路等区域基础设施，从而促进区域经济发展。

五、约旦

约旦哈希姆王国是位于亚洲西部的内陆国家，地处欧、亚、非交通要道，与巴勒斯坦、以色列、叙利亚、伊拉克、沙特阿拉伯相连，拥有独特的地理位置，可在推动"一带一路"倡议中起到重要作用。

（一）约旦可持续发展总体评价

评价结果显示，2015 年，约旦可持续发展指数为 34.1，在"一带一路"沿线国家中的排名为第 57 位，约旦可持续发展处于初级后期发展阶段。

由图 8－28 可知，2010～2015 年，约旦可持续发展呈波动性发展态势，单从国家可持续发展的指数来看，约旦可持续发展应处于中级早期阶段，但由于受环境子系统的制约，其可持续发展仍处于初级后期阶段。

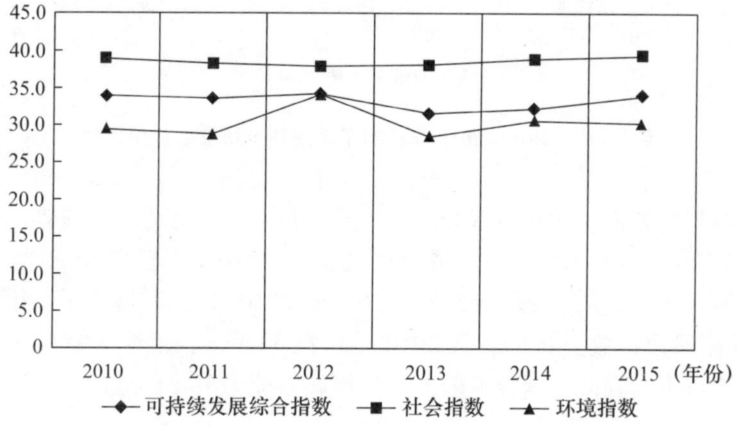

图 8－28　2010～2015 年约旦可持续发展评价

2010～2015 年，约旦五大子系统的发展程度存在一定差距，其中，经济子系统发展程度相对较好，而基础设施子系统和机制子系统发展程度相对较差。2015 年，经济子系统指数为 40.9，社会子系统、环境子系统和基础设施子系统指数为39.5、30.4、26，机制子系统指数为25.5，基础设施子系统与发展最好的经济子系统相差达15.4（见图8－29）。可见，基础设施完善程度和机制系统是影响约旦可持续发展的重要原因。

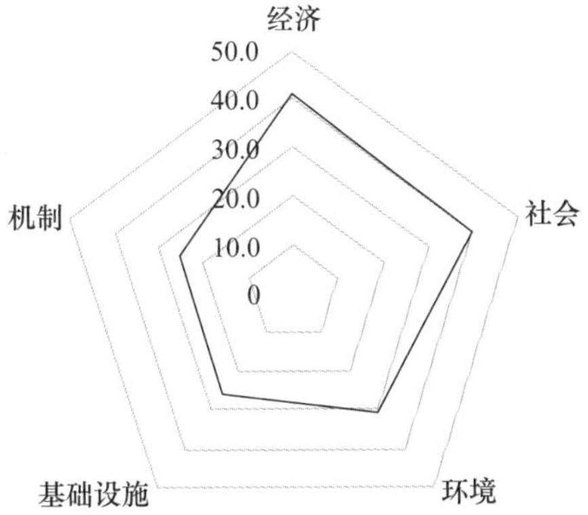

图8－29　2015年约旦五大子系统的发展评价

2010～2015年约旦五大子系统指数除机制子系统指数之外均呈上升趋势（见表8－4），其中，经济子系统指数的年均增幅最大，增幅达到6.5%，其次是基础设施子系统指数的年均增幅为2.4%，环境子系统指数的年均增幅为0.5%，社会子系统指数的年均增幅为0.2%，而机制子系统年均增幅为负增长，降幅为13.1%。

表8－4　2010～2015年可持续发展五大子系统年均增幅

可持续发展子系统	增幅（%）
经济子系统	6.5
社会子系统	0.2
环境子系统	0.5
基础设施子系统	2.4
机制子系统	－13.1

（二）约旦可持续发展重点领域分析

1. 经济

在2010～2015年经济子系统测评结果中，经济规模、经济质量和经济活力均呈上升的趋势，且经济规模保持高速增长态势。2015 年，经济规模指数为 45.2，较 2010 年增长 190.1%，年均增幅为 23.7%；经济质量指数为 35.3，较 2010 年增长 0.5%，年均增幅为 0.1%；经济活力指数为 42.2，较 2010 年增长 8.2%，年均增幅为 1.6%。其中，经济规模指数最高，经济活力指数次之，经济质量指数最低，最大相差 9.9（见图 8-30）。

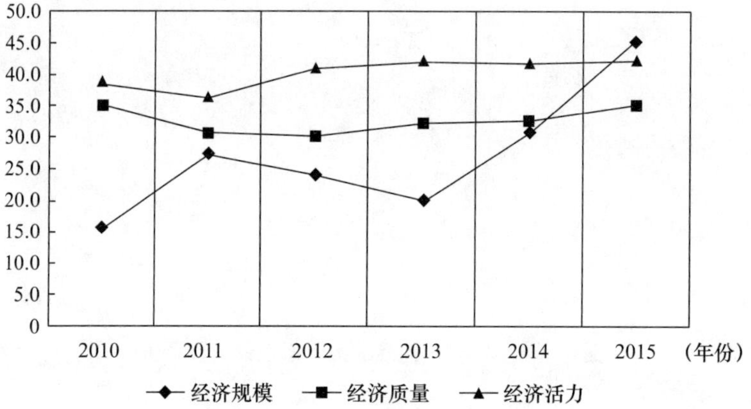

图 8-30　2010～2015 年经济子系统三个维度的评价指数

在经济规模方面，2010～2015 年，GDP 增长率、人均 GDP 均呈下降趋势。2015 年约旦国内生产总值 375.2 亿美元，增长 2.3%，较 2010 年下降 0.1 个百分点，GDP 年增长率年均增幅达 2.7%，可见，约旦的经济水平不高且增长速度慢。2015 年人均 GDP 为 4054.3 美元，较 2010 年下降 17.9%，年均降幅为 3.9%，按世界银行划分贫富程度标准，约旦处于中等偏下收入国家的水平。

在经济质量方面，2010～2015 年，资本形成总额占 GDP 比重、FDI 占 GDP 比重、全社会劳动生产率均呈上升趋势，而服务业增加值占 GDP 比重呈下降趋势。2015 年，资本形成总额占 GDP 比重为 24%，较 2010 年提升 0.4 个百分点，年均增幅为 0.3%；FDI 占 GDP 比重为 0.1%，较 2010 年提升 0.1 个百分点；全社会劳动生产率为 34175.5 美元/人，较 2010 年下降 16.7%，年均降幅为 3.6%；服务业增加值占 GDP 比重为 65.9%，较 2010 年下降 0.3 个百分点。可见，约旦的经济效益有所降低，经济结构有待进一步合理化。

在经济活力方面，2010～2015 年，国家创新指数、经济外向度呈上升趋势，而债务占 GDP 比重均呈下降趋势。2015 年，国家创新指数为 39.4，较 2010 年增长 31.3%，年均增幅为 5.6%；经济外向度为 117.3%，较 2010 年增长 19.5 个百分点，年均增幅为 3.7%；债务占 GDP 比重为 61.4%，较 2010 年下降 5.5 个百分点。可见，约旦创新能力显著提升，具有较高的开放水平，经济风险有所降低，但风险程度仍然较高，债务率达60%以上。

2. 社会

在2010～2015年社会子系统测评结果中，人口基础、平等就业指数呈增长趋势，而生活水平、公共服务指数均呈下降趋势。2015年，人口基础指数为28.7，较2010年增长5.2%，年均增幅为1%；平等就业指数为53.2，较2010年增长8%，年均增幅为1.6%；生活水平指数为30.1，较2010年下降6.4%，年均降幅为1.3%；公共服务指数为46，较2010年下降3.7%，年均降幅为0.7%。可见，平等就业指数最高，其次为公共服务、生活水平，而人口基础指数最低，最大相差高达24.5（见图8－31）。

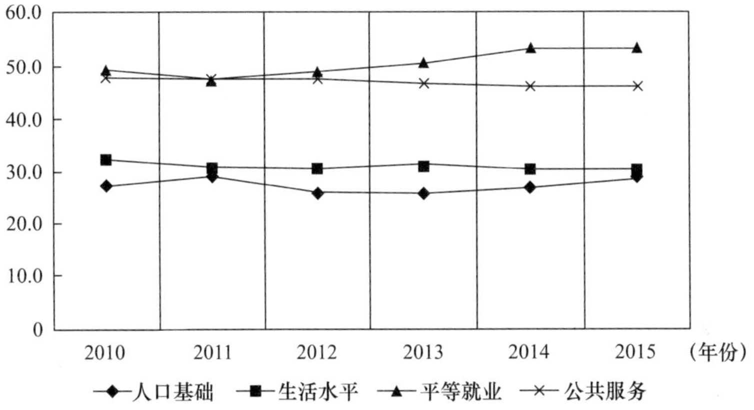

图8－31 2010～2015年社会子系统四个维度的评价指数

在人口基础方面，人口自然增长率、出生性别比均呈上升趋势，而人口密度、每万人科技人员数、人口城镇化率均呈下降趋势。2015年，人口自然增长率为3.9%，比2010年增长1.5个百分点；出生性别比为106.4%，较2010年提升1.4个百分点；人口密度为73.4人/平方千米，较2010年下降14.2%，年均降幅为3%；每万人科技人员数为71.5人，较2010年下降59.1%，年均降幅为16.4%；人口城镇化率为82.5%，较2010年下降1.2个百分点。可见，约旦人口禀赋良好，城镇化水平较高，但人口结构仍然不合理。

在生活水平方面，2010～2015年，营养不良发生率、粮食产量、超过100万的城市群中人口占总人口比重均呈上升趋势。2015年，营养不良发生率为23.8%，较2010年提升2.7个百分点，年均增幅为2.4%；人均粮食产量为13.4千克，较2010年增长9.4%，单位面积粮食产量为1962.6千克，较2010年增长

34.8%；超过100万的城市群中人口占总人口比重为19%，较2010年提升0.3个百分点。可见，约旦居民生活相对周边国家较为富裕，但经济基础薄弱，其中低于1.9美元/天人口比例占到16.8%。

在平等就业方面，2010～2015年，人类发展指数、失业率、劳动中妇女的比例呈下降趋势。2015年，人类发展指数为0.74，较2010年下降0.7%；失业率为23.7%，较2010年下降2.5个百分点；劳动中妇女的比例为17.9%，较2010年下降0.9个百分点。可见，约旦社会相对公平，就业形势相对稳定，基尼系数为0.38，按照联合国有关组织对基尼系数的规定，约旦属于收入差距不大的国家，贫富差异相对合理。

在公共服务方面，2010～2015年，入学率、政府教育支出占比均呈增长趋势，而人均医疗卫生支出、新生儿和孕妇死亡率均呈下降趋势。2015年，中学和大学入学率分别为85.6%、47.9%，较2010年分别增长3.4个百分点、3.8个百分点；政府教育支出占比为3.9%，较2010年提升0.1个百分点；人均医疗卫生支出为341.3美元，较2010年下降4.9%；新生儿死亡率为13.4%，较2010年下降1.6个百分点；孕产妇死亡率为54%，较2010年下降9个百分点。可见，约旦医疗卫生事业、教育事业发展较好。

3. 环境

在2010～2015年环境子系统测评结果中，资源指数、污染指数均呈下降趋势，能源指数呈上升趋势，生态保护指数变化相对平稳。2015年，资源指数为0.8，较2010年下降7%，年均降幅为1.4%；污染指数为88，较2010年下降2.4%，年均降幅为0.5%；能源指数为28.9，较2010年增长22.5%，年均增幅为4.1%，且这一指数在2012年达到最大值42.4；生态保护指数为3.8，这一指数在2010～2015年处于同一水平。其中，各指数的发展水平存在较大的差异，污染指数最高，其次为能源指数，而资源指数和生态保护指数相对较低，污染指数和资源指数最大相差87.2（见图8－32）。

在资源禀赋方面，2010～2015年，森林、土地、淡水等资源禀赋均呈上升的趋势。2015年，人均森林面积为0.0001平方千米，较2010年增长16.5%，年均增幅为3.1%；人均土地资源占有量为0.0136平方千米，较2010年增长16.5%，年均增幅为3.1%；人均淡水资源占有量为97.5立方米，较2010年增长6%，年均增幅为1.2%。可见，约旦生态资源比较匮乏。

在能源方面，2010～2015年，单位GDP能耗、能源消耗弹性系数呈上升趋势，而二次能源占比呈下降趋势。2015年，单位GDP能耗为9.6美元/千克石油，较2010年增长3.2%，年均增幅为0.6%；能源消耗弹性系数为0.0319，较2010年增长479%，年均增幅为230.5%；二次能源占比为2.97%，较2010年下降0.1个百分点，年均降幅为0.7%。可见，约旦能源消耗及利用效率不高，能源结构不合理。

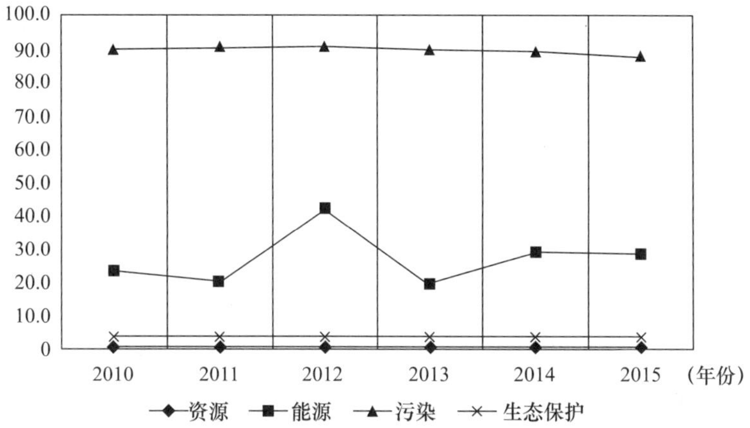

图8－32 2010～2015年环境子系统四个维度的评价指数

在环境污染方面，2010～2015年，人均二氧化碳排放量、人均烟尘排放量呈下降趋势，而人均一氧化氮、人均甲烷排放量呈增长趋势。2015年，人均二氧化碳排放量为3.2公吨，较2010年下降5.5%；人均烟尘排放量为35.3微克每立方米，较2010年下降7.1%；人均一氧化氮排放量为0.0001公吨，较2010年增长5.2%；人均甲烷排放量为0.0003吨，较2010年增长5.2%。可见，约旦环境污染改善不明显。

4. 基础设施

在2010～2015年基础设施子系统测评结果中，交通设施指数呈下降趋势，而信息与公共服务设施指数呈上升趋势。2015年，交通设施指数为0.7，较2010年下降17.2%，年均降幅为3.7%；信息与公共服务设施指数为51.4，较2010年增长13.2%，年均增幅为2.5%。其中，信息与公共服务设施指数远高于交通设施指数，两者相差高达50.7，交通设施成为制约基础设施子系统发展的主要因素（见图8－33）。

在交通设施方面，2010～2015年，港口吞吐量呈快速下降趋势，航空运输量均呈上升趋势。2015年，港口吞吐量为619000万吨，较2010年下降22.4%，年均降幅为4.9%；航空运输量为39318.8百万次，较2010年增长7.4%，年均增幅为1.4%。可见，约旦交通基础设施运营能力有待提升。

在信息与公共服务设施方面，2010～2015年，互联网普及率、改善卫生设施获得比例均呈下降趋势，而固定和移动电话普及率呈上升趋势。2015年互联

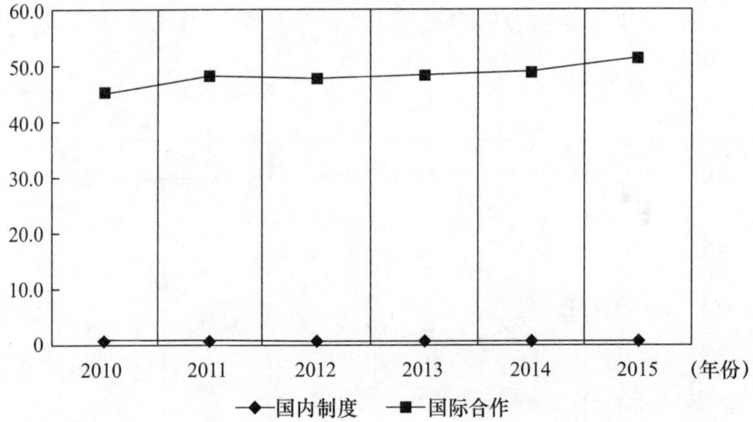

图 8－33　2010～2015 年基础设施子系统两个维度的评价指数

网普及率为 27.2%，较 2010 年下降 26.2 个百分点，年均降幅为 12.6%；改善卫生设施获得比例为 98.5%，较 2010 年下降 0.1 个百分点；固定和移动电话普及率为 7.5%，较 2010 年提升 2.7 个百分点，年均增幅为 9.3%。可见，约旦公共服务设施及信息现代化程度较低。

5. 机制

在 2010～2015 年机制子系统测评结果中，国内制度指数、国际合作指数均呈下降趋势。2015 年，国内制度指数为 51，较 2010 年下降 2.7%；国际合作指数为 0，较 2010 年下降非常明显。其中，国内制度指数和国际合作指数两个指数存在较大差距，相差高达 51（见图 8－34）。

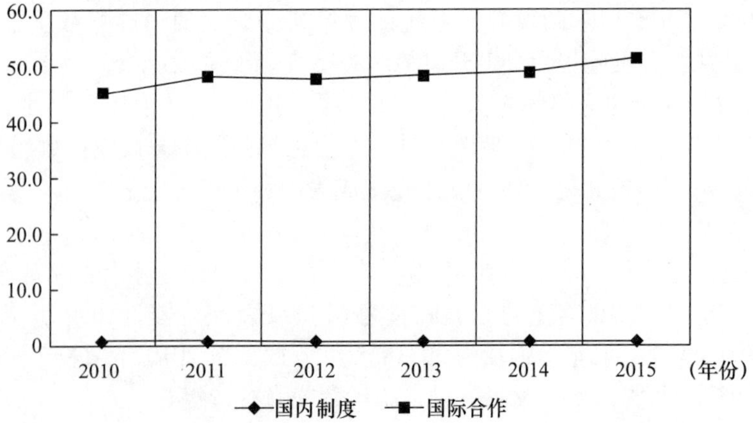

图 8－34　2010～2015 年机制子系统两个维度的评价指数

在国内制度方面，2010～2015 年，经济自由度指数、全球治理指数呈下降趋势。2015 年，经济自由度指数为 66.1，较 2010 年下降 4.6%，年均降幅为 0.9%；全球治理指数为 0.12，较 2010 年下降 7.7%，年均降幅为 1.6%；控制腐败指数为 0.26，较 2010 年增长 512.7%。可见，约旦经济制度、政府效能及清廉反腐能力一般，有待进一步提升。

在国际合作方面，2010～2015 年，官方发展援助占 GDP 比重呈下降趋势。2015 年官方发展援助占 GDP 比重为 145.9%，年均降幅为 16.7%，可见，约旦国际合作基础较好，外援是约旦经济的主要来源之一。

（三）小结

约旦地理位置优越，国内政治经济和文化生活相对稳定，旅游业较为发达，医疗卫生和教育事业发展较好，公民文化素质较高。然而，约旦的经济基础薄弱，经济能力有限，对外依赖性强，淡水资源匮乏，能源短缺，可耕地少，工农业发展水平较低，贫困、失业等问题突出。

总体上，加入“一带一路”倡议为约旦发展提供了新的契机，有助于缓解国内资源短缺的压力，引进外资完善旅游和大型基础设施建设，扩大多边贸易，增加就业机会，增强国家经济实力，改善人民生活水平。

六、阿曼

阿曼位于亚洲西部的阿拉伯半岛东南部，它扼守着世界上最重要的石油输出通道——波斯湾的霍尔木兹海峡，是波斯湾通往印度洋的要道。在海上丝绸之路线路中，阿曼将是连通亚洲与非洲、欧洲国家，贯通印度洋与地中海的咽喉。

（一）阿曼可持续发展阶段总体评价

由图 8－35 可以看出，2015 年阿曼可持续发展总体评价得分为 46.1 分，社会和环境领域得分分别为 49.7 分和 27.2 分。根据可持续发展阶段评价标准，我们判断阿曼目前的可持续发展阶段处于初级阶段后期。可以说，受环境领域得分偏低影响，阿曼的可持续发展阶段被迫降一个阶段。从变动趋势来看，受环境领域得分波动影响，阿曼的可持续发展总体评价得分也出现起伏，而且对比可以发现，2015 年得分比 2010 年还是增长的。当然，阿曼的可持续发展总体评价得分在 60 个“一带一路”沿线国家中排在第 22 位，相对靠前。

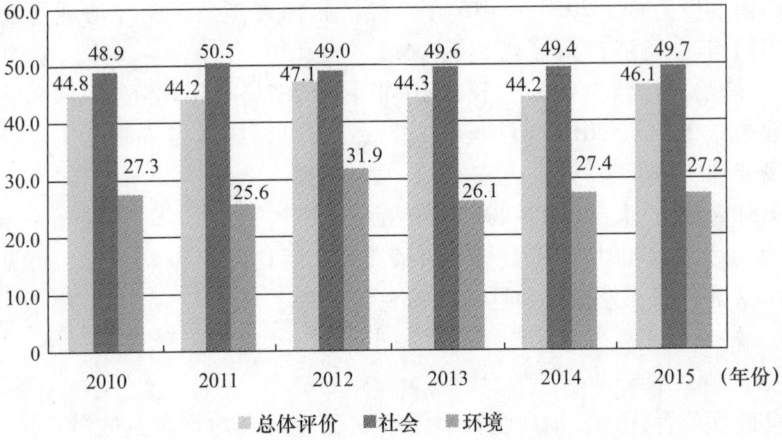

图8－35　2010～2015年阿曼可持续发展评价

阿曼可持续发展的五个领域中，得分最高的一直是机制领域，但出现下降的趋势，到2015年为75.3分，相比2010年减少了3.7分。社会得分较为稳定，2015年得分为49.7分。经济领域和环境领域的变动趋势较为接近，近似于“W”形。区别在于，经济领域在2015年时表现为得分增加，而环境领域得分在2015年下降。另外，环境领域得分是最低的；除2012年外，其得分未超过30分。基础设施领域得分在2012年达到42.9分后出现下降，直到2015年稳定在40.7分（见图8－36）。

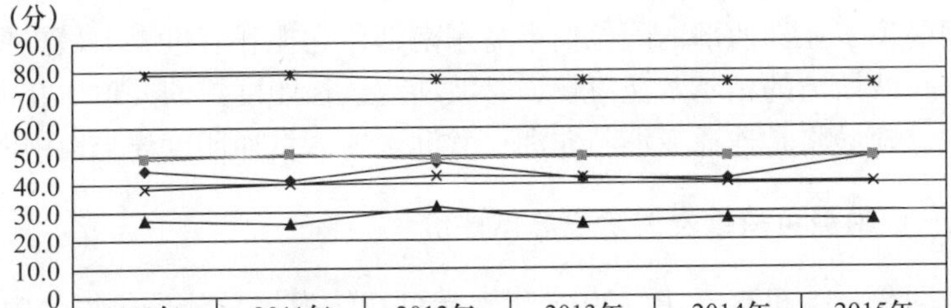

	2010年	2011年	2012年	2013年	2014年	2015年
—◆—经济	44.6	41.4	47.4	41.9	42.0	49.6
—■—社会	48.9	50.5	49.0	49.6	49.4	49.7
—▲—环境	27.3	25.6	31.9	26.1	27.4	27.2
—×—基础设施	38.1	39.8	42.9	42.5	40.7	40.7
—✳—机制	79.0	78.7	77.1	76.7	75.7	75.3

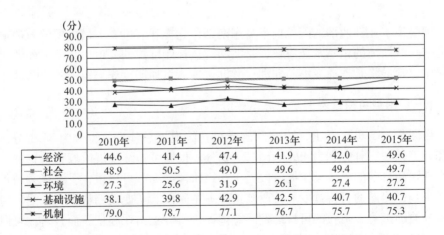

图8－36　2010～2015年阿曼可持续发展重点领域得分情况

（二）阿曼可持续发展重点领域分析

1. 经济

石油和天然气是阿曼的支柱产业，油气收入占国家财政收入的75%，占国内生产总值的41%。其工业以石油开采为主。可以说，阿曼的经济发展与全球经济形势密切相关，当经济形势向好时，全球需求市场旺盛，其经济发展，包括经济规模与经济增速都会有良好的表现；相反，当国际经济形势不明朗时，全球需求市场疲软，阿曼的经济必受牵连。另外，中东地缘政治危机，也会影响全球油价，从而影响阿曼经济形势。

从图8-37可以看出，阿曼的经济规模维度表现为类似“W”形，在2012年受中东地缘政治影响国际油价冲高，其经济增速在2012年达到9.3%的高值，而人均GDP也达到21631.9美元/人的高水平，之后，无论是增速还是产值均回落。GDP增速在2015年回升，达到5.6%，并超过2010年4.8%的水平。经济增速的回升，有助于经济规模维度得分的提高，即2015年得分达到57分。

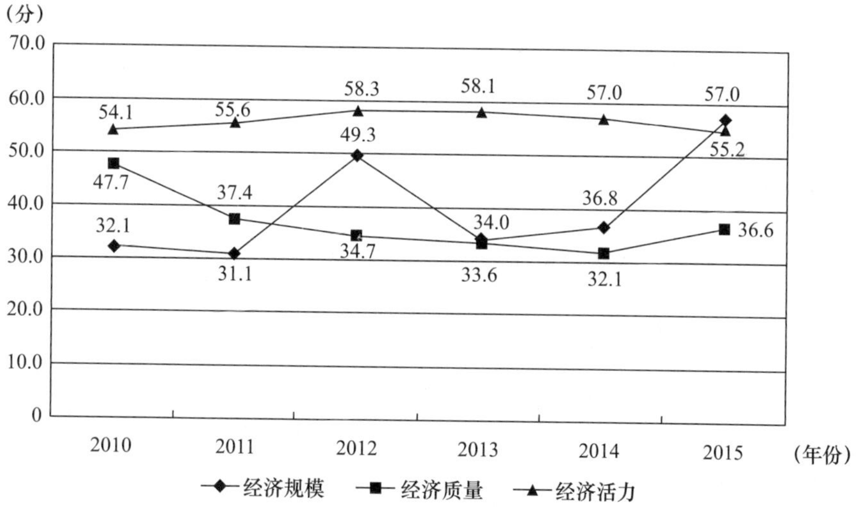

图8-37　2010~2015年阿曼经济领域细分维度得分情况

阿曼的经济质量维度得分自2010年以来缓慢下降，并在2015年止跌回升，达到36.6分。经济质量受经济结构与经济效益影响。阿曼反映经济效益的全社会劳动生产率指标一直在下降。而随着2014年后阿曼服务业增加值在GDP中比重上升，以及资本形成总额占GDP比重提高，阿曼经济结构得到一定程度改善。这也就可以解释2015年经济质量维度得分的增长。

经济活力受一国经济创新、开放和风险程度的影响。其中，反映创新的国家创新指数先升后降，2015 年为 32.12，低于 2010 年 36.83 的水平；经济外向度受其油气出口影响，与国际经济景气程度相关，同样表现为先升后降；而阿曼反映风险的债务占 GDP 比重先下降，后自 2013 年稳定在 4.9% 的水平。综合三个指数的变动情况，阿曼的经济活力维度得分表现为先升后降，但 2015 年相比 2010 年略有提高。

2. 社会

阿曼社会领域的四个维度中，公共服务与人口基础表现出上升的趋势，但前者的趋势十分平缓，而后者则在出现一年的快速提高后趋于平缓；生活水平与平等就业则表现为下降的趋势；另外，生活水平与公共服务维度的得分最高，其次为人口基础，得分最低的是平等就业（见图 8－38）。

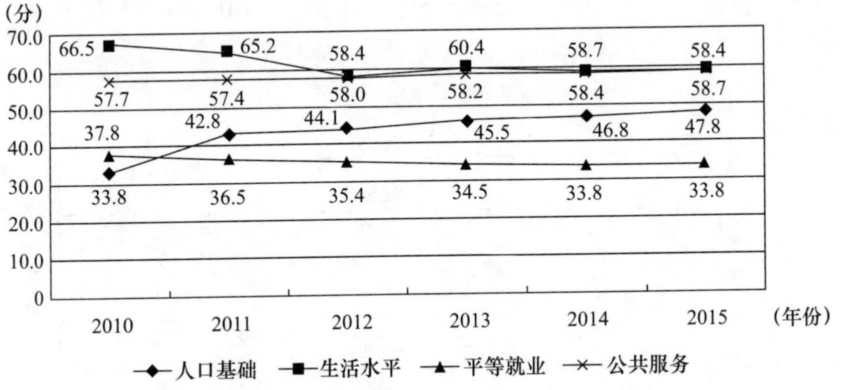

图 8－38　2010～2015 年阿曼社会细分维度得分情况

阿曼公共服务维度得分的提升，主要受两方面影响：一是在其他指标保持不变的情况下，反映健康的人均医疗卫生支出逐年增加，以及居民预期寿命提高；二是在其他指标保持稳定的前提下，反映教育的小学入学率和识字率明显提升。国民健康水平的提升，以及国内教育事业的发展，有效地提升了阿曼公共服务水平，从而公共服务维度得分提高。阿曼生活水平的下降主要受其国内粮食产量下降，以及居住环境恶化影响。平等就业主要通过社会公平和劳动就业两个指标体现，而阿曼的这两个指标均出现指标下降的问题：一是反映社会公平的人类发展指数有小幅下降，2015 年相比 2010 年下降了 0.002；二是反映劳动就业的失业率和劳动中妇女参与比例均出现下降，表明其劳动就业环境恶化。

最后来看阿曼的人口基础维度：一方面，阿曼的人口自然增长率在连续三年提高后缓慢下降，人口密度逐年提高，这无疑提高了阿曼的人口禀赋；另一方面，阿曼的科技人员比重在连续三年增长后出现下降，出生性别比不断恶化，城镇化水平则逐年提高。这些因素影响使阿曼的人口基础维度得分增加，但趋势趋于平缓。

3. 环境

首先，随着阿曼国内油气资源及其他非可再生资源的开采，其资源禀赋不断损耗，从而资源维度得分逐年下降，到 2015 年为 4.5 分。其次，主要污染物来源的二氧化碳、甲烷和烟尘等排放量均出现下降或先升后降，反映在污染维度的得分上，表现为先升后降，到 2015 年为 69 分。最后，阿曼能源结构以一次能源为主，但其能源消耗均出现波动，而这种波动也影响了能源维度的得分（见图 8－39）。

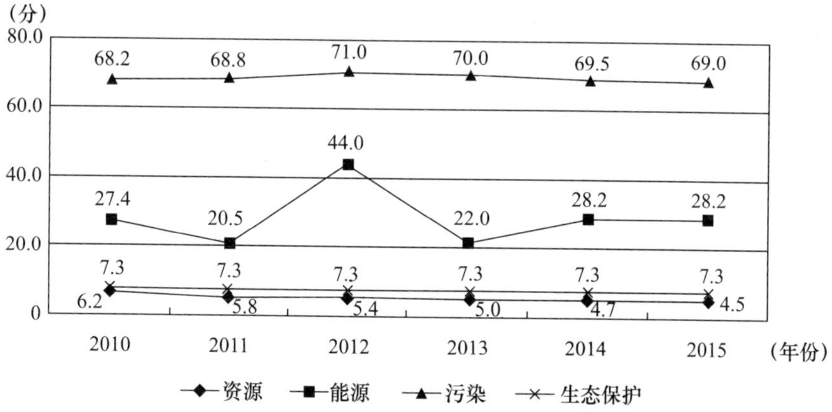

图 8－39　2010～2015 年阿曼环境细分维度得分情况

4. 基础设施

阿曼的交通基础设施以港口运输和机场运输为主，尤其是以港口运输为重。而受国际油价影响，其港口吞吐能力在 2013 年后下降，影响了交通基础设施维度的得分。

阿曼的信息与公共服务基础设施维度得分很高，虽然在 2012 年后出现下降，但 2015 年仍保持着 80.2 分的高分。阿曼的信息基础设施建设较好，表现为较高的互联网普及率及固定和移动电话普及率，2015 年两个指标分别为 74.2% 和 159.9%。而其公共服务设施，包括用电、用水、卫生设施等建设水平都较高，且近年来一直很稳定（见图 8－40）。

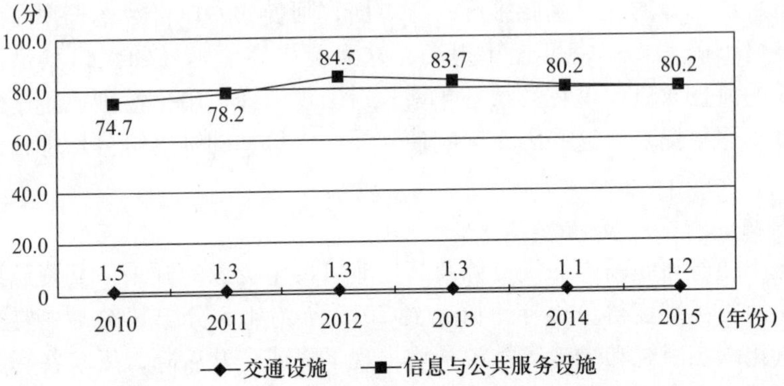

图 8－40　2010～2015 年阿曼基础设施细分维度得分情况

5. 机制

阿曼的国内制度维度得分自 2010 年以来缓慢下降，2015 年为 50.6 分，相比 2010 年下降了 7.3 分。一方面，经济自由度指数 2015 年相比 2010 年减少了 1 个单位，使阿曼的经济制度指数下降；另一方面，阿曼反映社会治理的全球治理指数 2015 年为 0.29，相比 2010 年下降了 0.13。鉴于阿曼温室气体排放量减少，以及提供的官方国际援助保持稳定，阿曼承担着相应的国际义务，使其国际合作维度得分一直很稳定（见图 8－41）。

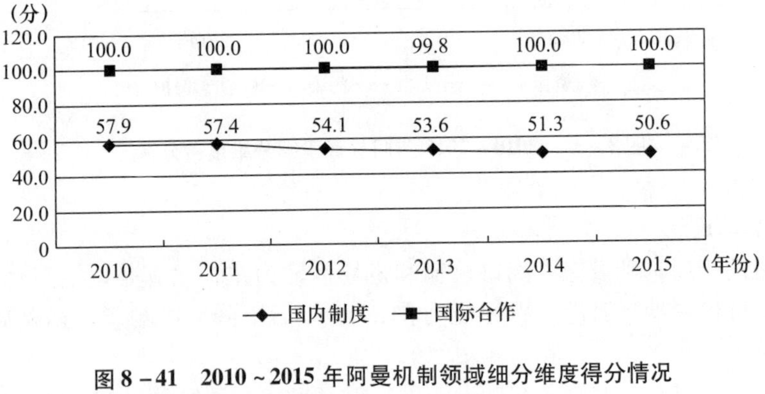

图 8－41　2010～2015 年阿曼机制领域细分维度得分情况

（三）小结

根据可持续发展阶段评价标准，我们判断阿曼目前的可持续发展阶段处于初级阶段后期。阿曼的可持续发展总体评价得分在60个“一带一路”沿线国家中排在第22位，相对靠前。阿曼可持续发展的五个领域中，得分最高的一直是机制领域，但出现下降的趋势，到2015年为75.3分；社会领域得分较为稳定；经济领域和环境领域的变动趋势较为接近，近似于“W”形，另外，环境领域得分是最低的，除2012年外，其得分未超过30分；基础设施领域得分一直在40分以上，并且其信息与卫生基础设施建设水平较高。

随着全球经济形势向好，阿曼应进一步减少经济对油气产业的依赖，改善其经济结构，提高经济发展质量，进一步提升其经济维度得分；加大科技投入，提高能源利用效率，降低能耗，提升其环境维度得分。从这两个维度着手，也将带动其基础设施维度、社会及机制维度，从而提升阿曼可持续发展整体潜力与水平。

七、埃及

埃及位于北非东部，领土还包括苏伊士运河以东、亚洲西南端的西奈半岛。埃及既是亚、非之间的陆地交通要冲，也是大西洋与印度洋之间海上航线的捷径。其境内的苏伊士运河沟通了大西洋和印度洋，是大西洋和印度洋之间海上航线的捷径，战略位置和经济意义十分重要。

（一）埃及可持续发展阶段总体评价

埃及的可持续发展阶段总体评价得分自2010年以来除2013年出现短暂下降外，一直保持缓慢增长，到2015年时为36.89分，相比2010年提高了0.98分。2015年埃及的社会领域得分为38.57分，而环境领域得分仅为28.14分，两者相差10.43分（见图8－42）。根据可持续发展阶段划分标准，我们判断埃及目前可持续发展阶段处于初级阶段后期。埃及在60个“一带一路”沿线国家中，可持续发展阶段总体评价得分排名十分靠后，位列倒数第9。

埃及可持续发展五个领域得分情况如图8－43所示：机制领域得分最高，但在2013年出现“V”字形转折，到2015年为55.35分，仍低于2010年水平；社会领域得分一直稳定在38分左右，2015年时为38.57分，比2010年提高了0.71分；经济领域自2010年以来下降，直到2013年达到最低值后上升，到2015年提高到36.85分；基础设施和环境领域得分垫底，2015时均出现下降（相比2014年），得分分别为32.67分和28.14分。

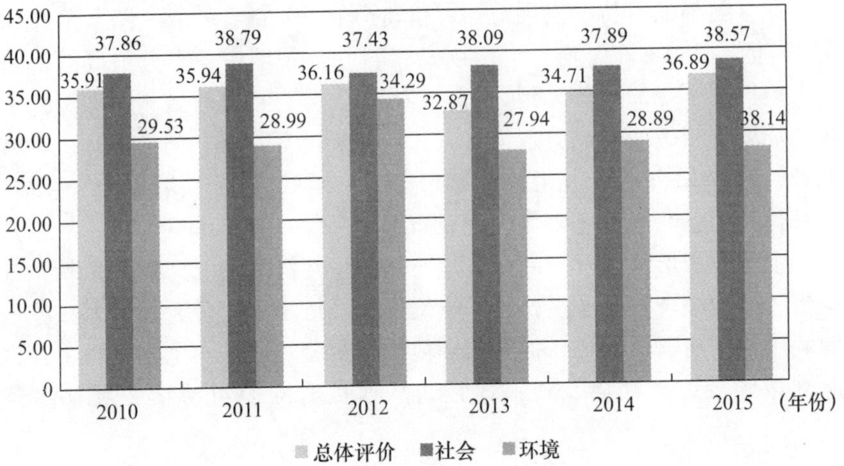

图 8-42　2010~2015 年埃及可持续发展评价

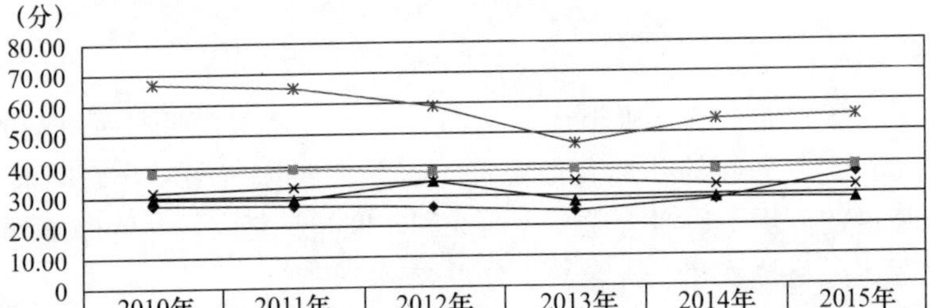

	2010年	2011年	2012年	2013年	2014年	2015年
经济	27.05	26.83	26.21	24.82	28.42	36.85
社会	37.86	38.79	37.43	38.09	37.89	38.57
环境	29.53	28.99	34.29	27.94	28.89	28.14
基础设施	31.28	32.93	34.56	34.69	33.11	32.67
机制	67.08	65.35	58.90	46.62	54.19	55.35

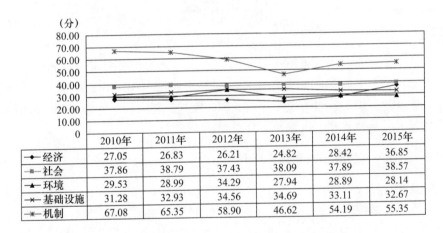

图 8-43　2010~2015 年埃及可持续发展领域得分比较

（二）埃及可持续发展重点领域分析

1. 经济

埃及的经济发展一度并不乐观。从图 8-44 可以看出，其经济规模维度得分一度低至 2013 年的 16.75 分，之后才逐步回升，并于 2015 年攀升至 46.8 分，相比 2014 年提高了约 20 分。这种变化与埃及国内的政治局势密切相关，尤其是 2011 年初以来的“茉莉花革命”引发的动荡局势，对国民经济造成严重冲击，直至 2014 年 6 月阿卜杜勒政府上台国内局势才逐步平稳。另外，2014 年启动的苏伊士运河新河道建设项目于2015年完成，新航道通航，极大地提升了苏伊士运河的通航能力，带动经贸发展，不论是经济增速还是产值都有极大提高。这种变化，同样体现在经济质量维度：2011～2014年一直在20分以下，到2015年才达到23.1分。埃及的经济活力维度得分于2015年突破40分。

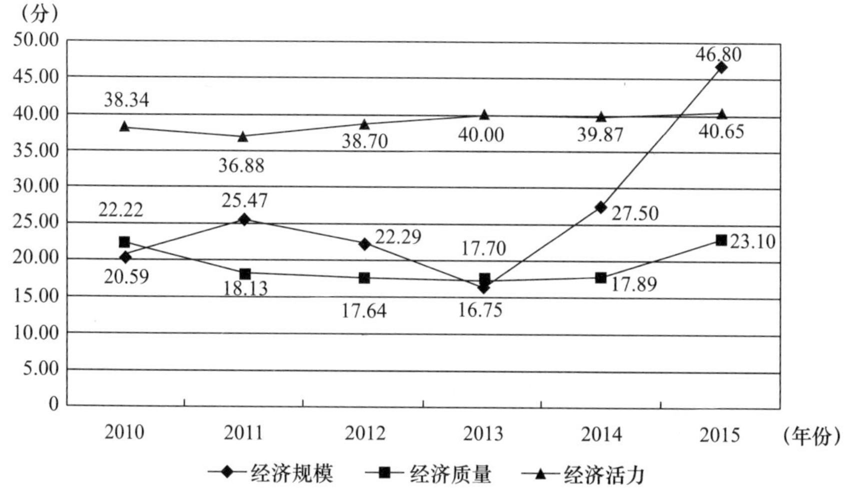

图8－44　2010～2015年埃及经济领域细分维度得分情况

2. 社会

埃及经济不乐观，同样会影响其社会领域。

首先，来看生活水平维度。生活水平虽然在四个维度中得分最高，但出现缓慢下降的趋势。这与埃及居高不下的贫困发生率密切相关，埃及近年来的贫困发生率一直在15.3%的高水平。近年来，埃及出现人口爆炸式增长，随人口剧增而来的还有严重的贫困问题。同时，粮食产量下降（2014年和2015年，不论是单位面积产量还是人均粮食产量均出现下降）也会恶化当地居民的生活水平。

其次，埃及的人口基础维度到2015年突破20分达到20.34分。而埃及近年来的人口剧增，在一定程度上会提高埃及的人口禀赋（主要体现在人口自然增长率和人口密度的提高），从而有助于人口基础维度得分的提高。当然，埃及人口基础维度得分的提高也与其科技人员数量增多有关，也就是说埃及的人口结构不断得到优化。

再次，埃及的平等就业维度得分增长较为平缓，到2015年达到46分，相比2010年提高了3.5分。一方面，影响埃及社会公平指标的基尼系数保持稳定，人类发展指数在2014年和2015年出现0.001的提高；另一方面，反映劳动就业的失业率出现提高，而妇女参与劳动的比例却在上升。这些指标的升降，导致平等就业维度得分虽有增长但极为平缓。

最后，埃及的公共服务维度得分一直保持在42分左右。而2014年和2015年低于42分，则主要与其人均医院床位数体现的医疗卫生水平下降有关（见图8－45）。

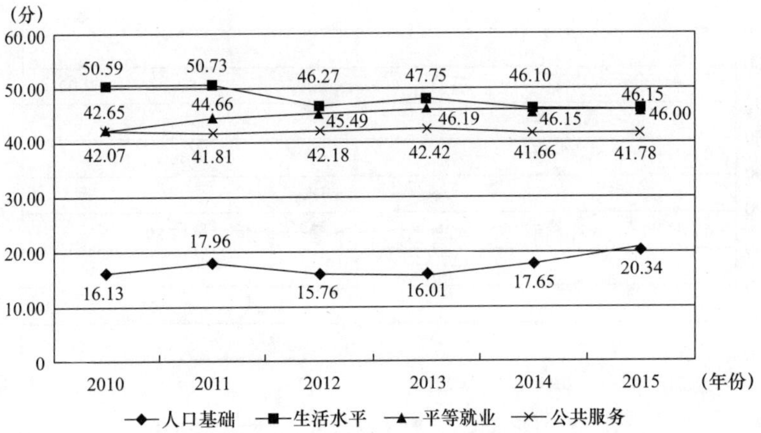

图8－45　2010～2015年埃及社会领域细分维度得分情况

3. 环境

这里着重分析污染和能源两个维度。

首先，埃及的污染维度得分于2012年后开始下降，到2015年降至69.45分，相比2010年减少了7.71分。这主要受烟尘污染物排放量增长的影响。2013～2015年,埃及的烟尘排放量平均每年增加5公吨。

其次，埃及的能源维度得分在2012年出现41.02分的高分后归于平缓增长，到2015年为24.74分。这种变化主要受能源消耗指数的影响：一方面，单位GDP能耗在2010～2012年提高，之后出现回落；另一方面，能源消耗弹性系数在2010～2012年下降，之后回升。这表明埃及在2010～2012年能源利用效率提升，之后有所下降，从而影响了其能源维度的得分（见图8－46）。

4. 基础设施

埃及的交通设施维度得分表现出缓慢下降的趋势。这主要受其航空运输能力影响。而航空运输量与埃及国内政局是否稳定密切相关。埃及的航空运输量自2010年出现下滑，直到2013年有所回升，2014年再次下滑，2015年再次回升，但依然未能超过2010年的水平。

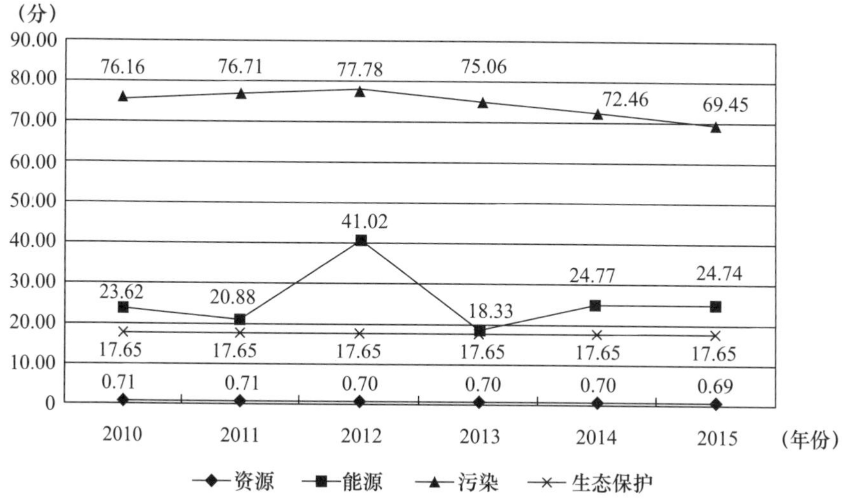

图 8－46　2010～2015 年埃及环境领域细分维度得分情况

埃及的信息与公共服务设施维度得分在 2014 年和 2015 年出现下滑，到 2015 年时为 60.75 分，但仍比 2010 年提高了 3.39 分。比较影响信息与公共服务指标的各指标发现，仅有固定和移动电话普及率在 2014 年和 2015 年出现下降，而其他指标或未发生变化或有微小的提高，如互联网普及率一直保持增长（见图 8－47）。

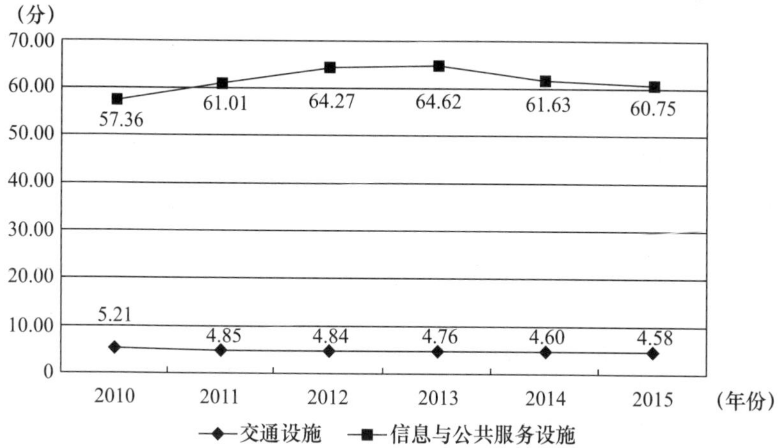

图 8－47　2010～2015 年埃及基础设施细分维度得分情况

5. 机制

受埃及国内政局影响，其不论是国内制度还是国际合作维度得分均呈现下降的趋势（见图8-48），这里不再做详细分析。

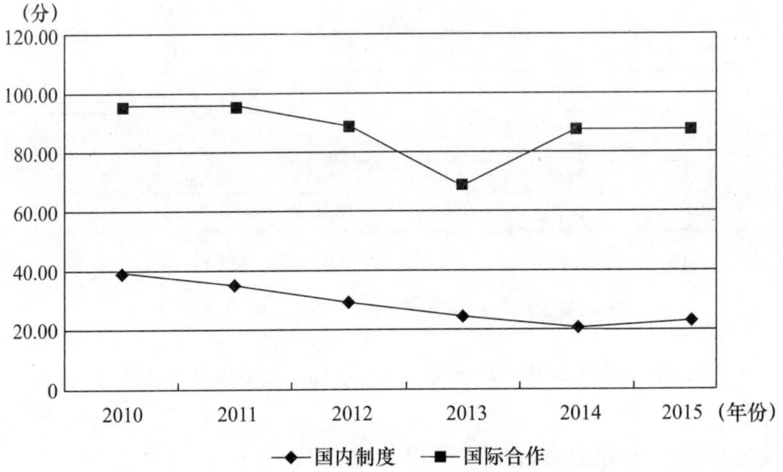

图8-48　2010~2015年埃及机制领域细分维度得分情况

（三）小结

根据对埃及可持续发展阶段总体及相关领域得分的判断，可以认为埃及目前处于可持续发展初级阶段后期。埃及在“一带一路”沿线国家中，可持续发展阶段总体评价得分排名十分靠后，位列倒数第9。

受其国内政局影响，埃及经济发展不乐观，并进一步影响到其社会、基础设施、机制领域的表现。但随着其国内局势趋于平稳，我们可以期待其五个领域在未来会有更好的表现。

埃及作为欧亚非三大洲的交通要冲，苏伊士运河沟通了大西洋和印度洋，是大西洋和印度洋之间海上航线的捷径，战略位置和经济意义十分重要。随着埃及国内经济转型及立法改革，其经济发展环境将会极大改善。“一带一路”倡议的推进，将为埃及带来更多的国际投资，并进一步提高其港口运输网络建设，巩固埃及作为战略贸易枢纽的地位，也将为埃及与“一带一路”国家间的经贸合作带来更多的机遇。

八、格鲁吉亚

格鲁吉亚位于亚洲西南部高加索地区的黑海沿岸，北邻俄罗斯，南部与土耳其、亚美尼亚、阿塞拜疆接壤，是古代丝绸之路上的重要一站。在亚洲基础设施投资银行等国际金融机构的支持下，格鲁吉亚正大力推进基础设施建设，以更好地发挥亚欧交通枢纽的作用。同时，格鲁吉亚的旅游和农业也与沿线国家存在互利合作的空间，这为其扩大市场、加快产业技术进步提供了重要机遇。

（一）格鲁吉亚可持续发展阶段总体评价

2010～2015 年，格鲁吉亚的可持续发展总体评价得分总体上呈上升趋势，2015 年相比 2010 年提高了 4.9 分。2015 年，格鲁吉亚的社会领域得分为 43.2 分，相比 2010 年提高了 2.2 分；而其环境领域得分为 38.2 分，相比 2010 年则减少了 0.2 分（见图8－49）。为此，可以判断，当前格鲁吉亚处于可持续发展中级阶段早期。在“一带一路”沿线国家中，格鲁吉亚的可持续发展总体评价得分排名居中，为第 32 位。

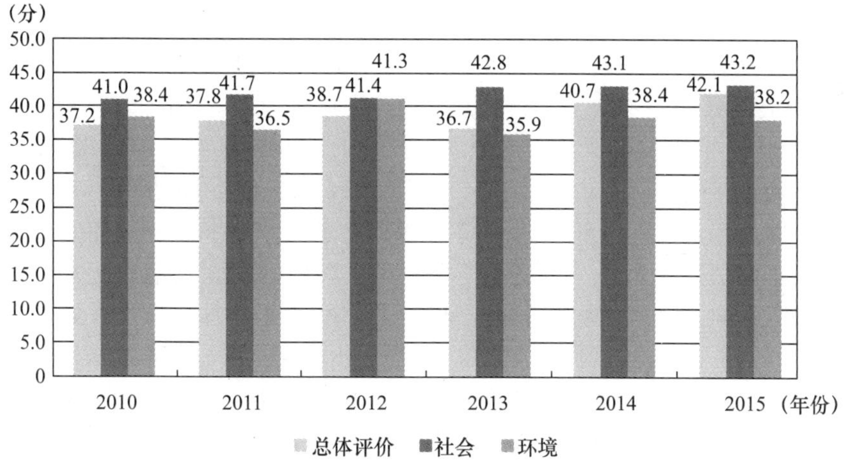

图 8－49　2010～2015 年格鲁吉亚可持续发展总体评价得分情况

从图 8－50 可以看出，格鲁吉亚的机制领域得分最高，但在 2014 年前一直在下降；社会领域得分呈上升趋势，2015 年相比 2010 年提高了 2.2 分；经济领域得分提升最快，其中2013年出现过短暂下降，到2015年升至41.3分，相比2010年提高了12.9分；环境领域2010～2015年出现0.2分下降；基础设施领域得分最低，且在2014年起开始下降，到2015年相比2010年提高了3.4分。

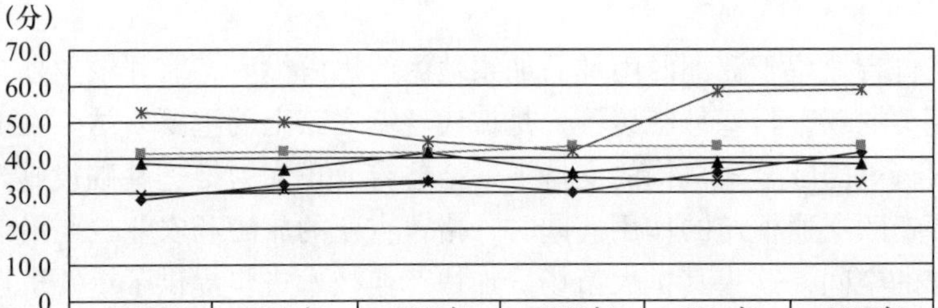

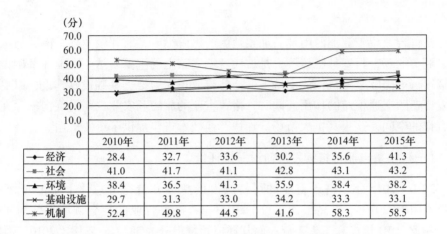

	2010年	2011年	2012年	2013年	2014年	2015年
经济	28.4	32.7	33.6	30.2	35.6	41.3
社会	41.0	41.7	41.1	42.8	43.1	43.2
环境	38.4	36.5	41.3	35.9	38.4	38.2
基础设施	29.7	31.3	33.0	34.2	33.3	33.1
机制	52.4	49.8	44.5	41.6	58.3	58.5

图8－50　2010～2015年格鲁吉亚可持续发展重点领域得分情况

（二）格鲁吉亚可持续发展重点领域分析

1. 经济

格鲁吉亚的经济规模维度得分在经历2010～2011年的增长后开始下降，2013年降至最低21.9分，之后恢复增长，尤其是2014年相比2013年提高了13.3分，2015年增长有所放缓升至45分，相比2010年增长了近22分（见图8－51）。通过接受国际货币基金组织、世界银行和欧美国家的指导和援助，格鲁吉亚大力推进经济改革，2010～2012年格鲁吉亚经济保持良好发展态势，GDP年均增长率分别为6.25%、7.22%和6.35%。2013年因总统选举换届，经济发展受到一定影响，GDP年均增速降至3.39%。2014年6月"格鲁吉亚梦想"联盟赢得地方选举，完全控制地方政权，政局逐步稳定下来，当年经济增速有所提升，达到4.62%。但2015年在全球经济持续低迷、美联储逐步退出量化宽松政策以及国际金融市场动荡的大背景下，格鲁吉亚经济自然也难以独善其身，经济增速又降至2.77%。

格鲁吉亚的经济质量维度得分2010～2013年有所下降，2014年起缓慢增长，到2015年达到28.4分，相比2010年提高了4.1分（见图8－51）。格鲁吉亚的经济效益稳步提高，全社会劳动生产率六年间增长了42.32%。而格鲁吉亚的经济质量维度得分之所以在前四年出现下降，主要受两个因素影响：一是FDI占

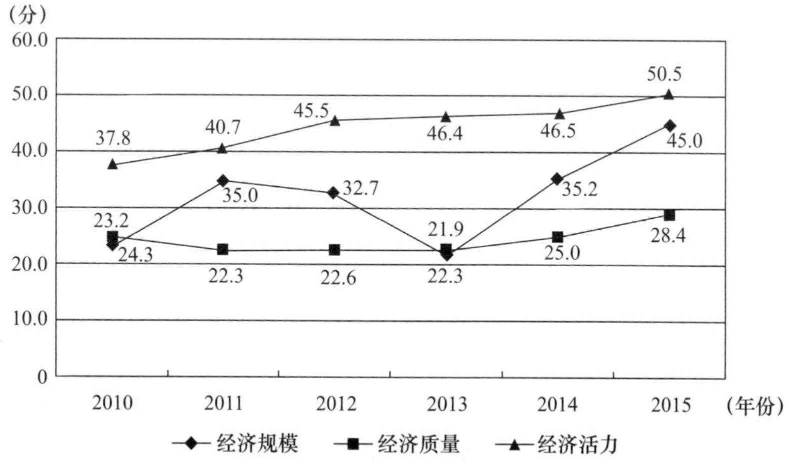

图8－51 2010～2015年格鲁吉亚经济领域细分维度得分情况

GDP比重连续四年下降，2013年时降至0.79%，2014年才恢复至2.46%；二是服务业增加值占GDP比重基本呈下降趋势，2015年相比2010年减少了约3个百分点。但格鲁吉亚的国内投资一直保持增长（2013年受国内选举影响出现下降），这有助于2014～2015年格鲁吉亚经济结构的改善。

格鲁吉亚的经济活力维度得分稳步提升，到2015年相比2010年提高了12.7分（见图8－51）。虽然格鲁吉亚的经济风险不断提高（直接表现为债务占GDP比重与2015年相比2010年提高了4.6个百分点），但是格鲁吉亚的经济创新和开放程度不断提高。其国家创新指数2015年为33.86，相比2010年提高了2个单位；经济外向度稳步提高，2015年为109.34%，相比2010年提高了22.15个百分点。

2. 社会

格鲁吉亚的人口基础维度得分2010～2015年减少了1.6个百分点（见图8－52）。这是因为，一方面，格鲁吉亚的人口禀赋下降，不仅人口自然增长率一直为负，其人口密度也逐年下降（六年降低了6.29%）；另一方面，其人口结构改善有限，六年间其人口出生性别比提高了不到1个单位，每万人科技人员数增长4.23%，而城镇化水平提高0.78个百分点。

格鲁吉亚的平等就业维度得分2015年为59.1分，相比2010年提高了0.9分（见图8－52）。经分析发现，格鲁吉亚影响平等就业的因素中，除劳动中妇女参与比例有所下降外（2015年相比2010年下降了0.25个百分点），其余要素均在改善：失业率逐年下降，就业形势逐步好转；同时，基尼系数下降了2.04个单位，人类发展指数提高了0.2个单位，表明其社会公平程度不断提高。

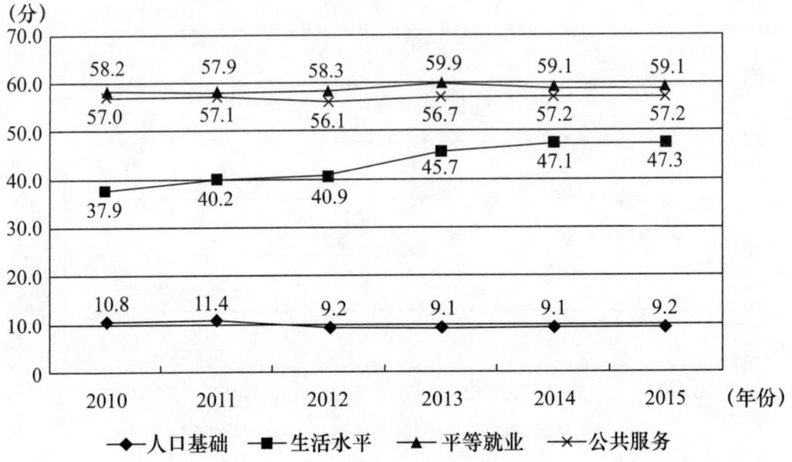

图 8－52　2010～2015 年格鲁吉亚社会领域细分维度得分情况

格鲁吉亚的生活水平维度得分提高明显，2015 年相比 2010 年提高了约 10 分（见图 8－52）。分析表明，格鲁吉亚的居民营养不良发生率近年下降，2015 年相比 2010 年减少了 1.6 个百分点；贫困发生率下降明显，六年间减少了近 10 个百分点；粮食产量迅速提高，2015 年其人均粮食产量为 2010 年水平的 2.09 倍；人口集聚水平提高，人口超过 100 万的城市群中人口比重提高了 2.48 个百分点。

格鲁吉亚的公共服务维度得分相对稳定，这里不再详述。

3. 环境

资源与生态保护维度得分相对稳定，其影响因素变化不明显，这里不再详述。这里着重分析格鲁吉亚的能源与污染维度。

由图 8－53 可以看出，格鲁吉亚的污染维度总体呈下降趋势，其得分 2015 年相比 2010 年减少了 1.5 分。而六年间格鲁吉亚的主要污染物排放量均不同程度增加：人均二氧化碳排放量增长最多，为 40.55%，而人均烟尘排放量增长了 15.46%，人均一氧化氮和甲烷排放量则分别增长了 6.49% 和 5.95%。

格鲁吉亚的能源维度得分呈现类似"W"形走势，到 2015 年未能恢复至 2010 年水平（见图 8－53）。首先，格鲁吉亚的能源结构未能改善，其二次能源占比与 2015 年相比 2010 年减少了 11.43 个百分点。其次，能源消耗总体在降低：单位 GDP 能源值在 2010 年最高，之后虽有波动，但在 2014 年降至 7.43 美元千克标量后保持不变；能源消耗弹性系数表明其能源消耗增长远低于 GDP 增长速度，表明其能源利用效率提高。

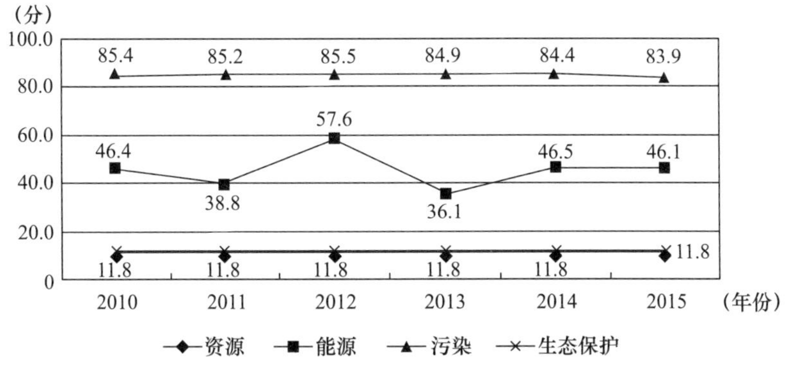

图8－53 2010～2015年格鲁吉亚环境领域细分维度得分情况

4. 基础设施

格鲁吉亚的交通设施维度得分六年间稳定在0.7分（见图8－54）。其国内铁路里程增长极为缓慢，六年间增长仅0.77%。而港口吞吐能力和航空运输量增长较为明显，分别增长28.86%和41.23%。

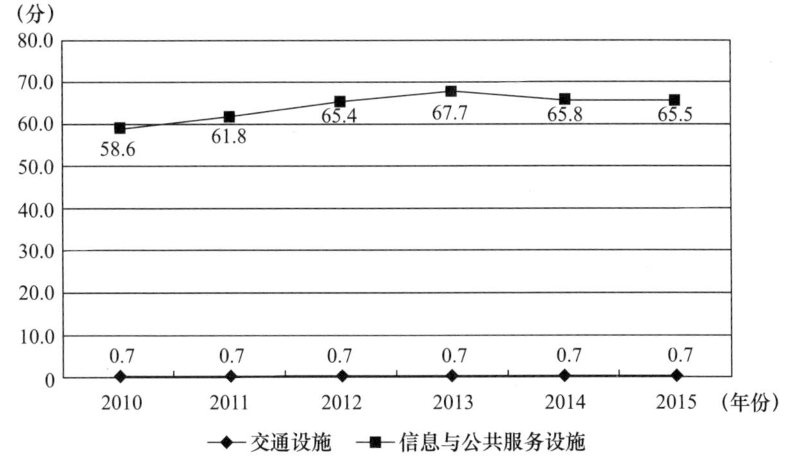

图8－54 2010～2015年格鲁吉亚基础设施领域细分维度得分情况

格鲁吉亚的信息与公共服务设施维度得分稳步增长，2015年相比2010年提高了6.9分（见图8－54）。格鲁吉亚国内的信息与公共服务设施建设水平相对较高，尤其是信息设施六年间建设力度较大：2015年其互联网普及率为45.2%，相比2010年提高了28.3个百分点；固定和移动电话普及率2015年高达129%，相比2010

年提高了38.4个百分点；而其用电普及率、改善消耗获得比例2015年均为100%；改善卫生设施获得比例2015年为86.3%，相比2010年则减少了3个百分点。

5. 机制

格鲁吉亚的国内制度维度得分波动中增长，2015年相比2010年提高了0.7分（见图8－55）。格鲁吉亚2010年后加快经济制度改革，其经济自由度指数提高明显，2015年为73，相比2010年提高了2.6个单位。这表明其经济制度建设取得一定成效。另外，其社会治理水平也有提高，表现为全球治理指数缓慢增长，2015年为0.48，相比2010年提高了0.19个单位。

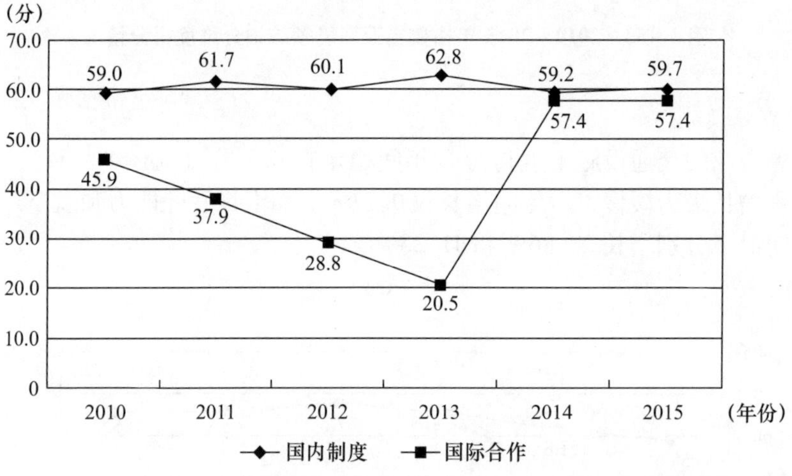

图8－55　2010～2015年格鲁吉亚机制领域细分维度得分情况

格鲁吉亚的国际合作维度得分2010～2013年持续下降，直到2014年快速上升，2015年仍为57.4分，相比2010年提高了11.5分。这与格鲁吉亚的政局有关，2014年总统换届选举政局逐步稳定，加强了与周边国家、欧洲、美国等国家的外交与经贸往来。

（三）小结

根据判断，格鲁吉亚目前处于可持续发展中级阶段早期。但其可持续发展总体评价得分在“一带一路”沿线国家中处于中间水平，位列第32。

从其可持续发展重点领域得分对比情况来看，其机制领域得分最高，经济领域得分增长较快，但经济结构单一、外贸逆差严重的高加索国家抵御外部经济冲击的能力十分脆弱。与此同时，其基础设施领域需要加强投入力度，以增强其未来可持续发展潜力。

九、卡塔尔

卡塔尔是亚洲西部的一个阿拉伯国家，位于波斯湾西南岸的卡塔尔半岛上，与阿联酋和沙特阿拉伯接壤。卡塔尔是最早支持和参与“一带一路”倡议的国家之一，也是亚投行的创始国。2014 年 11 月，中卡两国元首共同见证了“一带一路”金融、教育、文化等领域合作文件的签署。但 2017 年 6 月 6 日卡塔尔被阿拉伯各国断绝外交关系事件发生，使卡塔尔作为连接东亚与中东、欧洲的航空枢纽地位受到影响，卡塔尔与“一带一路”沿线国家的经贸合作也受到一定波及。此次事件对卡塔尔参与“一带一路”建设的影响有待进一步观察。

（一）卡塔尔可持续发展阶段总体评价

由图 8－56 可知，卡塔尔 2010～2013 年，其可持续发展总体评价得分一直在下降，2014 年才止跌回升。到 2015 年，卡塔尔的可持续发展得分为 50.5 分，相比 2010 年减少了 0.5 分。而同年，卡塔尔的社会领域得分为 49.5 分（相比 2010 年减少了 3.7 分），环境领域得分为 13.9 分（相比 2010 年提高了 1.2 分）。可以判断，2015 年时，卡塔尔处于可持续发展中级阶段早期。单看可持续发展总体评价得分，卡塔尔在“一带一路”沿线国家中位列第 12，相对靠前。

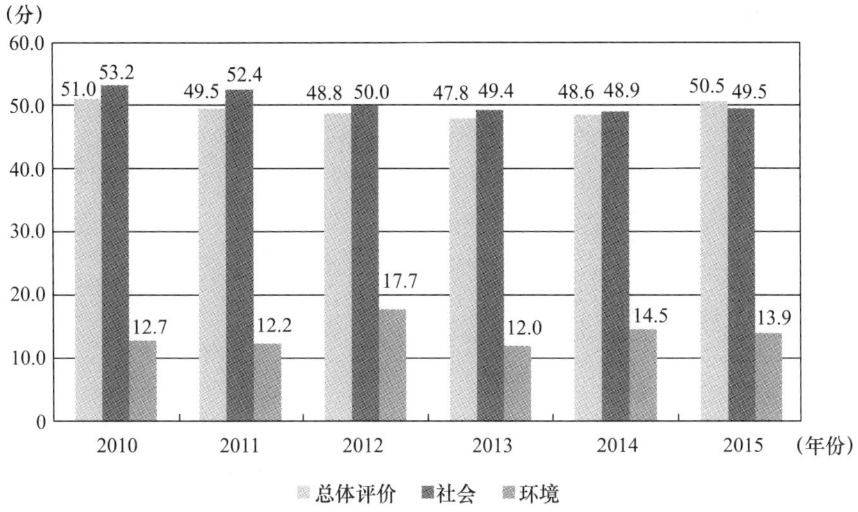

图 8－56　2010～2015 年卡塔尔可持续发展评价

从可持续发展重点领域来看：卡塔尔的机制领域得分最高，且变动幅度不大；经济领域2010～2013年下降，之后回升，到2015年升至75.6分，相比2010年减少了0.1分；社会领域总体上出现下降，2015年相比2010年减少了3.7分；基础设施领域2015年相比2010年提高了1.5分；环境领域得分最低，2015年相比2010年提高了1.2分（见图8－57）。

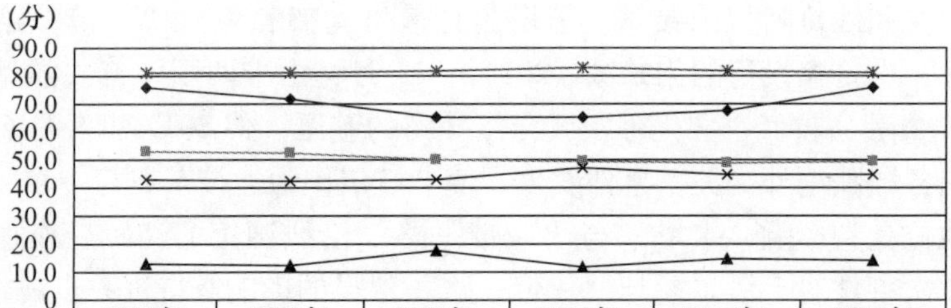

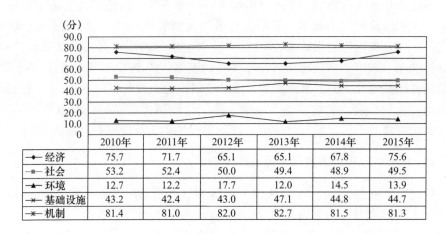

	2010年	2011年	2012年	2013年	2014年	2015年
经济	75.7	71.7	65.1	65.1	67.8	75.6
社会	53.2	52.4	50.0	49.4	48.9	49.5
环境	12.7	12.2	17.7	12.0	14.5	13.9
基础设施	43.2	42.4	43.0	47.1	44.8	44.7
机制	81.4	81.0	82.0	82.7	81.5	81.3

图8－57　2010～2015年卡塔尔可持续发展重点领域得分情况

（二）卡塔尔可持续发展重点领域分析

1. 经济

卡塔尔的经济规模维度得分自2010年以来持续下滑，2014年开始止跌回升，到2015年升至93.8分，但仍比2010年低出7.2分（见图8－58）。卡塔尔拥有相当丰富的石油和天然气资源，天然气的总储量居全世界第三名。卡塔尔经济命脉在于油气出口，外贸是拉动其经济增长的最大动力。2006～2011年，卡塔尔经济曾连续六年呈现年增长率达双位数字的高增长。2012年受中东地缘政治影响国际油价冲高，但受全球经济不稳定及欧元区危机的持续影响，卡塔尔的经济增速出现下滑，2012年、2013年GDP年均增速降至4.69%、4.41%。2014年全球油价暴跌，与此同时，卡塔尔的非石油产业发展，国内投资增长（2014年、2015年资本形成总额占GDP比重相比2013年分别提高了4个和10.4个百分点）。

卡塔尔的经济质量维度得分在2013年开始增长，到2015年提高至74.7分，相比2010年提高了11.7分（见图8－58）。一方面，卡塔尔的经济效益不断改善，主要表现为全社会劳动生产率逐年提高，2015年相比2010年提高了

36.29%。另一方面，卡塔尔的经济结构在2012年后不断改善：服务业增加值占GDP比例2013～2015年不断提高，2015年达到41.34%，相比2010年提高了8.1个百分点；吸引外资不断提高，2012年FDI占GDP比重不到1%，2013年增至4.04%，到2015年时虽有下降，但仍比2010年高出不到1个百分点；经常项目余额占贸易总额比重在2014～2015年变负为正，且2015年比2010年高出4.77个百分点。

卡塔尔的经济活力维度得分持续下降，到2015年降至58.1分，相比2010年减少了5.9分（见图8－58）。这是因为，虽然卡塔尔的经济运行风险不高（其债务占GDP比重为0），但其经济创新程度与开放程度均有不同程度下降。其国家创新指数2015年相比2010年减少了约10个单位，而经济外向度则下降了6.7个百分点。

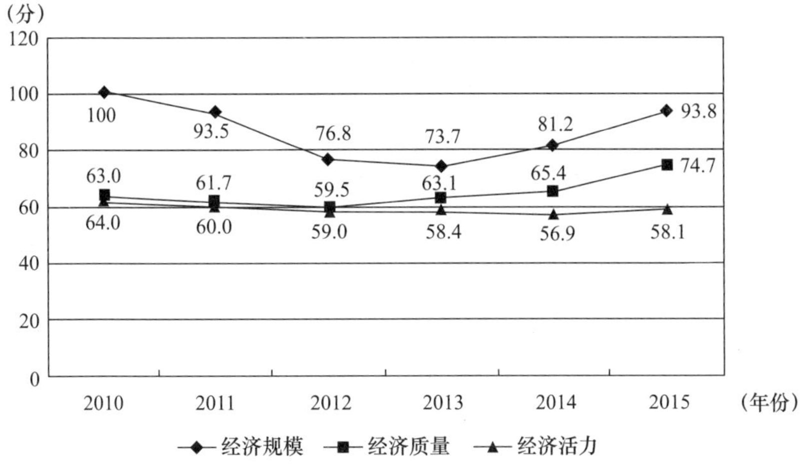

图8－58　2010～2015年卡塔尔经济领域细分维度得分情况

2. 社会

卡塔尔的人口基础维度得分下降比较厉害，2015年相比2010年减少了10.3分（见图8－59）。这主要是因为，一方面，卡塔尔的人口禀赋下降较快，另一方面，其人口结构改善不大。卡塔尔的人口自然增长率六年间下降了72.38%，而其人口密度则提高了26.61%。卡塔尔的人口性别比极不均衡，男性远多于女性，六年间虽有改善，但2015年时每100名女性相对应的男性数量仍高达265.47。与此同时，卡塔尔2010～2015年每万人科技人员数没有变动，城镇化水平因为很高，增长有限（2015年高达99.24%）。

卡塔尔的生活水平维度得分略有下降（见图8－59）。这主要是因为其粮食产量下降明显，卡塔尔的人均粮食产量下降了38.08%，而单位面积粮食产量则下降了13.75%。

卡塔尔的公共服务维度得分总体上是提高的，2015年相比2010年提高了1分（见图8-59）。卡塔尔对于健康和教育十分重视。其人均医疗卫生支出2015年相比2010年增长了40.03%，相应地，其居民预期寿命、新生儿死亡率等指标均在改善。卡塔尔国内实行免费教育，政府教育支出2010年时高达13.18%，到2015年虽有下降，但仍高达11.13%；而其国内小学、中学入学率分别高达101.36%、109.41%，识字率高达97.76%；高等院校入学率最低，但逐年增长，到2015年为15.83%，相比2010年提高了5.9个百分点。

卡塔尔的平等就业维度得分变动不大，2015年相比2010年减少了0.7分（见图8-59）。通过数据分析发现，卡塔尔的劳动就业情况是在改善的：失业率六年间减少了0.1个百分点，劳动妇女参与比例提高了1.41个百分点。但其社会公平程度则有变动，主要体现在其人类发展指数在2012~2013年提高，却在2014~2015年下降，影响了平等就业维度得分。

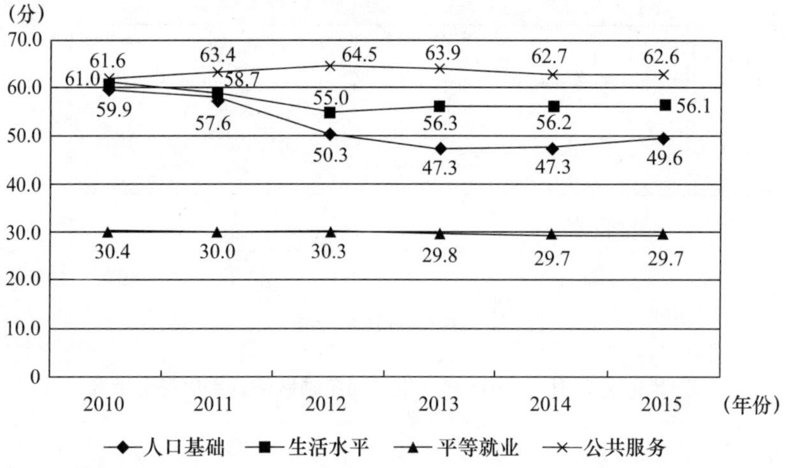

图8-59　2010~2015年卡塔尔社会领域细分维度得分情况

3. 环境

卡塔尔的资源与生态保护维度得分基本未发生改变，不再详述。

卡塔尔的污染维度得分在2010~2014年缓慢提高，但在2015年出现下降，相比2010年减少了0.9分（见图8-60）。这主要是因为卡塔尔的主要污染物排放量在连续下降后，2013~2015年基本保持稳定。后续污染治理成效相对下降，导致其污染维度得分在2013~2015年出现小幅下降。

卡塔尔的能源维度得分在波动中增长，2012 年出现 43.5 分的高值，至 2015 年为 30.9 分，相比 2010 年提高了 5.6 分（见图 8 -60）。这主要是受卡塔尔国内能源利用效率提高的影响：其单位 GDP 能耗持续下降，2012 年尤其明显，同比下降了 14%。其能源消耗弹性系数连续四年为负，表明其能源消耗速度远低于经济增长速度，其能源利用效率提高较快。

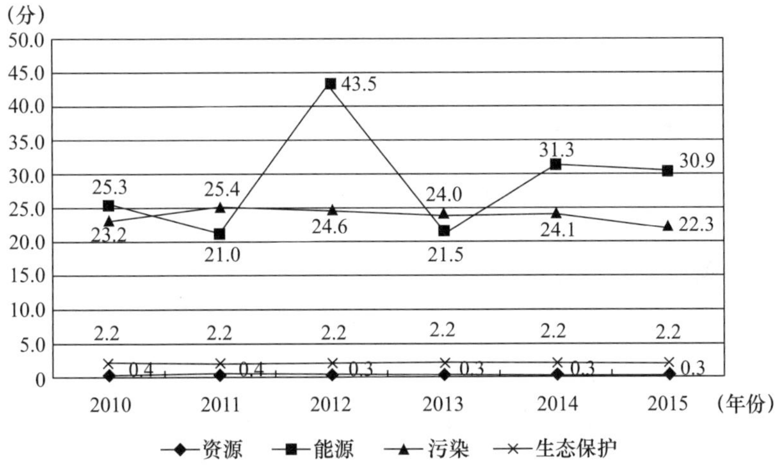

图 8 -60　2010 ~2015 年卡塔尔环境领域细分维度得分情况

4. 基础设施

卡塔尔的交通设施维度得分较低，2015 年相比 2010 年提高了 0.3 分（见图 8 -61）。卡塔尔的交通主要是港口与机场，六年间其港口吞吐能力提高了 28.86%，而其航空运输量则增长 87.83%。

卡塔尔的信息与公共服务维度得分较高，且 2015 年相比 2010 年提高了 2.8 分（见图 8 -61）。卡塔尔的信息与公共服务设施建设水平较高，2015 年其互联网普及率高达 92.88%（相比 2010 年提高了 23.88 个百分点），固定和移动电话普及率为 153.6%，用电普及率为 97.7%，改善用水获得比例高达 100%，改善卫生设施获得比例也高达 98%。

5. 机制

卡塔尔的国内制度维度得分较高，2014 ~2015 年虽有下降，但幅度较小，2015 年相比 2010 年得分减少了 0.8 分（见图 8 -62）。一方面，卡塔尔的经济制度建设水平较高，其经济自由度指数在 2014 ~2015 年出现下降，但 2015 年时仍高达 70.8。另一方面，卡塔尔的社会治理指标也不断改善。其全球治理指数 2015 年为 0.99，相比 2010 年提高了 0.1 个单位。

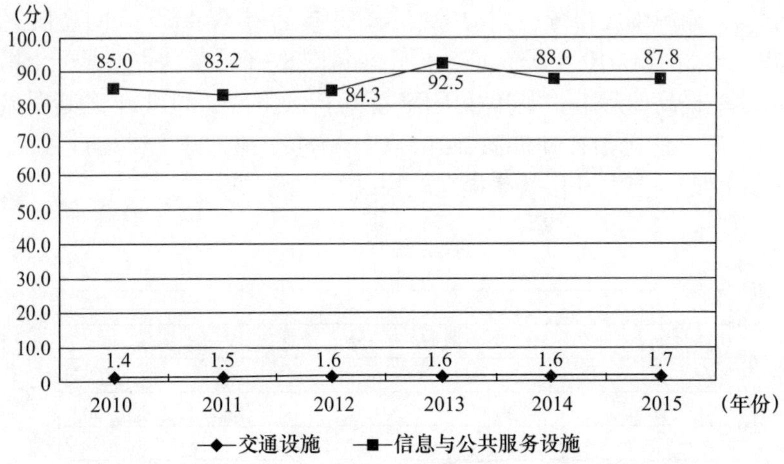

图 8－61　2010～2015 年卡塔尔基础设施细分维度得分情况

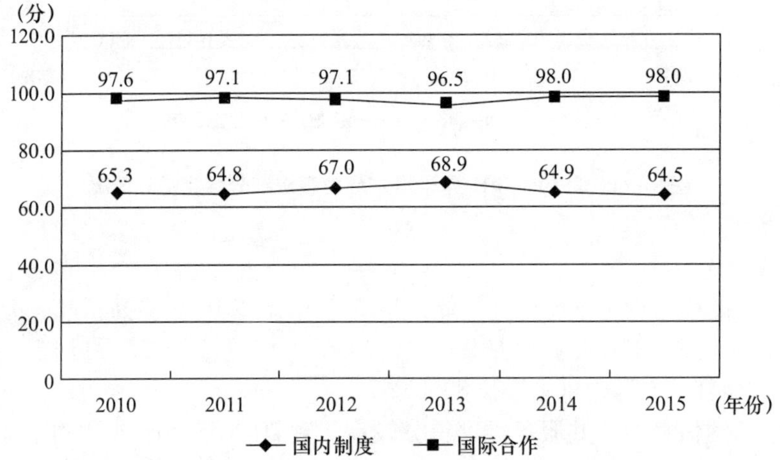

图 8－62　2010～2015 年卡塔尔机制领域细分维度得分情况

卡塔尔的国际合作维度得分较高，2015 年相比 2010 年提高了 0.4 个单位（见图 8－62）。卡塔尔在中东地区保持着平衡、独立的角色，与地区大国也保持着良好的关系。但 2017 年 6 月 6 日连续七个中东国家与卡塔尔断绝外交关系，使卡塔尔陷入“被孤立”的状态。这次事件对卡塔尔后续的影响还需要进一步观察。

（三）小结

根据可持续发展阶段划分标准，卡塔尔目前处于可持续发展中级阶段早期。

卡塔尔的可持续发展总体评价得分在“一带一路”沿线国家中位列第12，排名靠前。其中，机制与经济领域得分较高，但环境领域得分最低。未来，为增加卡塔尔可持续发展潜力，需要加大对环境领域投入力度，提升其环境质量及环境承载力。

十、科威特

科威特位于西南亚阿拉伯半岛东北部、波斯湾西北部，其南部与沙特阿拉伯、北部与伊拉克分别接壤。目前科威特正在积极建设“丝绸城”项目，该项目与“一带一路”倡议高度契合，科中双方在基础设施、产能和高新技术等方面的合作前景广阔。

（一）科威特可持续发展阶段总体评价

科威特可持续发展总体评价得分在2010~2013年上升，但在2013~2014年下降，直到2015年回升至49.2分。相比2010年，科威特可持续发展总体评价得分到2015年提高了2.9分，这在“一带一路”沿线国家中位列第17。2015年，科威特的社会领域得分为52.7分，相比2010年提高了0.4分；其环境领域得分2015年为25.1分，与2010年得分相同。可以判断，科威特目前处于可持续发展中级阶段早期（见图8-63）。

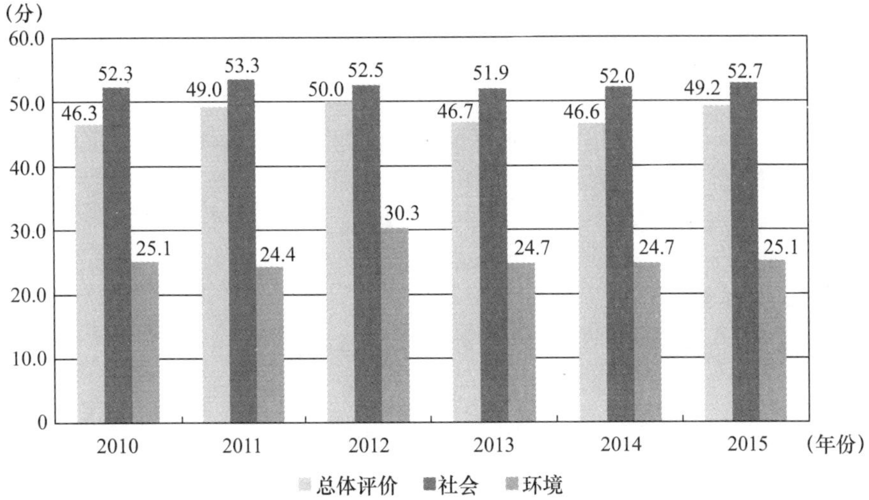

图8-63 2010~2015年科威特可持续发展评价

由表8－5可知，科威特的机制得分最高，但呈下降趋势，2015年相比2010年减少了7.1分；经济领域得分呈"N"字形上涨，2015年相比2010年提高了23.5%；社会领域得分变动不大，2015年相比2010年提高了0.4分；基础设施领域2015年相比2010年提高了6.3分；环境领域得分最低，且经过几次起伏波动，到2015年恢复至2010年水平。

表8－5　科威特可持续发展重点领域得分比较

年份	2010	2011	2012	2013	2014	2015
经济	48.9	59.7	59.4	50.8	51.4	60.4
社会	52.3	53.3	52.5	51.9	52.0	52.7
环境	25.1	24.4	30.3	24.7	24.7	25.1
基础设施	41.7	44.2	45.5	48.0	47.6	48.0
机制	76.2	73.1	70.5	70.6	69.0	69.1

（二）科威特可持续发展重点领域分析

1. 经济

科威特的经济规模维度得分在2011年迅速增长，之后增长放缓，2013年降至37.3分后再次恢复增长，直至2015年达到64.1分，相比2010年提高了34.6分（见图8－64）。石油、天然气工业是科威特国民经济的主要支柱。受金融危机引发的全球经济危机影响，2010年科威特经济增速延续2009年负增长的情况，当年GDP年均增速为－2.37%。由于石油价格坚挺，而2012年受中东地缘政治影响国际油价冲高，2011～2012年，科威特GDP年均增速分别升至9.63%和6.63%。2013年非欧佩克国家原油产量增加，加上国际市场原油需求增长平稳，科威特经济增速下滑至1.15%；到2014年全球石油价格暴跌，科威特GDP年均增速更是进一步下滑至0.5%。2015年，科威特经济增速有所回升，为1.85%。受科威特经济增速波动的影响，其经济规模维度得分也出现较大波动，如图8－64所示。

科威特的经济质量维度得分六年间有小的波动，但2015年回升，相比2010年高出1.2分（见图8－64）。经分析发现，科威特的经济效益总体上是提高的，但在2011～2013年提高较快，尤其2012年最为明显，其全社会劳动生产率相比2010年提高了32.03%；2014～2015年略有下降，但仍比2010年高出9.85%。另外，科威特的经济结构在2014～2015年有所改善：其国内投资在连续下滑后，2014年资本形成总额占GDP比重几乎与2010年相当，2015年更是高出2010年

7.35 个百分点；服务业增加值占 GDP 比重 2015 年升至 48.3%，高出 2010 年近 10 个百分点；而其吸引外资水平基本逐年提高（2012 年低于 2010 年水平），虽然 2015 年略有下降（4.77%），但大致与 2010 年水平相当。可见，科威特在 2014～2015 年国内投资及非石油产业均有所恢复发展，并且吸引外资不断增长，有利于改善其经济结构，提高其经济发展质量。

科威特的经济活力在波动中增长，2015 年相比 2010 年提高了 1.4 分（见图 8－64）。科威特的经济创新水平在 2010～2012 年提升明显，而 2013～2014 年有所下降，直接表现为其国家创新指数在 2012 年达到最高值 40.02 后，2015 年恢复至 33.61，但仍比 2010 年低出 3.03 个单位；而反映其经济开放水平的经济外向度指数除在 2014 年有所下降外，均要高出 2010 年的水平，2015 年时为 98.68%。可以说，科威特经济创新和开放水平的小波幅但整体上升的态势，影响了它的经济活力。

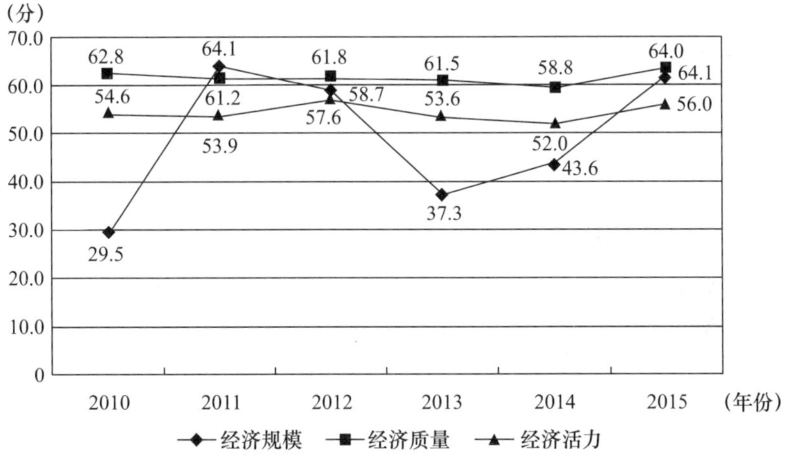

图 8－64　2010～2015 年科威特经济领域细分维度得分情况

2. 社会

首先，科威特的人口基础维度得分 2012～2013 年出现下降，但其 2015 年分数要高出 2010 年 1.8 分（见图 8－65）。分析发现，影响科威特人口基础的各因素中，仅有人口密度和城镇化水平是提高的（前者 2015 年相比 2010 年提高了 27.22%，而后者水平较同六年间仅提高了 0.08 个百分点），而其人口自然增长率、每万人科技人员数均是下降的。因此，科威特在城镇化水平极高的前提下（2015 年为 98.34%），近年来人口禀赋及人口结构改善有限，影响了其人口基础维度得分。

其次，科威特的生活水平基本保持稳定，2015 年相比 2010 年仅提高了 0.4 分。这主要得益于科威特粮食产量的提高，科威特的人均粮食产量和单位面积粮食产量 2015 年相比 2010 年分别增长了 118.66% 和 105.37%。而其国内贫困发生率与居住指标基本没有变动。

科威特的公共服务维度得分在 2010～2012 年连续增长后下降，到 2015 年为 55.5 分，相比 2010 年下降了 0.9 分（见图 8－65）。实际上，影响科威特公共服务的各因素中，尤其是与健康相关的因素六年间基本没有大的变化。而与教育相关的因素中，同样变动不大。不过因为小学入学率在 2010～2012 年提高较快，之后有微小下降（2014～2015 年维持在 102.68%，相比水平最高的 2011 年，减少约 4 个百分点），这在一定程度上影响了公共服务维度的得分走势。

最后，科威特的平等就业维度得分总体上是上升的，2015 年相比 2010 年提高了 0.3 分（见图 8－65）。一方面，科威特的就业公平程度有所提高，直接表现为其人类发展指数六年间提高了 0.07 个单位。另一方面，其劳动就业略有改善，主要受益于其劳动中妇女参与比例提高了 0.47 个百分点；但其失业率则提高了 1.2 个单位。

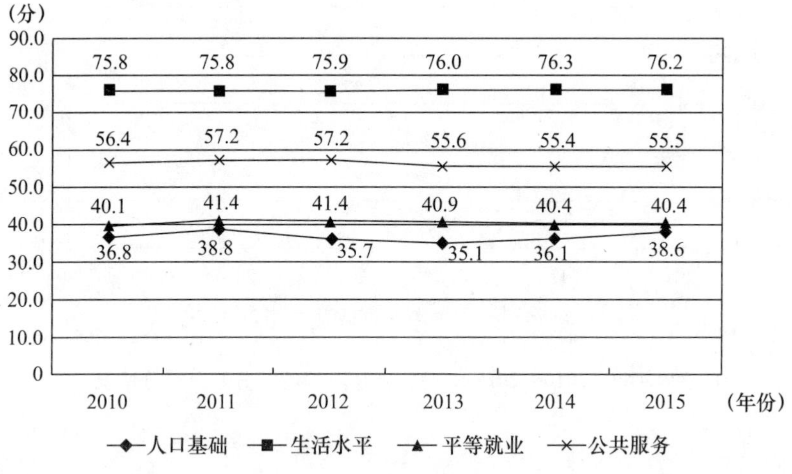

图 8－65　2010～2015 年科威特社会领域细分维度得分情况

3. 环境

由图 8－66 可知，科威特的资源与生态保护维度得分六年间没有变化，这里不再着重分析。而科威特的污染维度得分逐年递增，2015 年相比 2010 年提高了 6.2 分。这主要得益于科威特污染治理成效显著，主要污染物排放量均不同程度下降：其人均二氧化碳、人均一氧化氮、甲烷和烟尘排放量六年间分别减少了

6.95%、8.74%、8.74%和35.71%。

科威特的能源维度得分波动较大，2012年短暂升至43.1分后迅速下降，2015年相比2010年低6分（见图8-66）。科威特的石油和天然气资源丰富，其能源以一次能源为主。近年来，科威特的能源消耗不断增长。以单位GDP能耗为例，六年间其能耗提高了12.51%；仅在2012年出现短暂下降（同比降低0.55个单位）。同时，其能源消耗弹性系数逐年上升（仅在2012年出现下降），2015年更是升至2.91，这表明其能源消耗增长要快于GDP增长。

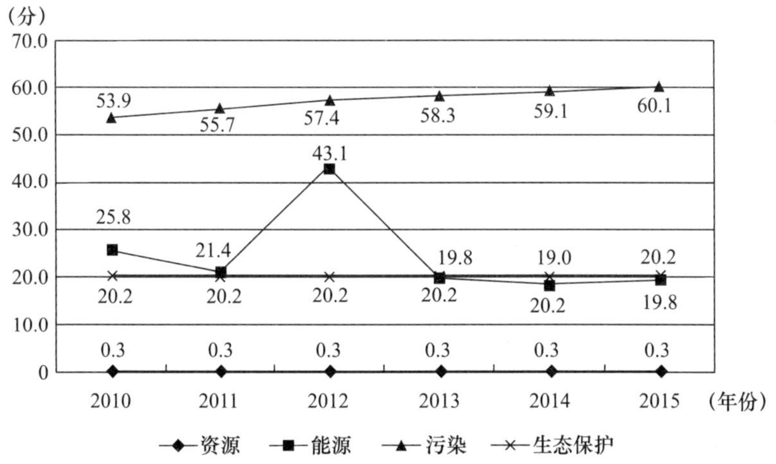

图8-66 2010~2015年科威特环境领域细分维度得分情况

4. 基础设施

科威特的交通设施维度得分较低，且六年间下降了0.3分（见图8-67）。科威特国内交通以公路、港口和机场为主，没有铁路。2010~2015年，港口吞吐能力增长了28.86%；但受中东局势不稳影响，其国内航空运输量则下降了27.8%。

科威特的信息与公共服务设施建设水平较高，该维度得分2010~2013年增长明显（见图8-67）。到2015年，科威特的互联网普及率为82.1%，固定和移动电话普及率更是高达231.8%；用电普及率为97.7%，改善水源和改善卫生设施获得比例分别为99%和100%。

5. 机制

由图8-68可知，科威特的国内制度维度得分逐年下降，2015年相比2010年减少了14.5分。这主要是因为科威特国内经济制度建设推进不理想，其经济自由度指数六年间下降了5.2个单位，2015年为62.5；与此同时，科威特国内官僚作用严重，其社会治理水平下降严重，主要体现为其全球治理指数 2012 ~ 2015 年均为负。

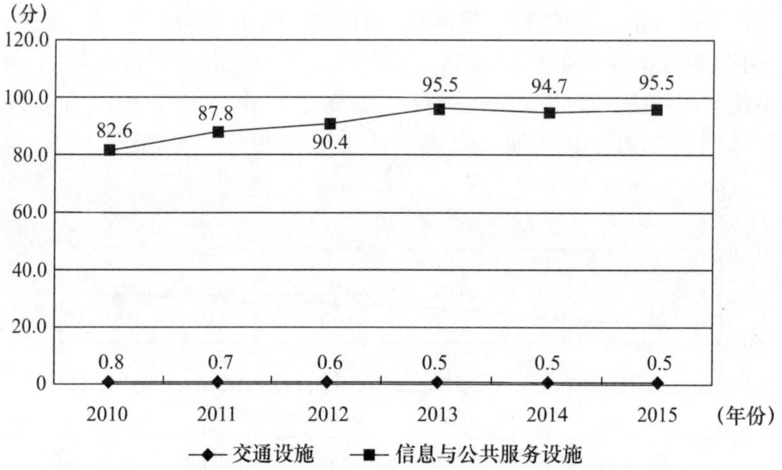

图 8 - 67　2010 ~ 2015 年科威特基础设施细分维度得分情况

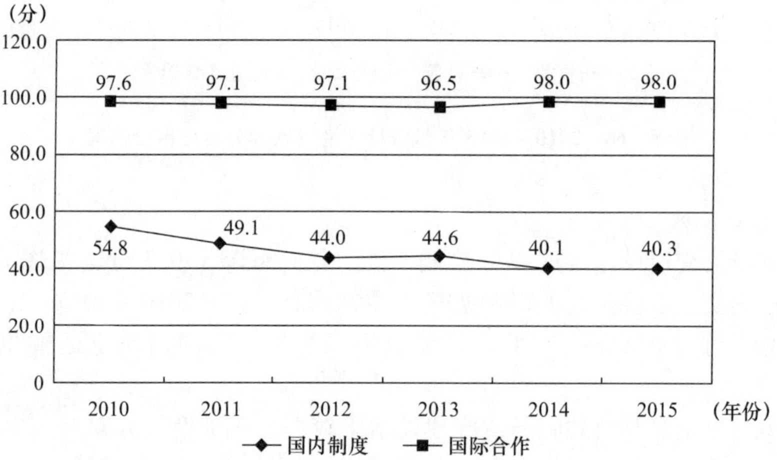

图 8 - 68　2010 ~ 2015 年科威特机制领域细分维度得分情况

科威特的国际合作维度得分较高，且 2015 年相比 2010 年提高了 0.4 分。科威特作为一个石油出口国家，与世界主要石油需求国经贸往来频繁；同时，其在国际上奉行和平中立不结盟政策，与海合国家及主要大国均保持着良好的外交关系，并积极参与反恐、无核化及联合国改革等国际事务。因此，其国际合作维度得分较高。

（三）小结

目前，科威特处于可持续发展中级阶段早期。其可持续发展总体评价得分在“一带一路”沿线国家中位列第17。

对比其可持续发展重点领域可以发现，科威特的机制领域得分最高，但近年来出现下降；经济领域得分提升最快，2015年相比2010年提高了23.5%；社会领域波动幅度较小；环境领域得分最低。为增强其未来可持续发展潜力，需要加大对环境领域投入力度，加强环境保护建设，提升环境质量。另外，科威特经济发展总体上以石油、天然气和石化工业为主，产业结构单一，抗风险能力弱，为此，需要不断调整其经济结构，加强非石油产业发展，促进产业多元化。

十一、黎巴嫩

黎巴嫩位于亚洲西南部，地中海东部沿岸。黎巴嫩习惯上归入中东国家。其经济社会发展深受叙利亚局势，以及黎以边境冲突影响。随着新一届政府上台，虽偶有边境零星冲突，但黎以边境目前整体上平静，这也为黎巴嫩经济社会发展创造了良好的外部环境。

（一）黎巴嫩可持续发展阶段总体评价

2015年黎巴嫩可持续发展阶段总体评价得分为39.4分，且2010～2015年表现为“V”形趋势，2013年为最低得分34.7分。黎巴嫩的社会领域得分较高，整体上抬高了总体评价得分，2015年为46.71分；而环境领域得分则拉低了总体评价得分，2015年为30.39分。根据可持续发展阶段划分标准，可以判断黎巴嫩目前可持续发展阶段处于初级阶段后期。从“一带一路”沿线国家情况来看，黎巴嫩的可持续发展总体评价得分排名比较靠后，位列第45（见图8－69）。

从黎巴嫩可持续发展五个领域的得分情况来看：社会领域得分最高，且得分相对稳定，2015年为46.71分；经济领域在2013年取得最低分31.64后开始增长，2015年为43.46分；机制领域呈“V”字形，最低得分落在2012年，到2015年时增长到39.6分；基础设施和环境领域得分靠后，但总体上有增幅，2015年时分别为34.51分和30.39分（见图8－70）。

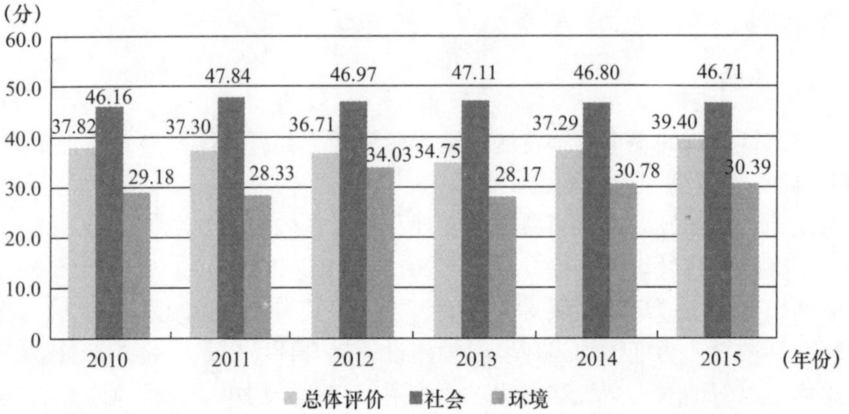

图 8－69　2010～2015 年黎巴嫩可持续发展阶段总体评价得分情况

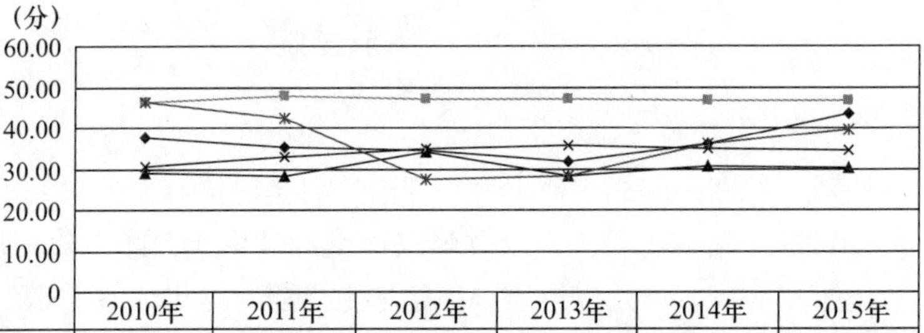

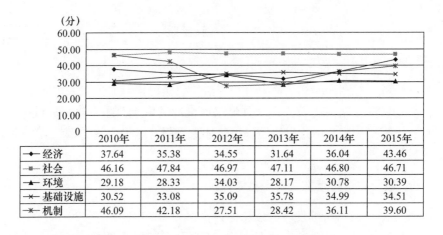

	2010年	2011年	2012年	2013年	2014年	2015年
—◆— 经济	37.64	35.38	34.55	31.64	36.04	43.46
—■— 社会	46.16	47.84	46.97	47.11	46.80	46.71
—▲— 环境	29.18	28.33	34.03	28.17	30.78	30.39
—×— 基础设施	30.52	33.08	35.09	35.78	34.99	34.51
—✳— 机制	46.09	42.18	27.51	28.42	36.11	39.60

图 8－70　2010～2015 年黎巴嫩可持续发展领域得分汇总

（二）黎巴嫩可持续发展重点领域分析

1. 经济

分析黎巴嫩经济维度的数据，必须先要了解黎巴嫩国内的一些背景信息。黎巴嫩经济发展未受到 2008 年国际金融危机的冲击，但却饱受叙利亚局势影响。

2011 年叙利亚局势动荡以来，对黎巴嫩政局稳定和经济发展带来严重的负面影响。2014 年 2 月新一届政府上台以来，不断加强与国际大国及阿拉伯国家对话与外交关系，目前黎以边境总体平静，这为黎巴嫩经济发展创造了良好的外部环境。

黎巴嫩的主要经济来源是银行业和旅游业，两者占据黎巴嫩 GDP 的一半还多；同时，外贸在黎巴嫩国民经济中也占有重要地位。而一旦国内及周边局势动荡、安全无法保障，这些产业发展很容易受到波及，以旅游业最为突出。

了解了上述背景信息，就可以理解黎巴嫩经济规模维度的“V”字形走势。而受动荡局势影响，黎巴嫩在吸引外资、开展对外贸易等方面明显受限。表现在经济质量维度得分上，就是一条缓慢下降的曲线，2015 年为 39.26 分，相比 2010 年下降了 5.5 分。与经济规模和经济质量的表现略为不同，黎巴嫩的经济活力维度出现了上升的趋势，2015 年为 45.32 分，相比 2010 年提高了 8.11 分。这是因为，虽然黎巴嫩的创新和开放指标略有下降，但由于黎巴嫩的市场经济较为活跃，私营经济占主导地位，其债务占比一直在下降，在一定程度上提高了经济活力维度的得分（见图 8－71）。

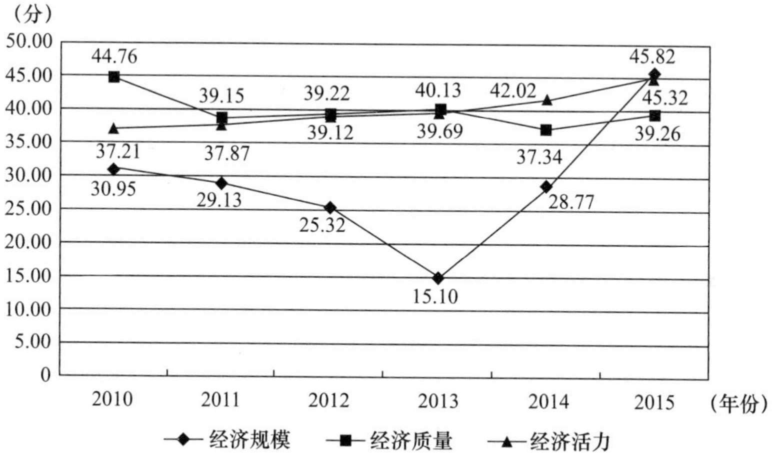

图 8－71　2010～2015 年黎巴嫩经济领域细分维度得分情况

2. 社会

受叙利亚局势影响，黎巴嫩的政局和经济发展受到影响，黎巴嫩境内居民的生活水平和所能享受到的公共服务也会受到影响。由图 8－72 可以看出，黎巴嫩的生活水平和公共服务维度得分虽然最高，但均呈现缓慢下降的趋势，到 2015 年得分分别比 2010 年下降了 3.49 分和 3.33 分。

平等就业维度得分能够出现小幅提高，主要受益于黎巴嫩国内人类发展指数的微小提升以及劳动中妇女参与比例的提高（失业率则有微小的上升），前者 2015 年相比 2010 年提高了 0.013 个单位，而后者则提高了 1.67 个百分点。

黎巴嫩人口基础维度得分提高，到 2015 年相比 2010 年时提高 8.05 分。虽

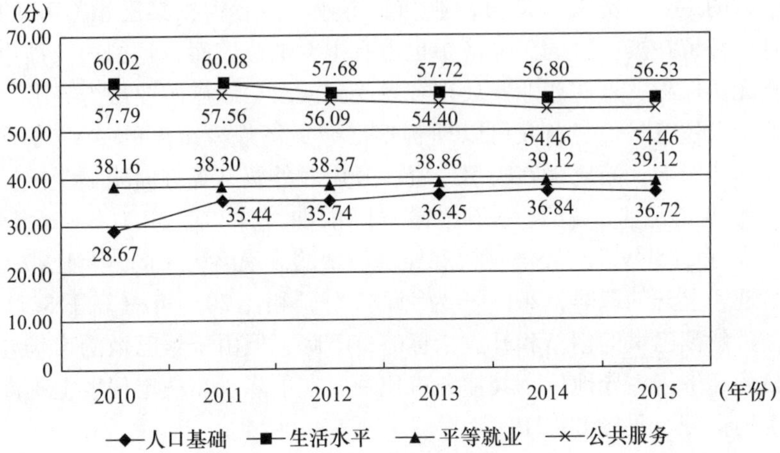

图 8-72　2010～2015 年黎巴嫩社会领域细分维度得分情况

有零星的边境冲突，但目前黎以边境局势总体平稳，这也为黎巴嫩人口基础的增长创造了条件，直接表现为人口自然增长率、人口密度及城镇化水平的提高。

3. 环境

黎巴嫩的资源维度得分随着国内资源的利用出现得分微小的下降，而生态保护维度得分保持不变。污染维度得分在 2010～2012 年为增长，之后出现下降，到 2015 年为 88.97 分，相比 2010 年下降了 1.78 分。这种变化主要是受烟尘指标影响：黎巴嫩烟尘排放量在经历 2010～2012 年的小幅下降后，排放量出现更大幅度的上升，其年均增量是前期年均降量的 2 倍多。黎巴嫩能源维度得分的曲折上升，一方面是因为能源消耗指标的曲折上升，另一方面则是因为黎巴嫩能源结构（二次能源占比先升后降并保持稳定）的变化（见图 8-73）。

4. 基础设施

黎巴嫩基础设施中交通基础设施得分最低，且有小幅下降。这与黎巴嫩之前经历的冲突战乱有关。2006 年长达月余的黎以冲突、2007 年巴里德河冲突、2008 年内乱，造成黎巴嫩国内大量基础设施被毁。交通基础设施的建设与重建不仅资金投入量大，且周期长，不可能短期内见成效。

相对而言，黎巴嫩的信息与公共服务设施得分表现良好，虽然在 2014 年出现微小的下降，但 2015 年相比 2010 年提高了 8.03 个百分点。而与之相关的指标中，仅有固定和移动电话普及率出现 1.2 个百分点的下降，其余指标值均保持稳定。

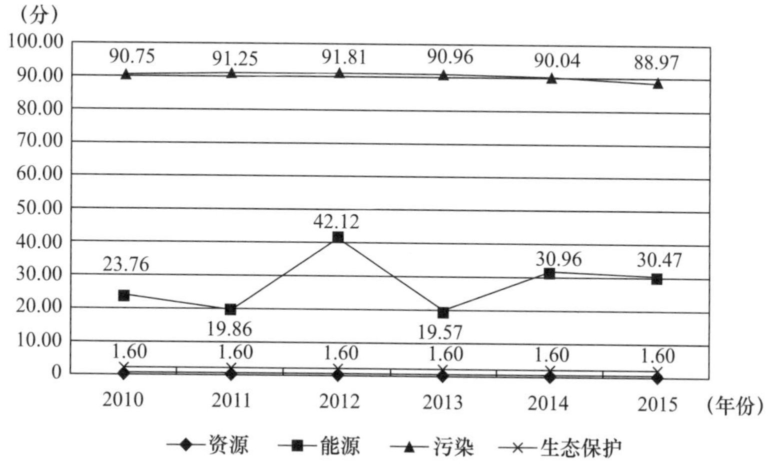

图 8－73　2010～2015 年黎巴嫩环境领域细分维度得分情况

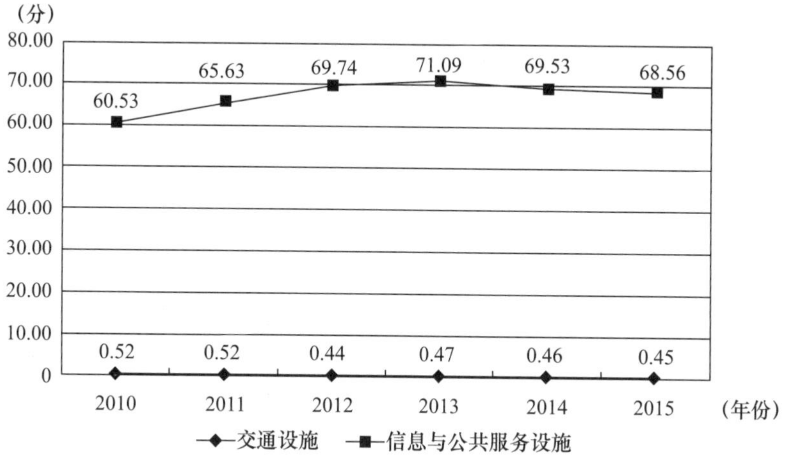

图 8－74　黎巴嫩基础设施领域细分维度得分情况

5. 机制

黎巴嫩国内制度与国际合作维度得分变化与两个重大事件密切相关：一是 2011 年叙利亚局势动荡，二是 2014 年黎巴嫩新一届政府上台。前者不利于黎巴嫩国内局势稳定以及经济社会发展，而后者则相反。表现在图 8－75 中则可以看出，不论是国内制度维度还是国际合作维度，均在 2011 年开始下降，而后在 2014 年出现上升。

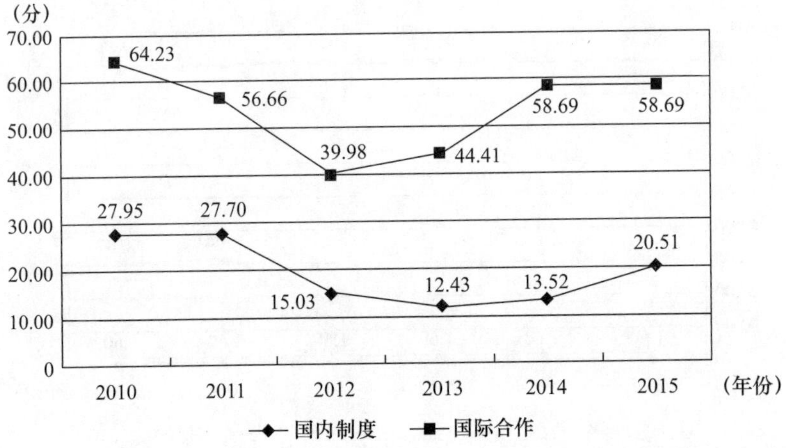

图8-75　2010~2015年黎巴嫩机制领域细分维度得分情况

(三) 小结

根据可持续发展阶段划分标准，可以判断黎巴嫩目前处于可持续发展初级阶段后期。但其可持续发展总体评价得分在"一带一路"沿线国家中排名较为靠后。

"一带一路"倡议的落地，与黎巴嫩相关的主要在两个方面：一是旅游，二是基础设施建设。旅游是黎巴嫩的重要经济支柱，而基础设施互联互通则是"一带一路"倡议的重要内容。2017年5月在北京举行的"一带一路"高峰论坛上，"一带一路"国家和地区成立旅游合作共同体，共同简化旅游签证、加强市场合作，推动市场互换和客源互送。这无疑将为黎巴嫩未来经济发展带来重大机遇。另外，"一带一路"倡议中的基础设施互联互通也将为黎巴嫩国内的基础设施恢复建设带来良好契机。

十二、沙特阿拉伯

沙特阿拉伯（简称沙特）位于亚洲西南部的阿拉伯半岛，东濒波斯湾，西临红海，同约旦、伊拉克、科威特、阿拉伯联合酋长国、阿曼、也门等国接壤。从战略位置来看，沙特是连接亚非欧三大洲的枢纽，是推进"一带一路"倡议建设中的重要环节。沙特是名副其实的"石油王国"，石油储量和产量均居世界首位，使其成为世界上最富裕的国家之一。

（一）沙特可持续发展阶段总体评价

沙特可持续发展总体评价得分在2013年出现下降，2014年开始回升，至2015年增至48.1分，相比2010年提高了1.9分。到2015年，沙特的社会领域得分为46.6分，相比2010年提高了1.3分；同年，其环境领域得分为36.5分，相比2010年仅提高了0.9分。可以判断，目前沙特处于可持续发展中级阶段早期。根据可持续发展总体评价得分对比情况来看，沙特当前在“一带一路”国家中位列第18（见图8-76）。

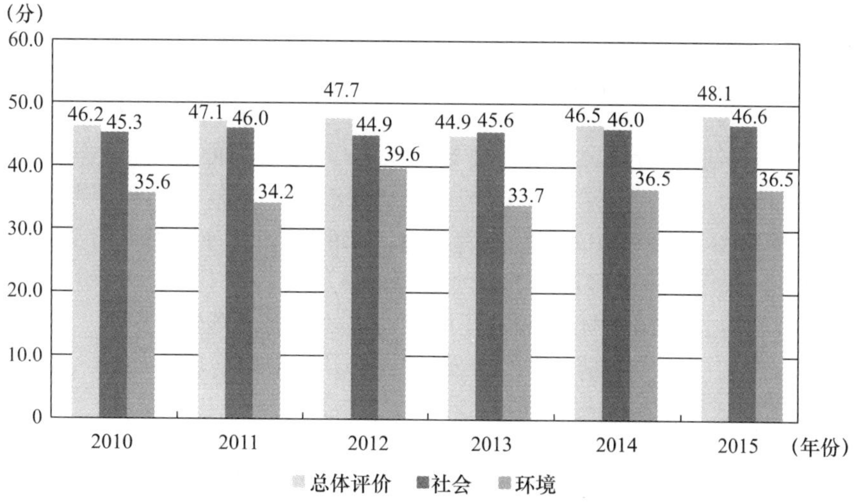

图8-76 2010~2015年沙特可持续发展总体评价

从沙特可持续发展重点领域得分对比情况来看（见表8-6）：沙特机制领域得分最高，但2015年相比2010年下降了1.8分；经济领域得分2015年相比2010年提高了9.2分；社会领域得分2015年相比2010年提高了1.3分；环境领域得分在2010~2015年虽有波动，到2015年仅比2010年提高了0.9分；基础设施领域得分最低，且近年来出现下降，2015年相比2010年减少了5.1分。

表8-6 沙特可持续发展重点领域得分比较

年份	2010	2011	2012	2013	2014	2015
经济	48.1	53.4	51.5	46.5	50.5	57.3
社会	45.3	46.0	44.9	45.6	46.0	46.6

续表

年份	2010	2011	2012	2013	2014	2015
环境	35.6	34.2	39.6	33.7	36.5	36.5
基础设施	38.0	38.3	38.6	37.6	34.0	32.9
机制	73.4	71.6	71.2	70.2	71.6	71.6

（二）沙特可持续发展重点领域分析

1. 经济

沙特经济规模维度得分呈"N"字形走势，与科威特等石油国家相似。2011年出现短暂的提升后开始下降，直至2013年达到最低值；2015年升至57.4分，相比2010年提高了26.2分（见图8-77）。石油和石化工业是沙特国民经济的命脉，是主要的经济来源。沙特因保守的财政政策，并利用巨额财政支出用于建造住宅、创造就业、救助失业等，使其未受2008年经济危机影响。同时，由于世界经济开始复苏，对石油需求的增长逐步强劲，国际油价将会不断攀升；其GDP年均增速在2010~2012年保持着相对较高的水平（分别为4.76%、9.96%和5.38%）。但由于世界经济复苏缓慢，原油市场供大于求，加上伊拉克、北美地区增加原油生产，2013年沙特的经济增长受到影响，降至2.67%。2014年国际油价暴跌，但因国内鼓励私有经济发展，其GDP年均增速在2014~2015年保持在3.64%和3.49%。

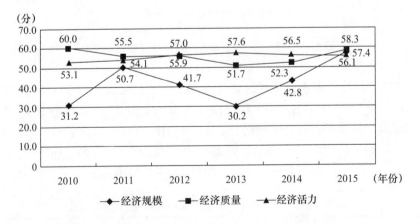

图8-77 2010~2015年沙特经济领域细分维度得分情况

沙特的经济质量维度得分在2014年止跌回升，2015年升至58.3分，接近

2010 年水平（见图 8－77）。沙特的经济效益在 2010～2012 年连续改善，但之后不断下降，但 2015 年其全民社会劳动生产率仍要比 2010 年高出 10.98%。可以说，沙特经济质量维度得分的下降与上升主要受其经济结构影响。其资本形成总额占 GDP 比重、服务业增加值占 GDP 比重及 FDI 占 GDP 比重三个指标与经济质量维度得分走势相同：2010～2012 年呈下降趋势，2013～2015 年（或 2014～2015 年）止跌回升；2015 年三个指标比 2010 年分别增长了 12.7%、32.65% 和 15.23%。

沙特的经济活力维度得分稳步提升，2015 年相比 2010 年提高了 4.3 分（见图 8－77）。这主要得益于沙特经济创新程度水平的提高，其国家创新指数 2010～2013年增长较快，之后虽有小幅下降，但 2015 年仍比 2010 年高出 1.31 个单位，为 37.75。

2. 社会

沙特的人口基础维度得分总体上是上升的，2015 年相比 2010 年提高了 3.7 分（见图 8－78）。这主要受两方面因素影响：一是其人口密度不断提高，六年间增长了 12.28%，促使人口禀赋提升；二是其人口城镇化水平提高了 1.05 个百分点，人口结构改善。

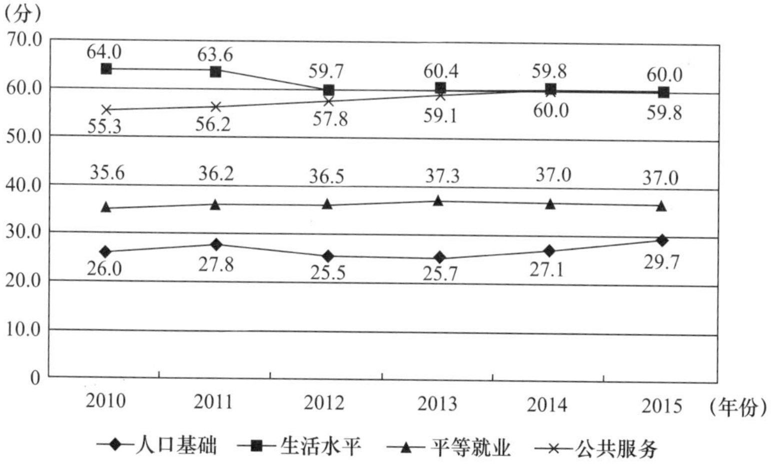

图 8－78　2010～2015 年沙特社会领域细分维度得分情况

沙特的平等就业维度得分 2010～2015 年提高了 1.4 分（见图 8－78）。一方面，在其基尼系数不变的情况下（六年一直维持在 39），沙特的人类发展指数提高了 0.32 个单位，表明其社会公平程度提高；另一方面，在其失业率略有提高（提高了 0.2 个百分点）的前提下，妇女参与劳动比例提高了 1.03 个百分点，有助于改善劳动就业状况。

沙特的公共服务维度得分稳步提高，2015 年相比 2010 年提高了 4.7 分（见图 8－78）。政府重视教育和人才培养，实行免费教育。到 2015 年，其小学、中学、高等院校入学率分别高达 108.72%、108.29% 和 61.11%；同年，其识字率高达 94.84%。另外，沙特基础医疗领域完善，对本国公民实行免费医疗制度，其人均医疗卫生支出六年间增长了 75.16%。

沙特的生活水平维度得分 2010～2015 年下降明显，减少了 4.2 分（见图 8－78）。这主要是受沙特粮食产量减少影响：沙特的人均粮食产量和单位面积粮食产量 2015 年相比 2010 年分别减少了 48.97% 和 28.41%。实际上，沙特的谷物自给率比较低，主要靠进口。因此，沙特自身粮食产量减产不能成为判断其生活水平下降的依据。

3. 环境

资源与生态保护与一国自身的资源禀赋有关，现时沙特非常重视环境保护，其资源维度得分虽有微小下降，但基本稳定；而其生态保护维度得分一直维持在 52.3 分的高水平（见图8－79）。

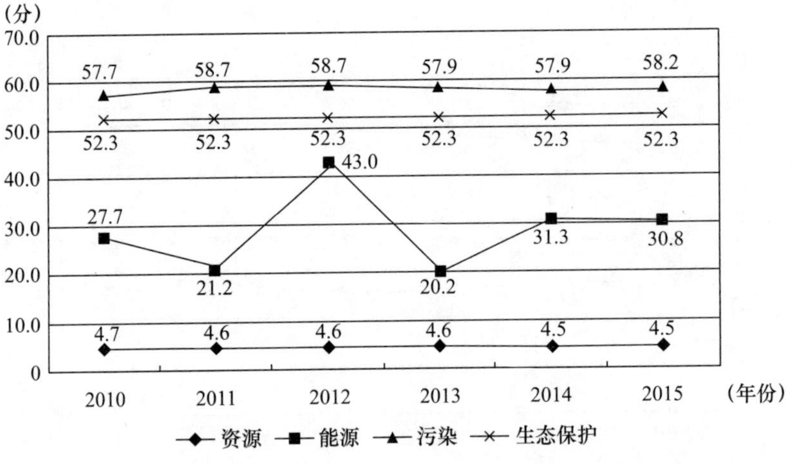

图 8－79　2010～2015 年沙特环境领域细分维度得分情况

沙特的污染维度得分在 2010～2015 年总体是上升的，提高了 0.5 分（见图 8－79）。沙特虽以石油工业为主，但一直提倡安全与无污染作业，并取得了一定成效。六年间，其主要污染物均有不同程度下降：人均二氧化碳、一氧化氮、甲烷和烟尘排放量分别下降了 3.26%、0.67%、0.67% 和 18.14%。

沙特的能源维度得分大致呈"W"形走势，在 2012 年出现高值 43 分，并于

2015 年升至 30.8 分，相比 2010 年提高了 3.1 分（见图 8－79）。因沙特的能源结构以一次能源为主，其二次能源六年间虽有增长，但幅度很小。可以说，其能源维度得分变化主要受能源消耗影响：沙特的单位 GDP 能耗在 2012 年同比下降 6.31%，之后能耗再次提高，直到 2014 年和 2015 年稳定在 7.18 美元千克标量。而其能源消耗弹性系数同样在 2012 年和 2014～2015 年下降，表明其在这些年份能源利用效率提高。

4. 基础设施

沙特的交通设施维度得分在 2013～2015 年出现小幅下降（见图 8－80），是因为其主要交通设施铁路、港口和机场在 2013 年（或 2014 年）前增长较快，之后增长放缓或未有增长所致。但其主要交通设施到 2015 年，相比 2010 年水平均有所增长，其人均铁路里程数、港口吞吐能力和航空运输量分别增长了 38.43%、19.08% 和 31.17%。

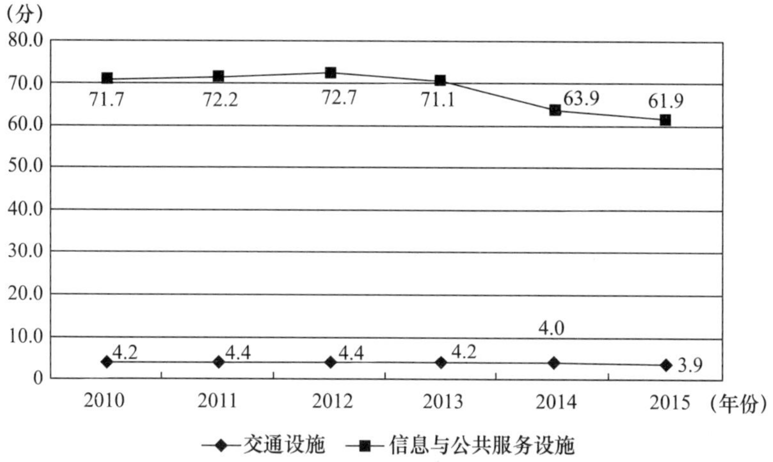

图 8－80 2010～2015 年沙特基础设施领域细分维度得分情况

沙特的信息与公共服务设施维度得分在 2013 年开始下降（见图 8－80），这主要受其信息设施水平降低影响。沙特的互联网普及率在 2013 年达到 17.1% 后开始下降，到 2015 年降至 12.5%（相比 2010 年减少了 2.8 个百分点）；而其固定和移动电话普及率在 2011 年达到最高水平 194.5% 后开始下降，到 2015 年为 176.6%，水平虽高但比 2010 年要低 12.6 个百分点。实际上，沙特的公共服务设施建设水平较高，2015 年其用电普及率、改善水源和改善卫生设施获得比例分别高达 97.7%、97% 和 100%。

5. 机制

由图 8－81 可知，沙特的国内制度维度得分出现下降，2015 年相比 2010 年减少了 4.2 分。这主要是因为受到沙特的经济制度指标下降影响，其经济自由度指数 2012 年出现下降，到 2015 年为 62.1，相比 2010 年减少了两个单位。但其社会治理程度上升，主要表现为全球治理指数由 2010 年的 0.03 提高到 2015 年的 0.23，增长了 666.67%。沙特的国际合作维度得分一直保持在很高的水平，且 2015 年相比 2010 年提高了 0.4 分，这里不再详述。

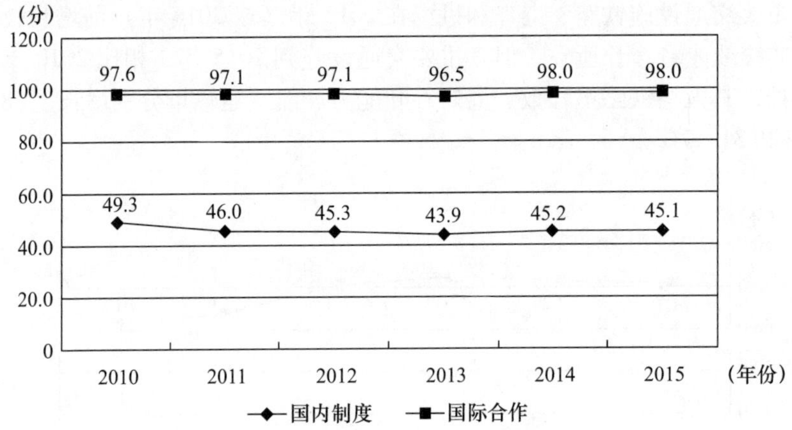

图 8－81　2010～2015 年沙特机制领域细分维度得分情况

(三) 小结

当前沙特处于持续发展中级阶段早期，其可持续发展总体评价得分在"一带一路"沿线国家中位列第 18。对比其可持续发展重点领域得分情况，沙特的机制领域得分最高，经济领域得分提高最多，社会领域和环境领域得分在 2010～2015 年波动幅度不大，基础设施领域得分最低，且近年来出现下降。为提高沙特未来可持续发展潜力，需要加大对环境保护和基础设施建设的投入力度，尤其是信息基础设施建设。否则，基础设施建设的滞后，很可能会影响到沙特经济社会发展。

从战略位置来看，沙特是连接亚非欧三大洲的枢纽，是推进"一带一路"倡议建设中的重要环节。沙特政府 2016 年公布了名为"沙特 2030 愿景"的改革计划，该计划旨在推动沙特国内经济转型，摆脱对石油的依赖，实现经济可持续增长。因此，沙特如能在"一带一路"建设中发挥更为核心和积极的作用，可借此推动"沙特2030愿景"与"一带一路"倡议深度对接。

十三、土耳其

土耳其是一个横跨欧亚两洲的国家，北临黑海，南临地中海，东南与叙利亚、伊拉克接壤，西临爱琴海，并与希腊以及保加利亚接壤，东部与格鲁吉亚、亚美尼亚、阿塞拜疆和伊朗接壤。土耳其地理位置和地缘政治战略意义极为重要，是连接欧亚的十字路口。作为衔接亚欧大陆的地理与文化桥梁，土耳其是"一带一路"建设中不可或缺的合作伙伴。土耳其已经加入了亚投行，并成为创始会员国。土耳其作为"一带一路"的重要节点，是东西双向的交通要道，它的稳定将关乎"一带一路"的西进之路。

（一）土耳其可持续发展阶段总体评价

2015年土耳其可持续发展总体评价得分为43分，其中，社会领域得分47.7分，环境领域得分28.7分（见图8-82）。根据可持续发展阶段划分标准，我们判断土耳其目前处于可持续发展初级阶段的后期。2015年土耳其可持续发展总体评价得分在60个国家中与马其顿得分相同，居于第29位，排名中等。

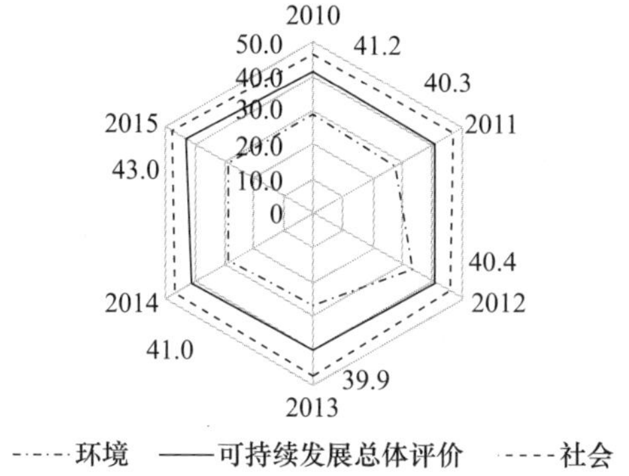

图8-82 2010~2015年土耳其可持续发展总体评价得分情况

土耳其2010~2015年，可持续发展总体评价得分从41.2提高到43分，除2011~2013年出现小幅度下降以外，总体上呈现增长趋势。社会和环境两个领域对可持续发展总体得分情况影响较大，从图8-82我们不难看出，土耳其社会领域得分除2012年未超过46分以外，其他年份均在46分以上，2015年更是接近48分。环境领域则表现相反，除2012年接近33分以外，其他年份均未能超过30分，在总体上拉低了土耳其的可持续发展总体水平。

从土耳其五个领域来看，机制建设得分最高，2010～2015年均在65分以上，2010年时更是超过70分达到72.7分；其次是社会领域，2015年为47.7分；经济领域在2015年时突破40，达到46.3分，得分较高；基础设施领域得分相对稳定，但出现小幅度下降，2015年相比2010年下降了2分；环境领域得分垫底，2015年为28.7分，除2012年一直未超过30分，可以说是五个领域中最弱的一个（见表8－7）。

（二）土耳其可持续发展重点领域分析

这一节将对土耳其可持续发展五个重点领域进行详细分析。

表8－7　土耳其2010～2015年各领域得分情况

年份	2010	2011	2012	2013	2014	2015
经济	36.3	37.0	33.4	36.0	37.9	46.3
社会	46.7	46.9	45.9	47.4	47.2	47.7
环境	28.6	27.4	32.8	26.9	28.8	28.7
基础设施	33.5	33.4	33.3	33.3	32.0	31.5
机制	72.7	66.3	65.6	65.3	68.1	67.2

1. 经济

从土耳其经济方面的三个细分维度得分变化情况来看（见图8－83），2010～2015年土耳其的经济规模呈现出波动上升，到2015年为50.3，相比2010年提高了约16分；其经济活力得分则是稳步上升，到2015年时达到49.6分；相反，土耳其的经济质量得分不尽如人意，自2010年以来一直下降，到2015年时虽然有所回升，为39.1分，但仍未能达到2010年时的水平。

具体来看，土耳其的经济规模维度得分之所以出现较大的波动，与产值（人均GDP）和增长（GDP增长率）两个指标的波动有较大关系。土耳其的经济规模在2013年达到峰值人均GDP 10800.5美元后，到2014年直降近500美元，一直到2015年人均GDP仍在下降，并跌破10000美元到9125.7美元/人。其经济增速在全球经济危机后无法保持2010年和2011年8%以上的水平，到2012年跌至谷底2.1%；之后经济增速有所回升，到2015年时恢复到约4%。可以说，产值和增长两个指标值的波动导致了土耳其经济规模维度得分的相应波动。

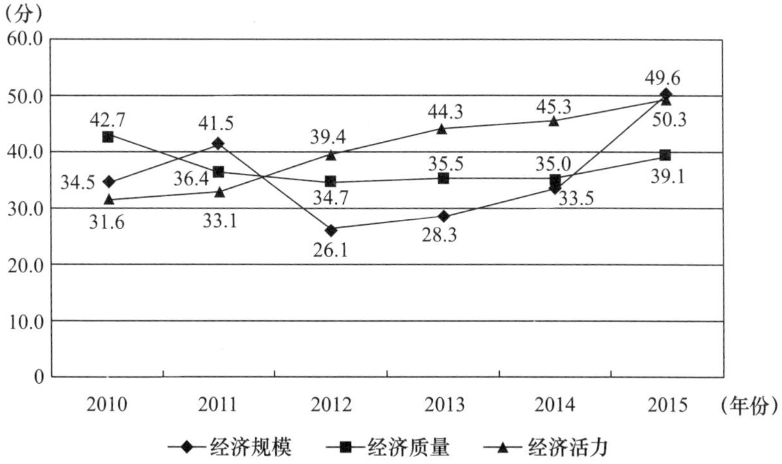

图 8－83　2010～2015 年土耳其经济领域各维度得分情况

土耳其的经济活力维度中，无论是创新、开放还是风险指标均呈现整体向好的趋势，这就保证了土耳其经济发展的活力。

土耳其经济质量维度得分的下降主要受效益指标（全社会劳动生产率）的影响。土耳其的全社会劳动生产率除 2013 年有所上升外，一直处于小幅下降的状态，2015 年相比 2010 年下降了约 3%，这极大地影响了其经济发展质量，导致其经济质量维度得分的下滑。

2. 社会

土耳其社会方面的四个细分维度中，得分最高的是生活水平，其次是公共服务，平等就业位列第 3，人口基础则排在末位。而公共服务和平等就业维度的较高得分无疑会极大提高土耳其国民的生活水平。另外，人口基础和公共服务两个细分维度得分在 2010～2015 年缓慢上升，到 2015 年分别为 24.7 分和 59.8 分。而生活水平和平等就业则出现小幅下滑，2015 年分别为 61.3 分和 45 分（见图 8－84）。

进一步分析可以发现，土地其生活水平维度得分之所以一直保持在 61 分以上，与其国内较低的营养不良发生率（2010～2015 年均为 5%）、不断下降的贫困发生率（2015 年为 0.33%，相比 2010 年下降了 0.45 个百分点）、相对充足的粮食供应及较高的城镇化水平（2015 年人口超过 100 万的城镇群中人口比重约 37.5%）。

土耳其平等就业维度中，劳动就业指标受失业率下降和妇女参与劳动比例上升影响，表明土耳其的劳动就业状况良好。另外，土耳其人类发展指数有小幅的改善，2015 年相比 2010 年提高了约 0.03，达到 0.761，有助于改善社会公平。

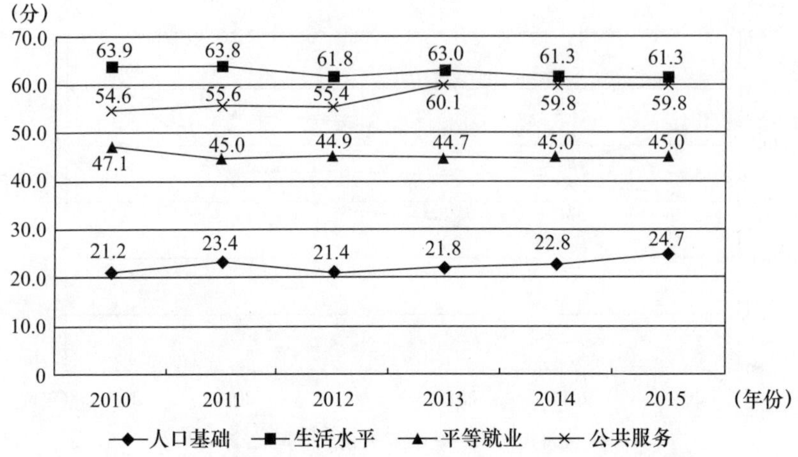

图 8-84　2010~2015 年土耳其社会领域各维度得分情况

但土耳其的基尼系数 2015 年为 40.18，相比 2010 年提高了 1.4，表明其社会不公平程度加剧，这在一定程度上影响了平等就业的得分。

土耳其公共服务维度中，除健康指标中的每千人医院床位数稳定在 2.5 张/千人，教育指标中的政府教育支出占比有微小下降外，各指标基本上表现良好。

土耳其人口基础得分在四个维度中虽然处于末位，但保持着上升的趋势。这是因为，土耳其在保持人口禀赋相对稳定的基础上（人口自然增长率变化相对稳定、人口密度相对合理），其人口结构却不断改善。这种改善集中表现在出生性别比不断合理、科技人员数量增长和城镇化水平在 2015 年达到 73.4% 的高水平。

3. 环境

环境在土耳其五个领域中得分最低。由图 8-85 可以发现，受一国资源禀赋影响，土耳其的资源与生态保护两个细分维度的得分一直很稳定，分别为 2.5 分和 0.2 分。

得分最高的污染维度中，变化较大的是二氧化碳和烟尘排放两个指标。这两个指标与土耳其国内经济发展相适应，均有所提高，导致其国内污染程度的加剧，从而污染维度得分下降。

土耳其能源维度的得分总体上在提高。能源维度中的能源结构指标下降，表现为二次能源占比下降（2015 年为 12.8%，相比 2010 年下降了 1.5 个百分点）。其能源消耗指标中，单位 GDP 能源在 2014 年开始下降，2015 年为 11.8 美元/千克石油当量，相比 2010 年高出 0.23 个单位；而能源消耗弹性系数在 2012 年陡降，2013 年出现短暂回升，2014 年后再次下降，这表明土耳其的能源利用效率提高。

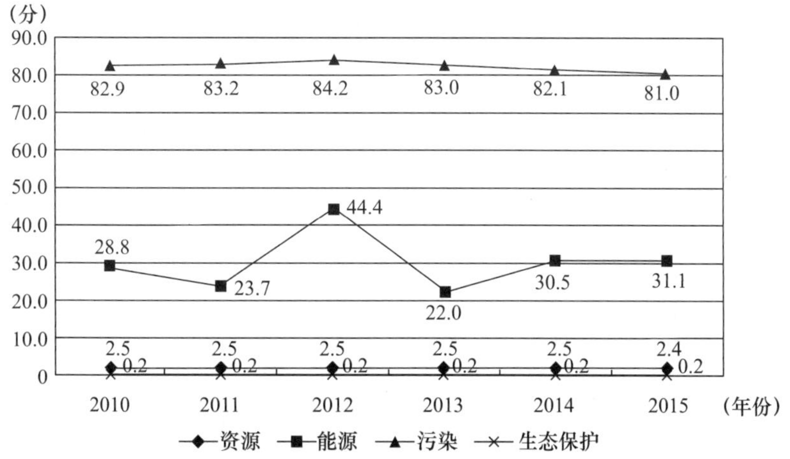

图 8-85 2010~2015 年土耳其环境领域各维度得分情况

4. 基础设施

土耳其的基础设施中，交通设施维度得分有所提高，2015 年为 11.9 分，但信息与公共服务设施维度得分则出现了 5.5 分的下降（见图 8-86）。

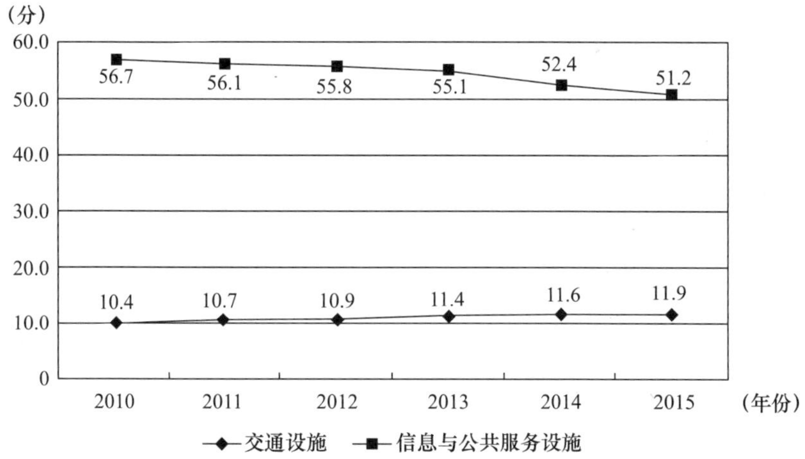

图 8-86 2010~2015 年土耳其基础设施各维度得分情况

具体来看，土耳其自 2010 年以来，铁路、港口和机场的建设均未停顿。以港口吞吐量为例，2015 年达到 762.3 万（以 20 英尺当量为单位）。对比来看，土耳其的信息与公共服务设施建设较为滞后，集中表现在互联网普及率不高，且自2010年以来有下降趋势（2015年为15%，相比2010年下降了7.5个百分点）。

5. 机制

土耳其不论是国内制度维度得分，还是国际合作维度得分，在2010～2015年均有波动，但总体上表现为下降的趋势；后者下降的更多（见图8－87）。

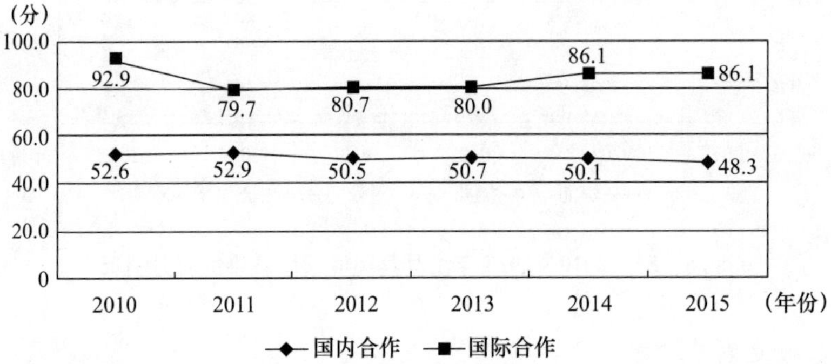

图8－87　2010～2015年土耳其机制领域各维度得分情况

从国内制度维度来看，2010～2015年，土耳其经济自由度指数一直在63～65区间波动，由于时期较短，无法确定其趋势。但2015年该指数为63.2，相比2010年下降了0.6。其全球治理指数先升后降，在2012年出现最高值0.41，但整体上该指标呈缓慢上升态势，2015年该指数值为0.38，相比2010年提高了0.07。可以说，土耳其国内经济制度指标和社会治理指标的波动均影响了国内制度维度得分的总体趋势。

从土耳其的国际合作维度来看，其得分一直在下降，直到2015年稳定在86.1分。土耳其近年屡次出现恐怖袭击事件，而其加入欧盟进程推进艰难，这些无疑不利于土耳其正常开展国际合作。

（三）小结

根据可持续发展阶段划分标准，我们判断土耳其目前处于可持续发展初级阶段的后期。从土耳其五个领域来看，机制建设得分最高，2010～2015年均在65分以上；其次是社会领域，2015年为47.7分；经济领域在2015年时突破40分，达到46.3分，得分较高；基础设施领域得分相对稳定，但其信息基础设施建设相对滞后；环境领域得分垫底，2015年为28.7分，除2012年一直未超过30分，可以说是五个领域中最弱的一个。未来需要加强其信息基础设施建设水平，并加强环境领域污染的治理。

总体来说，土耳其的经济发展水平较高，城镇化水平 2015 年高达 73.4，基尼系数保持在相对合理的区间，社会相对公平，国内居民的生活水平也较高。五个领域中环境领域的得分最低，在一定程度上影响了其可持续发展水平。

十四、也门

也门位于阿拉伯半岛西南端，与沙特、阿曼相邻，濒红海、亚丁湾和阿拉伯海。也门有约 2000 千米的海岸线，海上交通十分便利。位于西南的曼德海峡是国际重要通航海峡之一，沟通印度洋和地中海，是欧亚非三大洲的海上交通要道，战略位置极为重要。

（一）也门可持续发展阶段总体评价

也门可持续发展阶段总体评价得分 2010～2015 年呈现波动下降的趋势，到 2015 年得分为 24.94 分，相比 2010 年下降了 4.21 分。2015 年也门的社会领域得分为 26.32 分，环境领域为 29.82 分。根据可持续发展阶段划分标准判断，也门当前的可持续发展阶段处于初级阶段后期。也门的总体评价得分在“一带一路”沿线国家中位列倒数第一（见图 8－88）。

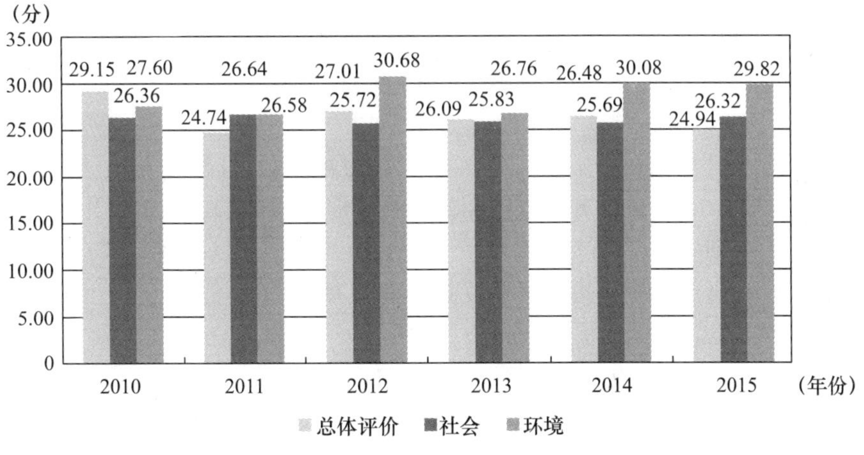

图 8－88　2010～2015 年也门可持续发展阶段总体评价得分情况

也门可持续发展阶段五个领域中，机制领域得分最高，但一直在下降，到2015年得分为49.96分；环境领域也小幅增长，到2015年为29.82分，相比2010年提高了2.22分；社会领域在2010~2015年虽有起伏，但2015年与2010年得分同为26.32分；经济领域呈现类似“N”字形变动趋势，2015年降为14.28分；基础设施领域得分最低，期间其得分同样有起伏，到2015年降为8.72分，相比2010年下降了0.25分（见图8-89）。

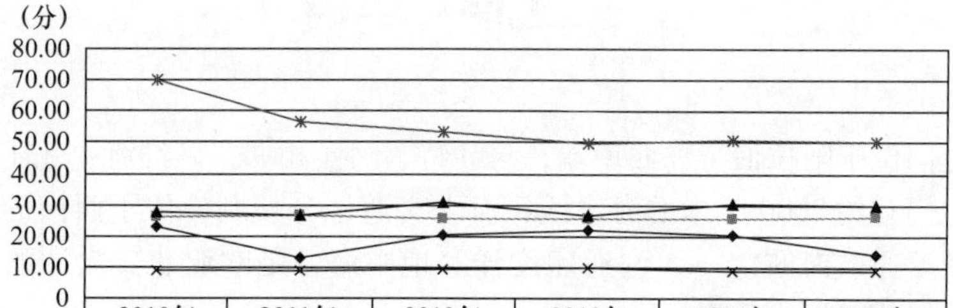

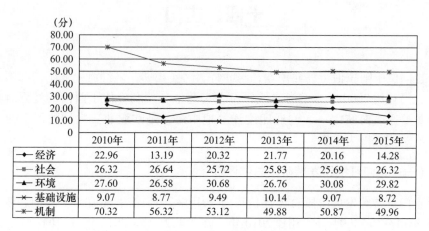

	2010年	2011年	2012年	2013年	2014年	2015年
经济	22.96	13.19	20.32	21.77	20.16	14.28
社会	26.32	26.64	25.72	25.83	25.69	26.32
环境	27.60	26.58	30.68	26.76	30.08	29.82
基础设施	9.07	8.77	9.49	10.14	9.07	8.72
机制	70.32	56.32	53.12	49.88	50.87	49.96

图8-89 2010~2015年也门可持续发展领域得分情况

（二）也门可持续发展重点领域分析

1. 经济

也门是世界上最不发达的国家之一，其经济发展主要依赖石油出口收入。从图8-90可以看出，埃及的经济规模维度得分在2011年出现急剧下降。表现在经济增速上，这一年也门的GDP增速降至-12.7%，与上一年相差近20个百分点。这种变化与也门2011年国内局势动荡密切相关。之后，经济规模维度得分恢复增长，但受2014年及其后国际原油价格大幅下跌影响，经济又出现负增长，甚至2015年达到-28.1%。

也门的经济结构较为单一，导致其经济发展质量不高。但可喜的是，2015年服务业增加值占GDP比重提高较快，达到34.16%，比上一年提高了6.2个百分点。这一变化使经济质量维度打破近几年的个位数得分局面，达到12.07分。

也门的经济活力主要受其开放程度的影响，其经济外向度一直维持在56%以上。只在2015年时受国际油价走势下滑影响，其外向度跌至25.35%，从而影响了其经济活力。表现在经济活力维度得分上，由图8-90可以看出，经济活力维度得分在2015年降至30.20分，相比多数年份偏低。

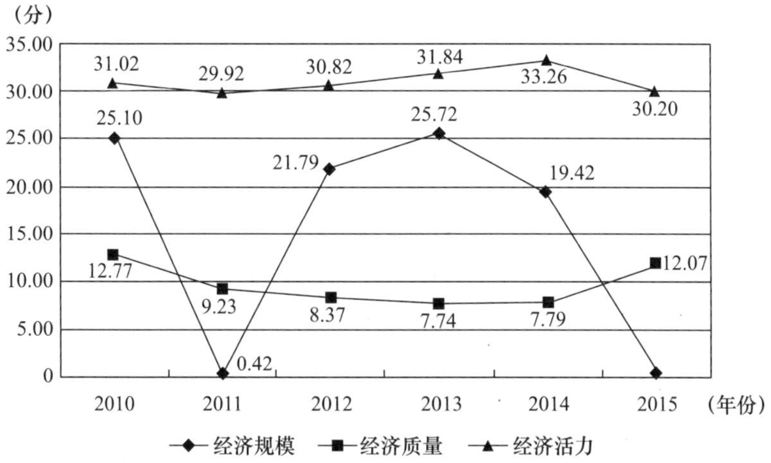

图 8-90 2010~2015 年也门经济领域细分维度得分情况

2. 社会

与其经济发展状况相适应，也门的生活水平、平等就业和公共服务维度的得分表现稳定甚至有微小的下降（见图 8-91）。而人口基础维度得分的提高，则主要得益于也门城镇化水平的提高及人口密度的增加。

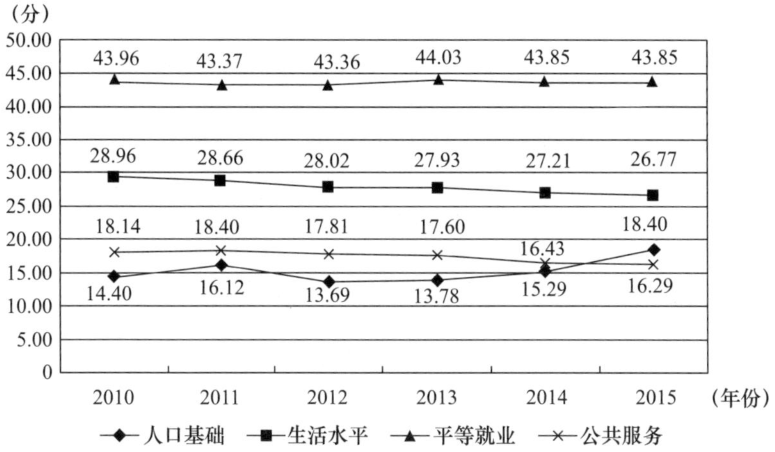

图 8-91 2010~2015 年也门社会领域细分维度得分情况

3. 环境

也门是一个典型的资源型国家，包括油气资源和各种非石油资源。同时，也门的水资源缺乏。在这种情况下，随着国内资源开采与开发，也门的资源维度得分在逐年下降。2015 年也门资源维度得分降至 1.39，相比 2010 年下降了 0.07 分。

也门的污染维度得分稳中有降，2015 年为 87.76 分，相比 2010 年下降了 1.8 分。这主要归功于主要污染物二氧化碳、烟尘和二氧化氮等排放量的减少。

也门能源维度得分在波动中上升，到 2015 年为 29.11 分，相比 2010 年提高了 10.74 分。能源维度的趋势与也门能源消耗弹性系数的变化吻合，这也表明也门在能源利用效益方面尚不稳定（见图 8－92）。

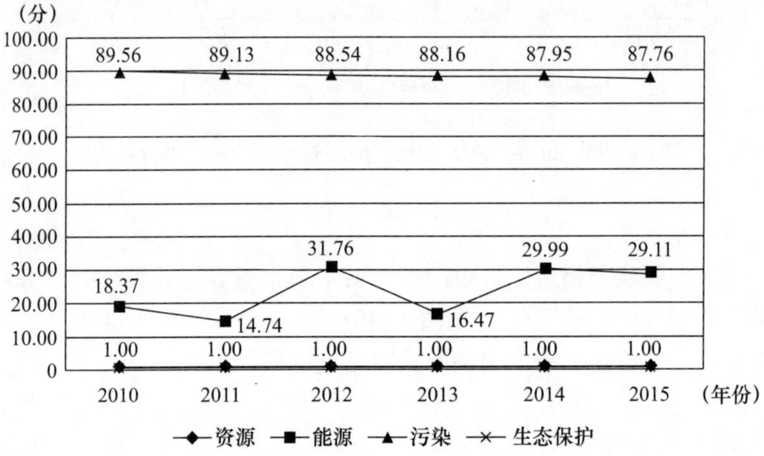

图 8－92　2010～2015 年也门环境领域细分维度得分情况

4. 基础设施

也门的经济落后，直接影响到了它的基础设施建设。首先，也门的交通设施维度得分十分低，2015 年时仅为 0.26。也门的交通设施主要为港口和机场。也门的港口吞吐量逐年增长；因其 2011 年的国内局势动荡，也门的航空运输量大受影响，2015 年相比 2010 年下降了 44.37%。航空运输量的大幅下降直接影响了交通设施维度的得分。

也门的信息与公共服务设施维度得分也很低。2010～2015 年均未超过 20 分；2015 年为 17.18 分，甚至比 2010 年还低。互联网普及率 2015 年仅为 4.7%；固定和移动电话普及率到 2015 年为 68%；用电、用水和卫生设施获得比例均未超过 55%（见图 8－93）。

5. 机制

也门的国内制度和国际合作维度得分均出现下降，但前者下降的趋势更为明显。2015 年两者得分分别为 13.87 分和 86.05 分（见图 8－94）。

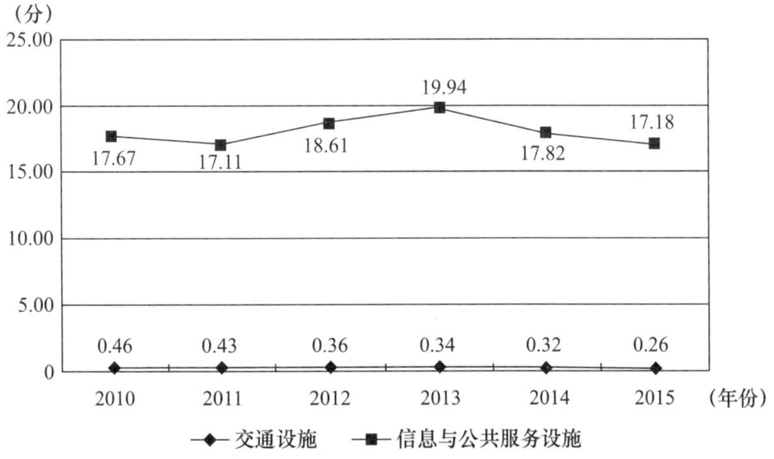

图 8－93 2010～2015 年也门基础设施细分维度得分情况

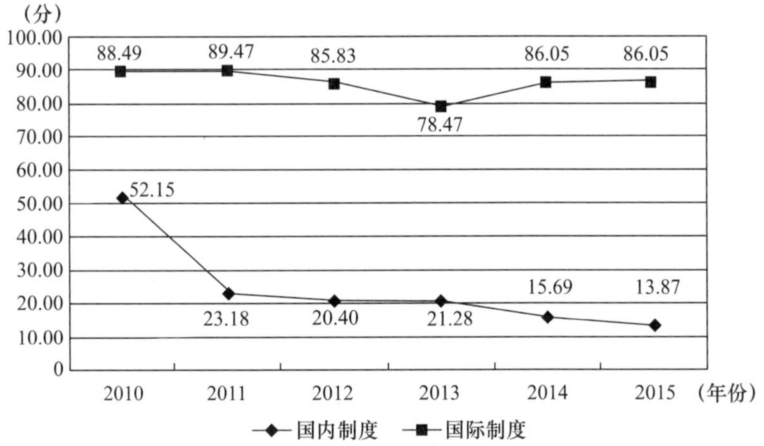

图 8－94 2010～2015 年也门机制领域细分维度得分情况

首先，也门的经济制度和社会治理均有不同程度的恶化。也门的经济自由度指数在 2012 年和 2013 年出现了小幅度的增长后开始下降，到 2015 年为 53.7，相比 2010 年下降了 0.7 个单位。而反映社会治理的全球治理指数自 2011 年后一直为负，这与其国内局势的变化密切相关。

其次，从国际合作来看，外援对也门国内经济发展发挥了重要作用。2015 年也门提供（接受）的官方发展援助占 GDP 的比重高达 44.46%。

（三）小结

根据可持续发展阶段划分标准，也门目前处于可持续发展初级阶段后期。但其可持续发展阶段总体评价得分在"一带一路"沿线国家中排名垫底。

在可持续发展领域中，也门的经济和基础设施领域得分最低。也门可以说是全世界最贫穷的国家之一。近年来国内局势的动荡，严重影响了也门经济社会发展。但可喜的是，2015 年服务业增加值占 GDP 比重提高较快，表明其经济结构有所改善。未来仍需加快发展石油以外的产业，提高经济发展质量；同时，还需要大力加强基础设施建设。

作为"一带一路"沿线国家，也门需要抓住机遇，加快其国内基础设施建设；并借助其国际通航枢纽地位，加快开放，寻求与"一带一路"沿线国家经贸合作，带动自身经济社会发展，提高其可持续发展潜力。

十五、伊拉克

伊拉克位于亚洲西南部，阿拉伯半岛东北部，与它接壤的国家众多，在南方是沙特阿拉伯、科威特，北方是土耳其，西北是叙利亚，伊朗和约旦各位于其东西两侧。

（一）伊拉克可持续发展阶段总体评价

伊拉克 2015 年可持续发展阶段总体评价得分为 36. 84 分，相比 2010 年增长了 3. 76 分，总体呈现出增长的趋势。而 2015 年其社会领域得分为 36. 28 分，环境领域得分为 28. 71 分。根据可持续发展阶段划分标准，我们判断伊拉克当前的可持续发展阶段应为初级阶段后期。从"一带一路"沿线国家排名来看，伊拉克的可持续发展阶段总体评价得分较为靠后，位列倒数第 8（见图 8 －95）。

从伊拉克可持续发展的领域来看，机制领域得分最高，但表现为下降的趋势；经济领域和环境领域的波动趋势近似为"N"形，但后者在 2015 年出现向下的苗头；社会领域得分相对稳定，2015 年为 36. 28 分，相比 2010 年增长了 0. 87 分；基础设施领域得分最低，2015 年为 23. 43 分，且增长极为缓慢（见图8 －96）。

（二）伊拉克可持续发展重点领域分析

1. 经济

2010 年美国从伊拉克撤军，伊拉克战争正式落下帷幕，伊拉克得以恢复经

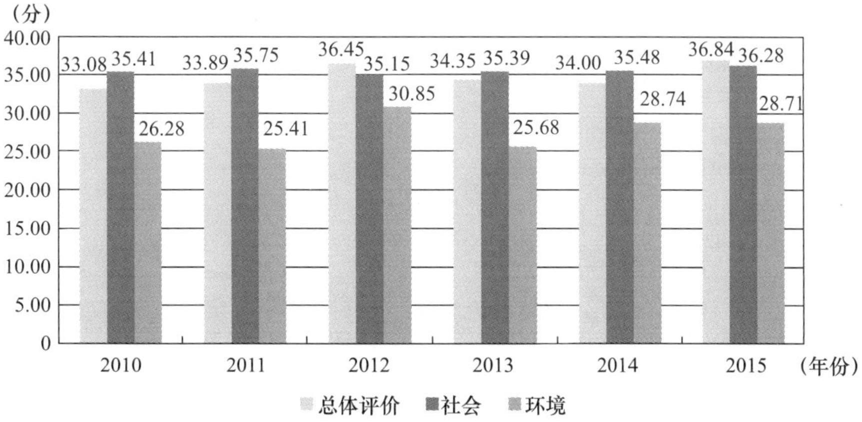

图 8－95　2010～2015 年伊拉克可持续发展总体评价得分情况

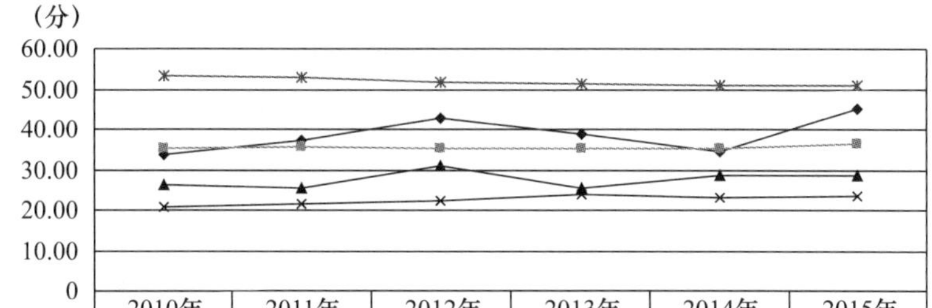

	2010年	2011年	2012年	2013年	2014年	2015年
经济	33.69	37.28	42.74	38.72	34.69	45.16
社会	35.41	35.75	35.15	35.39	35.48	36.28
环境	26.28	25.41	30.85	25.68	28.74	28.71
基础设施	20.67	21.42	22.24	23.83	23.22	23.43
机制	53.24	52.84	51.86	51.39	50.96	50.96

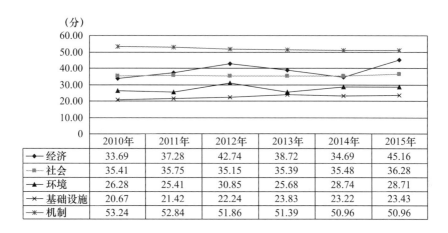

图 8－96　2010～2015 年伊拉克可持续发展领域得分情况

济发展。但伊拉克原油含量排名世界第 4 位，石油工业是伊拉克的经济支柱。可以说伊拉克的经济增长几乎与其石油产量的增长曲线完全吻合。而 2014 年 6 月，受供需多方面因素影响，布伦特原油价格从 115. 19 美元/桶下跌至 48. 11 美元，到 2015 年国际原油价格仍在底部挣扎，难以再现昔日辉煌。

了解了上述背景，就不难理解伊拉克经济规模维度得分的“N”字形变动趋势。伊拉克的产值自 2010 年人均 GDP4487. 37 美元增长到 2013 年的 6879. 7 美元，之后不断下降，2015 年已经跌至 4943. 76 美元。相应地，其经济增速在 2012 年攀升至约 14% 的高速后，一路下跌，2014 年仅为 0. 06%，到 2015 年仅恢复到 3. 02%。伊拉克自 2010 年经济恢复发展以来，其经济质量不断改善，表现在其资本形成总额占GDP比重以及服务业增加值占GDP比重均有提高，但其经济活力基本保持稳定（见图8－97）。

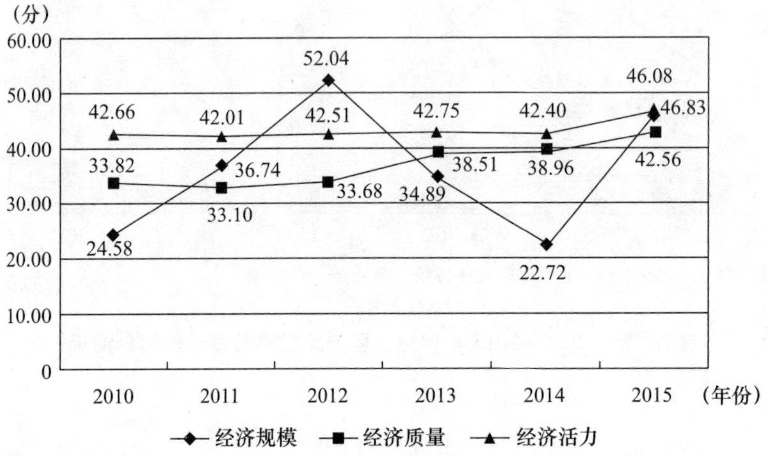

图8－97　2010～2015年伊拉克经济领域细分维度得分情况

2. 社会

伊拉克战争结束后，伊拉克的经济社会都在恢复，直接表现在其人口增长、人口密度、城镇化水平等数据的改善，虽然其科技人员数在2014年和2015年出现下降，但不影响其人口基础的改善，即人口基础维度得分提高。

石油经济的发展，影响到其国内就业；基尼系数维持在30.9，而人类发展指数基本稳定在0.645，表明其社会公平状况稳定。相应地，伊拉克的平等就业维度得分实现了缓慢增长。

伊拉克的生活水平和公共服务维度，同样受到石油经济影响，在2014年和2015年有小幅度下降，但总体上相对稳定（见图8－98）。

3. 环境

首先，资源维度受伊拉克国内石油开采影响，得分会有微小下降，2015年相比2010年下降了0.1分。其次，污染维度主要受两方面影响：一是二氧化碳排放量自2010年增加，并于2013年及其后保持稳定；二是烟尘排放量下降明显。受这两方面因素影响，伊拉克的整体污染有所改善，其污染维度得分出现增长，2015年为83.66，相比2010年提高了4.23分。最后，伊拉克能源维度得分的变动趋势与其能耗和能源消耗弹性系数变动趋势一致，相对而言，其二次能源占比近五年来稳定在1.59%（见图8－99）。

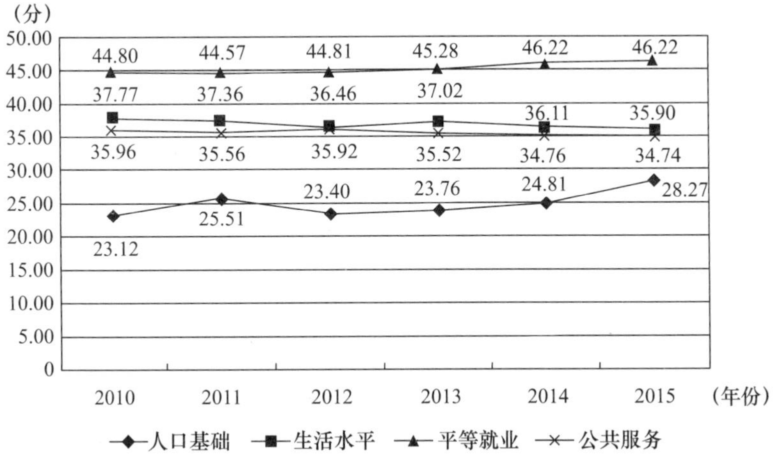

图 8-98　2010～2015 年伊拉克社会领域细分维度得分情况

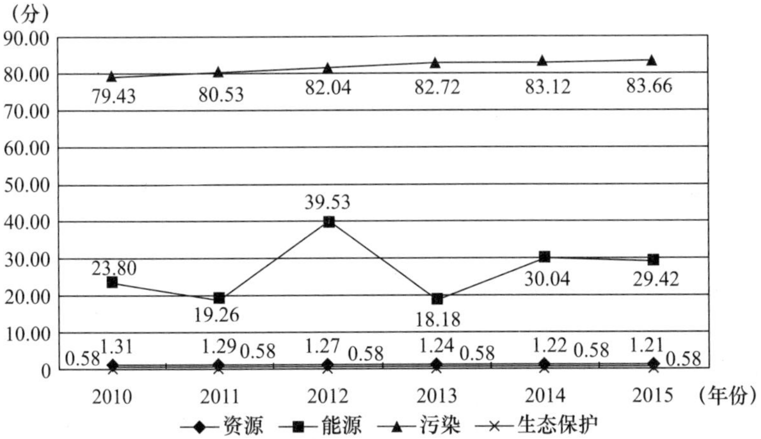

图 8-99　2010～2015 年伊拉克能源细分维度得分情况

4. 基础设施

伊拉克基础设施维度主要体现在信息与公共服务方面。受国内互联网及电话（固定和移动电话）普及率提高，以及用电、用水、卫生设施改善的影响，其信息与公共服务设施维度得分缓慢增长，到 2015 年为 46.87 分，相比 2010 年提高了 5.54 分。而其交通基础设施亟待重建（见图 8-100）。

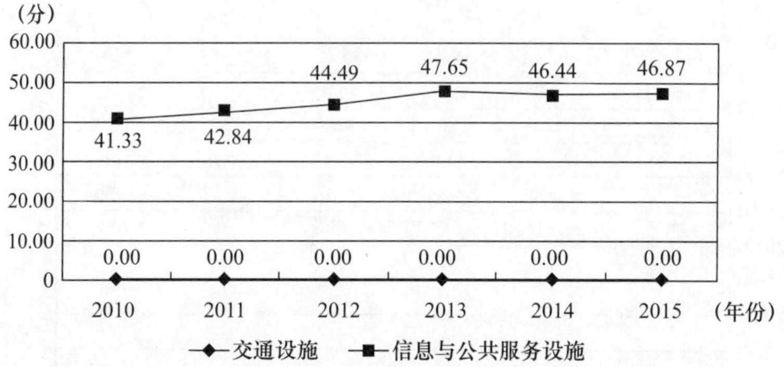

图 8-100　2010~2015 年伊拉克基础设施细分维度得分情况

5. 机制

伊拉克国际合作维度的得分相对稳定，其近年来提供（接受）的官方发展援助占 GDP 比重一直为 0。而其国内制度维度因其社会治理指标在 2014 年和 2015 年出现微小恶化，而出现得分下降。这与全球反恐问题有关（见图 8-101）。

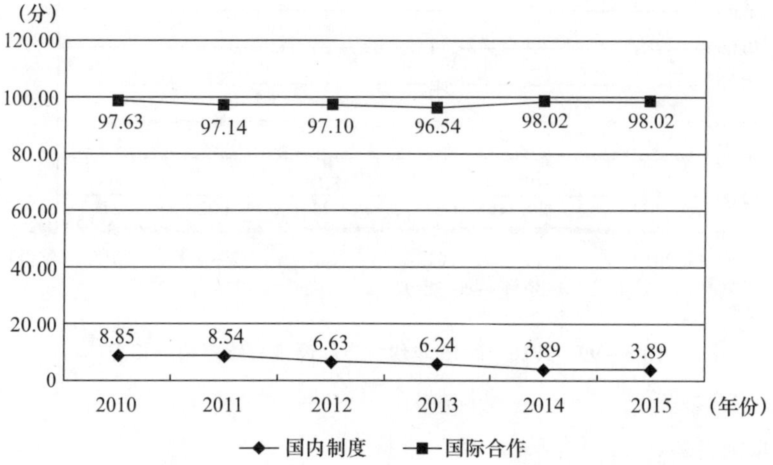

图 8-101　2010~2015 年伊拉克机制细分维度得分情况

（三）小结

根据可持续发展阶段划分标准，我们判断伊拉克目前处于可持续发展初级阶段后期。其可持续发展阶段总体评价得分在“一带一路”沿线国家中排名位列倒数第8。从伊拉克可持续发展的领域来看，机制领域得分最高，但其近年来承担的国际义务未有大的变动；经济领域和环境领域的波动趋势近似为“N”形，但后者在2015年出现向下的苗头；社会领域得分相对稳定，相比2010年增长了0.87分；基础设施领域得分最低，且增长极为缓慢。

为提高伊拉克国内可持续发展潜力，需要在改善国内经济结构、逐步减少对石油经济的依赖基础上，提高经济发展质量。另外，还需要加大对基础设施，尤其是交通基础设施的投入力度，从而为伊拉克经济社会发展奠定坚实基础。

随着“一带一路”倡议逐步落地，基础设施建设将是一个重要领域。伊拉克作为沿线国家，将会直接受益。中国目前是伊拉克石油的主要出口对象，且是伊拉克第三大进口来源国。随着中国与伊拉克经济贸易往来日益密切，也将为伊拉克经济发展带来更多机遇。

十六、伊朗

伊朗位于亚洲西部，属中东国家，其中北部紧靠里海、南靠波斯湾和阿拉伯海。伊朗东邻巴基斯坦和阿富汗，东北部与土库曼斯坦接壤，西北与阿塞拜疆和亚美尼亚为邻，西接土耳其和伊拉克。

（一）伊朗可持续发展阶段总体评价

2015年，伊朗可持续发展总体评价得分为41.3分，另外，其社会领域得分为45.8分，环境领域2015年得分为31.4分，处于可持续发展初级阶段的后期。自2010年以来，伊朗的可持续发展总体评价得分有所提高，但增长较为缓慢。在60个“一带一路”沿线国家中，伊朗的可持续发展总体评价得分排名仅随马尔代夫，位列第37，相对靠后（见图8－102）。

从伊朗可持续发展五个领域来看，机制方面的得分最高，2015年为56.7，但相比2010年下降了2.7分；其次是社会领域，2015年为45.8分；经济领域在2012年和2013年下降幅度较大，2015年时提高到43.4分；其环境和基础设施领域的表现差强人意，拉低了可持续发展总体得分（见表8－8）。

（二）伊朗可持续发展重点领域分析

1. 经济

伊朗可持续发展经济领域三个细分维度的表现如图8－103所示。经济活力

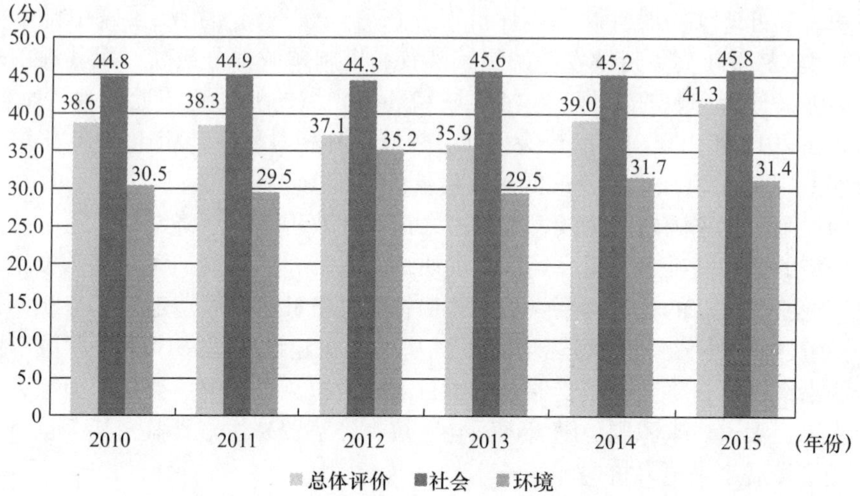

图 8-102　2010～2015 年伊朗可持续发展总体评价得分情况

表 8-8　伊朗可持续发展领域得分一览

年份	2010	2011	2012	2013	2014	2015
经济	35.3	35.2	25.9	25.1	35.5	43.4
社会	44.8	44.9	44.3	45.6	45.2	45.8
环境	30.5	29.5	35.2	29.5	31.7	31.4
基础设施	28.1	28.6	29.5	31.2	31.8	32.5
机制	59.4	58.3	56.7	55.6	56.0	56.7

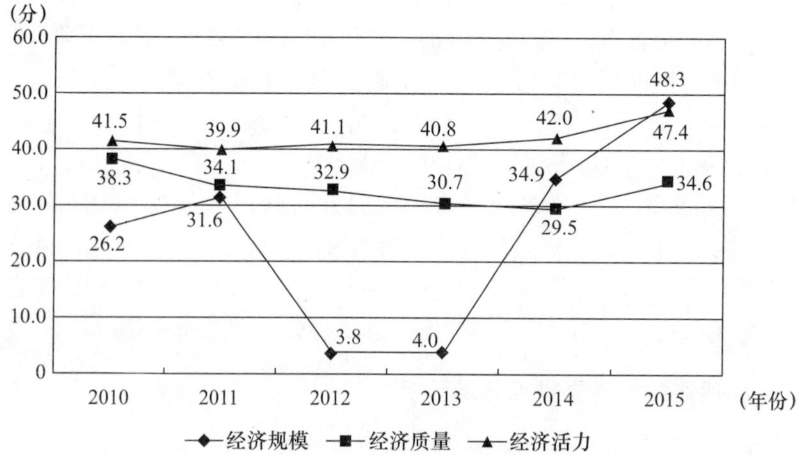

图 8-103　2010～2015 年伊朗经济领域各维度得分情况

先下降，后在 2014 年企稳回升，2015 年得分 48.3 分，相比 2010 年提高了约 7 分。经济质量维度得分的变化情况比经济活力更为明显，并在 2014 年达到最低点后 2015 年实现回升，但仍未超过 2010 年的得分。经济规模维度得分的波动幅度最大，且 2012 年和 2013 年时得分仅为个位数，之后迅速回升，到 2015 年达到 48.3 分，远高于 2010 年的得分。

伊朗的经济维度之所以出现这样的变化趋势，与外部全球经济形势变化以及伊朗因核问题受到国际制裁的压制有很大关系。首先来看变动幅度最大的经济规模维度。经济规模受产值和增长两个指标影响。就伊朗的这两个指标来看，伊朗的人均 GDP 在 2011 年达到峰值 7874.5 美元/人后，一直在下降。2015 年时为 5442.9 美元/人，相比 2010 年下降了 13.6%。而伊朗的 GDP 增速同样适应全球经济形势，2010 年以后不断下滑；更因伊朗受国际经济制裁影响 2012 年和 2013 年经济增速为负。2013 年 11 月 24 日，伊朗与美国、英国、法国、中国、俄罗斯及德国在瑞士日内瓦就解决伊朗核问题达成一项阶段性协议，取得历史性突破。到 2015 年伊朗核问题最后阶段谈判达成全面协议，从而伊朗所受国际制裁被取消。从其经济增速上来看，伊朗 2014 年和 2015 年均保持了 4.3% 的水平。这也就不难理解伊朗经济规模维度得分的曲折波动了。在这种大的国际背景下，伊朗能够吸引的 FDI、承担的国际债务和进出口难有大的突破，相应地，其经济质量和经济活力都受到波及。

2. 社会

从社会领域四个维度得分的变化情况来看（见图 8 - 104），得分最高的是公共服务，2015 年得分为 60.2 分，且自 2010 年以来保持着缓慢上升的态势。生活水平有小幅下降，2015 年得分为 56.7 分，相比 2010 年减少了 2.7 分。伊朗的平等就业维度得分相对稳定，2015 年为 43.2 分。得分最低的是人口基础，2015 年为 23.2 分，但这一得分比 2010 ~ 2014 年的得分都要高，表明其人口基础在改善。

首先来看伊朗的公共服务领域。伊朗的健康指标中，人均医疗卫生支出下降、每千人医院床位数保持不变（各年均为 0.1 张/千人），影响了医疗建设水平，但其居民预期寿命、新生儿死亡率和孕产妇死亡率均有小幅度改善。而教育指标中的各阶段入学率、识字率和政府教育支出占比均有不同程度的提升。可以说，伊朗公共服务维度得分的提升受其国内教育事业发展影响较大。

其次伊朗的生活水平维度中，贫困发生率保持在 0.08%，营养不良发生率和粮食产量指标则出现恶化。这些指标的变化支持了生活水平维度得分的下降。

再次是平等就业维度，该维度受社会公平和劳动就业两个指标改善的影响，得分有所提高。伊朗的基尼系数近年来维持在 37.35 相对合理的水平，而其人类

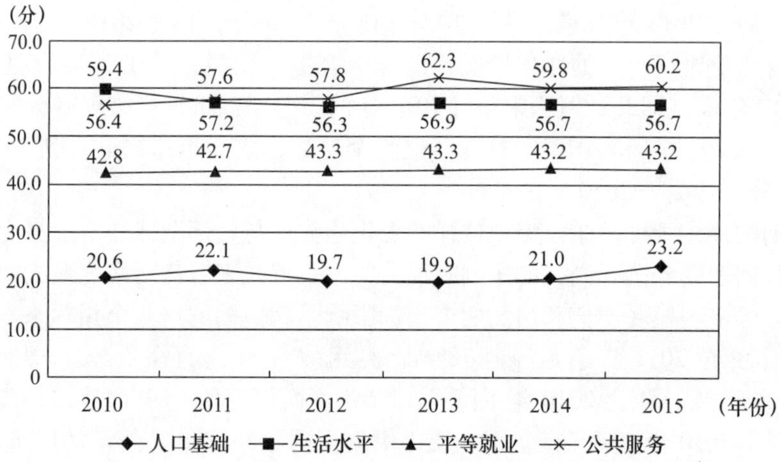

图 8-104 2010~2015 年伊朗社会领域各维度得分情况

发展指数却在缓慢提高，2015 年相比 2010 年提高了 0.023，为 0.766。这表明伊朗的社会公平程度在提高。另外，伊朗的失业率出现下降，而劳动中妇女的参与比例则有微小的上升，这些则表明伊朗的劳动就业状况在不断改善。

最后伊朗的人口基础维度中，人口自然增长率、出生性别比等指标变化不大；每万人科技人员数则在近四年未发生变化（但比 2010 年和 2011 年减少）；但受其人口密度增加和城镇化水平提高的影响，到 2015 年得分增加。

3. 环境

伊朗环境领域的四个维度中得分最高的是污染维度，但在 2012 年出现 80.8 分的最高分后有微小的下降，2015 年相比 2010 年下降了 0.8 分；资源与生态保护指标因其自然资源禀赋制约，得分未发生改变；得分波动最大的是能源，但总体上相比 2010 年有所提高，2015 年为 32.1 分（见图 8-105）。

下面着重分析伊朗的污染和能源两个细分维度。①污染维度中，伊朗的二氧化碳和烟尘排放量出现下降，二氧化氮和甲烷的排放增加量可忽略不计，这表明伊朗的污染有所改善，从而污染维度的得分出现提高。②伊朗的能源维度得分呈现“W”形增长，到 2015 年比最初 2010 年得分提高了 4.6 分。伊朗的石油资源非常丰富，这在一程度上影响了其改善能耗的积极性。这也一定程度上影响了其二次能源占比指标，这一指标近四年未发生改变。但健康的能源消耗则是在改善的：伊朗单位 GDP 能源到 2015 年相比 2010 年下降了 14.55%，而能源消耗弹性系数除在 2012 年提高较快外，于 2013 年后下降，这表明其能源利用效率不断提升。

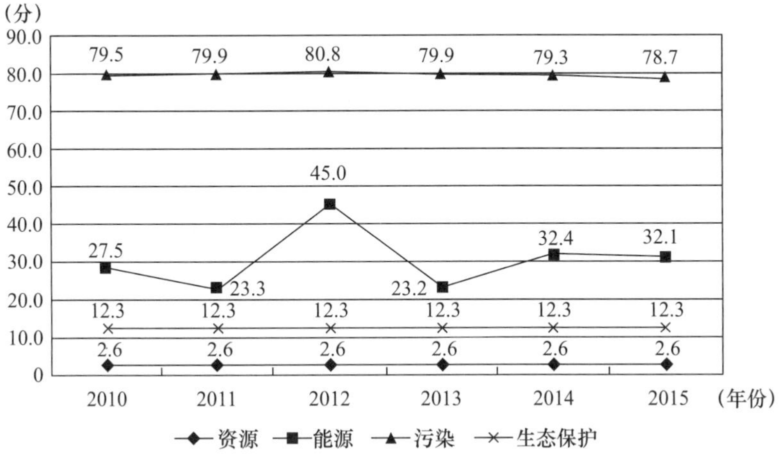

图 8－105　2010～2015 年伊朗环境领域各维度得分情况

4. 基础设施

伊朗的基础设施领域中，信息与公共服务设施受其互联网普及率、固定和移动电话普及率提高，以及改善用水和改善卫生设施获得比例提高的影响，这一维度的得分表现为逐年递增，2015 年达到 59.6 分。但具体看其各个指标值又会发现，伊朗的信息类基础设施建设仍需加大力度，尤其是其互联网普及率，直到 2013 年后才超过 30%。而改善卫生设施获得比例也是在 2015 年才达到 90%，亟待提高。伊朗的交通设施建设受国际制裁影响，得分变化不大并有微小的下降。其铁路里程数和港口吞吐量在 2013 年后才有小幅度的改变，但其航空运输量仍受到很大限制，未能恢复到 2010 年的水平（见图 8－106）。

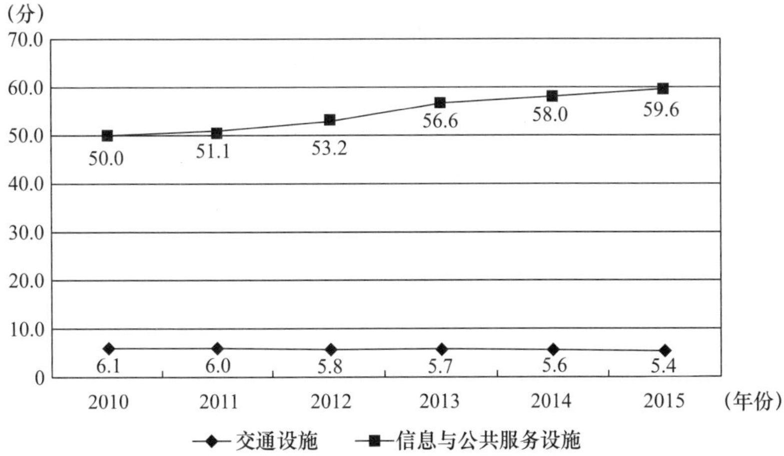

图 8－106　2010～2015 年伊朗基础设施各维度得分情况

5. 机制

伊朗的机制领域中，国内制度维度受伊朗核问题影响，国内经济自由度指数到2015年未能达到2010年的水平，但比2014年有所提高，为41.8分。其反映社会治理的全球治理指数一直为负，但2014年和2015年相比2010年出现些微的改善。这也就能解释其国内制度维度得分在2014年后止跌回升。伊朗的国际合作维度得分能够有所提高，主要受其接受的官方发展援助占比下降和温室气体排放减少影响，但该维度的得分变化很小（见图8-107）。

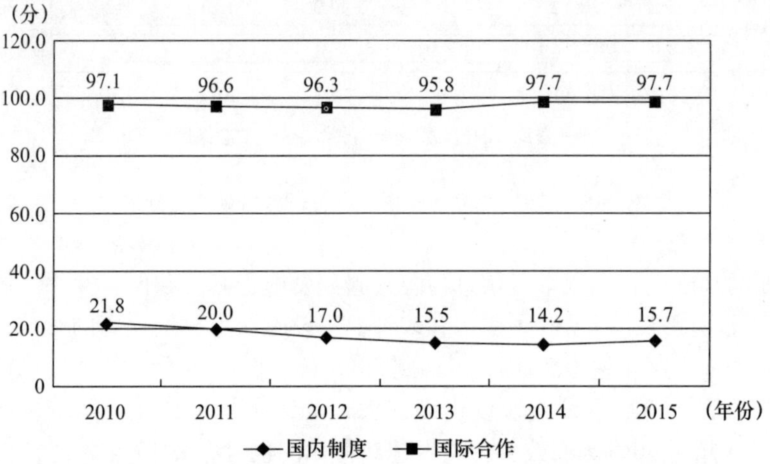

图8-107　2010~2015年伊朗机制各维度得分情况

（三）小结

2015年，伊朗可持续发展总体评价得分为41.3分；另外，其社会领域得分为45.8分，环境领域得分为31.4分。自2010年以来，伊朗的可持续发展总体评价得分有所提高，但增长较为缓慢。根据其2015年可持续发展评价得分判断，目前伊朗处于可持续发展初级阶段的后期。

从伊朗可持续发展五个领域来看，机制方面的得分最高，其次是社会领域；经济领域受伊朗核问题受到的国际制裁松动影响，2015年时提高到43.4分；其环境和基础设施领域的表现差强人意，拉低了可持续发展总体得分。

随着伊朗核问题谈判结束，伊朗受到的国际制裁松动，其经济发展受到的压制将逐步解除①，这无疑将有助于伊朗经济发展和对外开放水平提升。而伊朗作

① 2016年1月，沙特宣布和伊朗断交，当时也引发了一连串包括阿联酋、巴林在内的国家跟伊朗断交。而美国总统特朗普推行孤立伊朗政策。中东关系复杂化，在一定程度上会影响伊朗的经济社会发展。

为“一带一路”沿线国家，未来将获得更多的经济发展机遇，以及为其国内基础设施建设寻求更多的国际资金来源。而未来随着伊朗国内工业化水平的提高、基础设施建设力度的加大，其可持续发展能力会得到极大的提高。

十七、建设中国—阿曼产业园的启示

（一）项目概况

中国—阿曼（杜古姆）产业园（简称中阿产业园）在中国—阿拉伯国家博览会（简称中阿博览会）框架下，经过中阿反复协商洽谈，决定在阿曼杜古姆经济特区内建设中阿产业园，占地11.72平方千米。依据规划，将中阿产业园分为三个板块：重工业区，占地809公顷；轻工业综合区，占地353公顷；五星级酒店旅游区，占地10公顷。中阿产业园预计投产项目35个，其中，重工业园区以石油化工、原油冶炼、建筑材料生产等为主，轻工业园区以太阳能光伏项目、物流、电商、汽车组装等为主，服务区以培训中心、学校、医院等为主。

中阿产业园作为建设开放宁夏、实施“走出去”战略的示范工程重点培育，它的建设条件已经成熟，将宁夏境外产业园建设上升到了国家的高度，成为2016年国家发改委重点推动建设的20个国际产能合作示范区之一，也是商务部重点推动建设的16个国际产能合作示范区之一。

从园区运作及管理来看，中阿产业园将以企业运作为主，由部分在中阿产业园投资的企业成立中阿万方投资管理有限公司对园区进行规划、建设和运营。中阿产业园享有一定的优惠政策，目前已取得的优惠政策包括30年免征税收、特区内免收进出口关税、土地使用年限为50年（可续签）、园区设立企业可100%外资所有、工业电价和水价优惠、土地可免3年租金等。

（二）启示与建议

“一带一路”建设为中阿全方位合作搭建了良好的平台，对入驻国家的经济和社会发展起到重要的作用。从中阿产业园的建设来看，中阿双方具有产业产能对接合作的良好基础。阿曼在区位、体制机制、经济和社会等方面具有明显的优势，拥有良好的战略区位优势，位于“一带一路”的西端交汇地带，国内外投资环境较好，实行自由和开放的经济政策，但产业单一化，经济主体是能源产业，农业不发达，主要依赖进口。宁夏现代农业发达，且作为能源富集地区，在石油天然气化工领域具有技术和产能优势。

中阿产业园体现了双方高度重视实现优势互补，寻求合作国家的共同利益点，抓住机遇积极推动合作，加强双边或多边关系，成为推动"一带一路"建设的重要保证。如中阿产业园建立的主要目的是，希望通过来自中国的先进技术与理念助推阿曼实现经济多元化，这与中国企业"走出去"的愿景和宁夏转型需求不谋而合，为中阿产业园建设奠定了良好的基础。同时，园区为投资者提供税收和关税等方面的优惠政策，并为入园企业提供一定的优惠条件（如土地租金、工业电价和水价等），以便快速吸引有实力的企业进驻。当然，阿曼国家政局稳定及中阿产业园的可持续发展建设是投资国家或投资者关注的焦点，未来还需要加强阿中两国政府及企业团体等合作交流，促进不同文明的交流与共赢，借助中国强劲的加工业和生产产能，强化两国产能合作，弥补国家自身生产能力的相对不足。

第九章　中东欧地区国家可持续发展评价与分析

一、区域总体评价

（一）中东欧地区国家可持续发展水平高于沿线国家总体水平

2015 年，中东欧地区国家可持续发展综合指数的总体均值为 47.9，相比“一带一路”沿线国家可持续发展综合指数的总体均值高 4.2。中东欧地区国家可持续发展总体差距不大，国家可持续发展水平最低国家（乌克兰）与最高国家（斯洛文尼亚）相差为 15.5。在 18 个中东欧国家中，多数国家处于中级阶段早期，占比高达 66.7%；处于初级阶段后期的国家占比为 11.1%；处于中级阶段中期的国家占比为 16.7%；处于中级阶段后期的国家占比为 5.6%（见图 9-1）。从 2010～2015 年中东欧地区国家可持续发展综合指数评分的发展趋势上来看，总体上呈上升的趋势，由 2010 年的国家可持续发展综合指数评分总体均值 44.9 增长至 2015 年的 47.9，增长 3。

（二）中东欧地区国家经济子系统发展水平不高，但区域内部发展差异显著

2015 年，中东欧地区国家经济子系统指数评分均值为 46.3，相比“一带一路”沿线国家经济子系统指数评分的均值高 2。在中东欧地区国家经济子系统指数评分中，评分最高的国家是斯洛文尼亚，为 58.2，评分最低的国家是乌克兰，为 32.3，两者相差高达 25.9。可见，中东欧地区国家经济子系统指数评分的分布相对分散，区域内国家之间的经济发展水平差距依然明显。从 2010～2015 年中东欧地区国家经济子系统指数评分的发展趋势上来看，总体上呈先下降后上升

的趋势，由2010年的国家经济子系统指数评分均值33.4增长至2015年的46.3，增长12.9（见图9-2）。

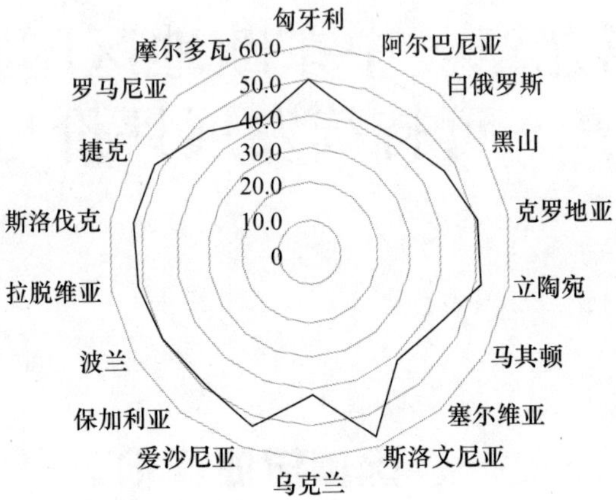

图9-1　2015年中东欧地区国家可持续发展综合指数

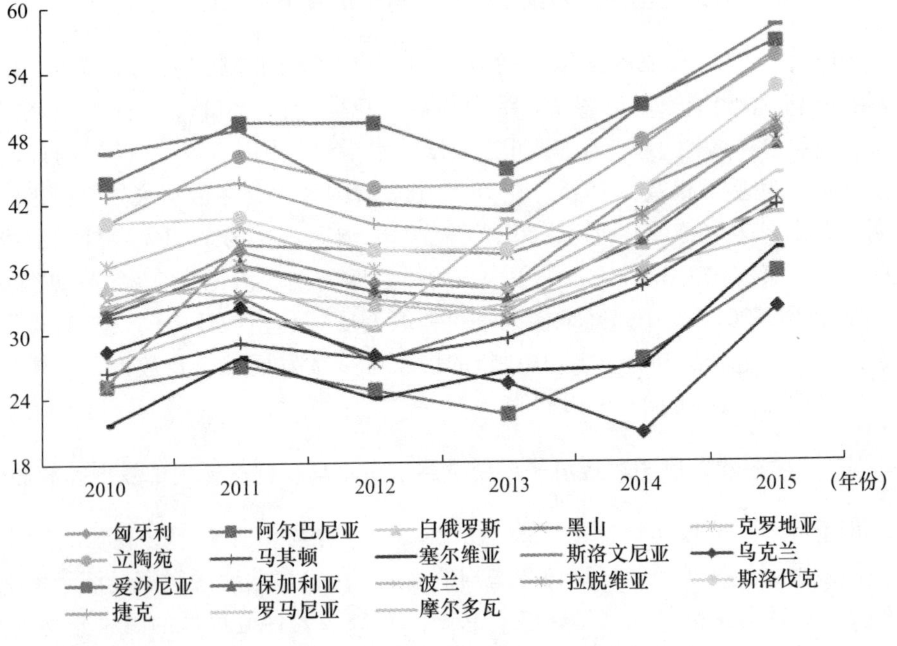

图9-2　2010～2015年中东欧地区国家经济子系统指数

（三）中东欧地区国家社会子系统发展水平较高，且区域内部发展差距不大

2015 年，中东欧地区国家社会子系统指数评分均值为 53.4，相比"一带一路"沿线国家社会子系统指数评分的均值高 8.2。在中东欧地区国家社会子系统指数评分中，评分最高的国家是斯洛文尼亚，为 58.4，评分最低的国家是马其顿，为 47.7，两者相差 10.7。可见，中东欧地区国家社会子系统指数评分的分布相对集中，区域内国家之间的社会发展水平差距不大。从 2010～2015 年中东欧地区国家社会子系统指数评分的发展趋势上来看，总体上呈平稳的发展态势，由 2010 年的国家社会子系统指数评分均值 53.9 下降至 2015 年的 53.4，下降 0.5（见图 9－3）。

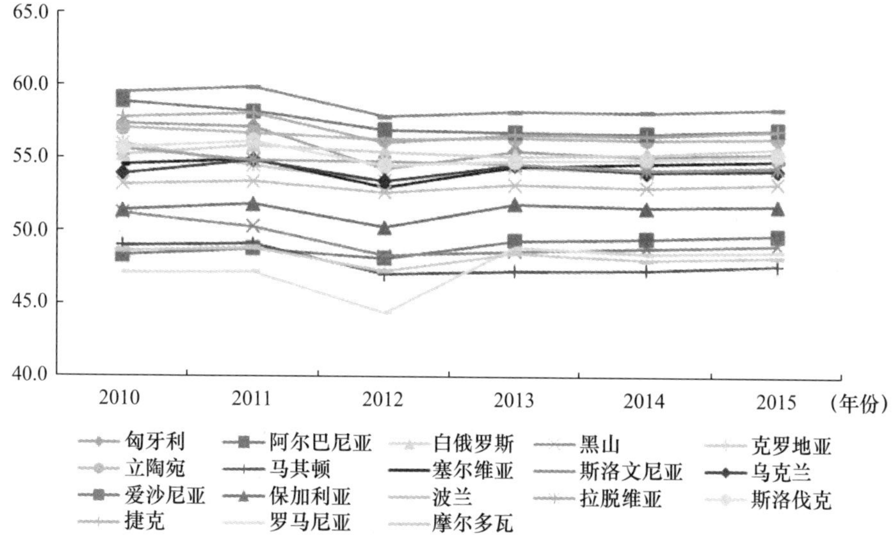

图 9－3　2010～2015 年中东欧地区国家社会子系统指数

（四）中东欧地区国家环境子系统发展水平不高，且区域内部发展差异显著

2015 年，中东欧地区国家环境子系统指数评分均值为 39.7，相比"一带一路"沿线国家环境子系统指数评分的均值高 2.8。在中东欧地区国家环境子系统指数评分中，评分最高的国家是斯洛文尼亚，为 56.1，评分最低的国家是白俄罗斯，为 31.3，两者相差高达 24.8。可见，中东欧地区国家环境子系统指数评分的分布相对分散，区域内国家之间的环境发展水平差距较大。从 2010～2015 年中东欧地区国家环境子系统指数评分的发展趋势上来看，总体上呈波动性发展趋

势，由2010年的国家环境子系统指数评分均值39.8下降至2015年的39.7，下降0.1（见图9-4）。

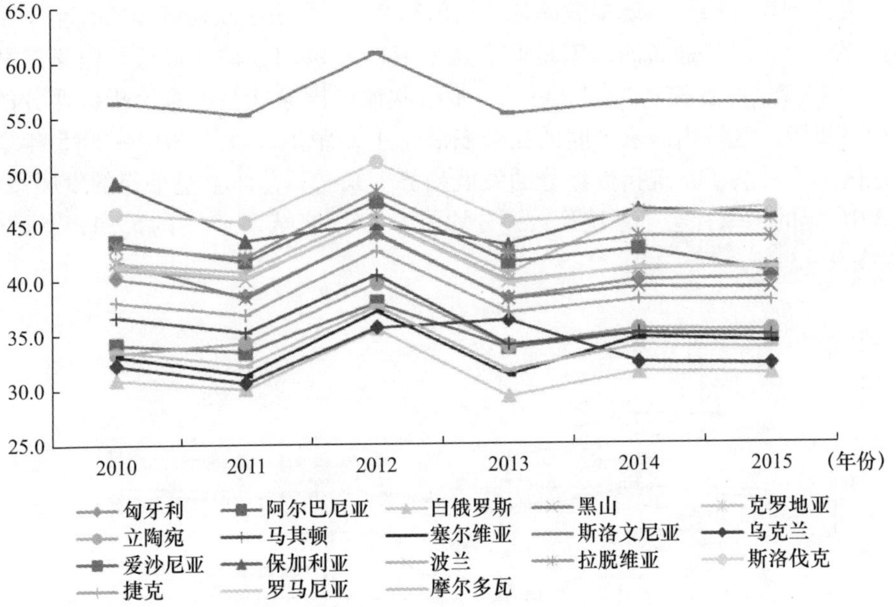

图9-4　2010~2015年中东欧地区国家环境子系统指数

（五）中东欧地区国家基础设施子系统发展水平不高，且区域内部发展差距稳步缩小

2015年，中东欧地区国家基础设施子系统指数评分均值为37.8，相比“一带一路”沿线国家基础设施子系统指数评分的均值高4.4。在中东欧地区国家基础设施子系统指数评分中，评分最高的国家是波兰，为43.2，评分最低的国家是摩尔多瓦，为30.1，两者相差达13.1。可见，中东欧地区国家基础设施子系统指数评分的分布相对集中，区域内国家之间的基础设施发展水平差距稳步缩小。从2010~2015年中东欧地区国家基础设施子系统指数评分的发展趋势上来看，总体上呈先上升后下降的发展趋势，由2010年的国家基础设施子系统指数评分均值38.8上升至2012年的40.4，而后下降至2015年的37.8（见图9-5）。

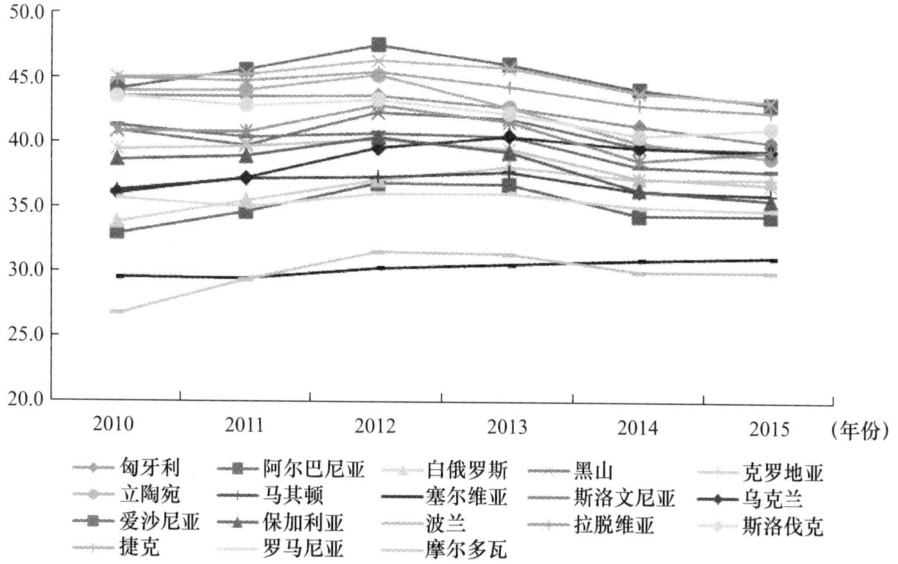

图 9－5　2010～2015 年中东欧地区国家基础设施子系统指数

（六）中东欧地区国家机制子系统发展水平较高，但区域内部发展差异显著

2015 年，中东欧地区国家机制子系统指数评分均值为 66.7，相比“一带一路”沿线国家机制子系统指数评分的均值高 3.5。在中东欧地区国家机制子系统指数评分中，评分最高的国家是立陶宛，为 80，评分最低的国家是塞尔维亚，为 41.5，两者相差高达 38.5。可见，中东欧地区国家机制子系统指数评分的分布相对分散，区域内国家之间的机制发展水平差距较大。从 2010～2015 年中东欧地区国家机制子系统指数评分的发展趋势上来看，总体上呈平稳的发展趋势，由 2010 年的国家机制子系统指数评分均值 66.4 增长至 2015 年的 66.7，增长 0.3（见图 9－6）。

综上可见，中东欧地区国家五大子系统之间的发展差异显著，机制子系统指数评分的均值最高，基础设施子系统指数评分的均值最低，两者相差高达 29.8，环境子系统指数评分的均值也不高，与评分均值最高相差 26.3。总体上，机制子系统是中东欧地区国家可持续发展水平的优势，而基础设施子系统和环境子系统是制约中东欧地区国家可持续发展水平的两个重要因素。

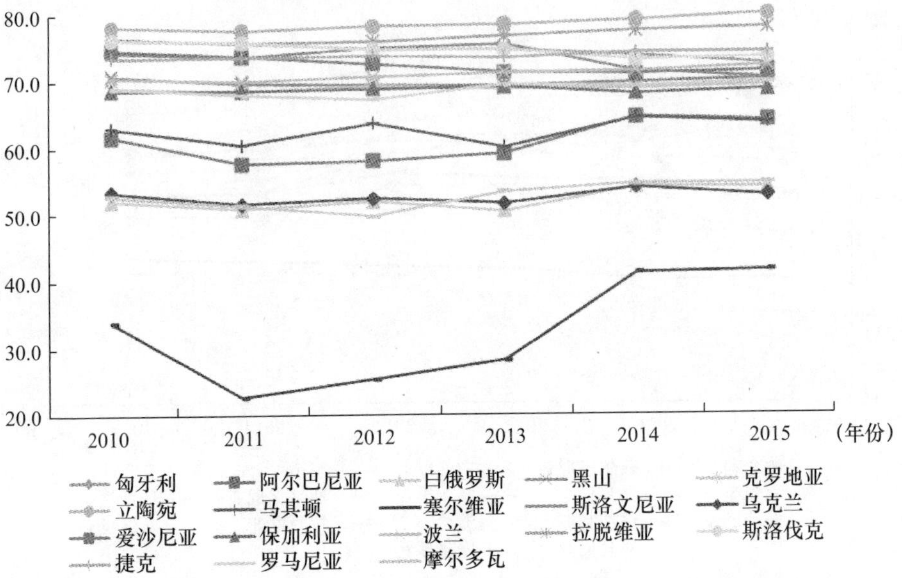

图9－6　2010～2015年中东欧地区国家机制子系统指数

二、匈牙利

匈牙利是一个位于欧洲中部的内陆国家，与奥地利、斯洛伐克、乌克兰、罗马尼亚、塞尔维亚、克罗地亚和斯洛文尼亚接壤。目前匈牙利已进入发达国家行列，工业基础较好。且匈牙利采取各种措施优化投资环境，是中东欧地区人均吸引外资最多的国家之一。

（一）匈牙利可持续发展阶段总体评价

2010～2015年，匈牙利可持续发展总体评价得分基本保持稳定增长，到2015年为50.45分。2015年匈牙利的社会领域得分为55.37分，而环境领域得分为40.1分（见图9－7）。综合这些情况，根据可持续发展阶段划分标准，可以判断2015年匈牙利处于可持续发展中级阶段早期。匈牙利在“一带一路”沿线国家中，其可持续发展总体评价得分排名相对靠前，位列第13。

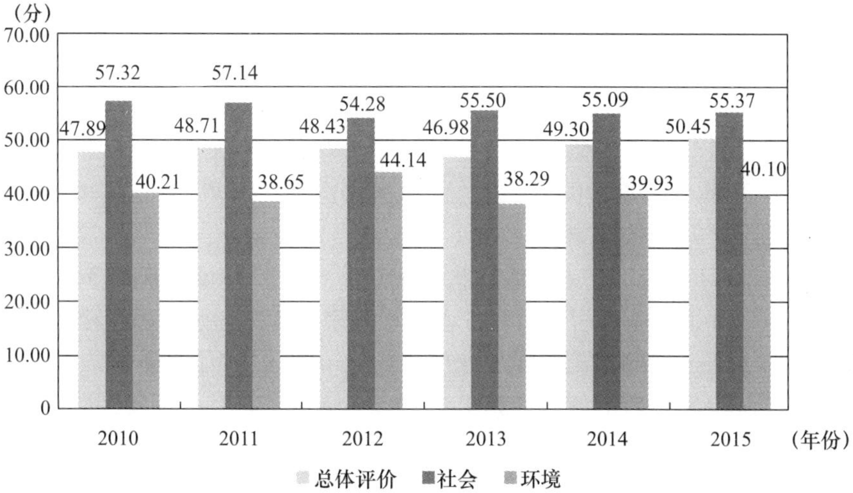

图9－7　匈牙利可持续发展总体评价得分情况

从可持续发展领域得分对比情况来看，匈牙利的机制领域得分最高，但有缓慢下降的趋势，到2015年为75.7分，相比2010年下降了4.48分；社会领域自2012年后有小幅度下降，2015年时为55.37分，相比2010年下降了1.95分；匈牙利的经济领域得分自2014年起快速攀升，到2015年达到48.41分，相比2010年提高了16.25分；基础设施领域得分稳中有降，2015年相比2010年下降了3.47分；环境领域得分出现“W”形波动，在2011年和2013年出现两个低值，并在2015年恢复到40.1分，但仍比2010年时低0.11分（见图9－8）。

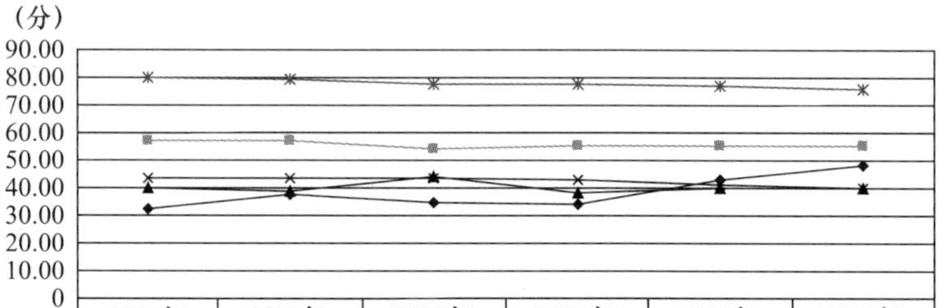

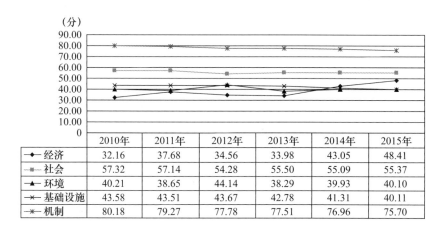

	2010年	2011年	2012年	2013年	2014年	2015年
经济	32.16	37.68	34.56	33.98	43.05	48.41
社会	57.32	57.14	54.28	55.50	55.09	55.37
环境	40.21	38.65	44.14	38.29	39.93	40.10
基础设施	43.58	43.51	43.67	42.78	41.31	40.11
机制	80.18	79.27	77.78	77.51	76.96	75.70

图9－8　匈牙利可持续发展领域得分对比

（二）匈牙利可持续发展重点领域分析

1. 经济

匈牙利经济规模维度在2011年出现一个小贬值后，呈“J”形增长。到2015年达到51.33分，相比2010年提高了32.92分。之所以出现这样的增长趋势，与国际大的经济环境息息相关。2008年金融危机，给匈牙利带来很大的损失。到2010年，匈牙利经济仍处于低谷状态，GDP年增长率仅为0.68%。为此，匈牙利政府采取紧急措施，引入了非常谨慎的财政政策，这导致财政开支开始逐年下降；同时，通过基础设施的投资来推动经济的发展和经济活动的活跃。2011年匈牙利经济出现短暂的增长，GDP年增长率升至1.74%。但受到政府经济政策的影响，2012年国内通货膨胀加剧、过度赤字风险延续，GDP增速降至1.6%。2013年匈经济呈现好转迹象，GDP实现2.12%的增长，至此实体经济触底反弹。

匈牙利经济质量维度在2013年出现下降，后在2014年恢复增长。到2015年，该维度得分为37.24分，相比2010年提高了2.85分。匈牙利经济在2013年触底反弹，经济效益提高——全社会劳动生产率在2013年同比提高了5.69%。另外，经济结构逐步调整：国内投资缓慢增长，表现为资本形成总额占GDP比重同比提高了0.6个百分点；服务业增加值占GDP比例同比提高了0.24个百分点；进出口恢复增长，表现为经常项目余额占比同比提高2.07个百分点；与此相对的是吸引外资尚未恢复，当年FDI占GDP比重为负。而随着2014年和2015年各项经济指标（FDI占比在2015年又出现负值）继续改善，匈牙利经济质量维度得分继续增长。

匈牙利经济活力维度得分除在2011年出现短暂下降外，一直处于持续增长中，到2015年为56.65分，相比2010年提高了12.98分。经过分析发现，匈牙利的经济外向度持续提高，表明其经济开放度较高。但其债务占GDP比重直到2013年才停止增长，稳定在94.34%，经济运行风险得到控制。而其经济创新指数直到2015年才开始增长，为44.71，相比2010年下降了3.41个单位。在这些指标的共同作用下，匈牙利经济活力维度得分在2015年前远没有2015年的增长幅度大（见图9-9）。

2. 社会

匈牙利平等就业维度到2015年相比2010年下降了4.36分。为改变国内经济形势，匈牙利政府出台一系列经济政策。而受到政府经济政策的影响，2012年国内通货膨胀加剧、过度赤字风险延续。相应地，国内社会公平和就业情况受到波及。匈牙利的基尼系数在2012年提高到了30.55，之后年份基本维持不变。

而2012年后匈牙利国内妇女劳动参与比例下降，到2015年相比2010年下降了0.18个百分点。

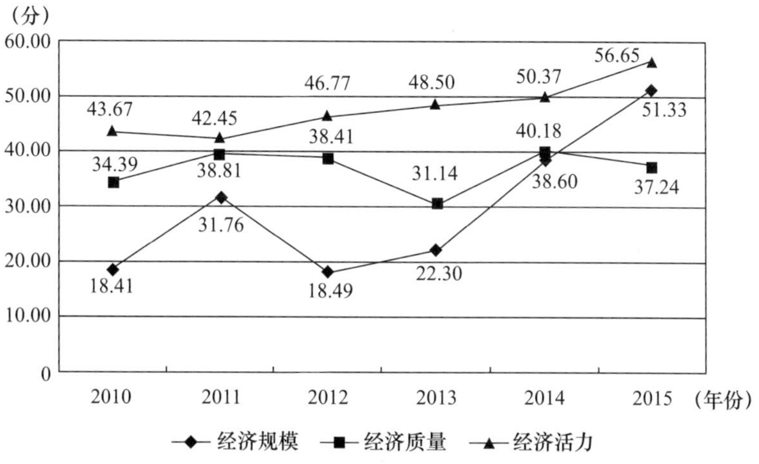

图9－9 匈牙利经济领域细分维度得分情况

匈牙利公共服务维度得分在六年内下降了1.95分。在其他要素不变或略有改善的前提下，匈牙利表征健康的孕产妇死亡率在2015年相比2010年提高了2个单位；而表现教育水平的政府教育支出占比则下降了0.38个百分点。

受国内经济形势影响，匈牙利居民的生活水平也受到一定影响。匈牙利生活水平维度得分在2012年降至61.56分，到2015年恢复至66.67分，但仍比2010年低1.11分。与此相对应，在其他要素不变的前提下，匈牙利的贫困发生率在2012年增至0.26%，相比2010年扩大了2.25倍。

匈牙利的人口基础维度得分在2010～2015年有升有降，但2015年比2010年提高了0.94分（见图9－10）。匈牙利是一个低生育率国家（一直为负增长），其人口密度也在下降，即匈牙利的人口禀赋是在下降的。与此同时，匈牙利的人口结构不断改善，不仅出生性别比更为均衡，科技人员数2015年比2010年增长了24.38%，另外，城镇化水平2015年相比2010年提高了1.37个百分点，升至71.23%。

3. 环境

匈牙利资源贫乏，但其人均水资源和人均森林面积在六年来均有所改善，直接表现为匈牙利的资源维度得分2015年相比2010年提高了0.1分。

匈牙利污染维度得分在2013年后出现下降，到2015年为85.3分，相比2010年下降了0.48分。这与匈牙利经济2013年后触底反弹，经济活动增加，以及城镇化水平推进不无关系，直接表现为烟尘排放量在2013年后增长，且2015年比2010年提高了1.35%。而其他污染物排放或下降或不变，对污染维度得分影响不大。

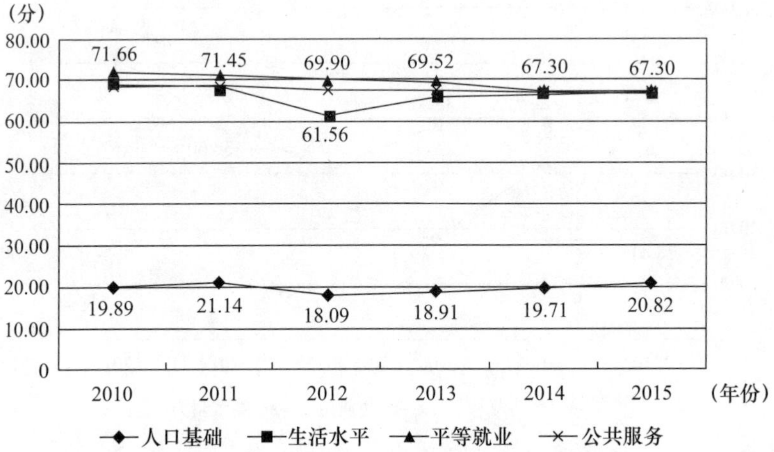

图9-10　匈牙利社会领域细分维度得分情况

匈牙利能源维度得分呈现类似"W"形变化，且在2012年出现小高值45.84分。到2015年，能源维度得分仅比2010年提高了0.06分（见图9-11）。这不仅与其能耗降低有关，也受其能源结构改善影响。匈牙利的单位GDP能源在2015年出现下降，但其能源消耗弹性系数反映的能源利用效率提升较快。匈牙利2012年二次能源占比同比提高了1.13个百分点；之后，增长仍在持续，但明显幅度没有2012年大。

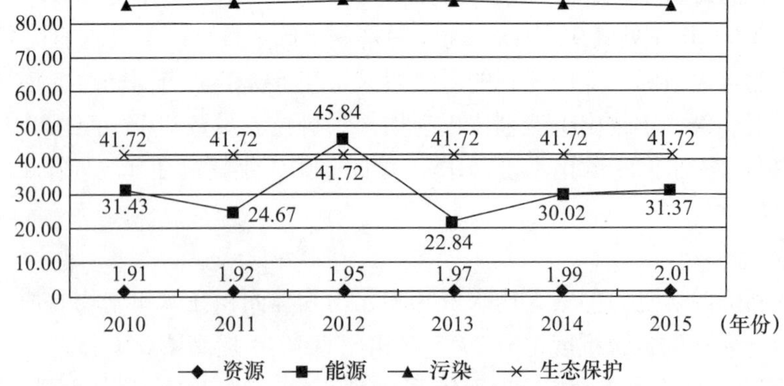

图9-11　匈牙利环境领域细分维度得分情况

4. 基础设施

匈牙利的交通设施维度得分在 2013 年后恢复增长，但 2015 年仍比 2010 年低 0. 22 分。2012 年后，匈牙利的交通基础设施在政府的支持下进行了大规模重建，铁路千米数不断增加，航空运输量到 2015 年比 2010 年提高了 30. 7%。但航空运输量在 2012 年时（相比 2010 年）减少了 20. 22%，直接拉低了交通设施维度得分。

匈牙利的信息与公共服务设施维度得分自 2013 年持续下降，到 2015 年降至 75. 8 分，比 2010 年低 6. 72 分（见图 9 – 12），而这主要受其信息设施指标影响。匈牙利的公共服务设施普及率较高，近年来一直保持稳定。信息设施中互联网普及率在 2015 年相比 2014 年下降了 3. 3 个百分点，而固定和移动电话普及率五年来均未超过 2010 年的水平。

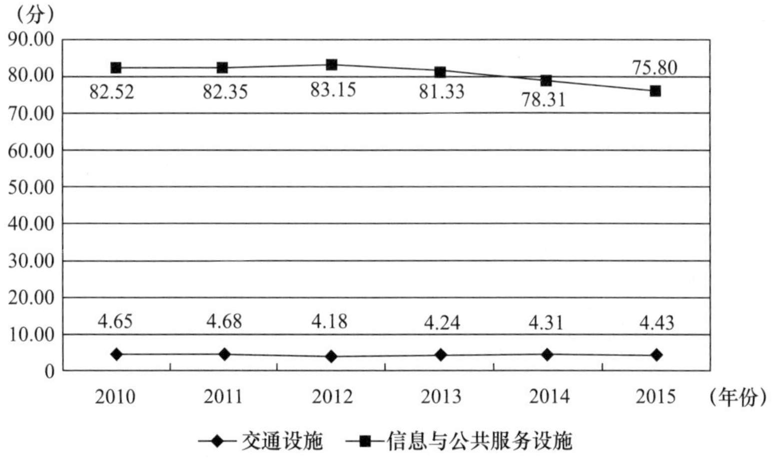

图 9 – 12　匈牙利基础设施细分维度得分情况

5. 机制

匈牙利国内制度维度得分持续下降，到 2015 年为 53. 38 分，相比 2010 年下降了 9. 35 分。这主要受其社会治理指标下降影响，直接体现为其全球治理指数 2015 年相比 2010 年下降了 23. 81%。而其经济自由度指数近年来略有下降，且在 2015 年比 2010 年低了 3 个单位。

匈牙利国际合作维度得分 2010 年以来出现微小的下降，直到 2014 年增至 98. 02 分，并保持到 2015 年（见图 9 – 13）。在金融危机及欧债危机的波及下，匈牙利政府财政赤字增加，为此，欧盟对其实施长达 9 年的“过度赤字程序”。2013 年匈牙利提前还清 IMF 贷款，也为其开展国际合作创造了条件。

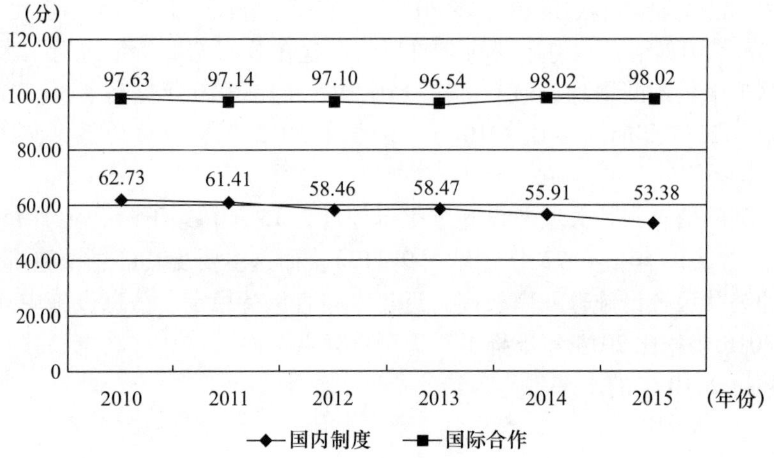

图 9-13　匈牙利机制细分维度得分情况

(三) 小结

匈牙利 2015 年处于可持续发展中级阶段早期，其可持续发展总体评价得分在"一带一路"沿线国家排名靠前，位列第 13。从匈牙利可持续发展领域得分对比情况来看，其机制领域得分虽有缓慢下降，但得分最高；社会领域相对平稳；经济领域在 2014 年和 2015 年快速攀升；环境和基础设施领域目前得分接近。未来，需要在稳固经济发展成果的同时，加强基础设施和环境领域投入，以提高其可持续发展潜力。

因欧洲经济复苏缓慢，欧洲市场疲软。"一带一路"倡议的提出，为匈牙利加强和亚洲国家的经济联系创造了条件。亚洲经济在金融危机期间仍然在不断地增长，这将为匈牙利提供更多的市场与投资机会；匈牙利可在沿线国家中，就其优势产业，如有机农业、制药、旅游等领域开展交流与合作，提高其经济活力。

三、阿尔巴尼亚

阿尔巴尼亚共和国位于东南欧巴尔干半岛西部，北部和东北部分别与塞尔维亚和黑山及马其顿接壤，南部与希腊为邻，西临亚得里亚海，地处海陆交通要道，邻近西欧发达国家市场，区位优势明显，是"一带一路"沿线重要国家。

（一）阿尔巴尼亚可持续发展总体评价

评价结果显示，2015 年，阿尔巴尼亚可持续发展指数为 41.6，在“一带一路”沿线国家中的排名为第 33 位，阿尔巴尼亚可持续发展处于中级早期发展阶段。由图 9 - 14 可知，2010 ~2015 年，阿尔巴尼亚可持续发展呈小幅上升趋势。

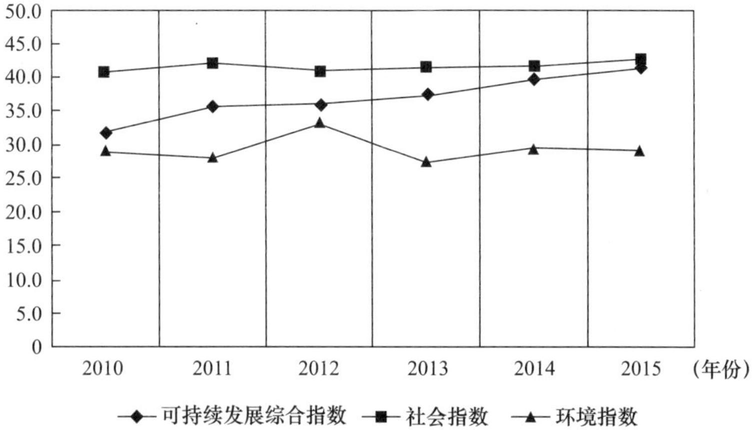

图 9 - 14　2010 ~2015 年阿尔巴尼亚可持续发展评价

2010 ~2015 年，阿尔巴尼亚五大子系统的发展程度存在一定差距，其中，机制子系统发展程度相对较好，而基础设施子系统发展程度相对较差。2015 年，按指数由高到低依次为机制子系统、社会子系统、经济子系统、环境子系统和基础设施子系统，指数分别为 58.3、49.7、35.5、34.8、34.4，其中基础设施子系统与发展最好的机制子系统指数相差达 23.9。可见，基础设施建设水平是影响阿尔巴尼亚可持续发展的重要因素之一（见图 9 - 15）。

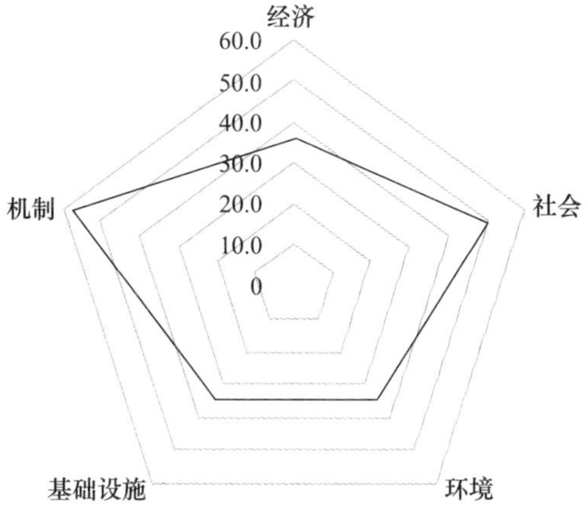

图 9 - 15　2015 年阿尔巴尼亚五大子系统的发展评价

2010～2015年，经济子系统指数、社会子系统指数、环境子系统指数、基础设施子系统指数、机制子系统指数均呈上升趋势（见表9－1）。经济子系统指数的增幅最大，年均增幅为7.1%，其次由高到低分别为机制子系统指数、基础设施子系统指数、社会子系统指数、环境子系统指数，年均增幅分别为2.2%、0.8%、0.6%、0.4%。

表9－1　2010～2015年可持续发展五大子系统年均增幅

可持续发展子系统	增幅（%）
经济子系统	7.1
社会子系统	0.6
环境子系统	0.4
基础设施子系统	0.8
机制子系统	2.2

（二）阿尔巴尼亚可持续发展重点领域分析

1. 经济

在2010～2015年经济子系统测评结果中，经济规模、经济质量和经济活力指数均呈上升的趋势。2015年，经济规模指数为45.1，较2010年增长143.2%，年均增幅为19.4%；经济质量指数为24.4，较2010年增长0.3%，年均增幅为0.1%；经济活力指数为37，较2010年增长13.2%，年均增幅为2.5%。其中，经济规模指数最高，经济活力指数次之，经济质量指数最低，最大相差为20.7（见图9－16）。

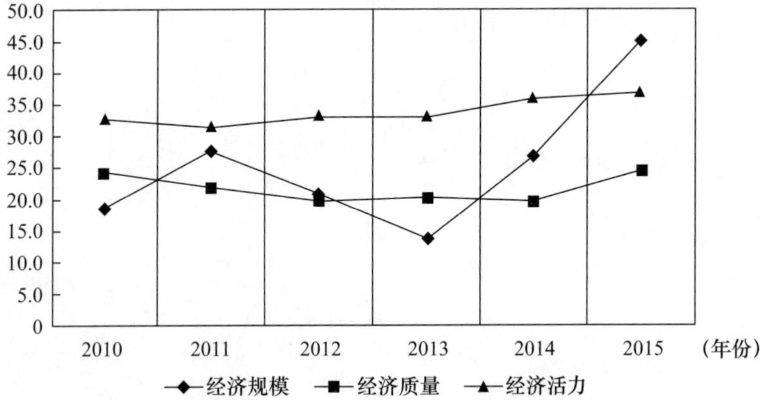

图9－16　2010～2015年经济子系统三个维度的评价指数

在经济规模方面，2010～2015 年，GDP 增长率、人均 GDP 呈下降趋势。2015 年，阿尔巴尼亚国内生产总值为 113.98 亿美元，同比增长 2.8%，较 2010 年下降 0.9 个百分点，年均降幅为 5.5%；人均 GDP 为 3945.2 美元，较 2010 年下降 3.6%，年均降幅为 0.7%。可见，阿尔巴尼亚经济水平不高，按世界银行划分贫富程度标准，阿尔巴尼亚处于中等偏上收入国家的水平。

在经济质量方面，2010～2015 年，资本形成总额占 GDP 比重呈下降趋势，而服务业增加值占 GDP 比重、FDI 占 GDP 比重、全社会劳动生产率均呈上升趋势。2015 年，资本形成总额占 GDP 比重为 27.4%，较 2010 年下降 2.9 个百分点，年均降幅为 2%；服务业增加值占 GDP 比重为 52.4%，较 2010 年提升 1.8 个百分点，年均增幅为 0.7%；FDI 占 GDP 比重为 0.7%，较 2010 年提升 0.3 个百分点，年均增幅为 12.5%；全社会劳动生产率为 16234.2 美元/人，较 2010 年增长 7.8%，年均增幅为 1.5%。可见，阿尔巴尼亚经济结构正逐步合理化。

在经济活力方面，2010～2015 年，国家创新指数、经济外向度呈下降趋势，而债务占 GDP 比重呈上升趋势。2015 年，国家创新指数为 28.4，较 2010 年下降 6.8%，年均降幅为 1.4%；经济外向度为 71.7%，较 2010 年下降 4.6 个百分点，年均降幅为 1.2%；债务占 GDP 比重为 73.2%，较 2010 年提升 27.7 个百分点，年均增幅为 10%。可见，阿尔巴尼亚的经济开放水平及风险程度均较高。

2. 社会

在 2010～2015 年社会子系统测评结果中，人口基础指数、平等就业指数、公共服务指数呈上升趋势，而生活水平指数呈下降趋势。2015 年，人口基础指数为 14.3，较 2010 年增长 12.3%，年均增幅为 2.3%；平等就业指数为 68.1，较 2010 年增长 3.7%，年均增幅为 0.7%；公共服务指数为 63，较 2010 年增长 8.6%，年均增幅为 1.7%；生活水平指数为 53.6，较 2010 年下降 5.7%，年均降幅为 1.2%。可见，平等就业指数最高，其次为公共服务指数、生活水平指数，而人口基础指数最低，最大相差高达 53.8（见图 9－17）。

在人口基础方面，人口自然增长率、每万人科技人员数、人口城镇化率呈上升趋势，而人口密度、出生性别比呈下降趋势。2015 年，人口自然增长率为 −0.16%，较 2010 年提升 0.3 个百分点；每万科技人员数为 339.9 人，较 2010 年增长 7%，年均增幅为 1.4%；人口城镇化率为 57.4%，较 2010 年提升 5.2 个百分点，年均增幅为 1.9%；人口密度为 105.4 人/千米，较 2010 年下降 0.8 个百分点，年均降幅为 0.2%；出生性别比为 98.4%，较 2010 年下降 3.2 个百分点，年均降幅为0.6%。可见，阿尔巴尼亚劳动力资源丰富，但人口呈负增长趋势，人口结构有待进一步优化。

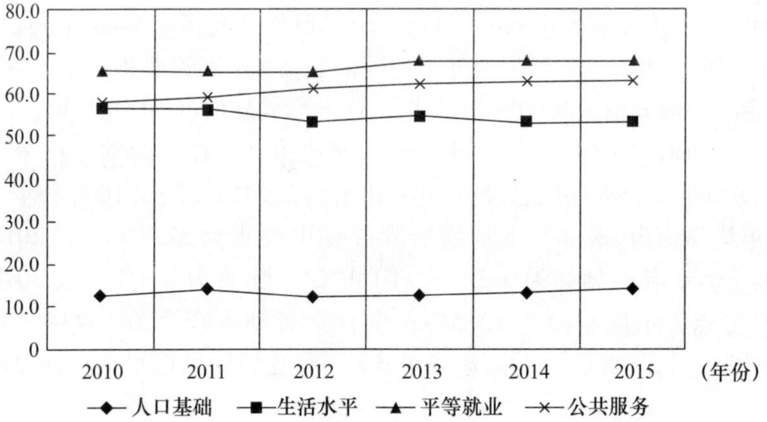

图9-17　2010~2015年社会子系统四个维度的评价指数

在生活水平方面，2010~2015年，营养不良发生率呈下降趋势，而粮食产量、超过100万的城市群中人口占总人口比重呈上升趋势。2015年，营养不良发生率为14%，较2010年下降2.6个百分点，年均降幅为3.3%；人均粮食产量为242千克，较2010年增长1.6%，年均增幅为0.3%；单位面积粮食产量为4892.6千克，较2010年增长2.7%，年均增幅为0.5%；超过100万的城市群中人口占总人口比重为27.3%，较2010年提升0.3个百分点，年均增幅为0.2%。可见，阿尔巴尼亚的人民生活水平稳步提高。

在平等就业方面，2010~2015年，失业率、人类发展指数、劳动中妇女的比例呈上升趋势。2015年，失业率为16.1%，较2010年提升1.9个百分点，年均增幅为1.9%；人类发展指数为0.73，较2010年增长1.5%，年均增幅为0.3%；劳动中妇女的比例为41.3%，较2010年提升0.3个百分点，年均增幅为0.2%；基尼系数为0.29，按照联合国有关组织对基尼系数的规定，阿尔巴尼亚属于收入比较平均的国家。

在公共服务方面，2010~2015年，人均医疗卫生支出、每千人医院床位数、预期寿命、入学率均呈增长趋势，而新生儿死亡率、孕产妇死亡率呈下降趋势。2015年，人均医疗卫生支出为272.2美元，较2010年增长24.1%，年均增幅为4.4%；每千人医院床位数为2.6个，较2010年增长0.2%，年均增幅为1.4%；预期寿命为77.8岁，较2010年增长0.8%，年均增幅为0.2%；中学和高等院校入学率分别为96.4%、62.7%，较2010年分别提升8个百分点和18.2个百分点，年均增幅分别为1.8%、7.1%；新生儿死亡率为6.2%，较2010年下降1.3个百分点，年均降幅为3.7%；孕产妇死亡率为29%，较2010年下降1个百分点，年均降幅为0.7%；政府教育支出占比为12.1%。可见，阿尔巴尼亚教育事业发展较好，医疗卫生水平有待提高。

3. 环境

在2010~2015年环境子系统测评结果中，资源指数、能源指数均呈上升趋势，而污染指数呈下降趋势。2015年，资源指数为5.2，较2010年增长3.2%，年均增幅为0.6%；能源指数为42，较2010年增长10%，年均增幅为1.9%；污染指数为88.7，较2010年下降1.3%，年均降幅为0.3%；生态保护指数为3.4。各指数的发展水平存在较大的差异，污染指数最高，其次为能源指数，而资源指数和生态保护指数相对较低，其中生态保护指数和污染指数最大相差高达85.3（见图9-18）。

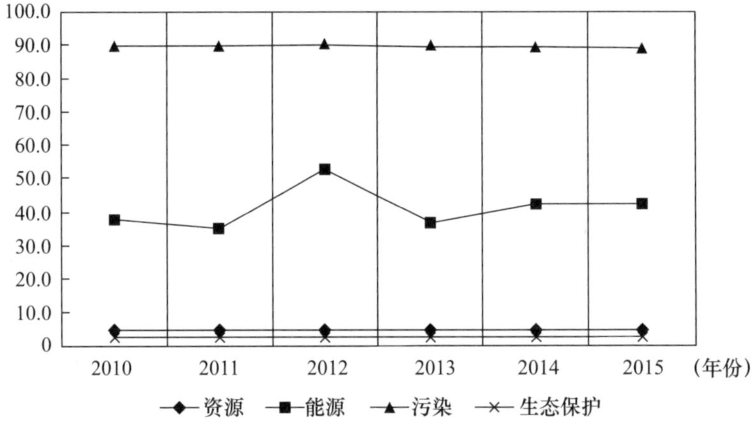

图9-18　2010~2015年环境子系统四个维度的评价指数

在资源禀赋方面，2010~2015年，人均森林面积、人均土地资源占有量、人均淡水资源占有量均呈上升趋势。2015年，人均森林面积为0.0027平方千米，较2010年增长0.2%，年均增幅为0.04%；人均土地资源占有量为0.01平方千米，较2010年增长0.8%，年均增幅为0.2%；人均淡水资源占有量为9296.2立方米，较2010年增长0.2%，年均增幅为0.05%。可见，阿尔巴尼亚资源禀赋良好，尤其是水利资源较为丰富。

在能源方面，2010~2015年，单位GDP能耗、能源消耗弹性系数呈下降趋势，二次能源占比呈上升趋势。2015年，单位GDP能耗为13.25美元/千克石油，较2010年下降2.6%，年均降幅为0.5%；能源消耗弹性系数为0.01，较

2010年下降51%，年均降幅为13.3%；二次能源占比为38.2%，较2010年提升1个百分点，年均增幅为0.6%。可见，阿尔巴尼亚能源结构持续优化，但能源消耗仍然较高。

在环境污染方面，2010~2015年，人均二氧化碳排放量、人均烟尘排放量、人均一氧化氮排放量、人均甲烷排放量均呈上升趋势。2015年，人均二氧化碳排放量为1.66公吨，较2010年增长5.3%，年均增幅为1%；人均烟尘排放量为17.1微克每立方米，较2010年增长16.3%，年均增幅为3.1%；人均一氧化氮排放量为0.0004公吨，较2010年增长2.4%，年均增幅为0.5%；人均甲烷排放量为0.0009公吨，较2010年增长2.4%，年均增幅为0.5%。可见，阿尔巴尼亚环境污染持续恶化。

4. 基础设施

在2010~2015年基础设施子系统测评结果中，交通设施指数呈下降趋势，而信息与公共服务设施指数呈上升趋势。2015年，交通设施指数为0.2，较2010年下降42.6%，年均降幅为10.5%；信息与公共服务设施指数为68.6，较2010年增长4.5%，年均增幅为0.9%。交通设施指数和信息与公共服务设施指数相差68.4（见图9-19）。

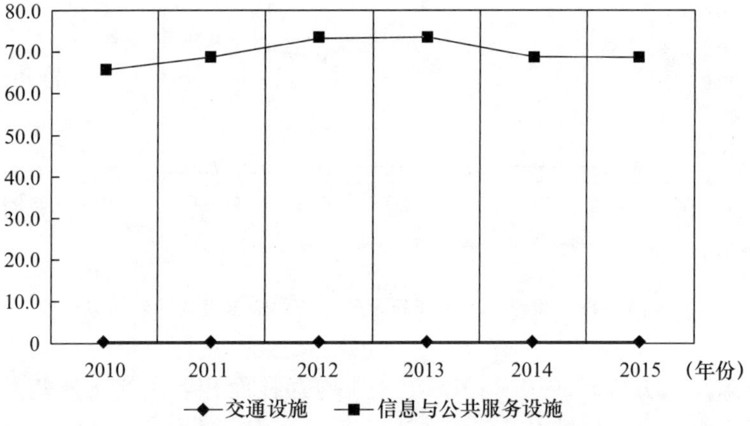

图9-19 2010~2015年基础设施子系统两个维度的评价指数

在交通设施方面，2010~2015年，港口吞吐能力呈上升趋势。2015年，港口吞吐能力为99000万吨，较2010年增长14%，年均增幅为2.6%；铁路里程数为423千米。可见，阿尔巴尼亚交通基础设施不完善。

在信息与公共服务设施方面，2010~2015年，互联网普及率、固定和移动电话普及率、改善卫生设施获得比例均呈上升趋势。2015年互联网普及率为

63.3%，较2010年提升18.3个百分点，年均增幅为7.1%；固定和移动电话普及率为106.4%，较2010年提升20.9个百分点，年均增幅为4.5%；改善卫生设施获得比例为93.2%，较2010年提升2.3个百分点，年均增幅为0.5%。可见，阿尔巴尼亚信息化及公共服务设施改善明显。

5. 机制

在2010~2015年机制子系统测评结果中，国内制度指数呈下降趋势，而国际合作指数呈上升趋势。2015年，国内制度指数为44.6，较2010年下降5.8%，年均降幅为1.2%；国际合作指数为72，较2010年增长25.8%，年均增幅为4.7%。其中，国内制度指数和国际合作指数两个指数相差27.4（见图9-20）。

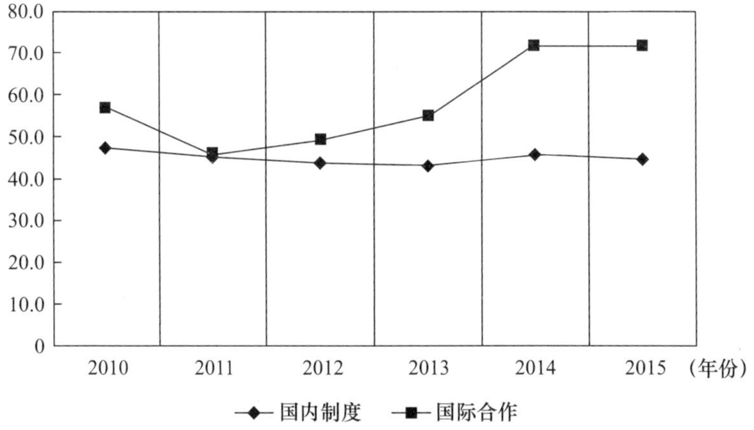

图9-20 2010~2015年机制子系统两个维度的评价指数

在国内制度方面，2010~2015年，经济自由度指数呈下降趋势，而全球治理指数呈上升趋势。2015年，经济自由度指数为65.7，较2010年下降0.5%，年均降幅为0.1%；全球治理指数为-0.07，较2010年增长74.1%，年均增幅为23.7%；控制腐败指数为-0.44，较2010年增长9%，年均增幅为1.9%。可见，阿尔巴尼亚经济自由度较高，但政府效能及控制腐败能力较弱。

在国际合作方面，提供（接受）的官方发展援助占GDP比重呈下降趋势。2015年，提供（接受）的官方发展援助占GDP比重为96.8%，较2010年下降28.2个百分点，年均降幅为5%。可见，阿尔巴尼亚高度依赖国外支持和援助。

（三）小结

阿尔巴尼亚经济平稳发展，人民生活水平不断提高，劳动力资源丰富，教育事业发展较好，水利资源较丰富。然而，阿尔巴尼亚是欧洲最不发达和低收入的国家之一，基础设施发展比较落后，交通互联互通设施短缺，失业率居高不下，腐败问题依旧十分严峻，是世界上最腐败的国家之一。

总体上，加入“一带一路”倡议为阿尔巴尼亚发展提供了新的契机，积极发展与“一带一路”沿线国家的经贸关系，吸收国外资金与援助，有助于缓解国家财政资金紧张，发展交通、电力等基础设施建设。

四、白俄罗斯

白俄罗斯地处“欧亚经济联盟”和欧盟交界之地，位于欧洲中心地带，战略区位优势比较明显，是“丝绸之路经济带”建设的重要枢纽，是最早宣布参与并支持中国实施和推进“一带一路”建设的国家之一，也是“一带一路”倡议建设计划中最重要的合作伙伴之一。

（一）白俄罗斯可持续发展总体评价

评价结果显示，2015 年，白俄罗斯可持续发展指数为 43.4，在“一带一路”沿线国家中的排名为第 27 位，白俄罗斯可持续发展处于初级后期发展阶段。

由图 9－21 可知，2010～2015 年，白俄罗斯可持续发展呈上升态势。单从国家可持续发展的指数来看，白俄罗斯可持续发展应处于中级早期阶段，但由于受环境子系统的制约，其可持续发展仍处于初级后期阶段。

2010～2015 年，白俄罗斯五大子系统的发展程度存在一定差距，其中，机制子系统和社会子系统发展程度相对较好，而环境子系统发展程度相对较差。2015 年，按指数由高到低，依次为机制子系统、社会子系统、经济子系统、基础设施子系统和环境子系统，指数分别为 58.6、55.7、38.7、37.2、31.3，其中环境子系统与发展最好的机制子系统指数相差达 27.3。可见，环境水平是影响白俄罗斯可持续发展的重要因素之一（见图 9－22）。

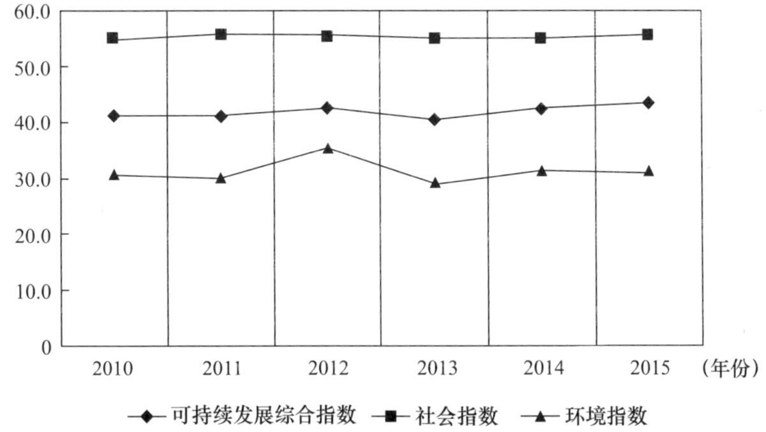

图 9－21 2010～2015 年白俄罗斯可持续发展评价

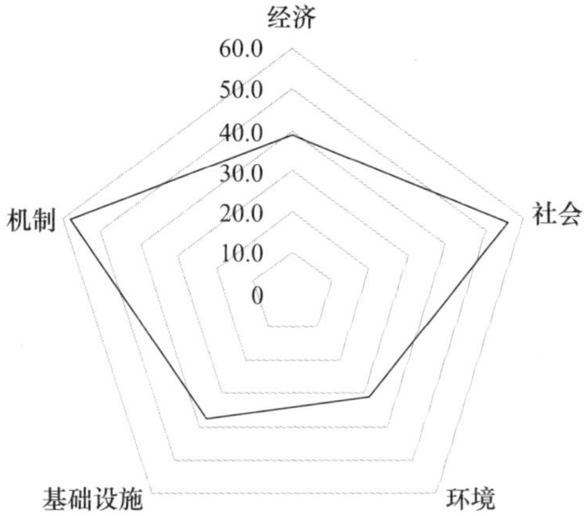

图 9－22 2015 年白俄罗斯五大子系统的发展评价

2010～2015 年，经济子系统指数、社会子系统指数、环境子系统指数、基础设施子系统指数和机制子系统指数均呈上升趋势（见表 9－2）。经济子系统指数的年均增幅最大，增幅为 2.4%，其次为基础设施子系统指数、机制子系统指数，年均增幅分别为 1.9%、1%，而环境子系统指数、社会子系统指数的增幅较低，年均增幅分别为 0.3%、0.2%。

表 9－2 2010～2015 年可持续发展五大子系统年均增幅

可持续发展子系统	增幅（%）
经济子系统	2.4
社会子系统	0.2

续表

可持续发展子系统	增幅（%）
环境子系统	0.3
基础设施子系统	1.9
机制子系统	1.0

（二）白俄罗斯可持续发展重点领域分析

1. 经济

在2010～2015年经济子系统测评结果中，经济规模、经济质量和经济活力指数均呈上升趋势。2015年，经济规模指数为37.1，较2010年增长30.5%，年均增幅为5.5%；经济质量指数为29.6，较2010年增长7.9%，年均增幅为1.5%；经济活力指数为49.4，较2010年增长4.5%，年均增幅为0.9%。其中，经济活力指数最高，经济规模指数次之，经济质量指数最低，最大相差19.8（见图9－23）。

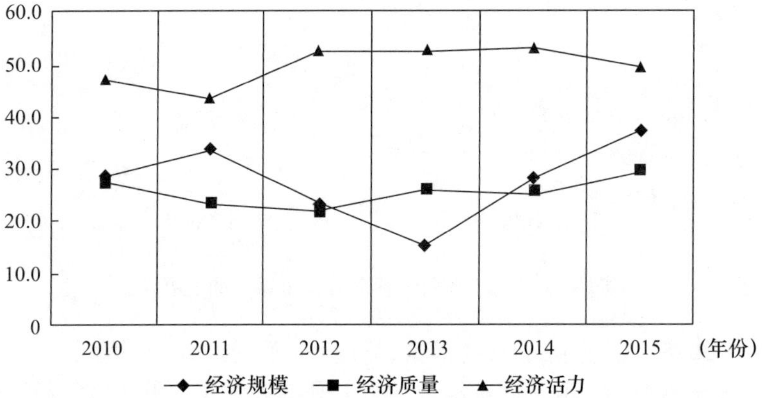

图9－23　2010～2015年经济子系统三个维度的评价指数

在经济规模方面，2010～2015年，GDP增长率、人均GDP呈下降趋势。2015年，白俄罗斯国内生产总值为546.1亿美元，同比下降3.9%，较2010年下降11.6个百分点；人均GDP为5740.5美元，较2010年下降1.3%，年均降幅为0.3%。可见，白俄罗斯的经济增速明显放缓，按世界银行划分贫富程度标准，白俄罗斯处于中等偏上收入国家的水平。

在经济质量方面，2010～2015年，资本形成总额占GDP比重呈下降趋势，而服务业增加值占 GDP 比重、FDI 占 GDP 比重、全社会劳动生产率均呈上升趋势。2015 年，资本形成总额占 GDP 比重为 30%，较 2010 年下降 11.2 个百分点，年均降幅为 6.2%；服务业增加值占 GDP 比重为 52.2%，较 2010 年提升 5 个百分点，年均增幅为 2%；FDI 占 GDP 比重为 0.2%，较 2010 年提升 0.1 个百分点，年均增幅为 16.3%；全社会劳动生产率为 26425.7 美元/人，较 2010 年增长 38.9%，年均增幅为 6.8%。可见，白俄罗斯经济结构趋向合理，经济效益较好。

在经济活力方面，2010 ~ 2015 年，国家创新指数呈下降趋势，而经济外向度、债务占 GDP 比重均呈上升趋势。2015 年，国家创新指数为 30.4，较 2010 年下降 7.6%，年均降幅为 1.6%；经济外向度为 119.9%，较 2010 年提升 0.2 个百分点，年均增幅为 0.04%；债务占 GDP 比重为 38.9%，较 2010 年提升 19.3 个百分点，年均增幅为 14.7%。可见，白俄罗斯具有较高的科研水平和经济开放水平。

2. 社会

在 2010 ~ 2015 年社会子系统测评结果中，人口基础指数、平等就业指数、公共服务指数呈上升趋势，而生活水平指数呈下降趋势。2015 年，人口基础指数为 18.6，较 2010 年增长 12.5%，年均增幅为 2.4%；平等就业指数为 69.2，较 2010 年增长 1.1%，年均增幅为 0.2%；公共服务指数为 73.3，较 2010 年增长 0.1%，年均增幅为 0.02%；生活水平指数为 61.7，较 2010 年下降 1.3%，年均降幅为 0.3%。可见，公共服务指数最高，其次为平等就业指数、生活水平指数，而人口基础指数最低，最大相差高达 54.7。

在人口基础方面，人口自然增长率、每万人科技人员数、人口城镇化率均呈上升趋势，而出生性别比呈下降趋势。2015 年，人口自然增长率为 0.3%，较 2010 年提升 0.5 个百分点；每万人科技人员数为 339.9 人，较 2010 年增长 7%，年均增幅为 1.4%；人口城镇化率为 76.7%，较 2010 年提升 2.1 个百分点，年均增幅为 0.5%；出生性别比为 86.8%，较 2010 年下降 0.1 个百分点，年均降幅为 0.02%。可见，白俄罗斯城镇化水平较高，但人口禀赋差，人口结构不合理。

在生活水平方面，2010 ~ 2015 年，营养不良发生率呈下降趋势，而粮食产量、超过 100 万的城市群中人口占总人口比重呈上升趋势。2015 年，营养不良发生率为 4.6%，较 2010 年下降 1.5 个百分点，年均降幅为 5.5%；人均粮食产量为 952.6 千克，较 2010 年增长 34.4%，年均增幅为 6.1%；单位面积粮食产量为 3720.5 千克，较 2010 年增长 32.2%，年均增幅为 5.7%；超过 100 万的城市群中人口占总人口比重为 20.1%，较 2010 年提升 0.7 个百分点，年均增幅为 0.7%。可见，白俄罗斯的人民生活水平改善明显。

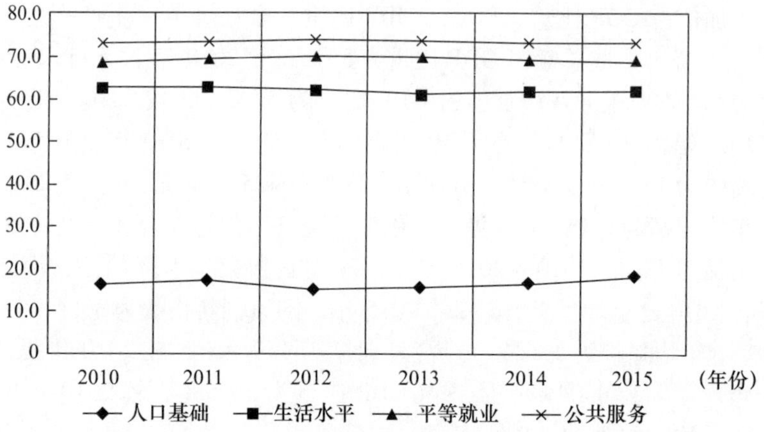

图 9-24 2010~2015 年社会子系统四个维度的评价指数

在平等就业方面，2010~2015 年，人类发展指数呈上升趋势，而失业率、劳动中妇女的比例、基尼系数呈下降趋势。2015 年，人类发展指数为 0.798，较 2010 年增长 1.5%，年均增幅为 0.3%；失业率为 5.9%，较 2010 年下降 0.3 个百分点，年均降幅为 1%；劳动中妇女的比例为 48.7%，较 2010 年下降 0.1 个百分点，年均降幅为 0.04%；基尼系数为 0.27，较 2010 年下降 4.9%，年均降幅为 1%，按照联合国有关组织对基尼系数的规定，白俄罗斯属于收入比较平均的国家。

在公共服务方面，2010~2015 年，人均医疗卫生支出、预期寿命、入学率均呈增长趋势，而新生儿死亡率、孕产妇死亡率、政府教育支出占比均呈下降趋势。2015 年，人均医疗卫生支出为 450.2 美元，较 2010 年增长 39.6%，年均增幅为 6.9%；预期寿命为 73 岁，较 2010 年增长 2.6%，年均增幅为 0.7%；高等院校入学率为 88.9%，较 2010 年提升 9.4 个百分点，年均增幅为 2.3%；新生儿死亡率为 1.9%，较 2010 年下降 0.4 个百分点，年均降幅为 3.7%；孕产妇死亡率为 4%，较 2010 年下降 1 个百分点，年均降幅为 4.4%；政府教育支出占比为 12.4%，较 2010 年下降 0.4 个百分点，年均降幅为 0.7%。可见，白俄罗斯医疗卫生和教育事业发展相对较好。

3. 环境

在 2010~2015 年环境子系统测评结果中，资源指数、能源指数均呈上升趋势，而污染指数呈下降趋势。2015 年，资源指数为 7.9，较 2010 年增长 3.1%，年均增幅为 0.6%；能源指数为 34.3，较 2010 年增长 6.3%，年均增幅为 1.2%；污染指数为 67.4，较 2010 年下降 0.7%，年均降幅为 0.1%；生态保护指数为

15.8。各指数的发展水平存在较大的差异，污染指数最高，其次为能源指数和生态保护指数，而资源指数相对最低，其中资源指数和污染指数最大相差高达59.5（见图9－25）。

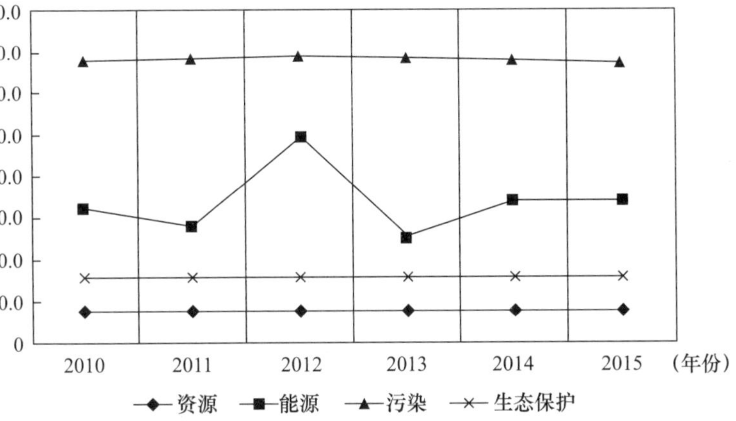

图9－25　2010～2015年环境子系统四个维度的评价指数

在资源禀赋方面，2010～2015年，人均森林面积呈上升趋势，而人均土地资源占有量、人均淡水资源占有量均呈下降趋势。2015年，人均森林面积为0.0091平方千米，较2010年增长0.9%，年均降幅为0.2%；人均土地资源占有量为0.0213平方千米，较2010年下降0.2%，年均降幅为0.05%；人均淡水资源占有量为3585.4立方米，较2010年下降0.2%，年均降幅为0.04%。可见，白俄罗斯具有良好的资源禀赋，尤其是森林和水资源。

在能源方面，2010～2015年，单位GDP能耗、二次能源占比呈上升趋势。2015年，单位GDP能耗为5.9美元/千克石油，较2010年增长9.5%，年均增幅为1.8%；二次能源占比为7.2%，较2010年提升0.2个百分点，年均增幅为0.7%。可见，白俄罗斯能源结构持续优化。

在环境污染方面，2010～2015年，人均二氧化碳排放量、人均一氧化氮排放量、人均甲烷排放量、人均烟尘排放量均呈上升趋势。2015年，人均二氧化碳排放量为6.7公吨，较2010年增长2%，年均增幅为0.4%；人均一氧化氮排放量为0.0015公吨，较2010年增长3.5%，年均增幅为0.7%；人均甲烷排放量为0.0018吨，较2010年增长1.4%，年均增幅为0.3%；人均烟尘排放量为17.9微克每立方米，较2010年增长1.1%，年均增幅为0.2%。可见，白俄罗斯环境污染有进一步恶化的现象。

4. 基础设施

在2010～2015年基础设施子系统测评结果中，交通设施指数、信息与公共服务设施指数呈上升趋势。2015年，交通设施指数为2.3，较2010年增长1.3%，年均增幅为0.3%；信息与公共服务设施指数为72.1，较2010年增长10.2%，年均增幅为2%。交通设施指数和信息与公共服务设施指数相差69.8（见图9－26）。

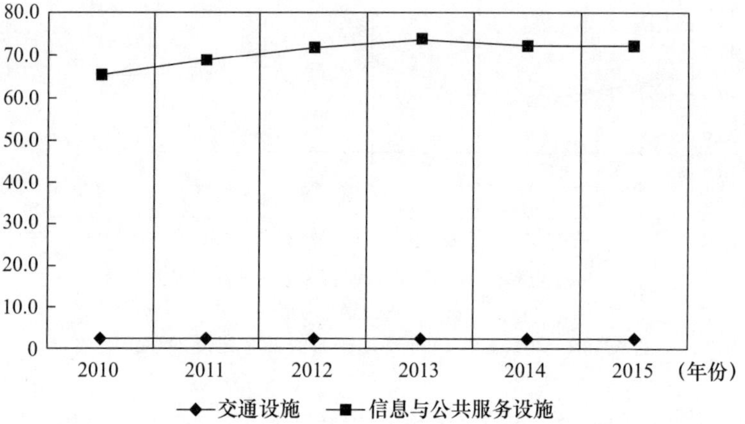

图9－26　2010～2015年基础设施子系统两个维度的评价指数

在交通设施方面，2010～2015年，铁路里程数呈下降趋势，而航空运输量呈上升趋势。2015年，铁路里程数为5470千米，较2010年下降0.6%，年均降幅为0.1%；航空运输量为22939百万次，较2010年增长89.6%，年均增幅为13.6%。可见，白俄罗斯交通设施具有一定的基础，但仍有提升空间。

在信息与公共服务设施方面，2010～2015年，互联网普及率、固定和移动电话普及率、改善水源获得比例均呈上升趋势。2015年互联网普及率为62.2%，较2010年提升30.4个百分点，年均增幅为14.4%；固定和移动电话普及率为123.6%，较2010年提升14.7个百分点，年均增幅为2.6%；改善水源获得比例为99.7%，较2010年提升0.1个百分点，年均增幅为0.02%。可见，白俄罗斯信息与公共服务设施改善明显。

5. 机制

在2010～2015年机制子系统测评结果中，国内制度指数、国际合作指数呈上升趋势。2015年，国内制度指数为22.6，较2010年增长20.7%，年均增幅为3.8%；国际合作指数为94.6，较2010年增长1.9%，年均增幅为0.4%。其中，国内制度指数和国际合作指数两个指数相差72（见图9－27）。

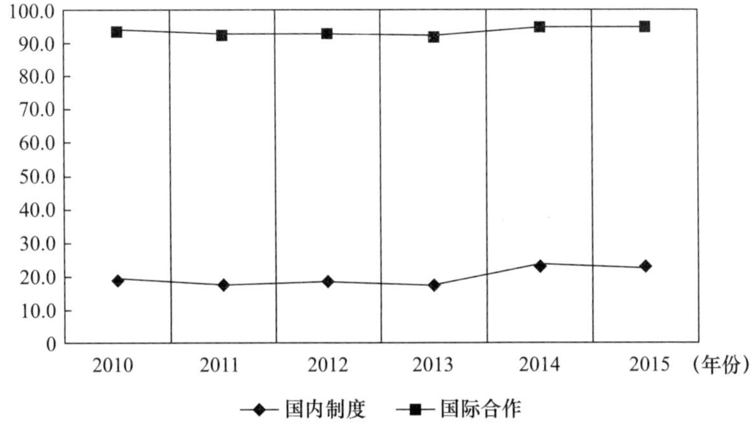

图 9－27　2010～2015 年机制子系统两个维度的评价指数

在国内制度方面，2010～2015 年，经济自由度指数、全球治理指数均呈上升趋势。2015 年，经济自由度指数为 49. 8，较 2010 年增长 2. 3%，年均增幅为 0. 4%；全球治理指数为－0. 5，较 2010 年增长 56. 1%，其中，控制腐败指数为－0. 37，较 2010 年增长 49. 8%。可见，白俄罗斯经济自由度有所提升，但政府效能及清廉反腐能力较弱。

在国际合作方面，提供（接受）的官方发展援助占 GDP 比重呈下降趋势。2015 年，提供（接受）的官方发展援助占 GDP 比重为 12. 6%，较 2010 年下降 2 个百分点，年均降幅为 2. 9%。可见，白俄罗斯依赖国外支持和援助。

（三）小结

白俄罗斯水资源丰富，森林覆盖率高，工农业基础较好，交通设施完善，长期保持政治稳定、社会安定，自由经济区发展迅速，具有较高的科研和国民的文化教育水平，劳动力素质相对较高，医疗卫生水平在独联体国家中位于前列。然而，白俄罗斯正处于从计划经济向市场经济转轨过程之中，经济形式较为严峻，下滑风险加大，增速明显放缓，国内行政效率较低、腐败较为严重等问题突出。

总体上，加入“一带一路”倡议为白俄罗斯提供了新的机遇和平台，充分发挥其在欧亚地区所扮演的联结枢纽的角色，有助于与欧洲国家加强基础设施互联互通，不断推进交通基础设施建设，推进交通物流畅通和信息流通，开展欧亚大陆桥建设，大力吸引外资，推动国内经济快速发展。

五、黑山

黑山共和国位于巴尔干半岛西南部、亚得里亚海东岸，是欧洲南部的一个多山国家，与塞尔维亚、科索沃、阿尔巴尼亚、波黑及克罗地亚交界，国土面积为1.38万平方千米，作为“16+1合作”机制中最小的国家，一直积极参与双边合作，“一带一路”倡议可以促进其与中国及沿线国家合作。

（一）黑山可持续发展总体评价

评价结果显示，2015年，黑山可持续发展指数为46.7，在“一带一路”国家中的排名为第21位，黑山可持续发展处于中级早期发展阶段。

由图9-28可知，2010~2015年，黑山可持续发展呈波动上升趋势。单从国家可持续发展的指数来看，黑山可持续发展应处于中级中期阶段，但由于受环境子系统的制约，其可持续发展仍处于中级早期阶段。

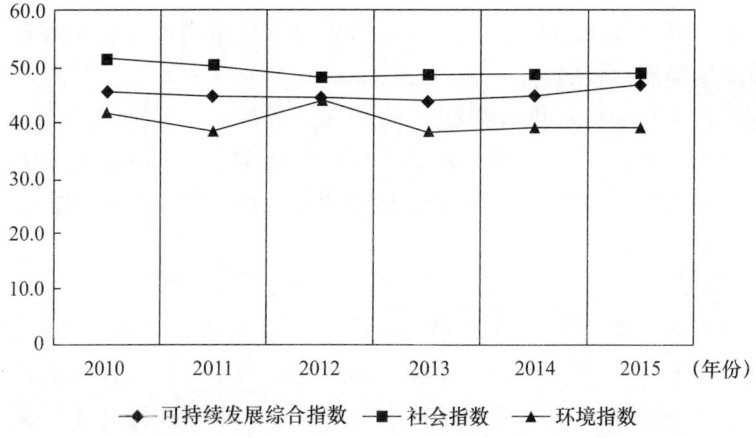

图9-28　2010~2015年黑山可持续发展评价

2010~2015年，黑山五大子系统中，机制子系统发展程度相对较好，而环境子系统发展程度相对较差。2015年，按指数由高到低依次为机制子系统、社会子系统、经济子系统、基础设施子系统和环境子系统，指数分别为73.2、49、42.3、39.4、39.2，其中环境子系统与发展最好的机制子系统指数相差达34。可见，环境发展水平是影响黑山可持续发展的重要因素之一（见图9－29）。

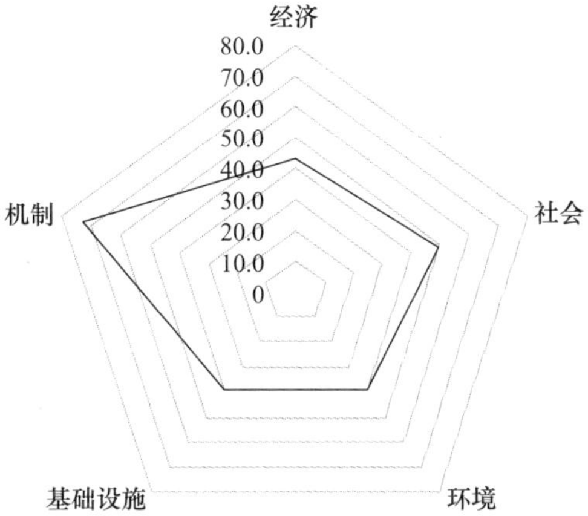

图9－29 2015年黑山五大子系统的发展评价

2010～2015年，经济子系统指数呈上升的趋势，而社会子系统指数、环境子系统指数、基础设施子系统指数、机制子系统指数呈下降的趋势（见表9－3）。经济子系统指数的增幅最大，年均增幅为6.1%，而机制子系统指数、基础设施子系统指数、社会子系统指数、环境子系统指数呈负增长，年均降幅分别为0.1%、0.7%、0.9%、1.3%。

表9－3 2010～2015年可持续发展五大子系统年均增幅

可持续发展子系统	增幅（%）
经济子系统	6.1
社会子系统	－0.9
环境子系统	－1.3
基础设施子系统	－0.7
机制子系统	－0.1

（二）黑山可持续发展重点领域分析

1. 经济

在2010～2015年经济子系统测评结果中，经济规模指数、经济活力指数均呈上升的趋势，而经济质量指数呈下降的趋势。2015年，经济规模指数为47.3，较2010年增长166.7%，年均增幅为21.7%；经济活力指数为48.6，较2010年增长8.1%，年均增幅为1.6%；经济质量指数为31.1，较2010年下降2.3%，年均降幅为0.5%。其中，经济活力指数最高，经济规模指数次之，经济质量指数最低，最大相差为17.5（见图9－30）。

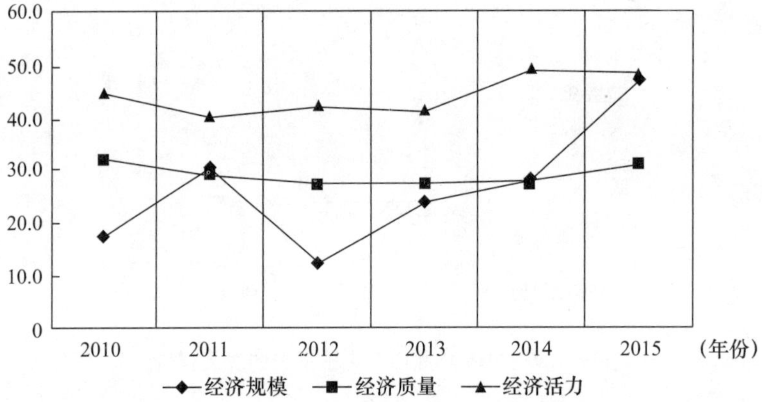

图9－30　2010～2015年经济子系统三个维度的评价指数

在经济规模方面，2010～2015年，GDP增长率呈上升的趋势，而人均GDP呈下降的趋势。2015年，黑山国内生产总值为39.9亿美元，同比增长3.2%，较2010年提升0.7个百分点；人均GDP为6406.1美元，较2010年下降4.1%，年均降幅为0.8%。可见，黑山经济稳步增长，按世界银行划分贫富程度标准，黑山处于中等偏上收入国家的水平。

在经济质量方面，2010～2015年，资本形成总额占GDP比重、服务业增加值占GDP比重、FDI占GDP比重呈下降趋势，而全社会劳动生产率呈上升趋势。2015年，资本形成总额占GDP比重为20.6%，较2010年下降1.2个百分点，年均降幅为1.1%；服务业增加值占GDP比重为69.5%，较2010年下降0.8个百分点，年均降幅为0.2%；FDI占GDP比重为0.3%，较2010年下降0.3个百分点，年均降幅为13.9%；全社会劳动生产率为30783.9美元/人，较2010年增长12.1%，年均增幅为2.3%。可见，黑山经济效益较高，经济结构相对合理。

在经济活力方面，2010～2015年，国家创新指数呈下降趋势，而经济外向度、债务占GDP比重呈上升趋势。2015年，国家创新指数为37.4，较2010年下降6.8%，年均降幅为1.4%；经济外向度为104.3%，较2010年提升5.7个百分点，年均增幅为1.1%；债务占GDP比重为65.1%，较2010年提升26.1个百分点，年均增幅为10.8%。可见，黑山的经济开放水平较高，但国家创新能力有待增强。

2. 社会

在2010~2015年社会子系统测评结果中，人口基础指数呈上升趋势，而平等就业指数、公共服务指数、生活水平指数呈下降趋势。2015年，人口基础指数为16.9，较2010年增长1%，年均增幅为0.2%；平等就业指数为73.5，较2010年下降2.8%，年均降幅为0.6%；公共服务指数为56，较2010年下降8.1%，年均降幅为1.7%；生活水平指数为49.8，较2010年下降3.4%，年均降幅为0.7%。可见，平等就业指数最高，其次为公共服务指数、生活水平指数，而人口基础指数最低，最大相差高达56.6（见图9-31）。

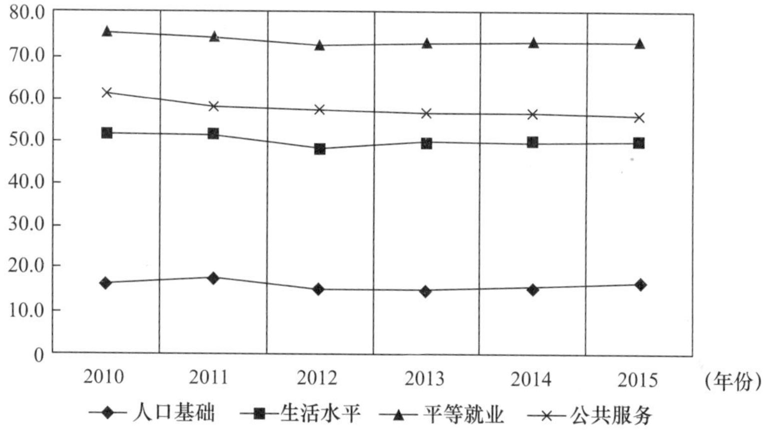

图9-31 2010~2015年社会子系统四个维度的评价指数

在人口基础方面，人口自然增长率、每万人科技人员数呈下降趋势，而人口密度、出生性别比、人口城镇化率呈上升趋势。2015年，人口自然增长率为0.09%，较2010年下降0.1个百分点，年均降幅为12.7%；每万科技人员数为673.3人，较2010年下降11.4个百分点，年均降幅为2.4%；人口密度为46.3%，较2010年提升0.4个百分点，年均增幅为0.1%；出生性别比为97.7%，较2010年提升0.3个百分点，年均增幅为0.07%；人口城镇化率为64%，较2010年提升0.9个百分点，年均增幅为0.3%。可见，黑山人口禀赋不好，但人口结构相对较为合理。

在生活水平方面，2010~2015年，营养不良发生率、粮食产量呈下降趋势。2015年，营养不良发生率为4.7%，较2010年下降2.1个百分点，年均降幅为7.1%；人均粮食产量为12.2千克，较2010年下降53.3%，年均降幅为14.1%；单位面积粮食产量为3451.5千克，较2010年下降1.2%，年均降幅为0.2%。可见，黑山的人民生活水平稳步提升，但农业发展水平较低。

在平等就业方面，2010～2015年，失业率呈下降趋势，而人类发展指数、劳动中妇女的比例、基尼系数呈上升趋势。2015年，失业率为19.1%，较2010年下降0.6个百分点，年均降幅为0.6%；人类发展指数为0.802，较2010年增长1.3%，年均增幅为0.3%；劳动中妇女的比例为44%，较2010年提升0.6个百分点，年均增幅为0.3%；基尼系数为0.32，较2010年增长10.5%，年均增幅为2%，按照联合国有关组织对基尼系数的规定，黑山属于收入相对合理的国家。

在公共服务方面，2010～2015年，人均医疗卫生支出、预期寿命均呈增长趋势，而入学率、新生儿死亡率、孕产妇死亡率呈下降趋势。2015年，人均医疗卫生支出为457.7美元，较2010年增长0.2%，年均增幅为0.05%；预期寿命为76.2岁，较2010年增长1.1%，年均增幅为0.3%；小学和中学入学率分别为94.3%、90.3%，较2010年分别下降12.5个百分点和10.4个百分点，年均降幅分别为2.4%、2.2%；新生儿死亡率为3.1%，较2010年下降1.4个百分点，年均降幅为7.2%；孕产妇死亡率为7%，较2010年下降1个百分点，年均降幅为2.6%。可见，黑山医疗卫生和教育事业稳步发展。

3. 环境

在2010～2015年环境子系统测评结果中，资源指数呈上升趋势，而能源指数、污染指数呈下降趋势，生态保护指数呈平稳趋势。2015年，资源指数为9.6，较2010年增长1.6%，年均增幅为0.3%；能源指数为48.7，较2010年下降16.3%，年均降幅为3.5%；污染指数为93.4，较2010年下降1.2%，年均降幅为0.2%；生态保护指数为4.9。各指数的发展水平存在较大的差异，污染指数最高，其次为能源指数，而资源指数和生态保护指数较低，其中生态保护指数和污染指数最大相差高达88.5（见图9－32）。

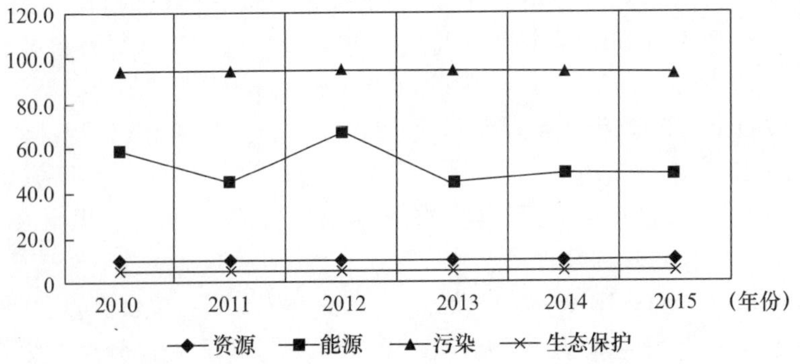

图9－32　2010～2015年环境子系统四个维度的评价指数

在资源禀赋方面，2010～2015年，人均森林面积、人均土地资源占有量呈下降趋势，而人均淡水资源占有量呈上升趋势。2015年，人均森林面积为0.013平方千米，较2010年下降0.5%，年均降幅为0.1%；人均土地资源占有量为0.022平方千米，较2010年下降0.5%，年均降幅为0.1%；人均淡水资源占有量为1179立方米，较2010年增长1%，年均增幅为0.2%。可见，黑山森林和水利资源丰富。

在能源方面，2010～2015年，单位GDP能耗呈上升趋势，而二次能源占比呈下降趋势。2015年，单位GDP能耗为9.6美元/千克石油，较2010年增长30.1%，年均增幅为5.4%；二次能源占比为46.2%，较2010年下降8.3个百分点，年均降幅为3.3%。可见，黑山能源结构相对合理，但能源消耗较高。

在环境污染方面，2010～2015年，人均二氧化碳排放量呈下降趋势，人均烟尘排放量呈上升趋势。2015年，人均二氧化碳排放量为3.6公吨，较2010年下降13.2%，年均降幅为2.8%；人均烟尘排放量为22.7微克每立方米，较2010年增长10.7%，年均增幅为2.1%。可见，黑山环境基础较好。

4. 基础设施

在2010～2015年基础设施子系统测评结果中，信息与公共服务设施指数呈下降趋势。2015年，信息与公共服务设施指数为78.9，较2010年下降3.6%，年均降幅为0.7%（见图9－33）。

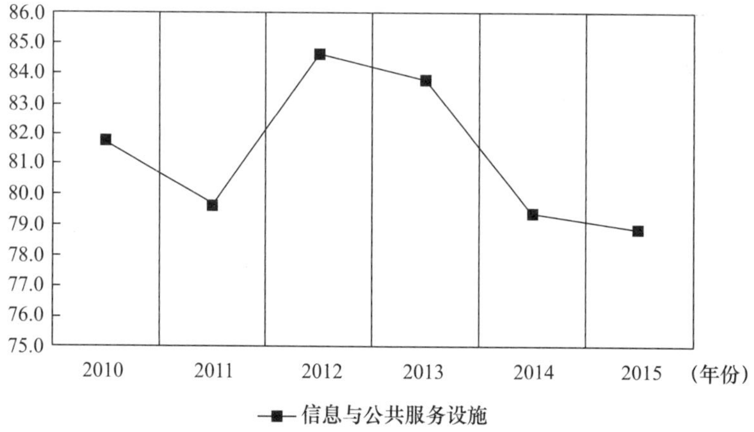

图9－33　2010～2015年基础设施子系统维度的评价指数

在信息与公共服务设施方面，2010～2015年，互联网普及率、改善水源获得比例、改善卫生设施获得比例呈上升趋势，而固定和移动电话普及率呈下降趋势。2015年，互联网普及率为64.6%，较2010年提升27.1个百分点，年均增幅为11.5%；改善水源获得比例为99.7%，较2010年提升0.8个百分点，年均增幅为0.2%；改善卫生设施获得比例为95.9%，较2010年提升2.4个百分点，年均增幅为0.5%；固定和移动电话普及率为162.2%，较2010年下降26.5个百分点，年均降幅为3%。可见，黑山信息化及公共服务设施水平较高。

5. 机制

在2010～2015年机制子系统测评结果中，国内制度指数呈下降趋势，国际合作指数呈上升趋势。2015年，国内制度指数为48.5，较2010年下降2.1%，年均降幅为0.4%；国际合作指数为98，较2010年增长0.4%，年均增幅为0.1%。其中，国内制度指数和国际合作指数两个指数相差49.5（见图9－34）。

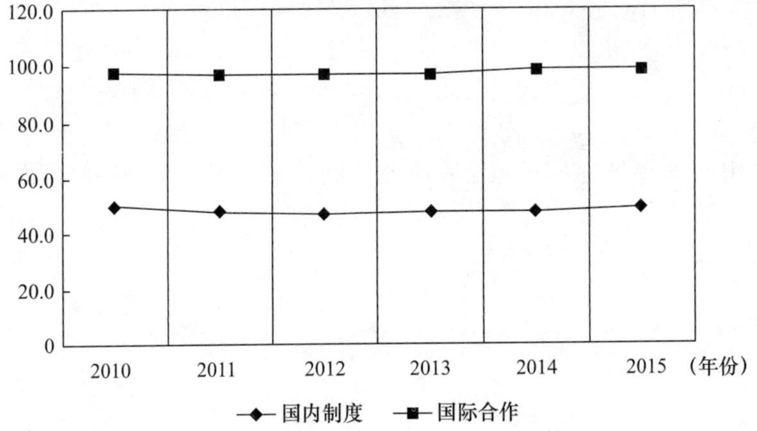

图9－34　2010～2015年机制子系统两个维度的评价指数

在国内制度方面，2010～2015年，经济自由度指数、全球治理指数呈上升趋势。2015年，经济自由度指数为64.7，较2010年增长1.7%，年均增幅为0.3%；全球治理指数为0.28，较2010年增长211.1%，年均增幅为25.5%；控制腐败指数为－0.09，较2010年增长61.7%，年均增幅为17.5%。可见，黑山经济自由度较高，政府效能及控制腐败能力显著改善。

（三）小结

黑山森林和水利资源丰富，旅游禀赋良好，政局相对稳定，经济平稳发展，医疗卫生和教育体系较为完善。然而，黑山是欧洲较为落后的国家，农业发展程度有限，制造业薄弱，交通设施呈现地区发展不平衡状况，失业率较高，国内的控制力较为有限。

总体上，加入“一带一路”倡议为黑山发展提供了新的契机，不断扩大多边贸易，吸引外国投资者参与旅游新建投资和大型基础设施项目，促进旅游业发展，有效推动当地就业，改善地区能源环境。

六、克罗地亚

克罗地亚位于欧洲中南部，巴尔干半岛的西北部，亚得里亚海的东岸，与意大利隔亚得里亚海相望，与斯洛文尼亚、匈牙利、塞尔维亚和波黑相邻，被称为“千岛之国”，地理位置优越，积极对接“16+1合作”框架和“一带一路”倡议，不断发展和扩大双边和多边关系。

（一）克罗地亚可持续发展总体评价

评价结果显示，2015年，克罗地亚可持续发展指数为50.7，在“一带一路”国家中的排名为第10位，克罗地亚可持续发展处于中级中期发展阶段。由图9-35可知，2010~2015年，克罗地亚可持续发展呈上升趋势。

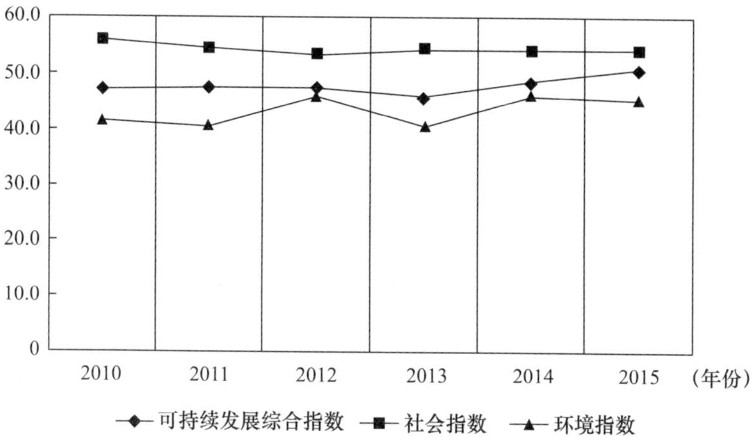

图9-35　2010~2015年克罗地亚可持续发展评价

2010~2015年，克罗地亚五大子系统中，机制子系统发展程度相对较好，而基础设施子系统发展程度相对较差。2015年，按指数由高到低依次为机制子系统、社会子系统、经济子系统、环境子系统和基础设施子系统，指数分别为70.5、54.4、49.4、45.4、36.8，其中基础设施子系统与发展最好的机制子系统指数相差达33.7。可见，基础设施完善程度是影响克罗地亚可持续发展的重要因素之一（见图9－36）。

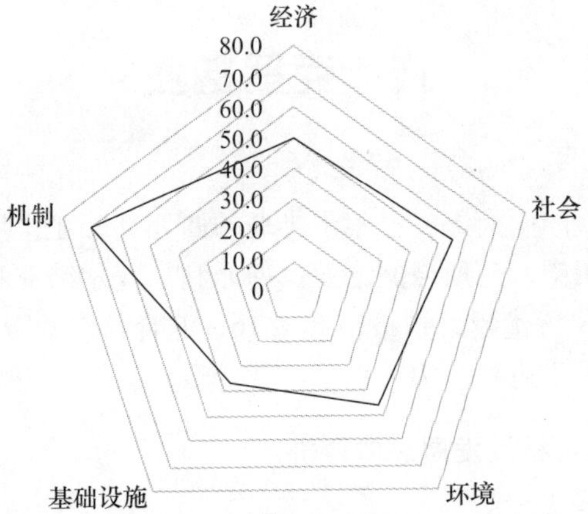

图9－36　2015年克罗地亚五大子系统的发展评价

2010～2015年，经济子系统指数、环境子系统指数、机制子系统指数呈上升趋势，而社会子系统指数、基础设施子系统指数呈下降趋势（见表9－4）。经济子系统指数的增幅最大，年均增幅为6.4%，其次为环境子系统指数、机制子系统指数，年均增幅分别为1.8%、0.1%，而基础设施子系统指数、社会子系统指数呈负增长，年均降幅分别为1.4%、0.6%。

表9－4　2010～2015年可持续发展五大子系统年均增幅

可持续发展子系统	增幅（%）
经济子系统	6.4
社会子系统	－0.6
环境子系统	1.8
基础设施子系统	－1.4
机制子系统	0.1

（二）克罗地亚可持续发展重点领域分析

1. 经济

在2010～2015年经济子系统测评结果中，经济规模指数、经济活力指数均呈上升趋势，而经济质量指数呈下降趋势。2015年，经济规模指数为48.7，较2010年增长256.2%，年均增幅为28.9%；经济活力指数为59.3，较2010年增长10.5%，年均增幅为2%；经济质量指数为40.3，较2010年下降2.4%，年均降幅为0.5%。其中，经济活力指数最高，经济规模指数次之，经济质量指数最低，最大相差为19（见图9－37）。

在经济规模方面，2010～2015年，GDP增长率呈上升的趋势，而人均GDP呈下降趋势。2015年，克罗地亚国内生产总值为487.3亿美元，同比增长1.6%，较2010年提升3.3个百分点；人均GDP为11535.8美元，较2010年下降14.6%，年均降幅为3.1%。可见，克罗地亚经济水平较高，按世界银行划分贫富程度标准，克罗地亚处于中等偏上收入国家的水平。

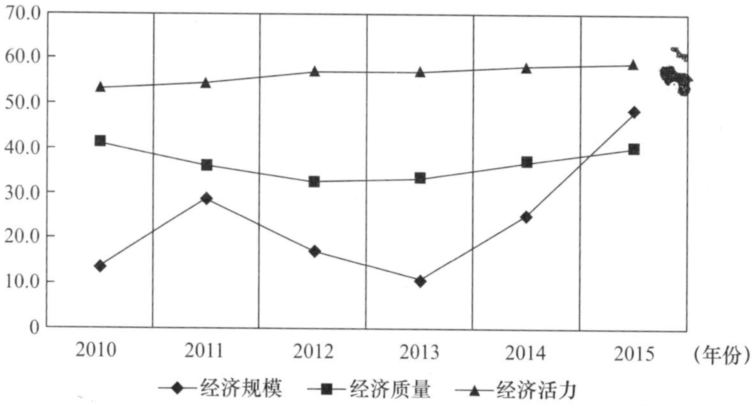

图9－37　2010～2015年经济子系统三个维度的评价指数

在经济质量方面，2010～2015年，资本形成总额占GDP比重、FDI占GDP比重呈下降趋势，而服务业增加值占GDP比重、全社会劳动生产率呈上升趋势。2015年，资本形成总额占GDP比重为18.3%，较2010年下降3.1个百分点，年均降幅为3.1%；FDI占GDP比重为－0.03%，较2010年下降0.3个百分点，年均降幅为167%；服务业增加值占GDP比重为69.5%，较2010年提升1.4个百分点，年均增幅为0.4%；全社会劳动生产率为48309.3美元/人，较2010年增长1.4%，年均增幅为0.3%。可见，克罗地亚经济效益较高，经济结构相对较为合理。

在经济活力方面，2010～2015年，国家创新指数、经济外向度呈上升趋势。2015年，国家创新指数为38.3，较2010年增长0.8%，年均增幅为0.2%；经济外向度为91.2%，较2010年提升21.7个百分点，年均增幅为5.2%。可见，克罗地亚的经济开放程度较高，但国家创新能力稳步提升。

2. 社会

在2010～2015年社会子系统测评结果中，人口基础指数、生活水平指数、平等就业指数呈下降趋势，而公共服务指数呈上升趋势。2015年，人口基础指数为15.6，较2010年下降5.8%，年均降幅为1.2%；生活水平指数为62.5，较2010年下降7.6%，年均降幅为1.6%；平等就业指数为72.8，较2010年下降0.9%，年均降幅为0.2%；公共服务指数为66.7，较2010年增长0.6%，年均增幅为0.1%。可见，平等就业指数最高，其次为公共服务指数、生活水平指数，而人口基础指数最低，最大相差高达57.2（见图9－38）。

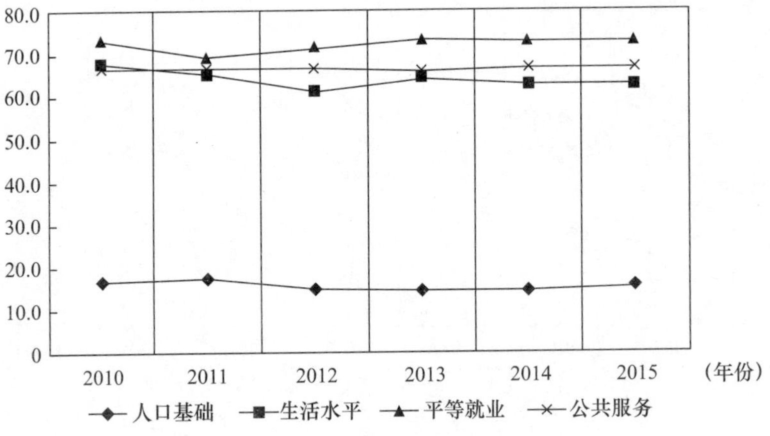

图9－38　2010～2015年社会子系统四个维度的评价指数

在人口基础方面，人口自然增长率、人口密度、每万人科技人员数呈下降趋势，而出生性别比、人口城镇化率呈上升趋势。2015年，人口自然增长率为－0.3%，较2010年下降0.1个百分点，年均降幅为5.3%；人口密度为75.1%，较2010年下降4.8个百分点，年均增幅为1%；每万科技人员数为1437.3人，较2010年下降12.7个百分点，年均降幅为2.7%；出生性别比为93.2%，较2010年提升0.1个百分点，年均增幅为0.03%；人口城镇化率为59%，较2010年提升1.4个百分点，年均增幅为0.5%。可见，克罗地亚人口禀赋不好，呈现负增长，但人口结构稳步合理化。

在生活水平方面，2010～2015年，营养不良发生率呈下降趋势，粮食产量、超过100万的城市群中人口占总人口比重呈上升趋势。2015年，营养不良发生率为4.3%，较2010年下降1.1个百分点，年均降幅为4.5%；人均粮食产量为707.1千克，较2010年增长3.8%，年均增幅为0.8%；单位面积粮食产量为6038.5千克，较2010年增长10.4%，年均增幅为2%；超过100万的城市群中人口占总人口比重为27.6%，较2010年提升0.5个百分点，年均增幅为0.4%。可见，克罗地亚的人民生活水平稳步提升。

在平等就业方面，2010～2015年，劳动中妇女的比例呈下降趋势，而人类发展指数、失业率、基尼系数呈上升趋势。2015年，劳动中妇女的比例为45.7%，较2010年下降0.3个百分点，年均降幅为0.1%；失业率为16.7%，较2010年提升4.9个百分点，年均增幅为7.2%；人类发展指数为0.82，较2010年增长1.4%，年均增幅为0.3%；基尼系数为0.33，较2010年增长18.9%，年均增幅为3.5%，按照联合国有关组织对基尼系数的规定，克罗地亚属于收入相对合理的国家。

在公共服务方面，2010～2015年，人均医疗卫生支出、新生儿死亡率、孕产妇死亡率、政府教育支出占比呈下降趋势，而每千人医院床位数、预期寿命、入学率呈上升趋势。2015年，人均医疗卫生支出为1050.3美元，较2010年下降8.2%，年均降幅为1.7%；新生儿死亡率为2.6%，较2010年下降0.9个百分点，年均降幅为5.8%；孕产妇死亡率为8%，较2010年下降2个百分点，年均降幅为4.4%；政府教育支出占比为8.6%，较2010年下降0.5个百分点，年均降幅为1.1%；预期寿命为77.3岁，较2010年增长0.9%，年均增幅为0.2%；小学入学率为98.9%，较2010年提升7.1个百分点，年均增幅为1.5%。可见，克罗地亚医疗卫生和教育事业发展较好。

3. 环境

在2010～2015年环境子系统测评结果中，能源指数、资源指数呈上升趋势，而污染指数呈下降趋势，生态保护指数呈平稳趋势。2015年，能源指数为49.9，较2010年增长46.2%，年均增幅为7.9%；资源指数为6.4，较2010年增长5.7%，年均增幅为1.1%；污染指数为81.6，较2010年下降1.2%，年均降幅为0.2%；生态保护指数为43.8。各指数的发展水平存在较大差异，污染指数最高，其次为能源指数和生态保护指数，而资源指数较低，其中资源指数和污染指数最大相差高达75.2（见图9－39）。

在资源禀赋方面，2010～2015年，人均森林面积、人均土地资源占有量、人均淡水资源占有量呈上升趋势。2015年，人均森林面积为0.0045平方千米，较2010年增长4.7%，年均增幅为0.9%；人均土地资源占有量为0.01平方千米，较2010年增长4.6%，年均增幅为0.9%；人均淡水资源占有量为8894.9立方米，较2010年增长0.7%，年均增幅为0.1%。可见，克罗地亚森林和水利资源较为丰富。

在能源方面，2010~2015年，单位GDP能耗、二次能源占比呈上升趋势。2015年，单位GDP能耗为10.6美元/千克石油，较2010年增长12.2%，年均增幅为2.3%；二次能源占比为20%，较2010年提升0.5个百分点，年均增幅为0.5%。可见，克罗地亚能源结构相对合理，但能源消耗较高。

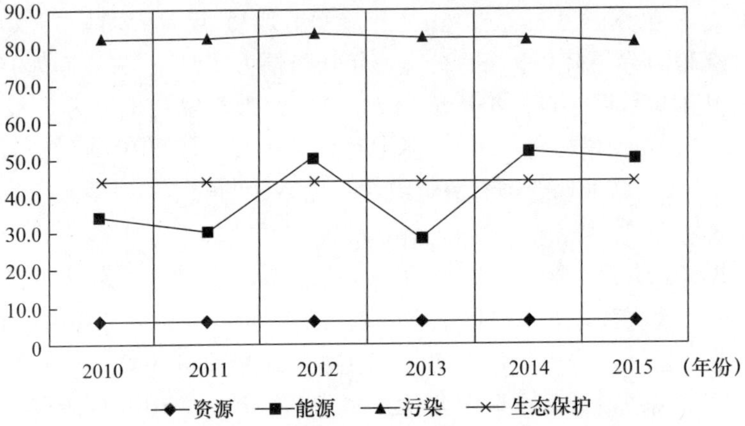

图9-39　2010~2015年环境子系统四个维度的评价指数

在环境污染方面，2010~2015年，人均二氧化碳排放量、人均甲烷排放量呈下降趋势，人均一氧化氮排放量、人均烟尘排放量呈上升趋势。2015年，人均二氧化碳排放量为4.2公吨，较2010年下降10.1%，年均降幅为2.1%；人均甲烷排放量为0.001公吨，较2010年下降3.2%，年均降幅为0.6%；人均一氧化氮排放量为0.0007公吨，较2010年增长0.4%，年均增幅为0.1%；人均烟尘排放量为21.2微克每立方米，较2010年增长24.7%，年均增幅为4.5%。可见，克罗地亚环境基础较好。

4. 基础设施

在2010~2015年基础设施子系统测评结果中，交通设施指数、信息与公共服务设施指数呈下降趋势。2015年，交通设施指数为1.3，较2010年下降11.3%，年均降幅为2.4%；信息与公共服务设施指数为72.3，较2010年下降6.7%，年均降幅为1.4%。其中，交通设施指数和信息与公共服务设施指数两个指数相差 71（见图 9－40）。

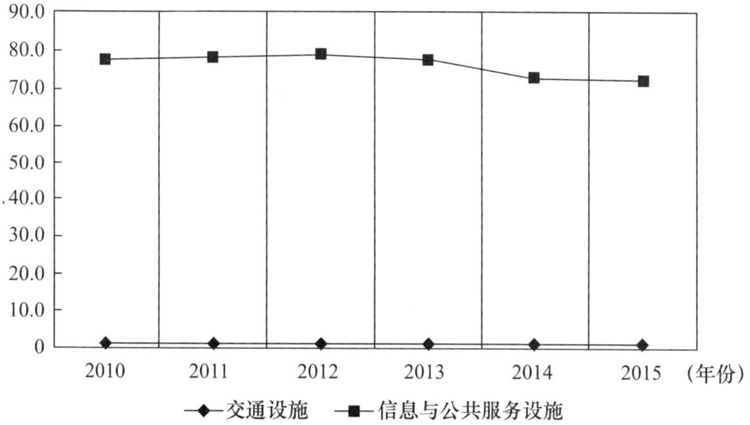

图 9－40　2010～2015 年基础设施子系统维度的评价指数

在交通设施方面，2010～2015 年，铁路里程数呈下降趋势，而港口吞吐量、航空运输量均呈上升趋势。2015 年，铁路里程数为 2604 千米，较 2010 年下降 4.3%，年均降幅为 0.9%；港口吞吐量为 176595.8 万吨，较 2010 年增长 28.9%，年均增幅为 5.2%；航空运输量为 25183 百万次，较 2010 年增长 1.7%，年均增幅为 0.3%。可见，克罗地亚交通基础设施基础较好。

在信息与公共服务设施方面，2010～2015 年，互联网普及率、改善水源获得比例呈上升趋势，而改善卫生设施获得比例、固定和移动电话普及率呈下降趋势。2015 年，互联网普及率为 69.8%，较 2010 年提升 13.2 个百分点，年均增幅为 4.3%；改善水源获得比例为 99.6%，较 2010 年提升 0.4 个百分点，年均增幅为 0.1%；改善卫生设施获得比例为 97%，较 2010 年下降 0.1 个百分点，年均降幅为 0.02%；固定和移动电话普及率为 103.8%，较 2010 年下降 9.8 个百分点，年均降幅为 1.8%。可见，克罗地亚信息与公共服务设施改善明显。

5. 机制

在 2010～2015 年机制子系统测评结果中，国内制度指数呈下降趋势，国际合作指数呈上升趋势。2015 年，国内制度指数为 50.9，较 2010 年下降 2.1%，年均降幅为 0.4%；国际合作指数为 90，较 2010 年增长 2.3%，年均增幅为 0.5%。其中，国内制度指数和国际合作指数相差 39.1（见图 9－41）。

在国内制度方面，2010～2015 年，经济自由度指数、全球治理指数呈上升的趋势。2015 年，经济自由度指数为 61.5，较 2010 年增长 3.9%，年均增幅为 0.8%；全球治理指数为 0.69，较 2010 年增长 9.5%，年均增幅为 1.8%；控制腐败指数为 0.2，较 2010 年增长 798%，年均增幅为 247.5%。可见，克罗地亚经济自由度较高，政府效能及控制腐败能力显著改善。

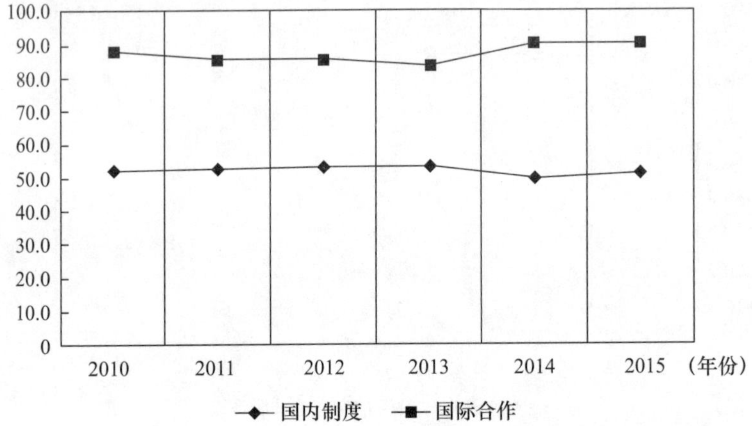

图 9－41　2010～2015 年机制子系统两个维度的评价指数

（三）小结

克罗地亚经济基础良好，森林和水力资源丰富，旅游基础良好，教育体系较为完整，海洋运输发达，外商投资优惠政策较为完善，金融体系管理较为健全稳固。然而，克罗地亚的基础设施领域较为薄弱，失业率较高，贪污腐败问题严重。

总体上，加入"一带一路"倡议为克罗地亚发展提供了新的契机，充分发挥旅游、建筑、造船和制药等产业的优势，分享最新的技术成果和吸引外资，以多边形式与沿线国家开展经贸合作，积极吸引外资来改善基础设施，促进旅游业快速发展，有效增加当地就业。

七、立陶宛

立陶宛共和国位于波罗的海东岸，与拉脱维亚、白俄罗斯、俄罗斯加里宁格勒州和波兰相邻，是中东欧地区的欧盟成员国之一，地理区位优越，是东西欧之间的门户，积极对接中国与中东欧国家"16＋1 合作"机制和"一带一路"倡议，致力于中国与中东欧国家可持续发展与经济繁荣。

（一）立陶宛可持续发展总体评价

评价结果显示，2015 年，立陶宛可持续发展指数为 52，在"一带一路"沿线国家中的排名为第 7 位，立陶宛可持续发展处于中级早期发展阶段。

由图 9－42 可知，2010～2015 年，立陶宛可持续发展呈小幅上升态势。单从国家可持续发展的指数来看，立陶宛可持续发展应处于中级中期阶段，但由于受环境子系统的制约，其可持续发展仍处于中级早期阶段。

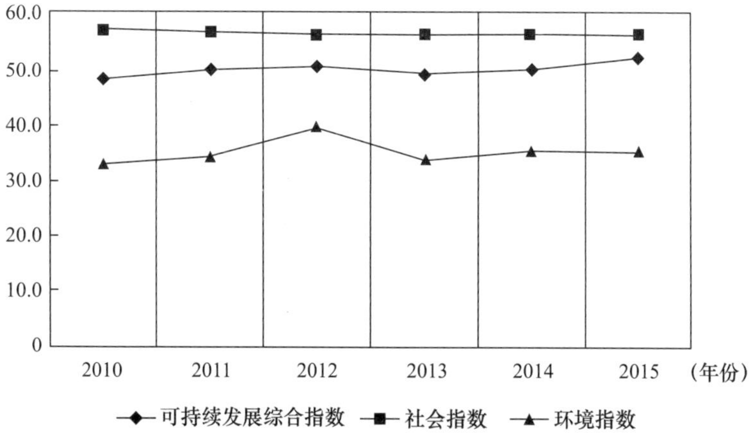

图 9－42　2010～2015 年立陶宛可持续发展评价

2010～2015 年，立陶宛五大子系统的发展程度存在一定差距，其中，机制子系统和社会子系统发展程度相对较好，而经济子系统和环境子系统发展程度相对较差。2015 年，按指数由高到低依次为机制子系统、社会子系统、基础设施子系统、经济子系统和环境子系统，指数分别为 55.5、54.2、39.4、32.3、32.2，其中环境子系统与发展最好的机制子系统指数相差 23.5。可见，环境水平是影响立陶宛可持续发展的重要因素之一（见图 9－43）。

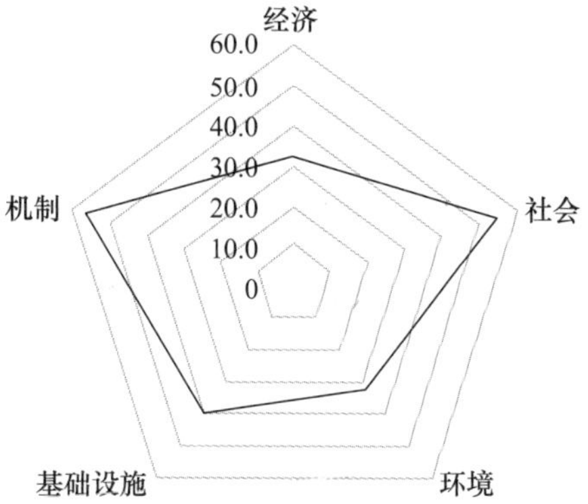

图 9－43　2015 年立陶宛五大子系统的发展评价

2010~2015年，经济子系统指数、社会子系统指数、环境子系统指数、基础设施子系统指数均呈上升趋势，而机制子系统指数呈下降趋势（见表9-5）。经济子系统指数的增幅最大，年均增幅为2.5%，其次为基础设施子系统指数、社会子系统指数、环境子系统指数，年均增幅分别为1.8%、0.1%、0.02%，而机制子系统指数为负向增长，年均降幅为0.6%。

表9-5 2010~2015年可持续发展五大子系统年均增幅

可持续发展子系统	增幅（%）
经济子系统	2.5
社会子系统	0.1
环境子系统	0.02
基础设施子系统	1.8
机制子系统	-0.6

（二）立陶宛可持续发展重点领域分析

1. 经济

在2010~2015年经济子系统测评结果中，经济规模、经济质量和经济活力指数均呈上升的趋势。2015年，经济规模指数为50.4，较2010年增长155.6%，年均增幅为20.6%；经济质量指数为36.9，较2010年增长7.3%，年均增幅为1.4%；经济活力指数为78.5，较2010年增长18.1%，年均增幅为3.4%。其中，经济活力指数最高，经济规模指数次之，经济质量指数最低，最大相差41.6（见图9-44）。

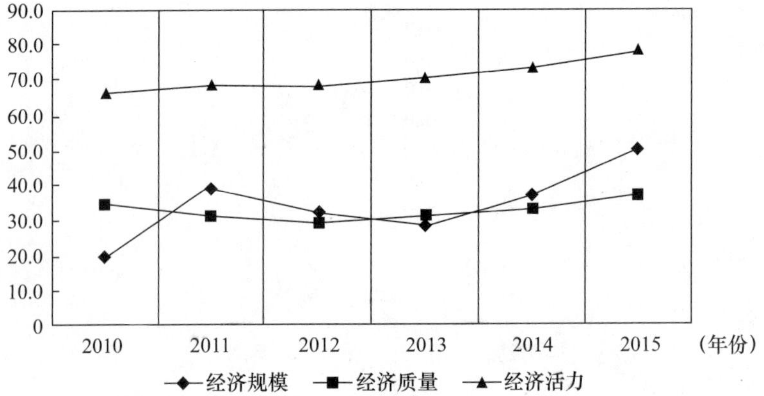

图9-44 2010~2015年经济子系统三个维度的评价指数

在经济规模方面，2010～2015年，GDP增长率呈下降趋势，而人均GDP呈上升趋势。2015年，立陶宛国内生产总值为414亿美元，同比下降1.6%，较2010年下降0.02个百分点；人均GDP为14147美元，较2010年增长18%，年均增幅为3.4%。可见，立陶宛的经济发展水平较高，但增速明显放缓，按世界银行划分贫富程度标准，立陶宛处于高收入国家的水平。

在经济质量方面，2010～2015年，资本形成总额占GDP比重、FDI占GDP比重、全社会劳动生产率均呈上升趋势，而服务业增加值占GDP比重呈下降趋势。2015年，资本形成总额占GDP比重为18.4%，较2010年提升0.1个百分点，年均增幅为0.2%；FDI占GDP比重为0.4%，较2010年提升0.3个百分点，年均增幅为23.3%；全社会劳动生产率为44150.5美元/人，较2010年增长31%，年均增幅为5.6%；服务业增加值占GDP比重为66.6%，较2010年下降1个百分点，年均降幅为0.3%。可见，立陶宛经济结构逐步合理化，且经济效益较高。

在经济活力方面，2010～2015年，国家创新指数、债务占GDP比重均呈上升趋势，而经济外向度呈下降趋势。2015年，国家创新指数为41.8，较2010年增长5.7%，年均增幅为1.1%；债务占GDP比重为43.8%，较2010年提升3.1个百分点，年均增幅为1.5%；经济外向度为318.1%，较2010年下降16.8个百分点，年均降幅为1%。可见，立陶宛具有一定的科研创新水平，经济开放水平较高，但同样面临较高的风险。

2. 社会

在2010～2015年社会子系统测评结果中，人口基础指数、生活水平指数呈上升趋势，而平等就业指数、公共服务指数呈下降趋势。2015年，人口基础指数为17.9，较2010年增长8%，年均增幅为1.5%；生活水平指数为68，较2010年增长6%，年均增幅为1.2%；平等就业指数为69.4，较2010年下降8.4%，年均降幅为1.7%；公共服务指数为70.5，较2010年下降1.8%，年均降幅为0.4%。可见，公共服务指数最高，其次为平等就业指数、生活水平指数，而人口基础指数最低，最大相差高达52.6（见图9－45）。

在人口基础方面，人口自然增长率、每万人科技人员数均呈上升趋势，而人口密度、出生性别比、人口城镇化率呈下降趋势。2015年，人口自然增长率为－0.8%，较2010年提升1.3个百分点，年均增幅为18.4%；每万人科技人员数为2961.5人，较2010年增长7.5%，年均增幅为1.5%；人口密度为46.4%，较2010年下降6.2个百分点，年均降幅为1.3%；出生性别比为85.3%，较2010年下降0.2个百分点，年均降幅为0.1%；人口城镇化率为66.5%，较2010

年下降0.2个百分点，年均降幅为0.1%。可见，立陶宛人口出现负增长现象，但国民技术素质及城镇化水平相对较高。

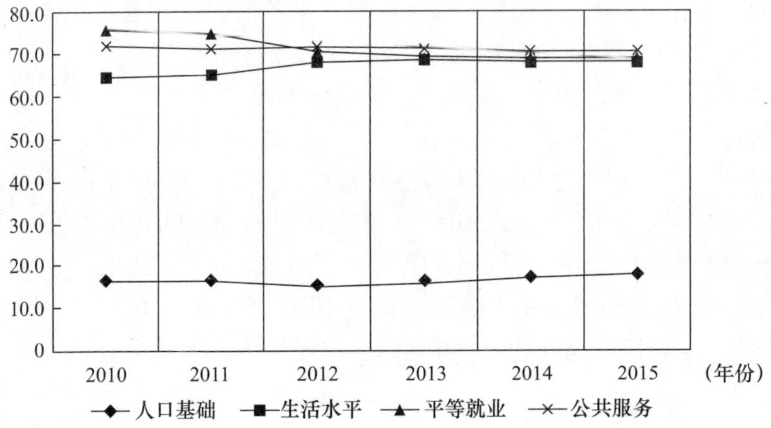

图9-45　2010~2015年社会子系统四个维度的评价指数

在生活水平方面，2010~2015年，营养不良发生率、低于1.9美元/天人口比例呈下降趋势，而粮食产量、超过100万的城市群中人口占总人口比重呈上升趋势。2015年，营养不良发生率为5.2%，较2010年下降1.5个百分点，年均降幅为4.9%；低于1.9美元/天人口比例为1%，较2010年下降0.7个百分点，年均降幅为9.6%；人均粮食产量为1747.1千克，较2010年增长93.5%，年均增幅为14.1%；单位面积粮食产量为3975.2千克，较2010年增长43.9%，年均增幅为7.5%；超过100万的城市群中人口占总人口比重为26.7%，较2010年提升1.3个百分点，年均增幅为1%。可见，立陶宛的人民生活水平较高，且改善明显。

在平等就业方面，2010~2015年，失业率、劳动中妇女的比例呈下降趋势，而人类发展指数、基尼系数呈上升趋势。2015年，失业率为11.3%，较2010年下降6.5个百分点，年均降幅为8.7%；劳动中妇女的比例为50.1%，较2010年下降0.5个百分点，年均降幅为0.2%；人类发展指数为0.839，较2010年增长1.5%，年均增幅为0.3%；基尼系数为0.35，较2010年增长4.1%，年均增幅为0.8%，按照联合国有关组织对基尼系数的规定，立陶宛属于收入相对合理的国家。

在公共服务方面，2010~2015年，人均医疗卫生支出、每千人医院床位数、预期寿命、入学率、政府教育支出占比均呈增长趋势，而新生儿死亡率呈下降趋势。2015年，人均医疗卫生支出为1063.4美元，较2010年增长28.3%，年均增幅为5.1%；每千人医院床位数为7个，较2010年增长0.3%，年均增幅为0.7%；预期寿命为74岁，较2010年增长0.7%，年均增幅为0.2%；小学和中学入学率分别为102.5%、106.8%，较2010年分别提升2.4个百分点和5.9个百分点，年均增幅分别为0.5%、1.1%；政府教育支出占比为13.5%，较2010年提升0.7个百分点，年均增幅为1%；新生儿死亡率为2.5%，较2010年下降0.9个百分点，年均降幅为6%。可见，立陶宛的医疗卫生和教育事业发展水平较好，且改善明显。

3. 环境

在2010～2015年环境子系统测评结果中，资源指数、能源指数均呈上升趋势，而污染指数呈下降趋势。2015年，资源指数为7.5，较2010年增长8.6%，年均增幅为1.7%；能源指数为36.8，较2010年增长30.8%，年均增幅为5.5%；污染指数为67.1，较2010年下降1.5%，年均降幅为0.3%；生态保护指数为30.1。各指数的发展水平存在较大的差异，污染指数最高，其次为能源指数和生态保护指数，而资源指数相对最低，其中资源指数和污染指数最大相差高达59.6（见图9－46）。

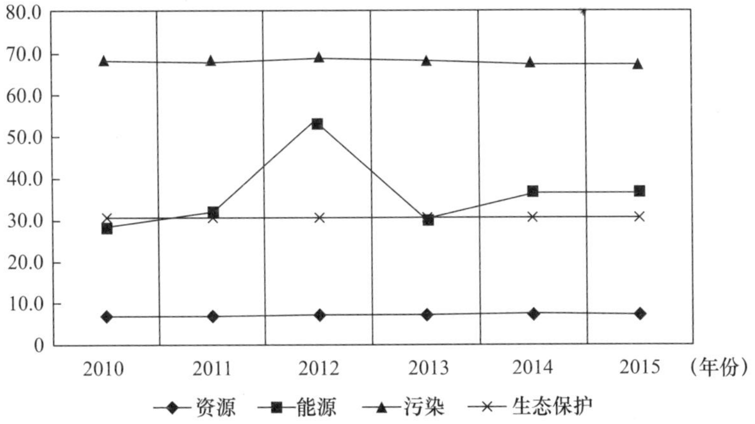

图9－46　2010～2015年环境子系统四个维度的评价指数

在资源禀赋方面，2010～2015年，人均森林面积、人均土地资源占有量、人均淡水资源占有量均呈上升趋势。2015年，人均森林面积为0.0075平方千米，较2010年增长6.9%，年均增幅为1.3%；人均土地资源占有量为0.0215平方千米，较2010年增长6.4%，年均增幅为1.2%；人均淡水资源占有量为5272.2立方米，较2010年增长1.9%，年均增幅为0.4%。可见，立陶宛具有良好的资源禀赋，森林和水资源较为丰富。

在能源方面，2010～2015年，单位GDP能耗、二次能源占比呈上升趋势，能源消耗弹性系数呈下降趋势。2015年，单位GDP能耗为10.9美元/千克石油，较2010年增长18.3%，年均增幅为3.4%；二次能源占比为24.3%，较2010年提升2.6个百分点，年均增幅为2.3%；能源消耗弹性系数为0.0085，较2010年下降94.7%，年均降幅为44.4%。可见，立陶宛能源结构持续优化，但能源消耗仍然较高。

在环境污染方面，2010～2015年，人均二氧化碳排放量、人均甲烷排放量呈下降趋势，而人均一氧化氮排放量、人均烟尘排放量均呈上升趋势。2015年，人均二氧化碳排放量为4.3公吨，较2010年下降1.7%，年均降幅为0.3%；人均甲烷排放量为0.0016吨，较2010年下降1.4%，年均降幅为0.3%；人均一氧化氮排放量为0.0016公吨，较2010年增长6.9%，年均增幅为1.3%；人均烟尘排放量为18.6微克每立方米，较2010年增长1.6%，年均增幅为0.3%。可见，立陶宛环境污染仍需进一步改善。

4. 基础设施

在2010～2015年基础设施子系统测评结果中，交通设施指数、信息与公共服务设施指数呈下降趋势。2015年，交通设施指数为1.2，较2010年下降30%，年均降幅为6.9%；信息与公共服务设施指数为76.6，较2010年下降11.1%，年均降幅为2.3%。交通设施指数和信息与公共服务设施指数相差75.4（见图9－47）。

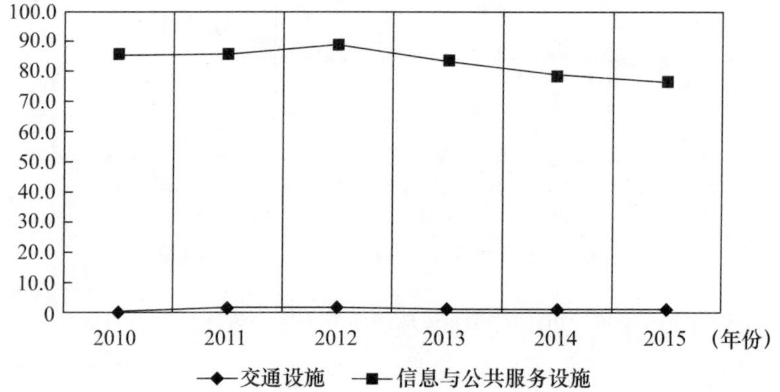

图9－47　2010～2015年基础设施子系统两个维度的评价指数

在交通设施方面，2010～2015年，港口吞吐能力呈上升趋势，而航空运输量呈下降趋势。2015年，港口吞吐能力为423027.5万吨，较2010年增长43.4%，年均增幅为7.5%；航空运输量为45750.1百万次，较2010年下降

30.7%，年均降幅为7.1%。可见，立陶宛交通设施具有一定的基础，但仍有提升空间。

在信息与公共服务设施方面，2010～2015年，互联网普及率、改善水源获得比例、改善卫生设施获得比例均呈上升趋势。2015年互联网普及率为71.4%，较2010年提升9.3个百分点，年均增幅为2.8%；改善水源获得比例为96.6%，较2010年提升1.6个百分点，年均增幅为0.3%；改善卫生设施获得比例为92.4%，较2010年提升1.9个百分点，年均增幅为0.4%。可见，立陶宛信息与公共服务设施完善程度较高。

5. 机制

在2010～2015年机制子系统测评结果中，国内制度指数、国际合作指数呈上升趋势。2015年，国内制度指数为68.5，较2010年增长5.5%，年均增幅为1.1%；国际合作指数为98，较2010年增长0.4%，年均增幅为0.1%。其中，国内制度指数和国际合作指数两个指数相差29.5（见图9－48）。

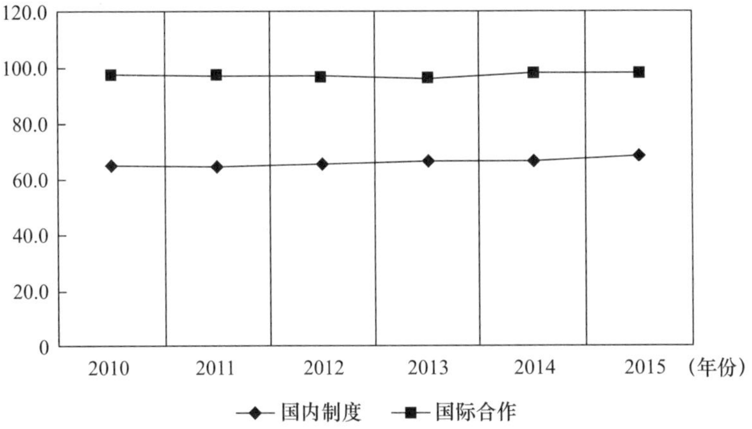

图9－48　2010～2015年机制子系统两个维度的评价指数

在国内制度方面，2010～2015年，经济自由度指数、全球治理指数呈上升趋势。2015年，经济自由度指数为74.7，较2010年增长6.3%，年均增幅为1.2%；全球治理指数为0.99，较2010年增长30.3%，年均增幅为5.4%；控制腐败指数为0.56，较2010年增长105.3%，年均增幅为15.5%。可见，立陶宛经济自由度较高，但政府效能及清廉反腐能力有待改进。

（三）小结

立陶宛经济开放程度高，工农业比较发达，科学技术水平及信息化程度较高，劳动力质量非常好，素质高、成本低，有人力成本优势，教育和医疗卫生体制完善，生态环境和资源禀赋良好，基础设施较为完备，制定了有利的税制和各种不同的投资激励机制，国内政局基本保持稳定，具有吸引外资的明显优势。然而，立陶宛存在外部需求不足、失业率较高、劳动力资源不足、人口呈负增长趋势、矿产资源比较贫乏、能源消耗较高、政府腐败程度较高等问题。

总体上，加入“一带一路”倡议为立陶宛迎来了发展的良好契机，充分发挥中东欧地区的特殊地理位置优势，借助于与“一带一路”沿线国家的经贸关系，可以促进立陶宛经济快速发展。

八、马其顿

马其顿共和国是位于东南欧巴尔干半岛南部的一个内陆国家，与保加利亚、塞尔维亚、阿尔巴尼亚、希腊相邻，是“一带一路”建设的重要合作伙伴。“一带一路”倡议为中国和马其顿的经济合作创造了前所未有的机遇，也让沿线国家都能为获取更大的利益走到一起。

（一）马其顿可持续发展总体评价

评价结果显示，2015年，马其顿可持续发展指数为43，在“一带一路”沿线国家中的排名为第30位，马其顿可持续发展处于初级后期发展阶段。

由图9－49可知，2010～2015年，马其顿可持续发展呈上升趋势。单从国家可持续发展的指数来看，马其顿可持续发展应处于中级早期阶段，但由于受环境子系统的制约，其可持续发展仍处于初级后期阶段。

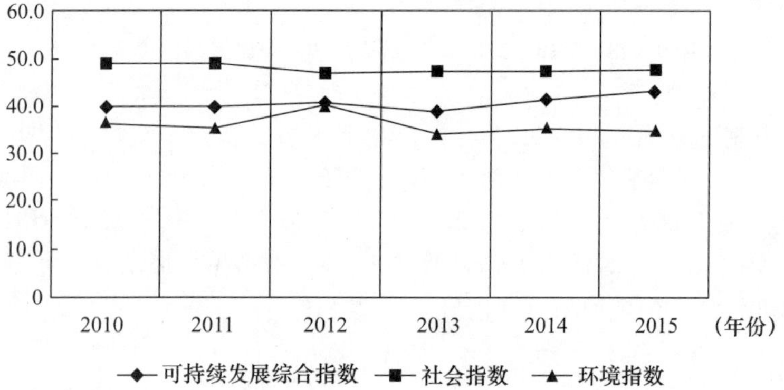

图9－49　2010～2015年马其顿可持续发展评价

2010～2015年，马其顿五大子系统中，机制子系统发展程度相对较好，而环境子系统发展程度相对较差。2015年，按指数由高到低依次为机制子系统、社会子系统、经济子系统、基础设施子系统和环境子系统，指数分别为59.9、47.7、41.6、36.8、34.8，其中环境子系统与发展最好的机制子系统指数相差达25.1。可见，环境发展水平是影响马其顿可持续发展的重要因素之一（见图9－50）。

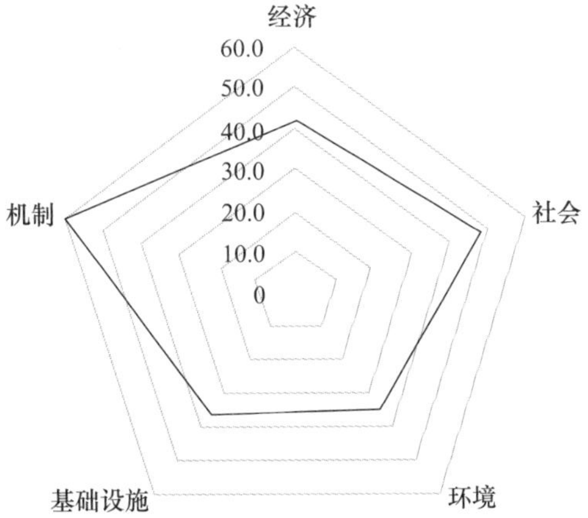

图9－50　2015年马其顿五大子系统的发展评价

2010～2015年，经济子系统指数、机制子系统指数呈上升趋势，而社会子系统指数、环境子系统指数、基础设施子系统指数呈下降趋势（见表9－6）。经济子系统指数的增幅最大，年均增幅为9.5%，其次为机制子系统指数，年均增幅为0.5%，而基础设施子系统指数、社会子系统指数、环境子系统指数呈负增长，年均降幅分别为0.2%、0.5%、1%。

（二）马其顿可持续发展重点领域分析

1. 经济

在2010～2015年经济子系统测评结果中，经济规模、经济质量和经济活力指数均呈上升趋势。2015年，经济规模指数为46.9，较2010年增长158.8%，年均增幅为20.9%；经济质量指数为30.7，较2010年增长12.8%，年均增幅为2.4%；经济活力指数为47.2，较2010年增长39.4%，年均增幅为6.9%。其中，经济活力指数最高，经济规模指数次之，经济质量指数最低，最大相差为16.5（见图9－51）。

表 9-6　2010~2015 年可持续发展五大子系统年均增幅

可持续发展子系统	增幅（%）
经济子系统	9.5
社会子系统	-0.5
环境子系统	-1.0
基础设施子系统	-0.2
机制子系统	0.5

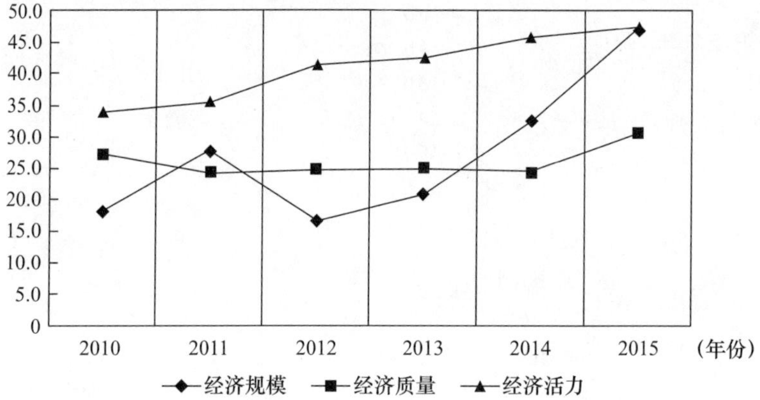

图 9-51　2010~2015 年经济子系统三个维度的评价指数

在经济规模方面，2010~2015 年，GDP 增长率、人均 GDP 呈上升趋势。2015 年，马其顿国内生产总值为 100.9 亿美元，同比增长 3.7%，较 2010 年提升 0.3 个百分点；人均 GDP 为 4852.7 美元，较 2010 年增长 6.4%，年均增幅为 1.2%。可见，马其顿经济发展水平不高，按世界银行划分贫富程度标准，马其顿处于中等偏上收入国家的水平。

在经济质量方面，2010~2015 年，资本形成总额占 GDP 比重、全社会劳动生产率呈上升趋势，而服务业增加值占 GDP 比重、FDI 占 GDP 比重呈下降趋势。2015 年，资本形成总额占 GDP 比重为 31.9%，较 2010 年提升 7.4 个百分点，年均增幅为 5.4%；全社会劳动生产率为 18391.1 美元/人，较 2010 年增长 17.8%，年均增幅为 3.3%；服务业增加值占 GDP 比重为 62.7%，较 2010 年下降 1.2 个百分点，年均降幅为 0.4%；FDI 占 GDP 比重为 0.7%，较 2010 年下降 0.3 个百分点，年均降幅为 8.2%。可见，马其顿经济效益稳步提高，经济结构逐步合理化。

在经济活力方面，2010~2015 年，国家创新指数、经济外向度、债务占

GDP 比重呈上升趋势。2015 年，国家创新指数为 35.4，较 2010 年增长 5.8%，年均增幅为 1.1%；经济外向度为 113.3%，较 2010 年提升 16.9 个百分点，年均增幅为 3.3%；债务占 GDP 比重为 70.6%，较 2010 年提升 14.9 个百分点，年均增幅为 4.9%。可见，马其顿的经济开放水平较高，但国家创新能力不强。

2. 社会

在 2010～2015 年社会子系统测评结果中，人口基础指数呈上升趋势，而平等就业指数、公共服务指数、生活水平指数呈下降趋势。2015 年，人口基础指数为 16.2，较 2010 年增长 6.5%，年均增幅为 1.3%；平等就业指数为 68.3，较 2010 年下降 1%，年均降幅为 0.2%；公共服务指数为 51，较 2010 年下降 2.8%，年均降幅为 0.6%；生活水平指数为 55.1，较 2010 年下降 6.8%，年均降幅为 1.4%。可见，平等就业指数最高，其次为生活水平指数、公共服务指数，而人口基础指数最低，最大相差高达 52.1（见图 9－52）。

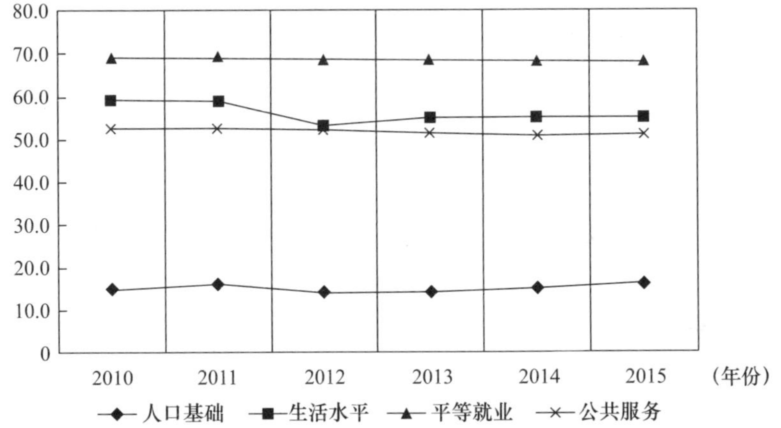

图 9－52　2010～2015 年社会子系统四个维度的评价指数

在人口基础方面，人口自然增长率、出生性别比呈下降趋势，人口密度、人口城镇化率、每万人科技人员数呈上升趋势。2015 年，人口自然增长率为 0.14%，较 2010 年下降 0.04 个百分点，年均降幅为 4.5%；出生性别比为 99.1%，较 2010 年下降 0.16 个百分点，年均降幅为 0.03%；人口密度为 82.4 人/千米，较 2010 年提升 0.8 个百分点，年均增幅为 0.2%；人口城镇化率为 57.1%，较 2010 年提升 0.1 个百分点，年均增幅为 0.04%；每万人科技人员数为 838.4 人，较 2010 年增长 56.9%，年均增幅为 9.4%。可见，马其顿人口禀赋良好，人口结构稳步合理化。

在生活水平方面，2010～2015年，营养不良发生率呈下降趋势，而低于1.9美元/天人口比例、超过100万的城市群中人口占总人口比重、粮食产量呈上升趋势。2015年，营养不良发生率为5.5%，较2010年下降4.4个百分点，年均降幅为11.1%；低于1.9美元/天人口比例为7.9%，较2010年提升3.9个百分点，年均增幅为14.6%；超过100万的城市群中人口占总人口比重为42.4%，较2010年提升0.7个百分点，年均增幅为0.3%；人均粮食产量为301.6千克，较2010年增长14.8%，年均增幅为2.8%；单位面积粮食产量为3899.9千克，较2010年增长17.1%，年均增幅为3.2%。可见，马其顿的人民生活水平显著改善。

在平等就业方面，2010～2015年，人类发展指数、劳动中妇女的比例呈上升趋势，而失业率呈下降趋势。2015年，人类发展指数为0.747，较2010年增长1.2%，年均增幅为0.2%；劳动中妇女的比例为39.4%，较2010年提升0.5个百分点，年均增幅为0.3%；失业率为27.9%，较2010年下降4.1个百分点，年均降幅为2.7%；基尼系数为0.39，按照联合国有关组织对基尼系数的规定，马其顿属于收入相对合理的国家。

在公共服务方面，2010～2015年，人均医疗卫生支出、预期寿命、入学率均呈增长趋势，而新生儿死亡率呈下降趋势。2015年，人均医疗卫生支出为353.9美元，较2010年增长13.4%，年均增幅为2.5%；预期寿命为75.3岁，较2010年增长0.6%，年均增幅为0.2%；小学入学率为85.8%，较2010年提升0.2个百分点，年均增幅为0.04%；新生儿死亡率为3.5%，较2010年下降3个百分点，年均降幅为11.6%。可见，马其顿医疗和教育事业稳步发展。

3. 环境

在2010～2015年环境子系统测评结果中，资源指数呈上升趋势，而能源指数、污染指数呈下降趋势，生态保护指数呈平稳趋势。2015年，资源指数为4.4，较2010年增长1.9%，年均增幅为0.4%；能源指数为32.8，较2010年下降12.5%，年均降幅为2.6%；污染指数为84.2，较2010年下降3.1%，年均降幅为0.6%；生态保护指数为17.9。各指数的发展水平存在较大的差异，污染指数最高，其次为能源指数和生态保护指数，而资源指数最低，其中资源指数和污染指数最大相差高达79.8（见图9－53）。

在资源禀赋方面，2010～2015年，人均森林面积、人均土地资源占有量、人均淡水资源占有量呈下降趋势。2015年，人均森林面积为0.0048平方千米，较2010年下降0.8%，年均降幅为0.2%；人均土地资源占有量为0.0121平方千米，较2010年下降0.8%，年均降幅为0.2%；人均淡水资源占有量为2601.6立方米，较2010年下降0.3%，年均降幅为0.1%。可见，马其顿自然资源禀赋良好。

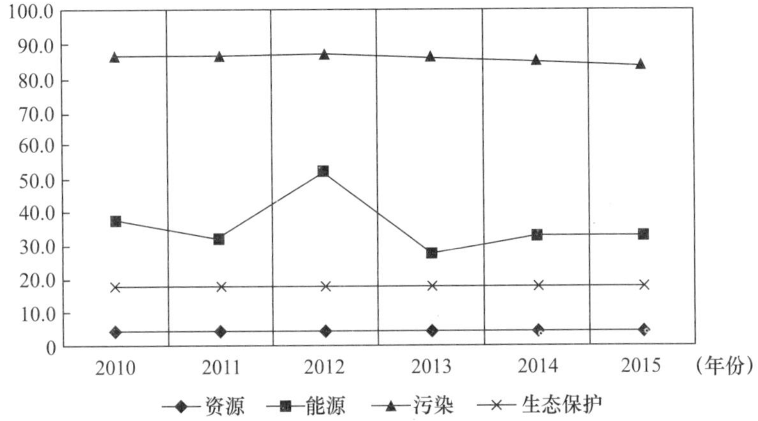

图 9－53　2010～2015 年环境子系统四个维度的评价指数

在能源方面，2010～2015 年，单位 GDP 能耗、能源消耗弹性系数呈上升趋势，而二次能源占比呈下降趋势。2015 年，单位 GDP 能耗为 9.7 美元/千克石油，较 2010 年增长 19.2%，年均增幅为 3.6%；能源消耗弹性系数为 0.02，较 2010 年增长 493.4%，年均增幅为 42.8%；二次能源占比为 16.5%，较 2010 年下降 6.1 个百分点，年均降幅为 6.1%。可见，马其顿能源结构不合理，能源消耗较高。

在环境污染方面，2010～2015 年，人均二氧化碳排放量呈下降趋势，人均烟尘排放量、人均一氧化氮排放量、人均甲烷排放量呈上升趋势。2015 年，人均二氧化碳排放量为 4 公吨，较 2010 年下降 4.1%，年均降幅为 0.8%；人均烟尘排放量为 39.4 微克每立方米，较 2010 年增长 16.2%，年均增幅为 3.1%；人均一氧化氮排放量为 0.0003 公吨，较 2010 年增长 1.7%，年均增幅为 0.3%；人均甲烷排放量为 0.0007 公吨，较 2010 年增长 1.7%，年均增幅为 0.3%。可见，马其顿环境基础良好。

4. 基础设施

在 2010～2015 年基础设施子系统测评结果中，交通设施指数呈平稳的趋势，而信息与公共服务设施指数呈下降的趋势。2015 年，交通设施指数为 0.3；信息与公共服务设施指数为 71.7，较 2010 年下降 0.9%，年均降幅为 0.2%。交通设施指数和信息与公共服务设施指数相差 71.4（见图 9－54）。

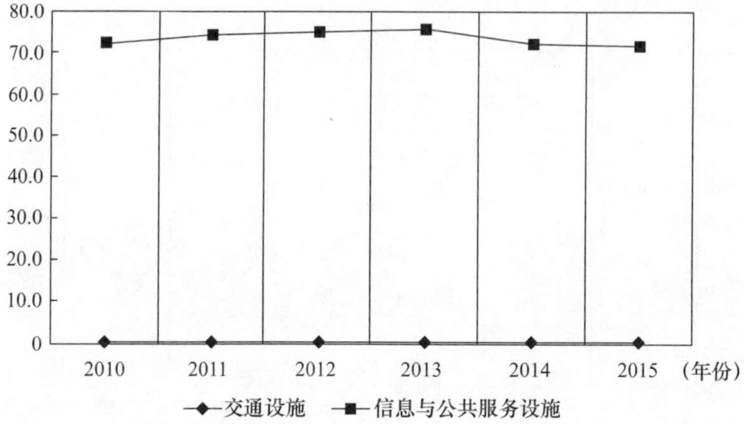

图 9-54 2010~2015 年基础设施子系统两个维度的评价指数

在信息与公共服务设施方面，2010~2015 年，互联网普及率、用电普及率、固定和移动电话普及率、改善卫生设施获得比例呈上升趋势。2015 年，互联网普及率为 70.4%，较 2010 年提升 18.5 个百分点，年均增幅为 6.3%；用电普及率为 100%，较 2010 年提升 1 个百分点，年均增幅为 0.2%；固定和移动电话普及率为 105.4%，较 2010 年提升 3 个百分点，年均增幅为 0.6%；改善卫生设施获得比例为 90.9%，较 2010 年提升 0.1 个百分点，年均增幅为 0.026%。可见，马其顿信息与公共服务设施改善明显。

5. 机制

在 2010~2015 年机制子系统测评结果中，国内制度指数呈下降趋势，国际合作指数呈上升趋势。2015 年，国内制度指数为 49.1，较 2010 年下降 0.5%，年均降幅为 0.1%；国际合作指数为 70.7，较 2010 年增长 4.9%，年均增幅为 1%。其中，国内制度指数和国际合作指数两个指数相差 21.6（见图 9-55）。

在国内制度方面，2010~2015 年，经济自由度指数、全球治理指数呈上升的趋势。2015 年，经济自由度指数为 67.1，较 2010 年增长 2.1%，年均增幅为 0.4%；全球治理指数为 0.15，较 2010 年增长 266.7%，年均增幅为 210.8%；控制腐败指数为 -0.13，较 2010 年下降 118.1%，年均降幅为 16.9%。可见，马其顿经济自由度较高，但政府效能及控制腐败能力不高。

在国际合作方面，2010~2015 年，官方发展援助占 GDP 比重呈上升趋势。2015 年官方发展援助占 GDP 比重为 101.5%，较 2010 年提升 8 个百分点，年均增幅为 1.7%。可见，马其顿高度依赖国际外援。

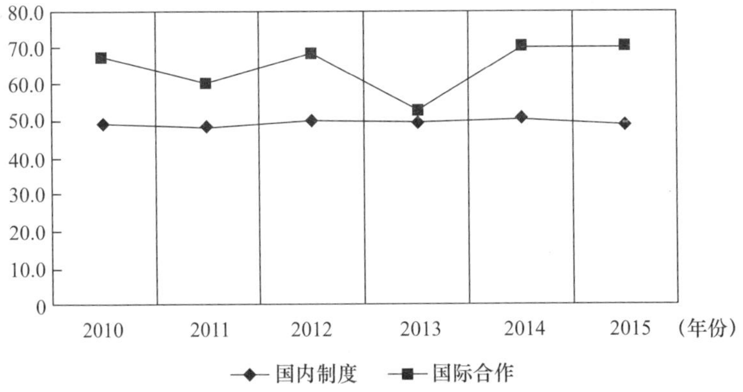

图 9－55　2010～2015 年机制子系统两个维度的评价指数

（三）小结

马其顿宏观经济运行稳定良好，自然资源和矿产资源较为丰富，路网比较发达、交通便捷，医疗卫生和教育体制相对完善，人民享有较好的福利和具有较高的教育水平，劳动力资源丰富，制定了大量的优惠政策吸引外资。然而，马其顿的经济较为落后，失业率居高不下，投资政治风险明显，存在历史遗留问题和国内民族矛盾等引发政治风险。

总体上，加入“一带一路”倡议为马其顿发展提供了新的契机，充分利用其区位、劳动力及政策优惠，不断开拓国际市场，加强与沿线国家的经贸关系，大力引进沿线国家的投资，创造更多的就业机会，广泛地融入区域和国际互联中，有力地推动马其顿交通的便利和经济发展。

九、塞尔维亚

塞尔维亚共和国处于西欧、中欧、东欧及近东和中东之间的“桥梁”和交叉路口，与黑山共和国、波斯尼亚和黑塞哥维那、克罗地亚、匈牙利、罗马尼亚、保加利亚、马其顿及阿尔巴尼亚接壤，在“一带一路”上的位置尤为关键，是推进“一带一路”的重要节点国家。

（一）塞尔维亚可持续发展总体评价

评价结果显示，2015 年，塞尔维亚可持续发展指数为 43.4，在“一带一路”

沿线国家中的排名为第28位，塞尔维亚可持续发展处于初级后期发展阶段。

由图9-56可知，2010~2015年，塞尔维亚可持续发展呈上升趋势。单从国家可持续发展的指数来看，塞尔维亚可持续发展应处于中级早期阶段，但由于受环境子系统的制约，其可持续发展仍处于初级后期阶段。

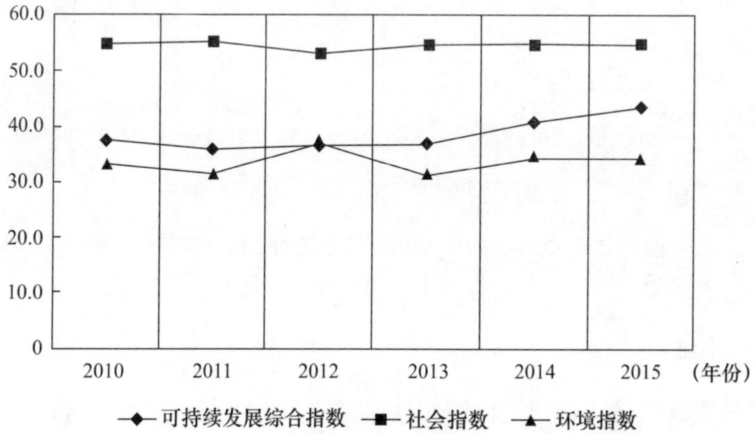

图9-56　2010~2015年塞尔维亚可持续发展评价

2010~2015年，塞尔维亚五大子系统中，机制子系统发展程度相对较好，而基础设施子系统发展程度相对较差。2015年，按指数由高到低依次为机制子系统、社会子系统、经济子系统、环境子系统和基础设施子系统，指数分别为62.5、54.8、37.7、34.3、31.2，其中基础设施子系统与发展最好的机制子系统指数相差达31.3。可见，基础设施完善程度是影响塞尔维亚可持续发展的重要因素之一（见图9-57）。

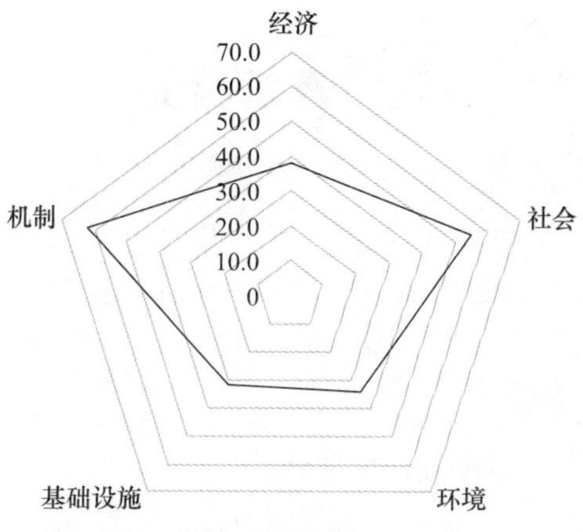

图9-57　2015年塞尔维亚五大子系统的发展评价

2010～2015年，经济子系统指数、社会子系统指数、环境子系统指数、基础设施子系统指数、机制子系统指数均呈上升趋势（见表9－7）。经济子系统指数的增幅最大，年均增幅为11.8%，其次为机制子系统指数、基础设施子系统指数、环境子系统指数、社会子系统指数，年均增幅分别为4.2%、1.1%、0.7%、0.1%。

表9－7　2010～2015年可持续发展五大子系统年均增幅

可持续发展子系统	增幅（%）
经济子系统	11.8
社会子系统	0.1
环境子系统	0.7
基础设施子系统	1.1
机制子系统	4.2

（二）塞尔维亚可持续发展重点领域分析

1. 经济

在2010～2015年经济子系统测评结果中，经济规模、经济质量和经济活力指数均呈上升趋势。2015年，经济规模指数为43.1，较2010年增长237.1%，年均增幅为27.5%；经济质量指数为28.2，较2010年增长4.1%，年均增幅为0.8%；经济活力指数为41.9，较2010年增长67.4%，年均增幅为10.8%。其中，经济规模指数最高，经济活力指数次之，经济质量指数最低，最大相差为14.9（见图9－58）。

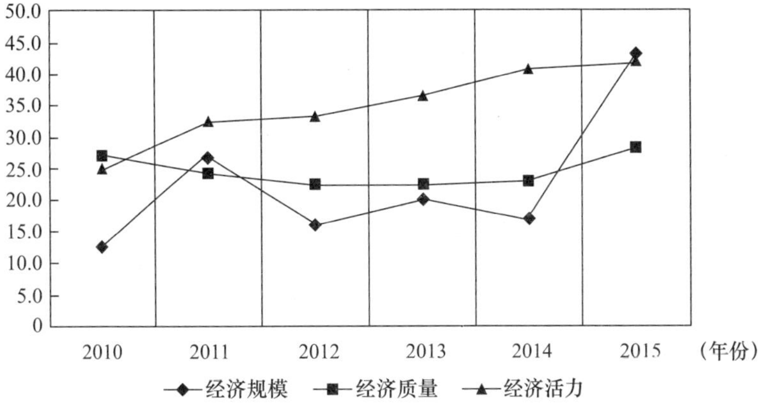

图9－58　2010～2015年经济子系统三个维度的评价指数

在经济规模方面，2010～2015 年，GDP 增长率呈上升的趋势，而人均 GDP 呈下降的趋势。2015 年，塞尔维亚国内生产总值（GDP）为 371.6 亿美元，同比增长 0.8%，较 2010 年提升 0.2 个百分点；人均 GDP 为 5235.1 美元，较 2010 年下降 3.3%，年均降幅为 0.7%。可见，塞尔维亚经济发展水平不高，按世界银行划分贫富程度标准，塞尔维亚处于中等偏上收入国家的水平。

在经济质量方面，2010～2015 年，资本形成总额占 GDP 比重、FDI 占 GDP 比重、全社会劳动生产率呈上升趋势，而服务业增加值占 GDP 比重呈下降趋势。2015 年，资本形成总额占 GDP 比重为 18.9%，较 2010 年提升 0.4 个百分点，年均增幅为 0.4%；FDI 占 GDP 比重为 0.9%，较 2010 年提升 0.4 个百分点，年均增幅为 13.7%；全社会劳动生产率为 22874.1 美元/人，较 2010 年增长 9.8%，年均增幅为 1.9%；服务业增加值占 GDP 比重为 60.5%，较 2010 年下降 0.9 个百分点，年均降幅为 0.3%。可见，塞尔维亚经济效益较高，经济结构逐步合理化。

在经济活力方面，2010～2015 年，国家创新指数呈下降趋势，而经济外向度、债务占 GDP 比重呈上升趋势。2015 年，国家创新指数为 33.8，较 2010 年下降 7.1%，年均降幅为 1.5%；经济外向度为 103.1%，较 2010 年提升 23.3 个百分点，年均增幅为 5.3%；债务占 GDP 比重为 88.8%，较 2010 年提升 3.4 个百分点，年均增幅为 0.8%。可见，塞尔维亚的经济开放水平较高，但国家创新能力不强。

2. 社会

在 2010～2015 年社会子系统测评结果中，人口基础指数、生活水平指数呈下降趋势，而平等就业指数、公共服务指数呈上升趋势。2015 年，人口基础指数为 14.7，较 2010 年下降 1.8%，年均降幅为 0.4%；生活水平指数为 65.1，较 2010 年下降 5.8%，年均降幅为 1.2%；平等就业指数为 77.3，较 2010 年增长 6.4%，年均增幅为 1.3%；公共服务指数为 62.1，较 2010 年增长 1.1%，年均增幅为 0.2%。可见，平等就业指数最高，其次为生活水平指数、公共服务指数，而人口基础指数最低，最大相差高达 62.6（见图 9－59）。

在人口基础方面，人口自然增长率、人口密度、出生性别比呈下降趋势，人口城镇化率、每万人科技人员数呈上升趋势。2015 年，人口自然增长率为 －0.5%，较 2010 年下降 0.1 个百分点，年均降幅为 2.5%；人口密度为 81.1 人/千米，较 2010 年下降 2.7 个百分点，年均降幅为 0.5%；出生性别比为 95.3%，较 2010 年下降 0.3 个百分点，年均降幅为 0.06%；人口城镇化率为 55.6%，较 2010 年提升 0.3 个百分点，年均增幅为 0.1%；每万人科技人员数为 1464.8 人，较 2010 年增长 20.8%，年均增幅为 3.9%。可见，塞尔维亚人口呈负增长，人口结构稳步合理化。

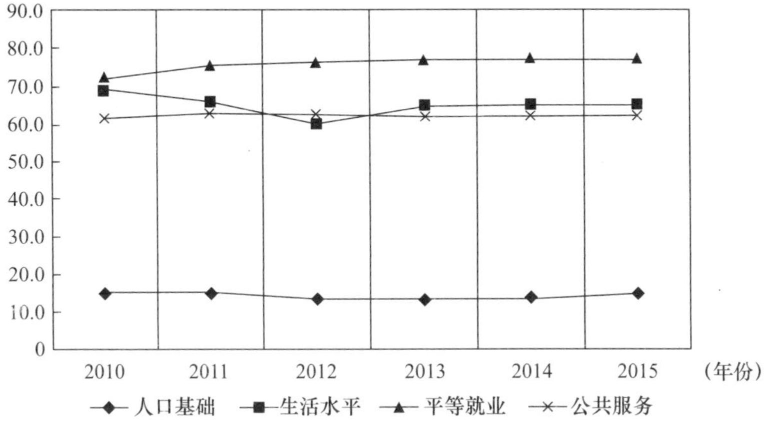

图9－59　2010～2015年社会子系统四个维度的评价指数

在生活水平方面，2010～2015年，营养不良发生率呈下降趋势，而低于1.9美元/天人口比例、超过100万的城市群中人口占总人口比重、粮食产量呈上升趋势。2015年，营养不良发生率为6.7%，较2010年下降0.9个百分点，年均降幅为2.5%；低于1.9美元/天人口比例为0.2%，较2010年提升0.1个百分点，年均增幅为13.7%；超过100万的城市群中人口占总人口比重为16.6%，较2010年提升0.7个百分点，年均增幅为0.9%；人均粮食产量为1525千克，较2010年增长19.6%，年均增幅为3.7%；单位面积粮食产量为5965.9千克，较2010年增长20.3%，年均增幅为3.8%。可见，塞尔维亚的人民生活水平不高。

在平等就业方面，2010～2015年，人类发展指数、劳动中妇女的比例、失业率呈上升趋势，而基尼系数呈下降趋势。2015年，人类发展指数为0.771，较2010年增长1.8%，年均增幅为0.4%；劳动中妇女的比例为43.8%，较2010年提升0.1个百分点，年均增幅为0.1%；失业率为22.2%，较2010年提升3个百分点，年均增幅为2.9%；基尼系数为0.29，较2010年下降2%，年均降幅为0.4%，按照联合国有关组织对基尼系数的规定，塞尔维亚属于收入比较平均的国家。

在公共服务方面，2010～2015年，人均医疗卫生支出、预期寿命、入学率均呈增长趋势，而新生儿死亡率、政府教育支出占比均呈下降趋势。2015年，人均医疗卫生支出为632.9美元，较2010年增长17%，年均增幅为3.2%；预期寿命为75.5岁，较2010年增长1.2%，年均增幅为0.3%；小学和中学入学率分别为101.1%、94.3%，较2010年分别提升5.2个百分点和2.9个百分点，年均增幅分别为1%、0.6%；新生儿死亡率为4.2%，较2010年下降0.6个百分点，年均降幅为2.6%；政府教育支出占比为9.6%，较2010年下降0.9个百分点，年均降幅为1.8%。可见，塞尔维亚医疗和教育事业发展稳步提升。

3. 环境

在2010~2015年环境子系统测评结果中，资源指数、能源指数呈上升趋势，而污染指数呈下降趋势，生态保护指数呈平稳态势。2015年，资源指数为3.4，较2010年增长5.7%，年均增幅为1.1%；能源指数为46.1，较2010年增长11.8%，年均增幅为2.3%；污染指数为75.1，较2010年下降0.3%，年均降幅为0.1%；生态保护指数为12.4。各指数的发展水平存在较大的差异，污染指数最高，其次为能源指数和生态保护指数，而资源指数最低，其中资源指数和污染指数最大相差高达71.7（见图9-60）。

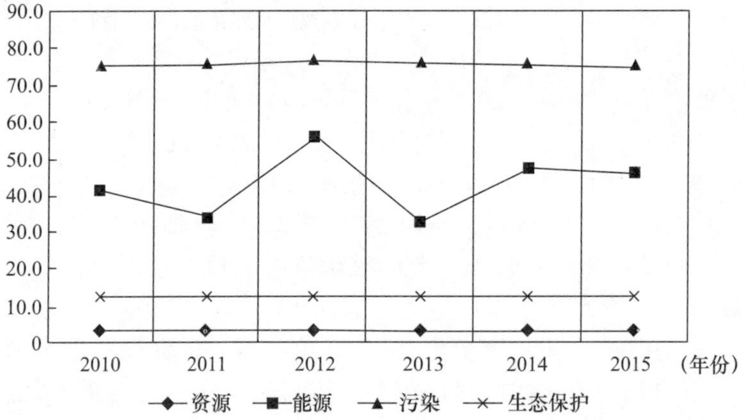

图9-60 2010~2015年环境子系统四个维度的评价指数

在资源禀赋方面，2010~2015年，人均森林面积、人均土地资源占有量、人均淡水资源占有量呈上升趋势。2015年，人均森林面积为0.004平方千米，较2010年增长3%，年均增幅为0.6%；人均土地资源占有量为0.01平方千米，较2010年增长2.7%，年均增幅为0.5%；人均淡水资源占有量为1179立方米，较2010年增长1%，年均增幅为0.2%。可见，塞尔维亚资源禀赋良好。

在能源方面，2010~2015年，单位GDP能耗呈上升趋势，而二次能源占比、能源消耗弹性系数呈下降趋势。2015年，单位GDP能耗为7.1美元/千克石油，较2010年增长19%，年均增幅为3.5%；二次能源占比为19.6%，较2010年下降1.1个百分点，年均降幅为1.1%；能源消耗弹性系数为-0.06，较2010年下降 40.9%，年均降幅为 7.1%。可见，塞尔维亚能源结构逐步合理。

在环境污染方面，2010～2015 年，人均二氧化碳排放量呈下降趋势，人均烟尘排放量呈上升趋势，人均一氧化氮排放量、人均甲烷排放量呈平稳趋势。2015 年，人均二氧化碳排放量为 6.3 公吨，较 2010 年下降 0.6%，年均降幅为 0.1%；人均烟尘排放量为 20.8 微克每立方米，较 2010 年增长 6.7%，年均增幅为 1.3%；人均一氧化氮排放量为 0.001 公吨；人均甲烷排放量为 0.0009 公吨。可见，塞尔维亚环境污染进一步恶化。

4. 基础设施

在 2010～2015 年基础设施子系统测评结果中，交通设施指数呈下降趋势，而信息与公共服务设施指数呈上升趋势。2015 年，交通设施指数为 1.8，较 2010 年下降 3.2%，年均降幅为 0.7%；信息与公共服务设施指数为 60.6，较 2010 年增长 5.6%，年均增幅为 1.1%。交通设施指数和信息与公共服务设施指数相差 58.8（见图 9－61）。

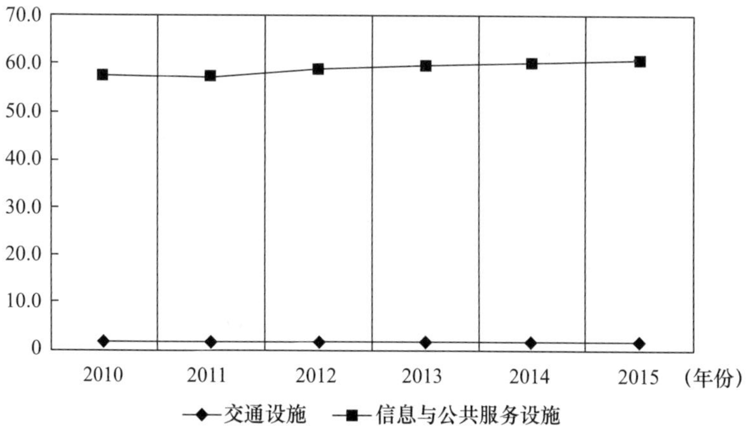

图 9－61　2010～2015 年基础设施子系统两个维度的评价指数

在交通设施方面，2010～2015 年，铁路里程数呈下降趋势，而航空运输量均呈上升趋势。2015 年，铁路里程数为 3809 千米，较 2010 年下降 6.1%，年均降幅为 1.3%；航空运输量为 29809.4 百万次，较 2010 年增长 76.5%，年均增幅为 12%。可见，塞尔维亚交通基础设施不完善。

在信息与公共服务设施方面，2010～2015 年，互联网普及率、用电普及率呈上升趋势，而固定和移动电话普及率、改善水源获得比例、改善卫生设施获得比例呈下降趋势。2015 年，互联网普及率为 65.3%，较 2010 年提升 24.4 个百分点，年均增幅为 9.8%；用电普及率为 100%；固定和移动电话普及率为

36.5%，较2010年下降2.8个百分点，年均降幅为1.5%；改善水源获得比例为99.2%，较2010年下降0.1个百分点，年均降幅为0.02%；改善卫生设施获得比例为96.4%，较2010年下降0.2个百分点，年均降幅为0.04%。可见，塞尔维亚信息化及公共服务设施改善明显，但通信设施完善程度不高。

5. 机制

在2010~2015年机制子系统测评结果中，国内制度指数、国际合作指数呈上升趋势。2015年，国内制度指数为41.1，较2010年增长23.1%，年均增幅为4.2%；国际合作指数为84，较2010年增长22.9%，年均增幅为4.2%。其中，国内制度指数和国际合作指数两个指数相差42.9（见图9-62）。

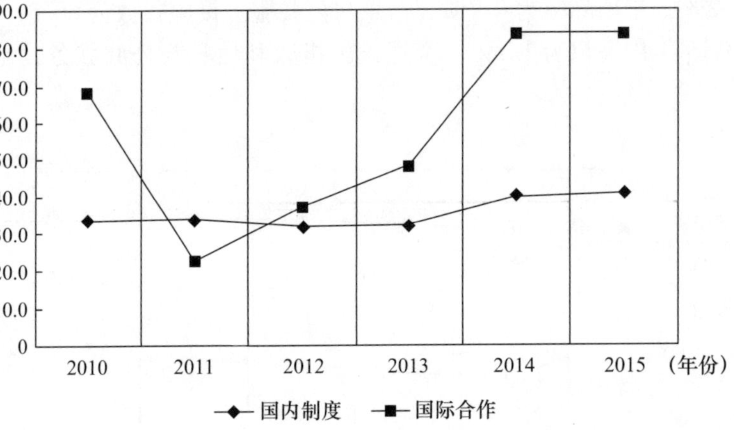

图9-62　2010~2015年机制子系统两个维度的评价指数

在国内制度方面，2010~2015年，经济自由度指数、全球治理指数呈上升趋势。2015年，经济自由度指数为60，较2010年增长21.5%，年均增幅为4%；全球治理指数为0.09，较2010年增长280%，年均增幅为212.5%；控制腐败指数为-0.24，较2010年增长16.6%，年均增幅为3.6%。可见，塞尔维亚经济自由度较高，政府效能及控制腐败能力显著改善。

在国际合作方面，2010~2015年，官方发展援助占GDP比重呈下降趋势。2015年官方发展援助占GDP比重为52%，较2010年下降38.5个百分点，年均降幅为10.5%。可见，塞尔维亚对国际外援依赖程度较高。

（三）小结

塞尔维亚农业和信息通信技术产业是其优势产业，森林和水利资源丰富，对外经贸活动日渐活跃，教育体制较为完善，政治稳定，劳动力素质较高、成本低，制定了鼓励外国投资者的政策。然而，塞尔维亚国内基础设施建设不完善，通信设备极为落后，经济发展速度缓慢，失业率较高，就业形势严峻。

总体上，加入“一带一路”倡议为塞尔维亚发展提供了新的契机，充分发挥自身的优势，有助于引进外资，推动交通基础设施建设，扩大与沿线国家的贸易活动，缓解当地就业压力，推动经济快速发展。

十、斯洛文尼亚

斯洛文尼亚共和国地处中欧南部，巴尔干半岛西北，与意大利、克罗地亚、匈牙利、奥地利相邻，是中欧通往亚得里亚海的门户，是中东欧地区较有潜力、前景较好的国家之一，被欧盟称为“中东欧经济转轨最成功的国家”，也在“一带一路”倡议推进过程中发挥了不可忽视的作用。

（一）斯洛文尼亚可持续发展总体评价

评价结果显示，2015 年，斯洛文尼亚可持续发展指数为 57.4，在“一带一路”国家中的排名为第 3 位，斯洛文尼亚可持续发展处于中级后期发展阶段。由图 9－63 可知，2010～2015 年，斯洛文尼亚可持续发展呈波动性态势。

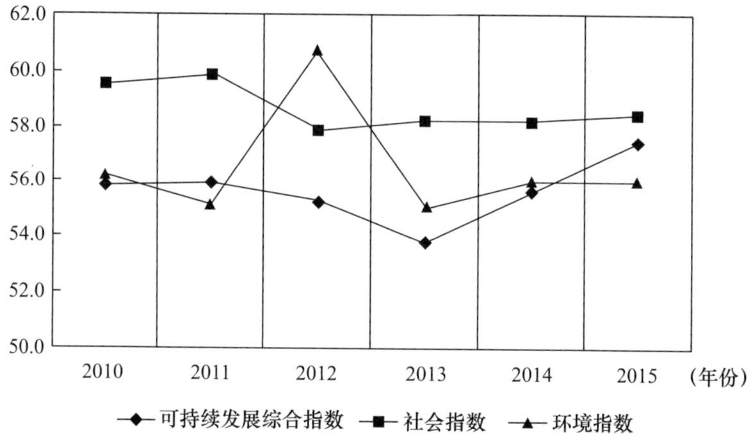

图 9－63　2010～2015 年斯洛文尼亚可持续发展评价

2010~2015年，斯洛文尼亚五大子系统的发展程度存在一定差距，其中，机制子系统发展程度相对较好，而基础设施子系统发展程度相对较差。2015年，按指数由高到低依次为机制子系统、社会子系统、经济子系统、环境子系统和基础设施子系统，指数分别为76.1、58.4、58.2、56.1、37.9，其中基础设施子系统与发展最好的机制子系统指数相差达38.2。可见，基础设施完善程度是影响斯洛文尼亚可持续发展的重要因素之一（见图9-64）。

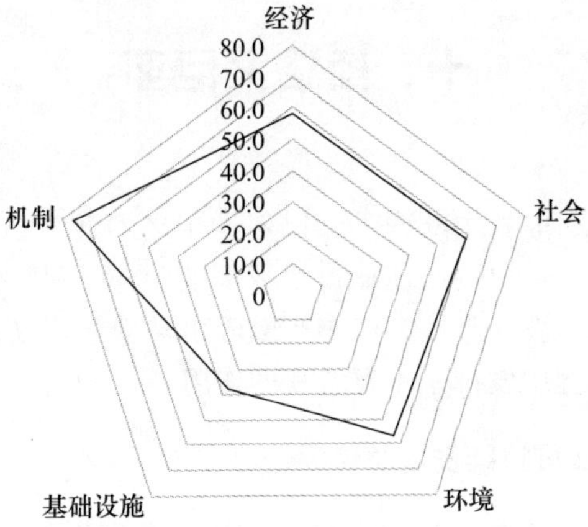

图9-64　2015年斯洛文尼亚五大子系统的发展评价

2010~2015年，经济子系统呈上升趋势，社会子系统、环境子系统、基础设施子系统和机制子系统呈下降趋势（见表9-8）。经济子系统指数的年均增幅最大，增幅达到4.5%，而环境子系统指数、社会子系统指数、机制子系统指数和基础设施子系统指数的年均增幅为负增长，年均降幅分别为0.1%、0.4%、1%、1.7%。

表9-8　2010~2015年可持续发展五大子系统年均增幅

可持续发展子系统	增幅（%）
经济子系统	4.5
社会子系统	-0.4
环境子系统	-0.1
基础设施子系统	-1.7
机制子系统	-1.0

（二）斯洛文尼亚可持续发展重点领域分析

1. 经济

在 2010 ~ 2015 年经济子系统测评结果中，经济规模和经济活力均呈上升趋势，而经济质量呈下降的趋势。2015 年，经济规模指数为 55.9，较 2010 年增长 106.9%，年均增幅为 15.7%；经济活力指数为 70.4，较 2010 年增长 9.1%，年均增幅为 1.8%；经济质量指数为 48.3，较 2010 年下降 0.9%，年均降幅为 0.2%。其中，经济活力指数最高，经济规模指数次之，经济质量指数最低，最大相差 22.1（见图 9-65）。

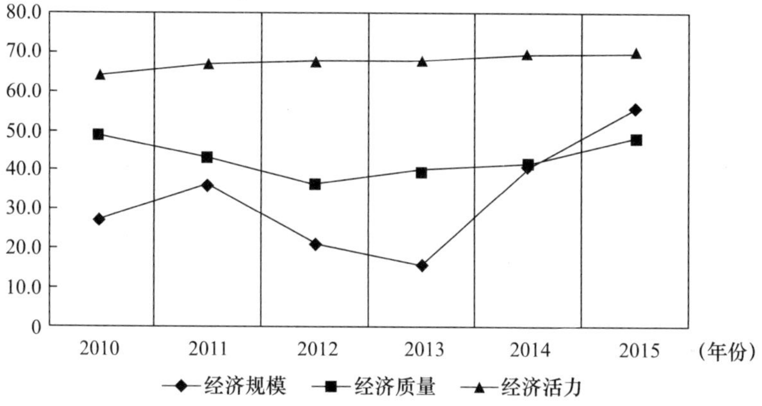

图 9-65　2010 ~ 2015 年经济子系统三个维度的评价指数

在经济规模方面，2010 ~ 2015 年，GDP 增长率呈增长趋势，而人均 GDP 呈下降趋势。2015 年斯洛文尼亚国内生产总值 427.7 亿美元，同比增长 2.3%，较 2010 年提升 1.1 个百分点；人均 GDP 为 20726.5 美元，较 2010 年下降 11.6%，年均降幅为 2.4%，可见，斯洛文尼亚的经济水平较高，按世界银行划分贫富程度标准，斯洛文尼亚处于高收入国家的水平。

在经济质量方面，2010 ~ 2015 年，资本形成总额占 GDP 比重、服务业增加值占 GDP 比例均呈下降趋势，而 FDI 占 GDP 比重、全社会劳动生产率呈上升趋势。2015 年，资本形成总额占 GDP 比重为 20.1%，较 2010 年下降 2.2 个百分点；服务业增加值占 GDP 比重为 64.9%，较 2010 年下降 2.5 个百分点；FDI 占 GDP 比重为 0.7%，较 2010 年下降 0.3 个百分点；全社会劳动生产率为 71954.7 美元/人，较 2010 年下降 12.5%。可见，斯洛文尼亚的经济结构制约其经济质量发展。

在经济活力方面，2010～2015年，国家创新指数、经济外向度均呈上升趋势。2015年，国家创新指数为46，较2010年增长2%，年均增幅为0.4%；经济外向度为146.8%，较2010年提升19.5个百分点，年均增幅为2.9%。可见，斯洛文尼亚的创新能力较好，具有较高的经济开放水平。

2. 社会

在2010～2015年社会子系统测评结果中，人口基础指数、生活水平指数、公共服务指数呈下降趋势，而平等就业指数呈增长趋势。2015年，人口基础指数为21.2，较2010年下降2.4%，年均降幅为0.5%；生活水平指数为59.1，较2010年下降5.9%，年均降幅为1.2%；公共服务指数为76.5，较2010年下降1.4%，年均降幅为0.3%；平等就业指数为76.9，较2010年增长1.5%，年均增幅为0.3%。可见，平等就业指数最高，其次为公共服务、生活水平，而人口基础指数最低，最大相差高达55.7（见图9－66）。

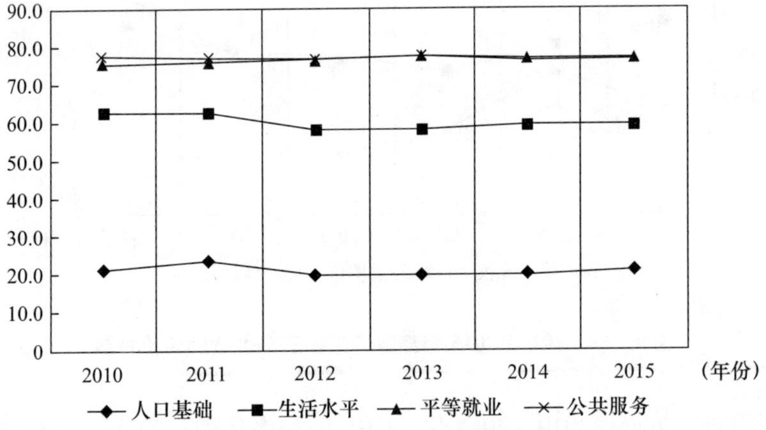

图9－66　2010～2015年社会子系统四个维度的评价指数

在人口基础方面，人口自然增长率、人口城镇化率呈下降趋势，而人口密度、出生性别比、每万人科技人员数均呈上升趋势。2015年，人口自然增长率为0.1%，较2010年下降1.6%；人口城镇化率为49.7%，较2010年下降0.4个百分点；人口密度为102.5人/平方千米，较2010年增长0.7%；出生性别比为98.3%，较2010年提升0.1个百分点；每万人科技人员数为4149人，较2010年增长10.6%。可见，斯洛文尼亚人口结构不合理，人口出现负增长现象。

在生活水平方面，2010～2015年，营养不良发生率、超过100万的城市群中人口占总人口比重呈下降趋势，而粮食产量呈上升趋势。2015年，营养不良发生率为2.6%，较2010年下降0.7个百分点，年均降幅为4.7%；超过100万的城市群中人口占总人口比重为17.8%，较2010年下降0.1个百分点；人均粮食产量为316.3千克，较2010年增长13.3%，单位面积粮食产量为6489.5千克，较2010年增长8.6%。可见，斯洛文尼亚居民生活水平相对较高。

在平等就业方面，2010～2015年，人类发展指数、失业率、劳动中妇女的比例呈上升趋势。2015年，人类发展指数为0.88，较2010年增长0.5%；失业率为9.5%，较2010年提升2.3个百分点；劳动中妇女的比例为46.1%，较2010年提升0.6个百分点。可见，斯洛文尼亚社会相对公平，基尼系数为0.25，按照联合国有关组织对基尼系数的规定，斯洛文尼亚属于收入比较平均的国家。

在公共服务方面，2010～2015年，人均医疗卫生支出、预期寿命、入学率、政府教育支出占比均呈增长趋势，而新生儿死亡率呈下降趋势。2015年，人均医疗卫生支出为2160.7美元，较2010年增长3.7%；预期寿命为80.5，较2010年增长1.1%；小学和中学入学率分别为99.3%、110.7%，较2010年分别增长1个百分点和12.8个百分点；政府教育支出占比为12.6%，较2010年提升0.6个百分点；新生儿死亡率为1.4%，较2010年下降0.4个百分点。可见，斯洛文尼亚医疗卫生事业、教育事业发展相对较好。

3. 环境

在2010～2015年环境子系统测评结果中，资源指数呈上升趋势，能源指数、污染指数均呈下降趋势。2015年，资源指数为7.1，较2010年增长1.9%，年均增幅为0.4%；能源指数为35.7，较2010年下降0.6%，年均降幅为0.1%，且这一指数在2013年达到最大值为52.4；污染指数为81.4，较2010年下降1.2%，年均降幅为0.2%。各指数的发展水平存在较大的差异，污染指数最高，其次为能源指数，而资源指数相对最低，其中污染指数和资源指数最大相差高达74.3（见图9－67）。

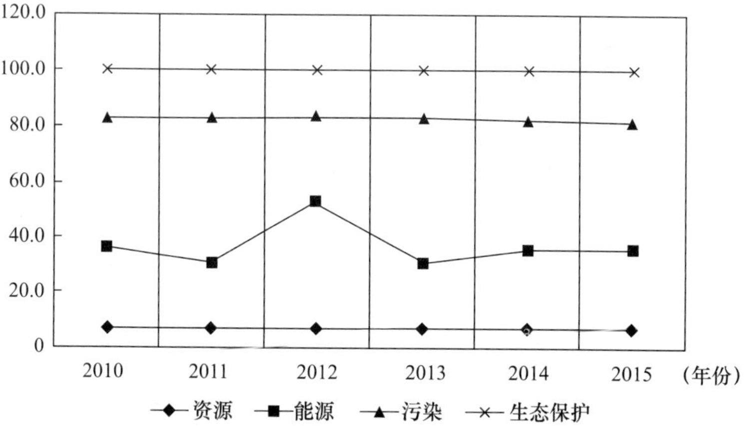

图9－67　2010～2015年环境子系统四个维度的评价指数

在资源禀赋方面，2010～2015 年，森林、土地、淡水等资源禀赋均呈下降的趋势。2015 年，人均森林面积为 0.006 平方千米，较 2010 年下降 0.7%，年均降幅为 0.1%；人均土地资源占有量为 0.0098 平方千米，较 2010 年下降 0.7%，年均降幅为 0.1%；人均淡水资源占有量为 9054.4 立方米，较 2010 年下降 0.2%，年均降幅为 0.05%。可见，斯洛文尼亚资源禀赋基础良好。

在能源方面，2010～2015 年，单位 GDP 能耗、能源消耗弹性系数、二次能源占比呈上升趋势。2015 年，单位 GDP 能耗为 9.2 美元/千克石油，较 2010 年增长 14.4%，年均增幅为 2.7%；能源消耗弹性系数为 0.0182，较 2010 年增长 246.7%，年均增幅为 208%；二次能源占比为 19.3%，较 2010 年提升 1.3 个百分点，年均增幅为 1.4%。可见，斯洛文尼亚能源结构逐步合理化，能源利用效率得到提高。

在环境污染方面，2010～2015 年，人均二氧化碳排放量、人均一氧化氮排放量、人均甲烷排放量呈下降趋势，而人均烟尘排放量呈上升趋势。2015 年，人均二氧化碳排放量为 7 公吨，较 2010 年下降 6.9%；人均一氧化氮排放量为 0.0006 公吨，较 2010 年下降 0.6%；人均甲烷排放量为 0.0014 吨，较 2010 年下降 3.1%；人均烟尘排放量为 19.9 微克每立方米，较 2010 年增长 28.4%。可见，斯洛文尼亚环境污染得到改善，但污染程度仍然较为严重。

4. 基础设施

在 2010～2015 年基础设施子系统测评结果中，交通设施指数、信息与公共服务设施指数呈下降趋势。2015 年，交通设施指数为 0.6，较 2010 年下降 7.5%，年均降幅为 1.6%；信息与公共服务设施指数为 75.2，较 2010 年下降 8.3%，年均降幅为 1.7%。其中，信息与公共服务设施指数和交通设施指数两者相差高达 74.6（见图 9－68）。

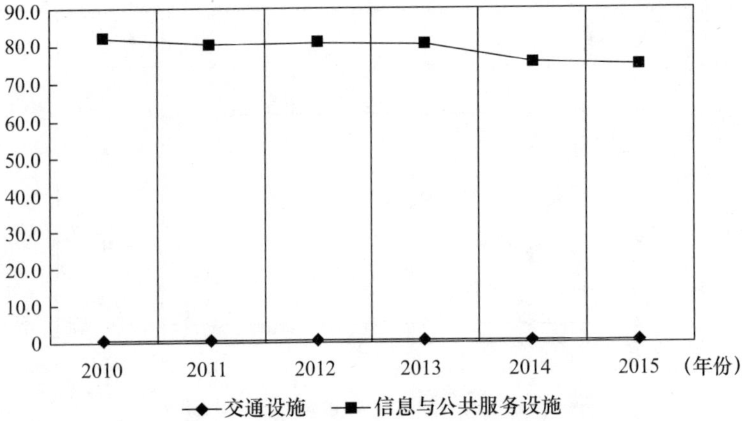

图 9－68　2010～2015 年基础设施子系统两个维度的评价指数

在交通设施方面，2010～2015 年，铁路里程数、航空运输量均呈下降趋势，而港口吞吐量呈上升趋势。2015 年，铁路里程数为 1208 千米，较 2010 年下降 1.6%，年均降幅为 0.3%；航空运输量为 72 百万次，较 2010 年下降 97.3%，年均降幅为 51.6%；港口吞吐量为 647240.2 万吨，较 2010 年增长 35.8%，年均增幅为 6.3%。可见，斯洛文尼亚交通基础设施建设水平良好。

在信息与公共服务设施方面，2010～2015 年，互联网普及率、固定和移动电话普及率均呈上升趋势。2015 年互联网普及率为 73.1%，较 2010 年提升 3.1 个百分点，年均增幅为 0.9%；固定和移动电话普及率为 113.2%，较 2010 年提升 9.9 个百分点，年均增幅为 1.8%。可见，斯洛文尼亚信息现代化程度较高，公共服务设施改善较好，其中改善卫生设施获得比例达 99.1%。

5. 机制

在 2010～2015 年机制子系统测评结果中，国内制度指数呈下降趋势，而国际合作指数呈上升趋势。2015 年，国内制度指数为 54.2，较 2010 年下降 13.6%；国际合作指数为 98，较 2010 年增长 0.4%。其中，国内制度指数和国际合作指数相差 43.8（见图 9－69）。

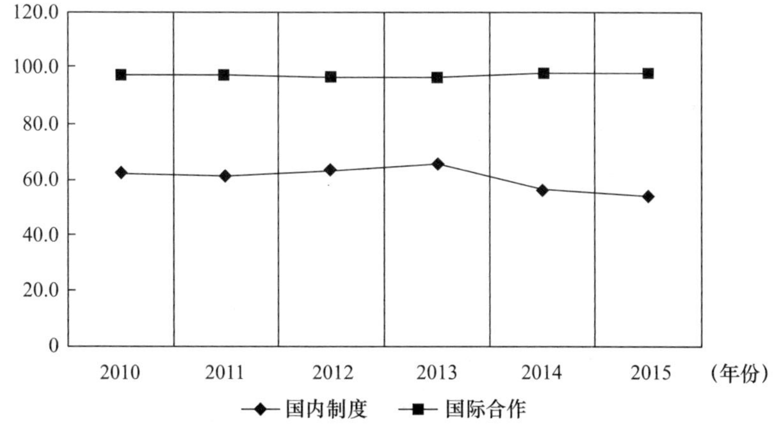

图 9－69 2010～2015 年机制子系统两个维度的评价指数

在国内制度方面，2010～2015 年，经济自由度指数、全球治理指数呈下降趋势。2015 年，经济自由度指数为 60.3，较 2010 年下降 6.8%，年均降幅为 1.4%；全球治理指数为 1，较 2010 年下降 1.9%；控制腐败指数为 0.73，较 2010 年下降 14.87%，年均降幅为 3.2%。可见，斯洛文尼亚经济自由度较高，但政府效能及清廉反腐能力不高。

（三）小结

斯洛文尼亚地理位置优越，经济基础较好，森林和水力资源丰富，工业和科技基础良好，旅游业比较发达，基础设施完善，交通公路网较发达，医疗和教育体制较为完善，居民生活水平较高，劳动力素质较高，法制相对健全。然而，斯洛文尼亚的矿产等自然资源贫乏，能源依赖进口，国内市场较小，受外部市场影响较大。

总体上，加入“一带一路”倡议为斯洛文尼亚发展提供了新的契机，充分发挥林业、旅游业、数字化建设等方面的巨大合作潜力，有助于缓解国内资源短缺的状况，稳固和进一步开拓国际市场。

十一、乌克兰

乌克兰位于欧洲东部，与白俄罗斯、俄罗斯、波兰、斯洛伐克、匈牙利、罗马尼亚、摩尔多瓦毗邻，地处欧亚接合处，是欧洲联盟与独联体特别是与俄罗斯地缘政治的交叉点，在“一带一路”建设中拥有重要的战略优势。

（一）乌克兰可持续发展总体评价

评价结果显示，2015 年，乌克兰可持续发展指数为 41.5，在“一带一路”国家中的排名为第 35 位，乌克兰可持续发展处于初级后期发展阶段。

由图 9 - 70 可知，2010 ~ 2015 年，乌克兰可持续发展趋势相对平稳，单从国家可持续发展的指数来看，乌克兰可持续发展应处于中级早期阶段，但由于受环境子系统的制约，其可持续发展仍处于初级后期阶段。

2010 ~ 2015 年，乌克兰五大子系统的发展程度存在一定差距，其中，机制子系统和社会子系统发展程度相对较好，而环境子系统发展程度相对较差。2015 年，按指数由高到低依次为机制子系统、社会子系统、基础设施子系统、经济子系统和环境子系统，指数分别为 55.5、54.2、39.4、28.2、33.4，其中环境子系统与发展最好的机制子系统指数相差达 22.1。可见，环境因素是影响乌克兰可持续发展的重要因素之一（见图 9 - 71）。

2010 ~ 2015 年，经济子系统、社会子系统和基础设施子系统呈上升趋势，机制子系统呈下降趋势，环境子系统变化相对较为平稳（见表 9 - 9）。经济子系统指数的年均增幅最大，增幅达到 2.5%，其次是基础设施子系统指数的年均增幅为1.8%，社会子系统指数的年均增幅为0.1%，环境子系统指数的年均增幅为0%，而机制子系统指数的年均增幅为负增长，降幅为0.6%。

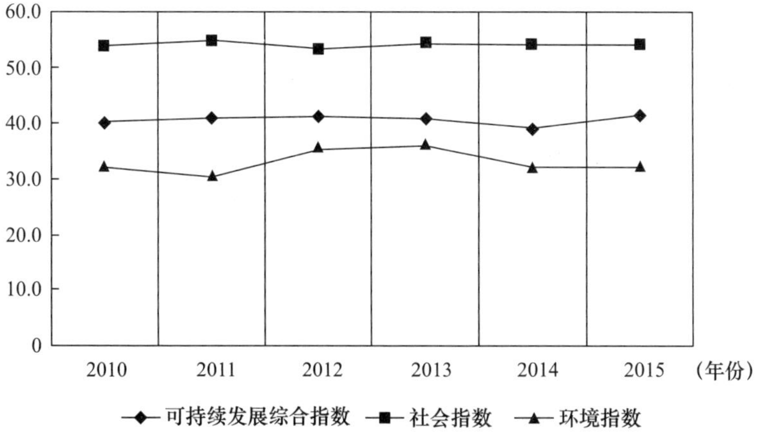

图9－70　2010～2015年乌克兰可持续发展评价

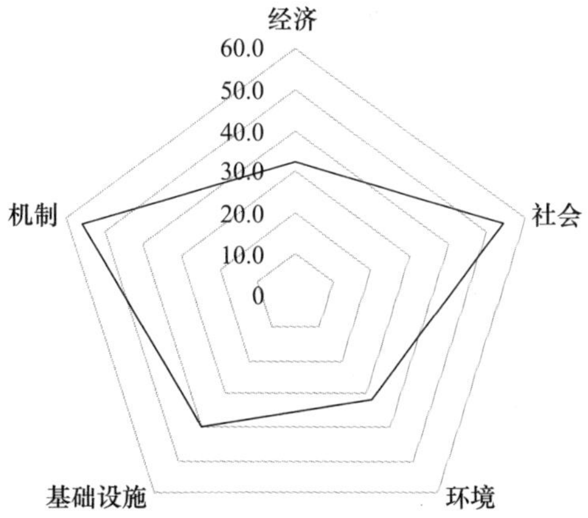

图9－71　2015年乌克兰五大子系统的发展评价

表9－9　2010～2015年可持续发展五大子系统年均增幅

可持续发展子系统	增幅（%）
经济子系统	2.5
社会子系统	0.1
环境子系统	0.0
基础设施子系统	1.8
机制子系统	－0.6

(二)乌克兰可持续发展重点领域分析

1. 经济

在2010~2015年经济子系统测评结果中，经济规模和经济活力均呈上升趋势，而经济质量呈下降趋势。2015年，经济规模指数为26.3，较2010年增长39.9%，年均增幅为6.9%；经济活力指数为48，较2010年增长9.6%，年均增幅为1.9%；经济质量指数为22.5，较2010年下降1.2%，年均降幅为0.2%。其中，经济活力指数最高，经济规模指数次之，经济质量指数最低，最大相差25.5（见图9-72）。

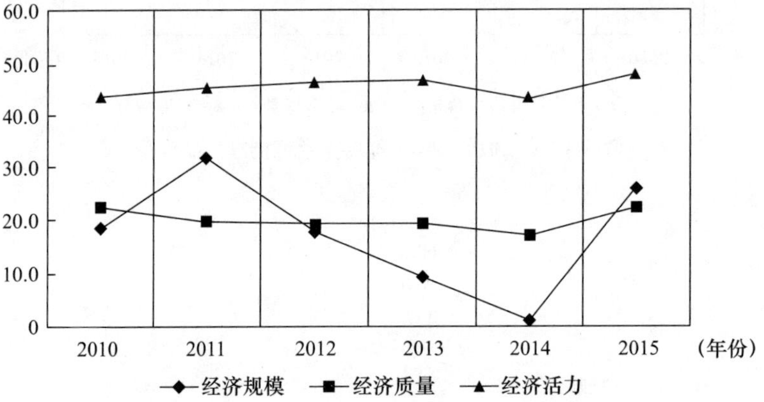

图9-72 2010~2015年经济子系统三个维度的评价指数

在经济规模方面，2010~2015年，GDP增长率、人均GDP呈下降趋势。2015年乌克兰国内生产总值906.2亿美元，同比下降9.9%，较2010年下降14.1个百分点；人均GDP为2115美元，较2010年下降28.7%，年均降幅为6.5%，可见，乌克兰的经济水平不高，按世界银行划分贫富程度标准，乌克兰处于中等偏下收入国家的水平。

在经济质量方面，2010~2015年，资本形成总额占GDP比重、服务业增加值占GDP比重、FDI占GDP比重、全社会劳动生产率均呈下降趋势。2015年，资本形成总额占GDP比重为15.3%，较2010年下降5.6个百分点，年均降幅为6%；服务业增加值占GDP比重为59.7%，较2010年下降2.6个百分点；FDI占GDP比重为0.04%，较2010年下降0.5个百分点；全社会劳动生产率为8515.5美元/人，较2010年下降2.5%。可见，乌克兰的经济结构不合理，经济效益较低。

在经济活力方面，2010～2015 年，国家创新指数、经济外向度、债务占 GDP 比重均呈上升趋势。2015 年，国家创新指数为 35.7，较 2010 年增长 2%，年均增幅为 0.4%；经济外向度为 107.5%，较 2010 年提升 8.1 个百分点，年均增幅为 1.6%；债务占 GDP 比重为 63.7%，较 2010 年提升 33.7 个百分点，年均增幅为 16.3%。可见，乌克兰的创新能力向好，具有较高的经济开放水平，且经济风险程度较高，债务率达 60% 以上。

2. 社会

在 2010～2015 年社会子系统测评结果中，人口基础指数、公共服务指数呈下降趋势，而生活水平指数、平等就业指数呈增长趋势。2015 年，人口基础指数为 16.2，较 2010 年下降 6%，年均降幅为 6.0%；公共服务指数为 68.2，较 2010 年下降 0.1%，年均降幅为 0.03%；生活水平指数为 61.1，较 2010 年增长 2.8%，年均增幅为 0.6%；平等就业指数为 71.2，较 2010 年增长 0.7%，年均增幅为 0.1%。可见，平等就业指数最高，其次为公共服务、生活水平，而人口基础指数最低，最大相差高达 55（见图 9－73）。

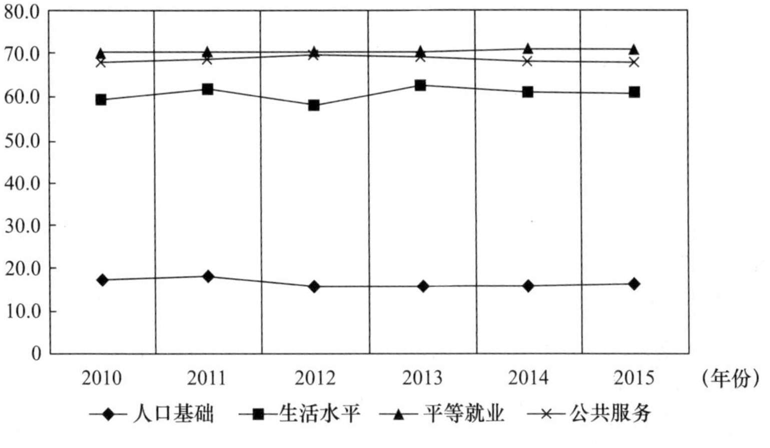

图 9－73　2010～2015 年社会子系统四个维度的评价指数

在人口基础方面，人口密度、每万人科技人员数呈下降趋势，而出生性别比、人口城镇化率均呈上升趋势。2015 年，人口密度为 77.9 人/平方千米，较 2010 年下降 1.6%，年均降幅为 0.3%；每万人科技人员数为 1026 人，较 2010 年下降 23%，年均降幅为 5.1%；出生性别比为 86.3%，较 2010 年提升 0.4 个百分点；人口城镇化率为 69.7%，较 2010 年提升 1 个百分点。可见，乌克兰城镇化水平较高，但人口结构不合理。

在生活水平方面，2010～2015年，营养不良发生率呈下降趋势，而粮食产量、超过100万的城市群中人口占总人口比重均呈上升趋势。2015年，营养不良发生率为9%，较2010年下降2.8个百分点，年均降幅为5.3%；人均粮食产量为1397.1千克，较2010年增长65.7%，单位面积粮食产量为4400.8千克，较2010年增长61.4%；超过100万的城市群中人口占总人口比重为11.9%，较2010年提升0.4个百分点。可见，乌克兰居民生活水平改善明显。

在平等就业方面，2010～2015年，人类发展指数、劳动中妇女的比例呈上升趋势，而失业率呈下降趋势。2015年，人类发展指数为0.747，较2010年增长2%；劳动中妇女的比例为49%，较2010年提升0.2个百分点；失业率为7.7%，较2010年下降0.4个百分点。可见，乌克兰社会相对公平，基尼系数为0.24，按照联合国有关组织对基尼系数的规定，乌克兰属于收入比较平均的国家。

在公共服务方面，2010～2015年，人均医疗卫生支出、新生儿和孕妇死亡率呈下降趋势，而预期寿命、入学率、政府教育支出占比均呈增长趋势。2015年，人均医疗卫生支出为202.7美元，较2010年下降13.2%；新生儿死亡率为5.5%，较2010年下降1.6个百分点；孕产妇死亡率为24%，较2010年下降2个百分点；预期寿命为71.2，较2010年增长0.9%；中学和大学入学率分别为99.2%、82.3%，较2010年分别增长4.1个百分点和0.4个百分点；政府教育支出占比为13.9%，较2010年提升0.4个百分点。可见，乌克兰教育事业发展较好，但医疗卫生事业有待进一步提升。

3. 环境

在2010～2015年环境子系统测评结果中，资源指数、能源指数呈上升趋势，污染指数均呈下降趋势。2015年，资源指数为2.5，较2010年增长5.8%，年均增幅为1.1%；能源指数为35.4，较2010年增长2%，年均增幅为0.4%，且这一指数在2013年达到最大值为50.9；污染指数为83.9，较2010年下降0.8%，年均降幅为0.2%；生态保护指数为7.2。各指数的发展水平存在较大的差异，污染指数最高，其次为能源指数，而生态保护指数和资源指数相对较低，其中污染指数和资源指数最大相差高达81.4（见图9－74）。

在资源禀赋方面，2010～2015年，森林、土地、淡水等资源禀赋均呈上升趋势。2015年，人均森林面积为0.0021平方千米，较2010年增长2.6%，年均增幅为1%；人均土地资源占有量为0.0128平方千米，较2010年增长1.5%，年均增幅为0.3%；人均淡水资源占有量为1214.6立方米，较2010年增长0.5%，年均增幅为0.1%。可见，乌克兰资源禀赋基础较好。

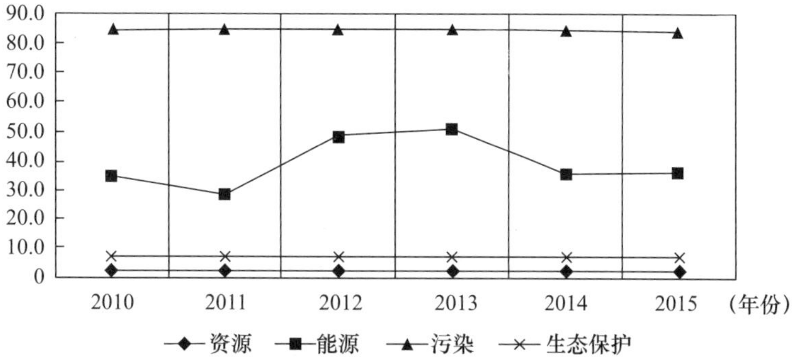

图9-74　2010~2015年环境子系统四个维度的评价指数

在能源方面，2010~2015年，单位GDP能耗、能源消耗弹性系数呈上升趋势，而二次能源占比呈下降趋势。2015年，单位GDP能耗为3.4美元/千克石油，较2010年增长23.8%，年均增幅为4.4%；能源消耗弹性系数为-0.0041，较2010年增长82.5%，年均增幅为29.4%；二次能源占比为2.8%，较2010年下降0.05个百分点，年均降幅为0.3%。可见，乌克兰能源结构不合理，能源消耗及利用效率均不高。

在环境污染方面，2010~2015年，人均二氧化碳排放量、人均烟尘排放量呈下降趋势，而人均一氧化氮、人均甲烷排放量呈上升趋势。2015年，人均二氧化碳排放量为6公吨，较2010年下降10.3%；人均烟尘排放量为16.6微克每立方米，较2010年下降1.8%；人均一氧化氮排放量为0.0005公吨，较2010年增长9.7%；人均甲烷排放量为0.0015吨，较2010年增长0.1%。可见，乌克兰环境污染程度较为严重。

4. 基础设施

在2010~2015年基础设施子系统测评结果中，交通设施指数呈下降趋势，而信息与公共服务设施指数呈上升趋势。2015年，交通设施指数为9，较2010年下降6.1%，年均降幅为1.2%；信息与公共服务设施指数为69.8，较2010年增长11.4%，年均增幅为2.2%。其中，信息与公共服务设施指数和交通设施指数相差60.8（见图9-75）。

在交通设施方面，2010~2015年，铁路里程数、航空运输量均呈下降趋势，而港口吞吐量呈上升趋势。2015年，铁路里程数为21538千米，较2010年下降0.8%，年均降幅为0.2%；航空运输量为45750.1百万次，较2010年下降30.7%，年均降幅为7.1%；港口吞吐量为849261.6万吨，较2010年增长28.8%，年均增幅为5.2%。可见，乌克兰交通基础设施建设有待进一步改善。

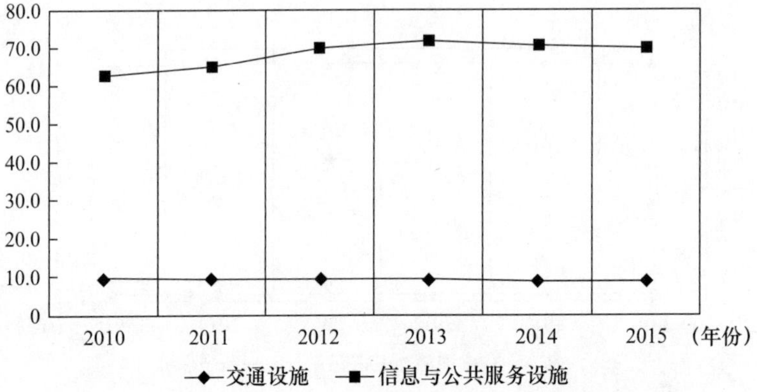

图 9-75　2010~2015 年基础设施子系统两个维度的评价指数

在信息与公共服务设施方面，2010~2015 年，互联网普及率、固定和移动电话普及率、改善卫生设施获得比例均呈上升趋势。2015 年互联网普及率为 49.3%，较 2010 年提升 26 个百分点，年均增幅为 16.2%；固定和移动电话普及率为 144%，较 2010 年提升 26.9 个百分点，年均增幅为 4.2%；改善卫生设施获得比例为 95.9%，较 2010 年提升 0.3 个百分点。可见，乌克兰公共服务设施及信息现代化程度改善情况明显。

5. 机制

在 2010~2015 年机制子系统测评结果中，国内制度指数、国际合作指数均呈下降趋势。2015 年，国内制度指数为 21.3，较 2010 年下降 0.3%；国际合作指数为 89.7，较 2010 年下降 3.6%。其中，国内制度指数和国际合作指数两个指数存在较大差距，相差高达 68.4（见图 9-76）。

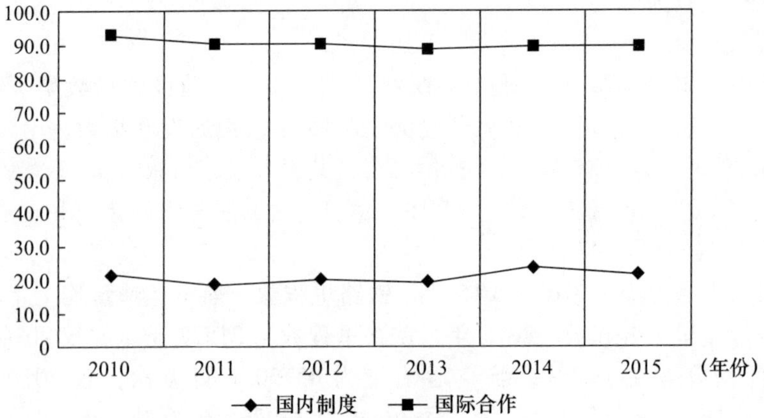

图 9-76　2010~2015 年机制子系统两个维度的评价指数

在国内制度方面，2010～2015年，经济自由度指数、全球治理指数呈上升趋势。2015年，经济自由度指数为46.9，较2010年增长1.1%，年均增幅为0.2%；全球治理指数为-0.8，其中，控制腐败指数为-0.98，较2010年下降0.51%。可见，乌克兰经济制度相对较好，但政府效能及清廉反腐能力不高。

在国际合作方面，2010～2015年，官方发展援助占GDP比重呈上升趋势。2015年官方发展援助占GDP比重为30.9%，较2010年提升16.7个百分点。可见，乌克兰接受国际援助程度相对较高。

（三）小结

乌克兰战略地理位置优越，工农业较为发达，是世界上第三大粮食出口国，森林和水利资源较为丰富，交通设施网络基础良好，劳动力素质较高、成本低，基础设施相对完善。然而，乌克兰的经济基础薄弱、增长缓慢，环境基础不好，政治资本不足，国内政治和立法稳定性较差。

总体上，加入“一带一路”倡议为乌克兰发展提供了新的契机，充分利用乌克兰的军工科技优势，拓展与沿线国家的多边贸易，扩大乌克兰冶金、农业及化工产品的出口，与沿线国家共同开展国际运输通道建设。

十二、爱沙尼亚

爱沙尼亚共和国是东欧波罗的海三国之一，西向波罗的海，北向芬兰湾，南面和东面分别同拉脱维亚和俄罗斯接壤。爱沙尼亚信息基础设施建设水平较高，是一个电子政务发达的创新小国。

（一）爱沙尼亚可持续发展阶段总体评价

由图9-77可以发现，爱沙尼亚的可持续发展总体评价得分在2013年出现短暂下降，之后恢复增长。到2015年，其可持续发展总体评价得分为54.6分，相比2010年提高了1.8分。而2015年时，爱沙尼亚社会领域得分为57分，相比2010年减少了1.9分；同年，其环境领域得分为40.7分，相比2010年减少了2.9分。根据可持续发展阶段划分标准，我们判断，目前爱沙尼亚处于可持续发展中级阶段早期。单从可持续发展阶段总体评价得分来看，爱沙尼亚在“一带一路”沿线国家中排名靠前，2015年其处于第4位。

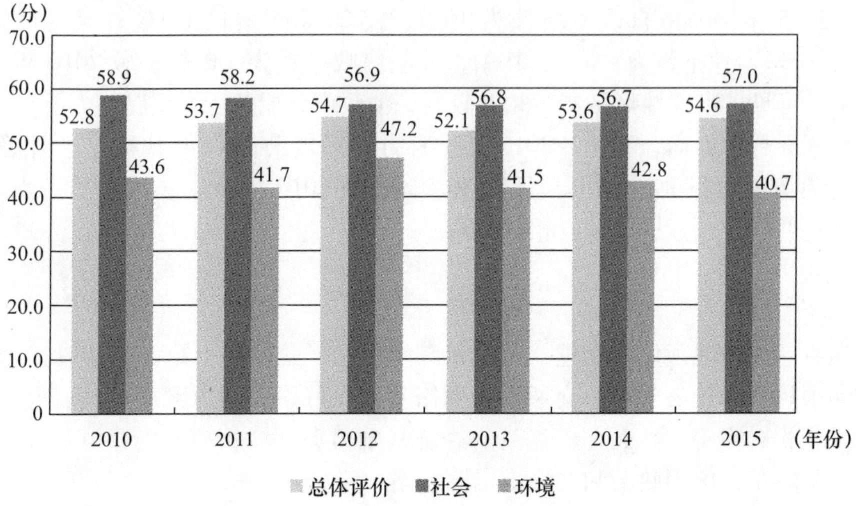

图 9－77　爱沙尼亚可持续发展总体评价得分情况

从爱沙尼亚可持续发展重点领域的比较来看（见图 9－78），机制领域得分最高，但有微小下降；社会领域排名第 2，但六年来其得分一直在下降，2015 年相比 2010 年下降了 1.9 分；经济领域在 2012 年和 2013 年出现下降，之后恢复增长，到 2015 年为 56.7 分，相比 2010 年提高了 12.7 分；基础设施和环境领域得分最低，前者呈倒“V”形，而后者波动更为频繁，且两者总体都在下降。

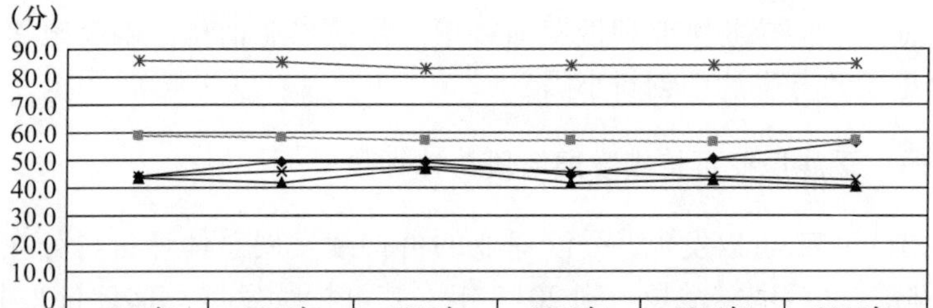

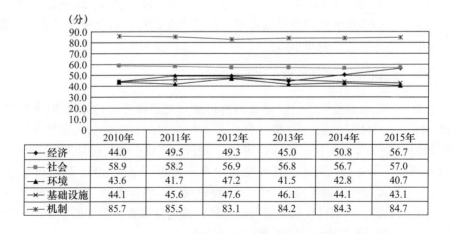

	2010年	2011年	2012年	2013年	2014年	2015年
—◆—经济	44.0	49.5	49.3	45.0	50.8	56.7
—■—社会	58.9	58.2	56.9	56.8	56.7	57.0
—▲—环境	43.6	41.7	47.2	41.5	42.8	40.7
—×—基础设施	44.1	45.6	47.6	46.1	44.1	43.1
—✳—机制	85.7	85.5	83.1	84.2	84.3	84.7

图 9－78　爱沙尼亚可持续发展重点领域得分对比

（二）爱沙尼亚可持续发展重点领域分析

1. 经济

爱沙尼亚的经济规模维度得分在2011年出现短暂上升后下降，直至2013年，2014～2015年连续上升，呈“N”字形走势。之所以出现这种走势，与爱沙尼亚所处的经济背景有关。经过2009年金融危机后，到2011年爱沙尼亚的经济出现恢复性增长，GDP年增长率达到7.6%。2013年欧盟经济持续低迷不振，爱沙尼亚国内市场有限，经济发展对国际市场依赖较大，70%以上的工业产品出口国外。出口的放缓甚至下降，直接影响爱沙尼亚经济增长。受此影响，爱沙尼亚2013年GDP年增长率仅为1.42%，是2009年欧债危机爆发以来的最低值。随着欧债危机的进一步缓和，爱沙尼亚的主要贸易伙伴芬兰、瑞典、德国等国经济复苏，为爱沙尼亚走出外贸寒冬提供了良好的外部条件。加之爱沙尼亚国内良好的市场经济环境、透明的财政税收体系，2014年爱沙尼亚经济增速恢复至2.82%，但2015年又放缓至1.44%。

爱沙尼亚的经济质量在2011年下降幅度较大，2013～2014年再次出现小幅度下滑之后回升；到2015年为42.3分，相比2010年提高了2.7分。首先，从经济效益来看，爱沙尼亚的全社会劳动生产率一直在增长，2015年相比2010年提高了39.1%。其次，从其经济结构来看，国内需求逐步复苏，投资恢复性增长，而出口缓慢增长，爱沙尼亚的经济结构在逐步改善。具体表现为：服务业增加值占GDP比例在2011年出现短暂下降后逐年回升，至2015年相比2010年提高了0.34个百分点；国内投资，即资本形成总额占GDP比例在连续三年上升后，2013～2014年逐年下降，但2015年相比2010年仍要高出3.47个百分点；资本形成余额占贸易总额比重在连续三年下降后恢复性增长，到2015年要高出2010年0.43个百分点。随着爱沙尼亚经济恢复性增长，其吸引的外部投资仍然可观；FDI占GDP比重在2011年大幅下降，为-5.91%，之后回升，虽然在2015年又出现负值（-0.43%）。

从爱沙尼亚经济活力维度得分来看，总体上呈上升态势，2015年相比2010年提高了6.1分。从影响其经济活力的三个指标来看：①创新程度不断提高，其国家创新指数2015年相比2010年提高了2.55个单位。②经济运行风险低，其债务占GDP比重六年来均在1%以下，可以说爱沙尼亚是欧盟内部少有的几个符合3%财政赤字上限的国家之一。③开放程度高，经济外向度在140%以上。可以说，爱沙尼亚的经济创新程度不断提高，且开放程度高，经济运行风险低，其经济发展充满活力（见图9-79）。

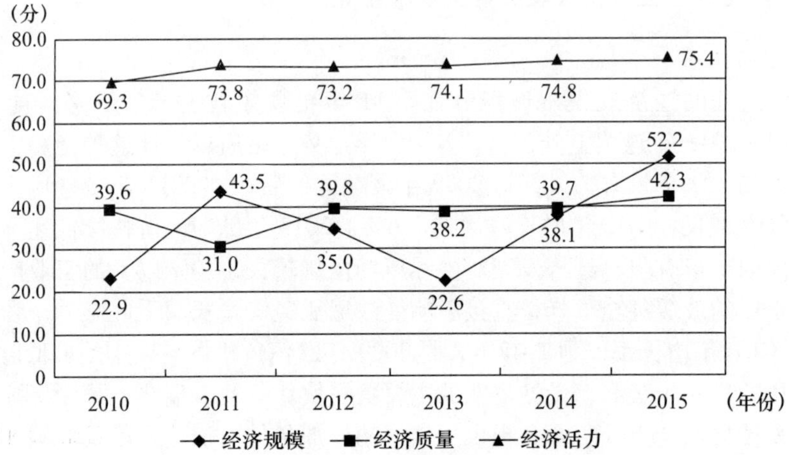

图 9－79　经济领域维度得分情况

2. 社会

爱沙尼亚位列发达国家，其国内生活水平和公共服务水平都较高。由图 9－80 可知，其生活水平缓慢增长，公共服务到 2015 年相比 2010 年下降了 0.5 分，但六年来基本得分稳定。

爱沙尼亚的平等就业得分受其国内经济形势影响逐年缓慢下降，2015 年相比 2010 年减少了 8.1 分（见图 9－80）。这主要是受两方面因素影响：一是社会公平程度略有下降，直接表现为基尼系数 2010～2012 年连续三年上升，且四年来一直保持在 33.15 的水平未能下降；二是表现为劳动中妇女参与比例下降，2015 年相比 2010 年下降了 0.64 个百分点。当然，影响社会公平的人类发展指数及影响劳动就业的失业率则表现良好，对基尼系数和妇女参与劳动比例恶化的影响有一定的抵消作用。

爱沙尼亚的人口基础得分总体上是下降的，2015 年相比 2010 年下降了 0.4 分（见图 9－80）。一方面，爱沙尼亚的人口禀赋下降。爱沙尼亚的人口出生率低，人口老龄化严重；而且人口密度也逐年下降，2015 年相比 2010 年下降了 1.27%。另一方面，爱沙尼亚的人口结构有所改善，但改善程度有限。其出生性别比逐年提高，但人口性别仍不均衡，2015 年时每 100 位女性对应的男性为 87.98 人。爱沙尼亚的人口城镇化水平逐年下降，2015 年相比 2010 年减少了 0.5 个百分点。其每万人科技人员数连续三年上升后，2013 年开始下降。

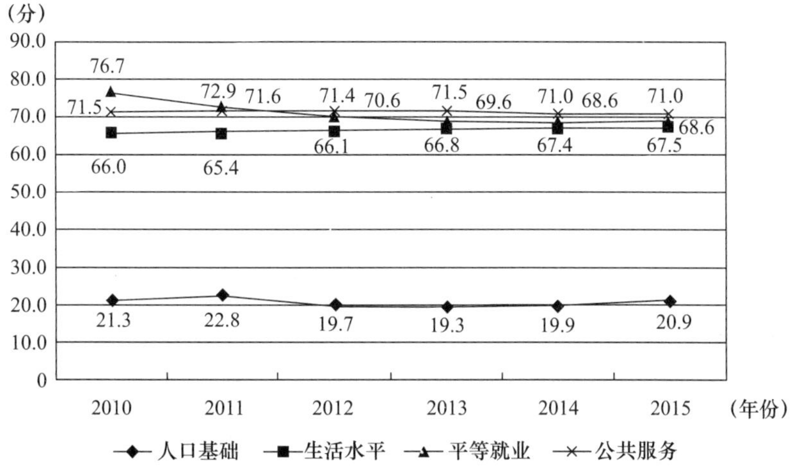

图 9 –80　社会领域维度得分情况

3. 环境

爱沙尼亚的生态保护维度一直维持在 36. 7 分，主要是因为爱沙尼亚的自然保护区面积占比一直保持在 19. 85% 的水平。

爱沙尼亚的资源维度得分逐年提高，2015 年相比 2010 年提高了 0. 5 分，这主要是受益于爱沙尼亚的人均森林面积、人均土地资源占有量及人均淡水资源占有量的提高，这三个指标 2015 年相比 2010 年分别增长了 1. 39% 、1. 48% 和 0. 62% 。

爱沙尼亚的污染维度得分逐年下降，2015 年相比 2010 年减少了 1. 7 分，这是缘于爱沙尼经济恢复增长后主要污染物二氧化碳、一氧化氮和烟尘排放量的增长，这三种主要污染物人均排放量 2015 年相比 2010 年分别增长了 11. 1% 、5% 和 13. 75% 。

爱沙尼亚的能源维度得分在波动中下降，并且在 2012 年出现 57. 9 分的高分，至 2015 年降至 36. 7 分。一方面，爱沙尼亚的能源消耗增加，不仅单位 GDP 能耗提高（2015 年相比 2010 年增长了 21. 6% ），而且能源消耗弹性系数增长了 1. 58 倍。另一方面，爱沙尼亚的能源结构中二次能源占比在 2012 年降至 24. 9% 后一直保持稳定。能源消耗的增加以及二次能源占比减少，导致爱沙尼亚的能源维度得分下降（见图 9 –81）。

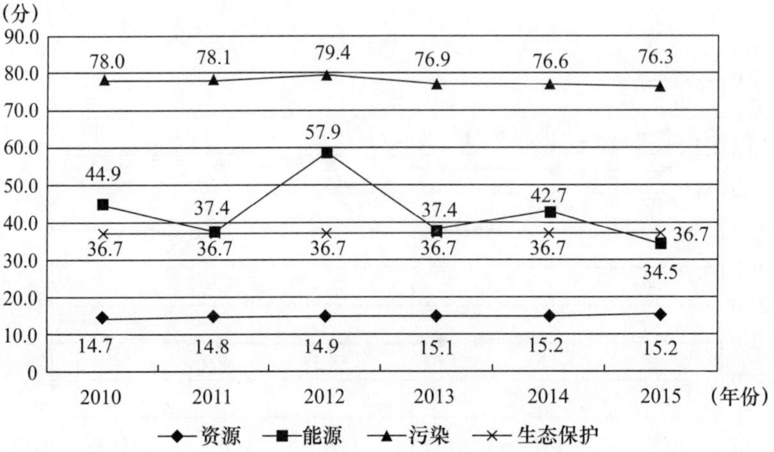

图 9-81　环境领域细分维度得分情况

4. 基础设施

爱沙尼亚的交通设施维度得分除在 2012 年增长 0.2 分外，一直保持稳定，一方面因为其铁路里程和港口运输量变化不大，另一方面爱沙尼亚的航空运输量在 2012 年增长了不到 1 倍，使 2012 年交通设施维度得分增长。

爱沙尼亚的信息与公共服务设施维度得分较高，呈倒"V"形趋势，高值出现在 2012 年。爱沙尼亚互联网普及率、固定和移动电话普及率都很高（后者 2010~2012 年增长较快），2015 年两个指标分别为 88.4% 和 148.7%。另外，爱沙尼亚的用电、改善水源获得比例和改善卫生设施获得比例均保持在很高的水平，2015 年三个指标分别为 100%、99.6% 和 97.2%（见图 9-82）。

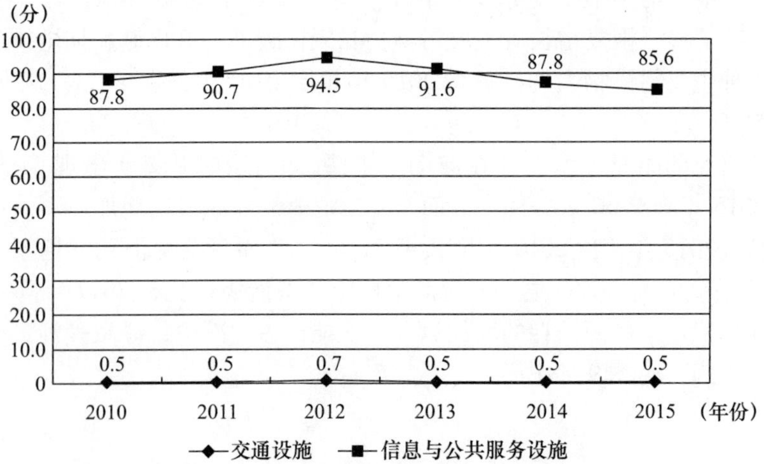

图 9-82　基础设施领域细分维度得分情况

5. 机制

爱沙尼亚的国内制度得分六年来虽有小幅下降，但得分较高，2015 年时为 71.4 分。一方面，爱沙尼亚的经济制度建设相对完善，主要表现为经济自由度指数一直稳定增长，到 2015 年为 76.8；另一方面，其社会治理程度较高，2015 年时为 1.05，但相比 2010 年减少了 0.05 个单位。

爱沙尼亚的国际合作水平也很高，2015 年相比 2010 年提高了 0.4 分。爱沙尼亚的经济发展对外部市场依赖程度较高，国际贸易往来频繁。同时，爱沙尼亚不仅是欧盟、北约成员国，与中国、俄罗斯等亚洲国家外交关系友好，而且爱沙尼亚与波海国家关系紧密，政治、经济、文化、军事、科技等各方面的沟通与交流频繁（见图 9－83）。

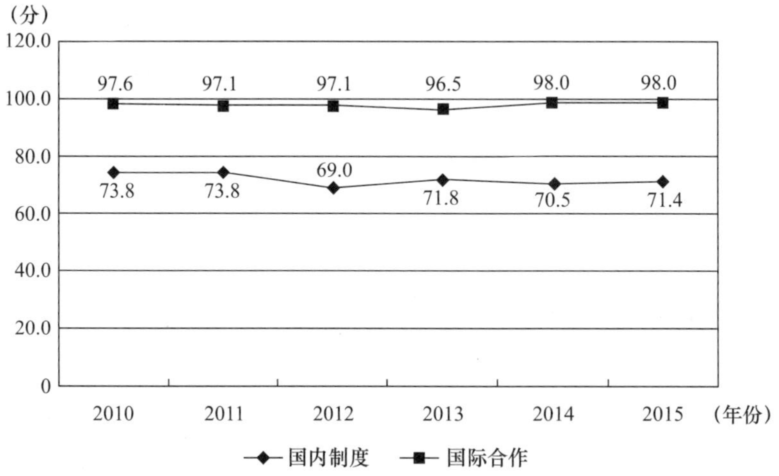

图 9－83　机制领域细分维度得分情况

（三）小结

2015 年时，爱沙尼亚处于可持续发展中级阶段早期，其可持续发展总体评价得分在“一带一路”沿线国家中排名第 4。

在可持续发展重点领域中，爱沙尼亚的机制领域得分最高；社会领域排名第 2，但六年来其得分一直在下降；经济领域在 2012 年和 2013 年出现下降，之后恢复增长，2015 年比 2010 年提高了 12.7 分；基础设施和环境领域得分最低，前者呈倒“V”形，而后者波动更为频繁，且两者总体都在下降。为提高其可持续发展潜力，需要加强其基础（尤其是交通）设施和环境领域建设。

十三、保加利亚

保加利亚是欧洲东南部巴尔干半岛东南部的一个国家，它与罗马尼亚、塞尔维亚、马其顿、希腊和土耳其接壤，东部濒邻黑海。

（一）保加利亚可持续发展阶段总体评价

保加利亚的可持续发展总体评价得分自2010年下降，直到2014年达到最低值46分；到2015年升至49.9分，相比2010年提高了2.9分。2015年，保加利亚社会领域得分为51.7分，相比2010年提高了0.3分；而环境领域2015年相比2010年下降了3分，为46分（见图9－84）。根据可持续发展阶段划分标准，可以判断保加利亚2015年处于可持续发展中级阶段中期。单从可持续发展总体评价得分来看，保加利亚在"一带一路"沿线国家中位列第14，排名相对靠前。

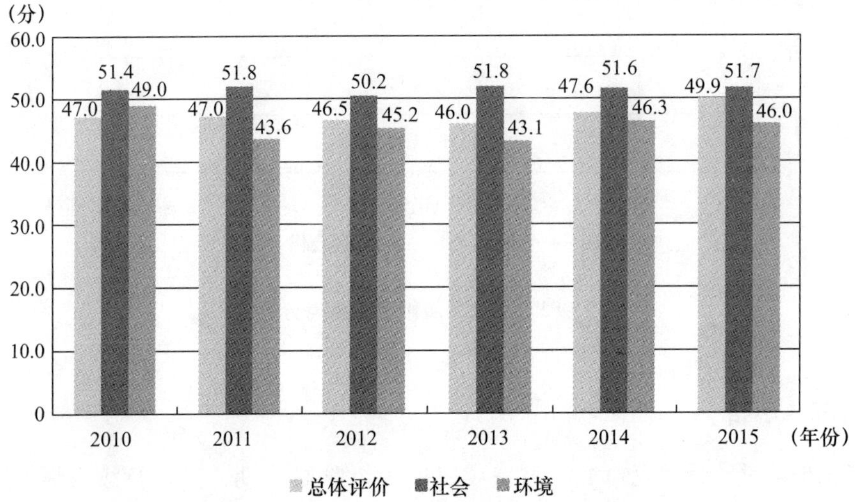

图9－84　保加利亚可持续发展总体评价得分情况

保加利亚可持续发展五个领域得分中（见图9－85），机制领域得分最高，且在最近两年下降；社会领域得分波动幅度不大，2015年相比2010年提高了0.3分；环境领域总体上呈下降趋势，到2015年相比2010年下降了3分；经济领域在2011年短暂上升后2012～2013年连续下降，之后回升，到2015年升至

47.3 分，相比 2010 年提高了 5.5 分；基础设施领域得分最低，且呈倒“V”形波动，2015 年相比 2010 年减少了 3.1 分。

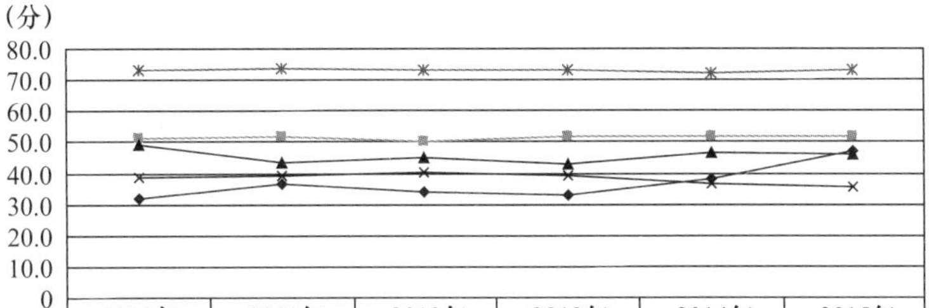

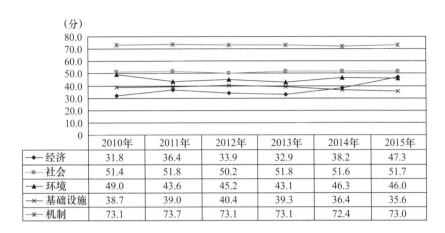

	2010年	2011年	2012年	2013年	2014年	2015年
经济	31.8	36.4	33.9	32.9	38.2	47.3
社会	51.4	51.8	50.2	51.8	51.6	51.7
环境	49.0	43.6	45.2	43.1	46.3	46.0
基础设施	38.7	39.0	40.4	39.3	36.4	35.6
机制	73.1	73.7	73.1	73.1	72.4	73.0

图 9-85　保加利亚可持续发展重点领域得分情况

（二）保加利亚可持续发展重点领域分析

1. 经济

保加利亚的经济规模维度呈“N”字形走势，在 2011 年出现短暂上升后下降，直到 2014 年止跌再次回升。外贸在保加利亚经济中占有重要地位。受金融危机影响，保加利亚的出口下降，直接拖累经济发展。到 2010 年时 GDP 年增长率仅为 0.05%。到 2011 年，国内消费复苏，成为推动保加利亚经济发展的主要引擎，并且旅游业发展成为经济增长的重要动力；为此，2011 年经济增长升至 1.92%。但受全球经济下行和欧债危机影响，保加利亚出口额和外国直接投资额将大幅下降，2012 年经济持续滑坡，GDP 年增长率跌至 0.03%。2013～2014 年经济增长有所缓和，GDP 增速分别为 0.86% 和 1.33%。在经历 2014 年政府更迭之后，新政府推出许多提振经济的有效措施，使 2015 年经济得以顺利运行，GDP 年增长率升至 3.62%。

保加利亚的经济质量得分在经历连续三年下降后，2013～2015 年缓慢回升。2015 年经济质量得分为 31.7 分，相比 2010 年提高了 1 分。可以说，经济质量得分的提升主要受益于保加利亚经济效益的提升。受国内外经济环境变化的影响，保加利亚的国内投资、服务业增加值占比、FDI 及出口等指标都经历了先降后升的变化（但 2015 年均未恢复至 2010 年水平）。而保加利亚的全社会劳动生产率 2010～2015 年增长了 12.95%，经济效益得到极大提升。

保加利亚的经济活力维度得分 2010 ~ 2015 年逐步增长，到 2015 年提升至 62.1 分，相比 2010 年增长了 10 分。这主要得益于保加利亚经济创新程度和开放程度提高的影响。保加利亚的国家创新指数逐年增长，到 2015 年达到 41.42 分，相比 2010 年提高了 3 个单位；而其经济外向度则提高了约 24 个百分点，2015 年升至 127.1%。但保加利亚的经济风险同样提升，其债务占 GDP 比重由 2010 年的 14.09% 提高到 2015 年的 17.1%（见图 9 – 86）。

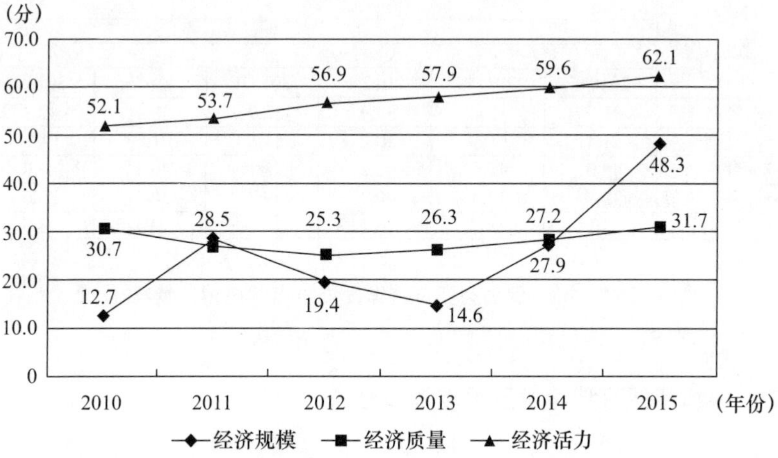

图 9 – 86　保加利亚经济领域细分维度得分情况

2. 社会

保加利亚的人口基础维度得分整体上变动不大，2015 年相比 2010 年仅提高了 0.1 分。一方面，保加利亚的人口禀赋下降。保加利亚的人口自然增长率多年为负，人口老龄化问题严重，且人口密度逐年下降。另一方面，保加利亚的人口结构有所改善。其出生性别比虽有微小下降，但人口性别保持相对均衡（2015 年为 94.48）；人口城镇化水平 2015 年为 73.95%，相比 2010 年提高了 1.6 个百分点；其每万人科技人员数六年增长了 23.68%，极大地改善了保加利亚的人口结构。

保加利亚的平等就业维度得分六年间增长了 1.5 分，这主要受其社会公平程度提高的影响，不论是基尼系数还是人类发展指数都有所改善（前者 2015 年为 36.01，相比 2010 年下降了 0.64 个单位；后者则提高了 0.01 个单位）。因为经济增长缓慢，国内失业率居高不下，2015 年高达 11.6%，相比 2010 年提高了 1.4 个百分点；而劳动中妇女参与比例虽有提高，但增长有限。

保加利亚的公共服务维度得分在六年间提高了 1.5 分。这一方面得益于健康服务水平的提升，尤其表现在人均医疗卫生支出增长了 35.57%，而居民预期寿命增长约 2 岁；另一方面教育相关服务水平也有较大幅度提高，主要表现在中学升学率提高了约 10 个百分点，而高等院校入学率提高了 12.7 个百分点。

保加利亚的生活水平维度得分波动中下降，2015 年相比 2010 年减少了 1.5 分，之所以下降，主要受其贫困发生率提高影响。2011 年保加利亚贫困发生率为 1.93%，2010 年提高至 2.19%，而 2012 ~2015 年一直维持在 2.03% 的水平。当然，保加利亚居民的营养不良发生率和粮食产量等指标均在改善（见图 9 –87）。

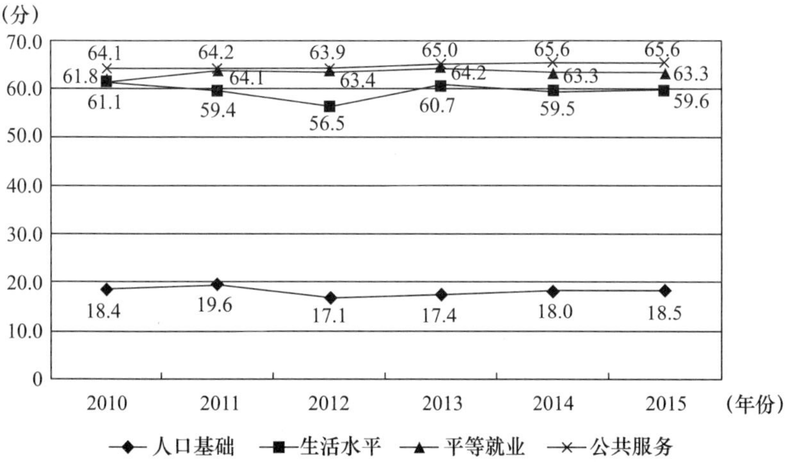

图 9 –87 保加利亚社会领域细分维度得分情况

3. 环境

保加利亚的生态保护维度得分一直持续在 58.3 分，其自然保护区面积比重高达 31.46%。

保加利亚的资源维度得分有小幅提高，2015 年相比 2010 年提高了 0.3 分。这是因为保加利亚 2010 ~2015 年无论是人均森林面积、人均土地资源占有量还是人均淡水资源占有量均有不同程度提高，分别增长了 5.4%、3% 和 1.13%。

污染维度得分 2015 年相比 2010 年减少了 1.2 分。保加利亚的人均二氧化碳排放量和甲烷排放量分别减少了 8.71% 和 0.6%；但其一氧化氮和烟尘的排放量均有所增长，增长幅度分别为 4.99% 和 4.56%。污染物排放量的增加，导致保加利亚污染程度增加。

保加利亚的能源维度得分总体上是下降的，尤其 2011 ~2013 年下降幅度最大，2015 年相比 2010 年减少了 11 分，这主要是保加利亚的能源消耗增长带来的后果。保加利亚的单位 GDP 能源六年间增长了 4.04%，尤其是 2013 年相比 2010 年能源提高了 8.61%（见图 9 –88）。

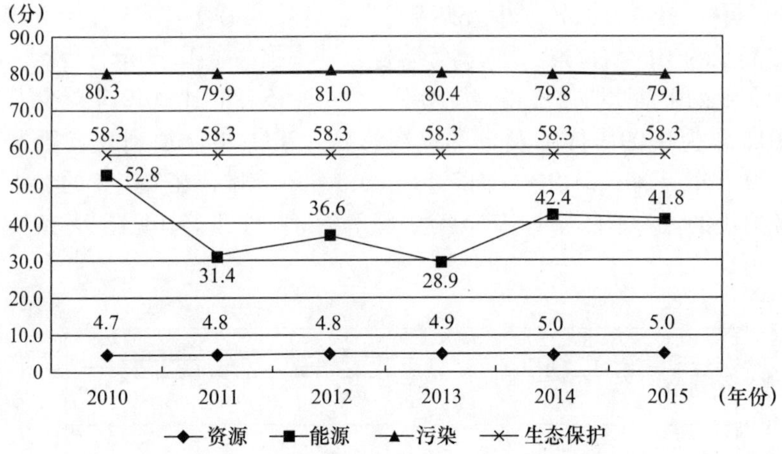

图9-88　保加利亚环境领域细分维度得分情况

4. 基础设施

保加利亚的交通设施维度得分相对稳定，2015年相比2010年减少了0.1分。一方面，保加利亚的港口吞吐能力2015年相比2010年提高了28.86%，航空运输量增长了7.84%；另一方面，其人均铁路里程数减少了1.83%。

保加利亚的信息与公共服务设施维度得分在连续三年增长后，2013~2015年下降，到2015年为69.5分，相比2010年减少了6.1分。六年间，保加利亚的互联网普及率提高了约10个百分点，而固定和移动电话普及率则减少了近10个百分点。用电普及率保持在100%的高水平，改善卫生设施获得比例四年未变，为86%。同时，其改善水源获得比例则下降了0.1个百分点。可以说，其改善卫生设施需要加大投入（见图9-89）。

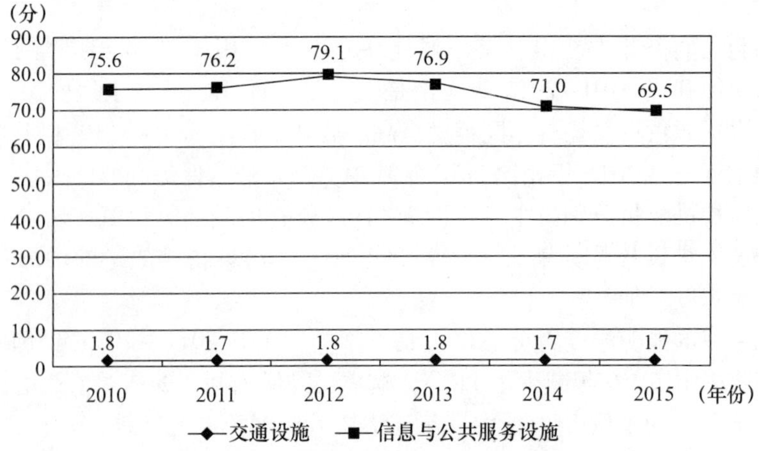

图9-89　保加利亚基础设施领域细分维度得分情况

5. 机制

保加利亚的国内制度维度得分2015年相比2010年减少了0.5分，这主要是因为其社会治理程度下降。其全球治理指数六年间下降了0.02个单位，且水平不高，2015年为0.09。保加利亚的国际合作维度得分相对稳定，且水平较高（见图9－90）。

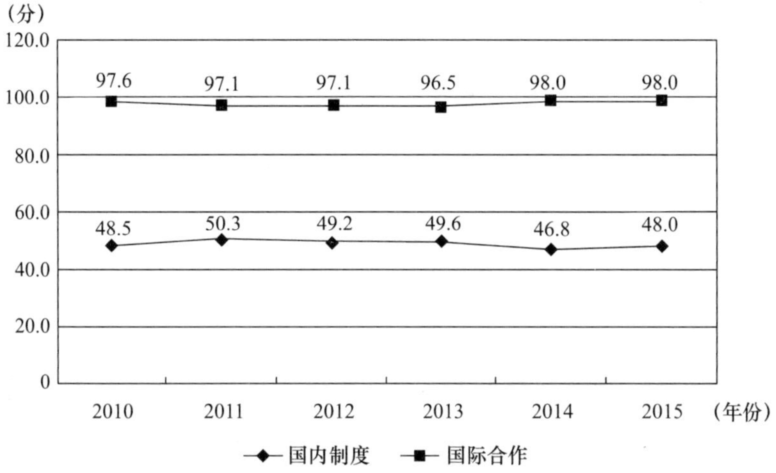

图9－90　保加利亚机制领域细分维度得分情况

（三）小结

根据可持续发展阶段划分标准，2015年保加利亚处于可持续发展中级阶段中期。单从可持续发展总体评价得分来看，保加利亚在“一带一路”沿线国家中位列第14，排名相对靠前。

在可持续发展五个重点领域中，保加利亚的机制领域得分最高，但在最近两年下降；社会领域得分波动幅度不大；环境领域总体上呈下降趋势；经济领域2015年相比2010年提高了5.5分；基础设施领域得分最低，且呈倒“V”形波动。可以说，为提高保加利亚未来可持续发展潜力，需要加强其基础设施领域建设，尤其是交通和卫生设施领域。

保加利亚占据东南欧物流的重要位置，优越的地理位置为中保两国在港口、铁路、物流等领域提供了很大的合作空间。保加利亚的农业是保加利亚政府确定的重点发展产业之一，中保农业合作具有很强的互补性，可以在许多项目上开展合作。近年来，保加利亚对华出口的农产品中，葡萄酒、玫瑰油、奶制品、蜂蜜、饲料、油料作物和肉类稳步增长。以“一带一路”建设为契机，这些农产品将逐步进入包括中国在内的市场；并且，通过加强与保护和包括中国企业在内的广泛合作，进一步扩大保加利亚在欧盟以外外部市场的份额。

十四、波兰

波兰是中欧国家，东与乌克兰及白俄罗斯相连，东北与立陶宛及俄罗斯接壤，西与德国接壤，南与捷克和斯洛伐克为邻，北面濒临波罗的海。波兰作为"一带一路"沿线重要国家，横跨亚欧大陆的跨国货运铁路线——中欧班列有很多条线路都经过这里。

（一）波兰可持续发展阶段总体评价

波兰可持续发展总体评价得分仅在2013年出现下降，一直保持平稳增长的态势。到2015年，其可持续发展总体评价得分为50.69分，相比2010年提高了3.57分；而同年波兰的社会领域得分为53.27分，环境领域得分为41.1分（见图9－91）。根据可持续发展阶段划分标准，可以判断2015年时波兰处于可持续发展中级阶段早期。波兰的可持续发展总体评价得分在"一带一路"沿线国家中排名较为靠前，位列第11。

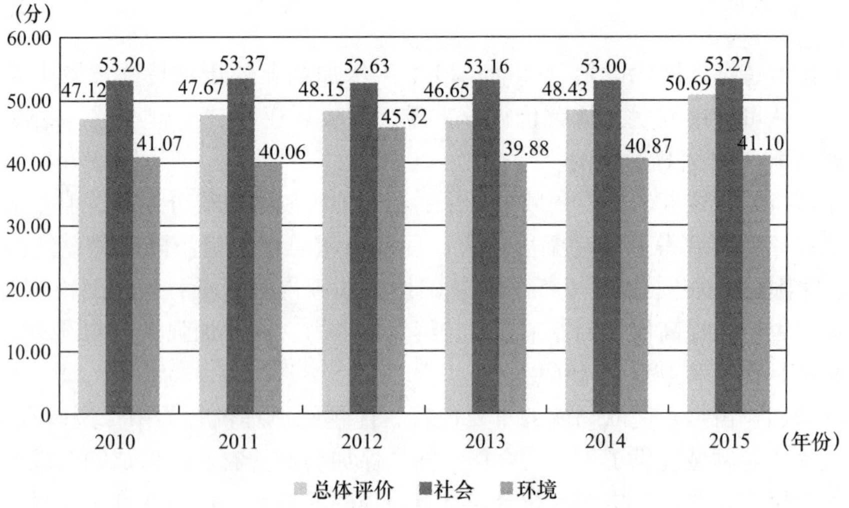

图9－91 波兰可持续发展总体评价得分情况

从可持续发展领域来看，波兰的机制领域得分最高，且稳中有升，2015 年相比 2010 年提高了 2.07 分，达到 78.97 分；社会领域和基础设施领域得分同样相对稳定，但前者到 2015 年要高出 2010 年 0.07 分，后者下降了 1.83 分；经济领域在 2013 年达到最低值 31.93 分后，自 2014 年开始上升，到 2015 年时为 47.31 分，增幅为近年来之最；环境领域在 2012 年突破 45 分，之后下降，到 2015 年为 41.1 分，仅比 2010 年提高了 0.03 分（见图 9－92）。

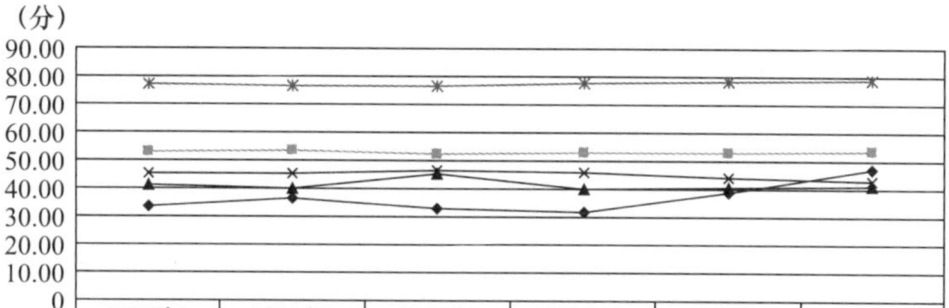

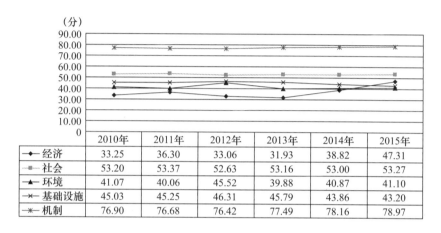

	2010年	2011年	2012年	2013年	2014年	2015年
经济	33.25	36.30	33.06	31.93	38.82	47.31
社会	53.20	53.37	52.63	53.16	53.00	53.27
环境	41.07	40.06	45.52	39.88	40.87	41.10
基础设施	45.03	45.25	46.31	45.79	43.86	43.20
机制	76.90	76.68	76.42	77.49	78.16	78.97

图 9－92　波兰可持续发展领域得分对比

（二）波兰可持续发展重点领域分析

1. 经济

波兰的经济领域维度变化趋势与斯洛伐克经济领域维度的变化趋势相似，且大的经济环境背景相同。波兰的经济规模维度得分出现类似“N”形增长，到 2015 年为 52.56 分，相比 2010 年提高了 28.19 分，增长幅度较大。受金融危机影响，2011 年波兰经济出现恢复性增长，GDP 年均增速升至 5.02%，同比提高了 1.41 个百分点。但随着欧元区主权债务危机的进一步深化，欧元区的需求十分疲软，这对波兰的出口造成了打击。在欧盟的重要贸易伙伴经济增长放缓，需求减弱的情况下，2012 年和 2013 年波兰的经济增速降至 1.6% 和 1.39%。国内需求及投资的复苏，在一定程度上弥补了出口下降的影响，2014 年和 2015 年波兰经济增长提高到 3.28% 和 3.94%。

波兰的经济质量维度得分自 2013 年止跌回升，到 2015 年提高至 37.95 分，相比 2010 年增长了 0.12 分。受出口受挫影响，2010～2012 年，波兰的经济质量维度得分下降。而 2013 年后随着波兰国内投资（资本形成总额占比 2014 年相比

2013年提高了约2个百分点）及内需复苏（服务业增加值占比提高），波兰的经济结构有所改善。同时，波兰的全社会劳动生产率在2013年重新开始提高，2015年相比2012年提高了11.97%，表明波兰的经济效益不断提升。2013年后经济结构的改善与经济效益的提升直接拉高了经济质量维度得分。

波兰的经济活力维度得分自2010年以来持续提升。一方面，波兰的经济创新程度不断提高。2015年其国家创新指数相比2010年提高了2.2个单位，达到40.22。另一方面，波兰经济开放度不断提高。波兰的经济外向度指标从2010年的82.2%提升至2015年的95.93%。不得不提的是，波兰的债务占GDP比重近三年来一直维持在55.57%的高位，经济运行风险不得不防（见图9－93）。

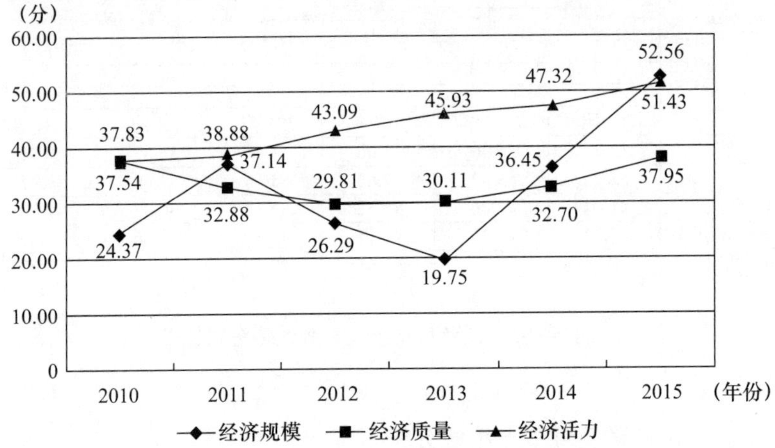

图9－93　波兰经济细分维度得分情况

2. 社会

波兰的公共服务与平等就业维度得分都呈缓慢上升的趋势。经分析发现，波兰与此相关的指标基本上六年间都在改善（除教育相关的高等院校入学率2013年相比2010年下降了2.02个百分点，且三年保持71.16%的水平不变）。也就是说，六年来，波兰的公共服务水平及质量不断提升，而就业环境不断改善。

波兰的生活水平维度得分略有下降，到2015年比2010年减少了2.16分。影响生活水平的因素中，唯一出现下降的指标是波兰的人均粮食产量，该指标在2011年同比下降了0.6%。而其他指标则近三年或四年保持不变。

波兰的人口基础维度得分在2012年出现下降，之后缓慢上升。到2015年，波兰人口基础维度得分为18.36分，相比2010年提高了4.23分。波兰人口基础维度得分之所以提高，主要受其人口结构改善影响。波兰的人口自然增长率较低，六年来基本为负增长。可以说，目前波兰适龄劳动力不足是影响其经济发展的主要挑战。与此同时，波兰的科技人员数逐年增长，2015 年相比 2010 年增长了 21.73%（见图 9 -94）。

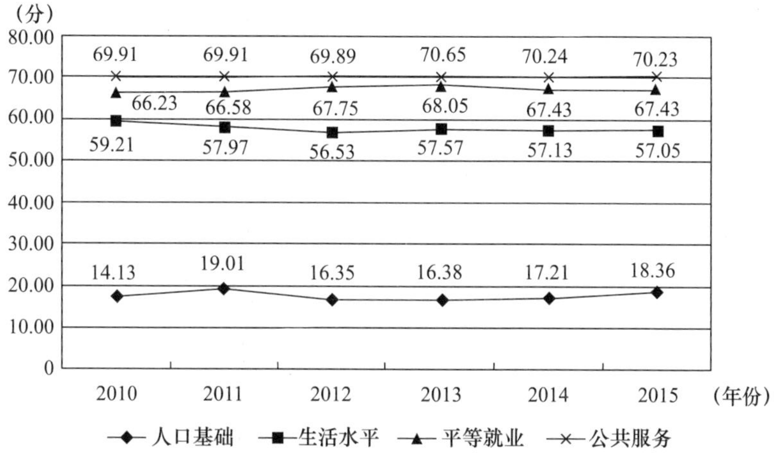

图 9 -94　波兰社会细分维度得分情况

3. 环境

因人均森林面积及人均水资源占有量有小幅增长，波兰资源维度得分逐年微幅增长，到 2015 年提高到 2.43 分，相比 2010 年提高了 0.09 分。

生态保护维度得分六年来未发生变化，但得分较高。波兰的自然保护区面积占国土面积的比重一直稳定在 29.31%。

波兰的污染维度得分到 2015 年相比 2010 年提高了 0.37 分，这主要是因为波兰的主要污染物二氧化碳、一氧化氮、甲烷和烟尘排放量均出现下降。到 2015 年主要污染物相比 2010 年分别下降了 4.4%、0.48%、0.67% 和 11.52%。可见，六年来，波兰的污染治理成效显著。

波兰的能源维度得分在 2012 年出现短暂上升后下降，直到 2014 年止跌回升；到 2015 年能源维度得分为 30.4 分，相比 2010 年减少了 0.32 分。能源维度得分主要受波兰的能源消耗和能源结构影响。波兰的单位 GDP 能耗一直在提升，到 2015 年提高到 10.16 美元/千克石油当量，相比 2010 年提高了 23.32%。这表明，波兰的能耗增加。而波兰的能源结构，即二次能源占比到 2012 年提高到 11.08%（相比 2010 年提高了 1.49 个百分点），之后保持稳定（见图 9 -95）。

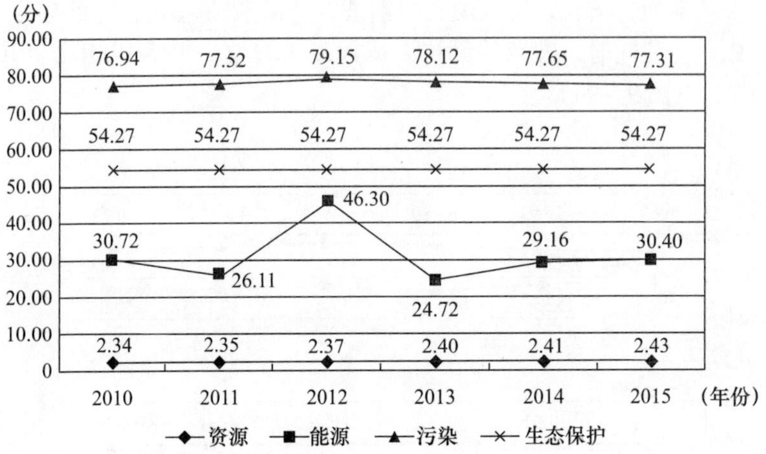

图 9－95　波兰资源细分维度得分情况

4. 基础设施

波兰的交通设施维度得分自 2010 年以来缓慢下降，到 2015 年为 8.44 分，相比 2010 年减少了 0.69 分。虽然波兰的港口吞吐能力基本维持增长的态势（2015 年与 2014 年持平，但相比 2010 年增长了 96.29%），但其人均铁路里程数和航空运输量分别出现了 3.86% 和 13.97% 的下降。在铁路、港口和机场设施能力变化的共同作用下，波兰的交通设施维度得分最终呈下降的趋势。

波兰的信息与公共服务设施维度得分较高，自 2013 年开始下降，到 2015 年相比 2010 年下降了 2.96 分。经分析发现，波兰的信息与公共服务设施相关指标只有固定和移动电话普及率在 2014 年和 2015 年出现连续下降。但不得不说，波兰的信息与公共服务设施相对完善，2015 年，其互联网普及率高达 68%，固定和移动电话普及率为 148.7%，用电普及率高达 100%，而改善水源和改善卫生设施获得比例分别为 98.3% 和 97.2%（见图 9－96）。

5. 机制

波兰是欧盟、北约、联合国、经济合作与发展组织和世界贸易组织的成员国，其参与国际合作事务程度较高。相应地，波兰的国际合作维度得分 2015 年高达 98.2 分。

波兰的国内制度维度得分持续改善，到 2015 年为 59.92 分，相比 2010 年提高了 3.74 分（见图 9－97）。这主要是因为波兰的经济制度和社会治理指标均有

改善：其经济自由度指数 2015 年为 68.6，相比 2010 年提高了 5.4 个单位；全球治理指数 2015 年则比 2010 年提高了 28.23%。

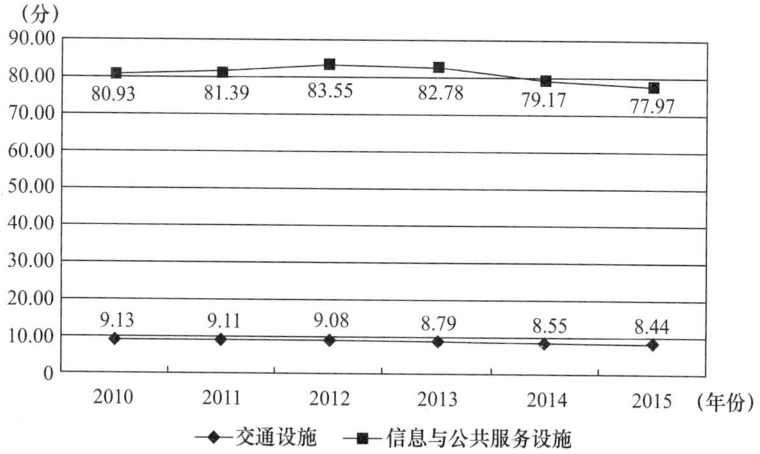

图 9-96 波兰基础设施细分维度得分情况

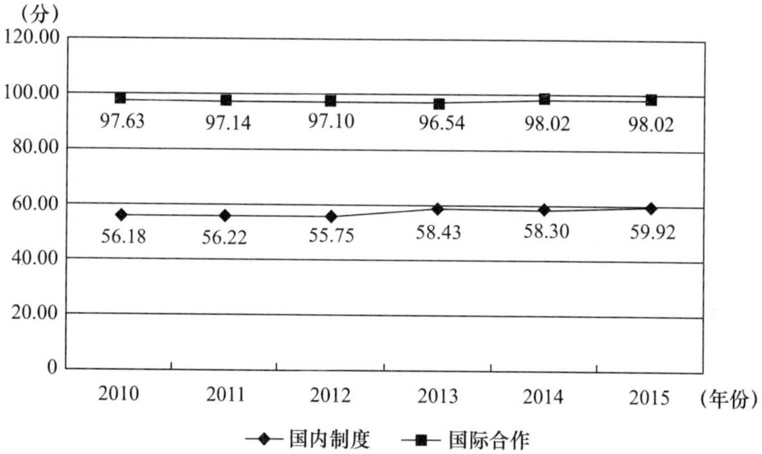

图 9-97 波兰机制细分维度得分情况

(三) 小结

根据可持续发展阶段划分标准，波兰 2015 年处于可持续发展中级阶段早期。波兰的可持续发展总体评价得分在"一带一路"沿线国家中排名靠前，位列第 11。从其可持续发展领域的比较来看，得分最高的是机制领域；2014 年和 2015 年其经济领域得分提升较快，尤其是 2015 年，同比提高了近 10 分；环境领域和基础设施领域得分最低（尤其是交通设施），是未来需要加大投入力度的领域。

波兰政府通过的"负责任的发展计划"注重基础设施投资、创新和旅游等领域，这些计划中的每个部分都与“一带一路”倡议高度契合。中欧班列将有助于加强波兰与除欧盟成员以外的亚洲国家的经贸往来。

十五、拉脱维亚

拉脱维亚西邻波罗的海，与在其北方的爱沙尼亚及在其南方的立陶宛共同称为波罗的海三国；东与俄罗斯、白俄罗斯两国相邻。其有着非常优越的地理位置，尤其在交通运输方面，拉脱维亚是北欧和波罗的海地区连接欧亚大陆的重要交通和物流中心。

（一）拉脱维亚可持续发展阶段总体评价

根据图9－98可以发现，拉脱维亚的可持续发展总体评价得分在2013年出现短暂下降之后恢复增长，到2015年升至51.8分，相比2010年提高了5.8分。而2015年拉脱维亚社会领域得分为54.4分，相比2010年下降了1.2分；环境领域得分2015年为43.8分，相比2010年提高了0.7分。根据可持续发展划分标准，我们判断当前拉脱维亚处于可持续发展中级阶段早期；一旦环境领域得分提升，很容易进入中级阶段中期。对“一带一路”沿线国家可持续发展阶段总体评价得分进行比较，拉脱维亚的得分位列第8，排名靠前。

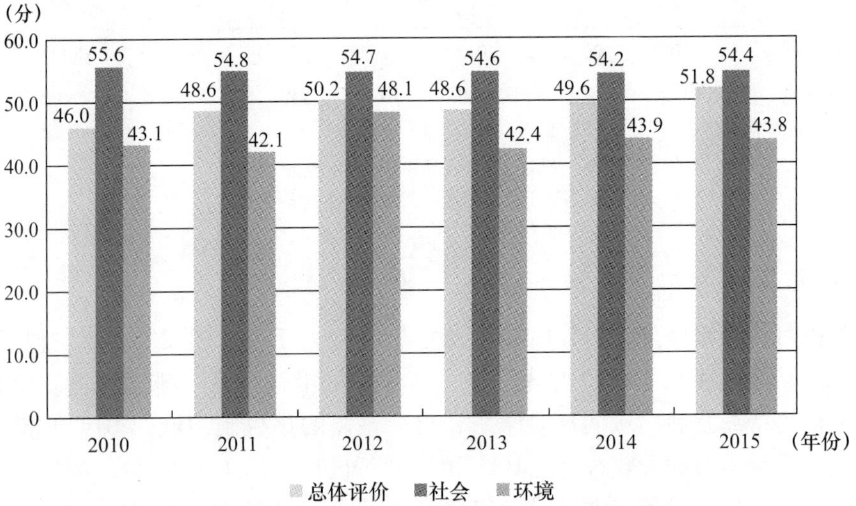

图9－98　拉脱维亚可持续发展总体评价得分情况

在拉脱维亚可持续发展五个重点领域中（见图9－99），机制领域得分最高，且缓慢上升，2015年相比2010年提高了1.7分；社会领域得分直到2015年止跌回升，相比2010年下降了1.2分；经济领域呈“N”字形上升，到2015年提高到49分，相比2010年提高了23.6分；环境领域六年来波动上升，到2015年相比2010年提高了0.7分；基础设施领域得分最低，且总体上出现下降，2015年相比2010年下降了1.6分。

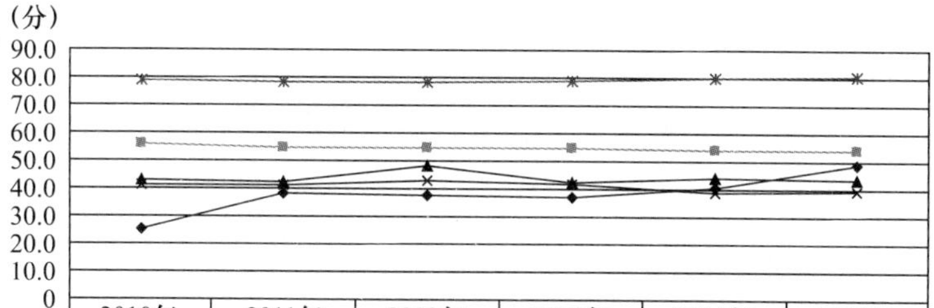

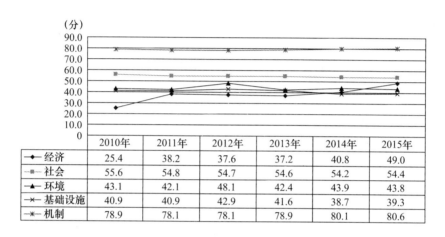

	2010年	2011年	2012年	2013年	2014年	2015年
经济	25.4	38.2	37.6	37.2	40.8	49.0
社会	55.6	54.8	54.7	54.6	54.2	54.4
环境	43.1	42.1	48.1	42.4	43.9	43.8
基础设施	40.9	40.9	42.9	41.6	38.7	39.3
机制	78.9	78.1	78.1	78.9	80.1	80.6

图9－99　拉脱维亚可持续发展重点领域得分情况

（二）拉脱维亚可持续发展重点领域分析

1. 经济

拉脱维亚的经济规模维度得分在2011年出现短暂增长后下滑，直到2013年；2014年恢复增长，到2015年为51.6分，相当于2010年的6.7倍。拉脱维亚经济受2008年国际金融危机重创，GDP连续下降，2010年时GDP年平均增速为－3.79%。通过接受IMF、欧盟委员会和瑞典等国75亿欧元贷款援助，拉脱维亚经济缓慢复苏，2011年、2012年恢复性快速增长，GDP年平均增长率分别为6.21%和4%。但欧盟经济恢复缓慢，影响了拉脱维亚的经济增长。2013年拉脱维亚GDP年均增速为2.9%。2014年1月1日拉脱维亚成为欧元区第18个成员国。但自2014年以来，由于俄乌冲突，欧盟对俄罗斯经济制裁以及俄罗斯可能进行反制裁，将影响高度依赖周边市场的拉脱维亚经济。欧元区增长疲软，俄罗斯经济下行将持续，外需乏力。2014年和2015年，拉脱维亚经济复苏脚步略有放缓，GDP分别增长2.1%和2.74%。

拉脱维亚的经济质量维度得分2010～2013年出现下降，2015年为39.1分，相比2010年提高了4.6分。首先，拉脱维亚的经济效益总体是在提高，表现为其全社会劳动生产率逐年提高（仅在2012年出现下降），2015年相比2010年提高了35.26%。其次，拉脱维亚的经济结构总体上也在调整。受欧盟经济拖累，拉脱维亚吸引外资下降严重，2010~2012年其FDI占GDP比重均在1%以下；2013~2014年改善明显，分别升至1.63%和1.88%，在2015年又出现下滑，降至0.47%。另外，拉脱维亚服务业增加值占GDP比重2012年后才出现恢复增长，2015年相比2010年提高了约2个百分点。

拉脱维亚的经济活力维度得分持续提高，2015年相比2010年提高22.3分。这是因为近年来拉脱维亚经济不仅创新和开放程度提高，经济运行风险也有所降低。拉脱维亚的国家创新指数2010~2015年提高了4.5个单位，达到44.33；而其经济外向度则提高了10个百分点，达到2015年的119.1%；其债务占GDP比重持续下降，2015年降至59.45%，相比2010年减少了15.7个百分点（见图9-100）。

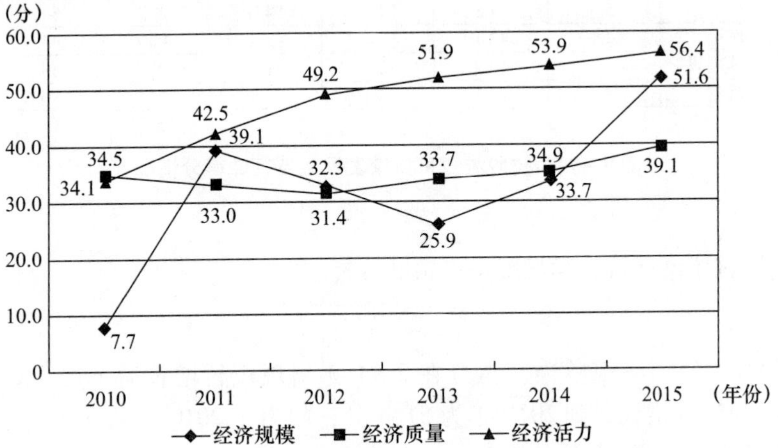

图9-100　拉脱维亚经济领域细分维度得分情况

2. 社会

拉脱维亚的人口基础维度得分增长极为缓慢，2015年为15.7分，相比2010年提高了1.1分。这主要是因为拉脱维亚的人口禀赋和人口结构改善均不是很大。一方面，拉脱维亚的人口自然增长率一直为负，且人口密度近年来出现下降（2015年相比2010年下降了5.63%）。另一方面，拉脱维亚女性多于男性，其出生性别比改善不大；而其每万人科技人员数六年间仅增长1.1%；城镇化水平则下降了0.31个百分点。

拉脱维亚的平等就业六年间减少了7.2分。这主要是因为：一方面，拉脱维亚的社会公平程度有所下降，主要表现为其基尼系数六年间提高了0.21个单位；另一方面，随着拉脱维亚的经济复苏，失业率下降的同时，其妇女参与劳动的比例下降了0.4个百分点，就业形势仍不乐观。

拉脱维亚的生活水平和公共服务维度得分增长缓慢，2015年相比2010年分别提高了0.2分和1分。拉脱维亚生活水平维度得分的提高得益于拉脱维亚国内居民营养水平的提高（六年间营养不良发生率下降了1.5个百分点）、贫困人口的减少（贫困发生率减少了0.55个百分点）及粮食产量的提高（人均和单位面积粮食产量分别增长了58.16%和21.6%）。而拉脱维亚的公共服务维度得分则受其国内健康和教育投入大幅提高的影响：拉脱维亚的人均医疗卫生支出六年间增长了24.5%，而政府教育支出占比2015年为13.15%，相比2010年增长了11.33%（见图9-101）。

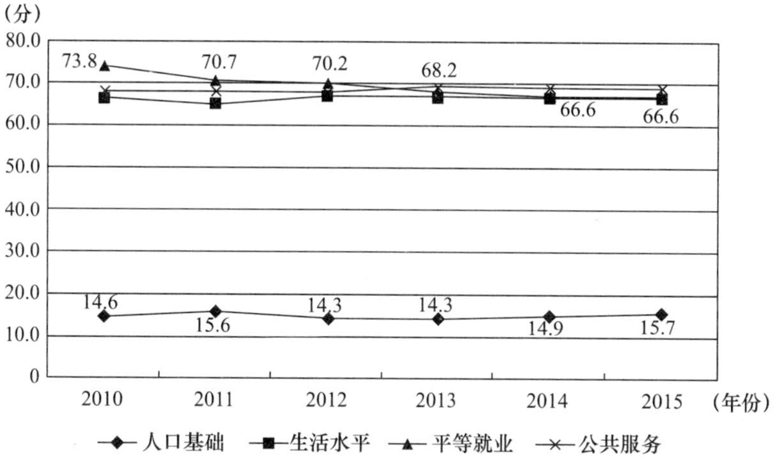

图9-101　拉脱维亚社会领域细分维度得分情况

3. 环境

拉脱维亚的生态保护和资源维度得分变化不大，这里不再详述。

拉脱维亚的污染维度得分较高，但2015年相比2010年减少了1.3分，主要是因为拉脱维亚一氧化氮、甲烷和烟尘排放量增长的缘故。这三类污染物2015年相比2010年分别增长了7.15%、1.63%和10.61%。

拉脱维亚的能源维度得分起伏较大，2012年增至62.2分，到2015年又恢复至46.4分，相比2010年提高了3分。首先，拉济宁市的能源结构有所改善，尤其是2012年变化较大，相比2011年二次能源占比提高了不到5个百分点，

2012～2015年一直保持在40.37%的高水平。其次，拉脱维亚的单位GDP能耗有所增加，2015年相比2010年增长了20.5%，但其能源消耗弹性系数有所改善，2012年尤其明显（见图9－102）。

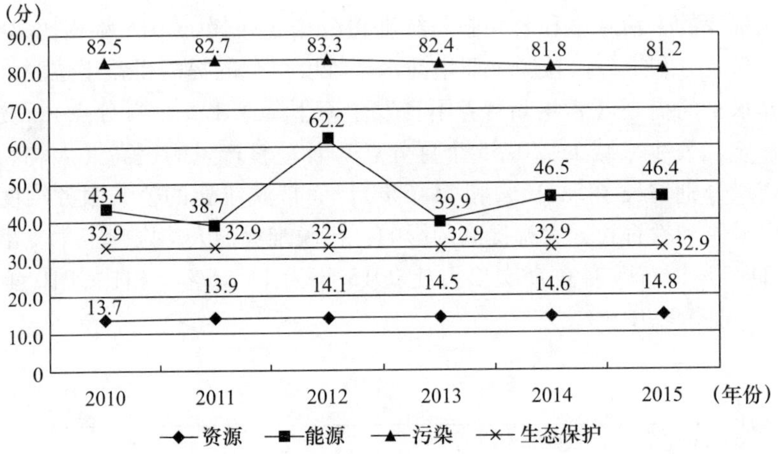

图9－102　拉脱维亚环境领域细分维度得分情况

4. 基础设施

拉脱维亚的交通设施维度得分较低，且六年间减少了0.4分。虽然拉脱维亚的港口吞吐能力提高了36.24%，但其铁路和机场建设不尽如人意，人均铁路里程数和航空运输量均出现下降，2015年相比2010年分别下降了2.3%和24.2%。

拉脱维亚的信息与公共服务维度得分较高，但2015年相比2010年减少了2.8分。拉脱维亚的信息与公共服务设施得分在2013～2014年出现下降，主要是因为其固定和移动电话普及率在2013年出现下降，分别相比2012年减少了0.3个和11个百分点。但实际上，拉脱维亚国内信息与公共服务设施建设水平很高：2015年其互联网普及率高达79.2%，而固定和移动电话普及率为127%；用电普及率和改善水源获得比例分别高达100%和99.3%；其改善卫生设施获得比例相对滞后，2015年为87.8%（见图9－103）。

5. 机制

拉脱维亚国内制度维度得分较高，且2015年相比2010年提高了2.9分。一方面，拉脱维亚经济制度建设水平较高，其经济自由度指数较高，2015年为69.7，相比2010年提高了3.5个单位；另一方面，其社会治理程度不断改善，直接表现为其全球治理指数2015年升至0.97，相比2010年提高了0.25个单位。拉脱维亚国际合作维度得分最高且相对稳定，2015年相比2010年提高了0.4分，这里不再详述（见图 9－104）。

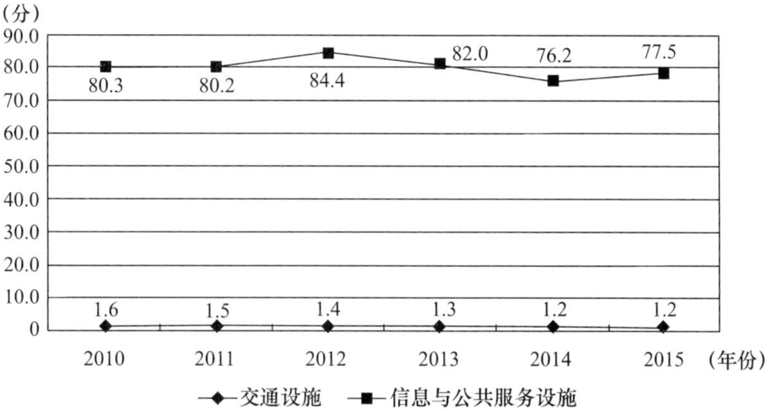

图 9－103　拉脱维亚基础设施领域细分维度得分情况

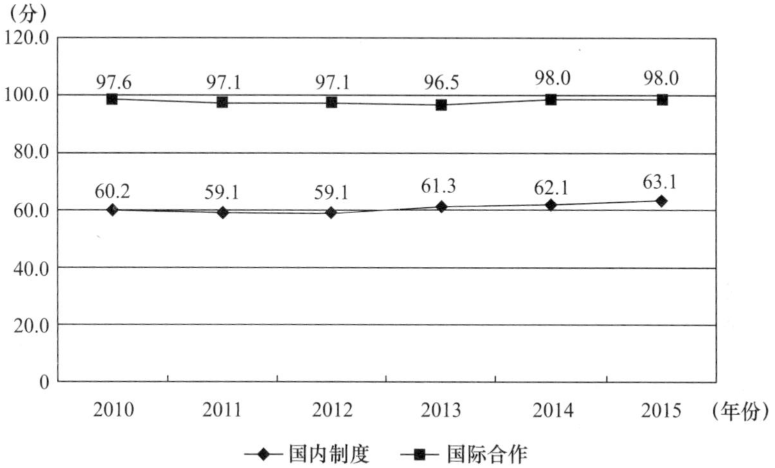

图 9－104　拉脱维亚机制领域细分维度得分情况

（三）小结

2015 年拉脱维亚处于可持续发展中级阶段早期。在“一带一路”沿线国家中，拉脱维亚可持续发展总体评价得分位列第 8。

拉脱维亚可持续发展重点领域中，机制领域得分最高，社会领域略有下降，经济领域提升最快，2015 年相比 2010 年提高了 23.6 分；环境领域六年来波动上升；基础设施领域得分最低，且总体上出现下降。为提高拉脱维亚未来可持续发展潜力，在不断提升环境质量与环境水平的基础上，尤其要加强对基础设施领域的投入力度。

拉脱维亚有波罗的海三国最大的里加机场，可以借此发展波罗的海国家及"一带一路"沿线国家联运，发展系列化的旅游业态。"一带一路"倡议的提出，也为拉脱维亚开辟亚洲新市场提供了重要契机。

十六、斯洛伐克

斯洛伐克是中欧的一个内陆国家，西北临捷克，北临波兰，东临乌克兰，南临匈牙利，西南临奥地利。其国内历史文物景点多，旅游资源丰富。

（一）斯洛伐克可持续发展阶段总体评价

斯洛伐克的可持续发展阶段总体评价得分在2011年和2014年分别出现过下降，但总体上是上升的趋势。到2015年斯洛伐克的可持续发展总体评价得分为53.54分，相比2010年提高了2.38分；同年，其社会领域得分为55.21分，环境领域得分为46.54分。根据可持续发展阶段划分标准，可以判断2015年斯洛伐克处于可持续发展中级阶段中期。从"一带一路"沿线国家来看，斯洛伐克可持续发展阶段总体评价得分位列第4，十分靠前（见图9－105）。

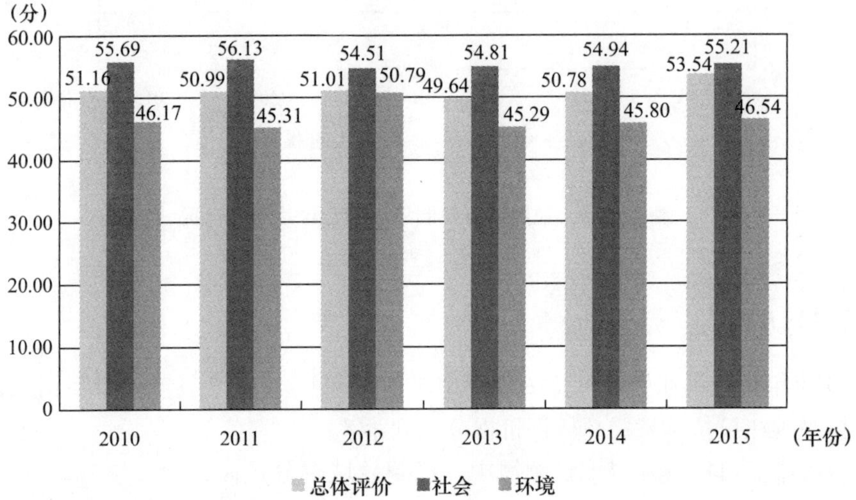

图9－105　斯洛伐克可持续发展总体评价得分情况

从斯洛伐克可持续发展领域的得分对比来看（见图 9 - 106），机制领域得分最高，但出现小幅度的下降，2015 年相比 2010 年下降了 2.8 分；社会领域得分相对稳定，2015 年比 2010 年仅下降了 0.48 分；经济领域得分后来居上，在 2014 年止跌回升，到 2015 年时为 52.51 分，相比 2010 年提高了 12.21 分；环境领域在 2012 年出现 50.79 的高分，后一直相对稳定，2015 年时为 46.54 分，仅比 2010 年提高了 0.37 分；基础设施领域得分在五个领域中最低，且 2015 年相比 2010 年下降了 2.36 分。

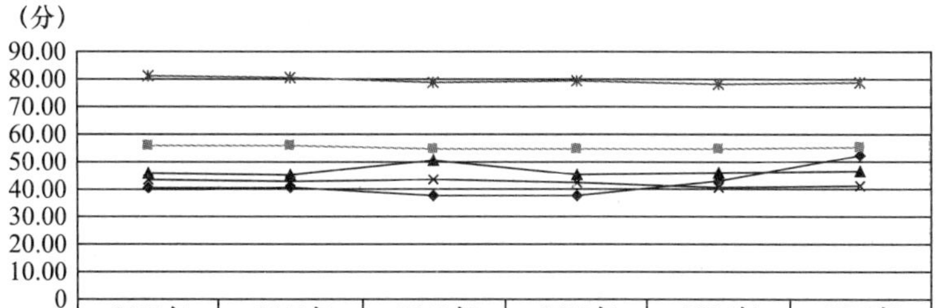

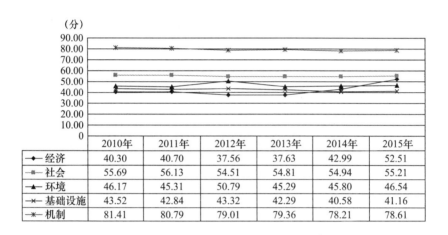

	2010年	2011年	2012年	2013年	2014年	2015年
经济	40.30	40.70	37.56	37.63	42.99	52.51
社会	55.69	56.13	54.51	54.81	54.94	55.21
环境	46.17	45.31	50.79	45.29	45.80	46.54
基础设施	43.52	42.84	43.32	42.29	40.58	41.16
机制	81.41	80.79	79.01	79.36	78.21	78.61

图 9 - 106　斯洛伐克可持续发展领域得分对比

（二）斯洛伐克可持续发展重点领域分析

1. 经济

斯洛伐克经济具有外向型特点，受欧盟及其主要成员国经济形势影响较大。了解了斯洛伐克的经济发展特点，对于理解斯洛伐克经济维度的变化有很大帮助。

斯洛伐克的经济规模维度得分在 2011 年出现短暂的上升后下降，降至 2013 年的 22.46 分，自 2014 年起快速上升；到 2015 年为 54.83 分，相比 2010 年提高了 24.54 分。2009 年受国际金融危机影响，斯洛伐克经济增长下滑，2010 年实现恢复性增长，GDP 年增长率为 5.04%。2011 年起增长速度有所放缓，降至 2.82%。但斯洛伐克在欧盟的重要贸易伙伴经济增长放缓，需求减弱的情况下，其经济增速在 2012 年和 2013 年进一步降至 1.66% 和 1.49%。随着欧洲经济整体向好以及自身内需及投资的复苏，斯洛伐克 2014 ~ 2015 年经济发展继续加速增长，GDP 年增速提升至 2.57% 和 3.83%。

斯洛伐克的经济质量维度在经历 2011～2012 年的下降后略有波动，直到 2015 年升至 41.23 分。斯洛伐克是典型的出口外向型经济，在金融危机及欧盟需求市场疲软的背景下，其经济发展极易受到波及。而 2013 年后，斯洛伐克的经济结构逐步改变净出口主导的局面，国内需求市场复苏、投资不断增长（资本形成总额在 2014 年和 2015 年分别比 2013 年提高了 0.7 个和 2.22 个百分点）；同时，其全社会劳动生产率在 2013 年后不断提高，表明其经济效益提升。在经济结构得到优化、经济效益不断提升的前提下，斯洛伐克的经济质量自然会在 2014 年后有所改善。

斯洛伐克的经济活力维度得分在 2012 年后止跌为升，到 2015 年提高至 61.48 分，相比 2010 年提高了 11.88 分。根据数据分析，斯洛伐克的经济创新水平及开放水平在 2012 年后均有所改善。斯洛伐克经济外向度在 2015 年升至 183.52%，相比 2010 年提高了 30.41 个百分点。而其国家创新指数提高有限，2015 年仅比 2010 年提高了 0.3 个单位。与此同时，斯洛伐克以债务占 GDP 比重衡量的风险指标在 2013 年达到最高值 58.48% 后稳定。因此，在创新程度及开放水平不断提高，以及经济风险维持高位不变的前提下，斯洛伐克的经济活力得分不断攀升（见图 9－107）。

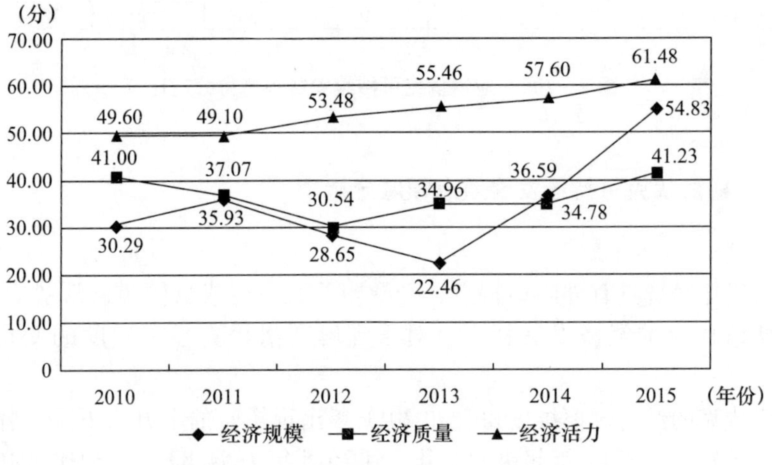

图 9－107　斯洛伐克经济细分维度得分情况

2. 社会

从图 9－108 可以看出，斯洛伐克的生活水平、平等就业和公共服务维度得分近六年来相对稳定。其中，前两者到 2015 年相比 2010 年分别提高了 0.68 分和 1.04 分，而后者则减少了 2.89 分。可以说，斯洛伐克与生活水平和平等就业相关的指标近年来均在改善或保持稳定，这里不再详细解释。而公共服务维度得分之所以出现小幅度下降，主要受教育相关因素影响。斯洛伐克健康相关的指标，如人均医疗卫生支出、预期寿命及新生儿死亡率，均在改善。但是在斯洛伐克国民识字率（2015 年相比 2010 年提高了 0.01 个百分点）和政府教育支出占比（2015 年相比 2010 年提高了 0.15 个百分点）均在提高的前提下，其小学、中学和高等院校的入学率却在下降（六年间三者分别下降了 1.35 个、0.72 个和 3.93 个百分点）。

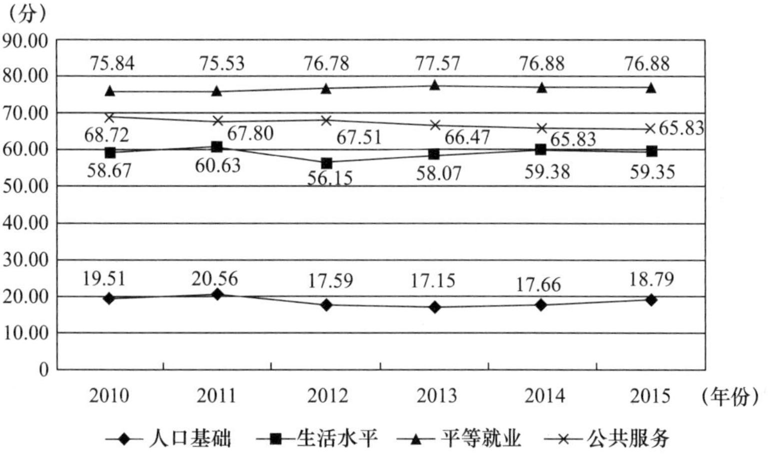

图 9－108 斯洛伐克社会领域细分维度得分情况

斯洛伐克的人口基础维度得分在 2011 年有所提高后下降，2014 年开始回升，到 2015 年相比 2010 年减少了 0.72 分。经分析发现，斯洛伐克的人口禀赋受人口自然增长率提升影响略有提高，但其人口基础变化主要受其人口结构调整影响。一方面，其每万人科技人员数在 2012 年后下降，直到 2015 年稳定在 2718.53 人，但相比 2010 年下降了 3.19%；另一方面，斯洛伐克的城镇化水平到 2015 年降至 53.6%，相比 2010 年下降了 1.09 个百分点。

3. 环境

斯洛伐克的资源和生态保护维度得分近六年基本未发生变化，这里不再赘述。

斯洛伐克的污染维度得分略有提高，到 2015 年为 83.45 分，相比 2010 年提高了 1.65 分。在主要污染物烟尘排放量略有增长的前提下，斯洛伐克的人均二氧化碳排放量在连续两年下降后，在近三年保持稳定，但仍比 2010 年下降了 7.45%。

斯洛伐克的能源维度得分在2012年短暂增长后延续下降趋势，直到2014年回升，到2015年升到31.44分，但仍比2010年低了0.25分。经分析发现，斯洛伐克的能源结构，即二次能源占比在2012年上升到10.48%后，一直稳定。因此，能源维度得分的变化主要受其能源消耗影响：一方面，斯洛伐克的单位GDP能耗自2010年以来持续增高。另一方面，能源消耗弹性系数则在2012年陡降后回升，与能源维度得分波动类似（见图9－109）。

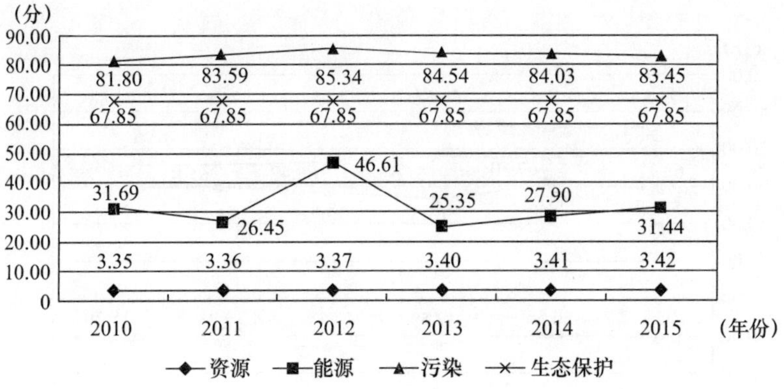

图9－109　斯洛伐克环境细分维度得分情况

4. 基础设施

斯洛伐克的交通设施维度得分2014年后出现下降，到2015年为1.42分（相比2010年下降了0.02分）。一方面，斯洛伐克的铁路里程数增长有限，2015年相比2010年增长了1.2%。另一方面，受欧洲恐怖袭击事件影响，斯洛伐克的航空运输量2014～2015年猛降。

斯洛伐克的信息与公共服务维度得分较高，六年来基本保持在80分以上。由于其信息与公共服务设施水平相对较高，近年来变化较小，导致其后期得分增长乏力（见图9－110）。

5. 机制

斯洛伐克的国内制度维度得分在六年间略有下降。2015年相比2010年减少了6分。一方面，其社会制度相关的全球治理指数变化较小；另一方面，反映其经济制度的经济自由度指数一直在下降，到2015年相比2010年下降了2.5个单位。可以说，斯洛伐克经济制度表现直接影响了其国内制度维度得分。

斯洛伐克的国际合作维度得分一直保持在很高的水平，且到2015年略有提高。斯洛伐克作为北约及欧盟成员国，积极参与国际事务合作，并不断加强与以中国为代表的亚洲国家及其他国家的经贸与外交合作关系（见图9－111）。

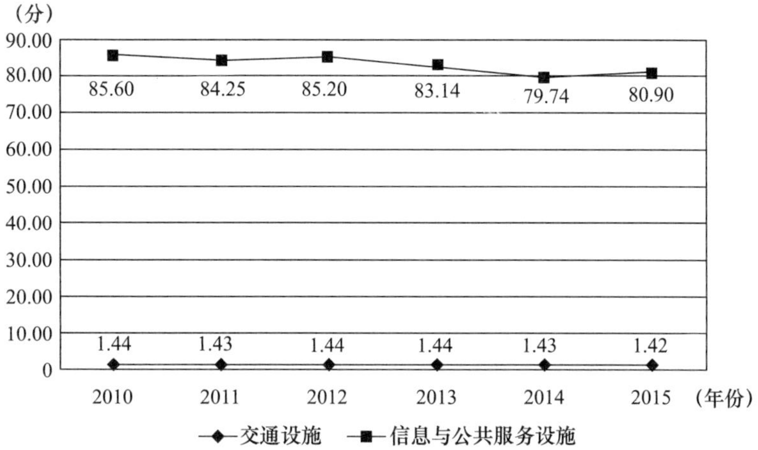

图 9－110 斯洛伐克基础设施细分维度得分情况

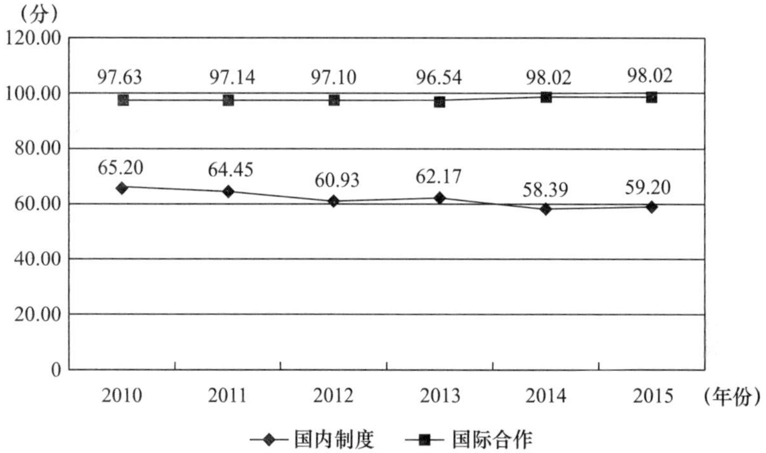

0 图 9－111 斯洛伐克机制领域细分维度得分情况

（三）小结

根据可持续发展阶段划分标准，斯洛伐克目前处于可持续发展中级阶段中期，且其可持续发展阶段总体评价得分在“一带一路”沿线国家中位列第 5。

斯洛伐克可持续发展五个领域中，2015 年机制领域得分最高，其余四个领域得分相对均衡。经济领域得分从 2014 年迎头赶上，但基础设施领域得分出现小幅下降。

2017 年 4 月，斯洛伐克议会通过了由斯洛伐克经济部提交的《2017～2020 年斯洛伐克与中国经济关系发展纲要》，斯中两国未来合作将主要集中在投资、贸易、运输、旅游和科研创新等领域。通过与包括中国在内的“一带一路”沿线国家开展经贸合作，将为斯洛伐克拓展除欧盟以外更多的市场和投资来源，从而提高其经济发展质量及经济活力。而斯洛伐克地处中欧腹地，通过参与"一带一路"基础设施建设项目，斯洛伐克南北和东西两个方向的运输通道建设将从"一带一路"相关建设中获益。

十七、捷克

捷克位于欧洲中部，地处东西欧交界处，是中东欧地区的重要国家，其综合国力在中欧地区名列前茅。捷克是参与"一带一路"建设的重要国家。中国是捷克在欧盟之外的最大贸易伙伴，是捷克的第二大进口商品来源地，捷克则是中国在中东欧地区的第二大贸易伙伴。"一带一路"倡议实施以来，中捷合作更加紧密，对双方的经济都起到了带动效应。

（一）捷克可持续发展阶段总体评价

2015 年评价结果显示，捷克可持续发展处于中级发展阶段早期，可持续发展的得分为 53.3 分，在"一带一路"国家中排名第 6 位，位于"一带一路"发展评价排名前段。

根据捷克可持续发展阶段的评价结果，2010～2015 年捷克一直处于中级发展阶段的早期，评价虽有波动但总体呈上升趋势，在"一带一路"沿线国家中的排名波动后与之前排名持平。观察捷克在六年里的发展评价可知，捷克在 2010 年"一带一路"倡议发展之初，其发展评价为 50.5，2013 年下降至 48.8 后直线上升，2015 年评价升至 53.3；但排名在第 7 名左右徘徊，2011 年和 2014 年排名均往前有所提升，之后又都下降至第 6 名左右（见图 9－112）。

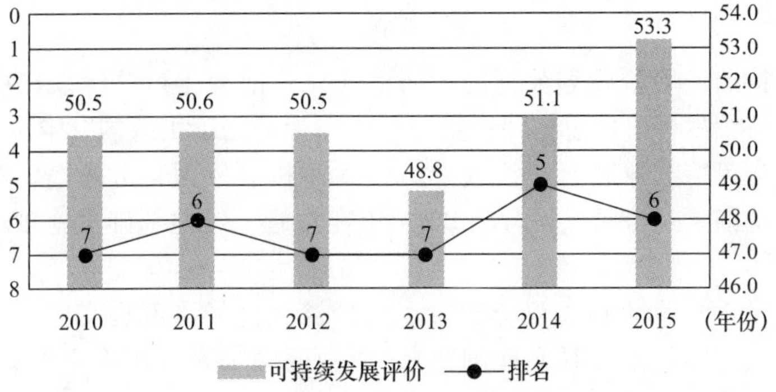

图 9－112　2010～2015 年捷克可持续发展评价排名

从通过上述时序分析可以看出，捷克在“一带一路”倡议中本国各系统维度发展虽然有波动，整体还是呈现增长态势，但相比其他国家的发展速度，捷克则保持在一致的水平，并无明显的进展。从局部来看，捷克发展评价在中东欧地区[①]的排名居于第四位，发展优势明显（见图9－113）。

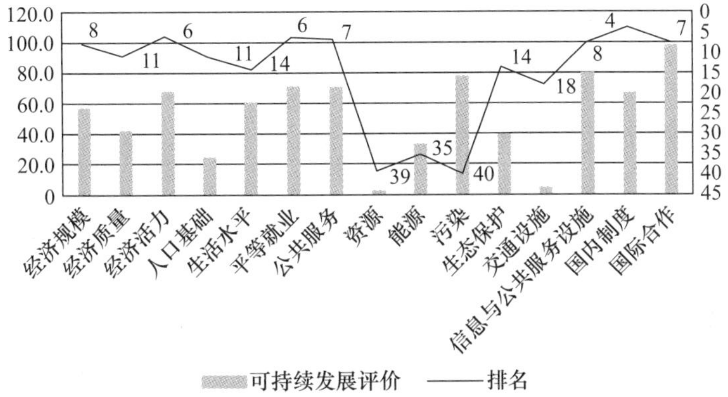

图9－113　2015年捷克子系统维度可持续发展评价排名

观察2015年捷克子系统维度可持续发展评价，可发现捷克除了环境系统整体较差外其他四个子系统发展还比较均衡。但整体而言，突出的环境系统劣势影响了整体评价；而经济、社会、基础设施和机制四个系统排名则基本位于前十。

经济方面，经济规模、经济质量和经济活力发展统一，排名集中在前段，分别排在第8位、第11位和第6位；社会方面情况也基本一致，除了生活水平排在第14位，人口基础、平等就业和公共服务方面分别位于前段第11、第6和第7位；环境方面起伏波动巨大，资源、能源和污染三者分别位于第39、第35和第40位，劣势明显，而生态保护的排名却在前段，相比其他系统，环境系统明显拉低了整体评价；基础设施排名回缓，交通设施和公共服务设施分别排在第18位和第8位；捷克的机制成熟度方面发展均衡，国内制度排在第4位，国际合作方面排在第7位。

评估发现，捷克除了环境系统其他四个子系统发展均衡、排名靠前，有相当明显的优势，对整体评价起到了提升的作用。而环境系统的短板相对地制约了整体的发展。下节分别从这五个子系统中抽取重要指标先进行概述，再对各个系统

① 中东欧地区“一带一路”沿线国家有：斯洛文尼亚（排名3）、爱沙尼亚（4）、斯洛伐克（5）、捷克（6）、立陶宛（7）、拉脱维亚（8）、克罗地亚（10）、波兰（11）、匈牙利（13）、保加利亚（15）、罗马尼亚（20）、黑山（21）、塞尔维亚（28）、马其顿（30）、阿尔巴尼亚（33）、摩尔多瓦（40）。

进行分析。①

（二）捷克可持续发展重点领域分析

捷克GDP年增长率变化波动较大。2010年增长率为2.3%，之后逐年下降，2012年经济下滑，增长率变为-0.8%，2013年该增长降至-0.5%后触底反弹，2014年增长率回升至2.7%，2015年增速回缓达到4.5%。可见捷克经济的发展并不平稳，波动较大。

相应的，观察能源消耗弹性系数②，可以发现能源消耗增长对GDP增长有一定相关关系，捷克的能源消耗增长对经济增长起到了一定拉动作用。2010年能源消耗降低，2011年GDP下降，弹性系数升至0.0289后，2012年下降至负的消耗，同时GDP退步，2013年能源消耗增加后，GDP增长也开始往正的方向发展，2014年、2015年能源消耗都保持在0.01的水平。从以上分析可知，捷克国内能源消耗增长对于捷克GDP的增长起到了一定作用，但由于能源消耗弹性系数较小，所以对经济的拉动有限（见图9-114）。

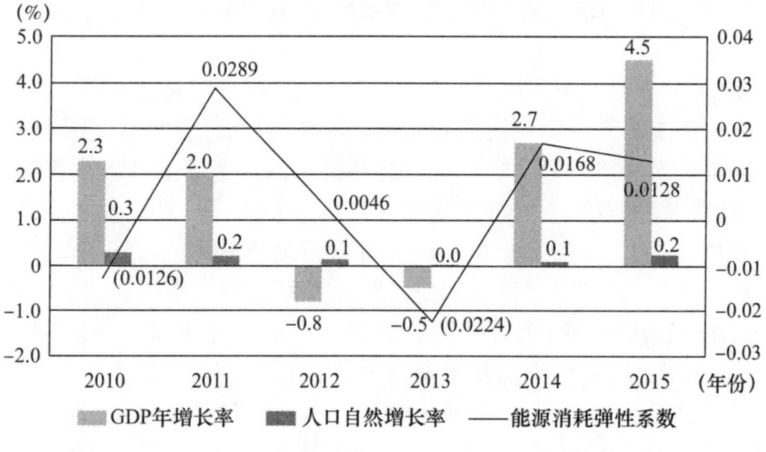

图9-114　2010~2015年捷克子系统重点指标发展情况（a）

基础设施以及机制的重要指标在此仅列出互联网普及率③、经济自由度指数以及基尼系数。观察数据可发现，互联网普及率在六年间有所提高，且普及率在2015年达到81.3%；2010~2015年，经济自由度指数持续上升，从中等自由经

① 在此仅抽取六个子系统下的重要指标进行子系统评价概述，后文会进行具体解释。

② 能源消耗弹性系数为能源消耗增长与GDP增速之比。

③ 互联网普及率是根据世界银行提供的数据，按每100人的互联网用户计算所得。

济体转变为较自由经济体；基尼系数六年间均保持在26.6%，社会公平环境基础较好（见图9－115）。

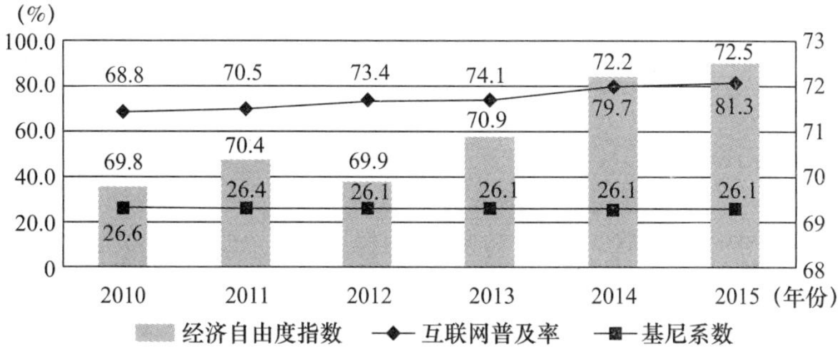

图9－115 2010～2015年捷克子系统重点指标发展情况（b）

1. 经济

观察捷克经济子系统经济规模维度，如上所述，增长率趋势存在较大波动，但整体有向好趋势；从捷克人均GDP的数据方面看，捷克国内人均GDP从2010年人均19764美元逐步下降到最低点2015年的人均17548美元；但从其人均GDP的绝对水平来看，捷克在“一带一路”沿线国家中依然具有很高的经济水平（见图9－116）。

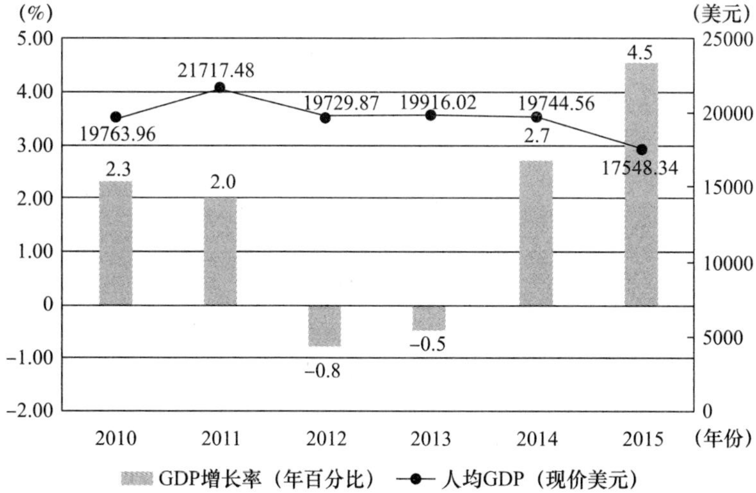

图9－116 2010～2015年捷克GDP增长率和人均GDP情况

鉴于以上捷克经济发展的情况，我们对捷克经济结构进行相关分析发现：2010 年捷克经常账户逆差占比 3.6%，之后也一直处于贸易逆差的状态，2014 年转变顺差占比 0.2%，2015 年顺差达到 0.9%，基本维持在收支平衡的状态。服务等第三产业附加值占比和资本账户占比均较均衡：服务等附加值占比从 2010 年的 61.5% 下降至 2015 年的 59.7%，该 GDP 占比份额较大，国内第三产业发达；资本形成总额也几乎无波动，2015 年和 2010 年的资本占比持平。对外直接投资净流出占比份额较小，起初保持在 2.5%，2013 年升至 3.7% 后逐年下降，2015 年降至 1.9%。从该经济结构来看，捷克经济发展与对外贸易的发展密切相关，随着"一带一路"的发展，捷克经济有一定转变，但程度较小（见图 9－117）。

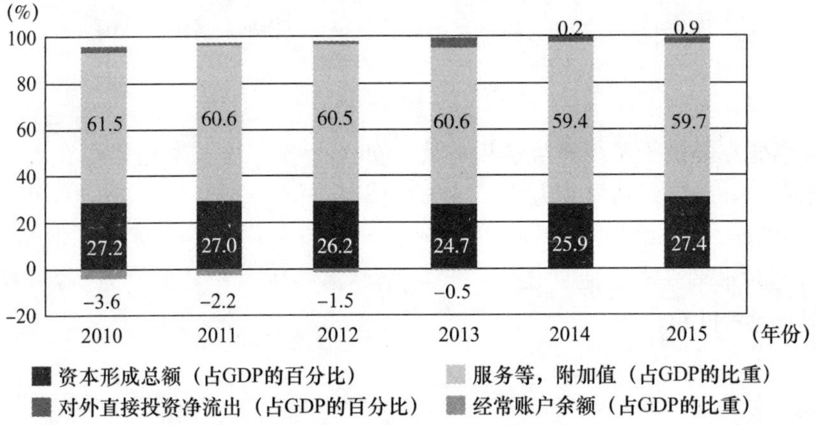

图 9－117　2010～2015 年捷克经济结构发展情况

观察捷克经济外向度数据，依然符合上述结论。2010 年捷克经济外向度为 129.4%，之后逐年上升，2015 年上升为 159.8%。经济外向度指标是衡量一个地区经济开放状态的指标之一，可见捷克国内贸易的发展对经济的贡献力度很大，但其经常账户基本维持在收支平衡的状态，所以贸易对捷克的经济带来的影响是正面的，有利于捷克经济发展。此外，观察捷克中央政府的债务占比，在"一带一路"倡议发展期间，该指数变动并不大，并没有过高的债务占比影响捷克经济活力（见图 9－118）。

2. 社会

捷克社会子系统从人口基础、生活水平、平等就业以及公共服务四个方面来分析。

捷克人口基础方面，从表 9－10 可以看到捷克国内人口在六年内保持了

0.1%左右的增长水平；人口密度呈现小幅度上升；R&D人员数目在六年间呈现了明显增长，2015年达到每百万人有3418名R&D人员，具有一定竞争优势。

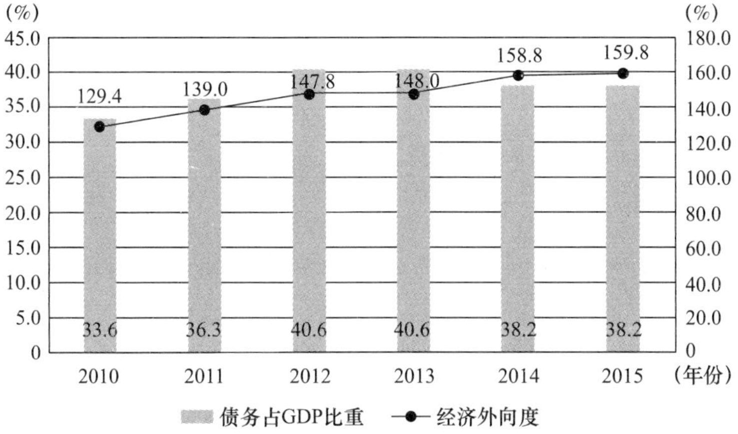

图9-118　2010~2015年捷克经济活力发展情况

表9-10　东帝汶社会子系统人口基础概况

年份	2010	2011	2012	2013	2014	2015
人口增长（年度百分比）（%）	0.3	0.2	0.1	0.0	0.1	0.2
人口密度（每千米土地面积人数）（人）	135.6086	135.8893	136.0972	136.1423	136.321	136.5893
性别比（每100位女性对应的男性数量）（人）	96.33681	96.47997	96.54857	96.56637	96.57014	96.58684
R&D人员（每百万人）（人）	2781.854	2912.629	3149.991	3249.889	3418.462	3418.462

捷克生活水平方面，从图9-119可以看出，六年间，捷克贫困人口的比例保持在较低几乎为无的水平，数据显示低于1.9美元/天的人口比例一直维持在0.06%左右；营养不良发生率在较低的水平下呈现下降趋势，从2010年的4.1%下降至2015年的3.4%，说明在“一带一路”倡议发展期间，捷克生活水平保持在较高水平，且有一定程度的改善；人均粮食产量从2010年的人均657千克升至2015年的人均835千克，该数据在“一带一路”沿线国家中具有相当可观的竞争力。

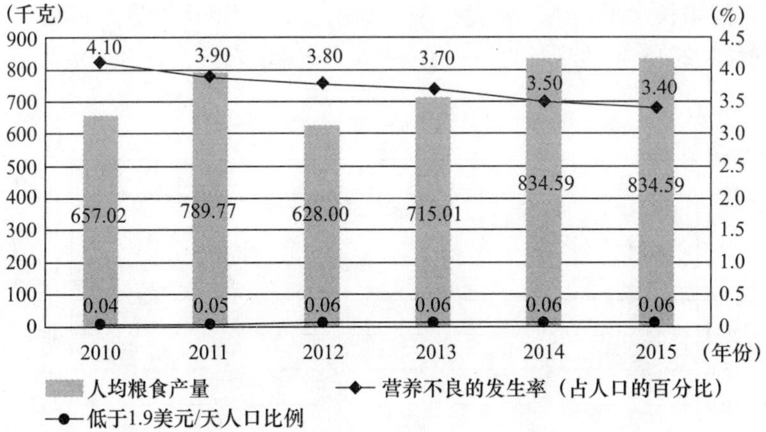

图 9-119　2010~2015 年捷克社会环境生活水平情况

人类发展指数是衡量一个国家发展进步的重要综合指标之一，2010~2015 年"一带一路"倡议实施以来，捷克的人类发展指数在较高水平上依然呈现小幅度上升；失业率水平有所下降，2015 年达到 6.2%，可见"一带一路"倡议对捷克平等就业子系统带来一定红利（见图 9-120）。

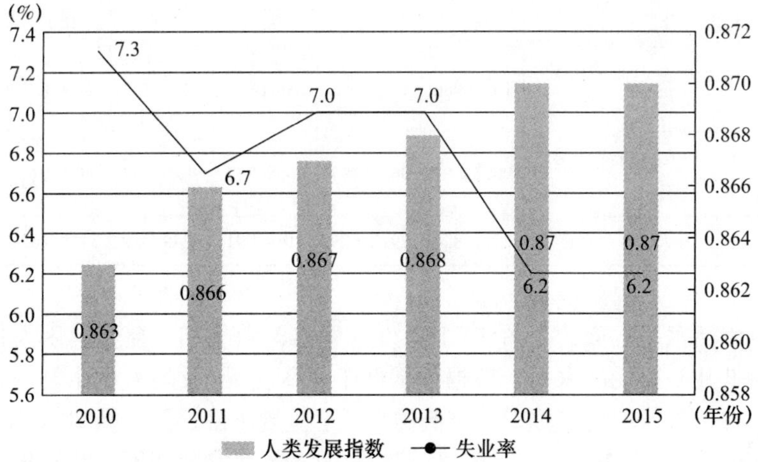

图 9-120　2010~2015 年捷克社会环境平等就业情况

关于捷克社会公共服务方面，"一带一路"发展期间，一方面，捷克在健康方面有一定的改善，2010 年，人均医疗卫生支出为 1410 美元，2015 年降至 1378

美元，但该水平依然很高。预期寿命从77.4岁延长至78.3岁，新生儿及孕产妇在较低死亡率下依然呈下降趋势。另一方面，捷克国内教育问题，中小学以及高等院校入学率均保持在较高水平且实现优化，高等院校入学率方面，从64.02%提高至66.02%。可见，捷克人力资源在质量、结构上具有优势。

3. 环境

2015年，捷克环境子系统的可持续发展评价在“一带一路”60个国家之中居于第22位，属于中级阶段的中期。捷克的环境系统明显拉低了整体评价。但观其数据，污染方面处于靠前的位置，资源则处于后段水平。捷克森林面积、人均土地面积和人均可再生内陆淡水资源等基础环境资源不具优势，分别位于“一带一路”国家的第56位、第59位和第57位。同时，从GDP单位能源消耗和可再生能源比例上可以看出，捷克的经济并不完全依赖于其国内能源，两者分别排在第13位、第45位（见表9－11）。

表9－11　2015年捷克环境子系统各项目在“一带一路”国家中排名

项目	排名
森林面积（人均平方千米）	56
人均土地面积（平方千米）	59
人均可再生内陆淡水资源（立方米）	57
GDP单位能源消耗（2011年不变价购买力平价美元/千克石油当量）	13
能源消耗弹性系数（能源消耗增长与GDP增速之比）	36
可再生能源比例（占总能源消耗比例）	45
二氧化碳排放量（人均公吨数）	38
人均一氧化氮排放量（千公吨二氧化碳当量）	59
人均甲烷排放量（千吨二氧化碳当量）	59
PM2.5	24

4. 基础设施

捷克国内基础设施方面，虽然其相对指标增长变化情况呈现下降趋势，但其总量指标还是可观的。捷克在“一带一路”倡议发展以来基础设施存在一定优势。2015年铁路总千米数达到9456千米，机场全球出港量达到2529.4万吨（见图9－121）。

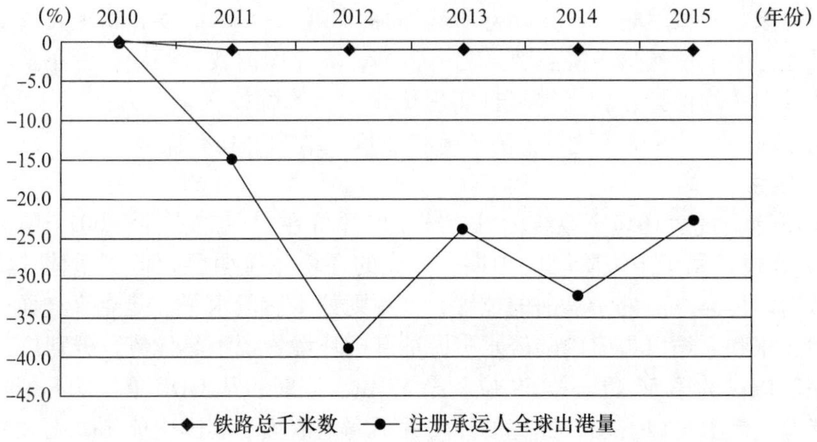

图9-121　2010~2015年捷克铁路总公里数和注册承运人全球出港量增长情况（以2010年为基期）

在公共服务设施方面，捷克同样具有优势。互联网普及率高，从2010年的68%上升至2015年的81%，用电情况和改善水源获得比例也早已100%普及。可见捷克公共服务设施质量基础优势强。

5. 机制

捷克机制成熟度从各项指标来看，在"一带一路"倡议发展期间，捷克的机制呈更加完善的态势。观察捷克经济自由度指数，如前所述该指数存在一定波动，从中等自由经济体变为较自由经济体。而具有较高经济自由度的国家或地区与那些具有较低经济自由度的国家或地区相比，会拥有较高的长期经济增长速度和更繁荣。"一带一路"倡议发展期间，捷克对经济的干预程度较弱，经济自由度有一定程度的提高。

全球治理指数指政府治理的有效性，主要体现在更多的公众话语权与更强的政府问责、更高的政治稳定与更少的社会暴力、更高的政府效能、更高的管制质量、更完善的法治以及更少的腐败六个方面。观察捷克数据可知，六年间捷克的全球治理指数在高水平上实现了增长。可见在国内机制发展方面，捷克政府有一定的改善（见图9-122）。

（三）小结

通过对捷克进行可持续发展评价，本报告认为，"一带一路"倡议对捷克的发展还是起到了一定程度的提升，但效果薄弱。无论是从GDP增长率、经常账户占比发展、外贸依存度还是受教育水平，捷克都具有相当可观的优势。但相比其他排名前十的“一带一路”沿线国家，捷克发展也仅止于持平的速度。国内资源、能源的问题影响了捷克的发展。

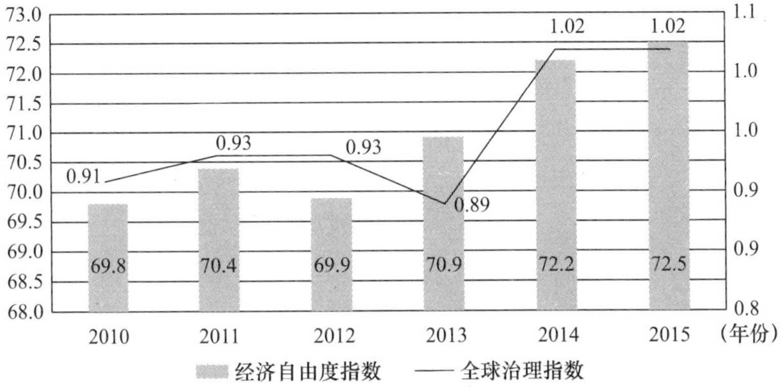

图 9－122　2010～2015 年捷克国内制度发展情况

因此，本报告认为捷克的可持续发展战略应进一步提升核心科技水平，增强贸易水平，抓住“一带一路”倡议的机遇，培养优势产业，对产品进行优化，增加其比较优势；此外，对外资开放的领域，应进一步完善国内基础设施。

十八、罗马尼亚

罗马尼亚是亚欧“丝路”门户，位于东南欧巴尔干半岛东北部，北和东北分别与乌克兰和摩尔多瓦为邻，南接保加利亚，西南和西北分别与塞尔维亚和匈牙利接壤，东南临黑海。2004 年和 2007 年，罗马尼亚分别加入北约和欧盟。罗马尼亚经济发达，产业结构合理，其中服务业占主导地位，农业占比较低。在“一带一路”沿线国家排名中位于中段靠前的位置。

（一）罗马尼亚可持续发展阶段总体评价

2015 年评价结果显示，罗马尼亚可持续发展处于中级发展阶段早期，可持续发展的得分为 46.9，在“一带一路”沿线国家中排名第 20 位，位于“一带一路”发展评价排名前段末位。

根据罗马尼亚可持续发展阶段的评价结果，2010～2015 年罗马尼亚一直处于中级发展阶段的早期，评价呈上升趋势，在“一带一路”沿线国家中的排名波动后有所上升。观察罗马尼亚在六年里的发展评价可知，罗马尼亚在 2010 年

"一带一路"倡议发展之初，其发展评价为42.4，之后直线上升，2015年评价升至46.9；排名趋势也和评价一致，2012年从22位下降至24位后稳步上升，2015年升至第20位（见图9－123）。

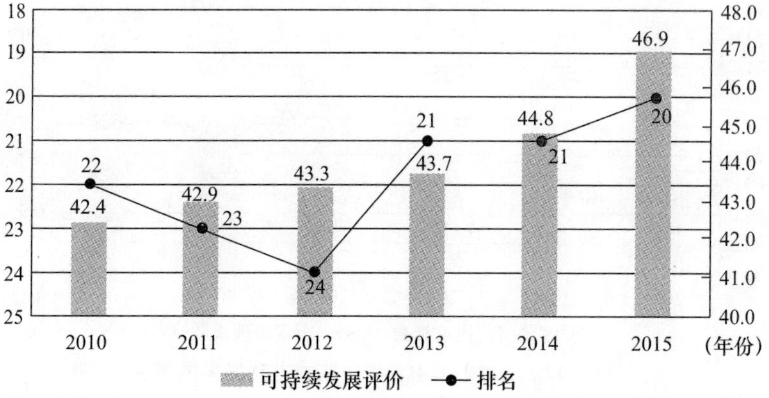

图9－123　2010～2015年罗马尼亚可持续发展评价排名

通过上述时序分析，可以看出罗马尼亚在"一带一路"倡议中本国各系统维度发展虽然有波动整体还是呈现增长态势，且相比其他国家的发展速度罗马尼亚也有一定的进展。但从局部来看，罗马尼亚发展评价在中东欧地区①的排名居于第11位，明显相对优势不足（见图9－124）。

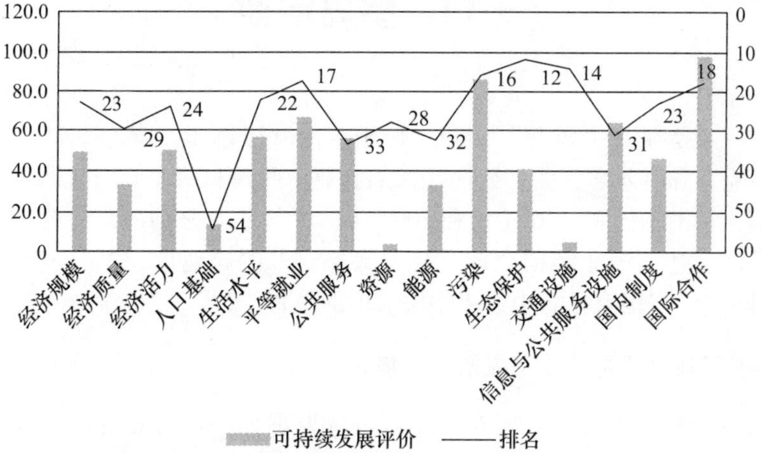

图9－124　2015年罗马尼亚子系统维度可持续发展评价排名

① 中东欧地区"一带一路"沿线国家有：斯洛文尼亚（排名3）、爱沙尼亚（4）、斯洛伐克（5）、捷克（6）、立陶宛（7）、拉脱维亚（8）、克罗地亚（10）、波兰（11）、匈牙利（13）、保加利亚（15）、罗马尼亚（20）、黑山（21）、塞尔维亚（28）、马其顿（30）、阿尔巴尼亚（33）、摩尔多瓦（40）。

观察2015年罗马尼亚子系统维度可持续发展评价，可发现罗马尼亚除了社会系统发展不均衡外其他四个子系统发展还比较集中。整体而言，环境系统比较突出，排在前段，经济、社会、基础设施和机制成熟度排在中段位置。

经济方面，经济规模、经济质量和经济活力发展均衡，排名集中在中段，分别排在第23位、第29位和第24位；社会方面情况波动明显，除了人口基础排在第54位，生活水平、平等就业和公共服务方面分别位于中段第22位、第17位和第33位；环境方面较均衡，资源、能源和污染三者分别位于第33位、第28位和第32位，排位靠后，生态保护排在第12位，相对较好；基础设施排名回缓，交通设施和信息与公共服务设施分别排在第14位和第31位；罗马尼亚的机制成熟度方面发展均衡，国内制度排在第23位，国际合作方面排在第18位。

评估发现，罗马尼亚除了社会系统其他四个子系统发展均衡，排名集中，发展平稳。下节分别从这五个子系统中抽取重要指标先进行概述，再对各个系统进行分析。[①]

（二）罗马尼亚可持续发展重点领域分析

罗马尼亚GDP年增长率变化波动较大。2010年增长率为 -0.8%，之后直线上升，2013年达到3.5%后经济增长有所下滑，但2015年经济增长率达到3.7%。可见罗马尼亚经济的发展整体呈上升趋势。但人口增长率在六年间全部显示为负，人口基础较差，人口逐年减少。

相应地，观察能源消耗弹性系数[②]，可以发现能源消耗增长波动较大，与GDP增长之间的关系并不明显。2010年能源消耗增长为负，直至2012年能源消耗增长，弹性系数为0.049，之后弹性系数逐年下降，2014年在0.0122水平上维持。从以上分析可知，罗马尼亚国内能源消耗的确呈增长态势，但其对于罗马尼亚GDP增长的拉动作用并不明显（见图9-125）。

基础设施以及机制的重要指标在此仅列出互联网普及率[③]、经济自由度指数以及基尼系数。观察数据可发现，互联网普及率在六年间有所提高，但普及率在2015年也仅过半；2010~2015年，经济自由度指数持续上升，但仍处于中等自由经济体的范畴；基尼系数在六年间有所下降，社会公平环境呈现更公平趋势（见图9-126）。

---

① 在此仅抽取六个子系统下的重要指标进行子系统评价概述，第二小节会进行具体解释。

② 能源消耗弹性系数为能源消耗增长与GDP增速之比。

③ 互联网普及率是根据世界银行提供的数据，按每100人的互联网用户计算所得。

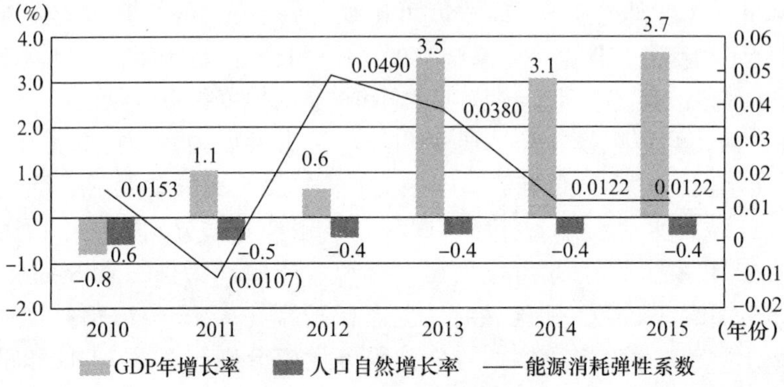

图 9－125　2010～2015 年罗马尼亚子系统重点指标发展情况

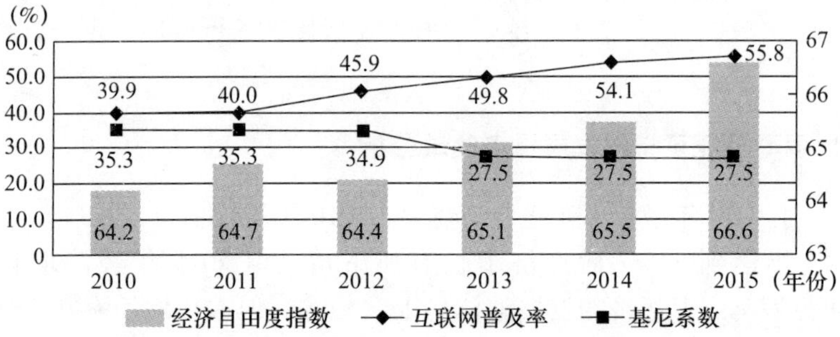

图 9－126　2010～2015 年罗马尼亚子系统重点指标发展情况

1. 经济

观察罗马尼亚经济子系统经济规模维度：如上所述，增长率整体趋势向好，增长率在 2013 年后保持在 3% 左右的劲头；从罗马尼亚人均 GDP 的数据方面看，罗马尼亚国内人均 GDP 从 2010 年人均 8297 美元逐步上升到 2014 年波峰 10020 美元，之后有所下降，2015 年人均 GDP 为 8973 美元；但从其人均 GDP 的绝对水平来看，罗马尼亚在“一带一路”沿线国家中依然具有很高的经济水平（见图 9－127）。

鉴于以上罗马尼亚经济发展的情况，我们对罗马尼亚经济结构进行相关分析发现：2010 年罗马尼亚经常账户逆差占比 5%，之后虽然逆差减小，但一直处于贸易逆差的状态，2015 年逆差占比 1. 2%，基本维持在收支平衡的状态。服务等第三产业附加值占比和资本账户占比均较均衡：服务等附加值占比从 2010 年的 52. 4% 上升至 2015 年的 60. 3%，该 GDP 占比份额较大，国内第三产业发达；资本形成总额也几乎无波动，2015 年占比 25. 6%。对外直接投资净流出占比份额较小，几乎为无，2015 年占比 0.6%，达到六年内最大值。从该经济结构来看，罗马尼亚经济发展较均衡，贸易结构有一定的变化，收支较均衡（见图 9 - 128）。

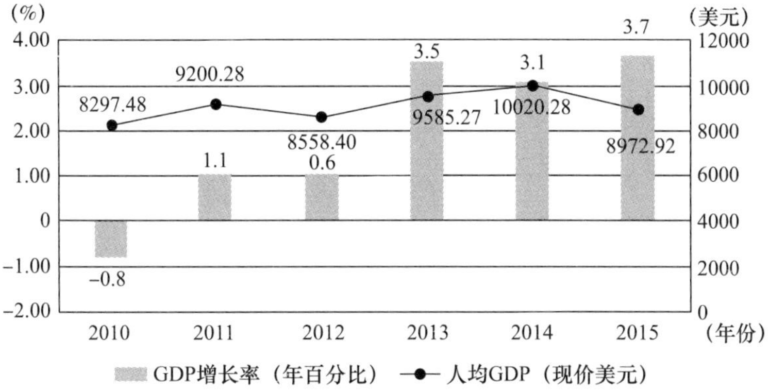

图 9 - 127　2010 ~ 2015 年罗马尼亚 GDP 增长率和人均 GDP 情况

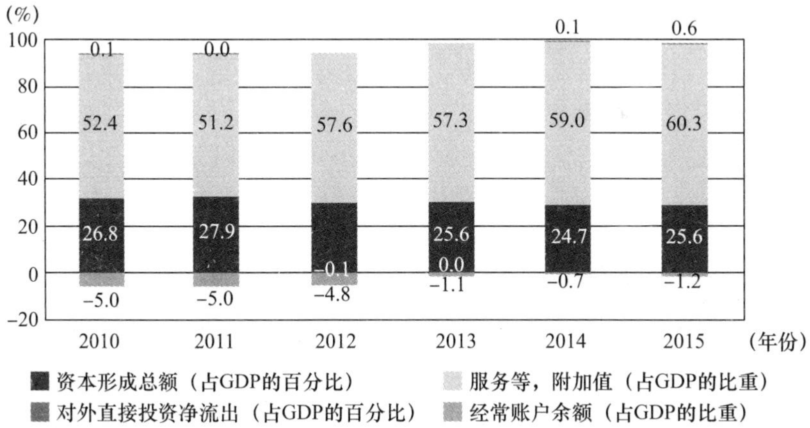

图 9 - 128　2010 ~ 2015 年罗马尼亚经济结构发展情况

观察罗马尼亚经济外向度数据，2010 年罗马尼亚经济外向度为 70.4%，之后逐年上升，2015 年上升为 82.6%。经济外向度指标是衡量一个地区经济开放状态的指标之一，可见罗马尼亚国内贸易的发展对经济的贡献力度很大，但其经常账户基本维持在收支平衡的状态，所以贸易对罗马尼亚的经济带来的影响是正面的，有利于罗马尼亚经济发展。此外，观察罗马尼亚中央政府的债务占比，在“一带一路”倡议发展期间，该指数变动并不大，保持在 41.5% 左右，这在可比国家中是比较低的，并没有过高的债务占比影响罗马尼亚经济活力（见图9－129）。

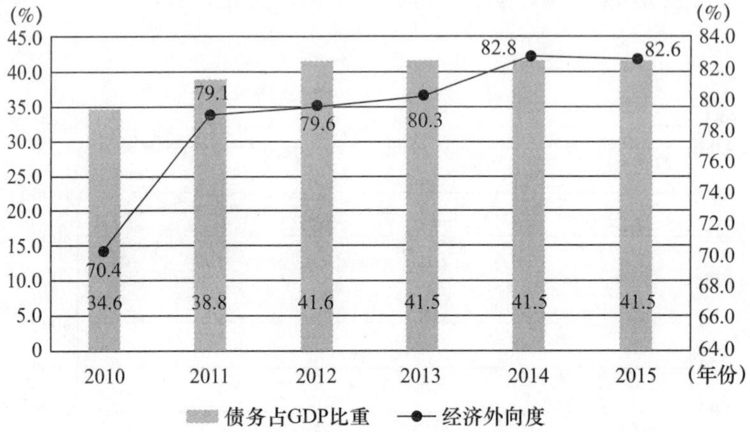

图9－129　2010～2015年罗马尼亚经济活力发展情况

2. 社会

罗马尼亚社会子系统从人口基础、生活水平、平等就业以及公共服务四个方面来分析。

罗马尼亚人口基础方面，从表9－12可以看到罗马尼亚国内人口基本处于萎缩状态，六年内增长率为负，人口基数一直减少；人口密度呈现小幅度下降；R&D人员数目在六年间也呈现了下降走势，2015年达到每百万人有921名R&D人员，从其绝对指标看具有一定竞争优势。

表9－12　罗马尼亚社会子系统人口基础概况

年份	2010	2011	2012	2013	2014	2015
人口增长（年度百分比）（%）	-0.6%	-0.5%	-0.4%	-0.4%	-0.4%	-0.4%
人口密度（每千米土地面积人数）（人）	88.01074	87.53325	87.20127	86.87429	86.53068	86.12356
性别比（每100位女性对应的男性数量）（人）	94.46049	94.33694	94.22423	94.12201	94.02869	93.94285
R&D人员（每百万人）（人）	974.44	799.536	903.2861	938.4585	921.5047	921.5047

罗马尼亚生活水平方面，从图9－130可以看出：六年间，罗马尼亚贫困人口的比例有大幅度的下降，数据显示低于1.9美元/天的人口比例在2013年陡降为无；营养不良发生率在较高占比的水平下呈现下降趋势，从2010年的13.9%

下降至2015年的11.1%，说明在“一带一路”倡议发展期间，罗马尼亚生活水平有一定程度的改善，但仍需提高；人均粮食产量从2010年人均826千克升至2015年人均1109千克，该数据在“一带一路”沿线国家中具有相当可观的竞争力。

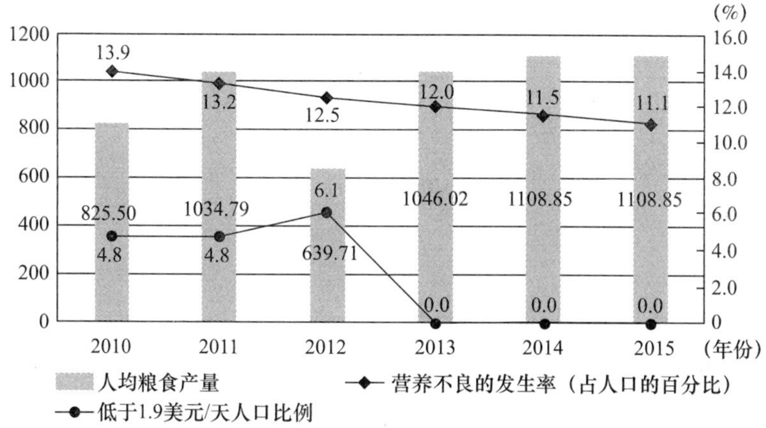

图9－130　2010～2015年罗马尼亚社会环境生活水平情况

人类发展指数是衡量一个国家发展进步的重要综合指标之一，2010～2015年“一带一路”倡议实施以来，罗马尼亚的人类发展指数在较高水平上依然呈现小幅度上升；失业率水平有所下降，2015年降至7%，可见“一带一路”倡议对罗马尼亚平等就业子系统带来一定红利（见图9－131）。

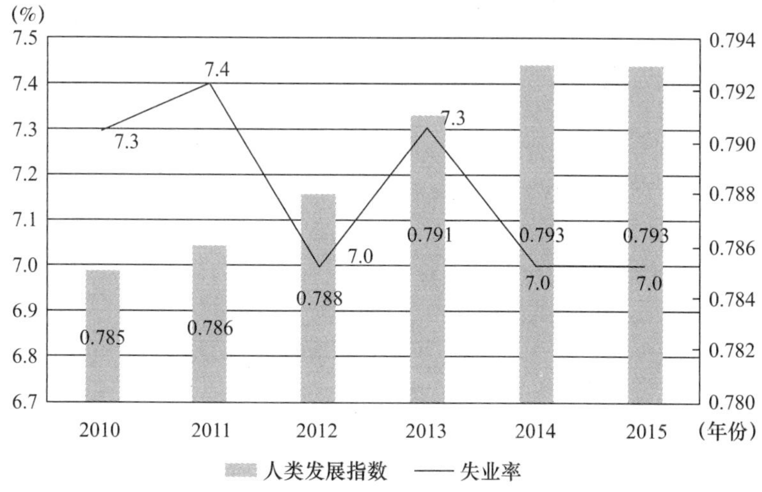

图9－131　2010～2015年罗马尼亚社会环境平等就业情况

关于罗马尼亚社会公共服务方面，"一带一路"发展期间，一方面，罗马尼亚在健康方面有一定的改善，2010年，人均医疗卫生支出为483美元，2015年升至557美元，增幅73.8%，但该水平依然较低。预期寿命从73.4岁延长至75.1岁，新生儿及孕产妇在相对较高死亡率下并无较大幅度变化。另一方面，罗马尼亚国内教育问题，中小学以及高等院校入学率均呈现下降的趋势，高等院校入学率方面，从67.8%下降至53.2%。可见，罗马尼亚人力资源在质量、结构上具有一定优势，但未来呈现下降走势。

3. 环境

2015年，罗马尼亚环境子系统的可持续发展评价在"一带一路"60个国家之中居于第15位，属于中级阶段的早期。但观其数据，污染方面除了人均指标较差，其他指标处于中间的位置，资源则处于前段水平。罗马尼亚森林面积、人均土地面积和人均可再生内陆淡水资源等基础环境资源具有一定优势，分别位于"一带一路"沿线国家的第13位、第15位和第20位。同时，从GDP单位能源消耗和可再生能源比例上可以看出罗马尼亚的经济并不完全依赖于其国内能源，两者分别排在第17位、第20位。总体来说，罗马尼亚环境系统并未拉低整体评价（见表9-13）。

表9-13　2015年罗马尼亚环境子系统各项目在"一带一路"国家中排名

项目	排名
森林面积（人均平方千米）	13
人均土地面积（平方千米）	15
人均可再生内陆淡水资源（立方米）	20
GDP单位能源消耗（2011年不变价购买力平价美元/千克石油当量）	17
能源消耗弹性系数（能源消耗增长与GDP增速之比）	11
可再生能源比例（占总能源消耗比例）	20
二氧化碳排放量（人均公吨数）	26
人均一氧化氮排放量（千公吨二氧化碳当量）	1
人均甲烷排放量（千吨二氧化碳当量）	18
PM2.5	44

4. 基础设施

罗马尼亚国内基础设施方面，虽然其相对指标增长变化情况呈现下降趋势，但其总量指标还是可观的。罗马尼亚在"一带一路"倡议发展以来基础设施存在一定优势。六年间铁路总千米数一直保持在10777千米，机场全球出港量虽然从516.4万吨下降到471.8万吨，但其绝对数值依然可观，货柜码头吞吐量一直处于增长的状态，增幅达到40%（见图9-132）。

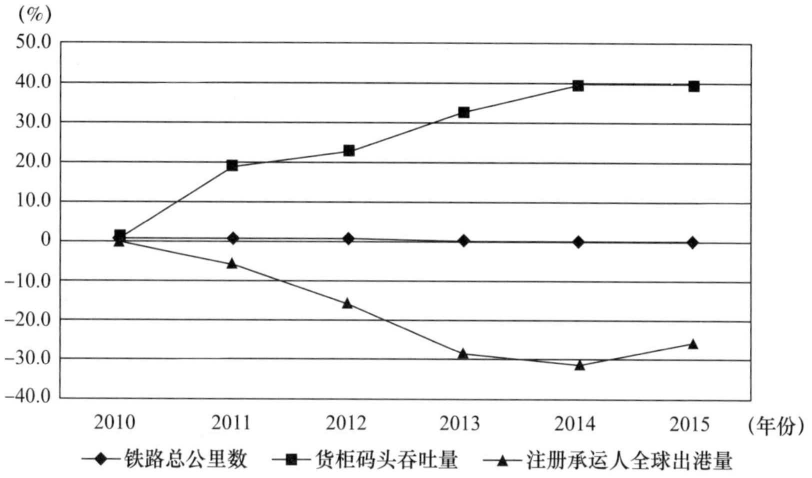

图9-132　2010~2015年罗马尼亚铁路总千米数、货柜码头吞吐量和注册承运人全球出港量增长情况（以2010年为基期）

在公共服务设施方面，罗马尼亚同样具有一定增长。互联网普及率从2010年的39.9%上升至2015年的55.8%，但仍有待提高。用电情况和改善水源获得比例也早已100%普及。可见罗马尼亚公共服务设施质量基础虽然有一定优势，但发展不够均衡。

5. 机制

罗马尼亚机制成熟度从各项指标来看，在“一带一路”倡议发展期间，捷克的机制呈现小幅度完善的趋势。

观察罗马尼亚经济自由度指数，如前所述该指数波动不大，一直保持在中等自由经济体的状态。而具有较高经济自由度的国家或地区与那些具有较低经济自由度的国家或地区相比，会拥有较高的长期经济增长速度和更繁荣。“一带一路”倡议发展期间，罗马尼亚对经济的干预程度较弱，经济自由度有一定程度的提高。

全球治理指数指政府治理的有效性，主要体现在更多的公众话语权与更强的政府问责、更高的政治稳定与更少的社会暴力、更高的政府效能、更高的管制质量、更完善的法治以及更少的腐败六个方面。观察罗马尼亚数据可知，六年间罗马尼亚的全球治理指数较差，从-0.25上升至0。可见在国内机制发展方面，罗马尼亚政府有一定改善，但总体有待提高（见图9-133）。

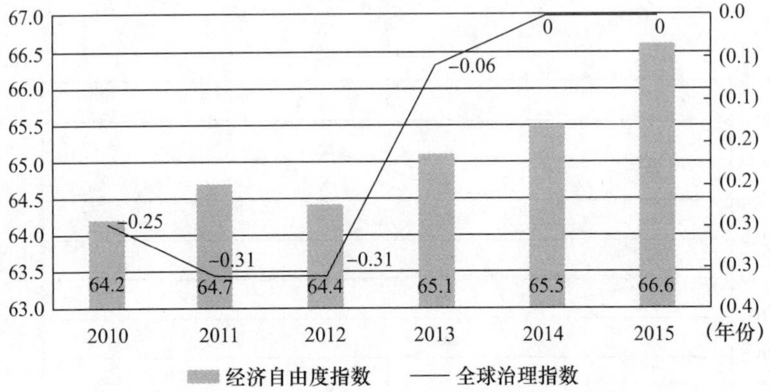

图9-133 2010~2015年罗马尼亚国内制度发展情况

（三）小结

通过对罗马尼亚进行可持续发展评价，本报告认为，"一带一路"倡议对罗马尼亚的发展还是起到了一定程度的提升，但效果薄弱。无论是从人口基础、失业率、营养不良发生率还是全球治理指数，罗马尼亚都亟待提高。相比其他排名的"一带一路"沿线国家，罗马尼亚发展也仅止于持平的速度，人口基础问题影响了罗马尼亚的发展。

因此，本报告认为，首先，罗马尼亚的可持续发展战略应进一步提升核心科技水平，加大教育投入，培养造就创新型人才。其次，罗马尼亚应完善债务占比空间，增加经济活力，完善经济结构。最后，罗马尼亚应增强贸易水平，抓住"一带一路"发展的机遇，培养优势产业，对产品进行优化，增加其比较优势；此外，对外资开放的领域，应进一步完善国内公共服务设施。

十九、摩尔多瓦

摩尔多瓦是位于东南欧的内陆国，与罗马尼亚和乌克兰接壤，摩尔多瓦是一个以农业为主的国家，农业产值占其国内生产总值的50%左右，全国有46%以上的劳动力从事农业生产。摩尔多瓦自然资源相对贫乏，缺少硬煤、铁矿、石油和天然气。从此背景可以看出摩尔多瓦在“一带一路”国家中的排名较于其相邻国家滞后。

（一）摩尔多瓦可持续发展阶段总体评价

2015 年评价结果显示，摩尔多瓦可持续发展处于中级发展阶段早期，可持续发展的得分为 40.2，在“一带一路”沿线国家中排名第 40 位，位于“一带一路”发展评价排名中段末位。

根据摩尔多瓦可持续发展阶段的评价结果，摩尔多瓦在 2011 年、2013 年处于早期发展阶段的晚期，其他年份都处于中级发展阶段的早期，评价虽有波动但总体呈上升趋势，在“一带一路”沿线国家中的排名波动后下降。观察摩尔多瓦在六年里的发展评价可知，摩尔多瓦在 2010 年“一带一路”倡议发展之初，其发展评价为 37.4，2012 年下降至 37.3 后直线上升，2015 年评价升至 40.2；但排名在 2012 年下落后并没有追上之前的排名，2015 年落后至第 40 名（见图 9 - 134）。

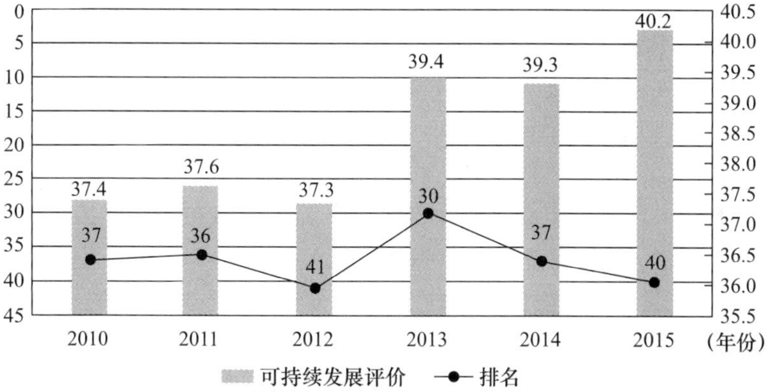

图 9 - 134　2010 ~ 2015 年摩尔多瓦可持续发展评价排名

通过上述时序分析，可以看出摩尔多瓦在“一带一路”倡议中本国各系统维度发展虽然有波动，整体还是呈现增长态势，但相比其他国家的发展速度摩尔多瓦则稍显滞后。而且从局部来看，摩尔多瓦发展评价在中东欧地区[①]的排名居于末位，区位劣势明显（见图 9 - 135）。

① 中东欧地区“一带一路”沿线国家有：斯洛文尼亚（排名 3）、爱沙尼亚（4）、斯洛伐克（5）、捷克（6）、立陶宛（7）、拉脱维亚（8）、克罗地亚（10）、波兰（11）、匈牙利（13）、保加利亚（15）、罗马尼亚（20）、黑山（21）、塞尔维亚（28）、马其顿（30）、阿尔巴尼亚（33）、摩尔多瓦（40）。

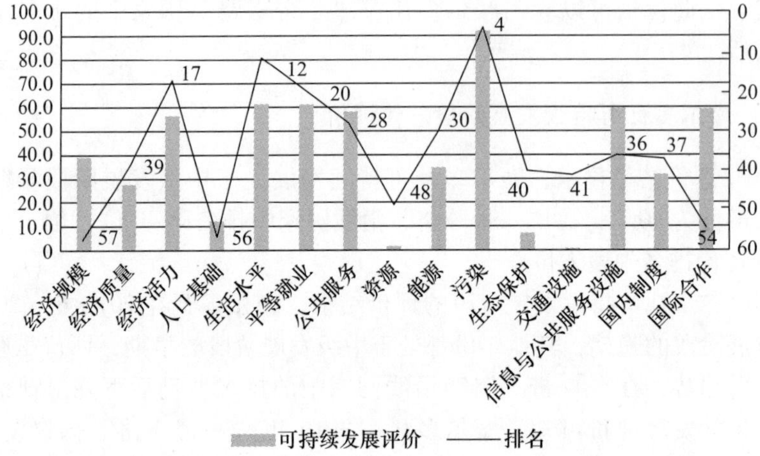

图 9－135　2015 年摩尔多瓦子系统维度可持续发展评价排名

观察2015年摩尔多瓦子系统维度可持续发展评价，可发现摩尔多瓦五个子系统发展并不均衡。但整体而言，社会、基础设施系统发展较均衡，而经济、环境和机制三个系统排名波动较大。

经济方面，经济规模、经济质量和经济活力发展差距大，排名集中在中后段，分别排在第57位、第39位和第17位；社会方面情况较好，除了人口基础排在第56位，生活水平、平等就业和公共服务方面分别位于中前段第12位、第20位和第28位；环境方面起伏波动巨大，资源、能源和生态保护三者分别位于第48位、第30位和第40位，劣势明显，而污染情况（正向评价，排名越靠前污染越少）的排名却在第4位；基础设施排名集中，交通设施和公共服务设施分别排在第41位和第36位；摩尔多瓦的机制成熟度方面发展也不均衡，国内制度排在第37位，国际合作方面排在第54位。

评估发现，摩尔多瓦五个子系统并没有相当明显的优势，下节分别从这五个子系统中抽取重要指标先进行概述，再对各个系统进行分析。①

（二）摩尔多瓦可持续发展重点领域分析

摩尔多瓦 GDP 年增长率变化波动较大。2010 年增长率为 7.1%，之后逐年下降，2012 年经济下滑，增长率变为 －0.7%，2013 年增长率升至波峰 9.4% 后急速下降，2014 年增长率为 4.8%，2015 年增长率为 －0.5%。可见摩尔多瓦经济的发展并不平稳，波动较大，没有形成稳态路径。

① 在此仅抽取六个子系统下的重要指标进行子系统评价概述，后文会进行具体解释。

相应地，观察能源消耗弹性系数①，可以发现能源消耗增长波幅也相对剧烈。2010 年能源消耗降低，2011 年 GDP 下降，弹性系数升至 0.0125 后，2012 年 GDP 下降，能源消耗增长，2013 年能源消耗增加后，GDP 增长也开始往正的方向发展，2014 年、2015 年能源消耗弹性系数都保持在 -0.0053 的水平。从以上分析可知，摩尔多瓦国内能源消耗增长对于摩尔多瓦 GDP 的增长起到了一定作用，但由于能源消耗弹性系数较小，所以对经济的拉动有限（见图 9-136）。

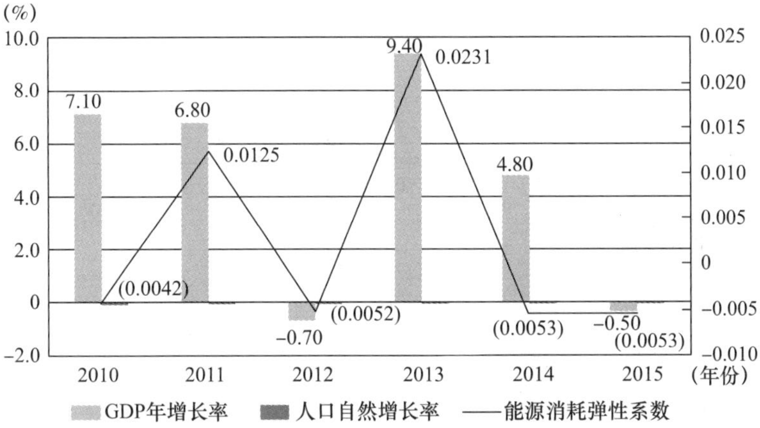

图 9-136 2010~2015 年摩尔多瓦子系统重点指标发展情况（a）

基础设施以及机制的重要指标在此仅列出互联网普及率②、经济自由度指数以及基尼系数。观察数据可发现，互联网普及率在六年间有所提高，但基数仍然处于中等水平；2010~2015 年，经济自由度指数持续上升，但幅度有限；基尼系数六年间呈现下降趋势，社会公平环境基础较好（见图 9-137）。

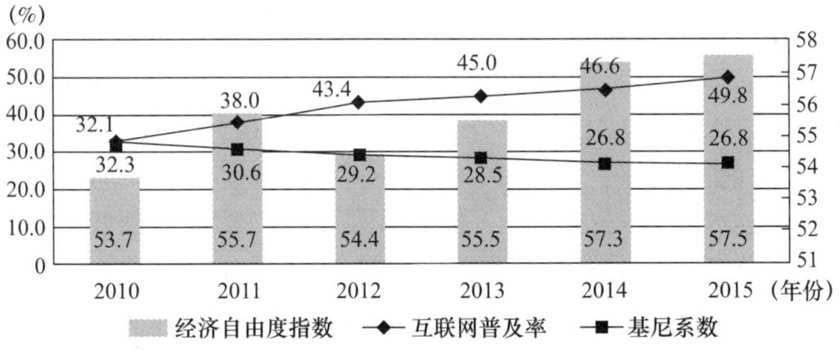

图 9-137 2010~2015 年摩尔多瓦子系统重点指标发展情况（b）

---

① 能源消耗弹性系数为能源消耗增长与 GDP 增速之比。

② 互联网普及率是根据世界银行提供的数据，按每 100 人的互联网用户计算所得。

1. 经济

观察摩尔多瓦经济子系统经济规模维度：如上所述，增长率趋势存在较大波动，2015 年增长率继 2012 年后再次变为 -0.5%，和 2013 年 9.4% 的增长率形成鲜明对比；从摩尔多瓦人均 GDP 的数据方面看，摩尔多瓦国内人均 GDP 从 2010 年人均 1632 美元逐步上升到最高点 2014 年的人均 2245 美元，2015 年后下降为 1848 美元，增长有限；从其人均 GDP 的绝对水平来看，摩尔多瓦在“一带一路”沿线国家中并不具有较高的经济水平（见图 9 - 138）。

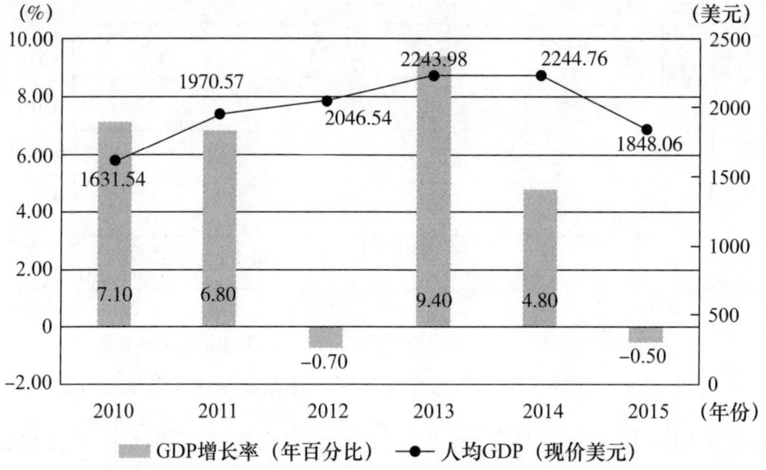

图 9 - 138　2010 ~ 2015 年摩尔多瓦 GDP 增长率和人均 GDP 情况

鉴于以上摩尔多瓦经济发展的情况，我们对摩尔多瓦经济结构进行相关分析发现：2010 年摩尔多瓦经常账户逆差占比 8.3%，之后也一直处于贸易逆差的状态，2015 年逆差减少到 6.3%，经常账户收支并不平衡。服务等第三产业附加值占比与资本账户占比均较均衡：服务等附加值占比从 2010 年的 69.6% 上升至 2015 年的 71.2%，该 GDP 占比份额较大，国内第三产业发达，但联系其较大的贸易逆差占比可以看出，服务业占比高但质量却较低，没有贸易优势；资本形成总额也几乎无波动，2015 年比 2010 年的资本占比下降 0.8 个百分比，达到 22.7%。对外直接投资净流出占比份额几乎为无，起初保持在 0.1%，2011 年升至 0.5% 后在此水平上波动，2015 年又回到 0.1% 的水平。从该经济结构来看，摩尔多瓦经济发展与对外贸易的发展密切相关，随着“一带一路”的发展，摩尔多瓦经济有一定转变，但程度较小，逆差占比依然很高（见图 9 - 139）。

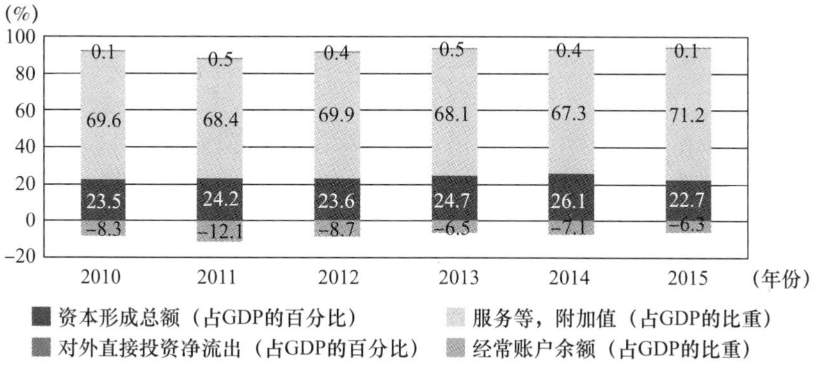

图 9－139　2010～2015 年摩尔多瓦经济结构发展情况

观察摩尔多瓦经济外向度数据，依然符合上述结论。2010 年摩尔多瓦经济外向度为 106%，2011 年上升至波峰 118.4% 后逐年下降，2015 年降至 105.2%。经济外向度指标是衡量一个地区经济开放状态的指标之一，可见摩尔多瓦贸易的发展对经济的贡献力度很大。但其经常账户基本维持在逆差状态，所以摩尔多瓦的经济过度依赖国际贸易，一方面的确带来了一部分开放的红利，但另一方面这并不是长远之计，摩尔多瓦仍应培养自己的优势产业，转变贸易结构。此外，观察摩尔多瓦中央政府的债务占比，在“一带一路”倡议发展期间，该指数变动并不大，但呈现下降趋势（见图 9－140）。

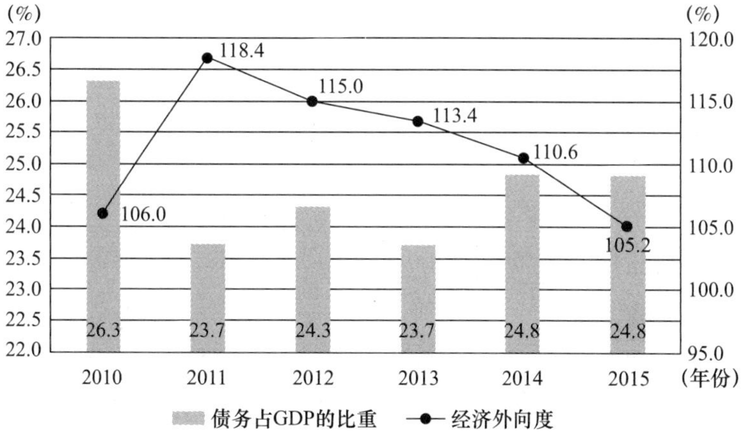

图 9－140　2010～2015 年摩尔多瓦经济活力发展情况

2. 社会

摩尔多瓦社会子系统从人口基础、生活水平、平等就业以及公共服务四个方面来分析。

摩尔多瓦人口基础方面，从表9-14可以看到摩尔多瓦国内人口基础较差，六年内增长持续萎缩；人口密度及R&D人员数目呈现小幅度下降，2015年达到每百万人有652名R&D人员。

表9-14　摩尔多瓦社会子系统人口基础概况

年份	2010	2011	2012	2013	2014	2015
人口增长（年度百分比）（%）	-0.10	-0.06	-0.01	-0.03	-0.06	-0.06
人口密度（每千米土地面积人数）（人）	124.1693	124.0975	124.038	123.9184	123.8429	123.7647
性别比（每100位女性对应的男性数量）（人）	92.59534	92.65947	92.68245	92.66825	92.62559	92.56147
R&D人员（每百万人）（人）	663.2418	678.5504	671.4516	643.8842	651.9593	651.9593

摩尔多瓦生活水平方面，从图9-141可以看出，六年间，摩尔多瓦贫困人口的比例保持在较低几乎为无的水平，数据显示2013年后摩尔多瓦已经没有低于1.9美元/天的人口；但营养不良发生率却较高，2010年达到17.2%后逐年下降，但幅度较低，2015年降至15.8%的水平，说明在"一带一路"倡议发展期间，摩尔多瓦生活水平有一定程度的改善；人均粮食产量从2010年的人均670千克升至2015年的人均812千克，该数据在"一带一路"沿线国家中具有一定的竞争力，但对比摩尔多瓦贸易逆差以及高营养不良发生率，摩尔多瓦粮食产量指标并不足以提高其生活水平。

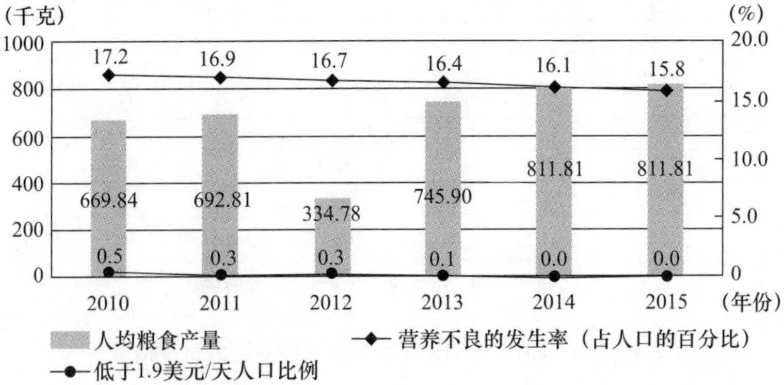

图9-141　2010~2015年摩尔多瓦社会环境生活水平情况

人类发展指数是衡量一个国家发展进步的重要综合指标之一，2010～2015年“一带一路”倡议实施以来，摩尔多瓦的人类发展指数在中等水平上呈现小幅度上升；失业率水平有较大程度的稳步下降，2015年比2010年下降3个百分点，达到3.4%，可见“一带一路”倡议对摩尔多瓦平等就业子系统带来一定的积极影响（见图9-142）。

关于摩尔多瓦社会公共服务方面，“一带一路”发展期间，一方面，廉尔多瓦在健康方面有一定的改善，2010年，人均医疗卫生支出为197美元，2015年升至229美元，但该水平依然很低。预期寿命从69.7岁延长至71.5岁，新生儿及孕产妇死亡率呈小幅度下降趋势。另一方面，摩尔多瓦国内教育问题，中小学入学率分别保持在93%和87%的水平，有较小幅度的降低趋势，高等院校入学率方面则入学率较低，从38.15%增加至41.28%。可见，摩尔多瓦人力资源在质量、结构上并不具有优势。

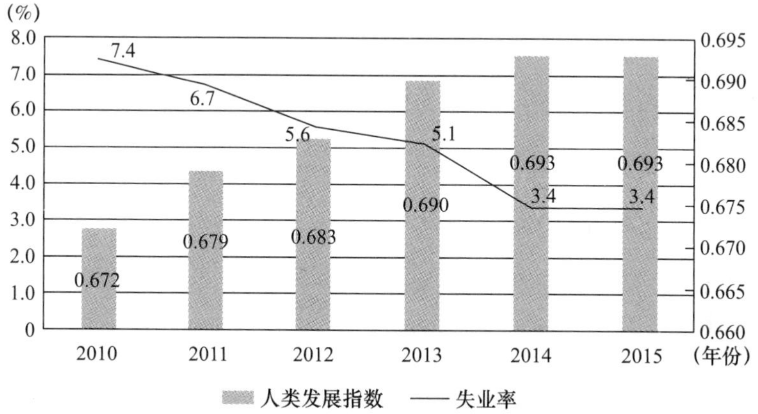

图9-142　2010～2015年摩尔多瓦社会环境平等就业情况

3. 环境

2015年，摩尔多瓦环境子系统的可持续发展评价在“一带一路”沿线国家之中居于第39位，属于中级阶段的早期，摩尔多瓦的环境系统发展并不均衡。观其数据，污染方面处于靠前的位置，资源则处于后段水平。摩尔多瓦森林面积、人均土地面积和人均可再生内陆淡水资源等基础环境资源不具优势，分别位于“一带一路”沿线国家的第25位、第32位和第32位。同时，从GDP单位能源消耗和可再生能源比例上可以看出摩尔多瓦的经济并不完全依赖于其国内能源，两者分别排在第11位和第24位（见表9-15）。

表 9-15　2015 年摩尔多瓦环境子系统各项目在"一带一路"国家中排名

项目	排名
森林面积（人均平方千米）	25
人均土地面积（平方千米）	32
人均可再生内陆淡水资源（立方米）	32
GDP 单位能源消耗（2011 年不变价购买力平价美元/千克石油当量）	11
能源消耗弹性系数（能源消耗增长与 GDP 增速之比）	6
可再生能源比例（占总能源消耗比例）	24
二氧化碳排放量（人均公吨数）	34
人均一氧化氮排放量（千公吨二氧化碳当量）	29
人均甲烷排放量（千吨二氧化碳当量）	28
PM2.5	40

4. 基础设施

摩尔多瓦国内基础设施方面，虽然其相对指标增长变化情况基本呈现上升趋势，但其总量指标亟待提高。摩尔多瓦在"一带一路"倡议发展以来基础设施并不存在优势。六年间铁路总千米数一直维持在 1157 千米，机场全球出港量上升至 49 万吨，该水平在"一带一路"国家中并不具有竞争力，甚至拉低了摩尔多瓦整体的竞争水平（见图 9-143）。

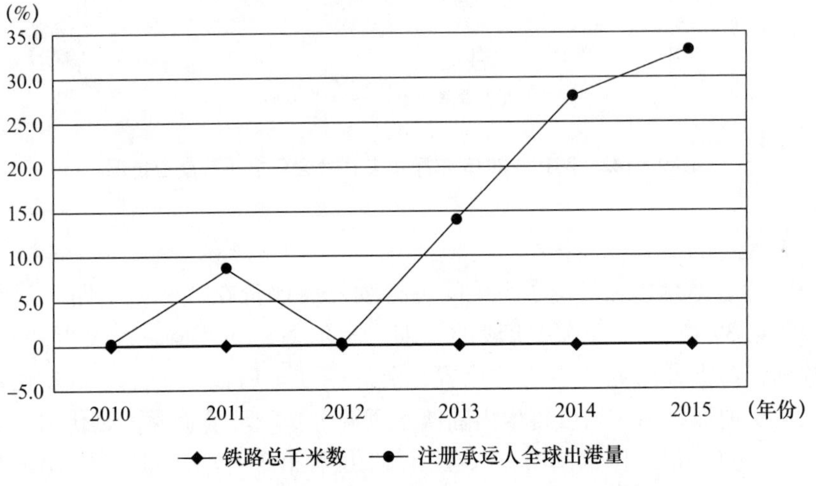

图 9-143　2010~2015 年摩尔多瓦铁路总千米数和注册承运人全球出港量增长情况（以 2010 年为基期）

在公共服务设施方面，摩尔多瓦发展有一定程度的提高。互联网普及率在最初较低水平有较大幅度的提高，从2010年的32.3%上升至2015年的49.8%，用电情况在2012年得到普及，改善水源获得比例从87.4%上升至88.4%。可见在“一带一路”倡议发展期间，摩尔多瓦政府重视公共服务设施质量的发展。

5. 机制

摩尔多瓦机制成熟度分别从国内制度发展和国际合作两个维度来进行描述。

观察摩尔多瓦经济自由度指数，如前所述该指数存在一定波动，但一直属于较不自由经济体的范畴。而具有较高经济自由度的国家或地区与那些具有较低经济自由度的国家或地区相比，会拥有较高的长期经济增长速度和更繁荣。“一带一路”倡议发展期间，摩尔多瓦对经济的干预程度较弱，经济自由度有一定程度的提高。

全球治理指数指政府治理的有效性，主要体现在更多的公众话语权与更强的政府问责、更高的政治稳定与更少的社会暴力、更高的政府效能、更高的管制质量、更完善的法治以及更少的腐败六个方面。观察摩尔多瓦数据可知，六年间摩尔多瓦的全球治理指数水平极低，从2010年的-0.64升至2015年的-0.38。可见在国内机制发展方面，摩尔多瓦政府有一定改善，但仍有待提高（见图9-144）。

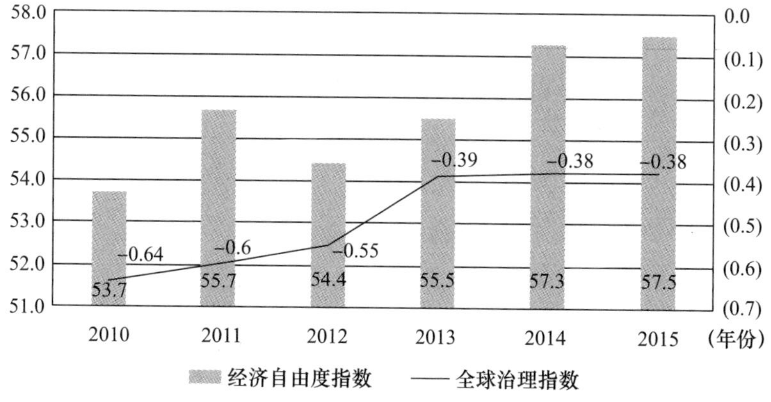

图9-144 2010~2015年摩尔多瓦国内制度发展情况

摩尔多瓦国际合作方面，从其承担的国际义务看，六年间接受的官方发展援助净额从132.5美元增加至145.5美元。从该角度看摩尔多瓦在国际合作方面所尽义务有待提高（见表9-16）。

表 9-16　摩尔多瓦国际义务承担情况

年份	2010	2011	2012	2013	2014	2015
提供（接受）的官方发展援助净额（现价美元）	132.4604	129.5511	133.0095	97.51962	145.4843	145.4843

（三）小结

通过对摩尔多瓦进行可持续发展评价，本报告认为，"一带一路"对摩尔多瓦的发展还是起到了一定程度的提升作用，但效果薄弱。无论是从波幅巨大的GDP增长率、第三产业发达但逆差明显的经常账户、较高的外贸依存度还是受教育水平来看，摩尔多瓦都显示出其劣势。相比其他排名中段的"一带一路"沿线国家，摩尔多瓦发展速度也有滞后的趋势。国内经济结构、贸易水平、人才流失的问题制约了摩尔多瓦的发展。

因此，本报告认为，摩尔多瓦的可持续发展战略应提高国内工业水平，转变贸易结构，出口高质量产品；同时，加大对教育的投入，留住人才才是未来发展的根本。抓住"一带一路"倡议的机遇，寻找潜在贸易伙伴扩大产品出口，同时在对外资开放的领域应进一步完善国内基础设施。

二十、建设中国—白俄罗斯工业园的启示

（一）中国—白俄罗斯工业园项目概况

中国—白俄罗斯工业园（简称中白工业园）位于白俄罗斯首都明斯克，是欧洲最大的中资工业园，总用地面积91.5平方千米，工业园一期3.5平方千米起步区"七通一平"及配套基础设施已基本建成。中白工业园临近机场、铁路和公路，由中国和白俄罗斯两国出资组建，其中，中方股东为中工国际工程股份有限公司和哈尔滨投资集团有限责任公司，占60%股份；白方股东为明斯克州政府、明斯克市政府和白俄罗斯地平线控股集团公司，占40%股份。中白工业园的目标是建成一个国际化的高科技城市，以产业为主，未来学校、幼儿园、医院、体育馆、图书馆等配套设施都将陆续建成。从园区管理架构来看，设立政府间协调委员会，由中方和白方主席领导该委员会，解决要求两国政府参与的问题。

2012 年生效的协议（白俄罗斯共和国 2012 年 1 月 7 日第 348－3 号法令）经由白俄罗斯和中国共同批准。白俄罗斯总统在国家立法高度颁布了专项法令：确定了工业园区的边界，巩固了工业园区作为实行经济特区制度的白俄罗斯共和国独立领土单位的地位，细化了园区管理结构（包括园区最高管理机构——政府间协调委员会，执行机构——管委会，管理公司，具体说明了园区内的优惠和特权，规定了投资人的额外保障）。

中白工业园区为投资者提供《10＋10》的税收优惠模式：入园企业自注册之日起十年免收各项公司税收，十年期满后下一个十年内税收减半；优惠政策由白俄罗斯共和国专用总统令规定。根据《10＋10》的模式，免除入园企业销售所得利润的所得税、不动产税、土地税、商品关税和增值税、设备运入时享受优惠、海关费用（关税、增值税、消费税）；园区内企业的员工可享受的优惠如免除缴纳收入强制保险、无须缴纳白俄罗斯制定的新税费种类等。

（二）启示与建议

随着"一带一路"倡议不断推进，众多企业积极"走出去"，将园区开发模式引入"一带一路"沿线国家，工业园成为主要的对外模式之一，作为企业在境外设立的产业承接平台。中白工业园作为"一带一路"倡议的重要实践，为更多"走出去"企业的健康稳定发展提供了借鉴和参考。

"一带一路"倡议推进过程中，对区位及合作国家社会和机制发展水平均有较高的要求。从中白工业园的建立至今可以看出，白俄罗斯区位优势明显，国家社会和机制发展水平较高，这也是中国企业放心到白俄罗斯投资的前提条件。中白工业园交通便利，连接欧亚经济联盟和欧盟两大市场，入园企业的产品可以免关税销往俄罗斯、哈萨克斯坦、亚美尼亚、吉尔吉斯斯坦等多国市场，还可以快速拓展欧盟市场及其共同体成员国市场，充分拥有市场规模和发展潜力的优势。白俄罗斯政治和社会长期稳定，各机构和谐运转，犯罪率很低，贫富差距比较小，基尼系数仅为 0.28。白俄罗斯政府的高度重视，积极谋求将本国的发展战略与中国的"一带一路"倡议对接，两国关系正处于加速发展时期，国家高层和地方团组的互访和相互交流，建立良好的合作关系，为企业投资营造良好的条件，这也是促进中白工业园顺利发展的重要条件之一。中白工业园良好稳定的投资环境建立在国际层面，中白两国政府间的专项协议为此提供了保证，对投资园区赋予一定的自主权，如单独的管理辖区及保障，园区管委会承担重要的角色，是连接企业和政府的直接平台，为园区内企业提供良好的服务，同时为园区内企业或投资者提供税收和关税等方面的优惠政策，以吸引有实力的高新技术企业入驻。中自产业园未来应促进结构布局合理化，从战略高度做出长期发展规划，并严格按照规划开展工作，促进产业协调发展，引入高新技术企业入园，提高产品科技含量，强化社会经济效益，努力打造一个产城融合的国际化空港新城。

第五篇

政策报告

第十章　“一带一路”建设与沿线国家可持续发展水平提升的政策建议

“一带一路”倡议是世界历史上从未有过的大构想，也是中国基于当前时代背景，为促进世界经济共同繁荣与平衡发展而提出的。沿线国家具有分布范围广、发展不平衡等特征，因此，推进“一带一路”建设，实现各国可持续发展水平的提升，需要创新思维，制定出一些具有针对性的特殊政策，做到精准施策。

一、政策梳理

为了更好地推进“一带一路”建设，提高沿线各国的可持续发展能力和水平，我国作为一个负责任的大国牵头出台了一系列相关政策，涉及经济、社会、环境、基础设施以及机制等可持续发展的各个方面。总体来看，经济方面的政策举措最多，不但表明了“一带一路”倡议旨在促进各国经济共同繁荣的出发点，也体现了“一带一路”建设分国分阶段分步骤推进的基本策略。

（一）经济方面的政策

经济是可持续发展综合系统的重要组成部分，根据技术报告构建的可持续发展指标体系，经济可持续发展包括经济规模、经济质量以及经济活力三个主要方面。提升“一带一路”沿线各国的经济可持续发展水平需要着力于产值、增长、结构、效益、创新、开放、风险等细分维度的改善。为此，我国大体上基于“加强规划引导——完善财税政策——创新金融服务——提高便利化水平——打造促进平台”的思路制定了“一揽子”政策。从政策类型来看，可以按照不同标准划分为专项与综合、双边与多边、中央与地方等几类。

1. 加强规划引导

“一带一路”倡议的合作重点是“五通”，其中，涉及经济领域的主要是贸易畅通和资金融通，促进以上两者可以有效提高相关国家的经济可持续发展水平。为此，我国从顶层设计层面制定了一些规划，加强对市场主体的鼓励和引导。主要政策文件包括：

（1）国务院出台了《关于推进国际产能和装备制造合作的指导意见》，提出将与我国装备和产能契合度高、合作愿望强烈、合作条件和基础好的发展中国家作为重点国别，将钢铁、有色、建材、铁路、电力、化工、轻纺、汽车、通信、工程机械、航空航天、船舶和海洋工程等作为重点行业，分类实施，有序推进的总体任务，并从提高企业“走出去”能力和水平，加强政府引导和推动，加大政策支持力度，强化服务保障和风险防控等方面进行了政策指导。

（2）商务部等发布了针对47个国家的《对外投资合作国别（地区）指南》，主要包括从历史、地理、社会文化、政治环境等方面看东道国是个什么样的国家，该国对外资的吸引力有多大，对外国投资合作的法规和政策有哪些，在该国开展投资合作如何办理相关手续，中国企业开展投资合作应该注意哪些事项以及如何建立和谐关系，遇到困难该怎么办等方面，旨在为我国企业及时把握对外投资合作国家和地区环境及变化，科学进行境外投资合作决策，有效防范外部风险提供参考。

（3）国家发改委、商务部修订了《中西部地区外商投资优势产业目录(2017年)》，这是我国提升开放型经济发展水平，引导外资更多投向中西部地区的重要政策。本次修订的主要变化体现在推动传统产业转型升级、支持高新适用技术产业发展、鼓励加快发展服务业、促进劳动密集型产业发展、强化基础设施和产业配套、适应新形势调整原有条目等方面。

（4）相关地方编制了《自由贸易试验区总体方案》。自由贸易区是我国推进新一轮高水平对外开放的重要抓手，对“一带一路”建设有着举足轻重的促进作用。为实现与“一带一路”倡议的对接及落地，目前，辽宁、河南、浙江、湖北、重庆、四川以及陕西等省份已经出台了自由贸易区总体方案，上海进一步发布了全面深化自由贸易区改革开放方案。其主要内容涵盖转变政府职能、加强与国际规则的衔接、推进制度创新等多个方面。

（5）联合多国制定了《“一带一路”融资指导原则》。资金融通是“一带一路”建设的重要支撑，为此，中国联合英国、阿根廷、俄罗斯等27个国家共同提出推动建设长期、稳定、可持续、风险可控的融资体系的目标以及相应的15条指导原则。

2. 完善财税政策

“一带一路”建设需要以具体项目的投资建设为载体，因此，离不开财税政策的完善与鼓励。目前，已经出台的政策主要有中央和地方两类，具体包括：

（1）国家税务总局发布了《关于落实“一带一路”发展战略要求做好税收服务与管理工作的通知》，从宏观层面要求重点从执行协定维权益、改善服务谋发展、规范管理促遵从三个方面入手，做好认真执行税收协定、加强涉税争议双边协商、建设国别税收信息中心、建立“一带一路”税收服务网页、深化对外投资税收宣传辅导、设立12366纳税服务热线专席、发挥中介机构作用、完善境外税收信息申报管理、开展对外投资税收分析、探索跨境税收风险管理等工作。

（2）国家税务总局编制了中国居民赴相关国家（地区）投资税收指南。目前，已经发布了关于阿尔巴尼亚、俄罗斯、奥地利、尼泊尔、菲律宾、保加利亚、摩尔多瓦、埃塞俄比亚、韩国、拉脱维亚、印度、文莱、蒙古、中国香港共14个国家或地区的投资税收指南，主要介绍了东道国与外商投资活动密切相关的基础法律和相关政策、现有税制、征收管理方式、双边税收协定等内容。

（3）国家发改委等相关部委调整了重大技术装备进口税政策有关目录及规定。根据发展需要，对国家鼓励发展的国内投资项目和外商投资项目，重大技术装备、产品、关键零部件、原材料等实施税收优惠或减免。

（4）各省市制定了参与“一带一路”建设的财税政策。为积极促进本省企业参与“一带一路”建设，各地纷纷出台了“一带一路”建设实施方案，其中包含了不少财税（主要是财政）方面的鼓励政策，如争取中央财政投入，整合现有地方财政资金渠道，设立省级参与“一带一路”建设专项资金等。

3. 创新金融服务

除了加强国家开发银行、中国进出口银行等政策性银行和大型商业银行对“一带一路”建设的金融支持外，还有如下一些重要政策举措：

（1）组织筹建亚洲基础设施投资银行。为了更好地为亚洲地区长期的巨额基础设施建设融资缺口提供资金支持，我国发起并联合57个创始成员国成立了亚洲基础设施投资银行，并于2015年签订了《亚洲基础设施投资银行协定》。

（2）成立了丝路基金。该基金由中国外汇储备、中国投资有限责任公司、中国进出口银行和国家开发银行共同出资，主要利用股权投资重点关注“一带一路”框架下的基础设施、能源和资源、产能合作、金融合作等项目，并推动使用人民币。

（3）中国保监会出台了《关于保险业服务“一带一路”建设的指导意见》。“一带一路”涉及国别众多，我国企业“走出去”过程中将会面临较多的政治、经济、法律风险和违约风险，为减轻企业的后顾之忧，顺利推进“一带一路”

建设，需要构建"一带一路"建设保险支持体系，加快保险业国际化步伐。

4. 提高便利化水平

为促进贸易和投资的便利化，已经出台了关于大通关、外商投资备案、标准化等方面的政策举措：

（1）国务院公布了《落实"三互"推进大通关建设改革方案》，要求通过强化跨部门、跨区域的内陆沿海沿边通关协作，完善口岸工作机制，实现口岸管理相关部门信息互换、监管互认、执法互助，提高通关效率，确保国门安全，助推"一带一路"建设。

（2）发改委、商务部等相继印发了《境外投资项目核准和备案管理办法》《自由贸易试验区外商投资备案管理办法》。为进一步扩大对外开放，推动我国企业"走出去"以及外商投资管理制度改革，我国制定了以上两个管理办法以营造国际化、法治化、市场化、便利化的营商环境。

（3）编制了《标准联通"一带一路"行动计划（2015－2017）》。标准联通有利于提高便利化程度，在推进"一带一路"建设中具有基础和支撑作用。为此，通过制订该计划不断深化与各国标准化双多边合作和互联互通，推动中国标准"走出去"，提高标准国际化水平。

5. 打造促进平台

总的来讲，目前，我国或联合"一带一路"沿线国家正在打造三个层面的经济交流促进平台：

（1）双边或多边层面的促进平台。截至当前，我国已与不少沿线国家达成共识甚至协议，正在或准备建设如中巴经济走廊、中蒙俄经济走廊、中国—中南半岛经济走廊、新亚欧大陆桥经济走廊、中国—中亚—西亚经济走廊、孟中印缅经济走廊等促进平台。

（2）国内自由贸易区、重点地区等的促进平台。自由贸易区、沿边口岸、边境城市、边境和跨境经济合作区等沿边重点地区是我国实施"一带一路"倡议的排头兵和重要平台。2015 年，国务院出台了《关于支持沿边重点地区开发开放若干政策措施的意见》，从富民、体制机制、贸易结构、扶持政策等多个方面给出了思路与政策。

（3）国内海关特殊监管区的促进平台。海关特殊监管区是我国开放型经济发展的先行区，推进"一带一路"建设对其发展提出了新的更高要求，为此，国务院提出《加快海关特殊监管区域整合优化方案》，通过推进类型、功能、政策、管理整合，实现产业结构、业务形态、贸易方式、监管服务等的优化。

（二）社会方面的政策

目前，推动"一带一路"参与国家（地区）社会可持续发展方面的政策大体上还是围绕服务经济交流进行制定的，因此，主要涉及法律、教育、文化、农业、科技等重点领域。

1. 法律政策

为了有效服务和保障“一带一路”建设的顺利实施，尤其是应对贸易畅通、资金融通等过程中国内市场主体可能面临的法律风险，我国出台了相关政策，主要包括涉外法律服务业发展和加强司法保障两个方面。

（1）发展涉外法律服务业。司法部制定并公布了《关于发展涉外法律服务业的意见》，除了建立协调机制、加强监督管理外，还提出了六条主要措施，分别是健全完善扶持保障政策、进一步建设涉外法律服务机构、发展壮大涉外法律服务队伍、健全涉外法律服务方式、提高涉外法律服务质量以及稳步推进法律服务业开放。

（2）加强司法保障。最高人民法院出台了《关于人民法院为“一带一路”建设提供司法服务和保障的若干意见》，主要从四个方面进行了具体工作指导，即：统一思想，提高认识，切实增强为“一带一路”建设提供司法服务和保障的责任感与使命感；充分发挥审批职能作用，提升“一带一路”建设司法服务和保障的国际公信力；建立完善工作机制，为“一带一路”建设营造良好的法治环境；加强工作指导、组织保障和信息化建设，不断提高司法服务和保障“一带一路”建设的能力与水平。

2. 教育政策

为了推进民心相通、提供人才支撑、实现共同发展，需要着力构建“一带一路”教育共同体，促进区域教育全面发展，基于此，我国相继制定并公布了《关于做好新时期教育对外开放工作的若干意见》《推进共建“一带一路”教育行动》等政策文件，提出了三大合作重点，分别是：

（1）开展教育互联互通合作，具体举措包括：加强教育政策沟通，助力教育合作渠道畅通，促进沿线国家语言互通，推进沿线国家民心相通，推动学历学位认证标准联通。

（2）开展人才培养培训合作，主要举措有：实施“丝绸之路”留学推进计划，实施“丝绸之路”合作办学推进计划，实施“丝绸之路”师资培训推进计划，实施“丝绸之路”人才联合培养推进计划。

（3）共建丝路合作机制，如加强“丝绸之路”人文交流高层磋商，充分发挥国际合作平台作用，实施“丝绸之路”教育援助计划，开展“丝路金驼金帆”表彰工作。

对于国内教育领域来说，要加强协调推动，地方重点推进，各级学校有序前行，社会力量顺势而行，助力形成早期成果。

3. 文化政策

为了加强与“一带一路”沿线国家（地区）的文化交流、传播、文化贸易创新发展，促进民心相通，我国由文化部制定了《“一带一路”文化发展行动计划（2016－2020）》，主要从健全“一带一路”文化交流合作机制、完善“一带一路”文化交流合作平台、打造“一带一路”文化交流品牌、推动“一带一路”文化产业繁荣发展、促进“一带一路”文化贸易合作五个方面提出了工作思路和具体举措。

4. 农业政策

根据农业部、发改委、商务部和外交部四部委联合发布的《共同推进“一带一路”建设农业合作的愿景与行动》，我国将在构建农业政策对话平台、强化农业科技交流合作、优化农产品贸易合作、拓展农业投资合作和加强能力建设与民间交流方面与沿线各国开展重点合作。

具体来说，就是要积极推动境外农业合作示范区和境内农业对外开放合作试验区建设，内外统筹，与沿线国家在金融、税收、保险、动植物检验检疫等方面开展务实合作，加强人才交流和信息互通，分享农业技术、经验和农业发展模式，共同规划实施区域粮食综合生产能力提升、农业科技合作与示范、动植物疫病疫情联合防控、农产品产业一体化建设、贸易基础设施强化、农业研发促进培训综合平台、农业信息化体系建设七大重点工程。

5. 科技政策

2016 年，我国编制了《推进“一带一路”建设科技创新合作专项规划》以全面发挥科技创新在“一带一路”建设中的引领和支撑作用，主要工作重点包括：密切科技沟通，深化人文交流；加强平台建设，推动技术转移；支撑重大工程建设，促进科技资源互联互通；共建特色园区，鼓励企业创新创业；聚焦共性技术，强化合作研究。为此，一方面要完善体制机制，如加强政府间科技创新合作，发挥企业创新主体作用，发挥各地科技创新合作优势，促进协同创新，发挥民间组织作用，优化国内政策环境；另一方面要加大支持力度，包括加大财政支持力度，提升科技援助水平，强化人才支撑，加强战略研究，深化科技金融合作。

（三）环境方面的政策

注重生态环保是“一带一路”建设的根本要求，为此，我国提出要加强能源合作，推进绿色“一带一路”建设的总体要求，并出台了《推动丝绸之路经济带和 21 世纪海上丝绸之路能源合作愿景与行动》《关于推进绿色“一带一路”建设的指导意见》，以及环保部编制了《“一带一路”生态环境保护合作规划》，主要包括七大任务：

1. 促进“一带一路”能源合作

对于中国来说，要推动建立完善双边联合工作机制，协调推进能源合作项目实施；积极参与联合国、二十国集团、亚太经合组织、上海合作组织等多边框架下的能源合作；继续加强与国际能源署、石油输出国组织、国际能源论坛等能源国际组织的合作；积极实施中国—东盟清洁能源能力建设计划，推动中国—阿盟清洁能源中心和中国—中东欧能源项目对话与合作中心建设；继续发挥国际能源变革论坛、东亚峰会清洁能源论坛等平台的建设性作用；共建“一带一路”能源合作俱乐部。

2. 加强生态环保政策沟通

具体从三个方面入手：一是分享生态文明和绿色发展的理念与实践，包括传播生态文明理念、分享绿色发展实践经验。二是构建生态环保合作平台，包括生态环保合作机制和平台建设、推进环保信息共享服务平台建设。三是推动环保社会组织和智库交流与合作，包括推动环保社会组织交流合作、加强生态环保智库交流合作。

3. 促进国际产能合作与基础设施建设的绿色化

主要的工作着力点有：一是发挥企业环境治理主体作用，如强化企业行为绿色指引、鼓励企业加强自身环境管理、推动企业环保信息公开。二是推动绿色基础设施建设，如推动基础设施绿色低碳化建设和运营管理、强化产业园区的环境管理。

4. 发展绿色贸易

工作重点主要有：一是促进环境产品与服务贸易便利化，包括加强进出口贸易环境管理、扩大环境产品和服务进出口、推动环境标志产品进入政府采购。二是加强绿色供应链管理，包括建立绿色供应链管理体系、加强绿色供应链国际合作。

5. 推动绿色资金融通

具体工作包括促进绿色金融政策制定、探索设立“一带一路”绿色发展基金以及引导投资决策绿色化等。

6. 开展生态环保项目和活动

一方面加强生态环保重点领域合作，包括深化环境污染治理合作、推进生态保护合作、加强核与辐射安全合作、加强生态环保科技创新合作、推进环境公约履约合作。另一方面加大绿色示范项目的支持力度，包括推动绿色对外援助、实施绿色丝路使者计划、开展环保产业技术合作园区及示范基地建设。

7. 加强地方能力建设

一方面充分发挥中国“一带一路”沿线省（区、市）的区位优势，编制地方"一带一路"生态环保合作规划及实施方案，加强环保能力建设。另一方面推动环境技术和产业合作基地建设。

（四）基础设施方面的政策

设施联通是"一带一路"建设的重点合作领域之一，也是提高沿线国家可持续发展水平的基本保障。相对于"一带一路"沿线各国，我国在基础设施方面具有绝对优势，根据《共建"一带一路"：理念、实践与中国的贡献》，加强基础设施建设，推动跨国、跨区域互联互通是共建"一带一路"的优先合作方向。目前，已出台的鼓励政策主要包括两个方面，分别是促进运输便利化和打造信息网络。

1. 促进运输便利化

目前，我国有关部门已经发布了《关于贯彻落实"一带一路"倡议加快推进国际道路运输便利化的意见》，将从加快基础设施互联互通建设、加快完善法规标准体系、加快提高口岸通关效率、加快改善便利化运输环境、加快提升发展质量和竞争力以及加快应急救援保障体系建设六个方面推进运输便利化工作。其中，加快基础设施互联互通建设的重点是畅通国际道路运输大通道，完善口岸枢纽集疏运体系，加大口岸基础设施建设力度。

对于基础设施互联互通的重点项目，我国还编制了一些专项规划，如《中欧班列建设发展规划（2016－2020年）》。未来将在以下七个方面进行攻关和突破，包括：完善国际贸易通道、加强物流枢纽设施建设、加大资源整合力度、创新运输服务模式、建立完善价格机制、构建信息服务平台、推进便利化大通关。

2. 打造信息网络

推进"一带一路"沿线国家跨境光缆等通信网络建设，提高国际通信互联互通水平已成为各国共识，我国不但与土耳其、波兰、沙特等国签署了《关于加强"网上丝绸之路"建设合作促进信息互联互通的谅解备忘录》，还相继发布了一系列为此保驾护航的规定或指导意见，如《国际通信设施建设管理规定》《关于境内企业承接服务外包业务信息保护的若干规定》《外商投资电信企业管理规定》《关于加快推进"一带一路"空间信息走廊建设与应用的指导意见》等。打造互联互通的信息网络的工作重点主要在于：

（1）提升"一带一路"空间信息覆盖能力，具体工作抓手包括：加速国家卫星系统建设、加强与国际相关卫星系统合作、积极推动商业卫星系统发展、完善空间信息地面应用服务设施、构建空间信息共享服务网络。

（2）支撑我国企业"走出去"，主要包括三个方面，分别是助推基础设施建设企业"走出去"、促进资源类企业及重大装备"走出去"以及支持现代服务业

“走出去”。

（3）提供公共服务产品，主要包括：搭建应急服务平台，完善海上空间信息保障，支持跨界河流沿线合作发展，支持企业开展公共服务领域合作经营。

（4）带动空间信息装备与服务出口，积极支持整星出口，促进卫星关联产品及标准出口，鼓励运营服务及应用系统出口。

（5）加强区域空间信息产业合作，加强中亚、西亚、北非等区域空间信息产业合作，加强21世纪海上丝绸之路空间信息产业合作，推动航空物流空间信息服务示范，加强“空间信息+”产业生态圈建设。

（6）大幅度提高市场化、国际化水平，做大卫星运营服务企业，做强空间信息服务企业，加强空间信息成果共享服务。

（7）促进空间信息科技合作与交流，共同支持空间信息相关科学前沿研究，联合开展地球综合观测相关领域科技攻关，加强多层次沟通与交流。

（五）机制方面的政策

政策沟通是“一带一路”的重点合作领域之一，通过政策沟通会对沿线各国的国内制度、治理以及承担国际义务的意愿和能力产生积极影响，从而促进可持续发展机制子系统的提升。目前，我国已出台的加强政策沟通的政策主要有两类：一类是关于标准、规则等的联通计划或规划，另一类是多边或双边的政策对接协议或规划。

1. 标准联通

标准化是推进“一带一路”建设的基础和支撑，促进标准化的政策文件主要有两个，分别是《标准联通“一带一路”行动计划（2015－2017）》《“一带一路”计量合作愿景与行动》。具体的相关政策主要包括：制定完善中国标准“走出去”专项规划和政策措施，深化与沿线重点国家的标准化互利合作，推动共同制定国际标准，组织翻译优先领域急需标准外文版，开展大宗进出口商品标准对比分析，开展东盟农业标准化示范区建设，加强沿线国家标准化专家交流及能力建设，实施标准化互联互通重点项目，加强沿线重点国家和区域标准化研究，支持各地开展特色标准化合作，加强计量政策沟通，推进计量国际互认，加强各国计量技术交流，提升计量服务能力等。

2. 政策对接

“一带一路”不是独奏，是合奏，需要寻求合作的最大公约数。我国正努力推动共建“一带一路”倡议与“一带一路”沿线国家的发展战略，如哈萨克斯坦“光明之路”、沙特阿拉伯“西部规划”、蒙古国“草原之路”、欧盟“欧洲投资计划”、东盟互联互通总体规划2025、波兰“负责任的发展战略”、印度尼西亚"全球海洋支点"构想、土耳其"中间走廊"倡议、塞尔维亚"再工业化"战略、亚太经合组织互联互通蓝图、亚欧互联互通合作、联合国2030年可持续发展议程等的对接，并与有关国家和国际组织共同推动实施（见表10-1）。

表10-1 推进"一带一路"可持续发展主要政策文件

系统	领域	政策文件
经济	规划	国务院关于推进国际产能和装备制造合作的指导意见
		对外投资合作国别（地区）指南
		中西部地区外商投资优势产业目录（2017年修订）
		"一带一路"融资指导原则
		国务院关于加快发展服务贸易的若干意见
	财税	税务总局关于落实"一带一路"发展战略要求做好税收服务与管理工作的通知
		国家税务总局：中国居民赴各国投资税收指南
		关于调整重大技术装备进口税收政策有关目录及规定的通知
	金融	亚洲基础设施投资银行协定
		中国保监会关于保险业服务"一带一路"建设的指导意见
	便利化	国务院：落实"三互"推进大通关建设改革方案
		境外投资项目核准和备案管理办法
		自由贸易试验区外商投资备案管理办法（试行）
		商务部：境外经贸合作区服务指南范本
	开放平台	国务院关于支持沿边重点地区开发开放若干政策措施的意见
		国务院办公厅：加快海关特殊监管区域整合优化方案
社会	教育	教育部：推进共建"一带一路"建设的愿景与行动
	文化	"一带一路"文化发展行动计划
	法律	关于发展涉外法律服务业的意见
		关于人民法院为"一带一路"建设提供司法服务和保障的若干意见
		关于做好新时期教育对外开放工作的若干意见
	农业	共同推进"一带一路"建设农业合作的愿景与行动
	科技	推进"一带一路"建设科技创新合作专项规划
环境	环保	关于推进绿色"一带一路"建设的指导意见
		"一带一路"生态环境保护合作规划
	能源	推动丝绸之路经济带和21世纪海上丝绸之路能源合作愿景与行动
基础设施	运输	中欧班列发展规划
		关于贯彻落实"一带一路"倡议加快推进国际道路运输便利化的意见

续表

系统	领域	政策文件
信息	运输	国际通信设施建设管理规定
		关于境内企业承接服务外包业务信息保护的若干规定
		外商投资电信企业管理规定
		关于加快推进“一带一路”空间信息走廊建设与应用的指导意见
机制	标准联通	标准联通共建“一带一路”行动计划
		“一带一路”计量合作愿景与行动

资料来源：根据中国一带一路网（https：//www. yidaiyilu. gov. cn/）整理。

二、政策效果评价

通过以上政策举措的实施，“一带一路”建设得到了明显的推动并取得了一系列积极成果。为了对这些政策的实施效果进行评价，这里主要采取两种思路和方法：一是基于沿线各国可持续发展综合指数及维度评分的分析。通过其在“一带一路”倡议提出后的变化来间接评判政策效果。二是基于“五通”层面的分析。“五通”是“一带一路”倡议的重点合作领域，也是以上政策落地的最终落脚点，“五通”所取得的具体成果可以在一定程度上反映以上政策的实施效果。

（一）基于可持续发展综合指数及维度的分析

“一带一路”倡议于2013年正式提出，之后陆续制定出台了以上一系列政策。从可持续发展综合指数及维度评价的角度来看，2015年沿线各国相对于2014年的变化虽然可能是由多种因素共同所致，但“一带一路”推进政策的实施肯定是不可忽略的重要因素之一。因此，对沿线各国2014年、2015年的可持续发展综合指数以及各维度的评分进行比较，可以粗略、间接地反映以上政策的实施效果。

1. 可持续发展综合指数比较

为了评判“一带一路”推进政策对沿线各国可持续发展水平的总体影响，考虑到2013年9月、10月“一带一路”倡议正式提出的时间节点，我们分别考察了倡议提出之前（2012～2013年）以及倡议提出之后（2014～2015年）沿线各国可持续发展综合指数的变化情况。由于2012～2013年以及2014～2015年两段时间相近，可以假设其他控制因素不变，令倡议提出前（2012～2013 年）为参照组，倡议提出后（2014～2015 年）为实验组。

结果显示（见图 10－1），与 2014 年相比，2015 年"一带一路"沿线各国（除也门外）的可持续发展水平均出现提升；而与 2012 年相比，2013 年只有六个国家的可持续发展水平呈现提升状态，由此可以判断，总体上看，"一带一路"推进政策的实施对于沿线各国的可持续发展水平提升具有明显的促进作用。

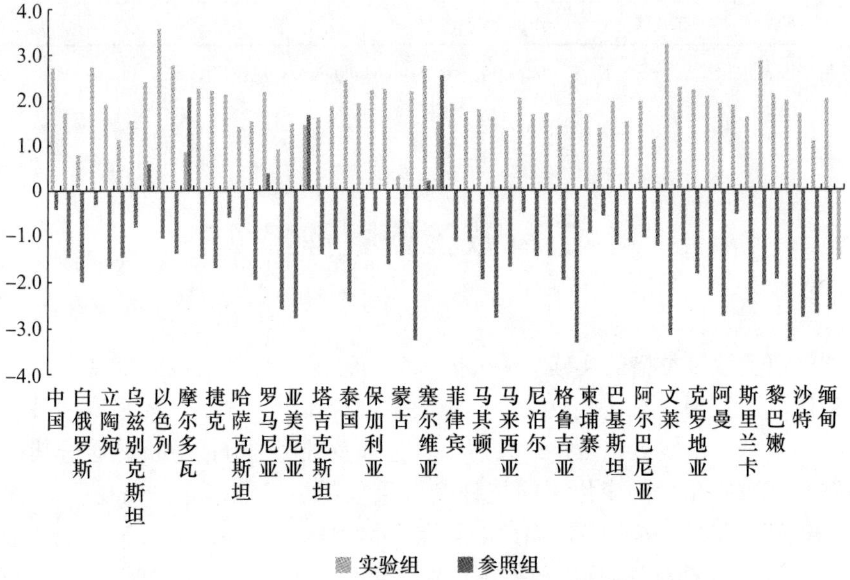

图 10－1　可持续发展综合指数比较

注：实验组为 2015 年与 2014 年各国可持续发展综合指数之差，参照组为 2013 年与 2012 年各国持续发展综合指数之差。

资料来源：笔者计算整理。

2. 子系统评价比较

进一步分析"一带一路"推进政策对于可持续发展各系统的影响。根据图 10－2 可以发现：①政策实施在不同系统中的效果存在显著差异。与 2014 年相比，2015 年沿线国家经济、社会、环境、基础设施、机制五大系统评分变化的均值分别为 6.8、0.5、－0.1、0.1 以及 0.2。故总体来看，推进政策对各国经济、社会、基础设施以及机制可持续发展水平的提升起到了一定的积极作用。②五大系统中，以上政策对于沿线各国经济可持续水平的提升作用最大，除也门外，其余国家 2015 年经济系统的评分均高于 2014 年，这也与当前出台的政策主要集中在经济领域密切相关。③沿线各国社会和机制系统评分的提高幅度相对于经济系统明显较小，从属性角度看，社会和机制的演进相对于经济是一个更为漫长的过程，也较难得到提升。具体来看，除黎巴嫩外，2015 年各国的社会可持续发展评分均高于 2014 年，机制系统的评分则相对分化，有 20 个国家低于 2014 年。④各国基础设施可持续发展水平虽然总体来看出现了提高，但仍有近一半的国家 2015 年的评分低于 2014 年，这一方面说明基础设施的建设往往需要一个较长的时间周期，另一方面也表明基础设施的联通有非常广阔的合作空间，亟待加速推进。⑤各国环境可持续发展的水平总体为负，说明在推进“一带一路”建设的过程中需要更加关注环境的保护，实现绿色发展。

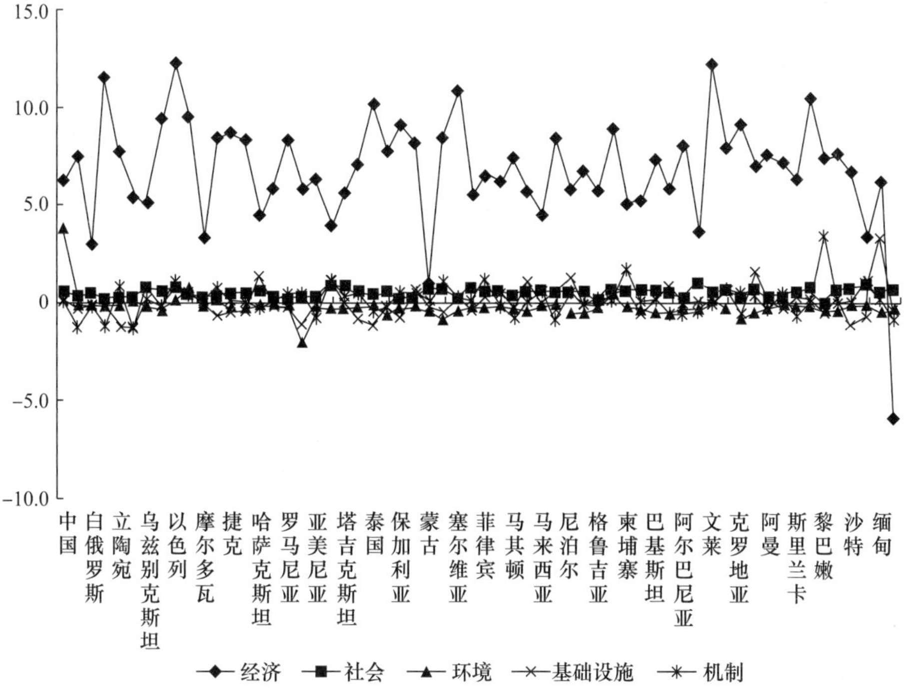

图 10－2　沿线各国可持续发展子系统评价比较

资料来源：笔者计算整理。

3. 维度评价比较

从维度角度来看，我们计算了 2015 年沿线国家各维度评分与 2014 年的差异及总体均值（见图 10－3），发现：①总体提升幅度最大的分别是经济规模（13.1）、经济质量（4.6）以及经济活力（2.8），这较好地体现了当前以推动经济合作为主的政策体系的实施效果。②提升幅度稍小的分别是人口基础（1.9）、国内制度（0.3）、能源（0.1）以及信息与公共服务设施（0.1）。这些维度涵盖社会、环境、基础设施以及机制领域，也体现了当前"一带一路"建设在这些领域的合作重点。③生活水平、公共服务、平等就业、生态保护、国际合作、资源以及交通基础设施从总体上看基本没有变化，一方面与这些领域的变化通常需要更长的时间周期密切相关，另一方面也体现了"一带一路"建设分步推进的思路和策略。④污染是唯一一个总体变化为负（-0.7）的维度，这提醒我们在推进"一带一路"建设过程中要更加注重环境保护。

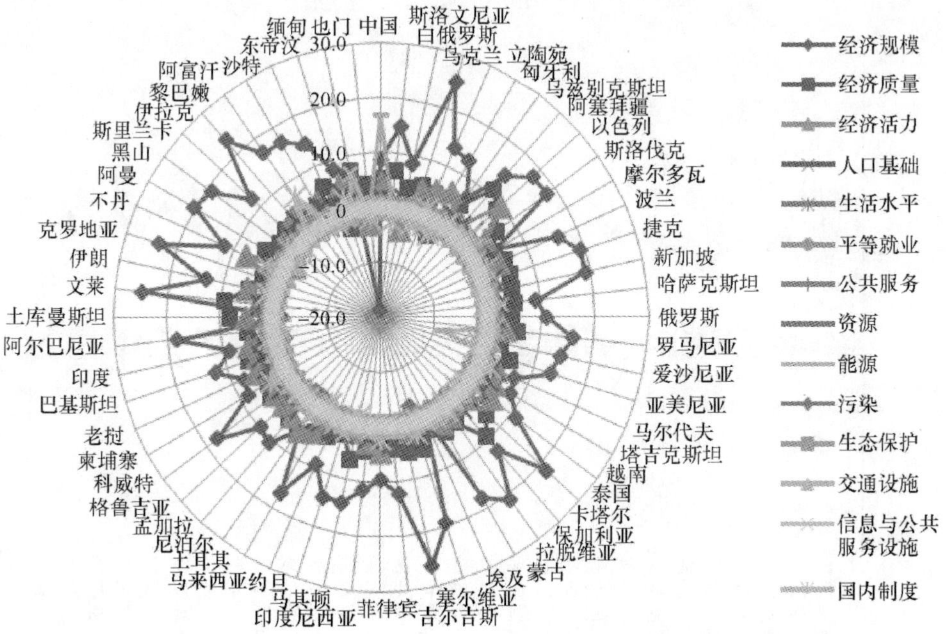

图 10-3　沿线各国可持续发展维度评价比较

资料来源：笔者计算整理。

（二）基于"五通"的分析

除了宏观层面的可持续发展指数以及系统、维度评分分析，我们还可以将视角转向微观层面。通过第一部分梳理的"一带一路"推进政策的实施，沿线各国在"五通"方面取得了明显的进展和成效，例如：①贸易畅通方面，2017 年一季度，我国与"一带一路"沿线国家在经贸合作领域保持良好发展势头，双边贸易总额超过 16553 亿元人民币，同比增长 26.2%。同时，"一带一路"相关国家对华投资新设立企业781家，同比增长40%，实际投入外资金额84.5亿元。1~5月我国对"一带一路"沿线45个国家有新增投资，合计非金融类直接投资49.9亿美元。②设施联通方面，取得了很多积极进展，如中欧班列已经形成五大班列运输系统，拓宽了亚欧国际联运大通道，其中"渝桂新"国际联运大通道2017年将完成1万标准箱运输量；编制"空中丝绸之路"，如西哈努克港开通至无锡国际航班，上海开通首条直飞以色列航班等。③资金融通方面，进展包括丝路基金投资规模已超60亿美元，覆盖了"一带一路"沿线多国；亚投行1.5亿美元入股印度基础设施基金；证监会将逐步放宽QFII和RQFII市场准入以服务"一带一路"等。④政策沟通方面，目前，我国已签署了50多份"一带一路"政府间协议，不少上海合作组织成员国表达并推动了本国战略与"一带一路"建设的对接。⑤民心相通方面，近年来，"一带一路"人文交流蓬勃发展，尤其是沿线各国在教育、文化、科技等领域的合作越来越多。

由此可见，"一带一路"推进政策对于"五通"的促进作用是显而易见的，这将有助于沿线各国经济、社会、环境、基础设施和机制可持续发展水平的提升、阶段的跃迁，进而实现整体可持续发展的目标。

三、政策建议

基于以上分析，我们认为，推进"一带一路"建设，提高沿线各国的可持续发展水平，需要从国家、企业以及社会组织三个层面入手。

（一）国家层面

1. 以可持续发展为目标推进"一带一路"建设

过去由于信息不对称、表达不匹配以及理解不一致等情况，外界往往将"一带一路"建设片面地理解为经济合作，特别是国际产能合作，一些西方发达国家甚至怀有敌意地将其看成中国版"马歇尔计划"，认为中国提出"一带一路"倡议的背后是提升国际话语权和影响力的政治目的。然而，从"一带一路"倡议的内容、宗旨来看，推动可持续发展才是其应有之义，两者在内在逻辑上是高度契合的。另外，根据研究，目前"一带一路"沿线国家可持续发展的整体水平仍然较低，还具有较大的提升空间，这就为以可持续发展为目标推进"一带一路"建设提供了可行性。

从抓手和切入点的角度来看，主要是要开展两方面的工作：一是综合运用各种手段、媒介对"一带一路"倡议内容、宗旨等，特别是推动"一带一路"建设对促进各国可持续发展水平的内在逻辑、重要作用等进行宣传，形成可持续发展合力。目前，我国已经发布了《共建"一带一路"：理念、实践与中国的贡献》（七种语言版本），未来还可以通过各种国际交流平台、高峰论坛以及外交渠道等加强双边与多边沟通，寻求国际社会的理解与支持，并借助互联网等新媒体工具进行宣传。

二是加强与参与各国以及国际组织发展战略、规划、宏观政策的对接与协调。目前，很多"一带一路"倡议参与国均制定了自身发展战略、规划与政策，比如哈萨克斯坦"光明之路"、沙特阿拉伯"西部规划"、蒙古国"草原之路"、波兰"负责任的发展战略"、印度尼西亚"全球海洋支点"构想、土耳其"中间走廊"倡议、塞尔维亚"再工业化"战略等，一些国际组织如亚太经合组织也提出互联互通蓝图，这些战略规划出台的根本目的是推动本国或区域的可持续发展。在推进"一带一路"建设过程中，加强与这些战略、规划及政策的对接、共同实施实际上就是落实可持续发展目标。

2. 以设施联通为"一带一路"建设切入口

主要的判断依据有：一是理论上讲，基础设施是推动可持续发展的重要保障，经济、社会、环境等的发展均需要基础设施发挥支撑作用，应当进行适度超前发展。二是根据前面研究，在经济、社会、环境、基础设施以及机制五大可持续发展维度中，"一带一路"沿线国家总体水平最低的是基础设施，可以说，基础设施是沿线国家可持续发展系统中的最大短板。然而，中国的基础设施可持续发展评分却是各国中最高的，且远高于其他国家，体现出了明显优势。三是从上一部分的政策评价来看，已出台的相关政策起到了一定的积极作用，但对沿线国家基础设施可持续发展方面的提升幅度依然较小，未来仍有较大的改进空间。因此，应充分发挥中国优势，将基础设施联通作为推进"一带一路"建设的重要切入口。

推进基础设施联通可以重点从以下四个方面入手：第一，契合本地需求。这是推进设施联通的前提，只有符合本地或区域内政府和民众的需求和利益，基础设施联通项目才有可能推进下去，因此，在项目开展之前必须做好沟通与宣传工作。第二，在项目规划、设计过程中，加强各方基础设施建设规划与技术标准体系的对接，推广应用中国标准，尽量降低如局部地区动乱等导致的项目风险。第三，创新基础设施项目建设运营模式，根据不同地区实际采用不同的项目建设运营方式，确保双方利益都能得到保障。第四，首先开展一些关键通道、关键节点和重点工程建设，树立样板示范效应。

3. 因国、因域施策

通过对沿线各国可持续发展水平的综合评价，其表现出的最大特征就是不平衡，主要体现在空间和领域两个方面：一是各国可持续发展水平的不平衡。在分析的60个国家中，不同国家可持续发展综合指数差异较大，发展阶段横跨了初级阶段中期至中级阶段后期共五个时期。二是各国在可持续发展不同维度上发展不平衡。即使是同一个国家，在可持续发展五大维度之间也可能存在着发展不平衡，而不同维度的改善自然需要采用不同的政策。可以说，不平衡是“一带一路”建设的最大背景，它虽然给推进建设带来了难度和风险，但同时也提供了机遇，必须因国、因域施策，找准合作的契合点，提高针对性和精准性，合理利用不平衡所产生的竞合关系。例如，中亚天然气管道建设过程中就根据不同国家的资源禀赋、政治经济体制等差异，采用“分国分段”的谈判、管理策略，取得了巨大成功。

成功进行因国、因域施策的关键有：一是对东道国国情和基本诉求的充分了解。具体的途径有：①加强人文、教育、旅游等领域的交流，促进不同国家人民之间的了解和信任；②进一步开展对“一带一路”国家政治、经济、文化等各方面的研究，编制更多的诸如《中国居民赴相关国家（地区）投资税收指南》《对外投资合作国别（地区）指南》等具有一定参考指导意义的文件或报告。二是尊重对方并采用恰当的沟通方式。应特别注重文化影响，逐步促进价值认同和理念融合。

4. 加强区域内、区域间的协调发展

从区域视角来看，“一带一路”沿线地区的可持续发展在区域内、区域间均存在着较大的差异。一是区域间差异。总体来看，中东欧地区不论是综合指数，还是五大维度的评分情况都是“一带一路”沿线地区中最好的，南亚、中亚等地区与其之间的整体差距非常大。二是区域内差异。除了中东欧地区内的不平衡程度稍好外，其他地区内均呈现出较为明显的不平衡。因此，要多方共同努力，加强区域内和区域间的协调发展，这也是“一带一路”建设的主要目标之一。

促进“一带一路”区域内和区域间的协调发展关键在于引导要素自由有序流动，尽可能地形成一个开放、竞争、统一的市场体系，主要包括三个方面：一是立足本国资源禀赋，发展具有比较优势的产业，大力开展双边和多边贸易。二是为产业转移和吸收FDI创造良好的制度环境，在绿色发展的前提下，鼓励外商直接投资，促进欠发达地区工业化进程。三是实施不同国家间人员往来的便利化，共享由此产生的积极的外溢效应，加快发展理念的融合。为此，还需要采取一些保障举措，比如加快欠发达国家或地区交通及公共服务基础设施建设，大力推广对外贸易中进行人民币结算等。

5. 以联合国2030可持续发展目标协调“一带一路”建设

“一带一路”倡议不仅仅是一个区域合作倡议，其最终目标是要造福全世界。因此，推进"一带一路"沿线国家的可持续发展必须要与联合国制定的可持续发展框架相融合。要用联合国 2030 可持续发展目标来协调"一带一路"建设与全球的可持续发展。

具体来说，主要可以采取三方面的举措：一是尊重世界可持续发展客观规律，充分认识到可持续发展作为一个复杂的系统工程不可能一蹴而就，要统筹规划，先易后难，分步有序推进。二是积极对标联合国 2030 可持续发展目标，将其涉及的领域和目标作为推进"一带一路"建设的重点合作领域和努力方向。三是基于联合国 2030 可持续发展目标，对"一带一路"建设所取得的成果、进展以及不足之处进行跟踪动态监测和研究分析，比如每年官方发布《"一带一路"国家可持续发展报告》等。

（二）企业层面

1. 对可持续发展短板领域进行投资

国内企业对"一带一路"沿线国家进行投资能否成功首先要取决于有没有选择恰当的投资领域。"一带一路"沿线国家多数在可持续发展不同维度间存在发展不平衡，这给国内企业"走出去"带来了机遇，要加强对东道国短板领域的投资。这样才能提高东道国可持续发展的整体水平，也才能更好地与我国以及东道国政府的政策环境相吻合，为投资创造一个良好的氛围，从而更容易获得成功。

因此，需要做好至少以下四个方面工作：一是认真、透彻研究东道国可持续发展中的短板领域，结合自身业务情况，确定可能适合投资的具体领域，并做好投资可行性分析。二是针对不同国家实际，积极培育有效需求。"一带一路"国家中有的国家能够清楚地认识到当前推动自身可持续发展中的不足并有强烈的补短板的需求，而有的国家还未意识到不足或者并不认为是不足，因而尚未产生补短板的需求。对于不同类型的国家要根据实际情况，采用宣传、沟通、履行企业社会责任等多种手段培育有效需求。三是建立起与我国政府以及东道国政府的对话沟通机制。我国企业进行对外直接投资涉及双方政府有关部门对此的监管、辅导，作为企业来说，要积极构建并畅通与双方政府部门的沟通机制，除了自觉满足监管规定外，还可以表达诉求，寻求政府支持。四是尽可能用双赢理念与东道国本地企业形成合作伙伴关系。国内企业"走出去"必然会面临很多意想不到的困难，通过寻找东道国本地企业作为合作伙伴可以有效解决这些困难，比如更容易融入当地、更容易获得当地政府和民众的理解和支持等。

2. 做到真正负责

对外投资企业在东道国要认真履行社会责任，做到真正负责任。具体来说，可以从以下几个方面入手：一是针对东道国可持续发展中的短板进行投资以促进其发展。对于东道国来说，除了补齐了可持续发展中的短板外，还获得了大量的税收。二是可以结合企业发展需求，通过推进员工属地化管理，为东道国创造就业岗位，培养相关人才。三是企业投资运营过程中要加强对东道国的环境保护和节能减排，保证绿色发展。四是尊重当地的社会文化、生活习俗，以便更好地融入当地社会，获得理解和支持。五是多途径开展社会公益活动，可以根据企业营收情况，结合所在国社会人情，制订社会公益实施计划，因地制宜地开展扶贫帮困、捐资助学等献爱心公益活动。六是必须认真学习、遵守东道国的法律法规，尤其是关于外商投资、税收、外汇管制、劳工制度和融资环境等方面的法律法规，不但做到合法，还可以保护自己、降低投资风险。七是加强员工培训，合理设定工资及福利标准，增加属地化员工收入，保证员工休假等福利执行。

3. 防范社会、环境风险

“一带一路”建设虽然能给国内企业带来机遇，但在投资过程中也应注意防范和应对各种风险和挑战。除了通常强调的企业自身风险，如政府管理风险、汇率和外汇监管风险、政治和安全风险、自然灾害风险等外，还必须遵守底线要求，防范投资给东道国的社会、环境带来风险。

因此，建议：一是建立动态的风险研判、预警机制。在对外投资之前，企业要加强项目的调研与论证，尽可能地掌握投资目的国各方面的信息；在运营过程中，要定期开展风险分析研究，包括企业自身的以及投资对东道国社会、环境可能产生的风险。如果企业自身研究力量不足的话，可以邀请国内外一些知名专业机构进行风险研判和预警。二是与当地政府部门、中国驻外使馆以及商会保持良好畅通的沟通渠道，针对存在的风险，及时掌握信息以应对可能出现的各类突发事件。三是履行社会责任，避免投资给东道国社会带来的风险，与当地百姓建立良好的关系，并通过积极宣传，树立企业良好的形象，取得广泛支持。四是除了日常通过技术、管理方面的努力和规范减少污染外，如果发生因地震、海啸等不可抗力造成污染泄漏，要及时启动应急处置预案，将污染最大限度地控制在安全范围内。五是积极利用保险、担保、银行等保险金融机构和其他专业风险管理机构的相关业务保障自身利益。

4. 实现双赢、多赢合作

“一带一路”倡议的本质是实现共赢，因此，国内企业对沿线国家进行投资也必须以实现共赢为目标。除了宏观层面对外投资必须符合我国推进新一轮高水平对外开放、以开放促改革、改善国际治理体系等的国家目标以及对外投资也必须满足东道国的发展需求，提高其社会福利外，在微观层面，对外投资必须符合企业的发展战略，开展利益相关方合作，如：明确法人治理结构，强化企业内部监管控制以保障股东利益；践行"命运共同体"观念，在企业成长的同时也确保员工利益的同步增长；加强信息透明公开，取得供应商等合作伙伴信任；依托企业业务，向当地提供先进的管理手段、优质的产品供应等，促进企业创造价值的持续提升。

除了加强自身业务实力、管理水平、履责能力以提升企业财务价值和品牌价值外，还可以多元化宣传手段，进一步提升企业的社会形象。比如，举办企业文化展、产品展销会，建立网站、出版期刊、制作形象宣传片，用当地语言、图片展示、视频播放等形式，生动形象地讲述企业的发展历程，介绍企业愿景、核心价值观和特色文化；定期公布企业社会责任报告，让股东、客户、公众及时了解企业最新发展成果和履行社会责任情况等。

（三）社会组织层面

1. 推进公民社会进程

公民社会是制度现代化的重要结构组成，由于其介于政府部门和私人部门之间，可以弥补市场和政府失灵，实现社会资源的动员和整合，并提供公共产品。虽然"一带一路"是一个政府主导的倡议，但在推进其建设过程中，存在着很多国家、市场力所不及或不宜染指的领域，需要公民社会去发挥其独特作用，可以说公民社会是促进沿线国家可持续发展的重要力量，必须加快其进程。另外，从定量评价的角度来说，公民社会的发达程度也是"一带一路"沿线国家可持续发展系统中机制子系统的主要方面，而目前大多数国家的公民社会进程还相对滞后，甚至一些国家尚未意识到公民社会的重要作用，一个突出表现就是相关指标的缺失。

推进公民社会进程主要有两大工作抓手：一是高度重视社会组织的重要作用并积极培育和引导。社会组织的存在和发展，一方面可以加强政府与民众之间的信息与能量交换，凝聚共识和形成合力；另一方面作为外部动力可以发挥一定的监督功能，推动政府改革创新，提高效率，减少腐败，改善国内制度环境和治理水平。但是社会组织的发展需要正确的引导，不能任由其野蛮生长，否则效果会适得其反。二是提高政府信息透明度，并随着经济社会的发展，逐步加强政治参与。这是提高可持续发展水平，迈向现代文明社会的重要途径。

2. 加强非政府、非营利性组织的跨国合作

在推进"一带一路"沿线国家可持续发展过程中，有很多方面如设施联通、贸易互通、合作机制等需要多国协调解决，这就需要开展一些非政府、非营利性组织的跨国合作。比如，联合开展总体规划研究，并充分考虑各方的利益平衡；开展联合办学，扩大相互间的留学生规模；加强科技合作，共建实验室，广泛开

展沿线国家间人才的交流合作；互办旅游推广周、宣传月等活动，共同打造具有“一带一路”特色的跨国精品旅游线路；协调开展设施联通的路线设计、技术标准等研究。

特别需要指出的是，要在东道国建立完善中国企业商会，充分发挥商会的积极作用。“一带一路”建设的落地依靠的是项目，而项目的推进必须以企业为主体。单个企业的力量是薄弱的，“走出去”过程中势必会遇到很多障碍和困难。通过建立当地的海外企业商会，可以进行信息分享，理性降低经营成本，共同培养人才以及与对方政府、非营利性组织进行沟通等，从而实现“抱团取暖”。商会的定位是大使馆的助手，而非办事机构，以在合理范围内争取保障会员企业利益为目标进行运作。

3. 促进政府、企业以及社会组织的多层互动

可持续发展涉及的方面较多，推进“一带一路”沿线国家的可持续发展需要广泛开展各国政府、企业与社会组织之间的多层级、双向互动。目前，主要是政府之间的互动，初步建立了双边及多边联合工作机制，搭建了一批多边合作平台，比如上海合作组织、中国—东盟“10＋1”、亚太经合组织、博鳌亚洲论坛、中国—亚欧博览会、“一带一路”国际高峰论坛等。未来促进政府、企业以及社会组织多层互动的总体思路是，要整合升级现有的互动机制，共同探索建立新的合作机制，这一过程中要充分发挥政府的规划引导、企业的整合资源、社会组织的专业及监督作用。

具体来说：一是构建政府间沟通协调机制体系。除了对已有的政府间双边及多边协调联动机制进行整合升级外，探索建立一些新的必需机制，尤其是要从国家元首到政府相关部门均建立起相互对应、沟通顺畅的正式与非正式互动机制，并在不同机制之间形成良好的互补和配合，共同构成“一带一路”国家双边与多边互动机制体系。二是创新企业与社会组织互动模式。企业与企业间的沟通互动往往具有点对点和非正式特征，难以形成有效机制。在推进“一带一路”建设过程中，可以探索“社会组织搭台，企业唱戏”的互动模式，比如由相关社会组织牵头定期举办企业恳洽会、产品博览会等。三是搭建政府与企业、社会组织之间的互动平台。比如，可以尝试利用互联网技术建立政企社互动平台，主要提供与企业、社会组织相关的所有管理、扶持、监督以及诉求反映等服务，这一平台可以由一国逐步推广到“一带一路”所有沿线国家，甚至在适当的时候构建一个统一的政企社互动平台。